LE DROIT DU TRAVAIL EN PRATIQUE

Michel Miné

Groupe Eyrolles
61, bd Saint-Germain
75240 Paris Cedex 05
www.editions-eyrolles.com

Ouvrage initié par Yves Delamotte,
Professeur Honoraire au Conservatoire national des Arts et Métiers, ancien directeur du Centre de Formation des Inspecteurs du Travail ;
poursuivi par Daniel Marchand, *Professeur Honoraire au Conservatoire national des Arts et Métiers.*

Mention spéciale Prix Harvard l'Expansion 1983

Ce livre fait référence aux textes en vigueur au moment de sa mise à jour. L'évolution très rapide du droit du travail impose de s'assurer que l'on est bien en possession de la dernière édition.

Du même auteur, chez le même éditeur :
Michel Miné (dir.), *Le Droit social international et européen*, 2010.

ISBN : 978-2-212-55351-2

Michel Miné

LE DROIT DU TRAVAIL EN PRATIQUE

Vingt-quatrième édition mise à jour au 10 janvier 2012.

EYROLLES

SOMMAIRE

Partie 1

SOURCES ET INSTITUTIONS

Sous-partie 3

RUPTURE DU CONTRAT

Partie 3

LE TRAVAIL

Partie 4

RELATIONS COLLECTIVES DE TRAVAIL

« Prendre des libertés avec le langage technique est un crime contre la clarté, la précision et la beauté de la parole. »

Joseph Conrad, *Le Miroir de la mer* (Gallimard, 1946).

Avant-propos

La première édition de cet ouvrage, datée de 1983, a suivi l'une des années essentielles dans la construction du droit du travail actuel : 1982, l'année des « lois Auroux ». Son auteur, Yves Delamotte, professeur titulaire de la Chaire de droit social du Cnam, a souhaité présenter une législation complexe dans un langage simple. Il a voulu souligner les conséquences pratiques, pour les entreprises et les salariés, de dispositions qu'ils doivent connaître et appliquer. L'ouvrage a ensuite été constamment actualisé par Daniel Marchand, au cours des quinze années pendant lesquelles il a été titulaire de la Chaire.

Dans le même esprit, Michel Miné, qui assure désormais depuis septembre 2007 les enseignements de droit du travail, relations individuelles et relations collectives, en droit français et en droit international et communautaire, et la responsabilité de l'équipe pédagogique nationale de droit du travail et de protection sociale du Cnam, présente une nouvelle édition mise à jour, après une complète refonte intégrant notamment le Code du travail après sa recodification.

Le droit du travail, de nature complexe, offre des ressources, à la fois pour assurer un certain bien-être de la personne (sauvegarde de la santé, réponse aux attentes professionnelles et personnelles, etc.), pour gérer les ressources humaines (motivation, restructurations, etc.), et pour organiser le marché du travail (classifications, formation professionnelle, etc.), en favorisant le dialogue social sur ces différents sujets.

L'actualité du droit du travail, sous l'influence de facteurs sociaux, économiques et politiques, est particulièrement riche, à travers ses différentes sources :

– législative (du 20 juill. 2011 sur la médecine du travail, du 28 juill. 2011 sur le développement de l'alternance et la sécurisation des parcours professionnels, du 9 nov. 2010 de réforme des retraites, du 15 oct. 2010 sur les très petites entreprises, du 9 juill. 2010 relative aux violences faites aux femmes, du 18 mai 2010 sur les reclassements en cas de licenciements économiques, du 24 nov. 2009 sur la formation professionnelle, du 10 août 2009 sur le repos dominical, du 12 mai 2009 de simplification du droit, du 3 déc. 2008 sur les revenus du travail, du 20 août 2008 sur la rénovation de la démocratie sociale et sur la réforme du temps de travail, du 1er août 2008 sur les droits et devoirs des demandeurs d'emploi, du 25 juin 2008 sur la moderni-

sation du marché du travail, etc.). La proposition de Loi de « simplification du droit » :
– a été votée par l'Assemblée nationale le 18 octobre 2011,
– a été rejetée par le Sénat le 10 janvier 2012.
Elle devrait être examinée en Commission Mixte Paritaire le 18 janvier 2012. Le texte sera ensuite soumis à chacune des assemblées.
Le dernier mot appartiendra à l'Assemblée nationale. Le texte pourrait être adopté avant mars 2012 (date de la fin de la session parlementaire), sous réserve d'un recours au Conseil constitutionnel.

– réglementaire (décrets du 7 juill. 2011 sur la pénalité financière concernant le non-respect de l'égalité professionnelle entre les femmes et les hommes et sur la pénibilité, décret du 28 juin 2011 sur les élections dans les TPE, plusieurs textes de réforme du chômage partiel).
– jurisprudentielle (avec notamment les arrêts de la Cour de cassation du 29 juin 2011 sur les forfaits en jours, du 8 juin 2011 sur les avantages catégoriels, du 18 mai 2011 au milieu d'un flot de décisions, notamment depuis le 14 avril 2010, sur le droit syndical et la représentativité syndicale, du 30 nov. 2010 sur l'obligation de sécurité de résultat de l'employeur d'un salarié intérimaire, du 19 nov. 2010 sur les licenciements dans les SAS, du 6 juill. 2010 sur l'égalité de rémunération entre les femmes et les hommes, du 8 déc. 2009 sur les conditions de validité d'une charte d'éthique, du 1er juill. 2009 sur l'égalité de traitement entre salariés – cadres et non-cadres, des 24 et 25 fév. 2009 sur les droits du salarié malade – emploi et congés payés, etc. ; l'arrêt du Conseil d'État du 30 oct. 2009 permettant enfin le recours au droit communautaire contre un acte administratif ; les décisions du Conseil constitutionnel, notamment à la suite de Questions prioritaires de constitutionnalité, en particulier en matière de droit syndical et de relations sociales).
– conventionnelle (accords 26 mars 2010 sur le harcèlement et la violence au travail, du 2 oct. 2009 sur le chômage partiel, du 7 janvier 2009 sur la formation professionnelle, du 15 déc. 2008 sur le chômage partiel, du 14 nov. 2008 sur la GPEC, du 2 juill. 2008 sur le stress ; Position commune du 9 avril 2008 sur la représentativité syndicale et le dialogue social, du 11 janv. 2008 sur la réforme du marché du travail ; accords de branches, accords de groupes, accords d'entreprises).
– européenne (Union européenne), toujours plus prégnante (entrée en vigueur du traité de Lisbonne le 1er déc. 2009 – par décret du 1er déc. 2009 portant publication du Traité en France ; directive-refonte sur le comité d'entreprise européen du 16 mai 2009, directive sur le travail intérimaire du 19 nov. 2008 ; jurisprudence sur la négociation collective, du 5 juill. et du 12 oct. 2010, la discrimination liée à l'âge des 12 et 19 janvier 2010, le droit aux congés payés des 20 janvier et 10 sept. 2009 et du 22 nov. 2011, la rupture du contrat liée à l'âge de départ à la retraite du 5 mars 2009, le contrat

à durée déterminée du 23 avril 2009, la discrimination par association ou par propos des 10 et 17 juillet 2008, la santé au travail du 5 juin 2008, le détachement temporaire de travailleurs du 3 avril 2008, la discrimination liée à l'orientation sexuelle du 1er avril 2008, le travail à temps partiel du 6 déc. 2007, l'action collective des 11 et 18 déc. 2007, etc.) ; mais également du Conseil de l'Europe (notamment les décisions du Comité européen des droits sociaux rendues publiques le 14 janvier 2011 sur le système des forfaits en jours et sur les périodes d'astreinte).

Cet ouvrage rend accessible à un large public, en formation ou en responsabilité, une matière en pleine transformation, précise le droit applicable sur les points essentiels, mais aussi permet de comprendre et de maîtriser les règles et leurs multiples usages. Les auditeurs du Cnam, de ses centres régionaux et de ses instituts ainsi que les étudiants en filières professionnelles, découvriront ici une ressource fiable pour apprendre ce droit passionnant. Les praticiens, eux, trouveront là un appui pour se repérer et agir le plus sûrement et le plus efficacement possible. L'ouvrage offre ainsi des balises dans cet océan de règles, complexes et évolutives, pour améliorer l'effectivité du droit.

Introduction

Présentation générale du droit du travail

Objet, champ d'application, nature et fonctions

A. Objet

Dans le cadre d'une relation salariale, une personne fournit un travail à une autre personne. Dans cette relation, une personne privée (l'employeur) exerce un pouvoir privé sur une autre personne privée (le travailleur). Le bénéficiaire du travail détermine les conditions du travail. Le droit du travail reconnaît juridiquement ce pouvoir de fait et conforte en droit ce pouvoir économique. Mais tout pouvoir pouvant dégénérer en « abus de pouvoir », le droit du travail fixe des limites à ce pouvoir privé. D'une part, le droit du travail est basé sur une fiction juridique : dans la relation de travail, le travailleur met à disposition de l'entreprise son travail (sa capacité de travail, ses compétences, sa « force de travail » physique et intellectuelle), mais il ne met pas à disposition sa personne. La personne doit demeurer à l'abri de l'échange entre l'employeur et le salarié. Le travailleur n'est pas une chose, il n'est pas un esclave, ni un serf. « Le travail ne doit pas être considéré comme une marchandise » (Constitution de l'OIT de 1919).

D'autre part, le droit du travail prévoit :

- des règles fixant des droits minimums pour les salariés (exemple : le salaire minimum, la durée maximale du travail) ;
- des mécanismes d'élaboration et d'articulation de ses règles (exemple : la loi, la négociation collective).

Le droit du travail constitue la « règle du jeu » des relations de travail : il fixe les droits et les obligations des différents acteurs (personnes physiques et morales). Il constitue l'ensemble des règles qui régissent le travail dépendant dans le cadre d'une relation salariale.

B. Champ d'application

Le droit du travail s'applique :

– essentiellement aux salariés des entreprises privées (quel que soit leur statut – sociétés commerciales, associations, etc.), soit environ

16 millions de personnes. Les salariés agricoles relèvent du droit du travail, mais sont couverts, sur certains points, par des dispositions spécifiques (Code rural). Le droit du travail couvre de nouvelles professions (professions libérales où le statut salarial se développe comme les avocats, architectes, etc.) et parfois même des dirigeants d'entreprise (cumulant un mandat social et un contrat de travail, Soc. 16 oct. 1991). Le droit du travail s'applique donc à la grande majorité de la population active.
- partiellement aux salariés des entreprises publiques et des Établissements Publics Industriels et Commerciaux (ÉPIC) (RATP, EDF, SNCF, etc.) en articulation avec les règles prévues par les statuts. Mais il ne s'applique pas aux fonctionnaires des fonctions publiques (État, collectivités territoriales, hôpitaux), qui relèvent du « droit administratif du travail ». Cependant, il s'applique de manière marginale aux contractuels.
- ponctuellement aux travailleurs indépendants (chauffeurs routiers : limitation du temps de conduite ; artisans du bâtiment : règles de sécurité et de coordination ; gérants ; etc.).

C. Nature

Le droit du travail a un *caractère statutaire* : l'employeur et le salarié qui concluent et exécutent un contrat de travail adhèrent à un statut largement déterminé en dehors de leur volonté ; leurs relations sont largement prévues par la loi et par les textes conventionnels applicables (conventions collectives et accords collectifs de la branche en particulier).

La relation de travail individuelle s'inscrit dans ce cadre. L'individualisation peut s'appuyer sur le contrat de travail, mais dans les limites légales et conventionnelles.

Le droit du travail a un *caractère différencié* : ses règles applicables sont différentes suivant de nombreux paramètres. Il s'agit notamment :

- des seuils d'effectifs (10, 20, 50, 200, 300, 500, 1 000, etc. ; la majorité des salariés travaillent dans des PME – plus de 50 % des salariés travaillent dans des entreprises de moins de 50 salariés, environ 25 % dans des entreprises de moins de 10 salariés, etc., INSEE 2006) ;
- de la branche professionnelle ;
- de la qualification et de la catégorie professionnelles.

Suivant ces données, le salarié et l'employeur n'ont pas les mêmes droits et ne sont pas tenus aux mêmes obligations.

Le droit du travail n'a pas un *caractère indépendant*, mais il développe une certaine autonomie. C'est une branche du droit privé qui entretient des liens étroits avec les autres branches du droit (privé, public, européenne – UE et supranational) :

- droit de l'emploi : au sein du droit du travail se développe un droit de l'emploi (droit de la formation professionnelle, du chômage, etc.).
- droit de la protection sociale : le droit du travail et le droit de la sécurité sociale et plus largement de la protection sociale (légale et

complémentaire) forment le droit social. Ces deux branches visent à protéger la personne au travail contre des risques sociaux : ainsi des règles complémentaires en cas de maladie permettent de maintenir une certaine rémunération malgré l'absence de travail et de limiter le risque de perte de l'emploi.

– droit civil (droit des obligations) : si le droit du travail est issu du droit civil, il concerne cependant une relation particulière, c'est-à-dire une relation dans laquelle la personne même est impliquée, une relation inégale entre les contractants, une relation collective, une relation avec des rapports de pouvoirs.

Le droit du travail a donc développé des spécificités (des concepts et des techniques) : des sanctions intenses contre des atteintes à la personne (exemple : nullité de certains actes du pouvoir patronal) ou contre le détournement de la loi (exemple : requalification de CDD en CDI), la reconnaissance d'intérêts de groupes qui peuvent s'exprimer et être représentés (exemple : droit syndical), etc.

Le droit civil est insuffisant pour régir la relation de travail, cependant il peut combler des lacunes du droit du travail (exemple : respect de la vie privée) ou offrir des règles pertinentes (exemple : bonne foi devenue la loyauté dans les relations individuelles et collectives de travail).

Des branches du droit civil peuvent, de façon inattendue, influencer le droit du travail (exemple : le droit de la famille – régime matrimonial/communauté de l'employeur, une séparation/divorce, *via* le droit des sociétés avec le conjoint détenteurs d'actions – peut avoir des conséquences sur l'emploi des salariés de l'entreprise).

– droit des affaires (droit commercial, droit de la concurrence, droit des sociétés, droit bancaire, etc.) : le droit des affaires intègre davantage les intérêts des salariés et devient un moyen de protection (exemple : droit des entreprises en difficultés, salariés actionnaires ou présents dans les organes de direction). À l'inverse, une autre tendance viserait à transformer le contrat de travail en contrat commercial ; le droit des affaires influence le droit du travail et conditionne parfois son application (en droit des sociétés, le statut des SAS en est une illustration – voir *infra* en matière de licenciement et des droits du comité d'entreprise notamment).
– droit pénal : il assure la sanction du non-respect de certaines règles essentielles du droit du travail (exemple : SMIC, santé et sécurité au travail, droits collectifs, discriminations, etc.).
– droit administratif : il existe un droit administratif du travail lié aux décisions administratives prises par l'administration du travail (statut protecteur contre le licenciement pour les salariés investis d'un mandat de représentation des travailleurs, repos dominical, temps de travail, etc.).
– droit constitutionnel : le « bloc de constitutionnalité » peut être mobilisé dans le cadre de contentieux entre employeur et salarié (Soc. 8 avril 1992) et les décisions du Conseil constitutionnel

s'imposent au Parlement en cas d'annulation d'un texte, et aux juridictions dans l'interprétation de la loi.

– droit supranational (droit international, mondial et régional) et droit européen – UE : des règles du droit international sont mobilisées dans le cadre du droit du travail interne (exemple : contentieux du CNE). Les règles de droit européen – UE influencent de manière grandissante depuis plusieurs années le droit interne (temps de travail, discrimination, consultations de la représentation du personnel, etc.).

Le droit du travail a un *caractère instable* : il est soumis aux évolutions sociales, économiques et politiques. C'est un droit jeune, complexe et dynamique.

D. Fonctions

Le droit du travail joue des rôles traditionnels dévolus au système juridique dans un État de droit, et ce de manière parfois originale. Le droit du travail a plusieurs fonctions.

1. Organisation

Il impose des règles dans les relations sociales : la loi est souvent impérative. Ainsi, la qualification du contrat ne dépend pas de la volonté des parties, mais de la situation objective dans laquelle se trouve la personne qui fournit le travail.

De plus, il assure l'existence et le fonctionnement du marché du travail au niveau interprofessionnel, sectoriel et dans chaque entreprise. Il permet à l'offre et à la demande d'emploi et de travail de se constituer et de se rencontrer (classifications dans chaque branche professionnelle, formation professionnelle, essai, promotion, etc.).

Par ailleurs, il organise les relations sociales, selon un tissu de droits et d'obligations entre les parties.

Enfin, il propose un modèle de conduite conforme au droit et parfois plusieurs solutions juridiques, parmi lesquelles les personnes peuvent choisir : la loi est ici supplétive. Il en va ainsi des taux de majoration des heures supplémentaires : l'employeur peut appliquer la loi ou négocier un accord collectif.

2. Régulation sociale

Il cherche à concilier les intérêts légitimes des différentes parties au contrat (individuel et collectif) ainsi qu'à régler les conflits d'intérêts par le biais du droit et non plus par la violence (économique, physique, etc.), selon la « loi du plus fort ».

3. Promotion sociale

Il assure la défense des intérêts de la « partie faible au contrat » : il reconnaît aux salariés des droits économiques et sociaux, qui peuvent être améliorés par des accords collectifs fixant des dérogations *in melius* (l'ordre public social et le principe de faveur).

De plus en plus, il assure la sauvegarde de la personne du salarié – « *Le droit du travail est une terre d'élection des droits de l'Homme* », selon la formule du professeur Jean-Maurice Verdier et exprime des valeurs fondamentales de la société (l'égalité entre les femmes et les hommes, la liberté d'expression, etc.).

4. *Gestion sociale*

Il assure la défense des intérêts de la « partie forte au contrat » : il reconnaît juridiquement aux employeurs des droits économiques et sociaux (la liberté d'entreprendre, le pouvoir de sanctionner, le libre choix de leurs collaborateurs).

Il garantit une certaine égalité de concurrence entre entreprises et revêt donc une fonction économique.

Enfin il permet la flexibilité du travail et la réduction du coût du travail par le biais d'accords collectifs prévoyant des dérogations *in pejus* (l'ordre public « dérogatoire »).

Par conséquent, le droit du travail est « ambivalent » (selon la formule du professeur Gérard Lyon-Caen) : il reconnaît et conforte le pouvoir de l'employeur, mais le limite et garantit des droits aux salariés.

Le droit du travail a donc une utilité sociale et également économique. En préservant la personne au travail (notamment en matière de santé et de sécurité), en accroissant le niveau de qualification (en particulier par la formation professionnelle), en recherchant l'application des règles d'égalité de traitement, en favorisant le dialogue social, etc., il contribue à la paix sociale et à une plus grande efficacité du travail humain.

Ces différentes fonctions sont jouées au niveau de l'entreprise, d'une branche professionnelle et au niveau national interprofessionnel, et, plus ou moins, aux niveaux européen et mondial.

REPÈRES HISTORIQUES

« Quand tu ne sais pas où tu vas, regarde d'où tu viens », propose un proverbe peul. L'avenir du droit du travail est incertain. Il est nécessaire pour essayer de comprendre le droit d'aujourd'hui et ses possibles évolutions demain de repérer quelques moments clés et quelques tendances passées encore présentes, à travers plusieurs thèmes.

À lire : J.-P. Le Crom (dir.), *Deux siècles de droit du travail : l'histoire du droit du travail par les lois*, L'Atelier, 2002.

A. Emploi

Le droit est un facteur de contrôle de la main-d'œuvre : le salarié doit détenir son « livret ouvrier » (1803), sur lequel sont consignées les appréciations de ses précédents patrons et visé par la police (supprimé en 1890). Le Code civil (1804) traite du « Louage des domestiques et ouvriers » :

- « On ne peut engager ses services qu'à temps ou pour une entreprise déterminée » (art. 1780 ; volonté d'éviter le retour du servage), et
- « Le maître est cru sur son affirmation, pour la quotité des gages, le paiement du salaire de l'année échue ; et pour les acomptes donnés pour l'année courante » (art. 1781, abrogé en 1868 ; le régime probatoire est aménagé au bénéfice de l'employeur).

À côté de ce contrat de louage de services a existé pendant un temps le contrat de louage d'ouvrage pour les « ouvriers entrepreneurs » du bâtiment (art. 1799).

Au cours du XIXe siècle, l'industrie se développe et le nombre des ouvriers augmente.

Sous la IIe République (1848), l'État se préoccupe des personnes sans emploi (ateliers nationaux), et interdit le marchandage (prêt de main-d'œuvre ayant des conséquences préjudiciables pour les salariés), en même temps que l'esclavage.

Sous la IIIe République, le principe subsiste que le contrat conclu sans détermination de durée peut cesser à tout moment à l'initiative de l'employeur (Cour de cassation, 1872). Pour le salarié, il n'existe donc aucune sécurité de l'emploi. À la fin du XIXe siècle, les tribunaux commencent à admettre que certains licenciements peuvent être abusifs. La loi de 1890 prévoit que la rupture du contrat peut donner lieu à des dommages-intérêts. En 1928, une loi prévoit le maintien des contrats de travail en cas de transfert d'entreprise.

Sous la Ve République, en 1958, les « partenaires sociaux » créent le régime d'indemnisation du chômage ; en 1969, est conclu un premier accord entre les partenaires sociaux au niveau interprofessionnel sur la « sécurité de l'emploi » (complété en 1974 et 1986), traitant notamment des licenciements économiques et des mesures sociales. Mais il faudra attendre 1973 pour qu'une loi définisse les conditions dans lesquelles un licenciement est justifié. Après la suppression du contrôle administratif des licenciements économiques en 1986, de nombreuses lois modifient le régime de ces licenciements (1989, 2002, 2003, 2005, etc.).

Un accord national interprofessionnel fixe en 1970 des règles sur la formation professionnelle continue, modifiées notamment par l'Accord National Interprofessionnel (ANI) du 5 décembre 2003.

En matière de contrats précaires, la législation relative au travail temporaire a suivi la même évolution que celle relative au contrat à durée déterminée : une ordonnance du 5 février 1982 avait cherché à limiter les situations dans lesquelles il est loisible de recourir au travail temporaire, tout en améliorant le statut du salarié intérimaire. Cette ordonnance a été modifiée par une ordonnance du 11 août 1986. Reprenant un accord national interprofessionnel, conclu par les partenaires sociaux, la loi du 12 juillet 1990 tend à rapprocher le plus possible les législations relatives au travail temporaire et à durée déterminée ; elle a été modifiée en dernier lieu par la loi du 18 janvier 2005 permettant des activités de placement privé.

Le droit communautaire influence de manière croissante le droit interne notamment par le biais de directives devant faire l'objet de transpositions : en 1977, en matière de maintien des contrats de travail lors de transferts entre entreprises ; en 1999, avec des règles protectrices pour les salariés en contrats précaires, etc. La loi du 27 mai 2008 transpose en droit interne des dispositions de directives communautaires en matière de lutte contre les discriminations.

Prise en application de l'ANI sur la modernisation du marché du travail, la loi du 25 juin 2008 modifie plusieurs règles en matière de conditions d'emploi.

La deuxième partie de cet ouvrage est consacrée au contrat de travail et aux règles selon lesquelles il peut être conclu et surtout rompu, autrement dit à l'accès à l'emploi, à la perte de l'emploi, ainsi qu'à d'autres aléas (modification et suspension du contrat).

B. Travail

Au début du XIXe siècle, le vide législatif en matière de conditions de travail est total. Selon l'idéologie libérale, héritée de la dimension individualiste de la Révolution de 1789, consignée dans le Code civil, l'employeur et le salarié sont censés être à égalité et s'entendre librement, « de gré à gré », pour fixer le salaire et la durée du travail. L'État n'a pas à intervenir.

Avec le développement de l'industrie, les effets de ce libéralisme économique, sans régulation, se concrétisent dans la misère et l'exploitation des ouvriers, hommes et femmes et enfants (en témoignent les livres d'Émile Zola comme *Germinal*, le poème « Melancholia » dans *Les Contemplations* de Victor Hugo, Charles Dickens, etc.).

Des usages existent dans certaines professions et localités, que les conseils de prud'hommes font respecter. L'origine de l'institution remonte aux juridictions corporatives de l'Ancien Régime, mais c'est au cours du XIXe siècle que se sont progressivement affirmés ses traits originaux. Ces juridictions composées à l'origine d'employeurs – 1806 – sont progressivement devenues des juridictions électives et paritaires – en 1848 avec la IIe République, avant d'être réformées – en 1979.

Pendant la révolution industrielle, les chefs d'entreprise estiment nécessaire de définir des règles s'imposant au personnel, une « police du travail » faisant respecter la « discipline de la fabrique » inscrite dans les règlements d'atelier. Le régime disciplinaire est souvent particulièrement sévère pour les salariés – exemple de l'affaire des sabots : amende représentant près de la moitié du salaire mensuel d'une ouvrière, pour avoir porté des sabots en contravention avec le règlement, considérée comme licite par la Cour de cassation (Civ. 14 févr. 1866). Un règlement d'une usine du Calvados en 1876 édicte : « Tout ouvrier, contremaître, employé, en entrant dans l'usine, s'engage à travailler le jour ou la nuit, les dimanches et fêtes, quand le directeur le jugera utile. » Les règlements intérieurs traitaient de nombreuses questions (horaires, modalités de la paye, hygiène et sécurité, discipline, etc.).

Au cours du XIXe siècle, il apparaît peu à peu que la libre discussion des contrats est un mythe et qu'il n'existe pas d'égalité contractuelle entre l'employeur, qui dispose des moyens de production, et le salarié, qui n'a à offrir que sa « force de travail » et n'a souvent d'autre choix que d'accepter les conditions imposées par l'employeur. Si l'idée d'une législation protectrice des salariés s'impose alors, il reste entendu que cette législation ne se justifie que pour combattre les excès les plus visibles et qu'elle doit répondre à des objectifs démographiques, liés aux impératifs de la guerre, autant que sociaux. La première « loi sociale » (1841), votée à la suite du rapport Villermé (« Tableau de l'état physique et moral des ouvriers employés dans les manufactures de coton, de laine et de soie », 1840), ne concerne que les enfants (âge d'admission au travail à 8 ans, pour une durée quotidienne de travail de huit heures, 12 heures de 12 à 16 ans, etc., dans les entreprises de plus de 20 salariés).

Des lois ultérieures (1874, 1892) limitent la durée du travail des femmes et des enfants, en particulier pour des raisons démographiques. La loi de 1906, votée à la suite de conflits collectifs dans le commerce, notamment dans les grands magasins parisiens, dans un but de protection des salariés, rétablit le repos hebdomadaire et pose comme principe que ce repos doit être pris le dimanche, avec de nombreuses exceptions. Les décrets Millerand imposent aux adjudicataires des marchés de l'État le respect de certaines normes, dont un salaire minimum (1899).

La loi de 1910 permet la promulgation des livres du premier Code du travail.

En 1919, une loi limite la durée du travail quotidienne pour tous les salariés (« journée de huit heures »), en réponse à une forte revendication du mouvement syndical, depuis 1890, relayé par la Convention n° 1 de l'Organisation Internationale du Travail (OIT) de 1919 (non ratifiée par la France).

Le taylorisme et le fordisme, avec la division du travail, la parcellisation et la standardisation des tâches, modifient profondément l'organisation du travail pour accroître la productivité des ouvriers en usine (Louis-Ferdinand Céline, *Voyage au bout de la nuit*, 1932 ; voir et revoir *Les Temps Modernes* de Charlie Chaplin, 1936).

En 1936, avec le Front populaire est posé le principe de la « semaine de 40 heures » comme durée maximale hebdomadaire, mais avec quelques dérogations (notamment les équivalences). En 1936, les congés payés sont légalisés : ils sont portés de deux semaines par an à trois semaines en 1956, à la suite d'accords collectifs conclus en premier lieu à Renault Billancourt, puis à quatre semaines en 1969, après les accords conclus dans le cadre du mouvement de mai 1968, et enfin à cinq semaines en 1982.

En 1946, la loi prévoit que des heures peuvent être travaillées au-delà de 40 heures : ce seront des heures supplémentaires payées à un taux majoré. En 1973, une loi sur l'amélioration des conditions de travail ouvre une brèche dans l'horaire collectif obligatoire pour tous, en permettant le travail à temps partiel et les horaires individualisés. Une ordonnance du 16 janvier 1982 fixe la durée légale de la semaine de travail à 39 heures et prévoit la possibilité de conclure des accords « dérogatoires » pour calculer la durée du travail sur l'année (modulation). Depuis, de nombreux textes permettent de nouvelles possibilités de « dérogations » en matière de temps de travail (1986, 1987, 1993).

En 1993, une directive communautaire prévoit des temps de repos minimums (transposés dans la loi Aubry I de 1998). La loi du 19 janvier 2000 fixe la durée légale hebdomadaire du travail à 35 heures et modifie des règles concernant des aménagements « dérogatoires » du temps de travail. Sans modifier la durée légale, de nombreuses lois modifient depuis des règles d'aménagement et le régime des heures supplémentaires (notamment les lois du 17 janv. 2003, du 4 mai 2004, du 18 janv. 2005, du 31 mars 2005, du 2 août 2005, du 21 août 2007, du 8 févr. 2008, du 20 août 2008, du 9 août 2009).

La législation relative à la durée du travail a notamment pour objet de préserver l'intégrité physique des travailleurs. C'est la même préoccupation qui a inspiré toute la partie de la législation relative à l'hygiène et à la sécurité qui vise essentiellement à prévenir les accidents du travail et les maladies professionnelles. Il existe en la matière une réglementation très abondante, imposant à l'employeur de prendre les mesures de précaution appropriées aux risques que présente son entreprise, compte tenu des techniques utilisées. C'est en particulier à l'Inspection du travail (créée en 1892) qu'il revient de vérifier que cette législation, inaugurée par une loi de 1893, complétée par un décret de 1913, et qui n'a cessé de se développer depuis, notamment sous l'influence du droit communautaire (Acte unique, 1986 ; directive-cadre de 1989), est correctement appliquée.

Quant à la réparation des accidents du travail et des maladies professionnelles (c'est-à-dire les soins appropriés et l'indemnisation), elle fait l'objet d'une première législation avec la loi de 1898 et est assurée maintenant par la Sécurité sociale (branche AT/MP). La responsabilité pénale de l'employeur peut être reconnue notamment en cas d'accident ou de maladie professionnelle survenu à un salarié de son entreprise. La loi protège également le contrat de travail du salarié victime d'un accident du travail ou d'une maladie professionnelle et veille à sa réinsertion professionnelle.

Le salaire constitue pour le travailleur le moyen de subvenir à ses besoins et à ceux de sa famille. Il y attache au moins autant d'importance qu'à ses conditions de travail. En la matière, la législation a d'abord cherché à protéger le salarié en tant que créancier de son employeur et a doté cette créance, parce qu'elle est « alimentaire » (le travailleur a besoin de son salaire pour vivre), d'un statut juridique particulier. En ce qui concerne le montant du salaire, le principe est qu'il est fixé librement. La loi intervient pour prévenir toute discrimination et prévoir un salaire minimum au-dessous duquel aucun salarié ne peut être payé (loi de 1950 et surtout de 1970, mettant en œuvre le « Protocole de Grenelle » de 1968). Le droit européen prévoit des dispositions pour protéger le salarié en cas d'insolvabilité de l'employeur (1977).

En 1982, la « loi Auroux » du 4 août sur les libertés publiques dans l'entreprise, affirme que le salarié demeure un citoyen dans l'entreprise. En 1983, 2001 et 2008, sous l'influence du droit communautaire (directives), le Code du travail renforce ses dispositions pour agir contre les discriminations.

La troisième partie de cet ouvrage traite de la rémunération et des conditions de travail (temps de travail, congés payés, santé et sécurité).

C. Relations collectives de travail

La première Révolution française condamne toute forme d'entente ou de « coalition ». Le droit du travail ainsi est né, aussi avec un volet individualiste rejetant, puis réprimant, toute organisation collective (suppression des corporations, décret d'Allarde de 1791 ; interdiction des groupements, loi Le Chapelier de 1791). Napoléon insère le délit de coalition dans le Code pénal (1810). Le salarié isolé est en général démuni devant son employeur.

Au cours du XIXe siècle, la loi progressivement reconnaît la possibilité aux salariés de se réunir, de s'organiser et d'affirmer leur existence collective, pour qu'un certain équilibre puisse être établi. Ceci suppose que les salariés puissent constituer des syndicats et recourir à la grève comme moyen de pression. Sous le Second Empire (loi du 5 mai 1864), le délit de coalition est supprimé et les grévistes ne risquent donc plus la prison.

Sous la IIIe République (loi Waldeck-Rousseau du 21 mars 1884), les syndicats sortent de la clandestinité et peuvent acquérir une existence légale (de 1791 à 1884, la négociation collective et la signature d'accords collectifs sont illégales). Les syndicats obtiennent le droit d'agir en justice pour la défense des intérêts collectifs de la profession qu'ils représentent (Cour de cassation, chambres réunies, 5 avril 1913, décision reprise dans la loi du 12 mars 1920).

Sous la IVe République (1946), le droit de grève et le droit d'adhérer au syndicat de son choix sont reconnus par la Constitution française et en droit international. Pour les syndicats de salariés et pour les travailleurs eux-mêmes, la grève constitue un moyen, non une fin. L'objectif est d'obtenir des rémunérations plus élevées, de meilleures conditions de travail, la sauvegarde de l'emploi, etc. Les revendications en ce domaine feront l'objet d'une négociation collective avec les employeurs et la négociation pourra aboutir à un accord collectif fixant de nouvelles règles. Ces règles sont plus favorables pour les salariés que celles qui résultent de la législation.

La législation, dans presque tous les pays industrialisés, en adéquation avec les Conventions de l'OIT notamment, organise la négociation des conventions collectives, détermine le cadre de la négociation, précise notamment les parties à la négociation et les effets de la convention collective une fois conclue. En France, la première loi en la matière est tardivement apparue en 1919, bien longtemps après que les syndicats eurent été dotés d'une existence légale et eurent déjà conclu de premiers accords (sur le modèle des syndicats anglais initiateurs en la matière). De nouvelles lois furent promulguées en 1936 (mécanismes d'application large d'accords), après les Accords Matignon du 7 juin, et en 1950 (négociation dans le cadre d'une branche d'activité et d'établissements). De 1936 à 1982, le droit du travail s'est largement construit par le biais d'accords collectifs, conclus à différents niveaux, et améliorant la situation des salariés par rapport à la loi.

La loi de 1971 reconnaît le droit des travailleurs à la négociation collective, aux différents niveaux de négociation (entreprise, branche, national, interprofessionnel). La « loi Auroux » du 13 novembre 1982 encourage la négociation à deux niveaux (branche et entreprise) et prévoit une obligation de négocier annuellement sur les salaires et la durée du travail dans chaque entreprise « organisée » (dotée d'une section syndicale). Depuis 1982, une négociation de gestion permet de conclure des accords qui ne sont pas forcément plus favorables que la loi. La « loi Fillon » du 4 mai 2004 vise à orienter la négociation au niveau de l'entreprise et prévoit la possibilité de conclure des accords d'entreprise qui ne soient pas plus favorables que les accords de branche.

En France, la représentation des salariés emprunte, à côté du canal syndical, un second canal : la représentation élue du personnel. La législation a d'abord institué les délégués du personnel (créés initialement en 1936) puis, à la Libération, dans le prolongement du régime de Vichy, les comités d'entreprise (ordonnance du 22 févr. 1945, loi du 16 mai 1946). Les délégués du personnel sont chargés de présenter les réclamations du personnel. Le comité d'entreprise est un organisme d'information et de concertation qui permet de faire participer des représentants du personnel à la marche de l'entreprise. Les délégués du personnel et au comité d'entreprise sont élus par le personnel. Ce sont les institutions représentatives du personnel (IRP), renforcées par le Comité d'Hygiène, de Sécurité et des Conditions de Travail (CHSCT) et le comité de groupe (1982).

Pour le législateur de 1884, le cadre naturel de l'action syndicale est le cadre local ou professionnel. À partir de 1936-1946, les syndicats de salariés jouent un rôle important dans la mise en place et le fonctionnement de ces IRP et souvent les élus du personnel sont aussi des militants syndicaux. Les syndicats représentatifs dans l'entreprise peuvent exercer une influence sur l'orientation et les délibérations du comité, sur l'action des délégués du personnel. Elles n'autorisent pas les syndicats à mener dans l'entreprise les actions par lesquelles s'expriment leur spécificité et leurs objectifs. Cette revendication du droit syndical dans l'entreprise s'est affirmée avec force dans les années 1960. Aux raisons de principe – il n'est pas normal que le syndicat soit exclu de l'entreprise, lieu où sont vécues les situations de travail et où les revendications prennent forme – se sont ajoutées des considérations pratiques (difficulté de rassembler les salariés en dehors de l'entreprise). Il est alors devenu clair que les syndicats, pour rester en contact avec les salariés, devaient pouvoir se manifester là où ceux-ci sont regroupés, c'est-à-dire dans l'entreprise. Bien que quelques conventions collectives de branche et d'entreprise aient, dès cette époque, reconnu aux syndicats de salariés des facilités en matière de collecte de cotisations ou d'affichage, le patronat était, dans l'ensemble, hostile à l'exercice du droit syndical dans l'entreprise.

Depuis une loi du 27 décembre 1968 (dont le principe avait été admis dans le Protocole de Grenelle en mai 1968), les syndicats peuvent en outre constituer des sections syndicales et désigner des délégués syndicaux dans les entreprises.

La loi du 28 octobre 1982 a étendu les attributions des IRP et renforcé les moyens d'action dont disposent les syndicats dans les entreprises. En revanche, la loi dite quinquennale du 20 décembre 1993 a voulu simplifier et alléger les moyens de fonctionnement des institutions représentatives. La loi du 12 novembre 1996 a transposé la directive communautaire sur le comité d'entreprise européen (réformée en 2009). La loi du 21 août 2007 réglemente le recours à la grève dans les transports terrestres de voyageurs.

Enfin, la loi sur la rénovation de la démocratie sociale du 20 août 2008, prise en application de la Position commune du 9 avril 2008 destinée à dynamiser le syndicalisme salarié, modifie les règles en matière de reconnaissance de la représentativité des organisations syndicales de salariés, d'élections professionnelles et de dialogue social.

La quatrième partie de cet ouvrage traite ainsi des relations collectives de travail.

Quant à la première partie, elle présente, en guise d'introduction, à ce qui suit et pour en permettre une meilleure compréhension, les principales institutions, administratives et judiciaires, qui interviennent dans la préparation ou la mise en œuvre du droit du travail et donne une vue d'ensemble des sources du droit du travail.

Chaque partie de l'ouvrage est divisée en chapitres, puis sections et enfin paragraphes.

PARTIE 1

SOURCES ET INSTITUTIONS

CHAPITRE I

Sources du droit

Le droit du travail est constitué d'un ensemble de règles, dont les sources sont multiples : internationales, communautaires et nationales, avec des sources d'origine étatique (constitution, loi, règlement, etc.) et celles qui résultent d'un accord (convention collective, contrat de travail), d'usages ou d'un acte unilatéral de l'employeur (règlement intérieur). Il s'agit là de sources qui, par opposition aux sources étatiques, sont appelées sources professionnelles.

À lire : M. Miné (dir.), C. Boudineau, A. Le Nouvel, M. Mercat-Bruns, B. Silhol, *Droit social international et européen*, Eyrolles – Éditions d'Organisation, 2010.

Sources internationales

A. Conventions de l'Organisation Internationale du Travail (OIT)

L'OIT, créée en 1919 par le traité de Versailles, est l'une des institutions spécialisées des Nations Unies, au même titre que l'UNESCO, l'UNICEF, etc., de création pourtant plus récente. L'instance suprême de l'OIT est la Conférence internationale du travail qui se réunit chaque année pendant trois semaines en juin, à Genève. Le secrétariat permanent de l'OIT est constitué par le Bureau International du Travail (BIT), dont le siège est à Genève.

La conférence rassemble les délégations des 180 États membres. Chaque délégation comprend quatre personnes : deux représentants du gouvernement, un représentant des employeurs, un représentant des travailleurs. À la différence d'autres institutions internationales, les délégations ne sont donc pas exclusivement gouvernementales. Le tripartisme caractérise l'OIT.

L'une des missions de la Conférence est d'élaborer des conventions. Certaines portent sur des problèmes généraux (Inspection du travail, Sécurité sociale, durée du travail, chômage et placement, droit syndical, etc.), d'autres concernent des catégories particulières de salariés (femmes, jeunes, travailleurs agricoles, gens de mer, travailleurs migrants, etc.). La dernière convention adoptée est la convention n° 188 du 14 juin 2007 sur le travail dans la pêche (complétée par la recommandation n° 199), qui entrera en vigueur 12 mois après avoir été ratifiée par dix États membres (dont huit ayant une flotte de pêche).

Le choix des questions qui feront l'objet d'une convention incombe au conseil d'administration (tripartite) du BIT et c'est le Bureau qui, après consultation des États membres, prépare un projet de convention. Celui-ci est examiné par la Conférence au cours de deux sessions consécutives et peut être modifié (de la même façon qu'au plan national le Parlement français peut modifier un projet de loi gouvernemental). Le texte final doit être approuvé par la Conférence.

Une fois le texte de la convention adopté, il reste aux États membres à le soumettre à leur autorité compétente pour décider s'ils procéderont à la ratification de la convention. En France, l'instance compétente pour décider de ratifier une convention internationale (ou un traité) est le Parlement. Si la France ratifie une convention de l'OIT, celle-ci prend le caractère obligatoire d'un engagement international formel et devient partie intégrante du droit national. Si des dispositions de la législation antérieure sont en contradiction avec les dispositions de la convention, celle-ci l'emporte. Dans la pratique, la législation nationale sera modifiée pour la mettre en harmonie avec la convention.

La France est le pays qui a ratifié le nombre le plus élevé de conventions (124 sur 188). Cependant, elle n'a pas ratifié certaines conventions importantes (exemples : la Convention n° 1 de 1919 sur la journée de huit heures, la Convention n° 143 de 1975 complétant la Convention n° 97 sur les travailleurs migrants). Il existe un système original de contrôle de l'application des conventions par les États qui les ont ratifiées, organisé par l'OIT (commission d'experts et comité de la liberté syndicale, puis commission de la conférence et conférence plénière).

B. Traités bilatéraux

Parmi les sources internationales, on mentionnera encore les traités bilatéraux conclus entre la France et un autre État, par exemple sur les travailleurs migrants : accords de main-d'œuvre ou conventions de Sécurité sociale. Il existe de tels accords avec les pays – autres que ceux de l'Union européenne (UE), qui garantit la liberté de circulation et de travail dans tous les États membres – dont les nationaux sont nombreux à travailler en France : Algérie, États d'Afrique francophone, etc.

C. Textes du Conseil de l'Europe

Les textes élaborés par le Conseil de l'Europe sont principalement pour ce qui concerne le droit du travail :

- la Convention européenne de sauvegarde des droits de l'Homme et des libertés fondamentales (CESDHLF) de 1950, et les protocoles additionnels ;
- la Charte sociale européenne (CSE) de 1961, révisée en 1996 (CSER).

Le Conseil de l'Europe, organisation qui réunit actuellement 47 membres, y compris des États de l'ancienne Europe de l'Est, dont la fédération de Russie, est à l'origine d'une importante jurisprudence de la Cour européenne des droits de l'Homme (CEDH) de Strasbourg, qui s'impose aux États.

Union européenne	Conseil de l'Europe
« Europe économique et sociale »	« Europe politique »
27 États	47 États
Textes Traité (1957, 1986, 1992, 1997, 2000, 2004, 2008) Règlements Directives Accords collectifs	**Textes** Convention européenne de sauvegarde des droits de l'Homme et des libertés fondamentales (1950) + Protocoles Charte sociale européenne révisée (1961, 1996).
Jurisprudence : CJCE (Luxembourg)	**Jurisprudence : CEDH (Strasbourg)**
La CJCE est saisie notamment par une juridiction interne (question préjudicielle) ou par la Commission (recours en manquement). L'avis de la CJCE s'impose aux États.	La CEDH est saisie par une personne après épuisement des voies de recours internes (dans le délai de six mois suivant la dernière décision) ; la décision s'impose aux États.
	Le Comité européen des droits sociaux (CEDS) est saisi d'une réclamation collective, par une organisation, pour non-respect par l'État de la Charte sociale ; en cas de condamnation, l'État doit se mettre en conformité.
Décisions récentes concernant directement la France : • CJCE 1er décembre 2005, A. Dellas (temps de travail – régime des équivalences) (question préjudicielle). • CJCE 5 juin 2008, Commission c/ France (directive cadre santé et sécurité) (recours en manquement).	Décisions récentes concernant directement la France : • CEDH 9 janvier 2007 (deux arrêts) (régime des équivalences – temps de travail) • CEDS octobre et décembre 2004, Comité des Ministres 5 mai 2005 (régimes du forfait en jours et des astreintes – temps de travail) • CEDS 23 juin 2010 (forfait en jours et astreinte).

Tableau 1 – Textes et juridictions de l'Union européenne et du Conseil de l'Europe

Sources communautaires

A. Traités

La Communauté Économique Européenne (CEE) a été instituée en 1957 par le traité de Rome, modifié depuis (Acte unique, 1986 ; Maastricht, 1992 ; Amsterdam, 1997) et encore amendé en 2000 par le traité de Nice. Après les votes négatifs en France et aux Pays-Bas sur le Traité portant Constitution pour l'Europe (TCE), l'entrée en vigueur du traité de Lisbonne (ratifié par la France en févr. 2008), constitué du traité sur l'Union Européenne (TUE) et du traité sur le fonctionnement de l'Union Européenne (TFUE), réforme l'UE à partir du 1er décembre 2009.

L'UE comprend aujourd'hui 27 États membres. Aux six États fondateurs (Belgique, République Fédérale d'Allemagne, France, Italie, Luxembourg et Pays-Bas) se sont joints le Royaume-Uni, l'Irlande et le Danemark (1973), la Grèce (1981), l'Espagne et le Portugal (1986), l'Autriche, la Finlande et la Suède (1995). Dix autres États ont été intégrés le 1er mai 2004 : Chypre, Malte ainsi que des États d'Europe centrale (Pologne, Hongrie, République tchèque, Slovaquie et Slovénie) et baltes (Estonie, Lettonie et Lituanie), et le 1er janvier 2007 la Bulgarie et la Roumanie.

Cette organisation opère un transfert de compétences des États membres au profit des institutions communautaires. Les institutions de l'UE sont les suivantes :

- « Le Parlement européen exerce, conjointement avec le Conseil, les fonctions législative et budgétaire. Il exerce les fonctions de contrôle politique… Il élit le président de la Commission ». Il « élit parmi ses membres son président et son bureau ». « Les membres du Parlement européen sont élus au suffrage universel direct » (art. 14 TUE, art. 233 TFUE).
- « Le Conseil européen donne à l'Union les impulsions nécessaires à son développement et en définit les orientations et les priorités politiques générales » ; il « est composé des chefs d'État ou de gouvernement des États membres, ainsi que de son président et du président de la Commission », il « se réunit « deux fois par semestre ». Le Conseil élit son président « stable », qui préside et anime les travaux, assure la préparation et la continuité de ces travaux… » (art. 15, art. 235 TFUE). La présidence « tournante » est assurée, par roulement, pour six mois, par chaque État membre ; par grandes fonctions (affaires sociales, etc.), chaque conseil des ministres spécifique est composé d'un représentant de chaque État membre au niveau ministériel, habilité à engager le gouvernement de l'État membre qu'il représente et à exercer le droit de vote. « Le Conseil exerce, conjointement avec le Parlement européen, les fonctions législative et budgétaire. » (art. 16 TUE, art. 237 TFUE.)
- « La Commission promeut l'intérêt général de l'Union et prend les initiatives appropriées à cette fin. Elle veille à l'application des traités

ainsi que des mesures adoptées par les institutions en vertu de ceux-ci. Elle surveille l'application du droit de l'Union sous le contrôle de la Cour de justice de l'Union européenne. (...). Elle exerce des fonctions de coordination, d'exécution et de gestion... » « Un acte législatif ne peut être adopté que sur proposition de la Commission », sauf exception prévue par les traités. Elle est composée de 27 commissaires et son président « définit les orientations dans le cadre desquelles la Commission exerce sa mission » (art. 17 TUE, art. 244 TFUE).

– « La Cour de justice de l'Union européenne comprend la Cour de justice, le Tribunal et des tribunaux spécialisés. Elle assure le respect du droit dans l'interprétation et l'application des traités. » La CJUE statue sur les recours en manquement (formés par la Commission), « à titre préjudiciel, à la demande des juridictions nationales, sur l'interprétation du droit de l'Union... » et dans les autres cas prévus par les traités (art. 19 TUE, art. 251 TFUE).
– La Banque centrale européenne et la Cour des comptes.

Face au Conseil qui représente les États membres, la Commission incarne l'UE et c'est d'elle que viennent les propositions à l'origine des textes du « droit social européen » (règlements et surtout directives).

B. Règlements et directives

Les règlements sont directement applicables dans les États membres (à la différence des conventions de l'OIT qui ne deviennent applicables qu'après ratification par l'autorité compétente). À titre d'exemple, c'est un règlement qui a défini les modalités de coordination entre les systèmes nationaux de Sécurité sociale, coordination nécessaire si l'on veut que la libre circulation des travailleurs, à l'intérieur de la Communauté, ne soit entravée, alors que c'est l'un des principes posés par le traité de Rome.

L'Acte Unique Européen de 1986 a donné une importance accrue aux directives, notamment dans le domaine de la santé et de la sécurité au travail. À la différence des règlements, directement applicables dans les États membres, les directives fixent des objectifs et un délai, les gouvernements étant libres de déterminer les moyens (dispositions étatiques – lois, décrets, ou dispositions conventionnelles) permettant d'atteindre les objectifs assignés dans le délai prescrit. Dans le domaine de la politique sociale, pour les « compétences partagées » définies dans le Traité, elles sont adoptées dans le cadre de la « procédure législative ordinaire » à la majorité qualifiée du Conseil (codécision Conseil/Parlement).

C. Chartes

La Charte des droits sociaux fondamentaux, sorte de programme social, a été adoptée en 1989 sous la présidence française. Le traité de Maastricht, entré en vigueur le 1er novembre 1993 et intégré au traité de Rome par le traité d'Amsterdam, développe la compétence sociale et ouvre le dialogue social européen. Il a notamment conduit à l'adoption rapide d'un texte en chantier depuis 1980, la directive du 22 septembre 1994 concernant l'institution d'un comité d'entreprise européen ou d'une procédure dans les entreprises ou les groupes d'entreprises de dimension communautaire, en vue d'informer et de consulter les salariés.

La Charte des droits fondamentaux de l'Union européenne du 7 décembre 2000, qui inspirait déjà la jurisprudence communautaire (CJCE 11 déc. 2007, Viking ; CJCE 18 déc. 2007, Laval ; etc.), se voit enfin reconnaître la « même valeur juridique que les traités » (Conseil européen du 22 juin 2007), dans le cadre du traité de Lisbonne, lui donnant une force juridique contraignante (art. 6 § 1 TUE). Le Parlement européen, le Conseil et la Commission ont proclamé la Charte des droits fondamentaux de l'UE le 12 décembre 2007. Désormais, depuis l'entrée en vigueur du Traité de Lisbonne et par conséquent de la Charte, le juge fonde ses décisions sur la Charte (en premier lieu : CJUE 19 janv. 2010, C-555/07).

D. Jurisprudence

La jurisprudence du juge de l'U.E. (CJUE, dit juge de Luxembourg) assure la primauté du droit communautaire sur le droit interne de chaque État. Elle cherche une conciliation des libertés économiques avec les objectifs sociaux de l'Union européenne. Cette jurisprudence est une source importante du droit du travail et apporte une certaine contribution à l'édification d'une « Europe sociale ». Le juge est notamment saisi par le biais de questions préjudicielles posées par les juges nationaux et par le biais de recours en manquement formulés par la Commission à l'encontre d'États (la France a été l'objet de nombreux recours et de condamnations au regard de sa lenteur à transposer de manière satisfaisante des directives souvent favorables aux salariés).

E. Accords collectifs

Des accords collectifs européens sont conclus par les partenaires sociaux (CES, BusinessEurope, UEAPME, CEEP) dans le cadre du dialogue social communautaire interprofessionnel (télétravail, stress, violence et harcèlement ; CDD, temps partiel, congé parental) et sectoriel.

Sources internes d'origine étatique

A. Constitution et « bloc de constitutionnalité »

La Déclaration des droits de l'Homme et du citoyen de 1789 avait pour objet de consacrer solennellement certains droits qui garantissent la liberté politique. La Constitution de 1946, dans son préambule, a énuméré un certain nombre de droits sociaux qui complètent les droits de l'homme au plan politique. La Constitution du 4 octobre 1958, qui a créé les institutions de l'actuelle Ve République, se réfère aux droits de l'Homme énoncés en 1789 et confirme les « droits sociaux de l'Homme » définis en 1946 (DC 16 juill. 1971, Association). Sont ainsi notamment reconnus :

- l'égalité entre les femmes et les hommes (« la loi garantit à la femme, dans tous les domaines, des droits égaux à ceux de l'homme ») ;
- le droit à l'emploi (« chacun a le devoir de travailler et le droit d'obtenir un emploi »), sans discrimination ;
- le droit syndical (« tout homme peut défendre ses droits et intérêts par l'action syndicale et adhérer au syndicat de son choix ») ;
- le droit de grève (dans le cadre des lois qui le réglementent) ;
- la négociation collective et la participation (« tout travailleur participe, par l'intermédiaire de ses délégués, à la détermination collective des conditions de travail ainsi qu'à la gestion des entreprises ») ;
- le droit à la Sécurité sociale.

Dans leurs jugements, les tribunaux font parfois référence à ces droits exprimés en termes généraux, mais ils se fondent en général sur les dispositions plus précises de la loi. Un salarié qui s'estime injustement licencié n'invoquera pas le droit à l'emploi, reconnu par la Constitution, mais la loi qui dispose qu'un licenciement n'est justifié que s'il a une « cause réelle et sérieuse ». Cependant, l'influence des principes posés par la Constitution est importante. La jurisprudence de la Cour de cassation sur l'exercice du droit de grève serait probablement moins libérale si la grève n'était pas un droit reconnu solennellement par la Constitution.

La révision constitutionnelle adoptée par le Congrès (4 févr. 2008) prévoit que la République « peut participer à l'UE dans les conditions prévues par le traité de Lisbonne » (art. 88-1 et 88-2).

Le Conseil constitutionnel se prononce, lorsqu'il est saisi par des députés ou des sénateurs, sur la conformité à la Constitution des dispositions d'une loi votée par le Parlement. Il examine notamment si ses dispositions ne violent pas les principes constitutionnels d'égalité (égalité devant la loi, etc.). Le Conseil constitutionnel a ainsi annulé un article de la loi du 28 octobre 1982 relative au développement des institutions représentatives (une des « lois Auroux ») qui interdisait, sauf dans certains cas, les actions en dommages-intérêts, intentées à l'encontre de délégués ou de syndicats, à la suite d'une grève. Le Conseil constitutionnel a considéré que cet article, en interdisant à certaines personnes (employeurs, éventuellement salariés, etc.) d'agir en réparation, violait le principe d'égalité devant la loi. Il a, en revanche, déclaré constitutionnels les articles de la loi du 4 mai 2004 de nature à bouleverser les règles du dialogue social en France.

B. Loi, ordonnance et décret

Loi. Expression de la souveraineté populaire, la loi demeure une source essentielle du droit du travail : elle détermine les principes fondamentaux du droit du travail, du droit social et du droit syndical (art. 34 de la Constitution). Toute loi résulte d'un projet de loi, préparé par le gouvernement, ou d'une proposition de loi déposée par un membre de l'Assemblée nationale ou du Sénat.

En fait, la plupart des lois intéressant le droit du travail résultent d'un projet gouvernemental. Il en est ainsi des lois sur le licenciement (1973, 1989, 2002), sur la prévention des accidents du travail (1976), sur les conseils de prud'hommes (1979, 2002). Les importantes réformes introduites en 1982 ont résulté de projets de loi préparés par le ministre du Travail, Jean Auroux : loi du 4 août 1982 sur les libertés des travailleurs dans l'entreprise (règlement intérieur, droit disciplinaire, expression des salariés), loi du 13 novembre 1982 sur la négociation collective et le règlement des conflits collectifs du travail, loi du 28 octobre 1982 sur les institutions représentatives du personnel, etc. Il en est de même pour la loi dite quinquennale du 20 décembre 1993, la loi dite Aubry II du 19 janv. 2000, relative à la réduction négociée du temps de travail, la loi de modernisation sociale du 17 janv. 2002, la loi du 4 mai 2004 relative notamment au dialogue social, la loi de programmation pour la cohésion sociale du 18 janv. 2005 et les lois du 21 août 2007 sur les heures supplémentaires et sur l'exercice du droit de grève dans les transports terrestres de voyageurs, etc.

Le projet ou la proposition est examiné par l'Assemblée nationale et le Sénat, article par article. Des amendements peuvent être adoptés qui modifient le projet initial. Dans le contexte d'inflation législative, le résultat n'est pas toujours parfait, des incohérences existent. La loi est votée par le Parlement (les députés et les sénateurs, ou par les députés seuls), puis promulguée par le président de la République et publiée au *Journal Officiel* de la République française.

Ordonnance. Certains textes légaux ont, dans un premier temps, la forme d'une ordonnance (art. 38 de la Constitution). Le gouvernement intervient alors dans un domaine réservé au pouvoir législatif, en vertu de pouvoirs spéciaux accordés par le Parlement au gouvernement. C'est ainsi que le premier a autorisé le second à prendre des ordonnances en 1982, 2001, 2003, 2004 et 2005. Au début du processus, le Parlement vote une loi d'habilitation, autorisant le gouvernement à prendre des ordonnances dans le domaine de compétence du Parlement, pendant une durée limitée et sur des thèmes identifiés, puis, à la fin du processus, le Parlement vote une loi de ratification, donnant valeur législative à l'ordonnance. À défaut de ratification, l'ordonnance n'a qu'une valeur réglementaire.

Décret. Les règlements relèvent du seul pouvoir exécutif (art. 37 de la Constitution), sans intervention du Parlement, et sont destinés à apporter des précisions à une loi. La loi n'est parfois pas applicable tant que les décrets d'application n'ont pas été publiés : décrets en Conseil d'État et décrets simples. En outre, sur certains points, les ministres, les préfets ou les maires peuvent prendre des arrêtés (arrêté interministériel fixant le nouveau taux du salaire minimum interprofessionnel de croissance (SMIC) ; arrêté du préfet concernant le travail du dimanche par exemple).

Selon la Constitution de 1958, le domaine de la loi est la « détermination des principes généraux du droit du travail et du droit syndical ». Cette indication est assez vague. En fait, les questions les plus importantes font l'objet d'une loi. Les décrets la complètent en précisant certains points ou traitent de questions techniques qui ne touchent pas aux principes généraux (par exemple en matière de sécurité).

Les instructions et circulaires adressées par les ministres aux services et établissements de l'État ne constituent pas des sources du droit. Ce sont des interprétations du droit par le ministre concerné. Les circulaires ne modifient pas l'état du droit applicable (exemples : les circulaires sur la pandémie grippale A H1N1). Elles sont intéressantes à connaître et désormais elles « sont tenues à la disposition du public sur un site Internet relevant du Premier ministre » et « Une circulaire ou une instruction qui ne figure pas sur le site Internet… n'est pas applicable. Les services ne peuvent en aucun cas s'en prévaloir à l'égard des administrés » (des citoyens !) à partir du 1er mai 2009 (décret du 8 déc. 2008).

Code du travail. La distinction entre la loi, les règlements et les décrets se reflète dans la structure du Code du travail, dont une nouvelle version est entrée en vigueur le 1er mai 2008. Le Conseil constitutionnel a validé la loi ratifiant l'ordonnance du 12 mars 2007 relative à la nouvelle codification du Code du travail et a apporté plusieurs précisions importantes (DC 17 janv. 2008 ; loi du 21 janv. 2008) et en particulier le fait que « *l'emploi du présent de l'indicatif ayant valeur impérative, la substitution du présent de l'indicatif à une rédaction formulée en termes d'obligation ne retire pas aux dispositions du nouveau Code du travail leur caractère impératif* ». La partie réglementaire a été publiée avec le décret du 7 mars 2008 et rectifiée (décret du 13 mars 2009).

Dans le Code du travail, figurent :

- les textes d'origine législative (les articles commencent par la lettre L) ;
- les dispositions résultant de décrets : décrets en Conseil d'État (les articles commencent par la lettre R) et décrets simples (les articles commencent par la lettre D).

Le Code comprend huit parties :

- relations individuelles de travail ;
- relations collectives de travail ;
- durée du travail, salaire, intéressement, participation et épargne salariale ;
- santé et sécurité au travail ;
- emploi ;
- formation professionnelle tout au long de la vie ;
- dispositions particulières à certaines professions ;
- contrôle de l'application de la législation du travail.

Chaque partie est subdivisée en plusieurs titres, puis chapitres, puis sections. Chaque article de la partie législative est affecté d'un nombre de quatre chiffres, auquel s'ajoute le numéro de l'article dans le chapitre. Exemple : l'article L. 4121-1 est le premier article du premier chapitre (obligations de l'employeur) du titre II (principes généraux de prévention) du livre premier (dispositions générales) de la partie 4 (santé et sécurité au travail). Le premier chiffre indique la partie, le deuxième le livre, le troisième le titre et le quatrième le chapitre.

La partie réglementaire du code a la même structure et le même système de numérotation que la partie législative. Il y a donc une correspondance entre ces deux parties. Certains éditeurs présentent les articles en L, puis les articles en R et D qui s'y rapportent (Dalloz, etc.) ; d'autres éditeurs font figurer ces articles les uns à la suite des autres, chapitre par chapitre (Francis Lefebvre, etc.). Une table de concordance entre l'ancienne et la nouvelle numérotation permet de se repérer plus facilement.

Dans le présent ouvrage, le nouvel article est indiqué (quatre chiffres, par exemple L. 1121-1), suivi parfois de l'ancien (trois chiffres, par exemple L. 120-2), notamment pour faciliter les recherches et la continuité en matière de jurisprudence.

C. Jurisprudence

La jurisprudence est composée des décisions de justice rendues par les cours et les tribunaux qui appliquent une règle de droit à des situations de fait. La jurisprudence de juridictions, notamment celle de la Cour de cassation et du Conseil d'État, constitue une source du droit du travail, du fait notamment qu'elle pose certaines règles, relatives à des points non précisés par la loi ou donne une interprétation d'un texte (loi, convention, etc.) ou encore règle une antinomie entre lois. Mais il n'est fait référence qu'à la jurisprudence publiée (revues, sites Internet).

Selon l'article 5 du Code civil, il est défendu aux juges de prononcer par voie de disposition générale et réglementaire sur les causes qui leur sont soumises. De ce principe la Cour de cassation a justement déduit que la référence à une décision rendue dans un litige différent de celui soumis à une juridiction ne saurait servir de fondement à cette dernière (Soc. 27 févr. 1991). Cependant, les décisions de justice européennes (CJUE, CEDH) « s'imposent » aux États et en particulier aux juridictions internes.

Selon l'article 4 du Code civil, le juge qui refusera de juger, sous prétexte du silence, de l'obscurité ou de l'insuffisance de la loi, pourra être poursuivi comme coupable de déni de justice. Ceci revient à dire que le juge est obligé de trancher le litige qui lui est soumis, mais que sa décision ne concerne que ce litige précis. Une décision de justice ne lie que les parties au litige (ce sont des « arrêts d'espèce »). Il n'en reste pas moins vrai qu'il est toujours intéressant de savoir comment un juge a tranché telle ou telle question et de l'invoquer (comme « précédent » diraient des juristes anglo-saxons), dans une situation estimée semblable. Mais rien ne garantit qu'un autre juge prendra dans ce cas la même décision, ni même que le premier juge prendra une décision identique (ce sont les aléas des « revirements de jurisprudence »).

La Cour de cassation a notamment pour fonction d'unifier la jurisprudence, de « dire le droit » (même si parfois des juridictions « résistent » à son interprétation). Depuis la Grèce et la Rome antiques, pour appliquer le droit, le juge doit interpréter le droit : par le choix opéré, il crée du droit (création prétorienne). Ce pouvoir créateur est renforcé par l'obligation de motiver les décisions : le juge formule alors sa décision en termes généraux. Cette création passe parfois par la « découverte » d'un principe par le juge (exemple : l'obligation de sécurité de résultat de l'employeur). Ainsi, des décisions font autorité, « font jurisprudence » : la solution retenue dans une affaire (entre les parties, *inter partes*) revêt une forte autorité pour l'avenir (à l'égard de tous, *erga omnes*). Il s'agit en particulier des « arrêts de principe » de la Cour de cassation, qui font l'objet d'une forte communication – ces arrêts, rendus en formation plénière de la chambre (FP), sont publiés au bulletin annuel (P), au bulletin d'information bimensuelle (B), figurent au Rapport annuel (R), qui relate les principaux arrêts rendus et les réformes souhaitables, et sont diffusés sur le site Internet de la Cour (I) : le numéro de l'arrêt est alors suivi des lettres FP-PBRI. Les solutions de ces arrêts sont parfois reprises par le législateur pour combler un vide législatif (exemple : nullité du licenciement consécutif à un plan social nul) ou au contraire infirmées par une nouvelle loi (exemple : astreinte pendant le temps de repos).

Sources internes d'origine professionnelle

A. Accords collectifs

Les conventions légalement formées tiennent lieu de loi à ceux qui les ont faites (art. 1134 Civ.). La convention collective est l'une des sources importantes du droit du travail. Elle peut couvrir une branche d'activité (par exemple : métallurgie, commerce alimentaire) ou une entreprise. La plupart des conventions collectives contiennent des dispositions sur les salaires (ce sont des minima, dépassés le plus souvent en fait), les primes, la durée de la période d'essai, la durée du préavis à respecter en cas de licenciement ou de démission, les congés (notamment pour événements familiaux), les indemnités de licenciement, les indemnités versées par l'employeur en cas de maladie, d'accident ou de grossesse et qui complètent les allocations versées par la Sécurité sociale, etc. La convention collective peut contenir également des dispositions adaptées aux conditions d'activité propres à la branche qu'elle concerne. Par exemple, la convention collective du bâtiment prévoit des indemnités de grand déplacement et en cas d'intempéries.

Au-delà des conventions collectives existent des accords nationaux interprofessionnels, dont les dispositions couvrent presque l'ensemble des salariés du pays, quel que soit leur domaine d'activité.

B. Usages et engagements unilatéraux

Les usages sont des habitudes suivies et pratiquées de longue date dans une profession ou un champ géographique. Il s'agit de coutumes, mais elles sont désormais souvent intégrées dans des accords collectifs.

Il existe aussi des usages d'entreprise notamment en matière de rémunération (primes). Les usages doivent répondre aux critères cumulatifs de généralité, de constance et de fixité pour être obligatoires. L'employeur ne peut les dénoncer que s'il observe un préavis suffisant, sans qu'une durée précise soit prévue (Soc. 12 févr. 1997), pour permettre l'ouverture de négociations. Il doit aussi notifier cette dénonciation non seulement aux représentants du personnel, mais aussi à tous les salariés individuellement, s'il s'agit d'une disposition qui leur profite (Soc. 13 févr. 1996). S'il est exact que la dénonciation d'un usage n'a pas à être motivée, elle est néanmoins nulle s'il est établi que le motif qui a entraîné la décision de l'employeur est illicite (il s'agissait en l'espèce d'une tentative de faire échec à l'exercice normal par les salariés du droit de grève). L'information des institutions représentatives du personnel implique, s'agissant du comité d'entreprise (CE), que cette information soit donnée en réunion du comité, après inscription à l'ordre du jour (Soc. 5 janv. 2005). L'employeur peut différer dans le temps les effets de la dénonciation d'un usage à condition qu'il en informe les salariés (Soc. 16 mars 2004). Par ailleurs, un accord d'entreprise peut mettre fin à un usage en vigueur, même si ce dernier n'a fait l'objet d'aucune dénonciation, mais à condition que les dispositions conventionnelles contiennent bien une disposition relative à l'avantage dont le personnel bénéficiait par usage (Soc. 9 juill. 1996) ; il importe peu que l'accord soit moins favorable au salarié (Soc. 26 janv. 2005). Enfin, un usage non régulièrement dénoncé demeure en vigueur dans l'entreprise, y compris pour les salariés embauchés postérieurement à la dénonciation irrégulière (Soc. 27 mars 2008, Soc. 2 mai 2002).

Avec le développement du droit écrit (législation, conventions collectives), cette source du droit du travail a perdu de son importance, mais elle subsiste. Aussi la loi y renvoie-t-elle parfois (à propos du contrat à durée déterminée ou de travail temporaire, ou encore en matière de préavis).

L'engagement unilatéral est une décision de l'employeur, notamment d'accorder un avantage. Il peut aussi faire l'objet d'une dénonciation.

C. Règlement intérieur

Il s'agit de la réglementation patronale de l'entreprise (voir le chapitre II).

D. Accord individuel

La convention conclue entre l'entreprise et le salarié, c'est-à-dire le contrat de travail, est également une source importante du droit qui régit les relations individuelles de travail.

Principes généraux du droit

Sophocle raconte qu'Antigone, fille d'Œdipe, sœur d'Étéocle et de Polynice, parvint devant les murs de Thèbes où gisaient les cadavres de ses deux frères qui s'étaient entre-tués. Un édit du roi Créon interdit de donner une sépulture à Polynice. Elle dit « non » et passa outre à cet ordre légitime mais sacrilège, au nom de sa conscience, évoquant « les lois sûres, les lois non écrites des dieux ». Il en est ainsi du droit de donner une sépulture aux défunts et d'honorer leur mémoire.

Ce mythe de l'Antiquité illustre la notion de principes généraux du droit : des règles de droit non écrites et valables quels que soient le pays, l'époque, la civilisation, la religion ou le régime politique considérés. Ce sont des droits non écrits qui s'imposent à tous et dont chacun doit effectivement pouvoir bénéficier.

Les principes généraux du droit peuvent avoir une origine jurisprudentielle (principe d'égalité de rémunération entre les femmes et les hommes – CJCE 1976 G. Defrenne II) ou se rattacher à des adages. Ces principes ont, pour certains, progressivement été inscrits dans des « déclarations des droits » (Déclaration des droits de l'Homme et du citoyen de 1789, Convention européenne des droits de l'Homme de 1950, Pactes de l'ONU de 1966 en application de la Déclaration universelle des droits de l'Homme de 1948, Charte des droits fondamentaux de l'Union européenne de 2000, notamment). Ces principes relèvent notamment pour certains des « droits de l'Homme » (exemples : droit à un procès équitable, droit de mener une vie familiale normale, etc.), d'autres de principes d'organisation institutionnelle (exemple : principe de subsidiarité). Ces principes peuvent bénéficier de différentes places dans la hiérarchie des normes (valeur internationale, constitutionnelle, légale, etc.).

De tels principes existent en droit français (exemple : principe d'équité qui défend de s'enrichir sans cause au détriment d'autrui, Cour de cassation 1892). Parmi ces principes figurent ceux du droit du travail (principe de faveur, etc.).

Articulation des sources du droit du travail

Il existe des modes d'articulation entre les différentes sources du droit.

A. Primauté de principes généraux, du droit international et communautaire

Les principes généraux du droit, de valeur supranationale, bénéficiant d'une valeur permanente et universelle, ont une suprématie sur toutes les autres sources du droit.

Les traités régulièrement ratifiés et publiés ont, selon la Constitution française (art. 5), une autorité supérieure à celle des lois (sous réserve pour les traités bilatéraux de leur application par l'autre partie). Ce principe vaut notamment pour les conventions de l'OIT qui l'emportent, en cas de divergence, sur la loi nationale (Soc. 1er juill. 2008, CA Paris, 6 juill. 2007 et CA Bordeaux, 18 juin 2007, considérant que le contrat nouvelles embauches est contraire à la convention n° 158 de l'OIT ; Soc. 29 mars 2006, analysant le droit au préavis au regard des exigences de cette convention).

Les États membres de la Communauté européenne prennent toutes les mesures générales ou particulières propres à assurer l'exécution des obligations découlant du Traité, des règlements et des directives (Traité, art. 10). La primauté du droit communautaire est assurée, de longue date, notamment grâce à la jurisprudence (exemple : CJCE 1er déc. 2005 considérant que le régime français des équivalences, en matière de temps de travail, est contraire au droit communautaire). Cette « primauté du droit communautaire » s'impose à toutes les institutions de l'État (pouvoirs législatif, exécutif et judiciaire ; DC 10 juin 2004, Soc. 18 déc. 2007, RATP). Le droit interne doit être interprété, notamment par le juge (national), « à la lumière » du droit communautaire, avec l'objectif d'atteindre le résultat fixé par la directive concernée (CJCE 13 nov. 1990, Marleasing).

Ainsi, le droit international et le droit communautaire offrent des ressources aux justiciables pour s'opposer à l'application de normes illicites du droit français. L'État n'est plus au-dessus du droit. Le non-respect d'un engagement international de la France, quand il cause un préjudice, engage sa responsabilité, pour la réparation de celui-ci (CE Assemblée, 8 févr. 2007 ; CJCE 13 sept. 2003, Köbler).

B. Hiérarchie des sources étatiques

À l'intérieur du droit national étatique, la loi doit respecter la Constitution (le contrôle de la constitutionnalité des lois est exercé par le Conseil constitutionnel). Les règlements doivent respecter la loi (le contrôle de la légalité des règlements est exercé par le Conseil d'État qui peut annuler un règlement dont certaines dispositions seraient contraires à la loi).

C. Hiérarchie des sources professionnelles

La même idée de hiérarchie régit la relation entre les diverses sources professionnelles. Le règlement intérieur ne peut comprendre de dispositions contraires à la convention collective applicable à l'entreprise. Le contrat de travail doit respecter les règles professionnelles écrites, c'est-à-dire qu'il ne peut comporter que des clauses plus favorables au salarié que toutes les autres sources du droit (L. 2254-1). Cela signifie aussi que l'avantage qui trouve sa source dans le contrat de travail ne peut être mis en cause par la signature d'un accord collectif (Soc. 22 mars 1995 et 25 févr. 1998).

À l'inverse, des salariés ne peuvent, individuellement, renoncer aux avantages qu'ils tiennent d'un accord collectif (Soc. 26 mai 1998).

De même, une hiérarchie s'établissait traditionnellement entre la convention collective de branche et la disposition conventionnelle interprofessionnelle, d'une part, et la convention d'entreprise, d'autre part, qui était donc subordonnée aux premières. C'est le texte le plus favorable au salarié qui doit s'appliquer, selon le principe de faveur. Cependant, depuis la « loi Fillon IV » du 4 mai 2004, cette question peut être réglée de manière différenciée (L. 2253-3, L. 132-23) : le principe de la hiérarchie entre convention de branche et convention d'entreprise en matière de salaires minima, de classifications, de protection sociale complémentaire et de mutualisation des fonds pour la formation professionnelle est maintenu. En revanche, dans tous les autres domaines, la convention ou l'accord d'entreprise ou d'établissement peut comporter des dispositions dérogeant en tout ou en partie à celles qui lui sont applicables en vertu d'une convention ou d'un accord couvrant un champ territorial ou professionnel plus large, sauf si cette convention ou cet accord en dispose autrement. Le principe de faveur est désormais à la disposition des « partenaires sociaux » qui concluent un accord collectif.

Pour les accords de groupe, toute dérogation au principe traditionnel de hiérarchie des normes est exclue (L. 2232-35, L. 132-19-1).

S'agissant des textes conventionnels conclus avant le 7 mai 2004, le principe de faveur demeure applicable : la valeur hiérarchique accordée par leurs signataires aux conventions et accords conclus avant l'entrée en vigueur de la loi demeure opposable aux accords de niveaux inférieurs (art. 45 de la loi du 4 mai 2004).

Cette tendance à la décentralisation de la négociation collective au niveau de l'entreprise et à l'autoréglementation de l'entreprise, prévue notamment par la loi du 4 mai 2004, est confortée et amplifiée par la loi du 20 août 2008. Pour les dispositions en matières de temps de travail, l'accord d'entreprise primerait sur l'accord de branche.

D. Combinaison des sources professionnelles et légales

La question se pose essentiellement à propos de la relation du règlement intérieur ou de la convention collective avec la loi ou le règlement.

Le règlement intérieur ne peut contenir de dispositions contraires aux lois ou aux règlements. C'est là d'ailleurs l'objet du contrôle de l'Inspection du travail sur le projet de règlement préparé par l'employeur. Celui-ci ne connaît pas nécessairement toute la législation sociale et le projet de règlement intérieur, acte unilatéral, risque de comporter des dispositions en retrait par rapport aux dispositions légales.

La relation de la convention collective avec la loi et le règlement se pose dans des termes plus complexes. La loi (entendue au sens large, en y annexant le règlement) l'emporte-t-elle sur la convention collective car elle se situe plus haut dans la hiérarchie des sources ? Ceci doit-il entraîner que sur tous les points qu'elle traite et qui font souvent l'objet de dispositions légales, la convention collective doit s'aligner sur ces dispositions ?

D'une part, notamment depuis 1936, la convention collective a pour objet justement d'assurer aux travailleurs une protection et des droits qui vont au-delà du minimum prévu par la loi en leur faveur. Et la convention collective peut aussi contenir des dispositions qui traitent d'une question non couverte par la législation. Dans le cadre de la négociation collective d'acquisition, des accords dérogatoires *in melius* sont conclus (ordre public social).

D'autre part, en premier lieu, depuis l'ordonnance du 16 janvier 1982, relative à la durée du travail et aux congés payés, il est prévu que, sur un certain nombre de points, les conventions collectives peuvent « déroger » à des règles légales, dans un sens qui n'est pas plus favorable aux salariés (dans certains cas, à certaines conditions et dans certaines limites). En second lieu, cette tendance se confirme avec la loi du 4 mai 2004, qui bouleverse la hiérarchie des sources conventionnelles entre elles et prévoit que des accords collectifs peuvent « déroger » à d'autres accords (un accord d'entreprise déroge à un accord de branche), dans un sens qui n'est pas plus favorable aux salariés (dans la plupart des cas, à certaines conditions et dans certaines limites). Dans le cadre de la négociation collective de gestion, des accords dérogatoires *in pejus* sont conclus (ordre public « dérogation » ?). Cette tendance est confortée avec la loi du 20 août 2008, pour les dispositions en matières de temps de travail, l'accord d'entreprise primant sur l'accord de branche et les dispositions légales et réglementaires n'étant plus que supplétives.

Désormais, dans le même accord collectif peuvent figurer des dispositions dérogatoires *in melius* et des dispositions dérogatoires *in pejus* ainsi que des dispositions dont le caractère plus ou moins favorable aux salariés est difficile à appréhender.

Le Code du travail prévoit qu'une convention collective peut comporter des dispositions plus favorables aux salariés que les dispositions légales en vigueur (L. 2251-1, L. 132-4). Le même article précise qu'ils ne peuvent déroger aux dispositions qui revêtent un caractère d'ordre public. C'est là, transposée en droit du travail, l'application d'un principe du droit civil selon lequel (art. 6) on ne peut déroger par des conventions particulières aux lois qui intéressent l'ordre public. L'ordre public est généralement défini comme ce qui est indispensable au maintien de l'organisation sociale.

En matière d'ordre public, il convient désormais de distinguer, d'une part, les règles impératives, dispositions légales d'ordre public « absolu », et, d'autre part les règles dispositives, avec les dispositions d'ordre public « social » et les dispositions d'ordre public « dérogatoire ».

Ordre public absolu : il existe un certain nombre de règles légales auxquelles une convention collective ne saurait déroger, même si la dérogation paraît favorable aux salariés. Il en est ainsi, notamment, des dispositions organisant les élections professionnelles (double tour de scrutin, représentation proportionnelle, etc.) et plus généralement de celles qui organisent le fonctionnement des institutions sociales. Ainsi, une convention collective ne peut prévoir que les litiges entre employeurs et salariés seront portés devant une commission disciplinaire instituée par la convention collective elle-même, au lieu d'être soumis au conseil de prud'hommes ; la loi interdit l'indexation des salaires sur l'évolution du SMIC.

Ordre public social : dans la plupart des matières, « *une convention collective de travail peut contenir des dispositions plus favorables aux travailleurs que celles des lois et règlements* » (DC 25 juill. 1989), selon le « principe de faveur » – par exemple, une convention collective peut prévoir des salaires plus élevés que le SMIC, des congés payés plus longs que ceux prévus par la loi, des indemnités de licenciement supérieures à l'indemnité légale. C'est là sa fonction traditionnelle et sa fonction essentielle.

Ce principe de faveur, non écrit, inspiré de dispositions éparses du Code du travail (L. 2251-1, L. 2252-1 et L. 2253-1, L. 2254-1), « *constitue un principe fondamental du droit du travail* » (DC 25 juill. 1989) à valeur légale, mais n'ayant pas valeur constitutionnelle. Pour le juge judiciaire, selon ce « *principe fondamental en droit du travail* », « *en cas de conflit de normes, c'est la plus favorable aux salariés qui doit recevoir application* » (Soc. 17 juill. 1996, Soc. 8 oct. 1996 ; Soc. 23 nov. 2010), en particulier en cas de concurrence entre plusieurs textes, c'est le texte le plus favorable au salarié qui doit s'appliquer : c'est la dérogation *in melius*. Il s'agit là d'une dérogation à l'ordre public : habituellement, c'est le texte le plus élevé dans la hiérarchie des normes qui reçoit application (la loi s'impose au règlement et à un accord privé). Pour le juge administratif, le principe de faveur constitue « *un principe général du droit du travail* » qui s'impose au pouvoir réglementaire (CE 8 juill. 1994, CGT ; CE 27 juill. 2001, Fédération des transports FO).

Ordre public « dérogatoire » : dans ce cadre, depuis 1982, la convention collective peut prévoir des dispositions différentes des dispositions légales même dans un sens qui n'est pas plus favorable pour le salarié et qui parfois même peut lui être défavorable. Il s'agit de dérogations *in pejus* (par exemple, en matière de temps de travail, notamment en ce qui concerne la rémunération des heures supplémentaires avec un dispositif de modulation).

Cependant, ces dispositions conventionnelles « dérogatoires » ne sont licites que dans un cadre déterminé. Ainsi, s'il est possible de déroger à la loi dans un sens qui n'est pas forcément plus favorable pour le salarié, c'est uniquement :

- dans les cas où la loi l'autorise ;
- selon les conditions prévues par la loi (le plus souvent par accord collectif) ;
- dans les limites prévues par la loi (contenu de l'accord, respect de dispositions d'ordre public social auxquelles il ne peut être dérogé que dans un sens plus favorable aux salariés) ;

- dans le respect des droits fondamentaux de la personne du travailleur (l'accord collectif mettant en œuvre la dérogation ne doit pas avoir des effets discriminatoires, d'atteinte à la santé, etc.).

À défaut de respect de ces règles encadrant la dérogation il convient de revenir à l'application de la règle légale. Il en est de même en cas de « dérogation » entre accords collectifs.

Cet ordre public « dérogatoire » est aussi parfois mis en œuvre selon une autre voie : en édictant que la règle applicable est fixée par l'accord collectif, la règle légale (ou réglementaire) n'étant que supplétive.

Autres règles d'articulation. Il convient enfin de signaler d'autres règles d'articulation entre sources de droit : par exemple, en cas de concurrence entre règles, la règle spéciale sera appliquée de préférence à une règle générale ; en cas d'exception à un principe, « les exceptions doivent être interprétées strictement ».

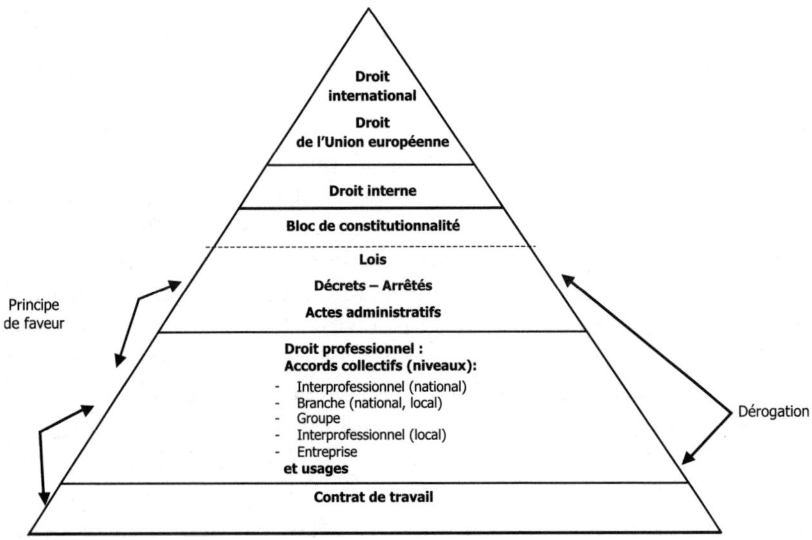

La pyramide de Hans Kelsen (juriste autrichien, 1881-1973) revisitée et appliquée au droit du travail (principe de faveur et dérogation)

Chapitre II

Juridictions

Des principes généraux de l'organisation judiciaire

- La justice doit assurer le respect du droit. La justice doit être un garant de la démocratie.
- Le système français consacre le « principe de séparation des pouvoirs » (législatif, exécutif et judiciaire).
- Nul ne peut se faire justice lui-même. La justice est un service public et est rendue au nom du peuple français. Gardienne des libertés individuelles et de l'État de droit, elle veille à l'application de la loi et garantit le respect des droits de chacun.
- « Nul n'est censé ignorer la loi » : ceci ne signifie pas que chacun a l'obligation de connaître toutes les règles de droit, mais que personne ne peut se prévaloir de son ignorance de la loi pour en empêcher l'application ou échapper à ses obligations et responsabilités.
- « Droit à un procès équitable » : toute personne a le droit d'accéder à la justice, de faire entendre sa cause et de faire examiner son affaire par un juge indépendant et impartial, dans le cadre d'un procès équitable, et a le droit à l'exécution de la décision de justice. Le juge a l'obligation de rendre une décision lorsqu'il est saisi d'une affaire pour laquelle il est compétent (à défaut, il commettrait un déni de justice). Il prendra sa décision en application du droit, après avoir entendu chacune des personnes concernées, dans le respect des règles de la procédure. À ce principe sont attachés les principes du « contradictoire » et du respect des droits de la défense, comme principes d'égalité et de loyauté entre les adversaires dans le cadre d'un procès.
- Aide financière : pour permettre aux personnes sans ressources ou ayant des ressources modestes d'engager un procès ou de se défendre devant la justice, l'aide juridictionnelle, prise en charge par l'État (Bureau de l'aide juridictionnelle), versée directement au professionnel, couvre la totalité ou une partie des frais d'un procès selon les revenus de l'intéressé (pour bénéficier de l'aide juridictionnelle en 2012, la moyenne mensuelle des revenus perçus en 2011 doit être inférieure à 929 € pour l'aide totale, des majorations étant prévues en cas de charges de famille). Mais, compromettant le principe essentiel de gratuité d'accès à la justice, une taxe de 35 € que le justiciable doit payer pour toute action « devant une juridiction judiciaire en matière civile, commerciale, prud'homale, sociale ou rurale, ou devant une juridiction administrative » (les personnes

bénéficiant de l'aide juridictionnelle étant exonérées) est instaurée depuis le 1er oct. 2011 (loi LFR du 29 juill. et décr. du 28 sept. 2011).

• Caractère public : les débats ont lieu publiquement et la décision de justice est rendue en présence du public – dans certains cas, l'audience se tient à « huis clos », mais même là, la décision de justice est rendue en audience publique.

• Appel et double degré de juridiction : toute personne dont l'affaire a déjà été jugée en premier ressort peut demander, si elle n'est pas d'accord avec la décision rendue, que son affaire soit réexaminée. Le recours, nommé « appel », s'exerce devant une juridiction de degré supérieur (cour d'appel).

La loi prévoit des cas où il n'est pas possible de faire appel, lorsqu'un jugement est rendu en « premier et dernier ressort », pour des litiges où l'intérêt financier direct en jeu est de faible importance.

• Motivation des décisions de justice : les juges ont l'obligation de motiver leur décision, c'est-à-dire d'expliquer les raisons de fait et de droit qui les ont conduits à rendre cette décision.

L'organisation judiciaire française comprend des juridictions de droit commun et d'autres d'exception, c'est-à-dire des juridictions spécialisées auxquelles la loi réserve certains types de litiges. Les conseils de prud'hommes (CPH), juridictions d'exception, jouent un rôle capital dans l'application du droit du travail, puisqu'ils connaissent des litiges relatifs aux contrats de travail entre employeurs et salariés. Le chapitre 3 leur est consacré.

Mais les autres juridictions ont elles aussi à connaître de certaines questions touchant au droit du travail. Il est donc nécessaire de donner une vue d'ensemble de ces juridictions et de préciser sur quels points elles peuvent intervenir. Seront examinées successivement les juridictions civiles, pénales, d'appel et de cassation. Quelques indications seront données sur les juridictions administratives. Enfin, des éléments de connaissances de base seront indiqués concernant le Tribunal des conflits et le Conseil Constitutionnel (juridiction intégrée dans le processus législatif). La France se situe au 35e rang européen, en ce qui concerne la part de son budget consacré à la justice (Rapport de la Commission européenne pour l'efficacité de la justice – CEPEJ, 8 oct. 2008).

Juridictions civiles

Cette catégorie de juridictions tranche un conflit entre personnes privées. Elles assurent notamment la réparation des préjudices.

Le contentieux civil du droit du travail se répartit entre les CPH (97 %) et d'autres juridictions civiles (tribunal d'instance à 2 % et tribunal de grande instance à 1 %). Mais il existe également un contentieux pénal et administratif du travail.

A. Tribunal d'instance (TI)

On en compte environ 470 en France. Chaque tribunal comprend un ou plusieurs juges. Chaque jugement est rendu par un seul magistrat. Les TI interviennent peu dans les litiges relatifs à l'application du droit du travail : c'est à eux qu'il revient notamment de trancher les contestations relatives aux élections des représentants du personnel, à la désignation des délégués syndicaux et à l'unité économique et sociale (UES). C'est le juge de l'élection et de la désignation.

B. Tribunal de grande instance (TGI)

Ils sont au nombre de 181, soit au moins un par département. Le TGI, juge civil de droit commun, intervient, en droit du travail, dans certains litiges relatifs notamment à l'interprétation ou à l'application d'une convention collective – par exemple si l'une des organisations signataires estime que l'autre partie méconnaît ses obligations.

C'est le président du TGI qui intervient comme juge des référés de droit commun : il peut ordonner en référé toutes les mesures qui s'imposent soit pour prévenir un dommage imminent, soit pour faire cesser un trouble manifestement illicite. C'est au juge des référés que s'adresse l'employeur qui veut faire cesser l'occupation de son établissement par des grévistes ou faire enlever un affichage syndical qu'il estime injurieux. C'est au juge des référés que s'adresse une organisation syndicale qui veut faire cesser le recours illicite à des salariés en contrat à durée déterminée (CDD) lors d'une grève.

L'ordonnance de référé est une décision provisoire et n'est pas un jugement sur le fond.

C. Tribunal des affaires de Sécurité sociale (TASS)

Ce tribunal tranche les litiges entre les assurés sociaux et les caisses de Sécurité sociale, après un recours amiable exercé devant la commission de la Sécurité sociale. Il est compétent en cas de contestation portant sur l'assujettissement, le calcul et le recouvrement des cotisations et des prestations sociales, le remboursement des frais médicaux, etc. C'est le juge compétent en cas de contestation pour la reconnaissance des accidents du travail, des maladies professionnelles et à caractère professionnel et de la faute inexcusable de l'employeur.

Le TASS est composé de deux juges non professionnels, représentant l'un les salariés, l'autre les employeurs ou les travailleurs indépendants, sous la présidence d'un juge du TGI (le président du tribunal ou un juge qu'il délègue). Les juges non professionnels (assesseurs) sont désignés par ordonnance du premier président de la cour d'appel, sur proposition des organisations syndicales représentatives.

D. Tribunal de commerce (T. com.)

Il existe aujourd'hui 191 T. com. Ce tribunal tranche, de manière générale, les litiges entre commerçants ou entre commerçants et sociétés commerciales, et ceux qui portent sur les actes de commerce – par exemple les défaillances d'entreprises commerciales et artisanales (prévention, redressement, liquidation judiciaire). Il est compétent en droit du travail pour les entreprises en difficultés (licenciements économiques, vérification des créances salariales).

Le tribunal est composé de juges non professionnels, des commerçants bénévoles, élus pour deux ou quatre ans par d'autres commerçants. Le ministère public, ou parquet, représente les pouvoirs publics devant le T. com. Il s'exprime obligatoirement en matière de défaillance d'entreprise (redressement ou liquidation judiciaire) et, dans les autres cas, chaque fois qu'il le souhaite. La réforme des tribunaux de commerce revient régulièrement à l'ordre du jour.

Juridictions pénales

Cette catégorie de juridiction sanctionne les atteintes contre les personnes, les biens et la société. Les juridictions pénales ou répressives sont chargées de juger les personnes soupçonnées d'une infraction (entrave à la représentation du personnel, vol, etc.). Le contentieux du droit pénal du travail est quantitativement peu élevé mais joue néanmoins un rôle important.

À lire : A. Cœuret, É. Fortis, *Droit pénal du travail*, Litec, 2008, 4e éd.

A. Tribunal de police (TP)

C'est un juge du TI statuant au pénal. Le TP est compétent lorsque l'infraction est une contravention. Celle-ci désigne une infraction de moindre gravité, que la loi sanctionne d'une peine de police, généralement limitée à une amende (cinq classes d'amendes existent) – par exemple le non-paiement d'heures supplémentaires, un salaire inférieur au SMIC, etc.

Les contraventions de la 4e classe sont punies d'une amende (maximale) de 750 € ; les contraventions de la cinquième classe d'une amende de 1 500 € (3 000 € en cas de récidive).

B. Tribunal correctionnel (T. corr.)

C'est le TGI statuant au pénal (TGI, chambre correctionnelle). Il est compétent lorsque l'infraction constitue un délit, c'est-à-dire toute infraction de moyenne importance, punissable d'une peine correctionnelle (maximale) : amende (3 750 €) et/ou emprisonnement (dix ans).

De nombreux délits existent en droit du travail (infractions aux règles d'hygiène et de sécurité, entrave à l'exercice des fonctions représentatives du personnel ou syndicales, discrimination, travail dissimulé, etc.).

L'action pénale est engagée par le ministère public (le parquet), dont la mission est de veiller aux intérêts généraux de la société. Les procès-verbaux des inspecteurs du travail sont adressés au parquet qui décide s'il y a lieu de poursuivre. Les syndicats de travailleurs peuvent également déclencher l'action pénale, en formulant une plainte et/ou en se constituant partie civile, ou par citation directe de l'employeur devant le tribunal. Un salarié de l'entreprise peut aussi se constituer partie civile si l'infraction poursuivie lui cause un dommage direct. Des actions sont également parfois engagées par un employeur à l'encontre d'un salarié (exemple : plainte pour vol) ou par des organisations patronales (exemple : en matière de travail dominical à l'encontre d'un concurrent).

Le Code du travail définit les obligations des employeurs (incriminations) et détermine les pénalités auxquelles ils s'exposent en cas d'infraction (peines). Les sanctions pénales frappent essentiellement les employeurs. Depuis la réforme du Code pénal, entrée en vigueur le 1er mars 1994, la responsabilité pénale des personnes morales (RPPM) est prévue (des poursuites peuvent viser les entreprises comme des sociétés commerciales, associations, etc., des syndicats, des CE, etc.), avec des pénalités plus lourdes.

Certains événements de la vie du travail peuvent donner lieu à des condamnations au titre du Code pénal et non du Code du travail : de l'employeur, en cas d'accident du travail ayant entraîné la mort d'un salarié de son entreprise, pour homicide involontaire, de harcèlement sexuel, etc. ; d'un salarié, en cas de violences, de vol, etc.

La procédure de comparution sur reconnaissance préalable de culpabilité, dite de plaider coupable, créée par la loi du 9 mars 2004, concerne tous les délits punis d'une peine égale ou inférieure à cinq ans d'emprisonnement.

La coordination entre l'action pénale et l'action civile prévoit que « le pénal tient le civil en l'état » (art. 4 CPP ; la procédure pénale suspend la procédure civile, sauf action en référé). Désormais, cette règle de coordination est assouplie au regard des intérêts civils. « L'action civile en réparation du dommage causé par l'infraction (...) peut être exercée devant une juridiction civile, séparément de l'action publique. Toutefois, il est sursis au jugement de cette action tant qu'il n'a pas été prononcé définitivement sur l'action publique lorsque celle-ci a été mise en mouvement. La mise en mouvement de l'action publique n'impose pas la suspension du jugement des autres actions exercées devant la juridiction civile, de quelque nature qu'elles soient, même si la décision à intervenir au pénal est susceptible d'exercer, directement ou indirectement, une influence sur la solution du procès civil » (art. 4 CPP, loi du 5 mars 2007). Cependant, si ce nouveau dispositif

« *n'impose pas la suspension du jugement des autres actions civiles que celle de la partie civile, il n'interdit pas au juge saisi de telles actions de prononcer le sursis à statuer jusqu'au prononcé définitif d'une action publique s'il l'estime opportun* » (Soc. 17 sept. 2008, SARL Logilog).

Cours d'appel

Il existe 35 cours d'appel en France. Chacune comprend en général plusieurs chambres – civiles, commerciale, sociale, des appels correctionnels (26 à Paris). Chaque arrêt est rendu par une formation composée de trois magistrats. La cour juge en appel :

- des décisions rendues en premier ressort par les juridictions civiles (TI et TGI) ;
- des décisions rendues par les juridictions répressives (TP et tribunal correctionnel) ;
- des décisions rendues en premier ressort par les CPH et d'autres juridictions d'exception.

Le délai, pour faire appel, est d'un mois après la notification du jugement. L'appel est en principe suspensif : on ne peut faire exécuter le jugement avant la fin du délai d'appel ou avant la nouvelle décision, s'il y a appel. Toutefois, le jugement peut prévoir l'exécution provisoire et celle-ci est même de plein droit dans certains cas (paiement des salaires, remise du certificat de travail, etc.).

Cour de cassation

C'est la plus haute juridiction de l'ordre judiciaire (ancêtre le Tribunal de Cassation, 1790). Son siège est à Paris, au Palais de Justice (Quai de l'Horloge, sur l'Île de la Cité). Elle est divisée en cinq chambres civiles et une chambre criminelle. Les cinq chambres civiles se répartissent en trois chambres civiles proprement dites (la deuxième est compétente pour les affaires de Sécurité sociale), une chambre commerciale et une chambre sociale (composée de trois sections).

La Cour de cassation est présidée par un premier président. Elle comprend six présidents de chambre, 80 conseillers répartis dans les diverses chambres et des conseillers référendaires qui assistent les conseillers, sans avoir voix délibérative. La loi généralise le renvoi systématique des affaires à une formation restreinte composée de trois magistrats qui peut prendre certaines décisions ou renvoyer devant la chambre composée de cinq magistrats.

Seuls les jugements rendus en dernier ressort peuvent faire l'objet d'un « pourvoi en cassation » : ce peut être un jugement d'un CPH ou d'un TI ; c'est plus souvent un arrêt d'une cour d'appel statuant au civil ou au pénal. Le pourvoi est formé par la partie qui s'estime lésée par le jugement ou l'arrêt attaqué. Il doit être formé dans le délai de deux mois, à compter de la signification de la décision contestée, et n'est pas suspensif. Le ministère d'un avocat aux Conseils est obligatoire dans tous les cas (décret du 20 août 2004, CE 6 avril 2006).

La Cour de cassation a pour mission de vérifier que le droit a été correctement appliqué. Elle examine l'argumentation (on dit les « moyens ») de la partie qui a formé le pourvoi. Le contrôle de la Cour de cassation est variable, dans son intensité, suivant les matières : il s'agit soit d'un « contrôle restreint » – un contrôle de motivation des décisions (la Cour s'en remet à l'appréciation souveraine des faits par les juges du fond), soit d'un « contrôle renforcé » – avec, en plus du contrôle de motivation, un contrôle de qualification des faits (la Cour de cassation contrôle la qualification des faits par les juges du fond ; exemples : faute grave ou lourde, harcèlement moral). La qualification juridique des faits est une opération essentielle (« *Mal nommer les choses rajoute aux malheurs du monde* », Albert Camus).

La cassation est donc possible dans différents cas : le défaut de motifs, la contradiction de motifs, le défaut de réponse à conclusions, le défaut de base légale, la violation de la loi (par fausse application, par refus d'application ou par fausse interprétation), la dénaturation d'un écrit clair et précis.

Si la Cour de cassation trouve ces moyens fondés, que la décision attaquée n'a pas été prise conformément aux règles de droit, elle « casse » le jugement ou l'arrêt attaqué et renvoie généralement l'affaire, ceci devant une autre juridiction de même ordre et de même degré que celle qui avait statué pour y être rejugée : si c'est un arrêt de la cour d'appel qui est cassé, l'affaire sera renvoyée devant une autre cour d'appel ; si c'est un jugement d'un CPH, devant un autre CPH. La juridiction de renvoi conserve sa liberté de décision : elle peut se rallier au point de vue de la Cour de cassation ; elle peut aussi rendre une décision allant dans le même sens que celle qui a été cassée. Dans le second cas, si un pourvoi est formé, l'affaire revient devant « l'assemblée plénière » de la Cour de cassation, composée de magistrats des différentes chambres. Celle-ci peut se prononcer sans renvoi ou ordonner un renvoi devant une autre juridiction qui, cette fois, doit s'incliner. La décision peut aussi être adoptée en « chambre mixte » (exemple : en réunissant des représentants des chambres sociale, commerciale et de la 2e chambre civile – arrêts du 19 nov. 2010 sur les SAS).

Mais si la Cour de cassation trouve que les moyens du pourvoi ne sont pas fondés, elle rejette le « pourvoi », ce qui équivaut à confirmer la décision contestée.

Lorsqu'une affaire intéresse deux chambres, par exemple la chambre criminelle et la chambre sociale, elle est jugée par une chambre mixte, comprenant des conseillers appartenant aux deux chambres intéressées.

La Cour de cassation (chambre sociale ou chambre criminelle) joue un rôle capital dans le domaine du droit du travail, puisqu'elle donne son interprétation de la loi et unifie de ce fait la jurisprudence. C'est la jurisprudence de la Cour de cassation qui sera le plus souvent citée dans la suite de cet ouvrage, en particulier celle de sa chambre sociale. La référence sera alors « Soc. » suivie de la date de l'arrêt. En 2009, cette chambre a jugé 4 536 affaires par arrêts (décisions : rejets à 51 %, cassation à 31 %, non-admission à 18 %). En 2010, cette chambre a jugé 4 715 affaires par arrêts.

La réforme de la carte judiciaire est en cours d'application. Elle prévoit la suppression de nombreuses juridictions avant sans doute une réforme de la répartition des compétences entre certaines juridictions.

Juridictions administratives

A. Tribunaux administratifs et cours administratives d'appel

Les tribunaux administratifs (TA), au nombre de 30 et répartis sur le territoire national et dans les DOM-TOM, sont compétents pour les contestations d'une décision de l'administration. En droit du travail, l'administration (inspection du travail, ministère du Travail, préfectures, etc.) est appelée à prendre des décisions, à propos par exemple d'un projet de règlement intérieur ou d'un licenciement de représentants du personnel. Le TA peut :

- annuler la décision attaquée, si elle lui paraît illégale (recours pour excès de pouvoir), c'est-à-dire résulter d'une interprétation erronée du droit en vigueur ;
- octroyer une réparation à la personne qui a subi un préjudice du fait de l'administration (recours de plein contentieux).

Avant le recours contentieux, il y a parfois lieu d'exercer un recours hiérarchique, c'est-à-dire devant le supérieur hiérarchique du fonctionnaire qui a pris la décision contestée, par exemple, le ministre chargé du Travail. Un recours dit gracieux, auprès du fonctionnaire qui a pris la décision, peut toujours intervenir en premier lieu.

C'est devant les cours administratives d'appel (CAA) que sont portés les appels formés contre les jugements des TA. Désormais, les parties peuvent présenter des observations orales après le prononcé des conclusions du « rapporteur public » (ancien « commissaire du gouvernement », décret du 7 janv. 2009).

B. Conseil d'État (CE)

Le CE est la plus haute juridiction dans l'ordre administratif. Son siège est à Paris, au Palais Royal. Il comprend plusieurs sections, dont une du contentieux et une sociale. Sur certaines questions touchant au droit du travail (licenciement de représentants du personnel, contenu du règlement intérieur, etc.), la jurisprudence du CE revêt une importance capitale. Les recours en appréciation de la légalité et pour excès de pouvoir formés contre les actes réglementaires vont directement devant le CE, ce qui est le cas pour certaines décisions en droit du travail (exemple : arrêté ministériel d'extension d'une convention collective de branche). Le CE a parfois validé des textes qui ont ensuite été déclarés illicites au regard de dispositions communautaires.

Opérant un important revirement de jurisprudence (abandonnant la solution de l'arrêt CE, Ass., 22 déc. 1978, Ministre de l'Intérieur c/ Cohn-Bendit), le juge administratif admet désormais, enfin, la possibilité pour un justiciable de mobiliser une disposition communautaire contre une décision administrative : « *La transposition en droit interne des directives communautaires, qui est une obligation résultant du Traité instituant la Communauté européenne, revêt, en outre, en vertu de l'article 88-1 de la Constitution, le caractère d'une obligation constitutionnelle ; que, pour chacun de ces deux motifs, il appartient au juge national, juge de droit commun de l'application du droit communautaire, de garantir l'effectivité des droits que toute personne tient de cette obligation à l'égard des autorités publiques ; que tout justiciable peut en conséquence demander l'annulation des dispositions réglementaires qui seraient contraires aux objectifs définis par les directives et, pour contester une décision administrative, faire valoir, par voie d'action ou par voie d'exception, qu'après l'expiration des délais impartis, les autorités nationales ne peuvent ni laisser subsister des dispositions réglementaires, ni continuer de faire application des règles, écrites ou non écrites, de droit national qui ne seraient pas compatibles avec les objectifs définis par les directives ; en outre, tout justiciable peut se prévaloir, à l'appui d'un recours dirigé contre un acte administratif non réglementaire, des dispositions précises et inconditionnelles d'une directive, lorsque l'État n'a pas pris, dans les délais impartis par celle-ci, les mesures de transposition nécessaires* » (CE, Assemblée, 30 oct. 2009, Mme Perreux).

Sur un autre plan, non contentieux, en qualité de « conseil », le CE donne un avis sur les projets de loi préparés par le gouvernement et peut suggérer des modifications de fond ou de forme. Certains projets de décrets, dits règlements d'administration publique, doivent lui être soumis.

Autres juridictions

A. Tribunal des conflits (TC)

Le TC est une haute juridiction qui a pour mission de résoudre les conflits de compétence entre les juridictions de l'ordre judiciaire et celles de l'ordre administratif. Les membres du TC sont nommés pour trois ans. C'est le ministre de la Justice qui le préside. Dans la pratique cependant, c'est le vice-président, élu par le tribunal, qui assure la présidence. Le ministre de la Justice ne vient présider qu'en cas de partage égal des voix. Le tribunal a eu à se prononcer sur la compétence du juge en matière de contrat nouvelles embauches (CNE) (TC 19 mars 2007).

B. Conseil constitutionnel

Le Conseil constitutionnel comprend neuf membres dont le mandat dure neuf ans et n'est pas renouvelable. Son siège est à Paris (rue de Montpensier). Il se renouvelle par tiers tous les trois ans. Trois des membres sont nommés par le président de la République, trois par le président de l'Assemblée Nationale, trois par le président du Sénat. Font, en outre, de droit, partie à vie du Conseil constitutionnel, les ex-présidents de la République. Son président, nommé par le président de la République, a voix prépondérante en cas de partage des voix.

Le Conseil se prononce sur la conformité à la Constitution des lois organiques et des règlements des assemblées parlementaires. Aux mêmes fins, les lois ordinaires peuvent lui être déférées par le président de la République, le Premier ministre, le président de l'une ou l'autre assemblées ou par 60 députés ou par 60 sénateurs. Le Conseil doit statuer dans le délai d'un mois. Il assure le contrôle de constitutionnalité. Dans les conditions prévues aux articles 37 et 41 de la Constitution, il assure, par ses décisions, le respect des domaines respectifs de la loi et des actes réglementaires.

Les décisions du Conseil constitutionnel ne sont susceptibles d'aucun recours et s'imposent, en principe, aux pouvoirs publics et aux juridictions françaises (art. 62 de la Constitution). Ces décisions peuvent en particulier :

- annuler des articles de la loi adoptée par le Parlement en les déclarant contraires à la Constitution (ainsi, le Conseil constitutionnel a annulé plusieurs articles de la loi du 9 nov. 2010 de réforme des retraites – DC 9 nov. 2010, de la loi « démocratie sociale et temps de travail » du 20 août 2008 – DC 7 août 2008 –, de la loi relative à l'égalité salariale entre les femmes et les hommes – DC 16 mars 2006 –, de la loi pour le développement de la participation – DC 28 déc. 2006 –, une partie d'un article de la loi en faveur du travail, de l'emploi et du pouvoir d'achat – DC 16 août 2007).
- émettre des réserves d'interprétation sur les dispositions de certains articles (DC 12 janv. 2002, loi de modernisation sociale, dispositions en matière de « harcèlement moral »).
- valider les dispositions d'articles ayant fait l'objet d'un recours, en les déclarant conformes à la Constitution (exemples : DC 22 juill. 2005, loi de sauvegarde des entreprises ; DC 29 juill. 2005, loi en faveur des PME ; DC 20 juill. 2006, loi relative à l'immigration et à l'intégration ; DC 16 août 2007, précitée ; DC 16 août 2007, loi sur la continuité du service public dans les transports terrestres réguliers de voyageurs).

Des dispositions législatives déclarées conformes à la Constitution par le juge constitutionnel peuvent être déclarées illicites par les juridictions communautaires (CJCE), notamment au regard des directives, et européennes (CEDH, CEDS), au regard de la Convention et de la Charte (exemple : en matière de forfait en jours).

QPC. La loi constitutionnelle du 23 juillet 2008 de modernisation des institutions de la Ve République prévoit que « lorsque, à l'occasion d'une instance en cours devant une juridiction, il est soutenu qu'une disposition législative porte atteinte aux droits et libertés que la Constitution garantit, le Conseil constitutionnel peut être saisi de cette question sur renvoi du Conseil d'État ou de la Cour de cassation (…) » (art. 61-1 de la Constitution), selon les conditions prévues (par la loi organique du 10 déc. 2009). Ainsi, « *tout justiciable a le droit de soutenir, à l'appui de sa demande, qu'une disposition législative porte atteinte aux droits et liberté que la Constitution garantit* » (Décision du Conseil constitutionnel du 3 déc. 2009) ; le justiciable peut désormais enfin saisir le juge constitutionnel d'une Question prioritaire de constitutionnalité (QPC). Le filtrage des demandes est assuré par la Cour de cassation et par le conseil d'État. Une disposition déclarée inconstitutionnelle est abrogée à compter de la publication de la décision ou d'une date ultérieure fixée par cette décision (art. 62 al. 2).

Le mécanisme de la QPC ne doit pas empêcher le juge national de saisir à tout moment la CJUE d'une question préjudicielle, priorité étant donnée au contrôle de la conformité de la disposition au droit européen (Cass. QPC, 29 juin 2010, CJUE 22 juin 2010, aff. C-188/10 Melki).

L'organisation juridictionnelle en France (cours et tribunaux compétents en droit du travail)						Tribunal des conflits
Juridictions de Cassation	Civil	Ordre judiciaire			Pénal	Ordre administratif
	COUR DE CASSATION					CONSEIL D'ÉTAT Section contentieux
	Chambre commerciale	Chambre sociale		2e Chambre civile	Chambre criminelle	
2nd degré	COUR D'APPEL					COUR ADMINISTRATIVE D'APPEL
	Chambre commerciale	Chambre sociale		Chambre civile	Chambre des appels correctionnels	
1er degré	Tribunal de commerce (redressement et liquidation judiciaires)	Conseil de prud'hommes (contrat de travail) [référé]	Tribunal des affaires de la Sécurité sociale (accidents du travail, maladies professionnelles et à caractère professionnel)	Tribunal de grande instance TGI (juge de droit commun) (accords collectifs, procédures collectives, etc.) [référé]	Tribunal correctionnel (délits) (santé-sécurité, représentation du personnel, etc.)	Tribunaux administratifs (décisions administratives) [référé]
	T. Com.	CPH	TASS	Tribunal d'instance (TI)	Tribunal de police (TP) (contraventions)	

Tableau 2 – Organisation juridictionnelle en France

Les principales abréviations des juridictions compétentes en droit du travail

- CJUE/CJCE : arrêt de la Cour de justice de l'Union européenne (UE).
- CEDH : arrêt de la Cour européenne des droits de l'Homme (Conseil de l'Europe).
- CEDS : décision du Comité européen des droits sociaux (Conseil de l'Europe).
- DC : arrêt du Conseil constitutionnel.
- TC : arrêt du Tribunal des conflits.
- CE : arrêt du Conseil d'État.
- Cass. ass. plén. : arrêt d'assemblée plénière de la Cour de cassation. :
- Cass. ch. Mixte : arrêt de chambre mixte de la Cour de cassation.
- Soc. : arrêt de la chambre sociale de la Cour de cassation.
- Crim. : arrêt de la chambre criminelle de la Cour de cassation.
- Civ. : arrêt d'une chambre civile de la Cour de cassation (par exemple : Civ. 2e).
- Com. : arrêt de la chambre commerciale de la Cour de cassation.
- CA : arrêt d'une cour d'appel (exemples : CA Paris ; soc. : arrêt d'une chambre sociale de la cour d'appel de Paris).
- TGI : jugement d'un tribunal de grande instance.
- T. corr. : jugement d'un tribunal correctionnel.
- TI : jugement d'un tribunal d'instance.
- TP : jugement d'un tribunal de police.
- CPH : jugement d'un conseil de prud'hommes.
- TA : jugement d'un tribunal administratif.
- T. com. : jugement d'un tribunal de commerce.
- TGI réf., TA réf. ou CPH réf. : ordonnance de référé d'un TGI, d'un TA ou d'un CPH.

Les cours rendent des arrêts, les tribunaux rendent des jugements, les juges des référés rendent des ordonnances.

Chapitre III

Conseil de prud'hommes

Les conseils de prud'hommes (CPH) désignent les tribunaux ayant à connaître des litiges entre employeurs et salariés nés à l'occasion du contrat de travail (formation, exécution et rupture du contrat ; L. 1411-1 et s., L. 511-1 et s.). « *En raison du caractère paritaire de leur composition et de la nature de leurs attributions, les conseils de prud'hommes constituent un ordre de juridiction* » (DC 17 janv. 2008).

L'activité des CPH

• En 2007, dans les procédures au fond (procédure de droit commun), 80 % des actions prud'homales sont liées à la rupture du contrat de travail ; les autres demandes concernent principalement le paiement d'éléments de la rémunération. De plus, 71 % ont accueilli favorablement les demandes (totalement ou partiellement), formulées à 96 % par les salariés, 45 % des affaires se terminant sans jugement. Dans les procédures en référé, les demandes se répartissent de façon équilibrée entre rupture du contrat (43 %) et indemnités et salaire (48 %) ; 83 % sont accueillies favorablement. Le taux d'appel est proche de 60 % et le taux de pourvoi de 11 %. À l'issue des recours, les décisions prud'homales ont été majoritairement confirmées, en appel comme en cassation (en 2004, 54,8 % des décisions prud'homales ont été confirmées en appel, avec ou sans substitution de motifs, et 80,1 % en cassation).

• En 2004, 207 770 demandes ont été enregistrées, en baisse de 7 % entre 1993 et 2004. Les sections « Commerce » et « Activités diverses » représentent 56,1 % des affaires traitées. 48,8 % des demandes n'aboutissent pas à une décision de justice (les parties trouvant, semble-t-il, un accord avec toute décision de justice). Les résultats pour les affaires jugées au fond sont : 54 % d'acceptation partielle et 19,7 % d'acceptation totale, 26,3 % de rejets (des demandes des salariés). Un peu plus d'un salarié sur quatre ayant fait l'objet d'un licenciement pour motif personnel a saisi le CPH. Ce taux est dix fois moins élevé pour les licenciements économiques. L'appel frappe 63,8 % des décisions rendues au fond (en 2002) ; une majorité de décisions prud'homales se trouvent confirmées (57,1 %).

Source : B. Munoz-Perez et É. Serverin, « Le droit du travail en perspective contentieuse 1993-2004 », ministère de la Justice, 2005. Infostat Justice, févr. 2009, n° 105, « Les affaires prud'homales en 2007 ».

Les conseillers prud'hommes ne sont pas des magistrats professionnels (fonctionnaires de l'État), mais des juges élus : les prud'hommes employeurs sont élus par des employeurs, les prud'hommes salariés par des salariés. Chaque CPH comporte un nombre égal de conseillers prud'hommes employeurs et de conseillers prud'hommes salariés (ce paritarisme est un principe essentiel de fonctionnement dans toutes les instances du CPH ; L. 1421-1).

Grâce à ce paritarisme, le CPH est un juge impartial : le caractère paritaire de la juridiction est garant de son impartialité (Soc. 19 déc. 2003).

À lire : D. Boulmier, *Preuve et instance prud'homale, À la recherche d'un procès équitable,* LGDJ, 2002 ; M. Pécher, *Guide des prud'hommes,* L'Atelier, 2000 ; M. Renaudineau, *Quel est le travail réel des conseillers prud'hommes salariés ?*, CNAM – CESTES, 2010. D. Boulmier, *Conseil de prud'hommes, Agir et réagir au procès prud'homal*, Lamy, Collection Axe Droit, Paris, 2011.

Organisation

A. Généralisation

Il existe au moins un CPH dans le ressort de chaque TGI. Tout département est assuré d'en avoir au moins un. Un décret du 17 octobre 1979 a établi la liste des CPH pour tout le territoire et déterminé la compétence territoriale de chacun des conseils. Après la réforme de la carte judiciaire, il existe 210 CPH. Les sièges et les ressorts de nombreux conseils ont également été modifiés (décret du 29 mai 2008 fixant le siège et le ressort des CPH, CE 8 juill. 2009).

B. Sections

Les 210 CPH sont divisés en cinq sections autonomes :

- encadrement ;
- industrie ;
- commerce ;
- agriculture ;
- activités diverses (AD).

Chacune de ces sections comprend au moins un bureau de conciliation et un bureau de jugement. Le premier comprend deux conseillers, un représentant des salariés et un représentant des employeurs, tandis que le second comprend théoriquement deux représentants des salariés et deux représentants des employeurs. Le CPH comprend également un greffe, composé de greffiers et de personnels de greffe. Chaque section comprend au moins trois conseillers prud'hommes employeurs et trois conseillers prud'hommes salariés. Un CPH compte donc au minimum 30 membres. Le nombre de conseillers pour chaque CPH est fixé par décret (exemple pour le CPH de Paris : Industrie 55, Encadrement 108, Commerce 158, AD 90, Agriculture 5 ; décret du 29 mai 2008 fixant la composition des CPH).

Plusieurs chambres peuvent être constituées au sein d'une même section. Chacune comprend au moins quatre conseillers employeurs et quatre conseillers salariés. En fait, seuls les CPH les plus nombreux (environ un dixième du total) ont constitué des chambres.

Lorsqu'une section comporte plusieurs chambres, une chambre est compétente pour connaître des litiges relatifs aux licenciements économiques. Dans les sections où n'ont pas été constituées des chambres, c'est la section elle-même qui statue sur ces litiges. La chambre spécialisée (ou la section) statue en urgence, mais avec une phase de conciliation préalable.

Pour tenir compte de l'activité réduite des sections de l'agriculture, lorsque dans le ressort du TGI existent plusieurs CPH, il n'y aura qu'une section de l'agriculture rattachée à l'un des conseils.

C. Rattachement à une section

En vue de l'élection des conseillers prud'hommes, les employeurs et les salariés, occupés dans des établissements situés dans la circonscription territoriale du conseil, sont répartis entre les sections. C'est l'activité principale de l'entreprise qui constitue le critère de rattachement à une section. Les employeurs et les salariés non cadres de l'industrie sont rattachés à la section industrie ; ceux du commerce à la section commerce ; ceux des professions agricoles à la section de l'agriculture. Les employeurs et salariés non cadres qui ne peuvent être rattachés à aucune de ces trois sections sont rattachés à la section « activités diverses ».

À la section de l'encadrement sont rattachés :

- les employeurs qui occupent un ou plusieurs salariés relevant de la section encadrement et qui ont choisi de se rattacher à cette section plutôt qu'à la section correspondant à leur activité.
- les salariés relevant des catégories suivantes (L. 1441-6, L. 513-1) : les ingénieurs ainsi que les salariés qui, même s'ils n'exercent pas de commandement, ont une formation équivalente, constatée ou non par un diplôme ; les salariés qui, ayant acquis une formation technique, administrative, juridique, commerciale ou financière, exercent un commandement par délégation de l'employeur ; les agents de maîtrise qui ont une délégation écrite de commandement ; les voyageurs, représentants et placiers (VRP).

Les élections ont lieu, dans chaque section, par collège séparé (employeurs, salariés).

Électorat, éligibilité et scrutin

A. Conditions d'électorat

Pour être électeurs, les salariés et les employeurs doivent (L. 1441-1, L. 513-1) :

- être âgés de 16 ans accomplis ;
- exercer une activité professionnelle ou être sous contrat d'apprentissage ou involontairement privés d'emploi ;
- n'être l'objet d'aucune interdiction, déchéance ou incapacité relative à leurs droits civiques.

Sont électeurs dans le collège des salariés :

- les salariés et les salariés cadres ne détenant pas une délégation particulière d'autorité assimilant à un employeur ;
- les salariés titulaires d'un contrat d'apprentissage ;
- les personnes à la recherche d'un emploi (sauf recherche d'un premier emploi).

Sont électeurs dans le collège des employeurs :

- les personnes employant pour leur compte ou pour le compte d'autrui un ou plusieurs salariés ;
- les associés en nom collectif ;
- les présidents des conseils d'administration ;
- les directeurs généraux et directeurs ;
- les cadres détenant sur un service, un département ou un établissement de l'entreprise une délégation particulière d'autorité, établie par écrit, permettant de les assimiler à un employeur.

B. Établissement des listes électorales

Pour les élections du 3 décembre 2008, le dispositif retenu était le suivant : en vue de la constitution des listes électorales, par le maire de chaque commune, chaque employeur doit déclarer les salariés qu'il emploie, dans chaque établissement géographiquement distinct, à l'aide de la Déclaration Annuelle des Données Sociales (DADS, L. 1441-8).

Cette déclaration doit être tenue à la disposition, à des fins de vérification (L. 1441-9), du personnel de l'établissement, des délégués du personnel et syndicaux, pendant 15 jours (avant le 15 févr. 2008), avec affichage dans les établissements de plus de 10 salariés.

Cette déclaration comprend les nom, prénoms, date et lieu de naissance ainsi que le domicile des salariés, en faisant mention de la section dont relève l'entreprise. Le document distingue les salariés cadres et ceux qui ne le sont pas et comporte aussi leur numéro de Sécurité sociale (R. 1441-20, R. 513-11).

Les employeurs continuent à demander leur propre inscription sur la liste électorale dans la section dont ils relèvent.

Le maire, assisté d'une commission, établit la liste électorale en procédant à l'inscription, dans chaque section, des électeurs salariés et employeurs. Cette commission est composée d'électeurs. S'ils sont salariés, ils bénéficient d'autorisations d'absence, assimilées à du temps de travail. La participation d'un salarié à cette commission ne saurait être la cause d'une sanction ou de la rupture du contrat de travail par l'employeur (L. 1441-13, L. 513-3).

Une procédure spécifique de contestation de la liste électorale établie par le maire est prévue (recours devant le maire (du 19 sept. au 20 oct. 2008) puis, le cas échéant, devant le TI (du 21 oct. au 3 déc. 2008) (L. 1441-14 et 15, L. 513-3 ; circulaire DGT du 10 avril 2008).

C. Conditions d'éligibilité

Sont éligibles les salariés et les employeurs qui :

- ont la nationalité française (cette condition n'est pas exigée des électeurs) ; rendant la justice « au nom du peuple français », ils participent à une activité essentielle de l'État ;
- sont âgés de 21 ans au moins ;
- n'ont encouru aucune condamnation privative de la capacité électorale ;
- sont inscrits sur les listes électorales prud'homales ou remplissent les conditions requises pour y être inscrits, ou y ont été inscrits (mais dans ce dernier cas, il faut avoir exercé l'activité au titre de laquelle ils y étaient inscrits depuis moins de 10 ans).

Les candidats sont éligibles dans la section où ils sont inscrits ou remplissent les conditions pour être inscrits comme électeurs. Est inéligible pendant un délai de cinq ans tout conseiller prud'homme élu qui refuse de se faire installer ou est déclaré démissionnaire d'office (L. 1441-21, L. 514-5). Un conseiller prud'homme peut être déchu de son mandat du fait d'une condamnation pénale (exemple : conseiller employeur condamné pour délit d'entrave au droit syndical).

D. Liste des candidats

La déclaration de candidature résulte du dépôt d'une liste à la préfecture (L. 1441-22). Les candidats salariés sont, en fait, bien que cela ne soit pas exigé par le texte, présentés par les organisations syndicales représentatives de salariés (sans aucun monopole des seules organisations syndicales représentatives au plan national) et les candidats employeurs par des organisations patronales. La contestation est possible dans les 10 jours suivant la publication.

Les listes ne sont pas recevables si elles sont présentées par un parti politique ou une organisation prônant des discriminations, notamment sexuelles, raciales ou homophobes (L. 1441-23, L. 513-3-1), si elles ne respectent pas le principe de la parité de la juridiction prud'homale (L. 1441-23), si elles comportent un nombre de candidats inférieur au nombre de postes à pourvoir ou supérieur au double de celui-ci (L. 1441-25, L. 513-6). Il est en outre interdit de présenter simultanément des listes dans deux collèges d'un même CPH ou de conseils différents (L. 1441-24, L. 513-3-1).

Le mandataire de la liste notifie à l'employeur le ou les noms des salariés de son entreprise qu'il entend présenter sur sa liste de candidats. Cette notification ne peut intervenir plus de trois mois avant le début de la période de dépôt de la liste des candidatures à la préfecture (L. 1441-27).

La constatation par le juge, avant le scrutin, de l'inéligibilité d'un ou de plusieurs candidats sur une liste rend celle-ci irrégulière dès lors qu'elle a pour effet de réduire le nombre de candidats de la liste à un nombre inférieur au nombre de postes à pourvoir (L. 1441-28).

Pour les élections du 3 décembre 2008, la période de dépôt des listes à la préfecture courait du 30 septembre au 14 octobre (12 heures). Les listes ont été affichées le 15 octobre.

Une aide publique est prévue pour financer la campagne prud'homale au bénéfice des organisations interprofessionnelles ayant obtenu ou approché 5 % des suffrages aux précédentes élections de 2002 (l'exclusion d'une organisation syndicale est contraire au principe d'égalité, CE 30 déc. 2009, Solidaires).

E. Scrutin

Le scrutin doit se dérouler pendant le temps de travail, soit à la mairie, soit dans un local proche du lieu de travail. L'employeur est tenu d'autoriser les salariés à s'absenter, afin de leur permettre de participer au scrutin. Cette absence ne peut donner lieu à aucune diminution de rémunération (L. 1441-34, L. 513-4 ; circulaire n° 2008-08 sur l'organisation des élections). La durée de l'autorisation d'absence accordée aux salariés pour participer au scrutin doit être suffisante. À défaut, une durée trop courte constitue un trouble manifestement illicite et le juge peut fixer une durée raisonnable (TGI Montluçon, 28 nov. 2008, CGT c/ Sté Goodyear Dunlop Tires France : le juge a fixé une « *absence autorisée et rémunérée d'une durée d'une heure* », au lieu d'une demi-heure fixée par l'employeur).

Cette facilité est étendue aux salariés désignés comme mandataires de listes, assesseurs et délégués de listes pour le temps nécessaire à l'accomplissement de leurs fonctions. Ce temps est assimilé à du temps de travail.

L'exercice des fonctions de mandataire de liste, d'assesseur ou de délégué de liste par un salarié ne peut être la cause d'une sanction ou d'une rupture du contrat de travail par l'employeur. Les délégués syndicaux appelés à exercer ces fonctions sont autorisés à utiliser à cet effet le crédit d'heures dont ils disposent au titre de leur mandat.

Les résultats de tous les votes intervenus dans la circonscription territoriale du CPH sont rassemblés. L'élection des conseillers a lieu, au scrutin de liste, à la représentation proportionnelle, à un tour, suivant la règle de la plus forte moyenne. L'électeur vote pour une liste et ne peut ni rayer un nom ni en ajouter un ni modifier l'ordre de présentation des candidats. Sur chaque liste, les sièges sont attribués aux candidats d'après l'ordre des présentations.

Les conseillers prud'hommes sont élus pour cinq ans. L'élection a lieu à la même date pour l'ensemble des CPH. Les dernières élections ont eu lieu le 3 décembre 2008 – l'ordonnance du 24 juin 2004 relative aux mesures de simplification dans le domaine des élections prud'homales ayant reporté les élections au plus tard le 31 décembre 2008, au lieu de 2007, année chargée sur le plan électoral. Les mandats en cours avaient donc été prolongés d'une année. À titre expérimental, le vote en 2008 a été mis en œuvre à Paris par voie électronique (décret du 23 juill. 2007).

Les résultats ont été proclamés le 4 décembre 2008 et affichés à la mairie du siège de chaque CPH. Dans les huit jours suivant l'affichage, les contestations relatives à l'éligibilité, à la régularité et à la recevabilité des listes des candidats à l'élection des conseillers prud'hommes ainsi qu'à la régularité des opérations électorales relèvent de la compétence du TI, qui statue en dernier ressort dans les 10 jours (L. 1441-39 et s., L. 513-11).

Dans le mois suivant, les nouveaux conseillers prêtent serment (« *Je jure de remplir mes devoirs avec zèle et intégrité et de garder le secret des délibérations* ») et sont installés (entrée en fonction). Le greffier du CPH informe chaque employeur concerné.

La date du prochain renouvellement général des conseils de prud'hommes est fixée par décret et, au plus tard, au 31 décembre 2015. Le mandat des conseillers prud'hommes est prorogé jusqu'à cette date (loi du 15 oct. 2010, art. 7).

Résultats des élections prud'homales du 10 décembre 2008 au niveau national				
Toutes sections confondues	**Inscrits**	**Votants**	**Part.**	**Exprimés**
Collège salariés	18 661 393	4 758 823	25,50 %	4 619 786
Collège employeurs	518 349	161 605	31,18 %	156 717
Total	19 179 742	4 920 428	25,65 %	4 776 503
Sans la Guyanne et six sections du collège employeurs				
Toutes sections confondues	**Inscrits**	**Votants**	**Part.**	**Exprimés**
Collège salariés	18 661 393	4 758 823	25,50 %	4 619 786
Listes		**Voix**	**%**	**Sièges**
CGT		1 570 696	34,00	2 854
CFDT		1 007 756	21,81	1 794
FO		730 604	15,81	1 146
CFTC		401 460	8,69	383
CFE-CGC		378 478	8,19	627
Unsa		288 788	6,25	249
Solidaires		176 307	3,82	92
Div. sal.		65 697	1,42	91
Toutes sections confondues	**Inscrits**	**Votants**	**Part.**	**Exprimés**
Collège employeurs	518 349	161 605	31,18%	156 717
Listes		**Voix**	**%**	**Sièges**
UE		113 073	72,15	6 265
AEES		29 726	18,97	462
Div. emp.		13 918	8,88	492

Tableau 3 – Résultats des élections prud'homales de 2008 au niveau national

L'évolution constatée est la suivante. Pour le collège employeurs : UE (Union pour les droits des employeurs, réunissant Medef, Cgpme, Upa, FNSEA et Unapl), en baisse de plus de 7,9 % ; AEES (Association des employeurs de l'économie sociale), en augmentation de plus de 7 %. Et pour le collège salariés : CGT : + 1,8 % ; CFDT : – 3,3 % ; FO : – 2,2 % ; CGC : + 1,2 % (première place dans l'encadrement) ; Unsa : + 1,29 % ; etc.

Statut des conseillers

Les conseillers prud'hommes « *exerçant leurs fonctions à temps partiel et pour une durée déterminée dans une juridiction spécialisée* » (DC 28 déc. 2006, § 21) « *ne sont pas régis par le statut des magistrats pris en application de l'article 64 de la Constitution, ne sont pas placés dans la même situation que les magistrats régis par ce statut* » (CE 21 oct. 2011, *infra*).

A. Formation

Les conseillers bénéficient, sur leur demande, de congés-formation d'une durée de six semaines par mandat, soit 36 jours ouvrables (Soc. 19 nov. 1996). Le salarié conserve sa rémunération (ces absences peuvent être imputées par l'employeur sur le budget affecté à la formation professionnelle). Cette formation n'est pas obligatoire.

La formation des conseillers prud'hommes est financée et organisée par l'État (L. 1442-1, R. 1442-2, D. 1442-1, L. 514-3) qui la délègue à (arrêté du 18 mars 2009) :

- des établissements publics d'enseignement supérieur (des Instituts du travail et le Cnam – chaire de droit social) ;
- des organismes privés à but non lucratif, rattachés aux organisations syndicales (ayant obtenu 150 sièges répartis dans 50 départements, aux dernières élections prud'homales) – chaque organisation syndicale doit créer et gérer un organisme spécialisé qui assure la formation des conseillers qui lui sont affiliés (par exemple pour la CGT, l'Institut Prudis ; pour la CFDT, l'ISEFOJ ; pour l'USGERES, l'Association prud'hommes formation employeurs de l'économie sociale).

B. Exercice du mandat

Les employeurs sont tenus de laisser aux salariés de leur entreprise, membres d'un CPH, le temps nécessaire pour se rendre et participer aux activités prud'homales : participer aux séances, aux mesures d'instruction, etc. (L. 1442-5, L. 514-1). Le temps passé hors de l'entreprise pendant les heures de travail par les conseillers prud'hommes du collège salarié pour l'exercice de leurs fonctions est assimilé à un temps de travail pour la détermination des droits que le salarié tient de son contrat de travail et des dispositions législatives, réglementaires et conventionnelles.

Les absences de l'entreprise, justifiées par l'exercice des fonctions de conseiller prud'homme du collège salarié, n'entraînent aucune diminution des rémunérations et avantages y afférents.

Le pouvoir réglementaire doit respecter les exigences constitutionnelles : « *Il lui appartient, sous le contrôle du juge administratif, de fixer les modalités d'indemnisation des conseillers prud'hommes dans l'intérêt du bon emploi des deniers publics et d'une bonne administration de la justice,*

(...) sans porter atteinte à l'impartialité et à l'indépendance de la juridiction » (DC 28 déc. 2006, § 24).

Selon la jurisprudence, « *nulle autorité ne saurait être comptable du temps que le juge consacre à son activité juridictionnelle* » (CA Chambéry, ch. appels correc., 12 sept. 2007). Cependant, désormais, la réglementation détermine un nombre d'heures indemnisables suivant les différentes activités du conseiller (exemple : durée maximale de cinq heures pour la rédaction d'un jugement ; décret du 16 juin 2008 modifié par le décret du 25 août 2009, modifié par le décret du 5 juill. 2011 – art. D. 1423-65 et s.). Le décret de 2008 avait été partiellement annulé (CE 17 mars 2010) : « *Une telle limitation (...) procède à une inexacte conciliation entre le bon emploi des deniers publics et l'indépendance de la juridiction prud'homale* » ; des dépassements sont désormais possibles (exemples : pour la « rédaction d'un jugement, d'un procès-verbal de conciliation ou d'une ordonnance », décr. 5 juill. 2011, préc.), mais pas dans tous les cas. Ainsi, un texte (art. 2 et 3 du décret du 25 août 2009) a été annulé (mais uniquement) « *en tant que la modification des articles D. 1423-65 et D. 1423-66 du Code du travail à laquelle ils procèdent plafonne, sans possibilité de dérogation, le nombre d'heures indemnisables que le conseiller prud'homme peut déclarer avoir consacré, d'une part, à l'étude préparatoire des dossiers préalable à l'audience d'un bureau de conciliation, d'un bureau de jugement et d'une formation de référé, et, d'autre part, à la rédaction des procès-verbaux de conciliation* » (CE 21 oct. 2011, n° 333045).

Le système de paiement à la vacation subsiste pour les conseillers employeurs et les conseillers salariés sans emploi ou ayant cessé leur activité professionnelle et pour les activités exercées en dehors des heures de travail (décret du 16 juin 2008, art. D. 1423-56, pour le salarié : 7,10 € de l'heure).

Le salarié élu CPH, travaillant en service continu ou discontinu posté, a droit à un aménagement d'horaires de son travail de façon à lui garantir un temps de repos minimum. Il bénéficie du maintien de son salaire (D. 1423-61 et D. 1423-62).

C. Protection contre le licenciement, la discrimination et l'entrave

Les conseillers prud'hommes salariés bénéficient d'une protection particulière contre le licenciement qui ne peut intervenir que sur autorisation préalable de l'inspecteur du travail (L. 1442-19). Il en est de même pour les anciens conseillers prud'hommes, pendant les six mois qui suivent la cessation de leurs fonctions et pour les candidats, dès que l'employeur a reçu notification, par le mandataire de la liste, de la candidature du salarié ou lorsque celui-ci prouve que l'employeur a eu connaissance de l'imminence de sa candidature et, pendant une durée de six mois suivant publication de la liste, à condition que le nom du salarié y figure (Soc. 12 sept. 2007). C'est la même protection que celle qui est prévue pour les délégués syndicaux dans l'entreprise.

Cette protection s'étend également aux cas de discrimination dans l'emploi. Ainsi, en se référant à la classification des emplois de l'entreprise, le juge peut décider d'un reclassement du salarié discriminé à une date qu'il fixe (Soc. 24 févr. 2004).

L'employeur qui crée des obstacles à la libre désignation des candidats, à l'indépendance ou à l'exercice des fonctions de conseiller prud'homme, s'expose à des sanctions pénales (délit d'entrave – L. 1443-3, L. 531-1), de la même façon que l'employeur qui porte atteinte à l'exercice du droit syndical dans l'entreprise.

La loi (L. 1443-3) « réprime toutes les atteintes portées à l'exercice des fonctions de conseiller prud'homme » (Crim. 26 mai 2009, salarié conseiller prud'homme ayant « *signé (...) une lettre de démission pré-remplie et non datée (...) envoyée ultérieurement, contre son gré, par le syndicat au président du conseil de prud'hommes et au procureur de la République, à la suite de dissensions ayant entraîné son exclusion dudit syndicat* »).

D. Discipline

L'acceptation par un conseiller prud'homme d'un mandat impératif, à quelque époque ou sous quelque forme que ce soit, constitue un manquement grave à ses devoirs. Si ce fait est reconnu par les juges chargés de statuer sur la validité des opérations électorales, il entraîne de plein droit l'annulation de l'élection de celui qui s'en est rendu coupable ainsi que son inéligibilité. Si la preuve n'en est rapportée qu'ultérieurement, ce fait entraîne la déchéance de l'intéressé (L. 1442-11).

La sanction de la déchéance (L. 1442-14-3°) peut être appliquée pour des manquements graves (L. 1442-13), pour des faits commis dans l'exercice de la fonction juridictionnelle ou d'administration du CPH, mais également pour des faits commis en dehors des fonctions prud'homales, qui révèlent un comportement incompatible avec les qualités attendues d'une personne investie d'une fonction juridictionnelle et qui sont susceptibles de discréditer la juridiction (CE 20 mai 2011, conseiller prud'homal condamné pour complicité de discrimination syndicale ; la déchéance est prononcée par décret, le conseiller est déchu à la date de la condamnation devenue définitive).

Compétence du conseil de prud'hommes

Le CPH détient une compétence spéciale, qui s'exerce territorialement.

A. Compétence matérielle

Le CPH règle par voie de conciliation les différends qui peuvent s'élever à l'occasion de tout contrat de travail, relevant du Code du travail, entre les employeurs ou leurs représentants, et les salariés qu'ils emploient. Il juge les litiges lorsque la conciliation n'a pas abouti (L. 1411-1, L. 511-1).

Les litiges soumis au CPH sont ceux qui s'élèvent à l'occasion d'un contrat de travail, par exemple des litiges concernant une sanction pour faute, le paiement de majorations pour des heures supplémentaires, la classification professionnelle (Soc. 18 mars 2009, CCN Entreprises de commerce et de commission importation-exportation), l'indemnité de départ d'un salarié, les licenciements individuels, le non-respect d'une clause de non-concurrence, une contestation sur des droits de propriété intellectuelle (Soc. 21 mai 2008), un préjudice lié à l'atteinte à la santé (Soc. 11 mai 2010, PBR, Ahlstrom Label Pack salarié en « préretraite amiante », indemnisé pour la perte de chance de mener à son terme une carrière professionnelle normale et pour le préjudice d'anxiété), etc.

En matière de santé et de sécurité au travail, la réparation du préjudice découlant d'un accident du travail (AT) ou d'une maladie professionnelle (MP) relève de la compétence du Tribunal des affaires de Sécurité sociale (TASS, CSs L. 451-1 ; Soc. 30 sept. 2010, CPAM de Saint-Étienne ; Chap. XIII). Cependant, le CPH est compétent pour la réparation de préjudices patrimoniaux ou extrapatrimoniaux en cas de dégradation de la santé hors AT-MP (Soc. 7 déc. 2011, PBR, Sté Sanofi Pasteur c/Mme P ; sur le fondement du droit commun de la responsabilité civile contractuelle).

Plusieurs salariés d'un même employeur peuvent saisir le CPH d'une demande identique (Soc. 21 mai 1996). Ainsi, plusieurs salariés peuvent demander le bénéfice d'une prime prévue par la convention collective et refusée par l'employeur.

Le CPH sera donc conduit, dans certains cas, à examiner en priorité s'il y a bien contrat de travail, en utilisant notamment le critère de la subordination. Si c'est le cas, il s'estimera compétent et jugera l'affaire au fond.

Les litiges nés à l'occasion d'un contrat d'apprentissage relèvent de la compétence des prud'hommes, car il s'agit là d'un contrat de travail, bien que d'un type particulier.

Le CPH règle aussi les différends et litiges nés entre salariés à l'occasion du travail (L. 1411-3), notamment dans des cas de harcèlements, « moral » (Soc. 21 juin 2006) ou sexuel (CA Paris, 20 mars 2001, Mme P. c/ LeCalvez et Ccas EDF), ou de différends salariaux (Soc. 18 mars 2008, redistribution des cachets entre deux musiciens).

Les personnels des services publics à caractère industriel et commercial (par exemple RATP, Soc. 18 déc. 2007), lorsqu'ils sont employés dans les conditions du droit privé relèvent de la compétence du CPH (L. 1411-2). En revanche, les personnels soumis à un statut (fonctionnaires, agents non contractuels de services publics à caractère administratif, Soc. 2 févr. 2005), ne sont pas titulaires d'un contrat de travail et les litiges avec leur administration relèvent du TA.

La plupart des litiges que connaît le CPH sont portés à l'initiative du salarié, qui cherche à se faire reconnaître un droit qu'il pense tenir de la législation, de la convention collective ou de son contrat de travail. Le CPH est donc amené à appliquer également des textes légaux, conventionnels ou européens. Il tranche le litige conformément aux « règles de droit » qui lui sont applicables (art. 12 Code de Procédure Civile).

Le litige peut intervenir en cours d'exécution du contrat de travail mais, le plus souvent, les salariés saisissent le CPH alors que le contrat de travail est rompu, n'hésitant plus à affronter l'employeur lorsque la relation de travail ne subsiste plus.

Enfin, la juridiction prud'homale est également compétente pour connaître d'un litige relatif à une discrimination dans une procédure de recrutement (Soc. 20 déc. 2006).

B. Compétence territoriale et section compétente

Il reste à déterminer quel CPH doit être saisi (compétence territoriale) et quelle est la section compétente. Le CPH compétent est généralement celui dans le ressort duquel est situé l'établissement où est effectué le travail. Si ce dernier est réalisé en dehors de tout établissement ou à domicile, la demande est portée devant le CPH du domicile du salarié. Celui-ci peut toujours saisir le CPH du lieu où l'engagement a été contracté et celui du lieu où l'employeur est établi (Soc. 16 mai 2007).

La section compétente est celle dont relève le salarié. Ce sera le plus souvent celle aussi dont relève l'employeur et dans laquelle celui-ci a voté. Ce n'est pas le cas si le salarié est un cadre et si l'employeur relève de la section industrie, par exemple. En dehors de ces règles, est nulle une clause attributive de juridiction incluse dans un contrat de travail, sauf s'il a un caractère international (Soc. 30 janv. 1991).

Procédure

A. Saisine

Le CPH est saisi soit par une demande, soit (ce qui est rare) par la comparution volontaire des parties. Au regard du principe de l'unicité de l'instance prud'homale (R. 1452-6), toutes les demandes dérivant d'un contrat de travail doivent, en règle générale, faire l'objet d'une seule instance (Soc. 14 mars 2007) ; mais « *la règle de l'unicité de l'instance… n'est applicable que lorsque l'instance précédente s'est achevée par un jugement sur le fond* » (Soc. 16 nov. 2010, PBRI ; ce revirement de jurisprudence met fin au déni de justice auquel étaient confrontés des salariés).

La demande peut être soit faite sur place au secrétariat-greffe du CPH, soit adressée à celui-ci par lettre recommandée. La demande doit indiquer les noms, professions, adresses des parties, ainsi que les différents motifs sur lesquels elle porte. Le montant des remboursements ou dommages-intérêts demandés doit être indiqué. Le secrétariat-greffe délivre ou envoie un récépissé au demandeur.

B. Assistance et représentation

Les parties doivent comparaître en personne (cette comparution personnelle est nécessaire du fait de l'oralité de la procédure et de la mission conciliatrice du CPH). Elles peuvent toutefois se faire représenter en cas de motif légitime (par exemple maladie), qui doit être admis par le juge. Par ailleurs, elles peuvent aussi (ce n'est pas obligatoire) se faire assister.

Les personnes habilitées à assister ou à représenter les parties, à condition de ne pas être membres du CPH compétent (Soc. 3 juill. 2001, Soc. 16 sept. 2008, Mme Carsoulle, « la procédure était entachée de nullité et aucune régularisation n'était possible », art. 6 § 1 CESDH, L. 1453-2), sont :

- les salariés ou les employeurs appartenant à la même branche d'activité ;
- les délégués permanents ou non permanents des organisations syndicales, ouvrières ou patronales ; notamment un défenseur syndical salarié (L. 1453-4) ;
- le conjoint ;
- les avocats.

L'employeur peut également se faire assister ou représenter par un membre de l'entreprise ou de l'établissement.

Les organisations syndicales et les associations peuvent aussi agir en substitution pour un ou plusieurs salariés (voir chapitre XVII).

C. Conciliation et jugement

La première phase de la procédure consiste dans une tentative de conciliation, qui est obligatoire. La seconde phase sera celle du jugement, si la conciliation n'a pas abouti.

1. *Bureau de conciliation (BC)*

Le secrétariat-greffe avise le demandeur de la date de la séance du BC à laquelle l'affaire sera appelée et convoque le défendeur devant le BC par lettre recommandée avec demande d'accusé de réception. Les deux parties sont invitées à se munir de toutes les pièces utiles. Le BC est composé d'un conseiller prud'homme employeur et d'un prud'homme salarié.

Si le demandeur ne se présente pas le jour fixé pour la tentative de conciliation, sans avoir justifié en temps utile d'un motif légitime, la demande devient caduque. Toutefois, la caducité n'est pas déclarée si le demandeur a transmis à son mandataire un écrit formalisant son autorisation à se concilier en son nom et pour son compte, ainsi que sa connaissance de ce que, en son absence, le BC pourra déclarer sa demande caduque (R. 1454-12 al. 2, décret du 18 juill. 2008). La demande ne peut être renouvelée qu'une seule fois, à moins que le BC ne constate que le demandeur n'a pu comparaître sur sa seconde demande suite à un cas fortuit.

En l'absence du défendeur, l'affaire est renvoyée au bureau de jugement (BJ). Toutefois, si le défendeur a justifié en temps utile d'un motif légitime d'absence, soit il est convoqué à une prochaine séance du bureau de conciliation par lettre simple ; soit il transmet à son mandataire un écrit formalisant son autorisation à se concilier en son nom et pour son compte (R. 1454-13, décret du 18 juill. 2008).

Si les deux parties sont présentes, le BC entend leurs explications et essaie de les concilier. Les séances du BC ne sont pas publiques. Le juge prud'homal en BC doit être un « juge actif » ; il recherche un accord des parties préservant les droits de chacune d'elles et vérifie que les parties étaient informées de leurs droits (Soc 28 mars 2000, Sté Durafroid).

Le BC, même en l'absence du défendeur, est habilité à prendre des mesures provisoires, immédiatement exécutoires. Il peut ainsi ordonner la délivrance, le cas échéant sous peine d'astreinte (le débiteur récalcitrant est condamné à payer une somme dont le montant augmente chaque jour), de certificats de travail et des bulletins de paye. Lorsque l'existence de l'obligation n'est pas sérieusement contestable, le BC peut ordonner le versement de provisions sur les salaires et accessoires du salaire, les commissions, les indemnités de congés payés, de préavis et de licenciement, etc., dans la limite de six mois de salaire calculés sur la moyenne des trois derniers mois. En outre, il peut ordonner d'office certaines mesures d'instruction, notamment le recours à une expertise.

En cas d'accord sur tout ou partie des demandes, un procès-verbal, mentionnant la teneur de l'accord intervenu, est dressé. Si la conciliation n'a pu avoir lieu ou si elle n'est que partielle, le BC dresse un procès-verbal, notant les prétentions qui restent contestées et les déclarations que les parties font alors sur ces prétentions, puis renvoie l'affaire soit directement au bureau de jugement si elle est en état d'être jugée, soit à un ou deux conseillers rapporteurs. Dans ce dernier cas, l'un est un prud'homme employeur, l'autre un prud'homme salarié.

En cas d'impossibilité de parvenir à une conciliation ou en cas de conciliation partielle, le BC renvoie l'affaire au BJ lorsque le demandeur et le défendeur sont présents ou représentés et que l'affaire est en état d'être jugée sans que la désignation d'un ou de deux conseillers rapporteurs ou le recours à une mesure d'instruction ne soient nécessaires (R. 1454-17 al. 1er).

2. *Bureau de jugement (BJ)*

Les parties sont convoquées par simple lettre devant le BJ. Celui-ci comprend un nombre égal de conseillers prud'hommes employeurs et de prud'hommes salariés (au moins deux pour chaque élément). L'audience est publique.

Le bureau rend un jugement (éventuellement après avoir mis l'affaire en délibéré, ce qui entraîne que le jugement sera rendu ultérieurement).

3. *Référé prud'homal*

Une formation de référé existe dans chaque conseil de prud'hommes. Le bureau des référés, commun à l'ensemble des sections, est composé d'un conseiller prud'homme salarié et d'un prud'homme employeur.

La formation de référé peut :

– dans tous les cas d'urgence ordonner des mesures ne souffrant aucune contestation « sérieuse », comme la remise immédiate d'un certificat de travail. Elle peut accorder une provision sur salaires et indemnités, pourvu que la somme soit incontestablement due, et cela sans plafonnement, à la différence du bureau de conciliation (R. 1455-5).

– toujours, même en présence d'une contestation sérieuse, prescrire des mesures conservatoires ou de remise en état pour prévenir un dommage imminenent ou pour faire cesser un « trouble manifestement illicite », par exemple pour ordonner la « réintégration » d'un représentant du personnel licencié sans l'autorisation de l'inspecteur du travail ou pour faire cesser une discrimination (R. 1455-6).

La formation de référé peut prononcer des condamnations (ordonnances) assorties d'astreintes. Elle peut interpréter une convention collective ou un accord collectif (Soc. 27 juin 2007). En revanche, elle n'a pas le pouvoir d'ordonner la résiliation d'un contrat de travail (Soc. 15 mai 2007). L'ordonnance rendue par la formation de référé est une mesure provisoire qui ne lie pas le bureau de jugement. Le délai d'appel est de 15 jours.

4. *Délibéré*

Jugement. Dans l'idéal, juger une affaire, trancher un litige, signifie :

- identifier les faits vraiment pertinents de l'affaire, les interpréter et les qualifier juridiquement ;
- identifier les textes pertinents, les interpréter ;
- appliquer un raisonnement juridique aux faits retenus sur le fondement de ces textes ;
- choisir la réparation et la sanction correspondantes.

Délibéré. Le plus souvent, les conseillers se retirent après l'audience (BC, BJ ou référé) pour délibérer. La décision pour chaque affaire est prise à la majorité des conseillers (si le salarié est le demandeur : décision de lui donner gain de cause ou de le débouter ; s'il obtient gain de cause, décision sur le niveau de sa réparation pour chaque demande). Les délibérations sont secrètes (488 CPC).

Départage. En cas de partage des voix (devant le BC, le BJ ou la formation de référé), l'affaire est renvoyée à une audience ultérieure du bureau, mais celui-ci est cette fois présidé par un juge du TI, c'est-à-dire par un magistrat professionnel, désigné par le premier président de la Cour d'appel : c'est le juge départiteur (L. 1454-2, loi du 13 déc. 2011).

5. *Instruction*

Le bureau (BC ou BJ) peut, parmi les mesures d'instruction, désigner des conseillers rapporteurs. Ceux-ci peuvent entendre les parties, leur demander de fournir des explications ou des documents justificatifs. Ils peuvent aussi entendre des témoins ou ordonner des mesures d'instruction. Leur mission est de mettre l'affaire en l'état d'être jugée par le bureau de jugement. Mais, même à ce stade, une conciliation est toujours possible, soit totale, soit partielle. Un procès-verbal est alors dressé.

6. *Récusation*

Un conseiller prud'homme peut être récusé lorsqu'il a un intérêt personnel à la contestation, notamment du fait d'un lien familial avec l'une des parties (L. 1457-1).

En revanche, le fait qu'un membre d'un CPH appartienne à la même organisation syndicale que l'une des parties au procès n'est pas de nature à affecter l'équilibre de la juridiction ou à mettre en cause l'impartialité de ses membres (Soc. 19 déc. 2003). Un syndicat peut agir en justice pour la protection d'un de ses conseillers prud'hommes menacé de récusation en raison de son affiliation syndicale (Soc. 3 oct. 2007).

7. *Audience*

La procédure est accusatoire, le procès est l'affaire des parties, mais le juge doit être actif (cette évolution est conforme à l'évolution de la mission du juge civil, en France et en Europe continentale, rapprochant ainsi la situation de celle des pays anglo-saxons). Lors de l'audience prud'homale, le juge doit jouer un rôle actif pour permettre la manifestation de la vérité. Le président de séance dirige les débats. Il doit faire respecter les principes directeurs du procès prud'homal, notamment la comparution personnelle des parties (R. 1453-1), l'oralité de la procédure (R. 1453-3), et bien entendu le principe du contradictoire (art. 16 Code de Procédure Civile).

8. *Régime probatoire*

En règle générale, la charge de la preuve repose sur le demandeur (le salarié le plus souvent) : « *Celui qui réclame l'exécution d'une obligation doit la prouver.* » L'employeur, lui, doit justifier qu'il a respecté le droit applicable : « *Réciproquement, celui qui se prétend libéré doit justifier le paiement ou le fait qui a produit l'extinction de son obligation.* » (art. 1315 C. civil).

Cependant, dans plusieurs domaines (heures travaillées, sanction disciplinaire, licenciement, discrimination, etc.), il existe un aménagement de la charge de la preuve au bénéfice du demandeur pour faciliter l'établissement de la preuve et la manifestation de la vérité.

9. *Décision*

Les jugements sont notifiés par le secrétariat-greffe aux parties par lettre recommandée avec demande d'accusé de réception.

Le CPH peut assortir l'exécution de sa décision d'une astreinte et est seul compétent pour liquider l'astreinte lorsqu'il s'est réservé le pouvoir de le faire (Soc. 9 mai 2007).

L'exécution provisoire est parfois de droit (remise d'un certificat de travail, de bulletins de paie, etc. ; pour les salaires, congés et indemnités, dans la limite de neuf mois – R. 1454-28). Même quand ce n'est pas le cas, le CPH peut la prévoir. Ainsi, même en cas d'appel, la décision doit être exécutée.

Le CPH doit statuer dans un délai raisonnable (L. 141-1 C. orga. judiciaire, art. 6 § 1 CESDH) ; à défaut, la responsabilité de l'État est engagée (TGI Paris, 18 janv. 2012).

10. *Voies de recours*

Le CPH juge « en dernier ressort » si le chiffre de la demande n'excède pas 4 000 € (taux fixé par décret dont la révision annuelle n'est plus imposée depuis la loi de simplification du droit du 9 déc. 2004 ; L. 1462-1). Dans ce cas, le jugement n'est pas susceptible d'appel, mais peut faire directement l'objet d'un pourvoi en cassation, si l'une des parties estime que le droit n'a pas été correctement appliqué.

Si la demande est supérieure à 4 000 € ou porte sur une somme indéterminée, un appel est possible devant la cour d'appel (chambre sociale ; L. 1462-1). L'appel doit être porté dans le délai d'un mois à compter de la notification du jugement et adressé au secrétariat-greffe du CPH qui a rendu le jugement. L'appel a un effet suspensif : la décision ne peut pas être exécutée lorsqu'il y a appel, à moins que le bureau de jugement n'ait ordonné l'exécution provisoire. Sont de droit exécutoires à titre provisoire les jugements qui, par exemple, ordonnent le paiement des rémunérations et indemnités, dans la limite maximum de neuf mois de salaire calculés sur la moyenne des trois derniers mois.

L'arrêt de la cour d'appel est susceptible d'un pourvoi en cassation. Les pourvois en cassation ne sont pas suspensifs et doivent être formés dans les deux mois suivant la notification du jugement attaqué. Pas plus que devant le CPH, les parties ne sont tenues de se faire assister, en matière prud'homale, devant la cour d'appel, mais elles y sont désormais tenues devant la Cour de cassation.

11. *Contentieux des licenciements économiques*

Les licenciements économiques relèvent de la compétence prud'homale (CA Caen, 18 déc. 2009, Moulinex, condamnation pour licenciement sans cause réelle et sérieuse, en 2001, de 568 salariés).

Toute section comportant plusieurs chambres doit en comprendre une compétente pour connaître des litiges relatifs aux licenciements économiques (L. 1456-1, L. 512-3). Une procédure particulière s'impose alors en urgence : la séance de conciliation doit avoir lieu dans le mois de la saisine du CPH. Le jugement doit intervenir dans un délai ne pouvant excéder six mois à compter de la date à laquelle l'affaire a été renvoyée au bureau de jugement.

Conseil supérieur de la prud'homie

Le Conseil supérieur de la prud'homie (CSP), organisme consultatif, siège auprès du garde des Sceaux, ministre de la Justice, et du ministre chargé du Travail (L. 1431-1). En font partie, outre les représentants des ministères intéressés, des représentants, en nombre égal, des organisations syndicales et des organisations professionnelles représentatives sur le plan national. Le CSP est notamment consulté sur tous les projets de textes, législatifs ou réglementaires, concernant la justice prud'homale.

L'employeur laisse aux salariés de son entreprise, membres du CSP, le temps nécessaire pour remplir leurs fonctions. Ce temps est assimilé à une durée de travail. L'exercice des fonctions de membre du CSP par un salarié ne peut être la cause d'une sanction ou d'une rupture du contrat de travail par l'employeur.

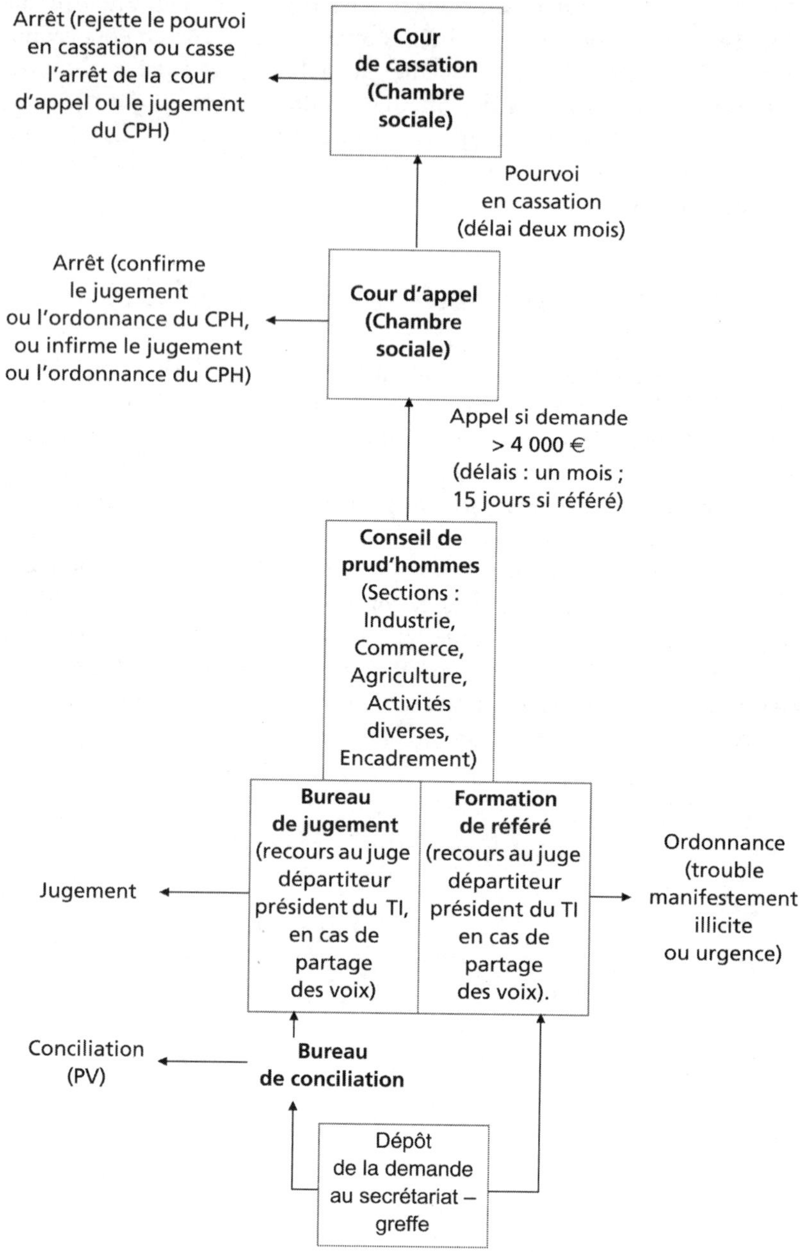

Tableau 4 – La procédure devant le Conseil de prud'hommes

CHAPITRE IV

Administration du travail et organismes compétents en matière d'emploi et de travail

Ministère du Travail

L'organisation du gouvernement et, par suite, l'intitulé et les attributions des ministères, évoluent en fonction de considérations d'ordre politique. Au gré des gouvernements successifs, depuis 1906, les questions du travail et de l'emploi ont relevé, soit d'un vaste ministère des Affaires sociales, compétent aussi pour les questions de Sécurité sociale, voire de santé, soit d'un ministère du Travail, de l'Emploi et de la Formation professionnelle.

C'est au ministère chargé du Travail qu'il revient de préparer les projets de loi dont le principe a été décidé par le gouvernement (les parlementaires ont l'initiative de propositions de loi, rarement menées jusqu'à l'adoption), de veiller à l'application des lois promulguées, de rassembler les informations statistiques (sur les salaires et la durée du travail notamment). Le ministère n'est pas compétent pour le milieu agricole qui relève du ministère chargé de l'Agriculture, pour les transports publics, qui relèvent du ministère chargé des Transports, enfin pour les marins de commerce qui relèvent du ministère chargé de la Mer.

Une Inspection générale des affaires sociales (IGAS), composée d'inspecteurs généraux, est rattachée directement au ministre qui lui confie des missions spécifiques, d'étude ou de contrôle de tous les services, établissements ou institutions qui participent à la gestion de la Sécurité sociale et de la prévoyance sociale, de la protection sanitaire et sociale, du travail, de l'emploi et de la formation professionnelle.

A. Administration centrale

Comme les autres ministères, le ministère du Travail comprend une administration centrale et des services extérieurs, dont l'Inspection du travail fait partie. Il compte environ 10 000 fonctionnaires, dont les neuf dixièmes sont affectés aux services extérieurs et un millier aux directions et délégations centrales.

L'administration centrale comprend de nombreux services qui interviennent dans le domaine du travail et de l'emploi, notamment les principales directions suivantes :

- la Direction générale du travail (DGT, R. 8121-13), autorité centrale de l'Inspection du travail, comprend des sous-directions : la sous-direction des droits des salariés, qui traite de questions juridiques concernant le contrat de travail, les syndicats, les institutions représentatives ; la sous-direction de la négociation collective, qui est compétente pour les questions de négociation collective, de durée du travail, de participation, d'intéressement et d'actionnariat ; la sous-direction des conditions de travail et de la protection contre les risques du travail. Une Inspection médicale du travail, placée auprès du directeur, coordonne l'action des inspecteurs médicaux régionaux, chargés de veiller au bon fonctionnement des services de santé au travail.
- la Délégation générale à l'emploi et à la formation professionnelle (DGEFP) est chargée de préparer, d'animer, de coordonner et de mettre en œuvre la politique de l'emploi et de la formation professionnelle des adultes. C'est elle qui gère les crédits du Fonds national de l'emploi, utilisés pour faciliter les restructurations et le reclassement des salariés licenciés pour motif économique.
- la Direction de l'animation de la recherche, des études et des statistiques (DARES) est chargée de la production d'études utiles au ministère et aux acteurs sociaux.
- la Délégation aux affaires européennes et internationales est concernée, à ces niveaux, par l'ensemble des domaines du travail, de l'emploi, de la formation professionnelle, de la santé, de l'action sociale et de la protection sociale.

B. Services extérieurs

1. *Services déconcentrés*

Les DIRECCTE (directions régionales des entreprises, de la concurrence, de la consommation, du travail et de l'emploi, décrets et arrêté du 30 déc. 2008, après fusion des DRTEFP avec d'autres directions régionales, notamment commerce, artisanat, tourisme, concurrence, industrie, Circ. Premier ministre 19 mars 2008 ; R. 8122-1) sont organisées en trois pôles. Le pôle « politique du travail » est chargé de la politique du travail et des actions d'inspection de la législation du travail (décret du 10 nov. 2009).

Le directeur régional de la DIRECCTE est chargé de :

- mettre en œuvre au plan régional la politique définie par les pouvoirs publics afin d'améliorer les relations collectives et individuelles et les conditions de travail dans les entreprises.
- définir les orientations générales des actions d'inspection de la législation du travail, qu'il organise, coordonne, suit et évalue.
- coordonner l'action de ses services avec les autres services de l'État et les organismes chargés de la prévention ou du contrôle, en matière d'inspection de la législation du travail, de prévention des risques professionnels et d'amélioration des conditions de travail ; il est tenu informé par l'ANACT de ses interventions dans la région.
- assurer le suivi de la négociation collective d'entreprise et territoriale.
- assurer les relations avec les autorités judiciaires, sous réserve des attributions confiées par la loi aux inspecteurs du travail.
- exercer les pouvoirs propres qui lui sont confiés.

Chaque DIRECCTE comprend des « unités territoriales » (cf. anciennes DDTEFP, R. 8122-3 ; « unités départementales du travail et de l'emploi ». Ces unités comportent les « sections d'inspection du travail ».

Ces sections d'Inspection du travail (785 circonscriptions territoriales, arrêté du 23 juill. 2009) sont composées d'un inspecteur du travail (responsable), assisté de deux contrôleurs du travail, notamment dans les entreprises de moins de 50 salariés, et d'agents administratifs. L'Inspection du travail bénéficie des dispositions de la Convention de l'OIT n° 81, qui prévoit leurs moyens d'action essentiels et garantit leur indépendance. L'indépendance de l'Inspection du travail constitue un principe général du droit (CE 9 oct. 1996) et un principe fondamental du droit du travail (DC 17 janv. 2008).

Prévue dans le cadre de la Révision générale des politiques publiques (RGPP), la fusion des services d'Inspection du travail (travail, transports, agriculture) est réalisée à compter du 1er janvier 2009 : il est créé une Inspection du travail dans l'industrie, les commerces, les services, les professions agricoles et le secteur des transports.

2. *Inspection du travail*

Les directeurs du travail, les directeurs adjoints et les inspecteurs du travail constituent le corps de l'Inspection du travail. La formation des inspecteurs est assurée par l'Institut national du travail, de l'emploi et de la formation professionnelle (INTEFP), près de Lyon. Un concours d'entrée a lieu chaque année (niveau licence). À la sortie de l'Institut, l'inspecteur du travail est affecté à une section ou dans un service de l'emploi (décret du 9 nov. 2009, modifiant le décret du 20 août 2003, sur le statut du corps de l'Inspection du travail).

La ligne hiérarchique de l'Inspection du travail est : Directeur général du travail (DGT), Directeur régional (DIRECCTE), responsable d'Unité territoriale (ex-directeur départemental de la DDTEFP), inspecteur du travail responsable de la section (Instruction DGT du 12 mars 2010). Un Conseil national de l'Inspection du travail devrait garantir une meilleure coordination des services d'inspection (installation le 4 févr. 2008, D. 8121-1).

Les attributions de l'Inspecteur du travail sont étendues et diversifiées, mais se limitent au ressort de sa section d'inspection (Crim. 9 déc. 2003). Le Code du travail prévoit son intervention dans de nombreux cas. Les attributions des inspecteurs du travail s'exercent dans cinq grands domaines principaux.

- Ainsi, ils contrôlent l'application de la législation du travail et des conventions collectives dans les entreprises (L. 8112-1, L. 611-1) : c'est là leur fonction principale. Les règles dont ils vérifient l'application peuvent concerner la santé et la sécurité, le temps de travail, le SMIC, les discriminations, les institutions représentatives du personnel, etc.
- De plus, ils participent à la mise en œuvre des politiques de l'emploi et de la formation professionnelle définies par les pouvoirs publics.
- En outre, il leur revient d'informer l'administration centrale des problèmes qui peuvent surgir à cet égard et en matière de conditions de travail et, plus généralement, de toutes les difficultés liées à l'application de la législation.
- Par ailleurs, ils informent aussi les entreprises ou les syndicats, sur leur demande, de leurs droits et obligations.
- Enfin, ils interviennent également en tant que conciliateurs officieux dans les conflits du travail.

Les inspecteurs disposent de moyens d'action. Ainsi, ils ont droit d'entrée dans les établissements de leur section et n'annoncent pas leurs visites à l'avance (L. 8113-1, L. 611-8) – ils ont toutefois besoin d'une autorisation si les locaux sont habités, par un travailleur à domicile, par exemple.

L'inspecteur du travail doit se faire accompagner dans ses visites par le délégué du personnel compétent, si ce dernier le désire. Pour faciliter le contrôle, les employeurs doivent tenir et mettre à leur disposition, sous peine de sanctions, un certain nombre de registres et documents (L. 8113-4, L. 611-9). Ils ont un droit d'enquête (Crim. 22 juill. 1981).

S'ils relèvent une infraction, ils peuvent formuler une observation ou une mise en demeure ou dresser un procès-verbal faisant foi jusqu'à preuve du contraire (L. 8113-7, L. 611-10). Par l'intermédiaire de l'UT (DIRECCTE), le PV est transmis au parquet (procureur de la République et substituts) qui décide s'il y a lieu d'engager des poursuites auprès des juridictions pénales. Il est tenu de le faire en cas de constitution de partie civile d'une personne physique ou morale comme un syndicat.

L'inspecteur du travail prend des décisions administratives (règlement intérieur, projet de licenciement d'un représentant du personnel, d'un délégué syndical, d'un médecin du travail ou d'un conseiller prud'hommes, dérogations en matière de temps de travail, etc.). D'une manière générale, son silence ne vaut pas accord, mais rejet de la demande, en règle générale au bout de deux mois. Ses décisions doivent être motivées. Plusieurs recours sont possibles contre ses décisions : recours gracieux (devant lui), recours hiérarchique devant le ministre du Travail et recours contentieux devant le TA.

Les inspecteurs du travail ont une obligation de discrétion pour les éléments dont ils prennent connaissance dans l'exercice de leurs fonctions. Ils ne doivent pas révéler les secrets de fabrication et les moyens d'exploitation.

Les personnes qui mettent un obstacle à l'accomplissement des missions de l'inspecteur du travail sont passibles d'un emprisonnement d'un an et/ou d'une amende de 3 750 €, portés à deux ans et 7 500 € en cas de récidive (L. 8114-1 et 2, L. 631-1 et s.). De plus, des dispositions du Code pénal punissent les actes de violence, outrages et résistance (Cour d'assises de la Dordogne, 9 mars 2007, condamnation pour homicide sur deux agents de l'Inspection du travail dans l'exercice de leurs fonctions).

Le nombre d'interventions de l'inspection du travail a fortement augmenté : 368 236 interventions en 2010, 216 800 en 2007 (Rapport ministère du Travail, 14 déc. 2011).

Selon un rapport du Conseil économique et social (CES, avis adopté le 24 janv. 1996), 14 % des entreprises seulement étaient inspectées, contre près de 30 % 20 ans plus tôt. On relève le même nombre d'infractions (quelque 900 000) et de procès-verbaux (27 000, soit environ 25 par inspecteur et par an) que 20 ans auparavant. Aussi, le CES insiste-t-il dans son avis sur la nécessité de renforcer la fonction de base de l'Inspection du travail : le contrôle. Le rapport Bessière de 2005 va dans le même sens. Le 9 mars 2006, un « plan de développement et de modernisation de l'Inspection du travail » a été annoncé par le ministre chargé du Travail (renforcement des effectifs, mise en place de cellules régionales pluridisciplinaires d'appui, priorité aux questions de santé et sécurité au travail, etc.).

L'Inspection du travail en chiffres

• En 2008, l'Inspection du travail (535 inspecteurs et 1 171 contrôleurs) a mené 251 093 interventions en entreprise (166 935 contrôles, 72 491 enquêtes, 6 049 participations à des réunions de CHSCT, etc.), dont 27 % sur les chantiers du bâtiment et des travaux publics. En 2007, l'Inspection du travail a effectué 215 588 interventions en entreprises (145 606 contrôles, 60 652 enquêtes, 4 939 participations à des réunions de CHSCT, etc.).

• En 2008, ces interventions ont notamment donné lieu à 845 165 observations, 20 773 mises en demeure, 15 981 infractions relevées par procès-verbal (52 % concernant la santé et la sécurité au travail), 5 834 arrêts de travaux, 23 procédures de référé, 17 566 décisions administratives en matière de licenciement de salariés « protégés ». En ce qui concerne les suites judiciaires, 663 condamnations sont recensées (travail illégal, santé et sécurité notamment). En 2007, les chiffres étaient de 712 931 observations (manquements constatés et « rappels à la loi »), 14 738 mises en demeure, 5 000 procédures d'arrêt de travaux, 50 procédures de référé, 14 694 infractions relevées par procès-verbal (59 % des infractions constatées concernent la santé et la sécurité au travail), 31 756 décisions administratives (dont 20 154 concernant des demandes de licenciement de représentants des travailleurs).

(Source : rapports d'activité de l'Inspection du travail en 2007 et en 2008, envoyés au BIT par la DGT)

À lire : L. Vilbœuf, T. Kapp, P. Ramackera, J.-P. Terrier, *Le système d'inspection du travail en France*, Liaisons sociales, 2009.

C. Instances consultatives

Lorsque le ministère du Travail (cabinet et services centraux) prépare un projet de loi ou de décret, il consulte les « partenaires sociaux » (les représentants des organisations syndicales représentatives d'employeurs et de salariés), ainsi que, le cas échéant, des experts. À côté de ces consultations officieuses, existe une consultation institutionnelle prévue par les textes ainsi que certaines missions spécifiques confiées à l'une des principales instances suivantes.

1. *Commission nationale de la négociation collective (CNNC)*

La CNNC (L. 2272-1, L. 136-1) comprend le ministre chargé du Travail, qui la préside, le ministre chargé de l'Agriculture, le ministre chargé de l'Économie, le président de la section sociale du Conseil d'État, 18 représentants des organisations syndicales de salariés les plus représentatives au plan national, d'une part, et 18 représentants des organisations d'employeurs les plus représentatives au plan national et des entreprises publiques, d'autre part.

Cette commission a notamment pour mission de faire au ministre chargé du Travail toute proposition de nature à faciliter le développement de la négociation collective et d'émettre un avis sur les projets de loi et de décrets relatifs à la négociation collective. Elle doit être consultée avant tout relèvement par décret du SMIC et avant toute extension d'une convention collective.

Étant donné que les extensions sont fréquentes et que la CNNC est une instance assez lourde, celle-ci peut déléguer ses attributions sur ce point à une sous-commission de l'extension des conventions et accords. De même, ses attributions en matière de salaire minimum peuvent être déléguées à une sous-commission des salaires. Au sein de chacune de ces sous-commissions, les représentants des salariés et des employeurs disposent du nombre de voix appartenant à l'organisme qu'ils représentent à la CNNC dans sa formation plénière

La loi du 31 janvier 2007 de « modernisation du dialogue social » prévoit que, chaque année, le gouvernement présente devant la CNNC les orientations de sa politique, dans les domaines des relations individuelles et collectives du travail, de l'emploi et de la formation professionnelle, ainsi que le calendrier envisagé pour leur mise en œuvre pour l'année à venir.

2. *Conseil d'orientation sur les conditions de travail (COCT)*

Ce conseil remplace le Conseil supérieur de la prévention des risques professionnels (R. 4641-1).

Le Conseil d'orientation sur les conditions de travail, placé auprès du ministre chargé du Travail, participe à l'élaboration de la politique nationale en matière de protection et de promotion de la santé et de la sécurité au travail, ainsi que d'amélioration des conditions de travail. Le COCT doit notamment être consulté sur les projets de loi ou d'ordonnances en la matière ; il peut formuler des recommandations et des propositions d'orientation. Le COCT comprend un comité permanent, une commission générale et des commissions spécialisées.

Le comité permanent, qui comprend huit représentants des salariés et des employeurs, est chargé d'organiser le suivi des statistiques, de proposer des orientations, d'examiner le bilan annuel établi par le ministère du Travail, ainsi que les bilans des comités régionaux (décret du 25 nov. 2008).

Son comité permanent est assisté d'un observatoire de la pénibilité chargé d'apprécier la nature des activités pénibles dans le secteur public et le secteur privé, et en particulier celles ayant une incidence sur l'espérance de vie (loi du 9 nov. 2010 portant réforme des retraites). Cet observatoire propose au comité permanent toute mesure de nature à améliorer les conditions de travail des salariés exposés à ces activités. L'observatoire de la pénibilité est composé de représentants de l'État, de représentants des organisations d'employeurs les plus représentatives au plan national, de représentants des organisations syndicales de salariés représentatives au plan national interprofessionnel et de personnalités qualifiées. Les conclusions de l'observatoire de la pénibilité sont rendues publiques.

Organismes

1. *Organismes sous tutelle ministérielle*

Un certain nombre d'organismes, dont chacun a une mission bien déterminée, sont placés sous tutelle ministérielle. Ce sont notamment les suivants.

Service public de l'emploi

Le service public de l'emploi (SPE) a pour mission l'accueil, l'orientation, la formation et l'insertion ; il comprend le placement, le versement d'un revenu de remplacement, l'accompagnement des demandeurs d'emploi et l'aide à la sécurisation des parcours professionnels de tous les salariés.

Le SPE est notamment assuré par les services de l'État chargés de l'emploi et de l'égalité professionnelle, l'institution publique Pôle emploi et l'Association pour la Formation Professionnelle des Adultes (AFPA).

Pôle Emploi

Institution. C'est « une institution nationale publique dotée de la personnalité morale et de l'autonomie financière ». Cette structure remplace l'Agence Nationale pour l'Emploi (ANPE) dans sa mission d'aider à la réinsertion des personnes à la recherche d'un emploi et d'assister les entreprises pour l'embauchage et le reclassement des salariés (L. 5312-1, L. 311-7).

La loi du 13 février 2008, relative au service public de l'emploi (SPE), fusionne l'ANPE et les Assédic. Cette fusion est effective depuis le 1er janvier 2009 (décret du 29 sept. 2008 sur l'organisation du service public de l'emploi). Désormais, les demandeurs d'emploi s'adressent à cette seule structure pour s'inscrire, être indemnisés et accompagnés.

Indemnisation. La loi du 1er août 2008, relative aux droits et aux devoirs des demandeurs d'emploi, institue des obligations réciproques entre le SPE et le demandeur d'emploi (L. 5411-6-1), dans le cadre d'un « projet personnalisé d'accès à l'emploi » (PPAE) et donne des critères déterminant une « offre raisonnable d'emploi » (ORE) (L. 5411-6-2 et s.) (nature et caractéristiques de l'emploi, rémunération, zone géographique, etc., révisés tous les trois mois), que le demandeur doit accepter, et définit les cas de radiation (notamment pour refus sans motif légitime à deux reprises d'une ORE, L. 5412-1-2° ; décret du 13 oct. 2008, circulaire du 5 nov. 2008).

La convention d'assurance-chômage, du 19 févr. 2009, avec le règlement général annexé, prévoit à compter du 1er avril 2009, conformément à l'ANI du 23 déc. 2008, une filière unique d'indemnisation, selon le principe « un jour travaillé égale un jour indemnisé » (la durée d'indemnisation est égale à la durée d'affiliation au régime d'assurance-chômage), dans la limite de 24 mois (36 mois pour les 50 ans et plus), ouverte à partir de 122 jours (soit quatre mois) ou 610 heures d'activité – l'activité étant appréciée sur la base d'une période de 28 mois (36 mois pour les 50 ans et plus) (arrêté du 30 mars 2009 ; R. 5422-1). Peuvent en bénéficier les « salariés involontairement privés d'emploi » (remplissant des conditions d'activité désignées période d'affiliation, des conditions d'âge, d'aptitude physique, d'inscription comme demandeur d'emploi, de recherche d'emploi) ; il s'agit des salariés dont la cessation du contrat de travail résulte :

- d'un licenciement ;
- d'une rupture conventionnelle du contrat de travail (L. 1237-11) ;
- d'une fin de CDD ;
- d'une démission considérée comme légitime (cf. accord d'application) ;
- d'une rupture de contrat de travail résultant d'une des causes économiques (L. 1233-3).

La nouvelle convention, du 6 mai 2011, qui maintient l'essentiel des règles d'indemnisation issues de la convention du 19 févr. 2009, a été agréée par arrêté du 15 juin 2011 et est applicable depuis le 1er juin 2011 et jusqu'au 31 déc. 2013 (*JO* 16 juin 2011).

Le nombre de demandeurs d'emploi, inscrits à Pôle emploi, était, fin décembre 2011, de 4 872 900, dont 2 874 500 en catégorie A (personnes sans emploi), 554 300 en catégorie B (personnes avec une activité de 78 h par mois au maximum), 832 000 en catégorie C (personnes avec une activité de plus de 78 h au cours du mois), etc.

Association pour la Formation Professionnelle des Adultes (AFPA)

L'AFPA a pour mission essentielle de former une main-d'œuvre qualifiée, compte tenu des besoins de l'économie. Elle intervient également pour faciliter la reconversion des travailleurs sans emploi ou menacés de licenciement. Enfin, elle offre des programmes au titre de la formation continue et fournit une assistance technique aux pays en voie de développement.

En organisant le transfert des agents de l'AFPA, qui ont pour mission d'orienter les demandeurs d'emploi vers la formation, à Pôle emploi, la loi met la situation de l'AFPA en conformité avec les règles de concurrence résultant du droit communautaire (décision DC du 19 nov. 2009).

L'AFPA a fait l'objet d'une condamnation civile pour discrimination sexuelle (Soc. 16 déc. 2008, déroulement de carrière et rémunération/classification).

Agence Nationale pour l'Amélioration des Conditions de Travail (ANACT)

Elle a été créée par une loi sur l'amélioration des conditions de travail du 27 décembre 1973. C'est un établissement public dont le conseil d'administration est tripartite (patronat, syndicats de salariés, personnes qualifiées). Le directeur est nommé par arrêté du ministre chargé du Travail. Son rôle est d'aider les entreprises à prendre en compte dans leur fonctionnement les problèmes du travail, de façon à améliorer la situation des salariés, tout en facilitant l'accroissement de leur efficacité.

À cette fin, elle a mis au point et diffusé un ensemble d'instruments et de méthodes et fait connaître les réalisations les plus remarquables qui souvent sont liées à l'introduction de technologies nouvelles et à la modernisation des équipements. Ses missions portent aussi sur la prévention des risques professionnels (L. 4642-1, R. 4642-1, L. 200-6).

L'ANACT peut apporter une aide financière par le biais de subventions versées dans le cadre de conventions conclues avec les entreprises, dont les IRP doivent avoir connaissance, notamment en matière d'études préalables à une conduite du changement (arrêté du 14 avril 2008).

Office français de l'immigration et de l'intégration (OFII)

Cette institution (qui remplace l'ANAEM et l'Acsé) est notamment chargée, sur l'ensemble du territoire, du service public de l'accueil des étrangers titulaires, pour la première fois, d'un titre les autorisant à séjourner durablement en France (L. 5223-1, L. 341-9 et 10). Elle a également pour mission de participer à toutes les actions administratives, sanitaires et sociales relatives :

- à l'entrée et au séjour, d'une durée inférieure ou égale à trois mois, des étrangers ;
- à l'accueil des demandeurs d'asile ;
- à l'introduction en France, au titre du regroupement familial ou en vue d'y effectuer un travail salarié, d'étrangers ressortissants de pays tiers à l'UE ;
- au contrôle médical des étrangers admis à séjourner en France pour une période supérieure à trois mois ;
- au retour et à la réinsertion des étrangers dans leur pays d'origine ;
- à l'intégration en France des étrangers, pendant une période de cinq années au plus à compter de la délivrance d'un premier titre de séjour les autorisant à séjourner durablement en France, ou pour la mise en œuvre des dispositifs d'apprentissage de la langue française adaptés à leurs besoins, le cas échéant en partenariat avec d'autres opérateurs, quelle que soit la durée de leur séjour.

Délégation interministérielle à l'insertion des jeunes (DIJ)

La DIJ est chargée de gérer les moyens attribués par l'État au fonctionnement du réseau des 260 missions locales et des 410 permanences d'accueil, d'information et d'orientation (PAIO), d'animer et de coordonner l'activité du réseau, d'assurer la promotion et le développement des actions mises en œuvre par les pouvoirs publics en faveur de l'insertion professionnelle et sociale des jeunes et enfin de formuler toute proposition visant à améliorer le dispositif général d'insertion.

Les missions locales créées à l'initiative des collectivités territoriales et présidées par des élus rassemblent au plan local les divers partenaires de l'insertion (collectivités territoriales, services de l'État, partenaires sociaux et associations). Elles assument des fonctions d'accueil, d'orientation et d'accompagnement des jeunes de 16 à 25 ans, participent à la mise en œuvre des solutions dans tous les domaines (santé, logement, formation/emploi) et contribuent à l'élaboration et à la mise en œuvre de politiques locales d'insertion.

Conseil national de la formation professionnelle tout au long de la vie (CNFPTLV)

Il a pour mission de :

– favoriser l'échange et la concertation entre les conseils régionaux, les organisations professionnelles et syndicales, les chambres consulaires, les organismes compétents en matière de formation et les services de l'État, afin de permettre une meilleure articulation de l'offre de formation, initiale et continue, avec les besoins du marché du travail.
– rendre un avis sur les projets de textes législatifs ou réglementaires relatifs à la formation professionnelle et à l'apprentissage et procéder au contrôle des moyens et des résultats.
– évaluer les politiques de formation au niveau régional, c'est-à-dire celles mises en œuvre dans les régions par l'ensemble des acteurs, notamment les conseils régionaux et les partenaires sociaux.
– contrôler l'utilisation des fonds de la formation professionnelle et de l'apprentissage.

Les enjeux de la nouvelle réforme de la formation professionnelle (loi du 24 nov. 2009) portent notamment sur le financement (simplification du réseau de collecte des fonds importants), l'efficacité de l'offre et l'équité d'accès à la formation.

Centre pour le développement de l'information sur la formation permanente (Centre INFFO)

Il a reçu pour mission d'élaborer un programme de développement de l'information, de la documentation et des études dans le domaine de la formation professionnelle et de le mettre en œuvre dans le cadre général de la politique d'ensemble suivie en cette matière. Son conseil d'administration réunit des représentants des pouvoirs publics, des organisations d'employeurs et des organisations de salariés ainsi que six personnalités qualifiées.

Observatoire de la parité entre les femmes et les hommes

Il a pour mission, dans le domaine de la parité entre les femmes et les hommes, de :

– centraliser, faire produire et diffuser, au besoin par des programmes d'actions spécifiques, les données, analyses, études et recherches sur la situation des femmes aux niveaux national et international.
– évaluer la persistance des inégalités entre les sexes et identifier les obstacles à la parité, notamment dans les domaines politique, économique et social.
– émettre des avis sur les projets de textes législatifs et réglementaires dont il est saisi par le Premier ministre.

– faire toute recommandation et proposition de réforme au Premier ministre afin de prévenir et de résorber les inégalités entre les sexes et promouvoir l'accès à la parité.

Ces missions supposent un effort d'expertise permanent. L'Observatoire dispose du regard critique de ses 33 membres, choisis « en raison de leur compétence et de leur expérience », de l'apport de personnalités qualifiées, entendues lors de ses nombreuses auditions, et de l'appui des travaux, informations et études statistiques, que sont tenus de lui communiquer les administrations et établissements publics de l'État.

L'Observatoire remet tous les deux ans au Premier ministre un rapport général, présenté au Parlement et publié. Il rédige également des rapports thématiques.

2. *Autorités administratives indépendantes*

Défenseur des droits (DDD)

À la demande de l'UE, la France s'est dotée d'une institution spécialisée pour « apporter aux personnes victimes d'une discrimination une aide indépendante pour engager une procédure pour discrimination » (se référer aux directives communautaires des 29 juin 2000 et 23 sept. 2002), notamment en favorisant la constitution de preuves permettant la manifestation de la vérité.

La loi du 30 décembre 2004 a créé la HALDE, installée depuis juin 2005 – la loi du 31 mars 2006 complète ce dispositif initial en augmentant ses prérogatives. Le Défenseur des droits, nouvelle institution, intègre la HALDE (le DDD est prévu par l'art. 71-1 de la Constitution, réforme constitutionnelle du 23 juill. 2008, Loi organique et loi ordinaire du 29 mars 2011, Décision du Conseil constitutionnel du 29 mars 2011).

Cette nouvelle institution (DDD – mission de lutte contre les discriminations ; *infra* Chap. V), comme auparavant la HALDE, a une compétence universelle : elle est compétente pour connaître de toutes les discriminations, directes ou indirectes, prohibées par la loi ou par un engagement international auquel la France est partie, et ce dans tous les domaines.

Commission Nationale de l'Informatique et des Libertés(CNIL)

Instituée par la loi du 6 janvier 1978 relative à l'informatique, aux fichiers et aux libertés, modifiée par la loi du 6 août 2004 relative à la protection des personnes physiques à l'égard des traitements de données à caractère personnel, la CNIL a pour mission de veiller au respect des principes généraux énoncés par la loi, notamment dans son article 1er : « *L'informatique doit être au service de chaque citoyen. Son développement doit s'opérer dans le cadre de la coopération internationale. Elle ne doit porter atteinte, ni à l'identité humaine, ni aux droits de l'homme, ni à la vie privée, ni aux libertés individuelles et publiques.* » Elle dispose à cet effet d'un pouvoir réglementaire, dans les cas prévus par la loi. Elle peut être qualifiée de tribunal (CE 19 févr. 2008).

La CNIL contrôle les applications de l'informatique aux traitements des informations nominatives qui doivent, avant toute mise en œuvre, faire l'objet auprès d'elle d'une déclaration, voire d'une déclaration simplifiée (par exemple pour l'utilisation du téléphone mobile sur le lieu de travail).

Les entreprises qui désignent, dans leurs locaux, un correspondant à la protection des données, sont dispensées de cette formalité (loi du 6 août 2004, décret du 20 oct. 2005). Ces « correspondants informatique et liberté » (CIL) doivent veiller à la bonne application de la loi Informatique et libertés dans leur entreprise ; ils bénéficient d'une cellule correspondant au sein de la CNIL et d'ateliers de formation. Les obligations incombant aux responsables de traitements de données à caractère personnel et les droits des personnes à leur égard sont précisés (décret du 25 mars 2007).

La Commission émet obligatoirement un avis sur la création de tout nouveau traitement du secteur public. Elle reçoit les réclamations, les pétitions et les plaintes. Son contrôle porte notamment sur la finalité des traitements, la nature des informations recueillies, leur durée de conservation, leurs destinataires, l'exercice du droit d'accès.

Elle peut procéder à des vérifications sur place, ses pouvoirs d'investigation s'appliquant aussi bien aux traitements automatisés qu'aux fichiers manuels. Elle adresse aux intéressés des avertissements et transmet au parquet les infractions dont elle a connaissance.

La CNIL peut prononcer des amendes (exemple : délibération du 14 déc. 2006 pour manque de coopération et de transparence sur les finalités et le fonctionnement d'un fichier international d'entreprise de gestion des ressources humaines).

Dans l'exercice de leurs attributions, les membres de la CNIL ne reçoivent d'instruction d'aucune autorité : les détenteurs ou utilisateurs de fichiers ne peuvent s'opposer à l'action de la Commission pour quelque motif que ce soit et doivent au contraire prendre toutes les mesures utiles afin de faciliter sa tâche.

La CNIL informe toutes les personnes concernées de leurs droits et obligations, en se concertant avec elles. Elle se tient informée des activités industrielles et de services qui concourent à la mise en œuvre de l'informatique et de ses effets sur le droit à la protection de la vie privée, l'exercice des libertés et le fonctionnement des institutions démocratiques. Elle met à la disposition du public la liste des traitements déclarés auprès d'elle. Elle présente chaque année un rapport au président de la République et au Parlement, qui est publié.

La CNIL conseille les personnes et organismes recourant aux traitements automatisés d'informations nominatives et répond aux demandes d'avis des pouvoirs publics, le cas échéant des juridictions.

La CNIL propose au gouvernement toute mesure législative ou réglementaire de nature à adapter la protection des libertés à l'évolution des procédés et techniques informatiques. Elle a réfléchi à la délicate problématique des statistiques selon les origines (rapport du 15 mai 2007 intitulé « Mesure de la diversité et protection des données personnelles », sans oublier ses recommandations déjà de juillet 2005).

Ainsi, en 2007, la CNIL (formation contentieuse), à l'issue d'une procédure contradictoire, a prononcé une sanction de 40 000 €, après mise en demeure infructueuse, à l'encontre d'une entreprise en raison de commentaires « très douteux » dans son fichier de gestion des salariés (exemples : « *lui confier le plus de travail possible – prud'hommes en cours* », « *souffre d'un cancer, ne pourra plus travailler* » ; délibération du 11 déc. 2007, Sté Service Innovation Groupe France).

En 2008, la CNIL a prononcé une sanction de 30 000 euros à l'encontre d'une société ayant enfreint la loi « informatique et liberté » sur de nombreux points (défaut d'information des salariés concernant notamment la vidéosurveillance dans les espaces non ouverts au public, etc. ; délibération du 3 juill. 2008, grande surface Leclerc, dans les Yvelines, qui emploie près de 500 personnes).

Dans une délibération du 16 avril 2009, à la suite de plusieurs contrôles sur place, la CNIL a prononcé une sanction de 10 000 € à l'encontre d'une société de prêt-à-porter, qui, sous couvert de lutte contre le vol, avait mis en place un système de vidéosurveillance filmant les salariés de façon permanente (de nombreux manquements à la loi ont été constatés : absence de déclaration à la CNIL, absence d'information des salariés, accès aux images à partir de postes informatiques non protégés, etc.). Le système a été considéré comme disproportionné et la collecte de données illicite. Par ailleurs, l'employeur qui s'était opposé au contrôle de la CNIL a également été condamné pénalement pour délit d'entrave (Tribunal correctionnel Paris, 29 janv. 2009 – art. 51 loi Informatique et Libertés). La CNIL doit informer l'entreprise du droit de refuser un contrôle sur place (CE 6 nov. 2009). En cas de refus, la CNIL peut saisir le président du TGI afin que celui-ci autorise la mission de contrôle. Le 10 sept. 2009, la CNIL avait adopté une délibération concernant le Plan de Continuation d'Activité (PCA) que chaque entreprise pouvait mettre en œuvre dans le cadre de la « pandémie grippale A H1N1 »...

Pour l'année 2010, voir le chapitre VI. Par une délibération, du 14 oct. 2010, la CNIL modifie le champ d'application de l'autorisation unique relative aux alertes professionnelles : « des manquements graves en rapport avec les domaines comptable, financier, bancaire et de lutte contre la corruption » ainsi que de faits « relevant du respect des règles en matière de concurrence » (AV-004 ; voir chap. VI, Droit disciplinaire).

PARTIE 2

L'EMPLOI

De manière générale, le citoyen au travail peut, dans certaines limites, exercer ses droits et libertés dans sa vie professionnelle et ne doit pas faire l'objet de discrimination (chapitre 5). L'employeur exerce son pouvoir patronal en matière d'embauche, d'exécution du contrat de travail (direction du travail), en particulier sur le plan disciplinaire, et de licenciement (chapitre 6).

L'accès à l'emploi se marque sur le plan juridique par la conclusion d'un contrat de travail, dans le cadre d'une procédure de recrutement. Certaines règles s'appliquent à tous les contrats de travail (chapitre 7).

Parmi les contrats, il convient de distinguer les contrats atypiques qui concernent en particulier les contrats précaires (contrats à durée déterminée, contrat de travail temporaire, contrat de travail à temps partiel ; chapitre 8).

En cours d'exécution, le contrat de travail peut faire l'objet d'une modification dans son contenu ou d'une suspension, notamment pour maladie (chapitre 9).

Enfin, le contrat de travail peut être rompu. La rupture intervient le plus souvent à l'initiative de l'employeur par le biais d'un licenciement (chapitre 10), notamment pour un motif économique (chapitre 11). Cette rupture intervient parfois d'un commun accord ou à l'initiative du salarié, des règles étant communes à toute rupture du contrat quels qu'en soient le motif et l'initiateur (chapitre 12).

Chapitre V

Droits et libertés de la personne du travailleur

Le Code du travail prévoit que « nul ne peut apporter aux droits des personnes et aux libertés individuelles et collectives de restrictions qui ne seraient pas justifiées par la nature de la tâche à accomplir ni proportionnées au but recherché » (L. 1121-1, L. 120-2).

La personne au travail peut exercer ses libertés et ses droits de personne humaine et en particulier de citoyen. Il s'agit là des droits de l'Homme au travail, dont le citoyen demeure titulaire dans son activité professionnelle ; ces droits constituent une limite au lien juridique de subordination.

Une distinction est à opérer entre les libertés et les droits. Ainsi, l'exercice des libertés suppose l'abstention du pouvoir (selon la conception libérale issue de la Révolution française notamment) ; tandis que l'exercice des droits suppose l'intervention du pouvoir (en référence aux droits sociaux proclamés à la Libération notamment).

Une liberté précède toujours le droit correspondant ; par exemple dans l'entreprise : liberté d'expression du citoyen qui suppose que l'employeur n'intervienne pas et droit d'expression du salarié qui implique que l'employeur mette à sa disposition des moyens (groupes d'expression).

Les formules ne sont pas toujours précises et ne rendent pas toujours compte de la complexité de ces « droits et libertés ». Ainsi, le droit de mener une vie familiale normale constitue à la fois une liberté et un droit.

L'employeur doit respecter les droits et libertés de la personne du salarié. Des restrictions sont possibles, mais uniquement si elles sont pertinentes, la restriction devant être proportionnée à ce qui est nécessaire à l'exercice de la fonction professionnelle.

La dignité est à la source des droits et libertés de la personne humaine et des règles de non-discrimination. Selon le droit communautaire, la dignité humaine est inviolable. Elle doit être respectée et protégée (CJCE 9 oct. 2001, le droit fondamental à la dignité humaine fait partie du droit de l'UE). La dignité de la personne humaine n'est pas seulement un droit fondamental en soi, mais constitue la base même des droits fondamentaux. En droit interne, la dignité a valeur constitutionnelle (DC 27 juill. 1994) et est protégée par le Code civil (art. 16 – « La loi assure la primauté de la personne, interdit toute atteinte à la dignité de celle-ci (...) ») et par le Code pénal (art. 225-13 et 14). La personne ne peut pas renoncer à sa propre dignité (CE 27 oct. 1995, affaire dite du « lancer de nain »). « *La dignité humaine suppose la reconnaissance de la valeur égale de tous les individus* » et « *l'importance intrinsèque de toute vie humaine* » ; l'autonomie personnelle en découle (CJCE 10 juill. 2008, Sharon Coleman, conclusions de l'avocat général du 31 janv. 2008).

Droits et libertés

Ces droits et libertés se distinguent en droits et libertés du citoyen et en droits et libertés plus spécifiques au travailleur.

À lire : *Mélanges en l'honneur de Jean-Maurice Verdier, Droit syndical et droits de l'homme à l'aube du* XXIe *siècle*, Dalloz, 2000 ; A. Lyon-Caen, *Droits fondamentaux et droit social*, Dalloz, 2004 ; P. Waquet, *L'entreprise et les libertés du salarié*, Liaisons, 2003 ; M. Miné, *Siffler en travaillant ? Les droits de l'homme au travail*, Le Cavalier Bleu, 2006 ; *Abécédaire des discriminations – Six ans de délibérations de la HALDE*, La Documentation française, 2011.

Droits et libertés du citoyen

A. Liberté d'expression

La liberté d'expression est un droit individuel, consacré en droit interne (Déclaration des droits de l'Homme et du citoyen de 1789, art. 10 ; DC 3 mars 2009) et européen (Convention européenne des droits de l'Homme de 1950, art. 11 ; CEDH 29 févr. 2000). Il convient d'examiner le contenu des propos tenus, leur mode de diffusion et leur cadre.

Hors de l'entreprise, la liberté d'expression s'exerce pleinement, sauf abus (cf. loi du 29 juill. 1881 modifiée sur la presse : injure, diffamation, provocation aux crimes et délits, etc.). Le salarié qui s'est exprimé sans abus ne peut pas être sanctionné, un licenciement liberticide est nul (jurisprudence constante depuis Soc. 28 avril 1988, affaire Clavaud ; voir le chapitre VI). Dans le cadre d'une polémique médiatique, les propos critiques échangés de part et d'autre peuvent enlever tout caractère abusif à l'expression du salarié (Soc. 28 avril 2011, salarié joueur professionnel de football). Mais l'abus dans la liberté d'expression peut être retenu concernant des propos tenus sur des sites Internet largement accessibles, l'accrochage par un salarié sur le balcon de son domicile d'« *une banderole mettant en cause publiquement et nommément son employeur* » (Soc. 22 juin 2011, Mme X c. Ass. Assad), etc. (Chap. VI, Droit disciplinaire).

Dans l'entreprise, « *sauf abus, le salarié jouit, dans l'entreprise (...) de sa liberté d'expression* » (Soc. 14 déc. 1999, cadre dirigeant exprimant des critiques vives au sein du comité directeur sur la réorganisation de l'entreprise). L'abus consiste en des « *termes injurieux, diffamatoires ou excessifs* ». Ne constitue pas un abus un courriel visant des personnes sur un « *ton humoristique et sarcatisque* » (Soc. 2 févr. 2011, SARL ADT Sensormatic France). Des critiques sur la gestion de l'entreprise, les conditions de travail, etc., ne constituent pas en soi un abus. En revanche, le dénigrement répété d'un salarié constitue un abus (Soc. 23 juin 2010). « *Seules des restrictions justifiées par la nature de la tâche à accomplir et proportionnées au but recherché peuvent être apportées* » (Soc. 8 déc. 2009, PBRI, Sté Dassault Systèmes). Le salarié ne peut pas se voir interdire les conversations extraprofessionnelles (CE 25 janv. 1989). Une salariée ingénieur de sécurité ne peut pas être licenciée pour s'être exprimée de manière critique sur le plan de la direction en matière de prévention du risque incendie, au cours d'une réunion du CHSCT (CA Paris, 25 mars 2004, licenciement nul). Le droit d'expression, lui, est un droit collectif (voir chapitre XXI).

B. Liberté religieuse

La liberté religieuse est une liberté fondamentale qui peut s'exprimer (CESDH art. 9 et 10) : ainsi, toute personne a droit à la liberté de pensée, de conscience et de religion. Ce droit implique la liberté de changer de religion ou de conviction, ainsi que la liberté de manifester sa religion ou sa conviction individuellement ou collectivement, en public ou en privé, par le culte, l'enseignement, les pratiques et l'accomplissement des rites. Les discriminations en raison d'une religion sont interdites (Directive 27 nov. 2000, Préambule de la Constitution de 1946).

Mais cette liberté, comme toute liberté, n'est pas absolue et doit se concilier avec d'autres droits et libertés (« *Nul ne peut être inquiété pour ses opinions, mêmes religieuses, pourvu que leur manifestation ne trouble pas l'ordre public* », DDHC 1789, art. 10).

Les convictions religieuses peuvent s'exprimer sous réserve de ne pas porter atteinte au bon fonctionnement de l'entreprise. L'employeur titulaire du pouvoir de direction doit pouvoir organiser le fonctionnement de l'entreprise et l'activité des salariés pour atteindre les objectifs qu'il a fixés et maintenir la paix sociale entre les salariés.

La question n'est donc pas nouvelle, mais elle se pose de manière renouvelée. La réponse juridique n'est pas écrite, elle est en cours d'écriture. Une illustration de cette conciliation se rencontre dans la jurisprudence sur le port du voile (« des voiles ») :

– une salariée télévendeuse porte un voile selon une tradition islamique (CA Paris, 19 juin 2003, Sté Téleperformance). À la suite d'une mutation sur un autre site, l'employeur lui demande de le retirer, mais la salariée refuse. Son licenciement est jugé discriminatoire (nullité de la rupture et poursuite du contrat de travail), la lettre de licenciement faisant référence au refus de renoncer à la manifestation de ses convictions religieuses, aucune difficulté n'étant recensée avec la clientèle déjà rencontrée et l'employeur n'apportant pas de preuve d'éléments objectifs justifiant le refus.

- une salariée vendeuse dans un magasin de mode d'articles féminins décide de porter une burqa ; le refus de l'employeur et le licenciement sont justifiés (CA Saint-Denis de la Réunion, 9 sept. 1997 ; CA Versailles, 27 oct. 2011, licenciement pour insubordination d'une salariée portant un voile islamique dans une crèche – Aff. Baby-Loup).
- une salariée vendeuse de fruits et légumes dans un centre commercial se voit refuser le port du voile par son employeur (CA Paris, 16 mars 2001). Ce refus est justifié, le juge soulignant que l'employeur a tenté une conciliation en proposant que le voile soit porté de façon discrète en bonnet ; de plus, il avait auparavant accepté une absence de la salariée hors période de congés pour lui permettre de se rendre à La Mecque.
- le seul port d'un « foulard » ne constitue pas, par lui-même, un acte de pression (CE, 27 nov. 1996).

La jurisprudence donne donc une réponse contextualisée : suivant la fonction exercée, l'environnement, etc., la réponse ne sera pas la même. L'entreprise ne peut pas interdire de manière absolue toute expression religieuse (délibération HALDE 3 mars 2008), mais les pratiquants d'un culte ne peuvent pas imposer leurs comportements ou leur prosélytisme (CA Toulouse, 9 juin 1997 ; CA Versailles, 23 janv. 1998, délibération HALDE, 6 avril 2009).

Par conséquent, l'entreprise et les partenaires sociaux sont invités à réfléchir et à répondre à la question posée, à partir et dans le respect des repères et des balises formulés par le droit et au regard du contexte concret de travail. Il s'agit par conséquent de définir un cadre collectif pour l'exercice de droits individuels. Ce mouvement a commencé avec plusieurs accords collectifs intéressants comme l'ANI d'octobre 2006 sur la « diversité » (étendu), l'accord PSA de 2004, l'accord Casino de 2005 complété en 2011, ou encore l'accord ADECCO de 2007, etc.

C. Droit à sa vie privée

Le droit au respect de sa vie privée (art. 9 Code civil) implique que les libertés civiles (se marier, divorcer, conclure un PACS, etc.) soient respectées (tout comme avoir une relation sentimentale entre salariés de la même entreprise). Un règlement intérieur ne peut pas interdire le mariage entre salariés (CE 10 juin 1982).

Le salarié a le droit de ne pas être joignable sur son téléphone portable, en dehors de ses heures de travail (Soc. 17 févr. 2004). Les choix de vie privée ne doivent pas être entravés : consommation (Soc. 22 janv. 1992, achat d'un véhicule d'une société concurrente), choix humanitaires (Soc. 16 déc. 1997, clerc de notaire condamné pour aide au séjour d'un étranger sans titre), etc.

Concernant le domicile, « *si l'usage fait par le salarié de son domicile relève de sa vie privée, des restrictions sont susceptibles de lui être apportées par l'employeur à condition qu'elles soient justifiées par la nature du travail à accomplir et qu'elles soient proportionnées au but recherché* » ; il en est ainsi « *s'agissant d'un établissement spécialisé dans l'accueil des mineurs en difficulté, l'interdiction faite aux membres du personnel éducatif de recevoir à leur domicile des mineurs placés dans l'établissement était une sujétion professionnelle pouvant figurer dans le règlement intérieur et... cette restriction à la liberté du salarié (...) était légitime* » (Soc. 13 janv. 2009, Ass. Sauvegarde 71).

D. Droit à la vie personnelle

Le droit à sa vie personnelle, qui va au-delà de la seule vie privée, s'exerce sur et hors du lieu de travail.

1. *Sur le lieu de travail*

« *Même au temps et au lieu de travail, le salarié a droit au respect de l'intimité de sa vie privée* » (Soc. 2 oct. 2001, Nikon). Cela se vérifie notamment pour :

- la correspondance postale : le secret des correspondances est protégé (art. 226-15 NCP ; art. 8 CESDH), même si l'employeur a interdit la réception de courrier personnel dans l'entreprise. L'employeur ne peut pas fonder une sanction disciplinaire sur le contenu d'une correspondance privée ouverte par mégarde (Ch. mixte 18 mai 2007).
- le courriel : l'employeur ne peut pas prendre connaissance des e-mails envoyés et reçus par le salarié grâce à l'outil informatique mis à sa disposition, même quand l'employeur avait interdit une utilisation non professionnelle de l'ordinateur, dès lors qu'ils sont stockés dans un fichier intitulé « personnel » (Soc. 2 oct. 2001, Nikon). Mais cette consultation est possible quand « *l'employeur a des motifs légitimes de suspecter des actes de concurrence déloyale* » et qu'il a fait appel sur la base d'une décision de justice (ordonnance du TGI) à un huissier pour accéder aux données et opérer les constats (Soc. 23 mai 2007 ; risque ou événement particulier, Soc. 17 mai 2005 ; « *raisons légitimes et sérieuses de craindre que l'ordinateur mis à disposition de la salariée avait été utilisé pour favoriser des actes de concurrence déloyale* » (Soc. 10 juin 2008, SA Mediasystem) ; l'administrateur réseaux, tenu d'une obligation de confidentialité, peut ouvrir les messages personnels des salariés dans le cadre de sa mission, de sécurité des réseaux informatiques – les délégués du personnel peuvent faire une enquête avec l'employeur pour être éclairés sur la réalité de l'atteinte portée aux droits des personnes (Soc. 17 juin 2009, Sté Sanofi chimie). L'employeur peut consulter, hors la présence du salarié, ses connexions Internet (Soc. 9 févr. 2010). (Chap. VI, Droit disciplinaire).

– l'usage du temps : le salarié a le droit de refuser de participer à une activité récréative (excursion), même organisée par l'employeur en concertation avec le comité d'entreprise, pendant son temps de travail (Soc. 8 oct. 1996, Mme Costa c/ Sté Eurodirect). Le salarié doit percevoir sa rémunération. Cette jurisprudence rappelle que le salarié met à disposition de l'employeur sa capacité de travail, mais pas sa personne (cette fiction juridique délimite la portée du lien de subordination).

2. *Hors du lieu de travail*

En principe, le salarié est libre de ses faits et gestes et n'a pas d'obligation envers son employeur (sauf celle de loyauté). Par conséquent, les actes commis ne peuvent pas justifier un licenciement, sauf par exception quand le comportement du salarié a causé dans l'entreprise un trouble « objectif », compte tenu de la nature des fonctions exercées et de la finalité propre de l'entreprise (Ch. mixte 18 mai 2007). « *Un fait imputé au salarié relevant de sa vie personnelle ne peut constituer une faute* » (Soc. 16 déc. 1997, préc.). (Chap. VI, Droit disciplinaire).

Le salarié ne doit pas être en astreinte pendant ses périodes de repos minimum (Chap. XIV).

E. Droit de mener une vie familiale normale

Le droit de mener une vie familiale normale s'exerce en particulier au regard du domicile :

– libre choix du domicile (Soc. 12 janv. 1999, M. Spileers ; Soc. 12 nov. 2008, pour des employés d'immeubles).
– droit de refuser de travailler à domicile (Soc. 2 oct. 2001, Sté AXA) ; ou *a contrario* impossibilité pour l'employeur de remettre en cause l'exécution en partie de la prestation de travail au domicile du salarié, qui avait fait l'objet d'un accord entre les parties (Soc. 31 mai 2006, Sté SCC) ; le travail à domicile relève notamment de l'accord-cadre européen du 16 juill. 2002 sur le télétravail, de l'ANI sur le télétravail du 19 juill. 2005 et du Code du travail (*infra* Chap. XIV).
– droit d'obtenir une mutation géographique, « *sans expliquer les raisons objectives qui s'opposaient à ce que l'un des postes disponibles dans la région d'Avignon soit proposé à la salariée, contrainte de changer son domicile pour des raisons familiales sérieuses, (...) la décision de l'employeur, informé depuis plusieurs mois de cette situation, de maintenir son affectation à Valenciennes, portait atteinte de façon disproportionnée à la liberté du choix du domicile de la salariée et était exclusive de la bonne foi contractuelle* » (Soc. 24 janv. 2007, Mme Negri c/ SA Omnium de gestion et de financement).

Ce droit peut permettre de paralyser la mise en œuvre d'une clause de mobilité géographique (salariée veuve ayant deux enfants, Soc. 13 janv. 2009, SA Iss Abilis).

Il s'exerce aussi en matière de modification des horaires de travail.

F. Liberté vestimentaire

En principe, le salarié est libre de choisir sa tenue vestimentaire sur son lieu de travail.

Cependant, « *la liberté de se vêtir à sa guise au temps et au lieu de travail n'entre pas dans la catégorie des libertés fondamentales* » (Soc. 28 mai 2003 et Soc. 12 nov. 2008, M. Montribot c/ SAGEM, affaire dite du bermuda). La liberté vestimentaire n'est pas une liberté fondamentale dont le non-respect par l'employeur entraînerait la nullité de sa décision (licenciement notamment).

Les restrictions apportées par l'employeur à la liberté vestimentaire doivent être justifiées, par l'activité professionnelle, et proportionnées (Soc. 18 févr. 1998, M. Bouéry c/ Sté Sleever International ; salarié refusant de porter une blouse blanche dans un atelier de coupe).

Ainsi, une apprentie serveuse de restaurant peut porter un piercing (CA Toulouse, 11 oct. 2001) ; l'employeur ne peut pas imposer à des ambulanciers le port obligatoire d'une cravate en interdisant « jeans et baskets » (Soc. 19 mai 1998 ; les prescriptions de l'employeur ne peuvent pas être plus exigeantes que celles de la convention collective applicable) ; deux salariés embauchés en qualité de surveillants par un syndicat de copropriétaires d'une résidence peuvent refuser de porter un uniforme, alors qu'une clause du contrat individuel de travail l'imposait (Soc. 16 janv. 2001, le contrat de travail ne peut comporter de restrictions plus importantes aux libertés individuelles que celles prévues par la convention collective, la CCN des gardiens concierges employés d'immeubles imposant le port d'un uniforme uniquement pour certaines catégories de personnel auxquelles n'appartenaient pas ces salariés) ; etc.

L'employeur peut prescrire certaines tenues :

- pour des motifs de sécurité (exemple : port d'Équipements de Protection Individuelle, adaptés au salarié, quand la protection collective est impossible ou en complément de celle-ci).
- pour des motifs commerciaux (exemples : uniforme pour une hôtesse de l'air, CA Paris, 13 mars 1984 ; tenue fournie par l'entreprise pour une caissière de magasin, Soc. 7 oct. 1992, Mme Appino c/ Nouvelles Galeries) ; le règlement intérieur peut fixer une « obligation pour le personnel qui est en contact avec la clientèle d'avoir une présentation correcte et soignée adaptée à l'image de marque du magasin » (circulaire du ministère du Travail du 10 sept. 1991).

En revanche, l'employeur ne peut pas imposer de manière détaillée une apparence physique (TGI Créteil, 19 janv. 1995, CGT c/ Eurodisney, interdisant un « Code des apparences ») ni une tenue ridicule, dégradante ou indécente (CA Paris, 16 juin 1990), etc. L'employeur ne peut pas non plus imposer le port d'un uniforme aux salariés sans contact avec la clientèle (Soc. 3 juin 2009, CCN des entreprises de prévention et de sécurité, pour des « agents-vidéos »).

L'employeur peut interdire certaines tenues (exemples : bermuda porté par un salarié, agent technique dans une entreprise de la métallurgie, sous sa blouse, pendant une période de canicule, et licencié pour ce fait, Soc. 28 mai 2003 et Soc. 12 nov. 2008, préc. ; dans le cas d'une salariée en contact avec la clientèle, dans une agence immobilière, l'employeur peut lui interdire de se présenter au travail en survêtement, Soc. 6 nov. 2001, Mme Brunet c/ Sarl LR Immobilier ; pour une aide-comptable, amenée à se déplacer dans les bureaux de l'entreprise, « *un chemisier transparent sur une poitrine nue* », Soc. 22 juill. 1986, Mme Morel c/ Sté Siteco).

Droits et libertés du travailleur

A. Liberté du travail et droit à l'emploi

Liberté du travail. La liberté du travail, de valeur constitutionnelle (décret d'Allarde 14-17 juin 1791), « *le droit qu'a toute personne d'obtenir la possibilité de gagner sa vie par un travail librement choisi ou accepté* » (Soc. 16 déc. 2008, Sté Axa, art. 6.1 du Pacte international relatif aux droits économiques, sociaux et culturels de 1966 ; CEDH), implique que le salarié peut choisir son travail et changer d'employeur. Elle permet notamment au salarié de mettre en échec ou de limiter la portée de certaines clauses contractuelles (clause d'exclusivité, de non-concurrence, de dédit-formation, etc.). L'employeur doit respecter cette liberté d'exercer une activité professionnelle (Soc. 27 févr. 2007 ; Soc. 11 janv. 2006 ; Soc. 10 juill. 2002).

« *La clause par laquelle l'employeur soumet l'exercice, par le salarié engagé à temps partiel, d'une autre activité professionnelle, à une autorisation préalable, porte atteinte au principe fondamental du libre exercice d'une activité professionnelle et n'est valable que si elle est indispensable à la protection des intérêts légitimes de l'entreprise et si elle est justifiée par la nature de la tâche à accomplir et proportionnée au but recherché* » (Soc. 16 sept. 2009, SA Ame'ric).

Cette liberté s'accompagne désormais du « droit à la qualification professionnelle » et à une formation permettant d'acquérir une qualification (L. 6314-1). « Tout travailleur engagé dans la vie active (…) a droit à (…) la qualification professionnelle » et « doit pouvoir suivre, à son initiative, une formation lui permettant, quel que soit son statut, de progresser au cours de sa vie professionnelle (…) en acquérant une qualification… », enregistrée dans le Répertoire National des Classifications Professionnelles, reconnue dans les classifications d'une Convention Collective Nationale de branche ou ouvrant droit à un certificat de qualification professionnelle (cf. *infra* VAE).

Droit à l'emploi. Cette liberté est à distinguer du « droit à l'emploi » qui n'est pas (encore ?) considéré comme un droit individuel. La Constitution affirme (Préambule de 1946, al. 5) : « Chacun a le devoir de travailler et le droit d'obtenir un emploi. » En ce qui concerne ce « droit à l'emploi », le Conseil constitutionnel le reconnaît comme un droit collectif : « *Il appartient à la loi de poser des règles propres* *à assurer au mieux le droit pour chacun d'obtenir un emploi* » (DC 12 janv. 2002).

Ainsi, il est nécessaire de rendre effectif « l'emploi des travailleurs à des occupations où ils aient la satisfaction de donner toute la mesure de leur habileté et de leurs connaissances et de contribuer le mieux au bien-être commun » (article III b, de la Déclaration de Philadelphie, de l'OIT, du 10 mai 1944).

Liberté d'entreprendre. Cette liberté a valeur constitutionnelle (DC 12 janv. 2002). Une dérive se fait jour quand cette liberté fondamentale de la personne humaine est utilisée par une personne morale, l'entreprise (Soc. 13 juill. 2004, Sté Carrefour de Vénissieux et d'Ecully, visant « *le principe fondamental de la liberté d'entreprendre* » au soutien du « *pouvoir de direction* » de l'employeur).

B. Droit à la santé

« La santé est un état de complet bien-être physique, mental et social, et ne consiste pas seulement en une absence de maladie ou d'infirmité » et « la possession du meilleur état de santé qu'il est capable d'atteindre constitue l'un des droits fondamentaux de tout être humain, quelles que soient sa race, sa religion, ses opinions politiques, sa condition économique ou sociale » (Principes de l'Organisation mondiale de la santé dans sa Constitution adoptée et signée le 22 juill. 1946, entrée en vigueur le 7 nov. 1948).

Ce droit à la santé implique notamment le droit au repos (à valeur constitutionnelle, DC 29 avril 2004), et donc l'absence d'astreinte pendant les repos minimum obligatoires, et le droit de retrait (voir le chapitre XIII).

C. Droit de participer

Il traduit des « libertés collectives » d'exercice individuel. Ce droit se manifeste notamment à travers la liberté de s'unir (liberté syndicale, exercice d'une activité syndicale), le droit d'élire ses délégués, le droit d'agir dans un conflit collectif (faire grève), le droit de négocier collectivement (droit à la négociation collective) ou encore le droit de s'exprimer collectivement (voir la quatrième partie de cet ouvrage). Ainsi, l'employeur doit respecter la liberté de manifestation (Soc. 23 mai 2007).

La dimension collective des droits de l'Homme est essentielle. À défaut de leur mobilisation, les droits de l'Homme « individuels » risquent de demeurer largement ineffectifs.

D. Égalité de traitement

Découlant du principe constitutionnel d'égalité, le principe d'égalité de traitement s'applique en droit du travail entre les salariés (la Cour de cassation vise « *le principe d'égalité de traitement* », Soc. 10 juin 2008 ; voir Chap. XVI, Égalité de rémunération et *infra* Non-discrimination).

Il en est ainsi notamment pour les avantages catégoriels prévus par des dispositions d'accords collectifs, de branches ou d'entreprises :

« *Vu le principe d'égalité de traitement, (...) ; la seule différence de catégorie professionnelle ne saurait en elle même justifier, pour l'attribution d'un avantage, une différence de traitement, résultant d'un accord collectif, entre les salariés placés dans une situation identique au regard dudit avantage, cette différence devant reposer sur des raisons objectives dont le juge doit contrôler concrètement la réalité et la pertinence ; repose sur une raison objective et pertinente la stipulation d'un accord collectif qui fonde une différence de traitement sur une différence de catégorie professionnelle, dès lors que cette différence de traitement a pour objet ou pour but de prendre en compte les spécificités de la situation des salariés relevant d'une catégorie déterminée, tenant notamment aux conditions d'exercice des fonctions, à l'évolution de carrière ou aux modalités de rémunération* » (Soc. 8 juin 2011, PBRI, Sté Novartis Pharma, à propos de la convention collective de l'industrie pharmaceutique au sujet de la prime d'ancienneté conventionnelle ; Soc. 8 juin 2011, Sté Sopafom, PBRI, à propos de la convention collective régionale du bâtiment et des travaux publics de la région parisienne au sujet de l'indemnité compensatrice de préavis et de l'indemnité de licenciement).

La chambre sociale de la Cour de cassation :

– affirme solennellement le principe d'égalité, que les partenaires sociaux doivent respecter et mettre en œuvre.
– admet l'existence d'avantages catégoriels issus d'un accord collectif sous réserve qu'ils respectent ce principe ; elle donne la marche à suivre pour vérifier si ces avantages catégoriels, de toute nature, sont licites : il en est ainsi quand la différence de traitement, notamment entre cadres et non cadres, est justifiée en particulier par « *les conditions d'exercice des fonctions* ».

Non-discrimination

Après un bref rappel de la construction du droit, le droit positif sera examiné, puis les voies de son application.

Historique

Dans le passé, des textes ont légitimé des inégalités qualifiées aujourd'hui de discriminations. Il en a été ainsi notamment à l'égard des femmes (Code Napoléon de 1804, dispositions discriminatoires abrogées très progressivement) et des étrangers (textes de « protection de la main-d'œuvre nationale » en particulier à la fin du XIXe siècle et en 1932). Le droit est désormais mobilisé contre les discriminations.

A. Textes de la Libération

Ces textes visent à assurer l'« égalité en droit » (égalité abstraite).

Certains sont internationaux : Déclaration universelle des droits de l'Homme de 1948, traduite dans les Pactes de l'ONU de 1966, dans la Convention de l'OIT n° 111 de 1958 (ratifiée par la France en 1981), les Conventions de 1965 sur l'élimination de toutes les formes de discrimination raciale et de 1979 sur l'élimination de toutes les formes de discrimination à l'égard des femmes (CEDEF) notamment, etc.

D'autres textes sont internes : préambule de la Constitution de 1946 (« Nul ne peut être lésé dans son travail ou son emploi en raison de ses origines, de ses opinions ou de ses croyances. ») notamment.

B. Textes communautaires (Union européenne)

Ces textes visent à instaurer l'« égalité en droit et en fait » (égalité concrète). Il s'agit notamment du Règlement 1612/68 (discrimination liée à la nationalité – liberté de circulation des travailleurs ; Traité, art. 39) et des directives de 1975 et de 1976 sur l'égalité professionnelle entre les femmes et les hommes à la suite des affaires Gabrielle Defrenne c/ Sabena (CJCE 1971, 1976 et 1978).

Après le Traité d'Amsterdam (1997), plusieurs textes ont été adoptés :

- discrimination raciale : directive n° 2000/43 du 29 juin 2000.
- discriminations liées à l'orientation sexuelle, l'âge, le handicap et les convictions religieuses : directive n° 2000/78 du 27 nov. 2000.
- discrimination sexuelle : directive n° 2006/54 qui actualise et assure la « refonte » des directives précédentes en la matière, notamment du 23 sept. 2002, avec la jurisprudence (CJCE). Le droit européen de l'égalité entre les femmes et les hommes est un droit généreux à l'origine des textes contre les autres discriminations.

À la suite de deux mises en demeure et d'un avis motivé de la Commission à l'égard de la France, la loi du 27 mai 2008 « portant diverse dispositions d'adaptation au droit communautaire dans le domaine de la lutte contre les discriminations » poursuit la transposition de ces directives.

C. Droit français actuel

En droit français, la disposition essentielle réside dans la loi Auroux du 4 août 1982. Le Code du travail prévoit des dispositions (L. 1132-1, L. 1132-2, L. 122-45) concernant :

- les personnes protégées contre les discriminations : aucune personne ne peut être écartée d'une procédure de recrutement ou de l'accès à un stage ou à une période de formation en entreprise, aucun salarié ne peut être sanctionné, licencié ou faire l'objet d'une mesure discriminatoire, directe ou indirecte ; le travail indépendant et non salarié est également visé.
- les mesures de gestion prises par l'employeur dans l'exercice de ses pouvoirs de direction et d'organisation : elles ne doivent pas être dis-

criminatoires, notamment en matière de rémunération, de mesures d'intéressement ou de distribution d'actions, de formation, de reclassement, d'affectation, de qualification, de classification, de promotion professionnelle, de mutation ou de renouvellement de contrat.
- les critères qu'il est interdit d'utiliser pour prendre une décision à l'encontre d'une personne : il en est ainsi en raison (depuis 1946) de son origine (nationale et/ou sociale), de son sexe (genre – une discrimination fondée sur le transsexualisme est une discrimination sexuelle, CJCE 30 avril 1996, CPH Montpellier 9 juin 2008), de ses activités syndicales ou mutualistes, de ses convictions religieuses, de ses opinions politiques, de son appartenance ou de sa non-appartenance, vraie ou supposée, à une ethnie, une nation ou une race, de sa situation de famille (1975) ou de sa grossesse (2006), de l'exercice normal du droit de grève, de son état de santé (1990), de son handicap (1990), de ses mœurs (depuis 1990), de son orientation sexuelle, de son âge, de son apparence physique (2001), de son nom de famille (indice de la discrimination raciale, 2001), de ses caractéristiques génétiques (2002) ou encore de la fortune et de la naissance (CESDH, 1950 ; Charte de l'UE).

Droit applicable

Une discrimination est une atteinte directe aux droits de l'Homme. De manière générale, une discrimination consiste en un traitement défavorable injustifié et illicite, c'est-à-dire en lien avec un critère, qui ne peut pas servir de fondement à une prise de décision (les critères figurent dans une liste exhaustive et évolutive – voir *supra* les motifs).

A. Discrimination directe

Une discrimination directe (L. 1132-1) se produit lorsque, en lien avec un des critères sur la base duquel il est interdit de prendre une décision, une personne est traitée de manière moins favorable, dans une situation comparable (pas seulement identique), qu'une autre :
- « *ne l'est* » (CA Riom, ch. soc., 16 janv. 1995 et Soc. 12 févr. 1997, USAI Champignons, discrimination sexuelle à l'égard de femmes en matière de rémunération, les femmes et les hommes manutentionnaires n'effectuant pas le même travail mais effectuant un travail dont la différence de valeur n'a pu être démontrée par l'employeur ; CA Versailles, 2 avril 2008, Renault, discrimination raciale ; Soc. 10 nov. 2009, le fait de demander à un salarié de changer son prénom – Laurent à la place de Mohamed – constitue une discrimination en raison de ses origines ; CA Versailles, 2 déc. 2009, SCP Jacques Jouart, discrimination raciale dans la répartition des tâches ; CA Toulouse, 19 févr. 2010, Airbus, discrimination raciale à l'embauche, pourvoi de l'employeur rejeté par Soc. 15 déc 2011).
- « ne l'a été ou ne l'aura été » (CA Toulouse, 17 mars 1995, Sté Kimono, salarié homme remplaçant une salariée femme rému-

néré de manière nettement plus élevée sans justification probante, dans une agence de publicité ; CJCE 27 mars 1980, Wendy Smith).

– « ne le serait », en application du droit communautaire (CJCE 30 avril 1998 et Soc. 16 juill. 1998, affaire Mme Thibault c/ CNA-VTS, discrimination liée à la maternité en matière de notation et promotion ; Soc. 10 nov. 2009, SNCF, discrimination en matière de promotion, liée à la participation à un mouvement de grève ; directives de 2000 et de 2006 préc.).

Dérogations. De manière exceptionnelle, l'existence d'une « exigence professionnelle essentielle et déterminante et pour autant que l'objectif soit légitime et l'exigence proportionnée » peut permettre de s'affranchir de ces règles (L. 1133-1) en matière de recrutement pour certains emplois, à condition que l'État l'ait prévu. En France, des dispositions d'application ont uniquement été adoptées au regard du genre pour certains emplois (L. 1142-2). Ainsi, des entreprises peuvent, de manière licite, proposer des emplois de comédien, de mannequin ou de modèle uniquement aux personnes relevant d'un sexe (R. 1142-1). En l'état actuel du droit, la dérogation n'est donc applicable que dans ce cadre (Délibération HALDE 26 janv. 2009).

Par ailleurs, des différences de traitement sont possibles au regard de :

– l'âge (L. 1133-2 ; souci de préserver la santé ou la sécurité des travailleurs, de favoriser leur insertion professionnelle, d'assurer leur emploi, leur reclassement ou leur indemnisation en cas de perte d'emploi, etc.), sans le contrôle du juge de l'UE (CJUE 12 et 19 janv. 2010),
– de l'état de santé, en cas d'inaptitude constatée par le médecin du travail (L. 1133-3) ou de handicap (L. 1133-4).

Travailleurs handicapés. L'employeur doit faire bénéficier les travailleurs handicapés des « aménagements raisonnables » nécessaires : il prend, en fonction des besoins dans une situation concrète, les mesures appropriées pour permettre à ces travailleurs d'accéder à un emploi ou de conserver un emploi correspondant à leur qualification, de l'exercer ou d'y progresser ou pour qu'une formation adaptée à leurs besoins leur soit dispensée. Ces mesures sont prises sous réserve que les charges consécutives à leur mise en oeuvre ne soient pas disproportionnées, compte tenu de l'aide prévue (L. 5213-10) qui peut compenser en tout ou partie les dépenses supportées à ce titre par l'employeur. Le refus de prendre ces mesures peut être constitutif d'une discrimination (L. 5213-6).

Discrimination par harcèlement. Un harcèlement constitue une discrimination quand il est pratiqué en raison d'un motif discriminatoire (harcèlement sexuel ou « sexiste », harcèlement racial – CPH Grenoble, 18 déc. 2006, condamnation de l'entreprise pour la tenue de propos racistes par un chef de chantier à l'encontre d'un salarié intérimaire –, harcèlement homophobe, harcèlement en raison du handicap, etc.). La loi du 27 mai 2008 permet enfin de reconnaître, sur le plan civil, ces harcèlements comme des discriminations.

Et la définition du harcèlement sexuel est élargie : est visé dans la loi « *tout agissement lié à l'un des motifs* » (notamment le sexe/genre) « *et tout agissement à connotation sexuelle, subi par une personne et ayant pour objet ou pour effet de porter atteinte à sa dignité ou de créer un environnement hostile, dégradant, humiliant ou offensant* ». Ce harcèlement n'est plus limité, sur le terrain civil, aux pressions en vue d'obtenir des faveurs de nature sexuelle (la jurisprudence devrait donc évoluer – Soc. 14 nov. 2007, déboutant une salariée).

Ces harcèlements discriminatoires ne doivent pas être confondus avec le harcèlement moral (Chap. XIII Santé et sécurité au travail).

Discrimination			Harcèlement moral	
Civil		**Pénal**	**Civil**	**Pénal**
Loi 27 mai 2008	C. Travail			
Art. 1° de la loi (Voir art. 2 directives UE n° 2000/43, n° 2000/78 et n° 2006/54)	Art. L. 1153-1 et s.	Art. 222-33 C. Pénal	Art. L. 1152-1 et s. C. Travail	Art. 222-33-2 C. pénal
		Art. L. 1152-2 C. Travail		Art. L. 1155-2 C. Travail
Harcèlement sexuel/sexiste Harcèlement lié à la « race », l'âge, la religion, l'orientation sexuelle, le handicap, etc.	Harcèlement sexuel	Harcèlement sexuel		

Injonction. « le fait d'enjoindre à quiconque d'adopter un comportement » discriminatoire constitue une discrimination. Une demande discriminatoire de salariés (Soc. 23 mai 2001, « *mouvement de grève des employés de la poste qui refusaient de voir engagée une personne qui ne soit pas d'ethnie wallisienne* »), de clients (CJCE 10 juill. 2008, préc.), de fournisseurs, etc., ne peut pas justifier une discrimination de la part de l'employeur.

Enfin, une discrimination directe existe également en cas de :

– discrimination par association : une personne est traitée de manière défavorable et injustifiée du fait d'un motif concernant une personne à laquelle elle est liée (CJCE 17 juill. 2008, S. Coleman, préc., salariée discriminée et harcelée en raison du handicap de son enfant ; délibérations HALDE du 26 mars 2007 et du 16 févr. 2009, et CPH Caen, 21 oct. 2008, Mme SE c/ SAS ED et CA Caen, 17 sept. 2010, salariée discriminée du fait de l'activité syndicale de son compagnon).

– discrimination par propos ayant des effets discriminatoires (CJCE 10 juill. 2008, Feryn, employeur annonçant qu'il ne comptait pas embaucher de travailleurs marocains) ; même si aucune personne ayant subi un préjudice n'est identifiée.

B. Discrimination indirecte

Une discrimination indirecte (L. 1134-1) se produit lorsqu'une disposition (une norme) ou une pratique de l'entreprise, neutre en apparence, entraîne ou est susceptible d'entraîner un désavantage particulier pour des personnes relevant d'un critère par rapport à d'autres personnes ; à moins que l'employeur ne puisse prouver que cette norme ou cette pratique est objectivement justifiée par un but légitime (pertinence) et que les moyens pour réaliser ce but ne soient nécessaires et appropriés (proportionnalité).

Peu importe l'intention de l'auteur de la disposition ou de la pratique, seul compte l'effet produit ou susceptible d'être produit par cette norme ou cette politique (CJCE 23 mai 1996, John O'Flynn). Ce concept et cette méthode permettent de remettre en cause des discriminations systémiques – par exemple, le système de recrutement, d'affectation ou de promotion dans une entreprise, dans une branche ou dans un bassin d'emploi ; des circuits de recrutement fermés axés sur certains établissements scolaires ou encore sur la « préférence familiale » (Soc. 1er juin 1999, Banque savoisienne de crédit). Il en va ainsi en particulier pour ce qui concerne les discriminations à l'égard des femmes salariées à temps partiel (CJCE 6 déc. 2007, Ursula Voß, régime de majoration des heures complémentaires moins favorable que celui des heures supplémentaires).

Si la première affaire de discrimination indirecte en droit communautaire est ancienne (CJCE 31 mars 1981, Paula Jenkins, différence de taux horaire pour des salariées à temps partiel au regard de salarié(e)s à temps complet sans justification pertinente), la première reconnaissance d'une discrimination indirecte en France est récente – discrimination indirecte à l'égard d'une salariée en raison de son état de santé, en matière de calcul de sa durée du travail et de son salaire dans le cadre d'une annualisation/modulation du temps de travail (Soc. 9 janv. 2007, Sté Sporfabric).

C. Discrimination cumulée

Une discrimination cumulée se produit quand une personne est discriminée pour plusieurs motifs (CA Paris, ch. soc., 1er avril 2004, discrimination d'une salariée en lien avec les critères sexe et activité syndicale). Cette situation peut résulter d'une discrimination directe ou indirecte.

D. Discrimination « légale »

Une discrimination « légale » existe quand, du fait d'un texte (un décret fixant un statut notamment), des personnes sont exclues du recrutement au regard en particulier du critère de la nationalité. Il s'agit des « emplois fermés » aux étrangers et des emplois réservés aux Français ou aux ressortissants communautaires dans les fonctions publiques et des entreprises publiques (cette situation existant également pour des professions libérales ou commerçantes). Cette restriction au regard de la nationalité aux seuls nationaux (Français) n'est licite que pour « *des emplois caractéristiques des activités spécifiques de l'administration publique en tant qu'elle est investie de l'exercice de la puissance publique et de la responsabilité pour la sauvegarde des intérêts de l'État* » (CJCE 17 déc. 1980 ; Traité, art. 39 ; Règlement 1612/68). La France est fréquemment condamnée pour discrimination liée à la nationalité dans l'accès aux « emplois fermés » et modifie ensuite les textes applicables (CJCE 11 mars 2008, emplois de capitaine et d'officier sur un navire, loi du 7 avril 2008 relative à la nationalité des équipages de navire ouvrant ces emplois aux ressortissants de l'UE).

Des entreprises et des organismes modifient leurs statuts pour être accessibles sans condition de nationalité (RATP, Caisses de Sécurité sociale, ANPE/Pôle emploi, etc.). Cette réforme doit donc être largement étendue (délibération HALDE, 30 mars 2009, qui recommande de supprimer les conditions de nationalité pour l'embauche, à l'exception des emplois relevant de la souveraineté nationale et par conséquent de supprimer la différence de traitement entre les travailleurs de l'UE et les travailleurs d'États tiers à l'UE).

E. Action positive

Une action positive consiste en une action temporaire de prévention ou de rattrapage au bénéfice de personnes discriminées, notamment au regard du sexe (Traité, art. 157), de l'activité syndicale (Protocole du 16 juill. 2001) ou du handicap. À l'issue de l'action, souvent basée sur un accord collectif, l'égalité de traitement doit avoir été atteinte. À défaut, une nouvelle action positive peut être mise en œuvre. Ces actions paraissent indispensables pour remettre en cause les discriminations. Elles doivent prévoir une « clause d'ouverture » – l'action positive ne peut pas prévoir une priorité absolue pour ses bénéficiaires (Soc. 18 déc. 2007, RATP). Une action positive n'est pas possible sur la base du seul critère de l'origine « ethnique, raciale ou nationale ».

MOBILISATION DU DROIT

Ce droit de la discrimination est appelé à se développer fortement dans les années à venir, au regard de la sensibilité croissante en la matière et des reculs du droit du travail dans sa fonction de défense de la partie faible au contrat. La mise en œuvre du droit est possible par le biais du dialogue social et de l'action en justice et peut s'appuyer sur deux institutions.

A. Dialogue social

Représentants du personnel et organisations syndicales. Les institutions représentatives du personnel disposent d'une panoplie de moyens pour agir contre les discriminations (voir la quatrième partie de cet ouvrage).

Ainsi, les délégués du personnel (DP) disposent d'un droit d'alerte. Pour sa part, le CE peut notamment constituer des commissions (commission emploi : emploi des TH ; commission égalité professionnelle ; commission diversité). Enfin, le CHSCT peut agir pour des conditions de travail non discriminatoires.

Les organisations syndicales représentatives de salariés, les organisations d'employeurs et les employeurs peuvent négocier et conclure des accords d'entreprise, de branche et interprofessionnels pour supprimer les discriminations et créer des politiques d'égalité de traitement.

Labels. Des labels, « label égalité entre les femmes et les hommes » et « label diversité » (décret du 17 déc. 2008), peuvent reconnaître l'existence d'une politique volontariste favorable à la non-discrimination dans une entreprise. Les moyens mis en œuvre (accord collectif, outils de GRH) doivent permettre de décliner concrètement les obligations légales dans le cadre de l'entreprise. À défaut, une entreprise peut appliquer une politique de « diversité » et discriminer... L'attribution d'un label n'exonère pas du respect des obligations légales et ne confère aucune immunité contre des poursuites et des sanctions (exemples : délibération HALDE du 14 avril 2008, Eurocopter ; CA Paris, 5 mai 2010, Mme Niel c/ GIE BNP Paribas, condamnation pour discrimination sexuelle en matière de rémunération et dans le déroulement de carrière, pourvoi de l'employeur rejeté par Soc. 12 sept. 2011).

B. Action en justice

L'action en justice permet de *valider* la parole de personnes discriminées, de réparer et de sanctionner, de déconstruire des processus discriminatoires, de restaurer la confiance dans l'État de droit et de réaffirmer les valeurs de la société (dignité et égalité).

D'une part, la manifestation de la vérité par l'action en justice est favorisée par plusieurs dispositifs :

- la saisine du juge peut s'effectuer par une action en substitution (d'un syndicat, ou d'une association).
- l'aménagement du régime probatoire devant le juge civil (et devant le juge administratif) permet de répartir la charge de la preuve (L. 1134-1) : la personne qui s'estime discriminée doit présenter des éléments de fait laissant supposer l'existence d'une discrimination (charge de l'allégation) et en réponse l'employeur doit prouver

l'absence de discrimination (le risque de la preuve pèse sur le défendeur ; à défaut de prouver l'absence de discrimination, celle-ci est établie). « *Eu égard à la nécessité de protéger les droits fondamentaux de la personne concernée, l'aménagement légal des règles de preuve (...) ne viole pas le principe de l'égalité des armes* » (Soc. 28 janv. 2010, Sté Crown emballages France ; l'employeur doit notamment produire l'intégralité des documents relatifs à la situation des salariés de l'entreprise sur une période de 30 ans). Des discriminations peuvent être démontrées sans recourir à une comparaison (Soc. 10 nov. 2009, salariée de la SNCF dont le déroulement de carrière s'est arrêté à partir de sa participation à un mouvement de grève).

– la protection contre les mesures de représailles est assurée au bénéfice des personnes qui agissent en justice et des témoins (Soc. 28 nov. 2000, Mme Djennet Harba c/ FNMF).

D'autre part, l'action en justice permet d'assurer la réparation intense des actes discriminatoires ou liberticides. L'acte interdit est nul et le salarié doit bénéficier de la « réparation intégrale » du préjudice par le biais de la remise en l'état : le juge doit « *placer la victime, aux dépens du responsable, dans la situation où elle se serait trouvée si l'acte dommageable n'avait pas eu lieu* » (Civ. 2e 28 oct. 1954, Soc. 23 nov. 2005). En matière de discrimination, en particulier, la réparation doit être « adéquate » (CJCE 2 août 1993, Mme Marshall ; directives précitées de 2000 et 2006) et ne peut être limitée à une réparation indemnitaire ; la mesure de réparation met « *à néant* » la discrimination (Soc. 24 févr. 2004, SNCF).

La loi sur la réforme de la prescription civile du 17 juin 2008 (L. 1134-5) prévoit que « *l'action en réparation du préjudice résultant d'une discrimination se prescrit par cinq ans à compter de la révélation de la discrimination* » (Soc. 22 mars 2007), dans la limite de 20 ans (art. 2232 C. civ.), et que « *les dommages et intérêts réparent l'entier préjudice résultant de la discrimination, pendant toute sa durée* » (cette nouvelle disposition devra être interprétée au regard des exigences du droit communautaire – CJCE 2 août 1993 précité, et du droit européen – CEDH 9 janv. 2007, pour permettre la réparation en nature – promotion, augmentation de la rémunération, etc.). En cas de licenciement nul sans « réintégration », le salarié cumule, le cas échéant, l'indemnité pour nullité du licenciement ainsi que l'indemnité pour irrégularité de procédure (Soc. 23 janv. 2008).

L'action en justice permet aussi d'assurer la sanction « *effective, proportionnée et dissuasive* » (CJCE 10 avril 1984, directives précitées de 2000 et de 2006).

Des discriminations sont également prévues et réprimées sur le plan pénal :

– par le Code pénal (art. 225-1 et s. ; uniquement pour les mesures concernant l'offre d'emploi, le refus d'embauche ou d'accès à la formation, la sanction et le licenciement), notamment en matière de discrimination raciale à l'embauche (CA Paris, ch. ap. correc., 17 oct. 2003, Moulin Rouge ; CA Paris, ch. ap. correc., 6 juill.

2007, pourvoi rejeté par Crim. 23 juin 2009, ADECCO, Ajilon et Garnier/L'Oréal), de licenciement discriminatoire lié à l'état de santé (sida, T. corr. Châlons-sur-Marne, 22 oct. 1997). « *La décision de l'employeur affectant la carrière ou la rémunération d'un salarié peut revêtir le caractère d'une sanction* » (art. 225-2-3° CP) et donc être pénalement réprimée (Crim. 28 avr. 2009, Michelin).

– par le Code du travail (pour toute mesure discriminatoire, au regard des critères sexe et activité syndicale), notamment en matière de discrimination sexuelle dans la rémunération (Crim. 31 mai 1988 et 6 nov. 1990, Bocama).

C. Institutions

Deux institutions retiennent ici l'attention : une récente, le Défenseur des droits, et une ancienne, l'Inspection du travail.

1. *Défenseur des droits*

Cette nouvelle institution intègre la HALDE (Loi organique du 29 mars 2011, Décision du Conseil constitutionnel du 29 mars 2011, loi du 29 mars 2011, décret du 29 juill. 2011). Elle peut être saisie par toute personne qui s'estime discriminée, notamment dans le domaine de l'emploi et du travail, directement si elle le souhaite (par courrier ou en remplissant un formulaire sur le site). Elle peut également se saisir d'office de situations discriminatoires.

Cette nouvelle institution, comme auparavant la HALDE, dispose de plusieurs leviers d'action. Elle peut notamment :

- enquêter pour établir la réalité des faits ;
- procéder à une médiation (49 en 2007, 42 en 2008, 20 en 2009, 19 en 2010, notamment en matière d'aménagement de poste au regard du handicap ou de l'état de santé) ;
- présenter des observations et communiquer des pièces aux juridictions, à leur demande ou de son propre choix, notamment devant les conseils de prud'hommes (Soc. 17 avril 2008 ; CA Paris, 26 mars 2008, Sté GFI ; CA Aix-en-Provence, 8 mars 2007 ; Soc. 2 juin 2010, PBR, Sté Yusen air et Sea service, « *le juge apprécie la valeur probante des pièces qui lui sont fournies* » par la HALDE « *et qui sont soumises au débat contradictoire* », la HALDE n'a pas « *la qualité de partie* » – l'intervention devant les tribunaux est un levier essentiel fortement mobilisé : 64 dossiers en 2008, 212 en 2009, 123 en 2010 ; ses observations sont suivies dans plus de 80 % des cas, les cas de non-suivi provenant surtout de CPH) ;
- proposer à l'auteur de l'infraction une transaction (28 en 2007, 17 en 2008, 8 en 2009, 9 en 2010) ;
- adopter une recommandation (332 en 2007, 299 en 2008, 163 en 2009, 107 en 2010), demandant en particulier à une entreprise de modifier sa politique ;
- effectuer des rappels à la loi (18 en 2008, 14 en 2009, 11 en 2010) ;

- transmettre des dossiers aux procureurs de la République (12 en 2009, 14 en 2010) ; procéder à une citation directe, un en 2009 ayant abouti à une condamnation pour discrimination à l'embauche ;
- établir un rapport spécial publié au *Journal Officiel* à l'encontre d'entreprises maintenant des pratiques discriminatoires malgré une recommandation (délibération du 11 déc. 2006 parue au JO du 4 mai 2007).

Ses délibérations (278 en 2008, 412 en 2009, 279 en 2010) ne peuvent pas faire l'objet d'un recours pour excès de pouvoir quand elles ne constituent pas des recommandations impératives (CE 13 juill. 2007).

Cette nouvelle institution, comme auparavant la HALDE, intervient en concertation avec d'autres administrations, notamment l'Inspection du travail (Circulaire interministérielle du 5 janv. 2007).

Près de la moitié des réclamations concernent l'emploi (49,7 % en 2010, 48,5 % en 2009 ; dans le secteur privé : 9 % pour l'embauche ; 24 % pour la carrière). Parmi les critères : 27 % concernent le critère « origine » (discrimination raciale) ; 19 % les critères santé et handicap ; mais très peu concernent le critère sexe/genre (4,5 %), alors que près de la moitié de la population active est composée de femmes, connaissant des discriminations notamment en matière de rémunération (4,5 % concernant une discrimination liée à la grossesse).

2. *Inspection du travail*

L'Inspection du travail a accès à tout document existant dans l'entreprise permettant d'établir l'existence d'une discrimination (depuis la loi du 16 nov. 2001). L'Inspection du travail peut agir en matière de prévention (inciter à la négociation collective et à une politique de non-discrimination), de répression, en relevant les infractions constatées par procès-verbal et entraîner le déclenchement d'une action pénale (TC) et de réparation, en faisant connaître aux parties ses constats et participer ainsi à la construction de la preuve devant le juge civil (CPH).

Égalité professionnelle entre les femmes et les hommes

Recrutement. Concernant l'embauche, il est interdit de mentionner, dans une offre d'emploi ou dans toute publicité relative à l'embauche, le sexe ou la situation de famille du candidat recherché, de refuser d'embaucher une personne, de prononcer une mutation, de résilier ou de refuser de renouveler le contrat de travail d'un salarié en considération du sexe ou de la situation de famille ou encore sur la base de critères de choix différents selon le sexe ou la situation de famille.

Dans l'emploi. En cours d'emploi, il est interdit de prendre, en considération du sexe, une mesure relative notamment à la rémunération, la formation, l'affectation, la qualification, la classification, la promotion professionnelle (Soc. 7 juin 2007, Mme Y c/ ADEME) ou une mutation (L. 1142-1, L. 123-1).

Harcèlement sexuel ou sexiste. Toute discrimination liée au fait qu'une personne a subi ou refusé de subir un harcèlement sexuel est interdite (Loi du 27 mai 2008 art. 1° ; L. 1153-2, L. 123-1).

Le non-respect de ces dispositions est sanctionné civilement et pénalement – toute infraction est punie d'un emprisonnement pouvant aller jusqu'à un an et d'une amende jusqu'à 3 750 ou de l'une de ces deux peines seulement (L. 1155-2, L. 152-1-1).

Rémunération. La loi prévoit aussi des dispositions sur l'égalité de rémunération entre les femmes et les hommes pour un travail de valeur égale (L. 3221-2, L. 140-2 ; chap. XVI) et sur l'obligation de négocier sur l'égalité professionnelle et l'égalité de rémunération au niveau de l'entreprise et de la branche professionnelle (chap. XVIII).

En cas de contentieux, au civil, le juge doit assurer la réparation intégrale du préjudice ; ainsi, le CPH peut fixer une nouvelle rémunération et un nouveau coefficient à la salariée pour qu'elle bénéficie effectivement de l'égalité de rémunération (L. 3221-7 ; CPH Bordeaux, encadrement, départage, 16 oct. 2009, Union nationale des industries de carrières et matériaux ; CA Versailles, 8 janv. 2009, SA Hispano Suiza c/ Mme AB ; Soc. 6 juill. 2010, Sté TMS c/ Mme Bastien rejetant le pourvoi de l'employeur contre l'arrêt CA Paris, 6 nov. 2008 ; CA Montpellier, 25 mai 2003, Mme F. Périmentel c/ IBM, etc.).

Dans une affaire récente, l'employeur est condamné pour discrimination (modification de la qualification, rappel de salaire – plus de 240 000 € – et dommages-intérêts), d'une part, « *pour perte de chance de promotion* » – la salariée s'est vu refuser une promotion « *en raison de la survenance d'un congé de maternité* » et d'autre part, en matière de rémunération – la salariée (embauchée en qualité de sténographe) percevant un niveau de rémunération inférieur à celui de ses collègues masculins occupant les mêmes fonctions, recrutés par la filière informatique, l'employeur n'établissant pas qu'ils « *apportent au sein de leur unité une plus grande performance dans le travail ou toute autre valeur ajoutée qui autoriserait une différence de traitement en défaveur de Mme X* » (Soc. 16 déc. 2008, AFPA c/ Mme Otelli).

Les organisations syndicales représentatives au plan national ou dans l'entreprise peuvent exercer en justice toute action résultant de l'application des dispositions en matière d'égalité de rémunération entre les femmes et les hommes en faveur d'un(e) salarié(e) de l'entreprise, sans avoir à justifier d'un mandat de l'intéressé(e), pourvu que la personne salariée ait été avertie par écrit et ne s'y soit pas opposée dans un délai de 15 jours à compter de la date à laquelle l'organisation syndicale lui a notifié son intention d'agir, l'intéressé(e) pouvant toujours intervenir à l'instance engagée par le syndicat (L. 1144-2, L. 123-6). Ce droit de substitution n'a pas donné lieu à de nombreuses utilisations. Les syndicats peuvent également se constituer partie intervenante devant le juge civil (décision préc.), ou partie civile devant le juge pénal, ou assurer la défense du dossier de la salariée (Soc. 19 déc. 2000, Mme Cassou et autres).

Représailles. Le licenciement de représailles d'un(e) salarié(e) à la suite d'une action en justice, engagée par cette personne ou par le syndicat en faveur de cette personne, est nul s'il est établi que le licenciement n'a pas de cause réelle et sérieuse et constitue donc une mesure prise par l'employeur en raison de l'action en justice. La poursuite du contrat de travail (« réintégration ») est alors de droit (Soc. 28 nov. 2000, Mme Djennet Harba c/ FNMF). Si la salariée refuse de reprendre son emploi, le CPH lui alloue une indemnité qui ne peut être inférieure aux salaires des six derniers mois et une indemnité correspondant à l'indemnité de licenciement, légale ou conventionnelle (L. 1144-3, L. 123-5).

Actions positives de prévention ou de rattrapage. Ces dispositions sur l'égalité professionnelle entre les femmes et les hommes n'interdisent pas de prévoir des « actions positives » : des mesures temporaires au seul bénéfice des femmes visant à établir l'égalité des chances avec les hommes, en particulier en remédiant aux inégalités de fait qui affectent les chances des femmes (L. 1142-4, L. 123-3). De telles mesures ne peuvent toutefois pas accorder automatiquement, à qualifications égales entre candidats de sexe différent, une priorité absolue aux candidats féminins dans les secteurs où les femmes sont sous-représentées, c'est-à-dire ne représentent pas la moitié au moins des effectifs. Cette règle, qui s'applique aussi bien en matière de recrutement que de promotion interne, a été posée par la CJCE (Kalanke, 17 oct. 1995) qui, par la suite (Marschall, 11 nov. 1997), a toutefois admis une clause voisine, mais non totalement automatique, laissant la possibilité de tenir compte de motifs liés à la personnalité des candidats, selon une clause dite d'« ouverture ». La Charte des droits fondamentaux de l'UE prévoit que l'égalité entre les femmes et les hommes doit être assurée dans tous les domaines, y compris en matière d'emploi, de travail et de rémunération. Le principe de l'égalité n'empêche pas le maintien ou l'adoption de mesures prévoyant des avantages spécifiques en faveur du sexe sous-représenté (art. 23, égalité entre femmes et hommes ; art. 157-4 du Traité).

Accès aux responsabilités. La loi constitutionnelle du 23 juill. 2008 de modernisation des institutions de la Ve République prévoit que « la loi favorise l'égal accès des femmes et des hommes (...) aux responsabilités professionnelles et sociales » (art. 1er de la Constitution). Une proposition de loi, déposée le 3 mars 2009 sur le bureau de l'Assemblée nationale, vise à favoriser l'accès des femmes aux responsabilités professionnelles (conseils d'administration, conseils de prud'hommes, IRP, etc.).

À lire : rapport de Mme Grésy en vue de la concertation avec les partenaires sociaux sur l'égalité professionnelle entre les femmes et les hommes, remis le 8 juill. 2009 au ministre du Travail.

« 1968-2008 : Évolution et prospective de la situation des femmes dans la société française », Communication du Conseil économique, social et environnemental (CESE), Mme Crosemarie, Délégation aux droits des Femmes et à l'égalité des chances entre femmes et hommes, 2009.

CHAPITRE VI

Pouvoir de l'employeur

En droit, l'entreprise est une organisation hiérarchisée, siège d'un pouvoir détenu par le responsable de l'entreprise (patron ou dirigeant, le cas échéant salarié). L'employeur est titulaire d'un pouvoir de direction, qui s'appuie sur la propriété privée et sur le droit.

Le pouvoir de direction implique la gestion patrimoniale de l'entreprise (déterminer les formes juridiques de l'entreprise, leurs modifications, la création ou la cession d'activités, l'ouverture ou la fermeture d'établissements, le choix des productions et prestations, les méthodes de travail, l'utilisation des matériels, etc.).

En droit du travail, suivant la conception retenue, le pouvoir de l'employeur peut être regardé comme fondé sur :

- la liberté d'entreprendre (conception institutionnelle de l'entreprise, de nature autoritaire ; Soc. 13 juill. 2004, Sté Carrefour, visant « *le principe fondamental de la liberté d'entreprendre* ») ;
- le contrat de travail (conception contractuelle, de nature libérale).

En fonction de ces prérogatives, dans le domaine du travail, de manière générale, l'employeur peut en particulier : recruter, affecter le salarié (à une fonction, un poste), organiser le travail (fixer les horaires, etc. ; fixer et modifier les conditions d'exécution du travail, même quand elles sont prévues au contrat de travail, sauf exceptions), évaluer le travail, fixer les rémunérations effectives, sanctionner et récompenser, enfin licencier.

Il dispose du privilège du préalable pour prendre une décision. Ce n'est que dans un second temps, si la personne n'est pas satisfaite, que cette décision pourra faire l'objet d'une contestation, notamment devant le juge.

L'employeur n'est plus le seul juge de l'intérêt de l'entreprise (Soc. 31 mai 1956). Ce pouvoir de direction n'est plus discrétionnaire et est limité et encadré par les droits et libertés de la personne et les règles de non-discrimination, ainsi que par des dispositions législatives et conventionnelles, notamment en matière de préservation de la santé, et, enfin, par les règles classiques, issues du droit civil, en matière d'abus de droit. Le pouvoir de l'employeur doit donc être concilié avec l'ensemble des droits du salarié.

Le pouvoir de l'employeur s'exerce au regard de la prestation de travail du salarié et dans le cadre du droit disciplinaire.

Contrôle, surveillance et évaluation

L'employeur peut contrôler, surveiller et évaluer le travail du salarié.

A. Contrôle

L'employeur « *a le pouvoir de donner des ordres et des directives, d'en contrôler l'exécution et de sanctionner les manquements* » (Soc. 13 nov. 1996, Société Générale), de « surveiller et punir ». Sur la base de son pouvoir disciplinaire, l'employeur peut sanctionner le salarié qui a commis une faute professionnelle, notamment en cas de mauvaise exécution de la prestation de travail.

B. Surveillance

Principe. « *L'employeur a le droit de contrôler et de surveiller l'activité de ses salariés pendant le temps du travail ; seul l'emploi de procédé clandestin de surveillance est illicite* » (Soc. 14 mars 2000). En matière de surveillance, la loyauté doit être respectée (L. 1222-1, L. 120-4).

Modalités. En cas de mise en place d'un dispositif de surveillance, celui-ci doit être porté préalablement à la connaissance des salariés (Soc. 22 mai 1995, L. 1222-4, L. 121-8) et faire l'objet d'une information et d'une consultation du CE (L. 2323-32, L. 432-2-1), sauf dans les locaux où les salariés n'ont pas accès (Soc. 19 avril 2005). L'employeur ne peut pas mettre en œuvre un moyen de surveillance déloyal, notamment en recourant à un stratagème, les éléments recueillis ne pouvant alors constituer une preuve (Soc. 18 mars 2008, huissier ; Soc. 18 mars 2008, agents d'EDF).

En revanche, la surveillance d'un salarié sur son lieu de travail par un autre salarié n'est pas assimilable à un dispositif de contrôle et ne constitue pas, en soi, un mode de preuve illicite (Soc. 3 mai 2007).

Procédés anciens. En ce qui concerne des moyens anciens de surveillance, une filature par un détective privé (Soc. 26 nov. 2002) ou le recours à une société de surveillance extérieure utilisée à l'insu du personnel (Soc. 15 mai 2001) ne sont pas licites.

La fouille est admise dans des conditions restrictives dans certains cas : ouverture des sacs (alerte à la bombe, Soc. 3 avril 2001), ouverture de l'armoire vestiaire en présence du salarié (à la suite de vols, Soc. 11 déc. 2001) ou même en son absence dès lors qu'il a été prévenu personnellement, suffisamment à l'avance (Soc. 15 avril 2008). Ainsi, dès lors que des coffres permettant le dépôt par chaque salarié des fonds mis à sa disposition étaient « *affectés à un usage exclusivement professionnel* », la vérification du coffre par l'employeur était régulière, en son absence et sans l'avoir prévenu, et « *la sanction prononcée conformément au RI était justifiée* » (Soc. 21 oct. 2008, M. L. c/ RATP). L'employeur ne peut « *sauf circonstances exceptionnelles, ouvrir les sacs appartenant aux salariés pour en vérifier le contenu qu'avec leur accord et à la condition de les avoir avertis de leur droit de s'y opposer et d'exiger la présence d'un témoin* » (Soc. 11 févr. 2009).

Les documents détenus par le salarié dans son bureau de l'entreprise sont, sauf lorsqu'ils sont identifiés comme personnels, présumés avoir un caractère professionnel de sorte que l'employeur peut y avoir accès hors sa présence (Soc. 18 oct. 2006).

Internet et courriels. Concernant la consultation des messages par l'employeur, sur la messagerie professionnelle du salarié, plusieurs règles sont posées :

– « *Les courriers adressés par le salarié à l'aide de l'outil informatique mis à sa disposition par l'employeur pour les besoins de son travail sont présumés avoir un caractère professionnel en sorte que l'employeur est en droit de les ouvrir hors la présence de l'intéressé, sauf si le salarié les identifie comme étant personnels* » (Soc. 15 déc. 2010, M. X c/ Sté ARP Sélection).
– « *Si l'employeur peut toujours consulter les fichiers qui n'ont pas été identifiés comme personnels par le salarié, il ne peut les utiliser pour le sanctionner s'ils s'avèrent relever de sa vie privée* » (Soc. 5 juill. 2011, Sté Gan Assurances IARD, licenciement du salarié jugé sans cause réelle et sérieuse « *pour avoir détenu dans sa messagerie professionnelle des messages à caractère érotique et entretenu une correspondance intime avec une salariée de l'entreprise* », « *l'intéressé s'était contenté de les conserver dans sa boîte de messagerie sans les enregistrer, ni les diffuser* »).

L'employeur peut également rechercher les connexions établies par un salarié sur des sites Internet (Soc. 9 juill. 2008).

Nouvelles technologies. La surveillance peut être effectuée par le biais de fichiers et de traitements automatisés et par le biais des NTIC. Est ici en question l'utilisation de la cybersurveillance (vidéosurveillance, Soc. 7 juin 2006 ; géo-localisation, GSM/GPS, Délibération CNIL 16 mars 2006 ; biométrie ; etc.).

Les fichiers et traitements automatisés doivent faire l'objet d'une déclaration préalable à la CNIL (loi Informatique et libertés 6 août 2004 ; Charte des droits fondamentaux de l'UE, art. 8 ; directive communautaire du 24 oct. 1995).

À défaut de déclaration à la CNIL, il ne peut pas être reproché à un salarié de refuser d'utiliser un système de badge impliquant un traitement automatisé de données nominatives ; la décision de l'employeur est inopposable au salarié (Soc. 6 avril 2004).

Tout ce qui est techniquement possible n'est pas juridiquement licite. Par exception, la CNIL a admis, le 8 avril 2004, que, pour des impératifs incontestables de sécurité, l'identification des salariés puisse se faire par une base de données d'empreintes digitales.

Les dispositifs biométriques, reposant sur la reconnaissance des empreintes digitales, ne sont justifiés que s'ils sont fondés sur quatre conditions (CNIL, communication du 28 déc. 2007) :

- la finalité doit être limitée au contrôle de l'accès d'un nombre limité de personnes, à une zone déterminée, représentant un enjeu majeur dépassant le seul intérêt de l'entreprise ;
- le système doit être proportionné ;
- le système doit être sécurisé (identification fiable des personnes, garanties de non-divulgation) ;
- les personnes doivent être informées (modalités et raisons du système expliquées dans une note remise aux personnes concernées) et une consultation des IRP doit avoir lieu.

Ce moyen de surveillance doit être pertinent et proportionné au regard de l'objectif légitime poursuivi : l'utilisation pour le « badgeage » de la biométrie en matière de gestion des horaires n'est pas pertinente et est disproportionnée (TGI Paris, 19 avril 2005).

La CNIL a pour la première fois autorisé :

- un dispositif biométrique multimodal (reconnaissance des empreintes digitales et du réseau veineux des doigts de la main) pour le contrôle de l'accès à des lieux de travail d'une entreprise (CNIL, Délib. 12 mai 2011) ;
- un dispositif biométrique fondé sur la reconnaissance de la frappe au clavier (CNIL, Délib. 23 juin 2011).

La CNIL a ordonné en urgence l'interruption pour une durée de trois mois :

- d'un dispositif biométrique illégal (absence d'un fort impératif de sécurité, défaut d'information des salariés, conservation des données sans limitation de durée – Délib. CNIL 18 mars 2010) ;
- d'un dispositif de vidéosurveillance (qui plaçait les salariés sous une « surveillance généralisée et permanente », non justifiée et disproportionnée, et sans information appropriée, les données étant conservées plus de deux mois – Délib. CNIL du 22 avril 2010).

Enfin, la géolocalisation des salariés par les NTIC, qui implique nécessairement une atteinte à la vie privée, ne peut être justifiée que par les intérêts légitimes de l'entreprise (Soc. 26 nov. 2002 ; CA Dijon 14 oct. 2010, licenciement jugé injustifié du salarié, l'employeur s'étant servi d'un dispositif de géolocalisation non déclaré à la CNIL et à l'insu des salariés, pour prouver l'utilisation d'un véhicule de service à des fins personnelles – Communiqué CNIL du 25 oct. 2010).

« *Un système de géolocalisation ne peut être utilisé par l'employeur pour d'autres finalités que celles qui ont été déclarées auprès de la CNIL, et portées à la connaissance des salariés* », « *l'utilisation d'un système de géolocalisation pour assurer le contrôle de la durée du travail, laquelle n'est licite que lorsque ce contrôle ne peut pas être fait par un autre moyen, n'est pas justifiée lorsque le salarié dispose d'une liberté dans l'organisation de son travail* » (Soc. 3 nov. 2011, PBRI, Sté Moreau incendies).

C. Évaluation

Principe. « *L'employeur tient de son pouvoir de direction, né du contrat de travail, le droit d'évaluer le travail de ses salariés* » (Soc. 10 juill. 2002, AFPA). Par l'évaluation du « travail », l'employeur formule un jugement d'aptitude :

- lors du recrutement (choix d'embaucher, affectation, détermination de la qualification dans le cadre de la convention collective applicable et de sa grille de classification) ;
- en cours d'emploi (promotion ou rétrogradation, rémunération – attribution d'augmentation ou de primes, licenciement pour insuffisance professionnelle ou pour motif économique –, ordre des licenciements).

L'objectif de l'évaluation est précisé par la loi : « Les informations demandées, sous quelque forme que ce soit, à un salarié ne peuvent avoir comme finalité que d'apprécier ses aptitudes professionnelles. Ces informations doivent présenter un lien direct et nécessaire avec l'évaluation de ses aptitudes. (...) » (L. 1222-2).

Les méthodes et techniques d'évaluation des salariés doivent être pertinentes au regard de la finalité poursuivie (L. 1222-3, L. 121-7). L'employeur évalue le travail, pas les personnes.

L'évaluation de l'employeur sur le « travail » n'est pas discrétionnaire. Elle peut faire l'objet d'un contrôle par le juge (Soc. 20 févr. 2008, Alcatel Cit). Le juge évalue l'évaluation effectuée par l'employeur.

Le refus par le salarié de se soumettre à plusieurs reprises à une évaluation de son travail peut constituer une faute grave (Soc. 10 juill. 2002, AFPA c/ Mme K., préc.).

Procédure. Lorsque l'employeur souhaite mettre en place un dispositif d'évaluation, il doit respecter plusieurs éléments d'une procédure à suivre :

- les salariés doivent être préalablement informés (L. 1222-3, « Le salarié est expressément informé, préalablement à leur mise en œuvre, des méthodes et techniques d'évaluation professionnelles mises en œuvre à son égard »).
- le comité d'entreprise doit être informé et consulté (L. 2323-32).
- le CHSCT doit être consulté (L. 4612-8) dès lors que la procédure d'évaluation est susceptible de générer pour les salariés une insécurité et une pression psychologique entraînant des répercussions sur les conditions de travail (Soc., 28 nov. 2007, groupe Mornay et CA Toulouse, 4e ch., 21 sept. 2011, Airbus, « *la procédure d'évaluation... est illicite dès lors que les CHSCT de l'entreprise n'ont pas été valablement consultés* »).
- la mise en place d'un système d'évaluation doit faire l'objet d'une déclaration à la CNIL si le système est informatisé (déclaration normale ou déclaration simplifiée – norme n° 46 CNIL). Les documents écrits relatant des entretiens annuels d'évaluation, utilisés dans un traitement automatisé, doivent faire l'objet d'une déclaration à la

CNIL (CA Versailles, 7e ch. correc., 6 oct. 2003, Alsthom ; art. 226-16 NCP ; Soc. 28 nov. 2007).

Critères. Les critères d'évaluation doivent être « *objectifs et transparents* », ce qui n'est pas réalisé quand « *la multiplication de critères comportementaux détachés de toute effectivité du travail accompli implique la multiplication de performances à atteindre qui ne sont pas dénuées d'équivoques et peuvent placer le salarié dans une situation d'insécurité préjudiciable. Insécurité renforcée par l'absence de lisibilité pour l'avenir de l'introduction de nouveaux critères d'appréciation des salariés qui est préjudiciable à leur santé mentale* » (TGI Nanterre, 2e ch., 5 sept. 2008, Sté Wolters Kluwer France, qui « déclare illicite le mode d'évaluation des salariés » ; TGI Versailles, 28 oct. 2010, G.E., « *le comportement fait partie de la compétence* » ; voir déjà Soc. 9 avril 2002).

« *La procédure d'évaluation (...) est illicite dès lors (...) que cette évaluation se fonde sur certains critères comportementaux non conformes aux exigences légales* » et « *(...) doit être suspendue* » (CA Toulouse, 4e ch. Section 1, 21 sept. 2011, Cgt c/ SAS Airbus OpérationsToulouse, préc.). Dans cette affaire, les critères comportementaux en cause étaient : « *agir avec courage* » ; « *promouvoir l'innovation et livrer des produits fiables* » ; « *générer de la valeur pour le client* » ; « *favoriser le travail d'équipe et l'intégration au niveau mondial* » ; « *faire face à la réalité et être transparent* » ; « *développer mes talents et ceux des autres* » ; ils ne répondent pas aux exigences légales et sont donc illicites (L. 1222-2 et L. 1222-3, *supra*). Les critères comportementaux pour être licites doivent être « exclusivement professionnels et suffisamment précis pour permettre au salarié de l'intégrer dans une activité concrète et à l'évaluateur de l'apprécier avec la plus grande objectivité possible » ; et l'évaluation ne peut avoir une « *finalité disciplinaire* », l'évaluation ayant pour objectif d'apprécier les aptitudes professionnelles des salariés et non de les sanctionner.

Ranking. Ce système, inspiré du modèle étatsunien, consiste à classer les salariés en différentes catégories en fonction de leurs performances professionnelles (les augmentations de salaires découlent de ce classement). Ce système est licite s'il a été porté à la connaissance des salariés, s'il n'est pas fondé sur des éléments discriminatoires ou subjectifs et s'il ne répond pas à une démarche disciplinaire (CA Grenoble, soc., 13 nov. 2002, Sté Hewlett-Packard).

Cependant ce système est illicite si des quotas sont établis à l'avance : « *L'évaluation par quotas qui ne repose pas seulement sur l'analyse des compétences et du travail du salarié mais contraint le notateur à classer au moins 5 % de salariés dans le dernier groupe, y compris dans l'hypothèse où tous les salariés ont rempli leurs objectifs et ont donné satisfaction (...), est illicite dans la mesure où il n'est pas fondé sur des critères objectifs et transparents* » (CA Versailles, 1re ch., 8 sept. 2011, n° 10/00567, SAS Hewlett-Packard).

Modalités. Lors de l'entretien d'évaluation, chaque partie peut « *faire part de ses difficultés, récriminations, souhaits et incompréhensions* » (CA Chambéry, 19 janv. 2010).

Le salarié dispose d'un droit d'accès à son évaluation, aux données de gestion des ressources humaines qui ont servi à prendre une décision à son égard (CNIL, avis du 8 mars 2007). La non-communication de sa fiche de notation à un salarié qui en fait la demande constitue un des éléments permettant de caractériser un comportement discriminatoire à son encontre (Soc. 23 oct. 2001).

Recours. Des recours sont possibles à titre individuel (notamment devant le CPH, le cas échéant après avoir saisi un DP) et à titre collectif (devant le TGI, jurisprudence *supra*).

Le défaut d'évaluation, quand l'évaluation est prévue par la convention collective applicable, cause un préjudice au salarié qui peut obtenir des dommages-intérêts pour perte d'une chance d'évolution de sa carrière (Soc. 10 nov. 2009 ; voir déjà Soc. 16 juill. 1998, Mme Thibault c/ CNAVTS).

En droit de la Sécurité sociale, une dépression nerveuse à l'issue d'un entretien d'évaluation peut faire l'objet d'une reconnaissance en accident du travail (Civ. 2e, 1er juill. 2003). (voir chapitre XXI, sur le rôle du CHSCT).

Droit disciplinaire

Le pouvoir disciplinaire de l'employeur se manifeste par le pouvoir d'édicter des règles et de sanctionner le salarié. Ainsi, une personne privée peut se faire justice elle-même, être juge et partie. Et « *c'est une expérience éternelle que tout homme qui a du pouvoir est porté à en abuser* » (Montesquieu).

Ce pouvoir exorbitant de l'employeur a d'abord été encadré par le juge (CE 1er févr. 1980, Sté Peintures Corona, « *le chef d'entreprise (...) ne peut apporter aux droits de la personne que les restrictions qui sont nécessaires pour atteindre le but recherché* »). Cet encadrement a été repris et complété par le législateur de 1982.

Pouvoir normatif : le règlement intérieur

Le règlement intérieur, « acte réglementaire de droit privé », continue d'être déterminé de manière unilatérale, mais le pouvoir normatif de l'employeur est désormais encadré par la loi. L'établissement d'un règlement intérieur est obligatoire dans les entreprises ou établissements employant habituellement 20 salariés et plus. Des dispositions spéciales peuvent être établies pour une catégorie de personnel ou une division de l'entreprise ou de l'établissement (L. 1311-2).

A. Contenu et conditions de validité

En application de la « loi Auroux » du 4 août 1982 sur les « libertés des travailleurs dans l'entreprise », le contenu du règlement intérieur est strictement délimité (L. 1321-1). Le règlement intérieur est un document écrit par lequel l'employeur fixe exclusivement :

1°) Les mesures d'application de la réglementation en matière de santé et de sécurité dans l'entreprise ou l'établissement, notamment les instructions ;

2°) Les conditions dans lesquelles les salariés peuvent être appelés à participer, à la demande de l'employeur, au rétablissement de conditions de travail protectrices de la santé et de la sécurité des salariés, dès lors qu'elles apparaîtraient compromises ;

3°) Les règles générales et permanentes relatives à la discipline, notamment la nature et l'échelle des sanctions que peut prendre l'employeur.

Ainsi, le règlement intérieur peut comporter l'obligation de respecter les horaires et, en conséquence, de pointer ou de prévenir la direction en cas d'absence. Mais les questions relatives à la durée et à l'aménagement du temps de travail, qui relèvent désormais de la négociation collective, sont exclues.

Le règlement intérieur est rédigé en français. Il peut être accompagné de traductions en une ou plusieurs langues étrangères. Il en va de même pour tout document comportant des obligations pour le salarié ou des dispositions dont la connaissance est nécessaire pour l'exécution de son travail. Ces dispositions ne sont pas applicables aux documents reçus de l'étranger ou destinés à des étrangers (L. 1321-6).

En outre, des matières sont obligatoires. Le règlement intérieur rappelle deux types de dispositions :

1°) Les dispositions relatives aux droits de la défense des salariés définis par la loi ou par la convention collective applicable (L. 1321-2). Il s'agit notamment de la procédure qui doit être suivie lorsqu'une sanction est prévue à l'encontre d'un membre du personnel, procédure définie par la loi ou, le cas échéant, par la convention collective applicable à l'entreprise.

2°) Les dispositions relatives aux harcèlements moral et sexuel prévues par le Code du travail (L. 1321-2, L. 122-47 et L. 122-50) : les harcèlements (sexuel, racial, « moral », etc.) sont interdits dans les relations de travail et donc passibles d'une sanction disciplinaire. Tout salarié ayant procédé à un harcèlement doit donc faire l'objet d'une sanction disciplinaire. Le harcèlement sexuel constitue « *nécessairement* » une faute grave (Soc. 5 mars 2002), impliquant le licenciement de l'auteur par l'employeur – ce harcèlement sexuel peut être établi par le biais de SMS, constatés par huissier (Soc. 23 mai 2007).

En revanche, le règlement intérieur ne peut contenir :

1°) Des dispositions contraires aux lois et règlements ainsi qu'aux stipulations des conventions et accords collectifs de travail applicables dans l'entreprise ou l'établissement.

2°) Des dispositions apportant aux droits des personnes et aux libertés individuelles et collectives des restrictions qui ne seraient pas justifiées par la nature de la tâche à accomplir ni proportionnées au but recherché. Ainsi, le règlement intérieur ne peut pas imposer une restriction absolue et générale concernant le port de signes politiques et religieux (Délib. HALDE 26 janv. 2009). La loi vise également ici à écarter des clauses qui figuraient dans certains règlements, telles que celles prévoyant des investigations du personnel.

Cependant :

- le recours à l'alcootest peut néanmoins être prévu lorsqu'il s'agit de vérifier le taux d'alcoolémie d'un salarié qui manipule des produits dangereux ou transporte des personnes (CE 1er févr. 1980, préc. ; Soc. 22 mai 2002, CEDH 7 nov. 2002).
- la fouille peut être admise à titre préventif pour empêcher, par exemple, l'introduction de certains produits dans l'entreprise ou à la suite de vols, mais à la condition que le salarié soit averti de son droit de s'opposer à un tel contrôle et d'exiger la présence d'un témoin (CE 11 juill. 1990 et Soc. 8 mars 2005).

3°) Des dispositions discriminant les salariés dans leur emploi ou leur travail, à capacité professionnelle égale, en raison de leur origine, de leur sexe, de leurs mœurs, de leur orientation sexuelle, de leur âge, de leur situation de famille ou de leur grossesse, de leurs caractéristiques génétiques, de leur appartenance ou de leur non-appartenance, vraie ou supposée, à une ethnie, une nation ou une race, de leurs opinions politiques, de leurs activités syndicales ou mutualistes, de leurs convictions religieuses, de leur apparence physique, de leur nom de famille ou en raison de leur état de santé ou de leur handicap (L. 1321-3, L. 122-35).

Les notes de service ou tout autre document comportant des obligations générales et permanentes dans les matières relevant du règlement intérieur sont, lorsqu'il existe un règlement intérieur, considérées comme des adjonctions à celui-ci. Ils sont, en toute hypothèse, soumis aux dispositions du présent titre. Toutefois, lorsque l'urgence le justifie, les obligations relatives à la santé et à la sécurité peuvent recevoir application immédiate. Dans ce cas, ces prescriptions sont immédiatement et simultanément communiquées aux secrétaires du CHSCT et du CE ainsi qu'à l'Inspection du travail (L. 1321-5, L. 122-39).

Codes d'éthique et de conduite. Les « codes d'éthique » et les « codes de conduite » constituent des adjonctions au règlement intérieur, notamment quand ils fixent des obligations générales et permanentes aux salariés, et doivent respecter les mêmes règles de contenu et de mise en œuvre. Une « charte d'éthique » ne peut imposer une autorisation préalable pour l'usage de toutes les « informations à usage interne », d'une part, sans définition précise de celles-ci permettant de vérifier que les restrictions ainsi apportées à la liberté d'expression des salariés sont justifiées, d'autre part, l'exercice du droit d'expression pouvant impliquer l'usage de ces informations (Soc. 8 déc. 2009, PBRI, Sté Dassault Systèmes, dispositions de son « Code of Business Conduct » – « Code de conduite des affaires » – déclarées illicites).

Alerte professionnelle. Les « systèmes d'alerte professionnelle », applicables dans les domaines comptables et financiers (appelés « *whistleblowing* »), prévus par la loi étatsunienne Sarbanes-Oxley pour les sociétés des États-Unis y compris leurs filiales à l'étranger, combinent des obligations de dénonciation et de confidentialité ; ils constituent des adjonctions au règlement intérieur et doivent, en plus, faire l'objet, suivant leur contenu, soit d'une autorisation, soit d'un engagement de conformité – régime simplifié, à la CNIL (délib. 8 déc. 2005). Quand le dispositif d'alerte professionnel va au-delà des prévisions légales concernant les domaines financier, comptable bancaire et de lutte contre la corruption, une demande d'autorisation est nécessaire ; l'entreprise ne peut bénéficier du régime simplifié d'autorisation unique (Soc. 8 déc. 2009, Sté Dassault Systèmes, préc.). Les salariés doivent bénéficier du droit à l'information, à l'accès et à la rectification des données les concernant ; à défaut, le « code de conduite » est illicite (Soc. 8 déc. 2009, préc.).

Le juge peut suspendre un dispositif d'alerte professionnel « *disproportionné par rapport aux objectifs de la loi américaine en ce qu'il s'applique à tous les salariés de l'usine* » et utilisé pour la dénonciation de faits sans rapport avec le domaine de fraude comptable et de corruption (TGI Caen, réf., 5 nov. 2009, Sté Benoist-Girard).

Par ailleurs, la CNIL a pour la première fois autorisé des dispositifs d'alerte professionnelle anti-discrimination (CNIL, Délib. 3 mars 2011, Sté Casino et Sté Randstad).

Corruption. La loi relative à la lutte contre la corruption du 13 novembre 2007 crée un régime de protection pour les salariés qui dénoncent des faits de corruption dont ils ont eu connaissance dans l'exercice de leurs fonctions (L. 1161-1 ; voir aussi : CEDH 19 févr. 2009, M. M. c/ Ukraine).

B. Contrôles social, administratif et juridictionnel

Le règlement intérieur est contrôlé par les représentants du personnel et surtout par l'Inspection du travail, et, le cas échéant, par le juge.

1. *Contrôle social*

Le règlement intérieur ne peut être introduit qu'après avoir été soumis à l'avis du CE ou, à défaut, des DP ainsi que, pour les matières relevant de sa compétence, à l'avis du CHSCT. Le règlement intérieur indique la date de son entrée en vigueur. Cette date doit être postérieure d'un mois à l'accomplissement des formalités de dépôt et de publicité. En même temps qu'il fait l'objet des mesures de publicité, le règlement intérieur, accompagné de l'avis du comité d'entreprise ou, à défaut, des délégués du personnel et, le cas échéant, du CHSCT, est communiqué à l'inspecteur du travail. Ces dispositions s'appliquent également en cas de modification ou de retrait des clauses du règlement intérieur (L. 1321-4).

2. *Contrôle administratif*

En matière de contrôle administratif, l'inspecteur du travail peut à tout moment exiger le retrait ou la modification des dispositions contraires aux dispositions légales portant notamment sur les droits et libertés des salariés et aux dispositions conventionnelles applicables (L. 1322-1, L. 122-37). Le contrôle porte également sur le contenu des « documents éthiques » (chartes, codes, etc. ; circulaire DGT du 19 nov. 2008).

La décision de l'inspecteur du travail est motivée. Elle est notifiée à l'employeur et communiquée, pour information, aux membres du comité d'entreprise ou, à défaut, aux délégués du personnel, ainsi qu'aux membres du CHSCT pour les matières relevant de sa compétence (L. 1322-2).

Comme toute décision administrative, la décision de l'inspecteur du travail peut faire l'objet d'un recours hiérarchique, devant la DIRECCTE, dans un délai de deux mois. La décision prise sur ce recours est notifiée à l'employeur et communiquée, pour information, aux membres du CE ou, à défaut, aux DP, ainsi qu'aux membres du CHSCT pour les matières relevant de sa compétence (L. 1322-3, R. 1322-1). Un recours hiérarchique devant le ministre du travail est ensuite possible (CE 18 mars 1998).

3. *Contrôle juridictionnel*

En matière de contrôle juridictionnel, les juges administratifs et judiciaires peuvent être saisis.

D'une part, les décisions de l'administration du travail, demandant la modification ou le retrait de clauses du règlement intérieur, relèvent, en cas de contestation par l'employeur, de la compétence du TA (recours en annulation pour excès de pouvoir).

D'autre part, le juge du contrat (CPH) peut être saisi de la légalité d'une clause du règlement intérieur par tout salarié concerné. En effet, « *lorsque, à l'occasion d'un litige individuel, le conseil de prud'hommes écarte l'application d'une disposition contraire aux* » dispositions légales (droits et libertés du salarié notamment), « *une copie du jugement est adressée à l'inspecteur du travail et aux membres du comité d'entreprise ou, à défaut, aux délégués du personnel, ainsi qu'aux membres du comité d'hygiène, de sécurité et des conditions de travail pour les matières relevant de sa compétence* » (L. 1322-4).

En matière de dépôt et de publicité, le règlement intérieur doit être déposé au secrétariat-greffe du CPH de l'établissement où le travail est exécuté. Il doit être affiché à une place convenable, aisément accessible, dans les lieux où le travail est effectué, ainsi que dans les locaux et à la porte des locaux où se fait l'embauchage. Il entre en vigueur un mois après l'accomplissement de ces formalités (R. 1321-1).

L'employeur qui omet d'établir un règlement intérieur, de consulter les représentants du personnel, de soumettre le règlement intérieur à l'inspecteur du travail, ou d'effectuer la publicité prévue, est passible d'une amende de la 4e classe (R. 1323-1, R. 152-4).

Protection des salariés et droit disciplinaire

Les conditions d'exercice du pouvoir disciplinaire sont précisées par la loi.

A. Sanction et faute

Ces deux notions sont essentielles dans la mise en œuvre du droit disciplinaire.

1. Sanction

Constitue une sanction toute mesure, autre que les observations verbales, prise par l'employeur à la suite d'un agissement du salarié considéré par l'employeur comme fautif, que cette mesure soit de nature à affecter immédiatement ou non la présence du salarié dans l'entreprise, sa fonction, sa carrière ou sa rémunération (L. 1331-1, L. 122-40).

La gamme des sanctions possibles est étendue : elle va des sanctions purement morales (réprimande orale), à l'avertissement et aux sanctions qui affectent le travailleur dans sa « présence », sa « fonction », sa « carrière » ou sa « rémunération » (mise à pied, rétrogradation, mutation, congédiement, etc.). « *Une sanction ne peut être prononcée que si elle est prévue par le règlement intérieur* » (Soc. 26 oct. 2010, PBRI ; L. 1321-1-3°, L. 122-34).

La mise à pied impose au salarié d'interrompre provisoirement l'exécution de son travail. Le salarié mis à pied est privé de son salaire pour la période correspondante. La mise à pied est, en général, de quelques jours. « *Une mise à pied (...) n'est licite que si le règlement intérieur précise sa durée maximale* » (Soc. 26 oct. 2010, PBRI, préc.). Le contrat de travail, pendant cette période, est suspendu. Le refus d'exécution d'une mise à pied disciplinaire constitue une faute grave en tant qu'acte d'insubordination (Soc. 25 mai 2004).

La mise à pied conservatoire, à distinguer de la mise à pied disciplinaire, est une mesure provisoire prise par l'employeur dans l'attente de sa décision dans la procédure de licenciement engagée dans le même temps ; cette mise à pied conservatoire peut être à durée déterminée (Soc. 18 mars 2009, SA Marie Brizard). La mise à pied disciplinaire peut couvrir la période de mise à pied conservatoire antérieurement décidée (Soc. 29 mars 1995). La mise à pied conservatoire doit avoir une durée raisonnable – la durée de deux mois étant excessive, la mise à pied devient une sanction et le licenciement qui a suivi est abusif, car il s'analyse comme une seconde sanction (Soc. 19 sept. 2007). À l'issue de cette mise à pied, si l'employeur décide de licencier le salarié, un licenciement peut être prononcé à titre disciplinaire ou pour insuffisance professionnelle (Soc. 3 févr. 2010).

La rétrogradation entraîne un déclassement professionnel du salarié. À ce titre, elle affecte un élément essentiel du contrat de travail. Le refus du salarié d'accepter la rétrogradation peut entraîner la rupture du contrat de travail, y compris pour faute grave (Soc. 7 juill. 2004).

La mutation disciplinaire se distingue de celle qui peut être opérée pour des raisons tenant à l'organisation de l'entreprise qui a un caractère économique.

« *Une modification du contrat de travail prononcée à titre disciplinaire contre un salarié ne peut lui être imposée ; (...) cependant, en cas de refus du salarié, l'employeur peut (...) prononcer une autre sanction, au lieu et place de la sanction refusée* » (Soc. 16 juin 1998, Hôtel Le Berry). Par conséquent, comme « *aucun fait fautif ne peut donner lieu à double sanction* », l'employeur, en appliquant immédiatement une rétrogradation, a épuisé son pouvoir disciplinaire et ne peut prononcer ultérieurement une autre sanction – licenciement (Soc. 17 juin 2009, SNC Darty Ouest).

Le licenciement est la sanction la plus grave.

Les sanctions déguisées sont également visées (Soc. 4 mars 2003 ; rétractation d'un détachement autorisé, Soc. 10 avril 1991), notamment celles qui ont une incidence financière (exemples : retenue sur la prime d'objectif en raison du comportement du salarié à l'égard de sa hiérarchie, Soc. 4 juin 1998 ; mutation entraînant la perte d'une prime en raison de faits considérés comme fautifs, Soc. 19 juin 1991 ; retrait temporaire du droit à des billets d'avion à tarif réduit, Soc. 22 oct. 1996).

Le pouvoir disciplinaire de l'employeur en matière de sanction est encadré. De manière générale, l'employeur ne doit pas commettre d'abus de pouvoir. Ainsi, le fait de sanctionner une salariée, qui n'avait précédemment fait l'objet d'aucun reproche, par quatre avertissements dont aucun n'était fondé, constitue un harcèlement moral (Soc. 22 mars 2007). Il ne doit pas sanctionner un salarié en raison d'un motif discriminatoire ou d'un harcèlement.

Une même faute ne peut, selon un principe constant (*non bis in idem*), faire l'objet d'une double sanction (un fait déjà sanctionné ne peut l'être une seconde fois, Soc. 18 févr. 2004), par exemple d'un licenciement après un avertissement (Soc. 27 juin 2001) ou un licenciement après une mise à pied (« *la lettre de licenciement (...) sanctionnait des agissements du salarié considérés comme fautifs par l'employeur (...) dont la poursuite postérieurement aux sanctions déjà prononcées n'était pas invoquée...* » Soc. 5 mai 2010, Sté Dasse). Cette règle ne concerne pas, en principe, la mise à pied conservatoire, qui n'est pas une sanction. En revanche, en cas de récidive de la part du salarié, l'employeur peut invoquer une faute de même nature déjà sanctionnée pour prononcer une sanction aggravée (Soc. 30 sept. 2004).

Lorsque l'employeur informé de l'ensemble des faits reprochés au salarié a choisi de lui notifier un avertissement pour certains d'entre eux, il a épuisé son pouvoir disciplinaire et ne peut prononcer un licenciement pour des faits antérieurs à la date de l'avertissement (Soc. 16 mars 2010, Ass. Ste Anne).

Prescription. Une prescription de la sanction est prévue : aucune sanction antérieure de plus de trois ans à l'engagement des poursuites disciplinaires ne peut être invoquée à l'appui d'une nouvelle sanction (L. 1332-5, L. 122-44). Une sanction prononcée plus de trois ans en arrière ne peut donc pas entraîner une sanction plus sévère, même pour des fautes de même nature.

Sanctions illégales. Certaines sanctions sont illégales : les amendes ou autres sanctions pécuniaires sont interdites. Sur le plan pénal, le fait d'infliger une amende ou une sanction disciplinaire est passible d'une amende de 3 750 € (L. 1334-1). Sur le plan civil, toute disposition ou stipulation contraire (dans le contrat, le règlement intérieur, etc.) est réputée non écrite (Soc. 4 juill. 2007 ; L. 1331-2, L. 122- 42). Constitue une sanction pécuniaire interdite une retenue de salaire infligée à des ouvriers restés dans leur atelier malgré l'ordre donné par leur employeur de se rendre à une réunion (Soc. 19 nov. 1997), ou la privation pour un ou plusieurs salariés d'une augmentation générale des salaires (Soc. 19 juill. 1995) ; « *La privation d'une prime de fin d'année, en cas de faute grave, constitue une sanction pécuniaire prohibée qui ne (peut) faire l'objet d'une disposition conventionnelle* » (Soc. 11 févr. 2009) ; un employeur ne peut pas opérer une retenue sur salaire pour compenser le montant d'une erreur de caisse, le défaut d'encaissement d'un client dans un café, des communications téléphoniques personnelles (Soc. 18 févr. 2003), etc. Le contrat de travail ne peut pas prévoir de sanction pécuniaire (une telle clause est nulle – Soc. 20 oct. 2010, prélèvement sur la rémunération au motif d'un chiffre d'affaires insuffisant). Cependant, l'interdiction des sanctions pécuniaires n'empêche pas les incidences financières de certaines sanctions (rétrogradation ou mise à pied, notamment ; Soc. 7 juill. 2004).

2. *Faute*

Il s'agit des « agissements du salarié considérés comme fautifs » par l'employeur. Mais il n'existe pas de définition juridique légale de la faute disciplinaire, qui découle souvent d'une faute contractuelle. La jurisprudence encadre le pouvoir d'appréciation de l'employeur.

Une faute légère du salarié ne constitue pas une cause réelle et sérieuse de licenciement. Une faute sérieuse justifie un licenciement (des absences répétées pourront être jugées comme des fautes sérieuses).

Faute grave. « *La faute grave résulte d'une violation des obligations découlant du contrat de travail ou des relations de travail qui rend impossible le maintien du salarié dans l'entreprise* » (Soc. 10 nov. 2010). La Cour de cassation exerce un contrôle de qualification de la faute grave (Soc. 10 nov. 2010).

Le maintien du salarié dans l'entreprise n'exclut toutefois pas toujours la qualification de faute grave. Il en va ainsi par exemple si l'employeur ressent la nécessité, avant toute décision, de vérifier certains faits (Soc. 11 janv. 1995) ou s'il a attendu le retour de congés du salarié pour réagir (Soc. 1er mars 1995).

Le licenciement pour faute grave permet à l'employeur de ne pas verser les indemnités de rupture du contrat de travail (indemnités de préavis et de licenciement). Mais l'employeur qui octroie au salarié une indemnité compensatrice de préavis ne peut être privé du droit d'invoquer la faute grave (Soc. 2 févr. 2005).

Le contentieux du licenciement pour faute grave est l'un des plus importants et une abondante jurisprudence existe en la matière.

Faute non retenue. Dans certains cas, le comportement du salarié n'est pas jugé fautif :

- le fait pour une salariée de porter à la connaissance du parquet « *des agissements (...) qui, s'ils étaient établis, seraient de nature à caractériser des infractions pénales, ne constitue pas une faute* » ; la salariée a droit au paiement des jours de mise à pied (Soc. 12 juill. 2006).
- « *Le témoignage en justice d'un salarié ne peut, sauf abus, constituer (...) une faute* » (Soc. 6 juin 2007) ; « chacun est tenu d'apporter son concours à la justice » (art. 10 C. civil).
- « *Exercer une liberté collective en dehors du temps de travail* », *même en cas de* « *trouble créé dans l'entreprise* », ne peut constituer une faute (Soc. 23 mai 2007).
- un emprunt de documents strictement nécessaires à la défense du salarié en justice (Crim. 16 juin 2011, PBRI, « *M. X..., avisé du projet de son employeur de rompre son contrat de travail, a appréhendé des documents dont il avait eu connaissance à l'occasion de l'exercice de ses fonctions et dont la production était strictement nécessaire à l'exercice de sa défense dans la procédure prud'homale qu'il a engagée peu après* », voir déjà Crim. 11 mai 2004 et Soc. 30 juin 2004).

La faute grave n'est pas retenue :

- pour un retard de retour de congés d'un salarié ayant 24 ans d'ancienneté (Soc. 26 avril 2007) ;
- pour une simple négligence sans conséquence (Soc. 23 mai 2007) ;
- pour un vol, vu « *la modicité de ce vol* », par une salariée qui « *n'avait fait l'objet d'aucune remarque durant les sept années passées dans l'entreprise* » (Soc. 29 janv. 2008) – la jurisprudence selon laquelle « *Qui vole un œuf, vole un bœuf* » est bien abandonnée.

L'ancienneté du salarié et son comportement habituel peuvent constituer des circonstances atténuantes (Soc. 10 nov. 2010).

Vie personnelle. Un fait relevant de la vie personnelle ne peut constituer une faute disciplinaire (Soc. 16 déc. 1997, préc.), même quand il occasionne un trouble dans l'entreprise (Soc. 9 mars 2011, RFI). « La Cour de cassation réaffirme avec force le principe de la séparation entre les faits relevant de la vie privée, sur lesquels l'employeur ne peut pas s'appuyer pour prononcer une sanction disciplinaire, et ceux relevant de l'exercice du contrat de travail » (Rapport 2008 de la Cour de cassation ; Soc. 3 mai 2011, Sté Challancin ; CE 15 déc. 2010).

« *Un fait de la vie personnelle ne peut justifier un licenciement disciplinaire.* » Il en est ainsi quand « *les faits reprochés (...) ne constituaient pas des manquements à ses obligations professionnelles* » (Soc. 23 juin 2009). Par exception, un acte relevant de la vie personnelle peut justifier une sanction quand « *le fait litigieux se rattache à la vie de l'entreprise* » (Soc. 10 déc. 2008, « *les propos injurieux tenus par le salarié concernaient sa supérieure hiérarchique et avaient été prononcés devant trois adultes qu'il était chargé d'encadrer* », les propos ayant pourtant été prononcés en dehors du temps et du lieu de travail ; Soc. 19 mars 2008 ; Soc. 25 janv. 2006, participation à une affaire de vol et trafic de véhicules pour un cadre d'une banque ; Soc. 25 févr. 2003, salariée d'une CAF ayant cherché à bénéficier de prestations indues alors qu'elle était chargée dans ses fonctions professionnelles de poursuivre de tels comportements). Un harcèlement sexuel commis hors de l'entreprise peut être sanctionné : « *Les propos à caractère sexuel et les attitudes déplacées du salarié à l'égard de personnes avec lesquelles l'intéressé était en contact en raison de son travail ne relevaient pas de sa vie personnelle* » (licenciement pour faute grave du salarié superviseur d'une équipe de standardistes, Soc. 19 oct. 2011, M. X c/ SN Groupement taxi).

Sur les réseaux sociaux, de type Facebook, lorsque l'accès à la page est largement ouvert, les propos tenus ne relèvent plus de la sphère privée et peuvent, le cas échéant, faire l'objet d'une sanction par l'employeur (CPH Boulogne-Billancourt, 19 nov. 2010, licenciements de trois salariés jugés justifiés pour faute grave, pour dénigrement de leur hiérarchie, leurs propos étant accessibles à 11 salariés de l'entreprise classés « amis »).

Faute retenue. En revanche, peuvent, suivant les circonstances (conditions d'exécution du travail, environnement, ancienneté du salarié, préjudice pour l'entreprise, etc.), constituer des fautes graves :

- une mauvaise exécution de la prestation de travail ;
- des abus d'expression : « *accusations mensongères* » (Soc. 21 juin 2006), propos inconvenants à l'égard d'une collègue (Soc. 20 juin 2007) ;
- l'utilisation de son courriel pour diffuser des propos racistes (Soc. 2 juin 2004) ; l'échange de propos entre salariés par courriels dénigrant leur hiérarchie (Soc. 2 févr. 2011) ;
- l'absence de dénonciation d'un délit, imposée par la loi (Soc. 21 mai 2008, art. 434-1 CP) ;
- des actes malhonnêtes révélant un manque de loyauté : l'emprunt sans motif légitime du mot de passe d'un salarié pour se connecter au poste informatique du directeur de la société (Soc. 21 déc. 2006), le concours technique apporté à la création d'une société concurrente (Soc. 4 juill. 2007) ;

- le fait de se faire rembourser des frais fictifs, des dépenses payées avec le chéquier de l'entreprise, une dépense personnelle, etc. (Soc. 10 nov. 2010) ;
- l'utilisation du matériel de l'entreprise pour prendre des paris pendant le temps de travail (Soc. 14 mars 2000) ;
- l'usage de la connexion Internet de l'entreprise pour une durée d'environ 41 heures au cours d'un mois (Soc. 18 mars 2009) ; *« l'utilisation de sa messagerie pour la réception et l'envoi de documents à caractère pornographique et la conservation sur son disque dur d'un nombre conséquent de tels fichiers »* (Soc. 15 déc. 2010, M. X c/ Sté Coca-Cola) ;
- l'atteinte grave à la réputation de l'employeur : en volant même pour une valeur modique dans un hypermarché relevant de son secteur de prospection (Soc. 3 déc. 2002) ; *« le vol commis par un salarié au préjudice d'un client de l'employeur caractérisant, alors même que l'objet soustrait serait de faible valeur, une faute grave »* (Soc. 16 janv. 2007) ;
- un manquement à l'obligation de sécurité (Soc. 28 févr. 2002) ;
- le refus réitéré à l'examen du médecin du travail (Soc. 29 nov. 2006) ;
- le fait de fumer dans un local de l'entreprise, en violation d'une interdiction imposée en raison du risque d'incendie (Soc. 1er juill. 2008) ;
- le harcèlement sexuel, qui constitue « *nécessairement* » une faute grave (Soc. 24 sept. 2008, M. R.) ;
- des violences, notamment morales (Soc. 12 mai 2010, manipulation *via* l'Internet) ;
- etc.

Faute lourde. La faute lourde se caractérise par une faute révélant une intention du salarié de nuire à l'employeur, telle que la destruction volontaire de matériel appartenant à celui-ci, des malversations, etc. Elle est privative des indemnités de rupture (préavis, licenciement) et des indemnités de congés payés (pour les seuls congés de la période en cours ; cette privation de l'indemnité de congés payés apparaît désormais contraire au droit communautaire, CJCE 20 janv. 2009, en matière de droit aux congés payés, *infra*). Elle ne prive pas des sommes dues au titre de la participation et de l'intéressement (Soc. 9 mars 1989 et 12 oct. 1995). Elle est désormais peu fréquente en jurisprudence (« *intention de nuire, manifestée par la persistance de manquements divers du salarié, une volonté de paralyser le fonctionnement de l'entreprise et une tentative de débauchage du personnel* », Soc. 24 sept. 2008, M. P). « *La responsabilité pécuniaire d'un salarié à l'égard de son employeur ne peut résulter que de sa faute lourde* » (Soc. 21 oct. 2008, Connex Rhodalia).

Prescription. Une prescription de la faute est prévue : aucun fait fautif ne peut donner lieu à lui seul à l'engagement de poursuites disciplinaires au-delà d'un délai de deux mois à compter du jour où l'employeur en a eu connaissance, à moins que ce fait n'ait donné lieu dans le même délai à l'exercice de poursuites pénales (L. 1332-4,

L. 122-44) ou si une enquête a été nécessaire pour déterminer la nature ou l'ampleur des faits (Soc. 2 juill. 2001). Le licenciement pour faute grave doit être prononcé dans un délai restreint, sauf quand l'employeur doit procéder à des vérifications (Soc. 6 oct. 2010). En cas de poursuite pénale, quand l'employeur n'est pas partie à la procédure pénale, le délai de deux mois court à compter du jour où il a eu connaissance de l'issue définitive de la procédure pénale (Soc. 15 juin 2010).

Amnistie. L'amnistie de sanctions ne peut avoir pour effet d'empêcher un salarié d'invoquer ces sanctions au soutien d'une demande tendant à établir un harcèlement ou de la discrimination (Soc. Avis 21 déc. 2006).

Rompant avec une habitude prise dans les années 1920, le nouveau président de la République a décidé de ne pas prendre d'initiative en vue du vote d'une loi d'amnistie après son élection du 6 mai 2007. Dans les lois précédentes (1981, 1988, 1995 et 2002) figuraient des dispositions sur l'amnistie de fautes disciplinaires, non contraires à l'honneur et à la probité.

B. Procédure disciplinaire

« Aucune sanction ne peut être prise à l'encontre du salarié sans que celui-ci soit informé, dans le même temps et par écrit, des griefs retenus contre lui. » (L. 1332-1, L. 122-41.) Cette règle s'applique à toutes les sanctions, mêmes mineures, tels un avertissement ou une sanction de même nature, qui doivent faire l'objet d'une notification écrite de l'employeur au salarié. Seule l'observation verbale, qui n'est pas une sanction, est exempte de toute forme de procédure.

Pour l'avertissement, l'entretien n'est pas requis, même si l'avertissement est accompagné de la menace, en cas de récidive, d'une sanction susceptible d'avoir une incidence sur la présence dans l'entreprise, la fonction, la carrière ou la rémunération du salarié, par exemple une mise à pied ou une rétrogradation (Soc. 19 janv. 1989, Soc. 13 nov. 1990).

En revanche, pour les sanctions plus graves (ayant une incidence, immédiate ou non, sur la présence dans l'entreprise, la fonction, la carrière ou la rémunération du salarié), l'employeur qui envisage de prendre une sanction à l'encontre d'un salarié doit respecter une procédure disciplinaire (L. 1332-2, L. 122-41).

L'employeur convoque le salarié, par lettre recommandée ou remise en main propre contre décharge, en lui précisant l'objet de la convocation, la date et le lieu de l'entretien, et la faculté de se faire assister (R. 122-17).

Lors de son audition, le salarié peut se faire assister par une personne de son choix appartenant au personnel de l'entreprise. Au cours de l'entretien, l'employeur indique le motif de la sanction envisagée et recueille les explications du salarié.

À l'issue de cet entretien, l'employeur peut renoncer à sanctionner le salarié.

L'employeur peut décider de poursuivre la procédure. L'employeur doit attendre au moins un jour franc avant de prononcer une sanction. Celle-ci ne doit pas être prononcée plus d'un mois après le jour fixé pour l'entretien. Il en est ainsi même pour un avertissement (Soc. 16 avril 2008). « *Le délai d'un mois est une règle de fond et l'expiration de ce délai interdit à l'employeur (...) de sanctionner disciplinairement ces faits (...)* » (Soc. 5 mai 2010, Mme Y c/ Sté L'Oustal Anne de Joyeuse ; la salariée refusait un changement d'affectation, décidé à titre de sanction plus d'un mois après l'entretien préalable).

La décision de sanction fait l'objet d'une lettre motivée et notifiée à l'intéressé (lettre remise en main propre contre décharge ou recommandée, R. 1332-2, R. 122-18). Le défaut de motivation d'une décision de sanction prive cette dernière de justification (Soc. 7 nov. 2007, M.D c/ Edf-Gdf).

Si le salarié refuse une mesure de rétrogradation disciplinaire notifiée après un premier entretien préalable, l'employeur qui envisage de prononcer un licenciement au lieu de la sanction refusée, doit convoquer l'intéressé à un nouvel entretien (Soc. 27 mars 2007).

Lorsque les faits reprochés au salarié ont rendu indispensable une mesure conservatoire de mise à pied à effet immédiat, aucune sanction définitive relative à ces faits ne peut être prise sans que la procédure n'ait été respectée (L. 1332-3).

Le juge veille au respect des procédures conventionnelles. La procédure conventionnelle en matière de licenciement « *constitue pour le salarié une garantie de fond qui oblige l'employeur à informer le salarié du recours dont il dispose* » (Soc. 21 oct. 2008, Sté West c/ M. Ménard, CCN Banques, le salarié, dans un délai de cinq jours calendaires à compter de la notification de son licenciement, peut saisir une commission paritaire, son recours étant suspensif, « *le licenciement ne pouvant être effectif qu'après avis de la commission saisie* »). « *La méconnaissance* », de la procédure conventionnelle, par l'employeur, « *prive le licenciement de cause réelle et sérieuse* » (Soc. 21 janv. 2009, Ass. Saint-Louis de Poissy).

C. Contrôle juridictionnel

Le salarié peut contester toute sanction disciplinaire en saisissant le CPH. Il bénéficie d'un régime probatoire plus favorable que le régime de droit commun (L. 1333-1, L. 122-43). Ainsi, le salarié fournit des éléments à l'appui de ses allégations ; l'employeur, lui, fournit les éléments retenus pour prendre la sanction ; au vu de ces éléments, le CPH, après avoir ordonné en cas de besoin toutes les mesures d'instruction qu'il estime utiles, forme sa conviction. Si un doute subsiste, il profite au salarié.

Le CPH apprécie :

– si la procédure suivie est régulière (la procédure conventionnelle – commission de discipline, etc., constitue une garantie de fond pour le salarié, dont le non-respect prive le licenciement de cause réelle et sérieuse, Soc. 18 oct. 2006).

- si les faits reprochés au salarié sont de nature à justifier une sanction (vérification de la matérialité des faits reprochés, qualification des faits reprochés en faute ou non).
- si la sanction est proportionnée à la faute commise.

Les pouvoirs du juge du contrat sont étendus (L. 1333-2). Le CPH « peut » annuler une sanction irrégulière en la forme, injustifiée, ou disproportionnée à la faute commise. Ainsi, le juge peut en particulier annuler une sanction disproportionnée à la faute commise.

L'annulation d'une sanction de mise à pied entraîne le versement par l'employeur au salarié de la rémunération que celui-ci aurait perçue s'il avait travaillé pendant la période de mise à pied. Le juge « doit » déclarer nulle toute sanction discriminatoire.

L'employeur dont la décision de sanction se trouve annulée par le juge peut seul décider une sanction moindre, en cas de faute établie. Le juge n'a pas le pouvoir de substituer une sanction à une autre. L'employeur doit prendre sa nouvelle décision dans un délai d'un mois également, lequel court à compter de la notification de la décision d'annulation (Soc. 4 févr. 1993). Si l'annulation de la sanction est prononcée pour défaut de procédure, celle-ci ne peut matériellement être reconduite et aucune nouvelle sanction ne peut être prononcée, car le délai est de deux mois à compter du jour où l'employeur a eu connaissance de la faute (Soc. 18 janv. 1995).

En revanche, ces dispositions ne sont pas applicables lorsque la sanction disciplinaire est le licenciement (L. 1333-3). La loi prévoit alors seulement le versement de dommages-intérêts en faveur du salarié licencié sans cause réelle et sérieuse et non l'annulation du licenciement. Il est donc permis au CPH d'annuler une mise à pied qui lui semble injustifiée ou disproportionnée à la faute commise, mais non un licenciement, sanction pourtant plus grave qu'une mise à pied. Cependant, le CPH déclare nul un licenciement disciplinaire en cas d'atteinte à une liberté fondamentale ou de discrimination.

Sous-partie 1

Accès à l'emploi

Chapitre VII

Formation du contrat de travail

Le salarié qui prend un emploi conclut un contrat de travail avec l'employeur. Ce dernier est généralement unique, mais la jurisprudence connaît la notion de co-employeur, par exemple dans le cas d'une démonstratrice qui est salariée à la fois de la société qu'elle représente et du grand magasin où elle exerce (Soc. 1er juin 2004).

À lire : F. Gaudu, R. Vatinet, *Les contrats de travail*, LGDJ, 2002.

Contrat de travail

A. Définition

La définition du contrat de travail ne se trouve pas dans le Code du travail, mais se dégage de la jurisprudence. Pour la Cour de cassation, il y a contrat de travail « *quand une personne s'engage à travailler pour le compte d'une autre, sous la subordination de laquelle elle se place, moyennant rémunération* ».

Cette définition met en lumière les trois éléments essentiels du contrat de travail :

- la prestation de travail, obligation du salarié ;
- la rémunération, obligation de l'employeur ;
- l'existence d'un lien juridique de subordination entre le salarié et l'employeur.

L'échange entre une prestation et une rémunération n'est pas propre au contrat de travail : on le trouve aussi dans le contrat d'entreprise, lorsqu'un entrepreneur effectue un travail pour le compte d'un client, moyennant un prix convenu. Mais, dans ce cas, le lien de subordination fait défaut, le client ne se souciant que du résultat et laissant l'entrepreneur organiser son travail comme il l'entend : le contrat d'entreprise n'est pas un contrat de travail. Le travailleur indépendant a une obligation de résultat alors que le travailleur salarié a une obligation de moyens (même s'il doit atteindre des objectifs). C'est donc le critère du lien juridique de subordination qui est déterminant.

B. Critère

C'est ce critère du lien juridique de subordination qui est utilisé par les tribunaux pour déterminer si une personne ayant une activité professionnelle est bien titulaire d'un contrat de travail. « *La qualité de salarié implique nécessairement l'existence d'un lien juridique de subordination* » (Cass. 6 juill. 1931, Bardou).

Le plus souvent, il n'y a pas d'hésitation possible. Lorsqu'on est tenu de travailler dans un lieu prescrit, à un poste déterminé, selon certains horaires, la subordination est évidente. La question peut se poser toutefois pour certaines personnes qui bénéficient dans leur travail d'une grande liberté, par exemple un médecin. Il est clair que, dans ce cas, la subordination est exclue pour tout ce qui touche à l'exercice même de l'art médical. Cependant, même dans ce cas, la subordination peut être constatée par les juges (le CPH le plus souvent, mais aussi le TASS). Il en sera ainsi si le médecin est tenu de respecter un horaire, de procéder à un nombre donné d'examens par mois, etc. Si son activité s'insère dans un service organisé qui s'impose à lui, il existe un indice fort du lien de subordination (2e Civ. 25 mai 2004).

Requalification du contrat. Quelle que soit la qualification donnée par les parties au contrat, les juges recherchent la réalité de leurs relations et requalifient fréquemment des contrats divers en contrats de travail. En effet, le juge doit rétablir la véritable qualification du contrat qui est d'ordre public et ne peut dépendre de la seule volonté des parties (Cass. Ass. plén. 4 mars 1983). « *L'existence d'une relation de travail salariée ne dépend ni de la volonté exprimée par les parties, ni de la dénomination qu'elles ont donné à leur convention, mais des conditions de fait dans lesquelles est exercée l'activité des travailleurs* » (Soc. 20 janv. 2010, PBR, La Croix Glorieuse).

Il en va ainsi pour la gérance prétendument en franchise de la succursale d'une chaîne de magasins (Com. 3 mai 1995) ou de tournées de ramassage et de livraison de colis (Soc. 25 févr. 1998), pour du faux artisanat (Crim. 29 oct. 1985, Guégan ; Crim. 10 mars 1998), pour des participants à une émission de « télé-réalité » (CA Paris, 12 févr. 2008, pourvoi de « l'employeur » rejeté Soc. 3 juin 2009, Sté Glem devenue SAS TF1 production – émission « Île de la tentation »), pour un stage de formation organisé par l'ANPE quand le stagiaire a accompli des tâches relevant d'un emploi normal et qu'il n'a bénéficié d'aucune formation (Soc. 19 déc. 2007).

La jurisprudence n'est pas toujours stabilisée (exemple : pour le contrat de « location de véhicule équipé-taxi » : requalification en contrat de travail, Soc. 19 déc. 2000, M. Labbane ; absence de requalification pour défaut de vérification de l'existence d'un pouvoir portant sur le travail et pas seulement sur l'objet du contrat, Soc. 1er déc. 2005).

La « loi Madelin » (11 févr. 1994) avait prévu que les personnes physiques immatriculées au registre du commerce et des sociétés, au répertoire des métiers, au registre des agents commerciaux ou auprès des

URSSAF pour le recouvrement des cotisations d'allocations familiales étaient présumées ne pas être liées par un contrat de travail dans l'exécution de l'activité donnant lieu à cette immatriculation. La loi du 19 janvier 2000 a écarté cette présomption de travail indépendant qui a été rétablie par la loi du 1er août 2003 (L. 8221-6, L. 120-3).

Artistes. Les artistes bénéficient d'une présomption de salariat sauf quand ils sont établis dans un État de l'UE et viennent exercer leur activité en France comme prestataires de services (CJCE 15 juin 2006, loi 30 janv. 2008, L. 7121-3 et s.).

Pompiers. La loi n° 2011-851 du 20 juill. 2011 relative à l'engagement des sapeurs-pompiers volontaires et à son cadre juridique prévoit que « l'activité de sapeur-pompier volontaire, qui repose sur le volontariat et le bénévolat, n'est pas exercée à titre professionnel, mais dans des conditions qui lui sont propres » (art. 1er) ; ainsi, les sapeurs-pompiers volontaires ne sont plus des salariés... « L'engagement du sapeur-pompier volontaire est régi par la présente loi. Le Code du travail comme le statut de la fonction publique ne lui sont pas applicables, sauf dispositions législatives contraires, (...) » (art. 3), notamment pour les « règles d'hygiène et de sécurité » et en matière de formation professionnelle.

C. Caractéristiques

Une fois les cas litigieux réglés et lorsque l'on est bien en présence d'un contrat de travail, des conséquences importantes s'ensuivent. D'une part, la qualité de salarié est reconnue à l'intéressé et le droit du travail s'applique ; d'autre part, le CPH est compétent pour trancher tout litige qui oppose le salarié à son employeur et qui est à l'origine de leur saisine (toute clause attributive de juridiction incluse dans un contrat de travail est nulle et de nul effet, L. 1221-5).

Le contrat de travail est soumis aux règles du droit commun (droit civil : droit des obligations ; L. 1221-1, L. 121-1). Pour que ce contrat soit valide, plusieurs conditions doivent être réunies (art. 1108 Civ.) :

- le consentement des parties (art. 1108 et 1109 Civ. ; absence de dol, violence ou erreur) ;
- la capacité juridique de contracter (art. 1108 Civ.) ;
- un objet certain (prestation de travail, rémunération, horaires de travail, etc., art. 1126 et 1129 Civ.) ;
- une cause licite (art. 1131 Civ.), respectant l'ordre public, les bonnes mœurs et la morale (art. 1133 Civ.).

Ce contrat est :

– synallagmatique (art. 1102 Civ. ; bilatéral à obligations réciproques entre les contractants). Ainsi, si l'employeur ne respecte pas ses obligations envers le salarié, par exemple en ne lui versant pas le salaire convenu, le salarié est délié de ses obligations, et réciproquement, l'employeur est dispensé de verser le salaire si le salarié ne fournit pas le travail (sauf dispositions conventionnelles notamment en matière d'arrêt maladie justifié). Les obligations de chaque partie sont donc subordonnées au respect par l'autre partie de ses obligations.

- à titre onéreux (art. 1106 Civ. ; chaque partie reçoit un avantage, la prestation de travail n'est pas « gratuite » en droit du travail).
- à exécution successive (les obligations de chaque partie sont échelonnées dans le temps) ; le contrat peut faire l'objet d'une révision (cf. Chap. IX La modification du contrat de travail).
- conclu *intuitu personae*, c'est-à-dire en considération de la personne du salarié, le contrat ne pouvant être transmis à une autre personne salariée. Ce caractère n'est pas toujours vérifié du côté de l'employeur.

Ce contrat de travail entraîne des droits et des obligations pour l'employeur et pour le salarié. Le contrat de travail doit être exécuté de bonne foi (L. 1222-1, L. 120-4) par chacune des parties.

Ainsi, l'employeur est tenu de :

- « *fournir le travail convenu* » (Soc. 3 nov. 2010, Sté Normande de presse), donner au salarié les moyens de l'exécuter ;
- payer le salaire convenu et faire bénéficier le salarié de tous les avantages sociaux prévus notamment par la loi et la convention collective (congés payés, congé formation, etc.) ;
- respecter la qualification professionnelle convenue avec le salarié (ne pas lui confier des tâches qui n'y correspondraient pas) ; le salarié doit bénéficier de la classification, de la convention collective, qui correspond à ses fonctions réellement exercées (Soc. 7 avril 2009, peu important l'absence d'un diplôme qui n'est pas une condition de la classification) ;
- former le salarié, notamment pour lui permettre de suivre l'évolution de son métier et de maintenir son employabilité ;
- assurer le respect de sa santé au salarié ;
- respecter les droits et libertés de la personne du salarié ;
- informer le salarié (convention collective applicable ; couverture sociale, L. 221-6 Code de la mutualité, L. 932-6 CSS, L. 141-4 Code des assurances, Soc. 12 mars 2008, SNCM, Civ. 2e 15 mai 2008, Royal Canin, Soc. 17 mars 2010, Sté Eisele France – l'employeur est responsable des conséquences d'une information incomplète).

Pour sa part, le salarié doit :

- fournir la prestation de travail convenue, personnellement ;
- obéir aux ordres et suivre les instructions de l'employeur (en particulier respecter les dispositions du règlement intérieur) ;
- ne pas révéler les secrets de fabrication (cependant, la production en justice de documents couverts par le « secret professionnel » peut être justifiée par l'exercice des droits de la défense – Soc. 18 nov. 2009) ;
- s'abstenir de tout acte de concurrence envers l'employeur.

L'employeur peut imposer au salarié une clause d'exclusivité dans son contrat de travail. Cette clause peut être licite pour préserver les intérêts de l'entreprise dans certaines situations, mais ne peut être insérée dans les contrats à temps partiel, car portant atteinte au principe constitutionnel de la liberté du travail. Une telle clause permettrait au salarié d'obtenir réparation du préjudice subi (Soc. 24 févr. 2004).

Ces obligations de l'employeur et du salarié résultent de la loi, du droit civil des contrats (droit des obligations) ou de la jurisprudence. La divulgation des secrets de fabrication est sanctionnée par le Code pénal.

D. Contenu

1. *Forme et dispositions*

Le contrat de travail à durée indéterminée (CDI) peut être constaté dans les formes qu'il convient aux parties contractantes d'adopter (L. 1221-1, L. 121-1).

Il n'est pas exigé par le droit français que le CDI soit passé par écrit, sauf pour certains salariés (médecins du travail, transport maritime, par exemple) ou s'il est à temps partiel. Un écrit, dans le cas où il n'est pas imposé par la loi, peut cependant faciliter la preuve du contrat, en cas de litige ultérieur, et éviter des contestations sur la teneur du contrat (qualification professionnelle, rémunération, etc.). Les conventions collectives prévoient souvent que le contrat de travail sera constaté par écrit. En cas de non-respect de cette obligation, le salarié est en droit de réclamer des dommages-intérêts (Soc. 27 mars 2001). Ce contrat est un texte en double exemplaire, rédigé en français, dont le salarié retourne l'un des deux signé à l'employeur. Cette situation évolue sous l'influence du droit communautaire (directive du 14 oct. 1991, relative à l'obligation de l'employeur d'informer le travailleur des conditions applicables au contrat ou à la relation de travail) et aussi de la lutte contre le travail dissimulé (qui exige une preuve écrite de l'embauche).

Aucune disposition de la loi française n'imposant, de manière générale, un contrat de travail écrit, aucune disposition de la loi n'impose non plus un contenu du CDI. Dans la pratique, le contrat, s'il est écrit, précise en général :

- la qualification professionnelle, les fonctions confiées ;
- la rémunération du salarié (au moins égale au SMIC et au taux prévu, pour la qualification retenue, par la convention collective applicable à l'entreprise) ;
- les horaires de travail, ou au minimum la durée hebdomadaire du travail ;
- le lieu de travail.

De façon générale, le contrat de travail ne peut contenir de dispositions moins favorables pour le salarié que celles prévues par la loi ou la convention collective applicable à l'entreprise.

2. *Durée*

Le contrat de travail peut être à durée déterminée ou à durée indéterminée. Le Code du travail pose le principe que « le contrat de travail à durée indéterminée est la forme normale et générale de la relation de travail » (loi du 25 juin 2008 ; L. 1221-2). Toutefois, dans certains cas, il peut être recouru au contrat à durée déterminée (CDD), qui est doté d'un statut juridique particulier (L. 1221-2, L. 121-5). La différence essentielle, sur le plan juridique, entre les deux types de contrat, tient aux conditions de rupture, objet principal du débat sur la réforme du contrat de travail. Le CDI peut être rompu à tout moment par l'une des parties, employeur ou salarié. Cependant, l'employeur qui licencie un salarié doit respecter certaines règles, tandis que le salarié qui démissionne doit seulement respecter un préavis. Au contraire, le CDD arrive normalement jusqu'à son terme, où il expire sans qu'il y ait licenciement ni démission.

3. *Langue française*

Le contrat de travail écrit doit être rédigé dans la langue française. L'emploi de termes étrangers, faute de termes français correspondants, est possible mais doit être suivi d'une explication en français. Lorsque le salarié est étranger, une traduction du texte français doit être fournie dans sa langue, s'il le demande (L. 1221-3, L. 121-1). Ceci doit être respecté, sous peine d'une amende de 750 €.

4. *Période d'essai*

Modalités. Avant de recruter définitivement un salarié, l'employeur « peut » d'abord l'engager à l'essai. Toutefois, « la période d'essai et la possibilité de la renouveler ne se présument pas. Elles sont expressément stipulées dans la lettre d'engagement ou le contrat de travail » (L. 1221-23). Si aucune mention n'en est faite dans le contrat de travail ou s'il n'y a pas de contrat de travail écrit, le contrat est conclu immédiatement à titre indéterminé.

La période d'essai, lorsqu'elle est prévue, ne précède pas la conclusion du contrat de travail. Le contrat est conclu immédiatement et entraîne des obligations pour chaque partie, mais il est entendu qu'il comporte une période d'essai dont le début doit coïncider avec la prise d'effet du contrat (Soc. 25 févr. 1997).

Objectifs. « La période d'essai permet à l'employeur d'évaluer les compétences du salarié dans son travail, notamment au regard de son expérience, et au salarié d'apprécier si les fonctions occupées lui conviennent » (L. 1221-20).

Durées. Reprenant des dispositions de l'ANI du 11 janvier 2008 (étendu par arrêté du 23 juill. 2008), la loi du 25 juin 2008 de modernisation du marché du travail prévoit que le CDI « peut » comporter une période d'essai dont la durée maximale est (L. 1221-19) :

- pour les ouvriers et les employés de 2 mois ;
- pour les agents de maîtrise et les techniciens de 3 mois ;

- pour les cadres de 4 mois.

En cas d'embauche dans l'entreprise à l'issue du stage intégré à un cursus pédagogique réalisé lors de la dernière année d'études, la durée de ce stage est déduite de la période d'essai, sans que cela ait pour effet de réduire cette dernière de plus de la moitié, sauf accord collectif prévoyant des stipulations plus favorables (L. 1221-24).

« *Sauf disposition conventionnelle ou contractuelle contraire, toute période d'essai, qu'elle soit exprimée en jours, en semaine ou en mois, se décompte de manière calendaire* » (Soc. 28 avril 2011, Ass. Clé Nord Pas-de-Calais).

Renouvellement. « La période d'essai peut être renouvelée une fois si un accord de branche étendu le prévoit » (L. 1221-21). Cet accord fixe les conditions et les durées de renouvellement. En l'absence de disposition conventionnelle, « *la clause du contrat prévoyant son éventuel renouvellement est nulle* » (Soc. 25 févr. 2009). Le renouvellement de la période d'essai ne peut résulter que d'un accord exprès des parties, notamment du salarié (la manifestation de volonté du salarié, claire et non équivoque, ne peut « *être déduite de la seule apposition de sa signature sur un document établi par l'employeur* », Soc. 25 nov. 2009). La durée de la période d'essai, renouvellement compris, ne peut pas dépasser :

- 4 mois pour les ouvriers et les employés ;
- 6 mois pour les agents de maîtrise et les techniciens ;
- 8 mois pour les cadres.

Selon la jurisprudence, la prolongation de la période d'essai est possible sous réserve qu'elle soit justifiée (la durée prévue s'avérant trop courte pour apprécier les aptitudes du salarié), ne présente pas un caractère anormal ou abusif et que la durée maximale prévue par la convention collective ne soit pas dépassée. Cette prolongation ne peut avoir lieu, à la fois, sans l'accord exprès du salarié (Soc. 11 mars 2009), lequel ne peut résulter de la simple poursuite du contrat (Soc. 30 janv. 1996), et qu'à la condition d'avoir été envisagée dans le contrat de travail (Soc. 6 avril 1999).

Dispositions conventionnelles. Les durées des périodes d'essai ont un caractère impératif à l'exception de (L. 1221-22) :

- durées plus longues fixées par les accords de branche conclus avant la date de publication de la loi (*JO* du 26 juin 2008).
- durées plus courtes fixées par des accords collectifs conclus après la date de publication de la loi.
- durées plus courtes fixées dans la lettre d'engagement ou le contrat de travail (le contrat de travail peut comporter des dispositions plus favorables pour le salarié que celles de la loi et de la convention collective et peut donc prévoir une période d'essai plus courte que celles prévues dans ces textes).

Ces nouvelles dispositions légales vont avoir pour effet d'allonger sensiblement les durées des périodes d'essai dans de nombreux cas. Cependant, une période d'essai, renouvellement inclus, de 12 mois n'est pas raisonnable et « *n'est pas compatible avec les exigences de la conven-*

tion n° 158 de l'OIT » (Soc. 4 juin 2009, Caisse régional du Crédit agricole mutuel ; Soc. 11 janv. 2012, PBR, Sté Lezidis « Champion »)

Rupture. Caisse régional du Crédit agricole mutuel). Pendant la période d'essai, l'employeur est libre de rompre le contrat de travail sans indemnité, sous réserve d'abus (Soc. 5 mai 2004) ou de discrimination (Soc. 16 févr. 2005). La rupture peut être abusive notamment si elle intervient sans que l'employeur ait été en mesure d'apprécier les qualités professionnelles du salarié (Soc. 15 mai 2008).

La rupture doit être portée à la connaissance du salarié avant l'expiration de la période d'essai, c'est-à-dire que la lettre lui notifiant cette décision doit avoir été envoyée par l'employeur avant cette date (Soc. 11 mai 2005). Désormais, un préavis existe en cas de rupture du contrat. Lorsqu'il est mis fin par l'employeur au contrat en cours ou au terme de la période d'essai, le salarié est prévenu dans un délai qui ne peut être inférieur à :

- 24 heures en deçà de 8 jours de présence ;
- 48 heures entre 8 jours et un mois de présence ;
- 2 semaines après un mois de présence ;
- un mois après 3 mois de présence.

La période d'essai, renouvellement inclus, ne peut être prolongée du fait de la durée du délai de prévenance (L. 1221-25).

Lorsqu'il est mis fin à la période d'essai par le salarié, celui-ci respecte un délai de prévenance de 48 heures, ramené à 24 heures si la durée de présence est inférieure à 8 jours (L. 1221-26).

Si la période d'essai expire sans qu'aucune des parties n'ait usé de cette faculté, les règles relatives à la rupture du contrat deviennent applicables ; il en est de même si l'employeur invoque un motif disciplinaire pour la rupture en cours d'essai (Soc. 10 mars 2004).

Suspension. La période d'essai est suspendue par la maladie du salarié ou la fermeture temporaire de l'entreprise ; elle court à nouveau lorsque le travail reprend avec une prolongation correspondant au nombre de jours calendaires de l'absence (Soc. 26 mai 1994).

Stagiaires. En cas d'embauche dans l'entreprise dans les trois mois suivant l'issue du stage intégré à un cursus pédagogique réalisé lors de la dernière année d'études, la durée de ce stage est déduite de la période d'essai, sans que cela ait pour effet de réduire cette dernière de plus de la moitié, sauf accord collectif prévoyant des stipulations plus favorables. Lorsque cette embauche est effectuée dans un emploi en correspondance avec les activités qui avaient été confiées au stagiaire, la durée du stage est déduite intégralement de la période d'essai. Lorsque le stagiaire est embauché par l'entreprise à l'issue d'un stage d'une durée supérieure à deux mois, la durée de ce stage est prise en compte pour l'ouverture et le calcul des droits liés à l'ancienneté. (L. 1221-24).

Période probatoire. Il ne peut y avoir de période d'essai en cours de contrat. La « période d'essai » convenue à l'occasion d'un changement d'emploi ne peut constituer qu'une période probatoire qui, si elle n'est pas concluante, ne peut qu'entraîner la réintégration du salarié dans ses fonctions antérieures (Soc. 30 mars 2005). Il en va de même en cas de conclusion de deux contrats de travail successifs (Soc. 30 mars 2005). Il ne faut donc pas confondre période d'essai et période probatoire, en cours de contrat, qui est inscrite dans le cadre de l'exécution du contrat (Soc. 25 avril 2001), ni avec les tests professionnels, avant que ne commence le contrat au cours des procédures de recrutement (Soc. 4 janv. 2000).

Liberté d'embauche et limites

A. Principe

L'employeur a le « libre choix de ses collaborateurs ». Cette liberté a valeur constitutionnelle (DC 20 juill. 1988).

B. Exceptions

Cependant, l'employeur doit respecter :

- des priorités de retour dans l'emploi (retour de congé maternité, de congé parental, etc.), des priorités de réembauche (après un licenciement économique) ;
- des priorités d'emploi (travailleurs handicapés) ;
- des interdictions d'emploi (au regard de risques pour la santé liés à certains travaux pour les jeunes et les femmes ; au regard de la politique d'immigration ; au regard de clauses contractuelles de non-concurrence) ;
- des interdictions générales (non-discrimination) ;
- la promesse d'embauche qu'il a formulée à un salarié (« *la rupture de la promesse d'embauche lui cause nécessairement un préjudice* », Soc. 6 mai 2002).

1. *Discrimination*

Il est interdit à tout employeur de prendre en considération le sexe, l'origine, le handicap ou tout autre critère interdit pour arrêter ses décisions en ce qui concerne l'embauchage. Ainsi, l'employeur ne doit pas prendre en considération l'état de grossesse d'une femme ou ses projets familiaux pour refuser de l'embaucher, la femme candidate à un emploi n'est pas tenue de révéler son état de grossesse (CJCE 18 mars 2004). L'employeur doit pouvoir justifier des raisons objectives et pertinentes qui l'ont conduit à ne pas embaucher une personne (exemples en matière de discrimination raciale : CA Paris, correc., 17 oct. 2003, Moulin Rouge, préc. ; CA Paris, correc., 6 juill. 2007, pourvoi de l'employeur rejeté Crim. 23 juin 2009, ADECCO, Sté Ajilon, Sté Garnier/L'Oréal, préc. ; CA Toulouse, 19 févr. 2010, Airbus, préc.).

2. *Travailleurs handicapés*

Certains groupes bénéficient d'un régime particulier en ce que les employeurs sont tenus de leur réserver un certain pourcentage des emplois

(6 %) : il en va ainsi par exemple des mutilés de guerre et des handicapés (L. 5212-2, L. 323-1 et s.), l'obligation ne concernant toutefois que les entreprises occupant au moins 20 salariés. La loi du 11 janv. 2005 a modifié assez sensiblement les textes, notamment en prévoyant que les salariés peuvent bénéficier, à leur demande, d'aménagements d'horaires propres à leur faciliter l'accès à l'emploi (L. 3122- 26, L. 212-4-1-1). La personne handicapée a droit, pour assurer son accès à l'emploi, à un « aménagement raisonnable » du poste de travail, à la charge de l'employeur, sauf si ces mesures ont un caractère disproportionné (Dir. du 27 nov. 2000, préc. ; la personne a droit à des « mesures adaptées », L. 1133-4 et L. 5213-6).

3. *Jeunes travailleurs*

Les jeunes ne peuvent être employés avant d'être libérés de l'obligation scolaire (actuellement 16 ans) sauf pendant les vacances scolaires (14 ans, voire 13 ans en agriculture).

Les jeunes gens, libérés du service national actif, doivent retrouver l'emploi qu'ils occupaient avant leur service. En effet, la loi portant réforme du service national prévoit la suspension du contrat de travail pendant l'appel sous les drapeaux et non plus la rupture comme auparavant (L. 122-21). Un régime différent est prévu pour l'appel de préparation à la défense et la réserve militaire.

Des dispositions encadrent les stages en entreprise : convention obligatoire indiquant l'activité, les conditions d'encadrement, les horaires de présence, le montant de la gratification (à partir du 2 févr. 2008, stage de plus de trois mois, montant déterminé par accord collectif ou à défaut par décret : 398,13 € pour 151,67 heures par mois, 2,625 € de l'heure soit 12,5 % du plafond horaire de la Sécurité sociale), liste des avantages collectifs, régime de protection sociale, etc., à laquelle est annexée la « charte des stages étudiants en entreprise » (loi du 31 mars, décrets du 29 août 2006 et du 31 janv. 2008, lettres Acoss du 5 avril 2007 et du 29 déc. 2008).

4. *Travailleurs étrangers*

Les travailleurs étrangers sont soumis à des dispositions particulières d'emploi relevant du Code du travail (L. 5221-2 et s., L. 341-6, R. 5221-1 et s.) et du Code de l'entrée et du séjour des étrangers et du droit d'asile (CESEDA ; L. 314-4 et s.).

Travailleurs d'un État tiers à l'UE

Le droit ici excessivement complexe a été modifié par la loi du 16 juin 2011 relative à l'immigration, à l'intégration et à la nationalité (la présentation ici ne mentionne que les éléments les plus importants en droit du travail). Cette loi assure notamment la transposition de directives (du 25 mai 2009 « carte bleue européenne », du 18 juin 2009 « sanction », et du 16 déc. 2008 « retour »).

Ces dispositions s'appliquent sous réserve du respect des engagements internationaux de la France (L. 5221-1).

Titres. Une loi du 17 juill. 1984 a fusionné la carte de séjour et la carte de travail en un titre unique : carte de résident ou carte de séjour temporaire. La carte de résident, d'une durée de 10 ans, renouvelable automatiquement, vaut à la fois autorisation de séjour et de travail (R. 5221-3-1°). Elle est délivrée aux étrangers dont la résidence en France est stable et leur confère le droit d'exercer la profession de leur choix. La loi énumère les cas dans lesquels cette carte est délivrée de plein droit (apatrides après trois ans de résidence en France, parents étrangers d'un enfant français résidant en France, etc.).

La carte de séjour temporaire est délivrée aux étrangers qui sont en France pour une courte période. Sa validité ne peut être supérieure à un an. Elle peut être assortie d'une autorisation d'exercer une activité professionnelle déterminée. Elle porte alors la mention « salarié » qui est obtenue sur présentation d'un contrat de travail (R. 5221-3-6°).

L'autorisation de travail peut donc être constitué par différents documents (R. 5221-3, notamment carte de résident, carte de séjour « compétences et talents », titre de séjour « étudiant » – R. 5221-26, carte de séjour temporaire « salarié », carte de séjour temporaire « travailleurs saisonniers » – R. 5221-23, carte de séjour temporaire « salarié en mission » – R. 5221-30, « carte bleue européenne » pour les étrangers venant exercer en France un emploi hautement qualifié).

Cependant dans de nombreux cas, le préfet peut refuser une autorisation de travail au regard de différents motifs notamment de la situation de l'emploi dans la profession et dans la zone géographique pour laquelle la demande est formulée (R. 5221-20-1°). Des arrêtés prévoient des listes de métiers pour lesquels existent des difficultés de recrutement pour lesquelles la situation de l'emploi n'est pas opposable (R. 5221-21) ; ces listes étant critiquables au regard des exigences de non-discrimination liées à la nationalité (notamment Délib. HALDE du 26 oct. 2009 et *infra*). Les pratiques discriminatoires à l'égard des travailleurs migrants sont répandues (CEDS, conclusions 2011 sur la France).

Les employeurs qui embauchent un travailleur étranger, doivent verser des « redevances ou contributions » à l'OFII (R. 5223-35-2°). La question du caractère discriminatoire de ces « redevances ou contributions » au regard de la nationalité mériterait d'être discutée (Convention de l'OIT n° 97).

Emploi illicite. Concernant l'emploi de travailleurs étrangers sans titre de travail, la loi renforce la lutte contre le travail dissimulé et contre l'organisation de l'entrée et du séjour irréguliers des étrangers en France.

Nul ne peut, directement ou indirectement, embaucher, conserver à son service ou employer pour quelque durée que ce soit un étranger non muni du titre l'autorisant à exercer une activité salariée en France. Il est également interdit à toute personne d'engager ou de conserver à son service un étranger dans une catégorie professionnelle, une profession ou une zone géographique autres que celles qui sont mentionnées sur son titre (L. 8251-1).

En cas d'infraction, l'employeur acquitte une contribution spéciale à l'OFII égale à 5 000 fois le taux horaire du minimum garanti, voire 25 000 fois en cas de récidive, et s'expose à des sanctions pénales (L. 8253-1).

L'amende, appliquée autant de fois qu'il y a d'étrangers concernés, est fixée à 15 000 €, tandis que la peine d'emprisonnement s'établit à cinq ans (L. 8256-2). Du fait de ce relèvement, l'amende maximale encourue par les personnes morales passe à 75 000 € et, si l'infraction est commise en bande organisée, les peines sont portées, pour les personnes physiques à 10 ans d'emprisonnement et à 100 000 € d'amende. Pour les personnes morales (L. 8256-7), l'amende s'établit à 500 000 €.

Des peines complémentaires sont prévues : les personnes physiques condamnées pénalement peuvent se voir interdire d'exercer directement ou par personne interposée l'activité ayant donné lieu à la condamnation, être exclues des marchés publics pour une durée maximale de cinq ans, etc. (L. 8256-3).

Les personnes physiques et morales encourent la peine complémentaire de confiscation de tout ou partie de leurs biens, quelle qu'en soit la nature (L. 8256-5 et L. 8256-8).

L'employeur peut être condamné à rembourser des aides publiques, son établissement peut faire l'objet d'une fermeture administrative provisoire, etc.

La responsabilité, notamment en terme de solidarité financière et sur le plan pénal, est étendue aux donneurs d'ordres qui ne se sont pas assurés que leur cocontractant respecte la prohibition de l'emploi d'étrangers non munis de titres de travail (L. 8254-1 et s.).

Enfin, pour les employeurs étrangers employant un étranger sans autorisation de travail, ces infractions peuvent donner lieu à une interdiction du territoire pour une durée de 10 ans, voire à une interdiction définitive (L. 8256-6).

Droits du salarié étranger en situation illégale. Le salarié étranger sans titre de travail a des droits. Le salarié étranger employé en méconnaissance des dispositions légales est assimilé, à compter de la date de son embauche, à un salarié régulièrement engagé au regard des obligations de l'employeur pour l'application des dispositions relatives aux périodes d'interdiction d'emploi prénatal et post-natal et à l'allaitement, des dispositions relatives à la durée du travail, au repos et aux congés, des dispositions relatives à la santé et la sécurité au travail, la prise en compte de l'ancienneté dans l'entreprise (L. 8252-1, R. 8252-1 à R. 8252-13 et R. 8272-1 à R. 8272-11). Il en va de même pour les professions agricoles.

Au titre de la période d'emploi illicite, le salarié étranger a droit (L. 8252-2) :

– au paiement du salaire et des accessoires de celui-ci, conformément aux dispositions légales, conventionnelles et aux stipulations contractuelles applicables à son emploi, déduction faite des sommes antérieurement perçues au titre de la période considérée ; à défaut de preuve contraire, les sommes dues au salarié correspondent à une relation de travail présumée d'une durée de trois mois. Le salarié peut apporter par tous moyens la preuve du travail effectué.

– en cas de rupture de la relation de travail, à une indemnité forfaitaire égale à trois mois de salaire, à moins que l'application des règles légales, conventionnelles ou des stipulations contractuelles correspondantes ne conduise à une solution plus favorable (le salarié peut obtenir une indemnité de licenciement et des dommages-intérêts, CA Paris, 13 sept. 2011).
– le cas échéant, à la prise en charge par l'employeur de tous les frais d'envoi des rémunérations impayées vers le pays dans lequel il est parti volontairement ou a été reconduit.

Lorsque l'étranger employé sans titre l'a été dans le cadre d'un travail dissimulé, il bénéficie des dispositions qui lui sont plus favorables (sur le travail dissimulé, L. 8223-1 : indemnité égale à six mois de salaire, ou sur les droits du salarié étranger).

Le CPH saisi peut ordonner par provision le versement de cette indemnité forfaitaire.

Ces dispositions ne font pas obstacle au droit du salarié de demander en justice une indemnisation supplémentaire s'il est en mesure d'établir l'existence d'un préjudice non réparé au titre de ces dispositions (L. 8252-2, L. 341-6-1). « *En cas de nullité du contrat de travail, le salarié doit être indemnisé pour les prestations qu'il a fournies* » (Soc. 15 mai 2007).

Le BIT (mars 2009) demande au gouvernement de prendre des mesures afin que les pouvoirs des inspecteurs du travail ne soient plus détournés pour exécuter des opérations de lutte contre l'immigration clandestine.

Régularisation. La loi du 15 nov. 2007 permet un dispositif exceptionnel de régularisation de travailleurs étrangers employés sans titre de travail (art. 40, CESEDA art. L. 313-14, circulaire du 24 nov. 2009 définissant des critères cumulatifs pour l'admission exceptionnelle au séjour avec autorisation d'exercice d'une activité professionnelle « salariée » : ancienneté du séjour en France, exercice antérieur d'un emploi déclaré, ancienneté dans l'entreprise, nature du contrat de travail, intégration, après annulation de la circulaire du 7 janv. 2008 par CE 23 oct. 2009, GISTI). Des régularisations « ponctuelles » ont effectivement eu lieu depuis pour des salariés parfois occupés depuis plusieurs années en France, notamment à la demande de leur employeur (s'exposant à des poursuites pénales – L. 8256-2), à la suite de grèves (les « travailleurs sans papiers » s'exposant au risque de faire l'objet d'une mesure d'éloignement du territoire ; les « aidants » s'exposant à des poursuites pénales – L. 622-1 CESEDA – alors que le défaut d'assistance à « une personne en péril » constitue un délit – art. 223-6, al. 2 CP ; « *Toute loi portant atteinte à ce penchant qui commande à l'homme de donner un refuge à quiconque lui demande asile n'est pas une loi* », Benjamin Constant).

À la suite d'actions menées par un collectif d'organisations (CGT, LDH, etc.), un « *addendum* au guide des bonnes pratiques » du ministère de l'Immigration, de l'Intégration et de l'Identité nationale et du Développement solidaire, en date du 18 juin 2010, facilite la délivrance de titres (admission exceptionnelle au séjour dans un premier temps) à des travailleurs étrangers, notamment à celles et ceux apportant « la justification de 12 mois d'activité de salarié dans les 18 derniers mois avant le dépôt de la demande », avec des dispositions particulières pour les travailleurs intérimaires, multi-employeurs ou employés de maison.

Discrimination. La HALDE (délibération du 15 sept. 2008) a considéré que la circulaire énumérant la liste des métiers ouverts aux ressortissants étrangers pourrait être contraire à l'interdiction de discrimination fondée sur l'origine (circulaire prévoyant deux listes de métiers connaissant des difficultés de recrutement et dans lesquels les ressortissants étrangers peuvent exercer une activité sans que la situation de l'emploi ne leur soit opposable : la première liste énumérant 150 métiers à destination des ressortissants des nouveaux États membres de l'UE, la seconde comptant 30 métiers à destination des ressortissants des États tiers à l'UE et excluant les ressortissants tunisiens et algériens).

Travailleurs d'un État de l'UE

Les travailleurs ressortissants d'un pays membre de l'UE, mais pas encore pour les nouveaux entrés (10 + 2), ont une carte de séjour particulière qui est délivrée de plein droit. Ils peuvent librement s'installer en France et y exercer une activité salariée (en application de la « libre circulation des travailleurs »). Cette liberté est étendue, depuis le 2 décembre 1993, aux ressortissants de tous les pays ayant ratifié l'accord sur l'Espace Économique Européen, soit également l'Islande, le Liechtenstein et la Norvège. Un salarié ressortissant d'un État membre de l'UE n'est pas tenu de justifier d'un titre de travail (Soc. 12 juin 2007).

Au regard de la libre circulation des travailleurs, à l'intérieur de l'UE, pour le calcul de l'ancienneté dans une entreprise publique, un travailleur migrant doit pouvoir se prévaloir des périodes d'emploi accomplies, dans un domaine d'activité comparable, au service d'une entreprise publique d'un autre État membre (Soc. 11 mars 2009, SNCF ; voir également dans le chapitre 5 la discrimination « légale »).

Travailleurs détachés

En matière de détachement temporaire de travailleurs, les salariés détachés en France, par une entreprise étrangère non établie en France, doivent bénéficier de dispositions législatives, réglementaires et conventionnelles applicables aux salariés des entreprises de la même branche d'activité établies en France (L. 1262-4, L. 342-3, salaire minimum, durée maximale du travail, repos, règles de santé et sécurité, etc. ; loi du 2 août 2005 transposant la directive européenne du 16 déc. 1996 relative au détachement des travailleurs effectué dans le cadre d'une prestation de services). Une entreprise du Portugal qui envoie des salariés travailler sur des chantiers de construction en France doit ainsi payer les cotisations pour congés et intempéries à la caisse du bâtiment (Crim. 10 mai 2006), à défaut pour les salariés de bénéficier déjà de la même garantie.

Après un premier décret précisant les règles applicables en matière de transport aérien (décret 21 nov. 2006, validé par CE 11 juill. 2007), un décret général est intervenu, qui prévoit notamment que les conventions et accords collectifs de travail étendus (prévoyant des salaires minimums) dont bénéficient les travailleurs employés par les entreprises établies en France exerçant une activité principale identique au travail accompli par les travailleurs détachés s'appliquent à ces travailleurs (décret du 11 déc. 2007, R. 1261-2, R. 342-1 ; la règle française destinée à éviter le dumping social apparaît conforme aux exigences du droit communautaire prévoyant que seules les conventions « d'application générale » s'appliquent aux salariés détachés, CJCE 3 avril 2008, Rüffert, cf. les conventions collectives étendues – Circulaire DGT du 5 oct. 2008).

Les salariés mis à la disposition d'une filiale étrangère bénéficient de règles protectrices (L. 1231-5) que le juge fait respecter :

- « Lorsqu'un salarié, mis par la société au service de laquelle il était engagé à la disposition d'une filiale étrangère à laquelle il est lié par un contrat de travail, est licencié par cette filiale, la société mère doit assurer son rapatriement et lui procurer un nouvel emploi compatible avec l'importance de ses précédentes fonctions au sein de la société mère » ; cette règle (L. 1231-5) « ne subordonne pas son application au maintien d'un contrat de travail entre le salarié et la maison-mère ». Faute pour le salarié d'avoir été reclassé par la société mère, la rupture du contrat de travail s'analyse en un licenciement sans cause réelle et sérieuse (Soc. 13 nov. 2008, Sté L'Oréal).
- la cession de la filiale étrangère à une société tierce est assimilée à un licenciement ; la maison-mère doit alors prendre l'initiative du rapatriement et du reclassement du salarié (Soc. 13 nov. 2008, Sté Geodis).

« *Lorsqu'un salarié, mis par la société au service de laquelle il était engagé à la disposition d'une filiale étrangère à laquelle il est lié par un contrat de travail, est licencié par cette filiale, la société mère doit assurer son rapatriement et lui procurer un nouvel emploi compatible avec l'importance de ses précédentes fonctions au sein de la société mère ; ce texte ne subordonne pas son application au maintien d'un contrat de travail entre le salarié et la maison-mère ; l'obligation de reclassement à la charge de la société mère ne concernant que les relations entre celle-ci et le salarié qu'elle met à disposition, peu importe que le contrat conclu entre ce dernier et la filiale ait été soumis au droit étranger* » (Soc. 30 mars 2011, PBR, Sté Guy Demarle).

Procédure de recrutement

A. Placement et intermédiaires du marché du travail

Quand un emploi est à pourvoir, l'employeur peut recruter au sein de l'entreprise (mutation, promotion). Des accords collectifs prévoient que l'employeur doit informer sur les postes vacants dans l'entreprise, mais la loi ne l'impose pas.

Sur le marché du travail, des intermédiaires interviennent pour faciliter la rencontre de la demande et de l'offre d'emploi. L'activité de placement consiste à fournir des services sans que la personne assurant cette activité ne devienne partie au contrat (L. 5321-1, L. 310-1).

Le placement est gratuit (à l'exception des artistes du spectacle et des sportifs). Il est interdit de percevoir une rémunération quelconque d'une personne à la recherche d'un emploi (mais c'est possible à l'égard de l'employeur) : les bureaux de placement payants sont interdits (L. 5321-3, L. 312-7). Le non-respect de la gratuité est puni de six mois de prison et/ou de 3 750 € d'amende (L. 5325-1, L. 361-1).

L'ANPE (Pôle emploi) n'a plus le monopole du placement. Les bureaux de placement privé sont autorisés (L. 5323-1, L. 312-1). Les entreprises de travail temporaire (ETT) peuvent aussi fournir des services de placement.

B. Offres d'emploi

Les offres d'emploi peuvent être insérées dans un journal, une revue ou un écrit périodique ou diffusées par tout autre moyen de communication accessible au public. Tout employeur qui fait insérer ou diffuser une offre est tenu de faire connaître son nom ou sa raison sociale ou son adresse au directeur de la publication.

Les offres ne doivent pas contenir de mentions discriminatoires, tenant notamment au sexe, à l'âge, aux origines (une offre d'emploi ne peut pas exiger la présentation de la carte d'électeur – Crim. 20 janv. 2009, Philippe X, Sté Ares France, discrimination liée à la nationalité), etc. Des dérogations sont prévues :

- au regard du sexe (mannequins, artistes interprétant un rôle féminin ou masculin, modèles).
- au regard de l'âge. Ainsi, les offres ne doivent pas mentionner de limite d'âge maximal, sauf si des conditions d'âge sont imposées par des textes législatifs et réglementaires ou si cette limite est fondée sur la nécessité d'une période d'emploi raisonnable avant la retraite (L. 5331-2, L. 122-45-3 ; CJUE 12 janv. 2010).

Ces offres doivent respecter plusieurs règles (L. 5331-2 et s.) :

- être datées ;
- ne pas contenir d'allégations fausses ou susceptibles d'induire en erreur, notamment sur l'existence et le caractère effectivement disponible de l'emploi ;
- être rédigées en langue française, même pour les emplois à exercer hors du territoire français lorsque l'auteur de l'offre est français.

Il est interdit de vendre des offres ou des demandes d'emploi, quel que soit le support utilisé. Toutefois, cette interdiction ne fait pas obstacle à l'insertion, à titre onéreux, d'offres ou de demandes d'emploi dans une publication ou un autre moyen de communication payant (L. 5331-1).

C. Processus de recrutement

Le processus de recrutement doit répondre à certaines exigences.

1. Pertinence

Les informations demandées, sous quelque forme que ce soit, au candidat à un emploi ne peuvent avoir comme finalité que d'apprécier sa capacité à occuper l'emploi proposé ou ses aptitudes professionnelles. Ces informations doivent présenter un lien direct et nécessaire avec l'emploi proposé ou avec l'évaluation des aptitudes professionnelles.

Le candidat est tenu de répondre de bonne foi à ces demandes d'informations (L. 1221-6, L. 121-6). Cette obligation n'est toutefois assortie d'aucune sanction spécifique et la jurisprudence se montre souvent assez indulgente à l'égard des candidats. Ainsi, après avoir admis que s'être faussement prévalu d'un DESS et d'une formation dans une école de commerce constituait un dol (Soc. 17 oct. 1995), elle a écarté cette hypothèse pour une personne qui se prévalait d'une expérience professionnelle, alors qu'il ne s'agissait que d'un stage de courte durée (Soc. 16 févr. 1999) ; de même dans le cas d'une personne salariée depuis trois ans dont on s'était aperçu qu'elle avait fourni des renseignements erronés lors de son recrutement (Soc. 30 mars 1999).

Les méthodes et techniques d'aide au recrutement ou d'évaluation des candidats à un emploi doivent être pertinentes au regard de la finalité poursuivie (L. 1221-8).

2. Transparence

Le candidat à un emploi est expressément informé, préalablement à leur mise en œuvre, des méthodes et techniques d'aide au recrutement utilisées à son égard.

Aucune information concernant personnellement un candidat à un emploi ne peut être collectée par un dispositif qui n'a pas été porté préalablement à sa connaissance (L. 1221-9).

D'une manière générale, le comité d'entreprise (CE) a compétence pour connaître les méthodes et les techniques d'aide au recrutement.

3. Préservation de la personne

Les résultats obtenus par le candidat sont confidentiels.

En matière de « CV anonyme », la loi prévoit que dans les entreprises de 50 salariés et plus, les informations communiquées par écrit par le candidat à un emploi ne peuvent être examinées que dans des conditions préservant son anonymat. Cependant, cette disposition demeure inapplicable faute de publication du décret d'application...

Mais une expérimentation est en cours dans de grandes entreprises volontaires.

Obligations légales

A. Déclaration préalable à l'embauche

La loi du 31 décembre 1991 relative au travail clandestin, devenu travail dissimulé depuis la loi du 11 mars 1997, impose des formalités aux entreprises tendant à faciliter la preuve de la date réelle d'embauche des salariés. Ces formalités s'appliquent à tous les recrutements de travailleurs (nationaux ou étrangers ; des dérogations étant prévues dans le cadre de chèques et titres simplifiés de travail : chèque emploi service universel, TESE – titre emploi service entreprise –, à partir du 1er avril 2009, pour les très petites entreprises (TPE) de neuf salariés au maximum notamment, adhérentes – décrets du 27 mars 2009).

L'embauche d'un salarié ne peut intervenir qu'après déclaration nominative accomplie par l'employeur auprès des organismes de protection sociale (Urssaf, MSA) : c'est la déclaration préalable à l'embauche (DPE) (L. 1221-10, R. 1221-1, L. 320).

Cette DPAE est fusionnée avec la DUE – déclaration unique d'embauche – (décret du 16 juin 2011). La déclaration peut être effectuée par voie électronique, télécopie ou lettre recommandée avec accusé de réception. Elle doit être adressée au plus tôt dans les huit jours précédant la date prévisible de l'embauche. L'organisme destinataire de la déclaration est celui dans le ressort territorial duquel est situé l'établissement devant employer le salarié. Il doit adresser à l'employeur un accusé de réception dans les cinq jours ouvrables suivant celui de la réception de la déclaration.

Le salarié qui fait l'objet de la DPE/DUE reçoit deux documents de son employeur :

- lors de son embauche, un document sur lequel sont reproduites les informations contenues dans la DPE/DUE (notamment dénomination sociale de l'entreprise et numéro d'identification, état civil du salarié et numéro de Sécurité sociale, date et heure d'embauche) ;
- lorsque l'employeur reçoit l'accusé de réception relatif à la DPE/DUE, un volet détachable de ce document.

En vue de simplifier les déclarations préalables à l'embauche, l'employeur peut procéder à un ensemble de déclarations sociales sur un support unique (R. 1226-16).

Sanctions. Le non-respect de l'obligation de DPE/DUE entraîne une pénalité d'un montant égal à 300 fois le taux horaire du minimum garanti (L. 1221-11).

Faute d'avoir effectué cette DPE/DUE, l'employeur est passible des peines du travail dissimulé (L. 8221-1, L. 8221-5, L. 324-10), à savoir trois ans d'emprisonnement et 45 000 d'amende (L. 8224-1, L. 362-3). Les infractions en matière de travail illégal peuvent notamment être constatées par la police judiciaire, selon la procédure de flagrant délit (Crim. 2 mai 2007).

Les obligations et solidarité financière des donneurs d'ordre et des maîtres d'ouvrage se manifestent de la façon suivante. Toute personne qui ne s'est pas assurée, lors de la conclusion d'un contrat dont l'objet porte sur une obligation, d'un montant au moins égal à 3 000 €, que son cocontractant s'acquitte de ses obligations sociales, est tenue, solidairement avec celui qui exerce un travail dissimulé, au paiement des impôts, taxes et cotisations obligatoires (L. 8222-1 et s., L. 324-14 ; voir également L. 243-15 CSs).

Réparation. Enfin, en cas de rupture de la relation de travail, quelle que soit la qualification de la rupture, y compris si elle a lieu d'un commun accord (Soc. 12 oct. 2004), l'employeur peut être condamné à une indemnité forfaitaire égale à six mois de salaire au minimum (L. 8223-1, L. 324-11-1). Cette indemnité peut se cumuler avec les indemnités autres que celles prévues en cas de rupture injustifiée (Soc. 25 mai 2005).

Travail illégal. Sont constitutives de travail illégal les infractions suivantes : travail dissimulé, marchandage, prêt illicite de main-d'œuvre, emploi d'étranger sans titre de travail, cumuls irréguliers d'emplois, fraude ou fausse déclaration (L. 8211-1).

B. Registre unique du personnel

Un registre unique du personnel (RUP) est exigé de tout établissement, quel que soit son effectif (L. 1221-13, L. 620-3). Il comporte des mentions obligatoires (D. 1221-23) pour toutes les catégories (nom, prénoms, nationalité, date de naissance, sexe, emploi, qualification, dates d'entrée et de sortie de l'établissement) et des mentions propres à certaines catégories (travailleurs étrangers, jeunes travailleurs, salariés titulaires d'un CDD, travailleurs temporaires ou à temps partiel). Elles sont portées « au moment de l'embauche et de façon indélébile ».

L'UT (DIRECCTE – ex-DDTEFP) peut accorder des dérogations à la tenue du registre unique pour tenir compte des possibilités de recourir à d'autres moyens (bandes magnétiques, disques, etc.). Ce support de substitution doit permettre d'obtenir, sans difficulté d'utilisation ou de compréhension et sans risque d'altération, toutes les mentions obligatoires du registre du personnel (L. 1221-14). L'employeur doit, préalablement à la mise en place d'un traitement automatisé, faire une déclaration auprès de la CNIL. Seuls les travailleurs à domicile n'ont pas à figurer sur ce registre : le registre pour ceux-ci est donc maintenu.

Le registre (ou le support) doit être tenu à la disposition de l'inspecteur du travail et des délégués du personnel (L. 1221-15).

L'entreprise qui accueille des stagiaires tient à jour un registre des conventions de stage, indépendamment du RUP (L. 1221-13 ; L. 612-13 C. éducation).

C. Obligation administrative

En vue de permettre à l'administration de suivre les mouvements de main-d'œuvre (L. 1221-16), tous les établissements et entreprises occupant au moins 50 salariés doivent adresser à l'UT (DIRECCTE), dans les huit premiers jours de chaque mois, le relevé des contrats de travail conclus ou résiliés au cours du mois précédent. Ce relevé doit contenir un certain nombre de mentions : nom, prénoms, nationalité, qualification, etc.

D. Visite médicale d'embauche

Tout salarié doit bénéficier d'un examen médical avant l'embauchage ou au plus tard avant l'expiration de la période d'essai, par le médecin du travail (R. 4624-10). Cet examen a pour finalité de s'assurer que le salarié est médicalement apte au poste de travail auquel l'employeur envisage de l'affecter, de proposer éventuellement les adaptations du poste ou l'affectation à d'autres postes et de rechercher si le salarié n'est pas atteint d'une affection dangereuse pour les autres travailleurs. À l'issue de cet examen, le médecin du travail établit une fiche médicale d'aptitude en double exemplaire (un exemplaire est remis au salarié, l'autre à l'employeur ; D. 4624-47). Le médecin du travail doit respecter le secret médical et donc ne pas communiquer d'informations sur la santé du salarié.

Sous-partie 2

Exécution du contrat

CHAPITRE VIII

Contrats de travail atypiques

Le contrat de travail à durée indéterminée est le contrat de droit commun. Cependant, la législation prévoit aussi de nombreux autres types de contrat.

Le recours aux contrats à durée déterminée et aux entreprises de travail temporaire permet aux entreprises de faire face à certaines situations (accroissement des commandes, nécessité de remplacer des salariés absents, recours à des spécialistes pour une opération ponctuelle, etc.), sans accroître pour autant leur personnel permanent, et de disposer, pour un temps, d'une main-d'œuvre de complément ou de remplacement, sans avoir à procéder à des licenciements lorsque elles estiment qu'elles n'en ont plus besoin. Les salariés titulaires d'un CDD ou recrutés par une ETT pour être mis à la disposition d'une entreprise utilisatrice (EU), se trouvent dans une situation précaire. Le prêt de main-d'œuvre peut également se dérouler dans de nouveaux cadres. Par ailleurs, le contrat de travail à temps partiel concerne les salariés ayant des horaires inférieurs à ceux du temps complet.

Contrats à durée déterminée

CONTRAT À DURÉE DÉTERMINÉE DE DROIT COMMUN

A. Cas de recours

Une règle gouverne la matière : « un contrat de travail à durée déterminée, quel que soit son motif, ne peut avoir ni pour objet ni pour effet de pourvoir durablement un emploi lié à l'activité normale et permanente de l'entreprise » (L. 1242- 1, L. 122-1, al. 1). La loi a opté ici pour un formalisme strict et le juge fait respecter la rigueur du dispositif légal.

1. Principes

Un CDD ne peut être conclu que pour l'exécution d'une tâche précise et temporaire et seulement dans les cas suivants (L. 1242-2) :

- **remplacement d'un salarié**, en cas : d'absence, « *aussi bien de l'entreprise que de son poste habituel* » (Soc. 13 juill. 2010, AIST83, salarié provisoirement affecté à un autre poste), de passage provisoire à temps partiel (conclu par avenant à son contrat de travail ou par échange écrit entre ce salarié et son employeur), de suspension de son contrat de travail, de départ définitif précédant la suppression de son poste de travail (cette suppression doit faire l'objet d'une saisine du CE, à défaut, des délégués du personnel) ou en cas d'attente de l'entrée en service effective du salarié recruté par CDI appelé à le remplacer ; ce salarié doit déjà avoir été recruté (Soc. 9 mars 2005) ; remplacement, notamment, d'un chef d'entreprise artisanale, industrielle, commerciale ou agricole, d'une personne exerçant une profession libérale ou de leur conjoint participant effectivement à l'activité de l'entreprise ; le CDD ne peut être conclu que pour le remplacement d'un seul salarié (Soc. 28 juin 2006).
- **accroissement temporaire de l'activité de l'entreprise**.
- **emplois à caractère saisonnier** : « *le contrat saisonnier se distingue du CDD d'usage en ce qu'il porte sur des tâches normalement appelées à se répéter chaque année à des dates à peu près fixes, en fonction du rythme des saisons ou des modes de vie collectifs* », ainsi « *la circonstance que les chantiers de travaux publics sont soumis aux conditions climatiques étant insuffisante pour démontrer que l'emploi de chauffeur de carrière serait une tâche* » saisonnière (Soc. 17 sept. 2008, SA Transports Quincé) ; un usage abusif du statut de travailleur saisonnier peut avoir des effets discriminatoires (HALDE délibération du 15 déc. 2008, travailleurs de nationalité marocaine employés depuis plusieurs années dans le secteur agricole des Bouches-du-Rhône).

  Le « contrat vendanges » (art. L. 718-4 et s. C. rural) est limité à un mois ; il peut être renouvelé dans la limite de deux mois par an ; le contrat doit indiquer une date de fin précise dès sa conclusion ou, à défaut, une durée minimale ; à défaut, il est requalifié en CDI (Soc. 6 oct. 2010, SA Château de Sérame). Mais, en réaction à cet arrêt, une modification législative envisagée (Proposition de Loi de simplification du droit, adoptée le 18 oct. 2011 par l'Assemblée nationale mais rejetée le 10 janv. 2012 par le Sénat) dispose que le contrat « précise la durée pour laquelle il est conclu. À défaut, il est réputé être établi pour une durée qui court jusqu'à la fin des vendanges » (L. 718-5 C. rural)...
- **usage de la profession** : emplois pour lesquels, dans certains secteurs d'activité, il est d'usage constant de ne pas recourir au CDI en raison de la nature de l'activité exercée et du caractère par nature temporaire de ces emplois (Soc. 20 sept. 2006, CA Paris 4 oct. 2007 ; L. 1242-2-3°, D. 1242-1, L. 122-1-1) ; emplois des secteurs d'activité déterminés par une convention ou un accord collectif étendu, ou par décret (exploitations forestières, hôtellerie, spectacles, production cinématographique, activités d'enquête et de sondage, activités foraines, etc.). La liste est globalement la même que pour le travail temporaire.

Ainsi, il est prévu un CDD d'usage pour les opérations commerciale de *merchandising* (Accord du 10 mai 2010 relatif au recours au CDD d'usage dans les « activités d'optimisation linéaire », CCN étendue des prestatires de services dans le secteur tertiaire).

Les stipulations conventionnelles doivent être précises et prévoir le recours au CDD d'usage pour l'emploi en cause. Il en va ainsi pour un emploi de repasseur dans l'hôtellerie : à défaut de dispositions conventionnelles et de preuve d'un usage par l'employeur, le CDD est requalifié en CDI (Soc. 20 sept. 2006).

De plus, en application du droit communautaire (directive du 28 juin 1999, CJCE 4 juill. 2006), le juge doit « *vérifier que le recours à l'utilisation de contrats successifs est justifié par des raisons objectives qui s'entendent d'éléments concrets établissant le caractère par nature temporaire de l'emploi* » (Soc. 23 janv. 2008, deux arrêts, un formateur et une journaliste pigiste peuvent ainsi obtenir la requalification de leurs CDD en un CDI alors même qu'ils exercent leurs activités dans des secteurs où il est d'usage de ne pas recourir au CDD). Ainsi, « *la seule qualification conventionnelle de "contrat d'extra" n'établit pas qu'il peut être conclu dans le secteur de l'hôtellerie-restauration des CDD d'usage successifs pour ce type de contrats, pour tout poste et en toutes circonstances ; il appartient au juge de rechercher si, pour l'emploi considéré, il est effectivement d'usage constant de ne pas recourir au CDI, et de vérifier si le recours à des contrats successifs est justifié par des raisons objectives qui s'entendent de l'existence d'éléments concrets établissant le caractère par nature temporaire de l'emploi* » (Soc. 24 sept. 2008, SA Ritz hôtel Ltd ; même solution pour un assistant réalisateur, Soc. 26 mai 2010). Par conséquent, dès lors que les CDD peuvent être rattachés à l'activité normale et permanente de l'entreprise, ils doivent être requalifiés en CDI (Soc. 10 déc. 2008, ÉPIC Réunion des Musées Nationaux).

Le recours au CDD d'usage ne dispense pas l'employeur d'établir un contrat écrit comportant la définition précise de son motif (Soc. 28 nov. 2006).

Politique de l'emploi et de la formation. Le contrat de travail peut également être conclu pour une durée déterminée lorsqu'il est conclu au titre des dispositions législatives et réglementaires destinées à favoriser l'embauchage de certaines catégories de personnes sans emploi et lorsque l'employeur s'engage à assurer un complément de formation professionnelle au salarié (L. 1242-3, L. 122-2 et D. 121-1).

Les « contrats de travail aidés », qui tendent à favoriser l'embauche de personnes ayant des difficultés particulières d'accès à l'emploi, entrent dans ces catégories, notamment dans le cadre des formations en alternance. Il s'agit en particulier du contrat unique d'insertion (CUI), applicable depuis le 1er janv. 2010 (L. 5134-19-1 et s., décret du 25 nov. 2009, D. 5134-4 à D. 5134-70, R. 5221-6 et R. 5124-9), qui remplace le contrat insertion revenu minimum d'activité (CI-RMA, L. 5134-82) et le contrat d'accompagnement dans l'emploi (CAE,

L. 5134-20). Le CUI se décline en deux versions : il prend la forme du CAE dans le secteur non marchand et du contrat initiative emploi (CIE) dans le secteur marchand (loi du 1er déc. 2008 généralisant le RSA et réformant les politiques d'insertion). Parmi les autres contrats aidés figurent : les contrats « emploi jeune » (L. 5134-9) ; les contrats d'insertion dans la vie sociale CIVIS (L. 5131-4) ; les contrats relatifs aux activités d'adultes-relais (L. 5134-102).

Ces formations en alternance associent des enseignements généraux, professionnels et technologiques, dispensés pendant le temps de travail, dans des organismes publics ou privés de formation, et l'acquisition d'un savoir-faire par l'exercice en entreprise d'une ou de plusieurs activités professionnelles, en relation avec les enseignements reçus. Elles ont pour objectif de permettre, notamment à des jeunes, d'acquérir une qualification professionnelle ou de s'adapter à un emploi. À ces objectifs correspondent plusieurs formules, dont le contrat de professionnalisation ou le plus classique contrat d'apprentissage, dont la finalité est de favoriser l'accès à un emploi et une formation appropriés. Leur statut juridique résulte de règles spécifiques qui s'expliquent par leur finalité.

Les différents contrats de formation en alternance (contrat d'orientation, contrat d'adaptation, contrat de qualification) ont été fusionnés en un outil unique, le contrat de professionnalisation (L. 6325-1 et s.), ouvert à tous, jeunes cherchant à s'insérer dans la vie active et adultes demandeurs d'emploi. S'il s'agit de demandeurs d'emploi de 26 ans et plus, le financement peut être assuré par les contributions d'assurance chômage (arrêté du 14 févr. 2005). Ce contrat propose un parcours alterné avec un objectif de qualification composé d'un contrat de travail qui peut être à durée indéterminée ou d'une durée de six à douze mois minimum pour un emploi en relation avec la qualification recherchée et une formation d'une durée de 15 % minimum du contrat ou de la période de professionnalisation du CDI, avec un plancher de 150 heures. Ces minima peuvent être relevés par la branche pour certaines formations et pour certains publics.

Un « CDD Seniors » est également prévu (ANI 13 oct. 2005, décret du 28 août 2006, CDD d'une durée maximum de 18 mois, renouvelable une fois, pour les personnes de plus de 57 ans en recherche d'emploi depuis plus de trois mois ou bénéficiaires d'une convention de reclassement personnalisé). Après liquidation de sa pension, un salarié peut conclure un contrat de travail à durée déterminée avec le même employeur, pour l'exercice des activités de tutorat (L. 1242-4). Une aide à l'embauche, en CDI ou en CDD d'au moins six mois, de demandeurs d'emploi âgés de 55 ans ou plus, inscrits sur la liste des demandeurs d'emploi, est possible pour les entreprises dans certaines situations (CSs L. 5133-11).

Un CDD ne peut être conclu que pour un seul motif. À défaut il est requalifié en CDI (Soc. 23 janv. 2008).

2. *CDD « à objet défini »*

Reprenant des dispositions de l'ANI du 11 janvier 2008, la loi du 25 juin 2008 de modernisation du marché du travail (art. 6) prévoit un nouveau motif de recours au CDD : le « CDD à objet défini ». Il s'agit d'un CDD dont l'échéance est la « réalisation d'un objet défini », d'une durée minimale de 18 mois et maximale de 36 mois ; il peut être conclu pour le recrutement d'ingénieurs et de cadres, au sens des conventions collectives.

Mais le recours à ce CDD est subordonné à la conclusion d'un accord de branche étendu ou, à défaut, d'un accord d'entreprise. Cet accord définit notamment :

– les nécessités économiques justifiant le recours à ce CDD.
– les conditions dans lesquelles les salariés sous CDD bénéficient de garanties (aide au reclassement, VAE, priorité de réembauchage, accès à la formation professionnelle continue) et peuvent, au cours du délai de prévenance, mobiliser les moyens disponibles pour organiser la suite de leur parcours professionnel.
– les conditions dans lesquelles les salariés sous CDD à objet défini ont priorité d'accès aux emplois en CDI dans l'entreprise.

Ce CDD prend fin avec la réalisation de l'objet pour lequel il a été conclu, après un délai de prévenance au moins égal à deux mois. Il peut être rompu, par l'une ou l'autre partie, pour un motif réel et sérieux, au bout de 18 mois puis à la date anniversaire de sa conclusion. Il ne peut pas être renouvelé. Lorsque, à l'issue du CDD, les relations contractuelles du travail ne se poursuivent pas par un CDI, le salarié a droit à une indemnité d'un montant égal à 10 % de sa rémunération totale brute.

Ce CDD est établi par écrit et comporte les clauses obligatoires pour les CDD, sous réserve d'adaptations à ses spécificités, notamment :

- la mention « contrat à durée déterminée à objet défini » ;
- l'intitulé et les références de l'accord collectif qui institue ce CDD ;
- une clause descriptive du projet et mentionnant sa durée prévisible ;
- la définition des tâches pour lesquelles le contrat est conclu ;
- l'événement ou le résultat objectif déterminant la fin de la relation contractuelle ;
- le délai de prévenance de l'arrivée au terme du CDD et, le cas échéant, de la proposition de poursuite de la relation de travail en CDI ;
- une clause mentionnant la possibilité de rupture à la date anniversaire de la conclusion du contrat par l'une ou l'autre partie pour un motif réel et sérieux et le droit pour le salarié, lorsque cette rupture est à l'initiative de l'employeur, à une indemnité égale à 10 % de la rémunération totale brute du salarié.

Ce CDD est institué à titre expérimental pendant une période de cinq ans à compter de la publication de la loi.

B. Interdictions

En aucun cas le contrat de travail à durée déterminée ne peut être conclu (L. 1242-6, L. 122-3) :

- pour remplacer un salarié en grève (Civ. 19 mai 1998, La Poste) et
- pour l'exécution des travaux les exposant aux agents chimiques dangereux suivants (D. 4154-1, modifié par décret du 23 oct. 2009) : 1° Amiante : opérations d'entretien ou de maintenance sur des flocages ou calorifugeages ; travaux de confinement, de retrait ou et de démolition ; 2° Amines aromatiques suivantes : benzidine, ses homologues, ses sels et ses dérivés chlorés, 3, 3'diméthoxybenzidine (ou dianisidine), 4-aminobiphényle (ou amino-4 diphényle) ; 3° Arsenite de sodium ; 4° Arséniure d'hydrogène (ou hydrogène arsénié) ; 5° Auramine et magenta (fabrication) ; 6° Béryllium et ses sels ; 7° Bêta-naphtylamine, N, N-bis (2-chloroéthyl)-2-naphtylamine (ou chlornaphazine), o-toluidine (ou orthotoluidine) ; 8° Brome liquide ou gazeux, à l'exclusion des composés ; 9° Cadmium : travaux de métallurgie et de fusion ; 10° Composés minéraux solubles du cadmium ; 11° Chlore gazeux, à l'exclusion des composés ; 12° Chlorométhane (ou chlorure de méthyle) ; 13° Chlorure de vinyle lors de la polymérisation ; 14° Dichlorure de mercure (ou bichlorure de mercure), oxycyanure de mercure et dérivés alkylés du mercure ; 15° Dioxyde de manganèse (ou bioxyde de manganèse) ; 16° Fluor gazeux et acide fluorhydrique ; 17° Iode solide ou vapeur, à l'exclusion des composés ; 18° Oxychlorure de carbone ; 19° Paraquat ; 20° Phosphore, pentafluorure de phosphore, phosphure d'hydrogène (ou hydrogène phosphoré) ; 21° Poussières de lin : travaux exposant à l'inhalation ; 22° Poussières de métaux durs ; 23° Rayonnements ionisants : travaux accomplis dans des zones où le débit de dose horaire est susceptible d'être supérieur à 2 millisieverts ; 24° Sulfure de carbone ; 25° Tétrachloroéthane ; 26° Tétrachlorométhane (ou tétrachlorure de carbone) ; 27° Travaux de désinsectisation des bois (pulvérisation du produit, trempage du bois, empilage ou sciage des bois imprégnés, traitement des charpentes en place), et des grains lors de leur stockage. L'employeur peut obtenir des dérogations de l'administration du travail (D. 4154-3 et s.).

Dans un établissement où il a été procédé à un licenciement pour motif économique et dans les six mois qui suivent ce licenciement, un salarié ne peut être embauché par contrat de travail à durée déterminée pour le motif d'accroissement temporaire de l'activité, y compris pour l'exécution d'une tâche occasionnelle, précisément définie et non durable, ne relevant pas de l'activité normale de l'entreprise. Cette interdiction s'applique aux postes concernés par ledit licenciement. Elle ne s'applique pas lorsque la durée du contrat n'excède pas trois mois ou lorsque le contrat est lié à la survenance d'une commande exceptionnelle à l'exportation. Cette possibilité est subordonnée à l'information et à la consultation préalable du CE, ou, à défaut, des délégués du personnel, s'il en existe (L. 1242-5, L. 122-2-1).

C. Fixation du terme et durée du contrat

Le contrat commence à la date convenue entre l'employeur et le salarié. Lorsque le contrat de travail à durée déterminée est conclu pour remplacer un salarié temporairement absent ou dont le contrat de travail est suspendu, il peut prendre effet avant l'absence du salarié à remplacer (L. 1242-9, L. 122-3-7, al. 1). Ainsi, celui qui part peut mettre au courant celui qui va le remplacer.

Le terme du contrat doit en principe être fixé avec précision dès la conclusion du contrat (par exemple trois mois à dater de la conclusion, ou jusqu'au 28 févr. 2009).

Cependant, dans certains cas, il n'est pas possible de fixer au départ un terme précis au contrat : remplacement d'un salarié absent ou dont le contrat de travail est suspendu, attente de l'entrée en service effective d'un salarié recruté sous CDI, emplois à caractère saisonnier, emplois pour lesquels il est d'usage constant de recourir à ce type de contrat (tournage d'un film par exemple). Dans ces cas, le CDD doit être conclu pour une durée minimale – ce sera par exemple la durée probable de la maladie du salarié remplacé, telle qu'elle résulte du premier certificat d'arrêt de travail. Lorsque le contrat est à terme incertain (par opposition au contrat de date à date), il aura pour terme la fin de l'absence du salarié remplacé, même si celle-ci se prolonge pour un autre motif que celui évoqué dans le contrat, par exemple un congé parental à la suite d'un congé de maternité (Soc. 9 mars 2005). Le terme peut être reporté jusqu'au surlendemain du jour où le titulaire reprend son emploi ou de la réalisation de l'objet pour lequel il a été conclu (le tournage du film est achevé, par exemple).

D. Période d'essai

Le contrat à durée déterminée peut comporter une période d'essai, pendant laquelle le contrat peut être rompu à tout moment par l'une ou l'autre des parties (L. 1242-10, L. 122-3-2). À défaut d'usages ou de dispositions conventionnelles prévoyant des durées moindres, la durée de la période d'essai est égale à un jour par semaine. Pour un contrat de six semaines, la période d'essai sera donc de six jours. Toute période d'essai exprimée en jours se décompte en jours calendaires (Soc. 29 juin 2005), sauf stipulation expresse en faveur de jours travaillés.

Lorsque le contrat ne comporte pas de terme précis, le calcul est effectué sur la base de la durée minimale du contrat.

La durée maximale de la période d'essai est de deux semaines si la durée prévue ou minimale du contrat est inférieure ou égale à six mois ; et d'un mois lorsque la durée du contrat est supérieure à six mois.

La semaine doit s'entendre comme semaine civile. Pour un contrat conclu pour 11 semaines, le nombre théorique de jours d'essai est de 11, mais dans la limite de deux semaines civiles. Si le salarié ne travaille que cinq jours par semaine, la durée maximale de l'essai sera de 10 jours travaillés.

Le contrat de travail peut naturellement prévoir une période d'essai d'une durée inférieure à ces durées maximales.

Lorsque, à l'issue d'un CDD, la relation contractuelle se poursuit à durée indéterminée, la durée du CDD est déduite de la période d'essai éventuellement prévue dans le nouveau contrat (L. 1243-11, L. 122-3-10).

E. Forme et contenu du contrat

Le contrat de travail à durée déterminée doit être établi par écrit, comporter la signature du salarié (Soc. 31 mai 2006) et la définition précise de son motif (assorti de justifications). À défaut, il est réputé conclu pour une durée indéterminée (L. 1242-12, L. 122-3-1). Il doit être rédigé en français.

Il doit notamment comporter :

- le nom et la qualification du salarié remplacé, le CDD ne pouvant être conclu que pour le remplacement d'un seul salarié (Soc. 28 juin 2006, préc.) ;
- la date d'échéance du terme et, le cas échéant, une clause de renouvellement lorsqu'il comporte un terme précis ;
- la durée minimale pour laquelle il est conclu lorsqu'il ne comporte pas de terme précis ;
- la désignation du poste de travail en précisant, le cas échéant, si ce poste figure sur la liste des postes dangereux de l'emploi occupé ;
- lorsqu'il est conclu pour accroissement temporaire de l'activité de l'entreprise, la nature des activités auxquelles participe l'intéressé durant son séjour dans l'entreprise ;
- l'intitulé de la convention collective applicable ;
- la durée de la période d'essai éventuellement prévue ;
- le montant de la rémunération et de ses différentes composantes, y compris, s'il en existe, les primes et accessoires de salaire ;
- le nom et l'adresse de la caisse de retraite complémentaire ainsi que, le cas échéant, ceux de l'organisme de prévoyance.

Le contrat de travail doit être transmis au salarié, au plus tard dans les deux jours suivant l'embauche. Ce délai de transmission se décompte en jours ouvrables et ne commence à courir que le lendemain de l'embauche (Soc. 29 oct. 2008). La DPE/DUE doit, bien entendu, être effectuée.

Un contrat conclu en violation de ces dispositions (absence d'écrit, d'énoncé du motif, des mentions prévues) entraîne la requalification en CDI, y compris en l'absence de la signature du salarié ; la preuve contraire peut être apportée sur certains aspects (Soc. 26 oct. 1999).

F. Échéance du terme et poursuite après échéance

Dans tous les cas, le CDD cesse de plein droit à l'échéance du terme (L. 1243-5 et s., L. 122-3-5 et s.), que le terme soit fixé avec précision dès la conclusion du contrat ou résulte du retour du salarié absent. C'est la différence essentielle avec le CDI.

Si, à l'arrivée du terme, le contrat se trouve suspendu, pour cause de maladie ou d'accident du travail du salarié par exemple, ceci ne fait pas obstacle à l'échéance du contrat (sauf dans certains cas pour le congé de maternité, CJCE 4 oct. 2001 – deux arrêts, *infra*).

Si la relation contractuelle de travail se poursuit, après l'échéance du terme du contrat, celui-ci devient un CDI (L. 1243-11, L. 122-3-10).

Il se poursuit dans des conditions inchangées, sauf accord contraire des parties (Soc. 5 janv. 1995). Le salarié conserve alors l'ancienneté qu'il avait acquise au terme du contrat et la durée de ce contrat est déduite de la période d'essai éventuellement prévue dans le nouveau contrat.

G. Renouvellement du contrat et durée maximale

La question du renouvellement se pose seulement pour le contrat de date à date. Ce contrat peut être renouvelé une fois pour une durée déterminée qui, ajoutée à la durée du contrat initial, ne peut excéder une durée maximale de 18 mois (L. 1243-13, L. 122-1-2). Dans cette limite, le second contrat peut être plus long que le premier. Cette durée est d'ordre public et ne peut être prolongée, par exemple pour fermeture annuelle de l'entreprise pour les congés payés (Soc. 25 févr. 2004).

Cette durée est ramenée de 18 mois à neuf mois dans les cas d'attente de l'entrée en service effective d'un salarié recruté par CDI et de travaux urgents rendus nécessaires pour des raisons de sécurité. Elle est portée à 24 mois lorsque le contrat est exécuté à l'étranger et dans les cas de départ définitif d'un salarié précédant la suppression de son poste de travail et de survenance dans l'entreprise d'une commande à l'exportation. Dans ce dernier cas, cette durée ne peut être inférieure à six mois et l'employeur doit procéder, préalablement aux recrutements envisagés, à la consultation du CE ou, à défaut, des DP.

Les établissements de santé privés sont autorisés à recruter des praticiens, hospitaliers ou non, par contrat d'une durée égale, au plus, à quatre ans (L. 6161-7 du Code de la santé publique ; Soc. 13 janv. 2004).

Les conditions de renouvellement doivent avoir été prévues dans le contrat ou dans un avenant au contrat conclu avant l'arrivée du terme initialement prévu. En cas de maladie professionnelle ou d'accident du travail, si le contrat comporte une clause de renouvellement, l'employeur ne peut, au cours de la période de suspension de celui-ci, refuser le renouvellement que s'il justifie d'un motif réel et sérieux, étranger à l'accident ou à la maladie (Soc. 12 févr. 2002 ; le refus de renouvellement lié à un avis d'aptitude avec réserves est discriminatoire, Soc. 25 janv. 2011, PBR).

H. Indemnités de fin de contrat

Lorsque le CDD arrive à son terme, le salarié a droit à une indemnité destinée à compenser la précarité de sa situation (L. 1243-8, L. 122-3-4).

Cette indemnité est calculée en fonction de la rémunération du salarié et de la durée du contrat. Le montant de cette indemnité est de 10 % de la rémunération totale brute perçue durant l'exécution du contrat. Elle peut être réduite à 6 % (ancien taux) si une convention ou un accord collectif de branche étendu, un accord collectif d'entreprise ou d'établissement le prévoit en offrant des contreparties, notamment de formation professionnelle – dans ce cas, le salarié doit avoir effectivement bénéficié de la contrepartie conventionnelle prévue (Soc. 11 juill. 2007). Elle peut aussi fixer un taux plus élevé.

Cette indemnité, qui s'ajoute à la rémunération totale brute due au salarié, doit être versée à l'issue du contrat, en même temps que le dernier salaire et figurer sur le bulletin de salaire correspondant. En cas de succession de CDD, une indemnité est due à la fin de chacun des contrats (Soc. 21 juill. 1993). En cas de requalification en CDI, l'indemnité de fin de contrat reste acquise au salarié (Soc. 9 mai 2001).

Elle constitue, à la différence de l'indemnité de licenciement, un complément de salaire. L'indemnité n'est pas due :

- lorsque le contrat a été conclu dans le cadre des mesures pour l'emploi ou pour pourvoir un emploi saisonnier, ou encore dans un secteur d'activité où il est d'usage courant de recourir à ces types de contrats, sauf dispositions conventionnelles plus favorables ;
- dans le cas de CDD conclus avec des jeunes pour une période comprise dans leurs vacances scolaires ou universitaires ;
- en cas de refus par le salarié d'accepter la conclusion d'un CDI pour occuper le même emploi ou un emploi similaire, assorti d'une rémunération au moins équivalente – mais l'indemnité est due en cas de prolongation de la relation contractuelle sans proposition d'un CDI (Soc. 3 oct. 2007) ;
- en cas de rupture anticipée du contrat due à l'initiative du salarié, à sa faute grave ou à un cas de force majeure.

À l'issue du CDD, quelle qu'en ait été la durée, le salarié perçoit également une indemnité compensatrice de congés payés qui ne peut être inférieure à 10 % de la rémunération totale brute perçue, indemnité de fin de contrat comprise.

I. Rupture anticipée

Le contrat de travail à durée déterminée peut cesser avant l'arrivée du terme (L. 1243-1, L. 122-3-8) si les parties en sont d'accord ou en cas

Rupture anticipée CDD

- accord des parties, faute grave, force majeure, inaptitude constatée par le médecin du travail

- Force majeure

"La force majeure, permettant à l'employeur de s'exonérer de tt ou partie des obligations nées de la rupture d'un contrat de W, s'entend de la survenance d'un événement extérieur irrésistible ayant pour effet de rendre impossible la poursuite du contrat".

Si la rupture résulte d'un sinistre de force majeure le S. a droit à une indemnité égale aux R^e qu'il aurait perçues jusqu'à la fin prévue du contrat

de faute grave ou de force majeure, ou d'inaptitude constatée par le médecin du travail (loi du 17 mai 2011).

Force majeure. Ne sont pas un cas de force majeure les difficultés financières d'une association (Soc. 20 févr. 1996), la fermeture pour motif économique de l'entreprise (Soc. 20 oct. 1998), etc. « *La force majeure, permettant à l'employeur de s'exonérer de tout ou partie des obligations nées de la rupture d'un contrat de travail, s'entend de la survenance d'un événement extérieur irrésistible ayant pour effet de rendre impossible la poursuite du contrat* » (Soc. 10 mai 2006, « *L'employeur n'établissait pas que l'incendie des bâtiments de la société avait rendu impossible la poursuite de l'exploitation de l'entreprise et, par là, celle du contrat de travail* »). Si la rupture résulte d'un sinistre relevant d'un cas de force majeure, le salarié a droit à une indemnité égale aux rémunérations qu'il aurait perçues jusqu'à la fin prévue du contrat (L. 1243-4, L. 22-3-4-1). Lorsqu'un CDD a été conclu jusqu'à la fin du congé parental d'une salariée, le retour anticipé de la salariée remplacée ne constitue pas un cas de force majeure permettant la rupture du contrat (Soc. 8 nov. 1995).

Force grave. En cas de faute grave d'une des parties, l'autre partie peut rompre le contrat ; l'employeur doit respecter la procédure disciplinaire, faute de quoi le salarié percevrait une indemnité pour non-respect de celle-ci (Soc. 27 juin 2001). Le litige sera éventuellement tranché par le CPH qui appréciera s'il y a eu faute grave de l'une des parties justifiant la rupture par l'autre partie (l'inexécution par l'employeur de son obligation de paiement du salaire constitue une faute grave, même en cas de régularisation intervenue ultérieurement, Soc. 11 mars 2008).

Inaptitude du salarié. Des dispositions applicables en cas de rupture causée par l'inaptitude aux salariés en CDI sont applicables aux salariés en CDD (L. 1226-4) ; ainsi, la rupture du CDD ouvre droit, pour le salarié, à une indemnité dont le montant ne peut être inférieur à celui de l'indemnité de licenciement, cette indemnité de rupture étant versée selon les mêmes modalités que l'indemnité de précarité (L. 1226-4-3). En cas d'inpatitude consécutive à un arrêt de travail ou à une maladie professionnelle, le salarié en CDD bénéficie de dispositions prévues pour les salariés en CDI (L. 1226-10 et L. 1226-11, indemnité spéciale de licenciement – L. 1226-20) ; « Si l'employeur justifie de son impossibilité de proposer un emploi, (...), au salarié déclaré inapte (...) ou si le salarié refuse un emploi offert dans ces conditions, l'employeur est en droit de procéder à la rupture du contrat » (L. 1226-20).

Initiative du salarié. Le contrat peut également être rompu à l'initiative du salarié, s'il justifie d'une embauche à durée indéterminée, et sauf accord des parties sous réserve de respecter un préavis calculé comme la période d'essai (L. 1243-2). À défaut, l'employeur a droit à des dommages-intérêts correspondant au préjudice subi.

Si le salarié rompt le contrat avant terme, en dehors des cas prévus, il n'a pas droit à l'attribution de dommages-intérêts (Soc. 8 févr. 2005).

Rupture abusive par l'employeur. Si l'employeur rompt le contrat, alors qu'il n'y a ni accord des parties, ni force majeure, ni faute grave du salarié, celui-ci aura droit à des dommages-intérêts d'un montant au moins égal aux rémunérations qu'il aurait perçues jusqu'au terme du contrat, auxquels s'ajoute l'indemnité de fin de contrat. Les dommages-intérêts ainsi prévus sont dus, que l'exécution du contrat ait ou non commencé (Soc. 26 sept. 2002), mais ne peuvent se cumuler avec des indemnités de chômage (Soc. 14 janv. 1997).

Résolution judiciaire. En dehors des cas de rupture anticipée tels que prévus ci-dessus, il était possible que l'une des parties demande au juge prud'homal la résolution judiciaire du contrat de travail à durée déterminée lorsque l'autre partie n'exécutait pas ses obligations (art. 1184 du Code civil). Cette possibilité n'existe plus pour l'employeur, même lorsqu'est constaté un cas de faute grave ou de force majeure (Soc. 4 déc. 2001). Elle reste cependant possible à l'initiative du salarié (Soc. 14 janv. 2004).

J. Succession de CDD

La loi interdit la conclusion de CDD successifs avec le même salarié. Si l'employeur maintient la relation contractuelle, le contrat devient à durée indéterminée.

1. *Contrats avec le même salarié*

Remplacement. Par exception à ce principe, il est possible de conclure des CDD successifs avec le même salarié pour remplacer un salarié absent ou dont le contrat de travail est suspendu ou lorsque le contrat est conclu pour pourvoir un emploi saisonnier ou un emploi pour lequel il est d'usage constant de ne pas recourir au CDI (L. 1244-1). Un même salarié peut donc remplacer par des contrats successifs plusieurs salariés absents (ou tourner successivement plusieurs films, par exemple). Toutefois, dans le cas par exemple où la succession de contrats pallie un sous-effectif permanent, le CDD doit être regardé comme un contrat d'une durée globale indéterminée, même si chacun des contrats, considéré individuellement, était bien un CDD (Soc. 26 janv. 2005).

Saison. Les CDD saisonniers (L. 1244-2) peuvent être, sans limitation, conclus avec le même salarié pendant plusieurs saisons successives (Soc. 15 oct. 2002). Toutefois, de tels renouvellements, en application d'une clause conventionnelle de reconduction, constituent un ensemble à durée indéterminée (Soc. 1er févr. 2000). Il en va de même si le salarié est embauché systématiquement pour la totalité de la saison et ce, chaque année (Soc. 16 nov. 2004).

2. *Contrats sur le même poste*

Période de carence. La loi exclut également la possibilité de recruter successivement plusieurs salariés, par CDD, pour pourvoir un même poste. Lorsque le contrat arrive à expiration, l'employeur ne peut conclure, avec le même ou un autre salarié, pour pourvoir le poste devenu vacant, ni un CDD, ni un contrat de travail temporaire, avant l'expiration d'une période égale au tiers de la durée du contrat, renouvellement inclus : c'est la règle dite « du tiers-temps ». Pour les contrats d'une durée inférieure à 14 jours, le délai est porté à la moitié de la durée du contrat. Dans tous les cas, seuls sont pris en compte les jours travaillés dans l'entreprise ou l'établissement concerné (L. 1244-3, L. 122-3-11, al. 1).

Exceptions. Ces dispositions ne sont pas applicables (L. 1244-4, L. 122-3-11) lorsque le contrat a été conclu en vue du remplacement d'un salarié absent, en cas de nouvelle absence du salarié remplacé (rechute en cas de maladie, par exemple). Il en va de même pour l'exécution de travaux urgents nécessités par des mesures de sécurité et lorsque le contrat de travail a été conclu pour des emplois à caractère saisonnier ou d'usage constant. En revanche, il n'est pas possible de conclure des CDD successifs dans deux sociétés appartenant à un même groupe, pour le même poste de travail (Soc. 7 avril 1998).

Ces dispositions ne sont pas applicables non plus en cas de rupture anticipée du fait du salarié ou lorsque celui-ci a refusé la possibilité, prévue par le contrat, de reporter le terme.

K. Statut du salarié en CDD

1. *Égalité de traitement*

Cette exigence d'égalité est prescrite par plusieurs textes (directive européenne du 28 juin 1999, accord européen du 18 mars 1999, L. 1242-14, L. 122-3-3). Les dispositions légales et conventionnelles applicables aux salariés liés par un CDI s'appliquent également aux salariés liés par un CDD, à l'exclusion des dispositions concernant la rupture du contrat de travail.

2. *Rémunération*

Le salarié ne peut percevoir une rémunération inférieure au montant de la rémunération que percevrait dans l'entreprise où il travaille, après période d'essai, un salarié en CDI de qualification équivalente et occupant les mêmes fonctions (L. 1242-15) – ce qui n'induit pas la rémunération du salarié éventuellement remplacé, car le recrutement peut concerner un salarié de qualification inférieure ou n'assurant pas l'intégralité des fonctions du salarié remplacé (Soc. 15 oct. 2002). L'ancienneté peut justifier une différence de rémunération lorsqu'elle n'est pas prise en compte par une prime d'ancienneté distincte du salaire (Soc. 17 mars 2010, Sté DCN services) ; il reste à préciser la proportion de la différence de rémunération qui s'explique par l'ancienneté.

Par rémunération, il ne faut pas seulement entendre la rémunération de base, mais aussi les primes assimilées à du salaire, telle une prime d'assiduité (Soc. 25 mars 1998), et plus largement tout élément de rémunération versé à l'occasion du travail (CJCE 13 sept. 2007), notamment des pensions (CJCE 15 avril 2008).

Les règles de preuve sont, dans le cas d'un CDD, les mêmes que dans le cas général d'inégalité de traitement en matière salariale (Soc. 13 janv. 2004).

3. *Congés payés*

Le salarié a droit à une indemnité compensatrice de congés payés au titre du travail effectivement accompli durant ce contrat (L. 1242-16), quelle qu'ait été sa durée, dès lors que le régime des congés applicable dans l'entreprise ne lui permet pas une prise effective de ceux-ci (Soc. 4 janv. 2000).

Le montant de l'indemnité, calculé en fonction de cette durée, ne peut être inférieur au dixième de la rémunération totale brute due au salarié, indemnité de fin de mission comprise. L'indemnité est versée à la fin du contrat, sauf si les relations contractuelles se poursuivent par un contrat de travail à durée indéterminée.

4. *Formation professionnelle*

Les salariés sous CDD peuvent bénéficier du droit individuel à la formation (DIF ; L. 6322-25 et s., L. 931-15). Le droit au congé individuel de formation est acquis lorsque le total des contrats successifs qui ne sont pas nécessairement consécutifs ou conclus avec le même employeur, quelle qu'ait été leur nature, atteint 24 mois au cours des cinq dernières années dont quatre mois sous contrat de travail à durée déterminée au cours des douze derniers mois. La formation qui se déroule en dehors de la période d'exécution du CDD, doit commencer au plus tard 12 mois après le terme du contrat (et même avant le terme, si l'employeur est d'accord). Pour financer le congé de formation, l'entreprise qui a occupé au cours d'une année un salarié sous contrat à durée déterminée doit verser à l'organisme paritaire agréé une cotisation égale à 1 % du montant des salaires versés aux titulaires de contrats de travail à durée déterminée pendant l'année en cours.

5. *Formation à la sécurité*

Les salariés affectés à des postes de travail présentant des risques particuliers pour leur santé ou leur sécurité, eu égard à la spécificité de leur contrat de travail, bénéficient d'une formation renforcée à la sécurité ainsi que d'un accueil et d'une information adaptés à l'entreprise dans laquelle ils sont occupés. Une liste de ces postes, soumise pour avis au médecin du travail et au CHSCT (à défaut, aux délégués du personnel), doit être tenue à la disposition de l'inspecteur du travail.

6. *Électorat et éligibilité*

S'ils satisfont aux conditions d'âge et d'ancienneté exigées par les textes, les salariés en CDD sont électeurs et éligibles aux élections des délégués du personnel et du CE et ils peuvent être désignés comme délégués et représentants syndicaux (RS).

7. *Information sur les CDI*

L'employeur de salariés en CDD doit porter à leur connaissance la liste des postes à pourvoir en CDI dans l'entreprise, lorsqu'un tel dispositif d'information existe déjà pour les salariés sous contrat à durée indéterminée (L. 1242-17, L. 122-3-17-1).

L. Sanctions

1. *Sanctions civiles*

Requalification. Tout contrat conclu en méconnaissance des dispositions qui concernent les circonstances dans lesquelles on peut recourir à ce type de contrat et la succession des contrats, est réputé à durée indéterminée (L. 1245-1, L. 122-3-10). La Cour de cassation interprète cette règle de manière très rigoureuse. Ainsi, elle estime conclu pour une durée indéterminée le contrat ayant pour motif le remplacement d'un salarié absent, mais alors que ne sont pas mentionnés dans le contrat le nom et la qualification de la personne remplacée (Soc. 1er juin 1999, préc.). Dans le même esprit, elle considère comme conclue à durée indéterminée la succession d'un contrat pour activité saisonnière et d'un contrat pour surcroît d'activité (Soc. 28 mars 2001). S'agissant d'un contrat d'usage, il faut que l'existence de cet usage soit vérifiée au niveau du secteur d'activité concerné, sans quoi il y aurait requalification en CDI (Soc. 26 nov. 2003). De manière générale, « *en cas de litige sur le motif du recours, il incombe à l'employeur de rapporter la preuve de la réalité du motif énoncé dans le CDD* » (Soc. 15 sept. 2010, PBR, l'employeur doit justifier des absences ou d'un accroissement temporaire d'activité – Soc. 16 déc. 2006, Soc. 28 nov. 2007).

La circonstance que le CDD ait été poursuivi après l'échéance du terme ou que les parties aient conclu un CDI ne prive pas le salarié du droit de demander la requalification du CDD initial, qu'il estime irrégulier, en CDI et l'indemnité spéciale de requalification (L. 1245-2, Soc. 29 juin 2011, Sté Loisirs 2000).

Seul le salarié peut se prévaloir de la sanction civile que constitue la requalification à l'encontre de son employeur (Soc. 29 oct. 2002). Ceci peut lui permettre d'obtenir des indemnités de licenciement pour rupture d'un CDI sans cause réelle et sérieuse (Soc. 10 juin 2003), mais pas sa « réintégration » (Soc. 30 oct. 2002) ; la requalification d'un CDD en CDI n'implique pas en soi un droit à la poursuite du contrat dans l'entreprise si le salarié a déjà quitté l'entreprise, sauf en cas de discrimination (Soc. 1er juin 1999, Banque savoisienne de crédit).

Procédure. Une procédure accélérée est prévue devant le CPH (L. 1245-2, L. 122-3-13) : lorsqu'un salarié demande que son CDD soit requalifié en CDI l'affaire est portée directement devant le bureau de jugement qui doit statuer dans le délai d'un mois, « *sans préliminaire de conciliation* » (Soc. 28 avril 2011, SARL PK développement) ; sa décision est exécutoire de droit à titre provisoire (c'est-à-dire même si elle est frappée d'appel). Si le CPH fait droit à la demande du salarié, il doit lui accorder une seule indemnité (Soc. 24 janv. 2005) qui ne peut être inférieure au dernier (Soc. 17 juin 2005) mois de salaire.

2. *Sanctions pénales*

Toute infraction aux dispositions relatives aux CDD est punie d'une amende de 3 750 € ; 7 500 € et un emprisonnement de six mois en cas de récidive (L. 1248-1 et s., L. 152-1-4). Ainsi, par exemple, même dans les secteurs d'activité pour lesquels il est d'usage de ne pas recourir au CDI, comme le déménagement, l'infraction est constituée et réprimée quand les CDD « *avaient pour objet de pourvoir durablement des emplois liés à l'activité normale et permanente de l'entreprise* » (Crim. 6 mai 2008, Da Silva).

3. *Actions syndicales en justice*

Action « individuelle ». Les organisations syndicales représentatives peuvent exercer en justice, notamment devant le CPH, les actions individuelles des salariés en matière de CDD. Le salarié doit toutefois être informé de l'action judiciaire et dispose d'un délai de 15 jours pour s'y opposer, s'il le souhaite. Il peut à tout moment intervenir pendant l'action engagée pour y mettre fin (L. 1247-1, L. 122-3-16).

Action « collective ». Par ailleurs, les organisations syndicales représentatives peuvent saisir le TGI pour qu'il soit fait défense à l'employeur de recourir à des CDD en dehors du cadre légal ou pour obtenir l'annulation d'un accord collectif, même étendu par arrêté ministériel (Soc. 30 mars 2011, SNPA et SORAP, annulation d'un accord collectif national concernant l'animation commerciale : « *La convention litigieuse avait pour finalité de permettre le recours au contrat d'intervention à durée déterminée pour des salariés occupant déjà dans l'entreprise des emplois liés à son activité normale et permanente* » dans le cadre de CDI.).

Apprentissage

L'apprentissage a pour objet de donner à des jeunes travailleurs ayant satisfait à l'obligation scolaire une formation générale, théorique et pratique, en vue de l'obtention d'une qualification professionnelle sanctionnée par un diplôme ou un titre à finalité professionnelle enregistré au répertoire national des certifications professionnelles (L. 6211-1).

L'apprentissage est une forme d'éducation alternée associant d'une part une formation dans une ou plusieurs entreprises, fondée sur l'exercice d'une ou plusieurs activités professionnelles en relation directe avec la qualification objet du contrat entre l'apprenti et l'employeur ; et d'autre part des enseignements dispensés pendant le temps de travail dans un centre de formation d'apprentis (CFA) ou une section d'apprentissage.

Des aménagements sont prévus en faveur des personnes handicapées (L. 6222-37 et 38).

Une carte portant la mention « Étudiant des métiers » est délivrée à l'apprenti par l'organisme qui assure sa formation. Cette carte permet à l'apprenti de faire valoir sur l'ensemble du territoire national la spécificité de son statut auprès des tiers, notamment en vue d'accéder à des réductions tarifaires identiques à celles dont bénéficient les étudiants de l'enseignement supérieur (L. 6222-36-1).

A. Contrat d'apprentissage

1. *Formation du contrat*

Le contrat d'apprentissage est un contrat de travail de type particulier conclu entre un apprenti ou son représentant légal et un employeur. L'employeur s'engage, outre le versement d'un salaire, à assurer à l'apprenti une formation professionnelle complète, dispensée pour partie en entreprise et pour partie en CFA ou section d'apprentissage. L'apprenti s'oblige, en retour, en vue de sa formation, à travailler pour cet employeur pendant la durée du contrat et à suivre cette formation (L. 6221-1, L. 115-1 et L. 117-1).

L'apprenti doit avoir 16 ans au moins et 25 ans au plus au début de l'apprentissage. Une dérogation est prévue en faveur des jeunes âgés d'au moins 15 ans, s'ils ont achevé la scolarité du premier cycle d'enseignement secondaire (L. 6222-1, L. 117-3). Des dérogations à la limite d'âge supérieure sont prévues (L. 6222-2), lorsque :

- le contrat proposé fait suite à un contrat d'apprentissage, mais permet d'acquérir une qualification supérieure à celle obtenue à l'issue du premier contrat.
- le contrat d'apprentissage a été rompu pour des causes indépendantes de la volonté de l'apprenti ou suite à une inaptitude physique et temporaire.
- le contrat est signé, côté salarié, par une personne reconnue comme travailleur handicapé.
- l'intéressé a un projet de création ou de reprise d'entreprise dont la réalisation est subordonnée à l'obtention du diplôme ou titre sanctionnant la formation poursuivie.

Le contrat d'apprentissage est un contrat écrit qui comporte des clauses et des mentions obligatoires (notamment des renseignements concernant le maître d'apprentissage, la durée de l'apprentissage, l'indication du centre de formation où sera dispensé l'enseignement professionnel, la rémunération de l'apprenti). Il est signé par les deux parties contractantes préalablement à l'emploi de l'apprenti (L. 6222-4, L. 117-12).

En cas d'échec à l'examen, l'apprentissage peut être prolongé pour une durée d'un an au plus (L. 6222-11, L. 117-9).

Le contrat fixe le début de l'apprentissage qui, sauf dérogations, ne peut être antérieur ni postérieur de plus de trois mois au début du cycle de formation dans le centre (L. 6222-12, L. 117-13).

2. *Enregistrement du contrat*

Le contrat d'apprentissage, revêtu de la signature de l'employeur, de celle de l'apprenti et, s'il est incapable, de celle de son représentant légal, est adressé pour enregistrement à la chambre consulaire dont relève l'entreprise (L. 6224-1, L. 117-14). L'enregistrement du contrat d'apprentissage ne donne lieu à aucun frais.

Le refus d'enregistrement du contrat d'apprentissage fait obstacle à ce que le contrat reçoive ou continue de recevoir exécution (L. 6224-3). Les litiges relatifs à l'enregistrement du contrat d'apprentissage ou de la déclaration qui en tient lieu sont portés devant le CPH (L. 6224-7, L. 117-16).

3. *Durée du contrat*

La durée du contrat d'apprentissage est au moins égale à celle du cycle de formation qui fait l'objet du contrat. Elle peut varier entre un et trois ans, en fonction du type de profession, du niveau initial de compétence de l'apprenti et du niveau de qualification préparé (L. 6222-7, L. 115-2), la durée normale étant de deux ans (R. 117-6).

Par dérogation, cette durée peut varier entre six mois et un an, pour l'acquisition d'un diplôme ou d'un titre d'un niveau inférieur ou dans certaines circonstances (L. 6222-9). Lorsque la durée du contrat est fixée à deux ans au moins, elle est réduite d'un an pour les personnes ayant déjà bénéficié d'un enseignement technologique ou titulaires de certains diplômes (R. 117-7 à R. 117-7-2).

4. *Rupture du contrat*

Le contrat peut être rompu par l'une ou l'autre des parties durant les deux premiers mois de l'apprentissage. Ce délai est suspendu pendant les périodes d'absence pour maladie de l'apprenti (Soc. 16 mars 2004). C'est l'équivalent de la période d'essai prévue par un contrat de travail ordinaire. Passé ce délai, le contrat est censé arriver jusqu'à son terme (comme dans le cas d'un CDD). Toutefois, la résiliation peut intervenir avant l'arrivée du terme dans trois cas (L. 6222-18, L. 117-17 et L. 115-2) :

– si les deux parties en sont expressément d'accord par écrit ; si l'apprenti est mineur, la signature de son représentant légal est requise (Soc. 1er févr. 2005).

– si l'une des parties commet une faute grave ou manque de façon répétée à ses obligations, par exemple si des manquements de l'employeur compromettent la formation de l'apprenti (Soc. 2 févr. 2005).
– si l'apprenti est inapte à exercer le métier auquel il voulait se préparer.

Dans ces deux derniers cas, la rupture du contrat est alors prononcée par le CPH.

Si la rupture est prononcée suite à la liquidation de l'entreprise, il en résulte pour le salarié un préjudice qui doit être réparé par des dommages-intérêts (Soc. 6 mai 1998). Il en est de même en cas de rupture anticipée du contrat hors des règles légales par l'employeur : celui-ci est tenu de payer les salaires jusqu'à la fin du contrat ou au jour de la décision du CPH (Soc. 4 mai 1999).

Enfin, si l'apprenti a obtenu le diplôme préparé, il peut mettre seul fin à son contrat avant le terme fixé initialement (L. 6222-19, L. 115-2). Lorsque le contrat d'apprentissage est conclu dans le cadre de la formation d'apprenti junior (art. L. 337-3 du Code de l'éducation), il peut être rompu par l'apprenti qui demande à reprendre sa scolarité.

Par ailleurs, lorsque le contrat d'apprentissage est nul, le jeune travailleur peut prétendre au paiement des salaires sur la base du SMIC ou du minimum conventionnel pour la période où le contrat a été exécuté et à l'indemnisation résultant de la rupture des relations de travail (Soc. 28 mai 2008).

5. *Embauche en CDI*

Si le contrat d'apprentissage est suivi de la signature d'un contrat de travail à durée indéterminée dans la même entreprise, aucune période d'essai ne peut être imposée, sauf dispositions conventionnelles contraires. La durée du contrat d'apprentissage est prise en compte pour le calcul de la rémunération et l'ancienneté du salarié (L. 6222-16, L. 117-10).

6. *CDI et contrat d'apprentissage*

Lorsqu'un salarié est titulaire d'un CDI, ce contrat peut, par accord entre le salarié et l'employeur, être suspendu pendant la durée d'un contrat d'apprentissage conclu avec le même employeur. La durée de la suspension du contrat de travail est égale à la durée de la formation nécessaire à l'obtention de la qualification professionnelle recherchée (L. 6222-13, L. 115-3). Bien que ce ne soit pas expressément précisé, l'achèvement du contrat d'apprentissage doit entraîner logiquement la fin de la suspension du CDI et le jeune doit au moins retrouver son précédent emploi ou un emploi équivalent, qu'il ait ou non acquis le diplôme ou le titre professionnel recherché.

B. Formation professionnelle

L'employeur ne doit plus avoir fait l'objet d'un agrément pour employer un apprenti. Toute entreprise peut engager un apprenti si l'employeur déclare à l'UT (DIRECCTE) prendre les mesures nécessaires à l'organisation de l'apprentissage et s'il garantit que l'équipement de l'entreprise, les techniques utilisées, les conditions de travail, de santé et de sécurité, les compétences professionnelles et pédagogiques ainsi que la moralité des personnes qui sont responsables de la formation sont de nature à permettre une formation satisfaisante (L. 6223-1 et s.).

L'employeur inscrit l'apprenti dans un CFA assurant l'enseignement correspondant à la formation prévue au contrat. L'employeur assure dans l'entreprise la formation pratique de l'apprenti. Il lui confie notamment des tâches ou des postes permettant d'exécuter des opérations ou travaux conformes à une progression annuelle définie par accord entre le CFA et les représentants des entreprises qui inscrivent des apprentis dans celui-ci. Les CFA ont le monopole de la formation des apprentis et sont soumis au contrôle de l'État (L. 6231-1 et s.).

La personne directement responsable de la formation de l'apprenti et assumant la fonction de tuteur est dénommée maître d'apprentissage. Elle a pour mission de contribuer à l'acquisition par l'apprenti dans l'entreprise des compétences correspondant à la qualification recherchée et au titre ou diplôme préparés en liaison avec le centre de formation d'apprentis (L. 6223-5, L. 117-4).

C. Conditions de travail

1. *Statut de l'apprenti*

L'apprenti, salarié de l'entreprise, bénéficie des dispositions applicables à l'ensemble des salariés dans la mesure où elles ne sont pas contraires à celles qui sont liées à sa situation de jeune travailleur en formation (Soc. 12 juill. 1999, L. 6222-23, L. 117 bis-1). Il bénéficie d'une carte d'apprenti délivrée par le centre de formation d'apprenti.

2. *Temps du travail*

Le temps consacré par l'apprenti à la formation dispensée dans les CFA est compris dans l'horaire de travail – sauf lorsqu'il s'agit de modules complémentaires au cycle de formation, librement choisis par l'apprenti et acceptés par le CFA.

Pour le temps restant, et dans la limite de l'horaire de travail applicable dans l'entreprise, l'apprenti accomplit le travail qui lui est confié par l'employeur. Ce travail doit être en relation directe avec la formation professionnelle prévue au contrat. S'il a moins de 18 ans, l'apprenti bénéficie de la même protection que les autres jeunes travailleurs

(L. 3162-1) : il ne peut être employé à un travail effectif excédant huit heures par jour, ni la durée légale hebdomadaire (35 heures), sauf dérogation exceptionnelle, par l'inspecteur du travail après avis du médecin du travail, dans la limite de cinq heures par semaine, ni la durée normale du travail des adultes de l'établissement, ni être occupé le dimanche (sauf dérogation, L. 3164-5), ni un jour férié (sauf dérogation, L. 3164-8). Il doit en outre bénéficier du repos quotidien de 12 heures consécutives (L. 3164-1), 14 heures s'il a moins de 16 ans. Lorsque le temps de travail quotidien est supérieur à quatre heures et demi, il doit bénéficier d'un temps de pause d'au moins 30 minutes consécutives (L. 3162-3, L. 212-13 et L. 212-14).

Le travail de nuit est interdit pour l'apprenti de moins de 18 ans, sauf dérogations (établissements commerciaux et du spectacle notamment, L. 3163-1 et s.).

L'apprenti a droit à un congé rémunéré supplémentaire de cinq jours ouvrables, à prendre dans le mois qui précède les épreuves du diplôme de l'enseignement prévu dans le contrat d'apprentissage (L. 6222-35).

3. *Santé et sécurité*

La visite médicale d'embauche doit être réalisée dans les deux mois suivant l'embauche. Il est interdit d'employer l'apprenti à des travaux dangereux pour sa santé ou sa sécurité. Pour certaines formations professionnelles limitativement déterminées, l'apprenti peut accomplir, sous certaines conditions, les travaux dangereux que nécessite sa formation (L. 6222-30 et s.). Lorsque l'apprenti fréquente le centre de formation, il continue à bénéficier du régime de Sécurité sociale sur les accidents du travail et les maladies professionnelles, dont il relève en tant que salarié.

4. *Rémunération de l'apprenti*

Sous réserve de dispositions contractuelles ou conventionnelles plus favorables, l'apprenti perçoit un salaire déterminé en pourcentage du SMIC et dont le montant varie en fonction de l'âge du bénéficiaire et de sa progression dans le ou les cycles de formation faisant l'objet de l'apprentissage (L. 6222-27, D. 6222-26, D. 117-1).

Année d'exécution du contrat	Âge de l'apprenti		
	Jusqu'à 17 ans	18/20 ans	21 ans et + *
1re année	25 %	41 %	53 %
2e année	37 %	49 %	61 %
3e année	53 %	65 %	78 %

* Ou pourcentage du salaire minimum conventionnel correspondant à l'emploi occupé, s'il est plus favorable.

Lorsqu'un apprenti conclut avec le même employeur un nouveau contrat d'apprentissage, sa rémunération est au moins égale à celle qu'il percevait lors de la dernière année d'exécution du contrat précédent, sauf si les rémunérations minimales fixées en fonction de son âge sont plus élevées.

5. *Contrôles et sanctions*

L'UT (DIRECCTE) peut s'opposer à l'engagement d'apprentis par une entreprise lorsqu'il est établi par les autorités chargées du contrôle de l'exécution du contrat d'apprentissage que l'employeur méconnaît les obligations mises à sa charge, soit par le Code du travail, soit par le contrat d'apprentissage (L. 6225-1).

En cas de risque sérieux d'atteinte à la santé ou à l'intégrité physique ou morale de l'apprenti, l'inspecteur du travail propose à l'UT (DIRECCTE) la suspension du contrat, avec maintien par l'employeur de la rémunération (L. 6225-4, L. 117-5-1).

D. Aides financières

Les contrats d'apprentissage ouvrent droit à une indemnité compensatrice forfaitaire versée par la région à l'employeur. La région détermine la nature, le montant et les conditions d'attribution de cette indemnité (L. 6243-1). Des exonérations de cotisations sociales sont prévues (L. 6243-2 et 3).

Contrat de travail temporaire et autres contrats de mise à disposition

Principe. En matière de travail illégal, la loi prévoit que tout prêt de main-d'œuvre à but lucratif (L. 8241-1, L. 125-1) ou marchandage (défini comme une opération à but lucratif de fourniture de main-d'œuvre qui a pour effet de causer un préjudice au salarié qu'elle concerne ou d'éluder l'application de dispositions légales ou de stipulations d'une convention ou d'un accord collectif de travail – L. 8231-1, L. 125-3) est interdit, sous peine d'une amende de 30 000 et d'un emprisonnement de deux ans (Crim. 14 févr. 2007 ; Crim. 20 mars 2007).

Exceptions. Par dérogation, est autorisé le prêt de main-d'œuvre à but lucratif réalisé dans le cadre légal du travail temporaire et également dans le cadre des associations intermédiaires, du travail à temps partagé, des agences de mannequins et du portage salarial (L. 8241-1-1°) ; des associations sportives (L. 8241-1-2°) ; des mises à disposition auprès d'organisations professionnelles de salariés et d'employeurs (L. 8241-1-3°).

Prêt de main-d'œuvre à but non lucratif (L. 8241-2). Par ailleurs, le prêt de main-d'œuvre sans but lucratif est autorisé (notamment dans le cadre des groupements d'employeurs ou dans le cadre d'un détachement ou d'une mise à disposition au sein d'un groupe d'entreprises, notamment dans une filiale). « Une opération de prêt de main-d'œuvre ne poursuit pas de but lucratif lorsque l'entreprise prêteuse ne facture à l'entreprise utilisatrice, pendant la mise à disposition, que les salaires versés au salarié, les charges sociales afférentes et les frais professionnels remboursés à l'intéressé au titre de la mise à disposition » (loi du 28 juill. 2011, disposition plus restrictive que la jurisprudence *infra*).

Le prêt de main d'œuvre à but non lucratif conclu entre entreprises requiert :

- la conclusion d'une convention entre entreprises ; une convention de mise à disposition entre l'entreprise prêteuse et l'entreprise utilisatrice qui en définit la durée et mentionne l'identité et la qualification du salarié concerné, ainsi que le mode de détermination des salaires, des charges sociales et des frais professionnels qui seront facturés à l'EU par l'entreprise prêteuse.
- l'accord du salarié concerné ; un avenant au contrat de travail, précisant le travail confié dans l'EU, les horaires et le lieu d'exécution du travail, ainsi que les caractéristiques particulières du poste de travail. À l'issue de sa mise à disposition, le salarié retrouve son poste de travail dans l'entreprise prêteuse sans que l'évolution de sa carrière ou de sa rémunération ne soit affectée par la période de prêt. Les salariés mis à disposition ont accès aux installations et moyens de transport collectifs dont bénéficient les salariés de l'EU. Un salarié ne peut être sanctionné, licencié ou faire l'objet d'une mesure discriminatoire pour avoir refusé une proposition de mise à disposition. La mise à disposition ne peut affecter la protection dont jouit un salarié en vertu d'un mandat représentatif. Pendant la période de prêt de main-d'œuvre, le contrat de travail qui lie le salarié à l'entreprise prêteuse n'est ni rompu ni suspendu. Le salarié continue d'appartenir au personnel de l'entreprise prêteuse ; il conserve le bénéfice de l'ensemble des dispositions conventionnelles dont il aurait bénéficié s'il avait exécuté son travail dans l'entreprise prêteuse.
- la consultation des IRP ; le CE ou, à défaut, les DP de l'entreprise prêteuse sont consultés préalablement à la mise en œuvre d'un prêt de main-d'œuvre et informés des différentes conventions signées. Le CHSCT de l'entreprise prêteuse est informé lorsque le poste occupé dans l'EU par le salarié mis à disposition figure sur la liste de ceux présentant des risques particuliers pour la santé ou la sécurité des salariés. Le CE et le CHSCT ou, à défaut, les DP de l'EU sont informés et consultés préalablement à l'accueil de salariés mis à la disposition de celle-ci dans le cadre de prêts de main-d'œuvre.

L'entreprise prêteuse et le salarié peuvent convenir que le prêt de main-d'œuvre est soumis à une période probatoire au cours de laquelle il peut y être mis fin à la demande de l'une des parties. Cette période probatoire est obligatoire lorsque le prêt de main-d'œuvre entraîne la modification d'un élément essentiel du contrat de travail. La cessation du prêt de main-d'œuvre à l'initiative de l'une des parties avant la fin de la période probatoire ne peut, sauf faute grave du salarié, constituer un motif de sanction ou de licenciement.

Cependant, en cas d'infraction (but lucratif), ces opérations peuvent tomber sous le coup de condamnation pour d'une part, prêt de main-d'œuvre à but lucratif et, d'autre part, marchandage (Soc. 18 mai 2011, Stés John Deere et John Deere crédit, d'une part, « *cette interdiction concerne également l'entreprise utilisatrice et le caractère lucratif de l'opération peut résulter d'un accroissement de flexibilité dans la gestion du personnel et de l'économie de charges procurées à cette dernière* », et, d'autre part, « *la société (...) ne supportait aucun frais de gestion de personnel hormis le strict remboursement du salaire et des charges sociales, et, (...) il avait été fait application au salarié d'une convention de forfait-jours illicite, faute pour la convention collective des sociétés financières qui lui était applicable, (...) de prévoir la possibilité d'y recourir, ce qui l'avait privé du paiement des heures supplémentaires effectuées* »).

Contrat de travail temporaire

La place de l'intérim

L'ETT, en sa qualité d'intermédiaire privé sur le marché du travail, peut jouer un rôle déterminant dans l'action contre les discriminations, notamment lors du recrutement. Ainsi, un accord collectif innovant a été conclu dans la principale entreprise du secteur, celui de la SAS ADECCO du 26 avril 2007. Deux accords de branche ont été conclus : pour les salariés permanents le 16 mars 2007 et pour les salariés intérimaires en juillet 2007.

Une ETT est une entreprise « dont l'activité exclusive est de mettre à la disposition provisoire d'utilisateurs, des salariés, qu'en fonction d'une qualification convenue, elle embauche et rémunère à cet effet » (L. 1251-2, L. 124-1). Ce caractère d'exclusivité s'apprécie sans préjudice de l'exercice d'activités de placement.

L'activité d'ETT ne peut être exercée qu'après déclaration faite à l'Inspection du travail et obtention d'une garantie financière (L. 1251-45 et s., L. 124-8). Tout employeur (ETT) est tenu à tout moment de justifier d'une garantie financière assurant, en cas de défaillance de sa part, le paiement des salaires et de leurs accessoires, des indemnités de fin de mission et de congés payés, ainsi que des cotisations aux caisses de Sécurité sociale ou institutions sociales (Pôle emploi, caisses de retraite, etc.). La garantie résulte d'un engagement de caution, émanant d'une banque ou d'une compagnie d'assurances. Son montant minimum est fixé chaque année par décret. Si l'ETT est défaillante et si la caution s'avère insuffisante pour payer tout ce qui est dû, l'entreprise utilisatrice est substituée à l'ETT pour le paiement des sommes qui restent dues aux salariés et à la Sécurité sociale. Les ETT sont tenues de fournir à Pôle emploi le relevé des contrats qu'elles ont conclus avec leurs salariés (L. 1251-46, L. 124-11).

Une relation triangulaire s'institue donc entre l'ETT, son client (l'entreprise utilisatrice) et le salarié. L'ETT conclut avec l'EU un contrat commercial de « mise à disposition » et avec le salarié un contrat de travail dit « contrat de mission ». L'ETT reste l'employeur. C'est elle qui recrute et rémunère le salarié intérimaire qui sera mis à la disposition de l'entreprise cliente pour la durée d'une « mission ».

Le Conseil de la concurrence a sanctionné (financièrement) les majors de l'intérim (Manpower, Adecco France, Adia et VediorBis) pour s'être entendus, en 2003 et 2004, sur leur politique commerciale afin de limiter la compétition entre eux vis-à-vis de leurs clients importants (« grands comptes »).

A. Cas de recours

« Le contrat de mission ne peut avoir ni pour objet ni pour effet de pourvoir durablement un emploi lié à l'activité normale et permanente de l'entreprise utilisatrice. » (L. 1251-5, L. 124-2, al. 1.) Ce contrat ne peut être conclu que pour l'exécution d'une tâche précise et temporaire, dénommée « mission », et seulement dans les cas suivants, outre le remplacement d'un chef d'entreprise (L. 1251-6, L. 124-2-1) :

– remplacement d'un salarié en cas d'absence, de passage provisoire à temps partiel, conclu par avenant à son contrat de travail ou par échange écrit entre ce salarié et son employeur, de suspension de son contrat de travail, de départ définitif précédant la suppression de son poste de travail (cette suppression doit faire l'objet d'une saisine du comité d'entreprise, à défaut, des délégués du personnel) ou en cas d'attente de l'entrée en service effective du salarié recruté par un CDI appelé à le remplacer.
– accroissement temporaire de l'activité de l'entreprise. Cet accroissement doit bien être temporaire et non durable et constant (Soc. 21 janv. 2004) ; « *Le recours à des salariés intérimaires sur des postes libérés par glissement en cascade sur des postes de nuit* » ne répond pas aux exigences légales prévues ici « *dès lors qu'il n'était pas établi que l'affectation de nuit de salariés remplacés ne libérait que temporairement leur poste habituel de travail* » (Soc. 10 nov. 2009, SNC SOVAB).
– emplois à caractère saisonnier.
– emplois pour lesquels dans certains secteurs d'activité, définis par décret ou par voie de convention ou d'accord collectif étendu, il est d'usage constant de ne pas recourir au contrat à durée indéterminée, en raison de la nature de l'activité exercée et du caractère par nature

temporaire de ces emplois (D. 1242-1, D. 124-2) : exploitations forestières ; réparation navale ; déménagement ; hôtellerie et restauration ; spectacles ; action culturelle ; audiovisuel ; information ; production cinématographique ; enseignement ; activités d'enquête et de sondage ; édition phonographique ; centres de loisirs et de vacances ; entreposage et stockage de la viande ; sport professionnel ; bâtiments et travaux publics pour les chantiers à l'étranger ; activités de coopération, d'assistance technique, d'ingénierie et de recherche à l'étranger ; recherche scientifique réalisée dans le cadre d'une convention internationale, d'un arrangement administratif international pris en application d'une telle convention ou par les chercheurs étrangers résidant temporairement en France.

Dans ces secteurs d'activité, sont seuls concernés les emplois ayant par nature un caractère temporaire et non ceux qui sont caractérisés par une continuité de service, telles les tâches administratives (Soc. 17 déc. 1997). Par ailleurs, l'activité considérée doit être l'activité principale de l'entreprise et non celle du salarié concerné (Soc. 25 févr. 1998). La jurisprudence interprète strictement les cas de recours ainsi définis et écarte l'organisation de courses de chevaux et de pari mutuel qu'une réponse ministérielle avait assimilée à des spectacles (Soc. 24 juin 2003).

Politique d'emploi et de formation. La mise à disposition peut aussi intervenir :

- lorsque la mission de travail temporaire vise, en application de dispositions législatives ou réglementaires, ou d'un accord de branche étendu, à faciliter l'embauche de personnes sans emploi rencontrant des difficultés sociales et professionnelles particulières.
- lorsque l'ETT et l'UE s'engagent, pour une durée et dans des conditions fixées par décret ou accord de branche étendu, à assurer un complément de formation professionnelle au salarié.

Apprentissage. Les ETT peuvent conclure des contrats d'apprentissage (L. 6226-1). Ces contrats assurent à l'apprenti une formation professionnelle dispensée pour partie en entreprise dans le cadre des missions de travail temporaire et pour partie en CFA. La durée minimale de chaque mission de travail temporaire effectuée dans le cadre de l'apprentissage est de six mois. Le temps consacré aux enseignements dispensés en CFA afférents à ces missions est pris en compte dans cette durée.

B. Interdictions

Une entreprise utilisatrice ne peut faire appel à des travailleurs intérimaires (L. 1251-10, L. 124-2-7) pour :

- remplacer des salariés en grève ;
- exécuter des travaux particulièrement dangereux figurant sur une liste établie par arrêté ministériel ; l'autorité administrative peut exceptionnellement autoriser une dérogation à cette interdiction (D. 1251-2), « *la dérogation exceptionnelle accordée par l'autorité admi-*

nistrative à l'interdiction de recourir au travail temporaire pour effectuer certains travaux particulièrement dangereux doit être préalable à l'affectation du salarié temporaire à l'un des travaux » précités (Soc. 30 nov. 2010, PBR, Sté Adecco et Sté Barreault Lafon) ;

- remplacer un médecin du travail.

Est également interdit le recours à un salarié intérimaire dans les établissements où il a été procédé à un licenciement pour motif économique, dans les mêmes conditions et avec les mêmes exceptions que pour les CDD (L. 1251-9).

C. Fixation du terme et durée du contrat

La mission commence à la date fixée par le contrat. Lorsque l'intérimaire est appelé à remplacer un salarié absent, le contrat peut prendre effet avant l'absence du salarié et le terme de la mission peut être reporté jusqu'au surlendemain du jour où le salarié remplacé reprend son emploi.

La mission doit comporter un terme fixé avec précision dès la conclusion du contrat de mise à disposition conclu entre l'utilisateur et l'ETT (L. 1251-11). Ce principe, déjà posé à propos du CDD, comporte les mêmes exceptions que celles déjà rencontrées pour ce contrat. Dans ces situations exceptionnelles, le contrat peut ne pas comporter de terme précis. Il est conclu pour une durée minimale et a pour terme la fin de l'absence du salarié ou la réalisation de l'objet pour lequel il est conclu.

Lorsque le terme de la mission est fixé avec précision dans le contrat, il peut être avancé ou reporté à raison d'un jour pour cinq jours de travail, sans que la réduction de la durée de la mission puisse excéder 10 jours de travail, ni sans pouvoir transgresser la durée maximale. Pour les missions inférieures à 10 jours de travail, le terme de la mission peut être avancé ou reporté de deux jours.

Le contrat de travail cesse de plein droit à l'arrivée du terme. En cas de remplacement d'un salarié absent, le contrat prend fin, soit à l'issue de la durée initiale prévue au contrat, soit au plus tard le surlendemain du jour où le salarié remplacé reprend son travail.

D. Période d'essai

Le contrat de travail peut comporter une période d'essai (L. 1251-14, L. 124-4-1) dont la durée est fixée par convention ou accord professionnel étendu, par accord collectif d'entreprise ou d'établissement. À défaut, cette durée ne peut excéder :

- 2 jours, si la durée du contrat est inférieure ou égale à 1 mois ;
- 3 jours, si la durée du contrat est comprise entre 1 et 2 mois ;
- 5 jours, si la durée du contrat est supérieure à 2 mois.

En l'absence de terme précis, la période d'essai est calculée en fonction de la durée minimale du contrat.

E. Forme et contenu des contrats

1. *Contrat commercial de mise à disposition*

Ce contrat qui lie l'EU à l'ETT doit être établi par écrit, pour chaque salarié, au plus tard dans les deux jours ouvrables suivant la mise à disposition. Il doit (L. 1251-42, L. 124-3) :

- mentionner le motif pour lequel il est fait appel au salarié temporaire. Cette mention doit être assortie de justifications précises. Notamment, dans le cas du remplacement d'un salarié absent, il faut indiquer le nom et la qualification du salarié remplacé, la catégorie de l'emploi et sa classification (Soc. 21 mars 2007).
- fixer le terme de la mission.
- comporter, le cas échéant, la clause prévoyant la possibilité de modifier le terme de la mission.
- préciser les caractéristiques particulières du poste de travail à pourvoir et notamment si ce poste figure sur la liste des emplois présentant des risques particuliers pour la santé (L. 4154-2, L. 231-3-1).
- indiquer la qualification professionnelle exigée, le lieu de la mission et l'horaire.
- mentionner la nature des équipements de protection individuelle que le salarié doit utiliser et, le cas échéant, préciser si ceux-ci sont fournis par l'ETT.
- indiquer le montant de la rémunération avec ses différentes composantes, y compris, s'il en existe, les primes et accessoires de salaire que percevrait dans l'EU, après période d'essai, un salarié de qualification équivalente occupant le même poste de travail.

2. *Contrat de mission*

Le contrat de travail dit de mission doit comporter notamment (L. 1251-16, L. 124-4) la reproduction des mentions qui doivent figurer dans le contrat de mise à disposition ; la qualification du salarié, c'est-à-dire la catégorie de l'emploi et sa classification (Soc. 21 mars 2007) ; les modalités de la rémunération due au salarié, y compris celle de l'indemnité destinée à compenser la précarité de sa situation ; la durée de la période d'essai, si celle-ci est prévue ; la mention que l'embauche du salarié temporaire par l'utilisateur, à l'issue de la mission, n'est pas interdite ; le nom et l'adresse de la caisse de retraite complémentaire et de l'organisme de prévoyance dont relève l'ETT.

Le contrat de travail doit être établi par écrit, en français, et adressé au salarié au plus tard dans les deux jours ouvrables suivant sa mise à disposition (le salarié qui refuse de signer le contrat dans une intention frauduleuse ne peut obtenir sa requalification en CDI, Soc. 24 mars 2010). La déclaration préalable à l'embauche (DPE/DUE) étant généralisée, celle-ci doit être faite avant la prise de poste du salarié temporaire, mais pas pour les renouvellements, prolongations et reports de terme.

F. Échéance du terme et poursuite après échéance

Si l'EU continue à faire travailler, après la fin de sa mission, un salarié temporaire, sans avoir conclu avec lui un contrat de travail ou sans nouveau contrat de mise à disposition, ce salarié est réputé lié à l'utilisateur par un CDI. L'ancienneté du salarié est alors calculée à partir du premier jour de sa mission chez l'utilisateur (L. 1251-39, L. 124-7).

G. Renouvellement du contrat et durée maximale

Le contrat de travail temporaire, lorsqu'il comporte un terme fixé avec précision, peut être renouvelé une fois pour une durée déterminée qui, ajoutée à la durée du contrat initial, ne peut excéder une durée maximale de 18 mois (L. 1251-12, L. 124-2-2).

Cette durée est ramenée à neuf mois ou portée à 24 mois dans les mêmes cas que pour le CDD. De même, les conditions de renouvellement doivent avoir été précisées dans le contrat ou dans un avenant au contrat conclu avant l'arrivée du terme initialement prévu.

H. Indemnités de fin de contrat

À l'issue d'une mission, le salarié sous contrat de travail temporaire a droit, sauf exception, à une indemnité destinée à compenser la précarité de sa situation et qui constitue un complément de salaire (L. 1251-32, L. 124-4-4).

Le montant de cette indemnité est de 10 % de la rémunération totale brute due au salarié. Elle doit être versée à l'issue de chaque mission avec le salaire dû pour celle-ci et figurer sur le bulletin de salaire correspondant.

Elle n'est pas due (L. 1251-33, L. 124-2-1) :

- dans le cas de contrats de travail temporaire « d'usage constant » si un accord collectif étendu entre les organisations professionnelles d'employeurs et de salariés de la branche du travail temporaire, un accord collectif d'entreprise ou d'établissement le prévoit.
- dans le cas de contrats de travail temporaire conclus dans le cadre de stages de formation.
- si le contrat est rompu à l'initiative du salarié, en cas de faute grave ou d'embauche sous CDI de celui-ci ou en cas de force majeure.
- lorsque le salarié est recruté ensuite directement sous CDI, sans que la prise d'effet de ce contrat soit nécessairement concomitante, mais à condition qu'elle intervienne dans un délai raisonnable (Soc. 8 déc. 2004).

I. Rupture anticipée de la mission

Il peut arriver que l'ETT décide de rompre le contrat de travail avant qu'il arrive à son terme. Le plus souvent, cette décision est prise parce que l'EU est mécontente du salarié et a rompu le contrat de mise à disposition. C'est l'ETT qui, en cas de rupture anticipée du contrat de travail, a une obligation envers le salarié.

L'ETT doit, dans ce cas, proposer au salarié un nouveau contrat de travail, prenant effet dans un délai maximum de trois jours ouvrables.

Le nouveau contrat ne peut comporter de modifications substantielles en ce qui concerne la qualification, la rémunération, l'horaire de travail et le temps de transport (L. 1251-26, L. 124-5).

L'ETT n'est dispensée de cette obligation qu'en cas de force majeure ou de faute grave du salarié. Dans les autres cas, si elle ne s'acquitte pas de cette obligation, elle devra payer au salarié la rémunération qu'il aurait reçue si le contrat était parvenu jusqu'à son terme, y compris l'indemnité de fin de mission. Toutefois, lorsque la durée restant à courir du contrat rompu est supérieure à quatre semaines, l'ETT satisfera à ses obligations en proposant des contrats successifs d'une durée totale au moins égale à celle qui restait à courir (le nombre de ces contrats est limité à trois).

Si c'est le salarié qui prend l'initiative de la rupture anticipée du contrat de travail, l'ETT aura droit à des dommages-intérêts, à fixer par le juge, correspondant au préjudice subi, à l'exception du cas où le salarié peut justifier d'une embauche sous CDI, auquel cas il devra seulement un préavis variant d'un à 14 jours calendaires.

J. Succession de contrats de mission

Les règles en la matière sont identiques à celles qui concernent les CDD (L. 1251-36).

K. Statut du salarié intérimaire

Le salarié intérimaire doit bénéficier d'une égalité de traitement avec les salariés « permanents » (en CDI) de l'entreprise utilisatrice (directive n° 2008/104/CE du 19 nov. 2008).

1. *Rémunération*

Le salarié doit percevoir une rémunération au moins égale à celle qu'aurait perçue, dans l'entreprise utilisatrice, après période d'essai, un salarié de qualification équivalente, occupant le même poste de travail (L. 1251-18, L. 124-4-2). Cette rémunération est déterminée dans le contrat de mise à disposition. Le salarié doit bénéficier des titres restaurant, comme les salariés permanents (Soc. 29 nov. 2006, société The Timken Company), et, s'il remplit les conditions de présence prévues par un accord d'entreprise, de la prime de treizième mois (Soc. 29 nov. 2006, SA Multipostage). La totalité des jours fériés chômés intervenant

au cours d'une mission est due au salarié temporaire, sans conditions d'ancienneté, dès lors que les salariés de l'EU en bénéficient. Le salarié a droit, en sus de sa rémunération, à une indemnité de fin de mission.

2. *Congés payés*

Le salarié temporaire a également droit à une indemnité compensatrice de congés payés (L. 1251-19, L. 124-4-3). Ne prenant pas de congés payés dans l'EU, il a droit, à l'issue de chaque mission, à une indemnité compensatrice de congés payés, d'un montant égal à 10 % de la rémunération totale qui lui est due, indemnité de fin de mission comprise.

3. *Protection sociale*

Aux termes d'un accord collectif, couvrant l'ensemble de la profession, le salarié temporaire, en cas de maladie ou d'accident, touche une indemnité complémentaire de celle de la Sécurité sociale.

4. *Formation continue*

Un accord professionnel aménage des possibilités de formation professionnelle. La loi fixe à 2 % le pourcentage minimum de la masse salariale que l'ETT doit affecter à la formation continue, la fraction affectée au financement des congés individuels étant portée à 0,30 %.

5. *Conditions de travail*

Les dispositions légales, réglementaires et conventionnelles applicables sur les lieux de travail, notamment celles relatives aux conditions de travail, à l'hygiène et à la sécurité, couvrent le personnel temporaire comme le personnel permanent (L. 1251-21, L. 124-4-6).

« *L'entreprise de travail temporaire et l'entreprise utilisatrice sont tenues, à l'égard des salariés mis à disposition, d'une obligation de sécurité de résultat dont elles doivent assurer l'effectivité, chacune au regard des obligations que les textes mettent à leur charge en matière de prévention des risques* » (Soc. 30 nov. 2010, PBR, Sté Adecco et Sté Barreaut Lafon).

Les dispositions relatives à la formation renforcée à la sécurité couvrent les salariés temporaires (à défaut, l'EU est présumée auteur d'une faute inexcusable en cas d'AT, Civ. 2e 24 mai 2007). Pendant la durée de la mission, l'EU est responsable des conditions d'exécution du travail (durée du travail, travail de nuit, repos hebdomadaire, jours fériés, santé et sécurité). Les obligations relatives à la médecine du travail sont à la charge de l'ETT, mais lorsque l'activité exercée par le salarié nécessite une surveillance médicale renforcée, les obligations correspondantes sont à la charge de l'EU. Les équipements de protection individuelle sont fournis par l'EU, mais certains équipements personnalisés (lunettes de sécurité, chaussures, casques, etc.), définis par convention ou accord collectif de travail, peuvent être fournis par l'ETT. Les salariés ne doivent pas supporter la charge financière des équipements de protection individuelle.

6. *Représentation du personnel*

Dans les EU, les salariés temporaires peuvent faire présenter par les délégués du personnel de ces entreprises leurs réclamations individuelles ou collectives concernant la rémunération et les conditions de travail. Ils sont, dans certains cas, pris en compte dans le calcul de l'effectif de celles-ci. Ils ne sont pas électeurs (Soc. 1er avril 2008).

Dans les ETT, ces salariés temporaires sont électeurs et éligibles aux élections des DP et au CE s'ils satisfont à une ancienneté d'au moins trois mois (électorat) ou six mois (éligibilité). Pour apprécier l'ancienneté du salarié, on totalise la durée des missions au cours des 12 mois (électorat) ou des 18 mois (éligibilité) précédant l'élection (L. 423-9, L. 433-6). Ils peuvent être désignés comme délégués syndicaux (L. 412-14) s'ils totalisent au moins six mois de missions dans les 18 mois précédant leur désignation. Les intérimaires sont également éligibles au CHSCT de l'ETT (Soc. 22 sept. 2010, PBR). Ils ne doivent pas être discriminés du fait de leurs mandats, notamment dans l'EU.

7. *Moyens de transport et de restauration*

Les travailleurs bénéficient des équipements collectifs existant chez l'EU, dans les mêmes conditions que les salariés de l'utilisateur. Lorsque, de ce fait, des dépenses supplémentaires incombent au CE, celles-ci doivent lui être remboursées (L. 1251-24, L. 124-4-7). Ils y bénéficient, comme les salariés sous CDD, de l'information sur les emplois à durée indéterminée disponibles (L. 1251-25, L. 124-23).

8. *Autorité*

Le salarié temporaire est placé, pendant la durée de la mission, sous l'autorité de l'EU et non de son employeur. Ainsi, les attributions en général réunies sur la personne d'un seul employeur sont, dans le cas du travail temporaire, réparties entre l'ETT et l'EU. L'ETT recrute, rémunère, licencie. L'EU exerce l'autorité. La fonction d'employeur fait l'objet d'un éclatement.

L. Sanctions

1. *Sanctions civiles*

La sanction consistant en une requalification de la relation de travail en CDI doit s'opérer, en principe, avec l'EU (L. 1251-40, L. 124-7), ou exceptionnellement avec l'ETT (Soc. 19 juin 2002). Ainsi, si l'EU continue à faire travailler un salarié temporaire après la fin de sa mission, le contrat devient à durée indéterminée ; de même, si l'EU a recours à un salarié temporaire pour un motif non autorisé par les textes ou en dépassant les durées autorisées, ce salarié sera considéré comme lié, avec l'EU, par un CDI. La requalification prend effet à compter du premier jour de la première mission irrégulière effectuée chez l'utilisateur (Soc. 21 janv. 2004).

En cas de succession de contrats de mission pour accroissement temporaire d'activité, il appartient à l'EU d'établir la réalité du surcroît d'activité. À défaut, les contrats de mission sont requalifiés en un CDI (Soc. 10 nov. 2009, SNC SOVAB ; Soc. 15 mars 2006, Soc. 10 mai 2006, société Bosch).

Le salarié intérimaire qui a obtenu la requalification de sa relation de travail en CDI peut, en cas de rupture de celui-ci, cumuler l'indemnité de préavis et l'indemnité de licenciement sans cause réelle et sérieuse (Soc. 13 avril 2005). L'indemnité de précarité lui reste acquise (Soc. 13 avril 2005).

Quand le salarié intérimaire a effectué plusieurs missions (13 entre 2001 et 2006) dans la même entreprise, ne connaissant ses dates de début et de fin de mission qu'au fur et à mesure qu'il les effectuait, de sorte qu'il avait dû se tenir à la disposition de l'entreprise, doit bénéficier de rappels de salaires, par l'entreprise utilisatrice, pour les périodes intermédiaires entre les missions (non travaillées, Soc. 10 nov. 2009, SNC SOVAB, préc.).

La requalification du contrat de travail temporaire d'un salarié mis à disposition d'un employeur public « *relève de la compétence du juge administratif* » (Trib. des conflits, 2 mars 2009, Mme D. c/ministre de la Défense).

2. *Sanctions pénales*

Des sanctions – notamment une amende pouvant aller jusqu'à 3 750 € et, en cas de récidive, jusqu'à 7 500 € et/ou un emprisonnement jusqu'à six mois – sont applicables à l'ETT (L. 1254-2) ainsi qu'à l'EU (L. 1254-3 et s.), s'ils commettent des infractions en violation des obligations énumérées par le Code du travail ou par le Code pénal (notamment en matière de discrimination à l'embauche, 225-2-5° – offre d'emploi discriminatoire, exemple : discrimination raciale, Crim. 23 juin 2009, Adecco et a, préc. ; 225-2-3° – refus d'embauche, exemple : discrimination syndicale – l'entreprise utilisatrice refuse la conclusion d'un contrat de mise à disposition ou son renouvellement : Crim. 2 sept. 2003).

3. *Actions en justice*

Les conditions dans lesquelles un salarié peut demander au CPH la requalification d'une mission d'intérim en CDI et dans lesquelles les syndicats représentatifs peuvent exercer en justice toute action tendant à faire valoir les droits d'un salarié intérimaire (L. 1251-59) ou agir devant le TGI (CA Versailles, 28 mars 2007) sont identiques à celles concernant le CDD.

Autres situations de mise à disposition

A. Contrat de travail à temps partagé

La loi du 2 août 2005 en faveur des PME prévoit une nouvelle forme de prêt de main-d'œuvre à but lucratif : le travail à temps partagé (L. 1252-1 et s., L. 124-24 et s.), dont le régime juridique est assez imprécis.

Une entreprise de travail à temps partagé a pour activité exclusive de « mettre à disposition d'entreprises clientes du personnel qualifié qu'elles ne peuvent recruter elles-mêmes à raison de leur taille ou de leurs moyens ». L'embauche est ainsi mutualisée. Les missions peuvent être à temps plein ou à temps partiel. Un contrat de travail à temps partagé est conclu pour chaque mise à disposition entre l'entreprise de travail à temps partagé et l'entreprise cliente (entreprise utilisatrice).

Un CDI est conclu entre le salarié et l'entreprise de travail à temps partagé. Le statut du salarié est proche de celui de l'intérimaire (rémunération, etc.).

Les ETT elles aussi peuvent exercer l'activité d'entreprise de travail à temps partagé.

B. Portage salarial

Jusqu'à présent, le portage salarial, à but lucratif, qui établit également une relation triangulaire entre la société de portage, l'entreprise cliente et le salarié « porté », ne remplit pas les conditions légales (le juge peut requalifier en contrat de travail la relation commerciale entre des consultants et l'entreprise de portage, donnant ainsi accès aux allocations Assédic, TGI Paris, 18 mars 2008).

Cette situation est en cours d'évolution. Reprenant des dispositions de l'ANI du 11 janvier 2008, la loi du 25 juin 2008 de modernisation du marché du travail prévoit d'une part une définition : « Le portage salarial est un ensemble de relations contractuelles organisées entre une entreprise de portage, une personne portée et des entreprises clientes comportant pour la personne portée le régime du salariat et la rémunération de sa prestation chez le client par l'entreprise de portage. Il garantit les droits de la personne portée sur son apport de clientèle » (L. 1251-64). D'autre part, cette loi prévoit des règles de mise en œuvre : pour une durée limitée à deux ans à compter de la publication de la loi (*JO* 26 juin 2008), un ANI étendu peut confier à une branche dont l'activité est considérée comme la plus proche du portage salarial la mission d'organiser, après consultation des organisations représentant des entreprises de portage salarial et par accord de branche étendu, le portage salarial (art. 8).

L'ANI, conclu le 24 juin 2010 entre le PRISME (organisation patronale du travail temporaire) et les organisations syndicales représentatives de salariés au niveau national interprofessionnel, précise le régime juridique :

– L'entreprise cliente ne peut y recourir que pour des tâches déterminées (tâches occasionnelles ne relevant pas de son activité normale et permanente ; tâche ponctuelle nécessitant une expertise non disponible en interne).
– L'entreprise de portage exerce exclusivement cette activité et souscrit une garantie financière et une assurance responsabilité civile professionnelle pour le compte du salarié.
– Le salarié « porté » a le statut de « cadre » ; il doit prospecter la clientèle, négocier la prestation avec l'entreprise cliente et mener à bien la prestation convenue, ainsi que transmettre des comptes rendus d'activité (au regard du lien de subordination, le salarié a droit aux prestations de l'assurance-chômage, Soc. 16 déc. 2009, Assédic du Pas-de-Calais). Il a droit à une rémunération minimale (2 900 € bruts par mois pour un emploi à plein-temps, une indemnité d'apport d'affaires, etc.).

Le contrat de travail « portage salarial » est conclu entre le salarié et l'entreprise de portage, sous la forme d'un CDI ou d'un CDD ; la durée du travail peut être prévue par une convention de forfait (en heures ou en jours). Un contrat de prestation de service est conclu entre l'entreprise de portage et l'entreprise cliente.

L'entrée en vigueur de cet accord est subordonnée à son extension et à l'adoption des dispositions législatives nécessaires à son application (ces conditions n'étaient pas réunies lors de la mise sous presse de cet ouvrage).

La société de portage doit respecter les dispositions du Code du travail (fourniture du travail au salarié « porté », application des règles sur le temps partiel, etc., Soc. 17 févr. 2010, deux arrêts, PBRI, Sté AVS Concept).

C. Contrats liés aux politiques d'insertion ou de services à la personne

L'insertion par l'activité économique (IAE) a pour objet de permettre à des personnes sans emploi, rencontrant des difficultés sociales et professionnelles particulières, de bénéficier de contrats de travail en vue de faciliter leur insertion professionnelle (L. 5132-1). Les structures d'IAE pouvant conclure des conventions avec l'État sont notamment :

– les ETT d'insertion (L. 5132-6) ; leur activité relève de l'ensemble des dispositions relatives au travail temporaire mais la durée des contrats de mission peut être portée à 24 mois, renouvellement compris).
– les associations intermédiaires (L. 5132-7 et s.) ; leur activité consiste à embaucher des personnes sans emploi en grandes difficultés en les mettant à titre onéreux à disposition de personnes physiques ou morales, dans le cadre d'un régime proche du travail temporaire ; Soc. 11 mars 2008, ces associations ne remplissent qu'un rôle de mandataire, les personnes physiques étant les seuls employeurs des

travailleurs ; ces AI peuvent conclure des CDD d'insertion, L. 5132-11-1). Quand le salarié mis à disposition occupe « *en réalité un emploi lié à l'activité normale et permanente de l'entreprise utilisatrice* », il peut faire valoir auprès de cette entreprise les droits tirés d'un CDI (Soc. 2 mars 2011, Sté Angers Habitat – les règles relatives au travail temporaire s'appliquent, *supra* L. 1251-1).

Les associations et entreprises de « services à la personne » (L. 7231-1 et s.) portent sur les activités de garde d'enfants, d'assistance aux personnes (âgées, handicapées, autres) et de tâches ménagères ou familiales au domicile. Leur activité consiste notamment à recruter des personnes pour les mettre à disposition de personnes physiques (L. 7232-6-2°). Les dispositions protectrices pour ces salariés sont réduites.

D. Contrat conclu avec un groupement d'employeurs

Les nouvelles dispositions législatives sont entrées en vigueur le 1er nov. 2011 (la négociation d'un ANI sur ce sujet s'est achevée le 27 oct. 2011 sur un constat d'échec).

Ces groupements ne peuvent se livrer qu'à des opérations à but non lucratif (L. 1253-1 et s.).

Objet. Ces groupements de personnes entrant dans le champ d'application d'une même convention collective peuvent être constitués dans le but de mettre à la disposition de leurs membres (EU, entreprise utilisatrice) des salariés liés à ces groupements par un contrat de travail. Cette mise à disposition peut avoir pour objet de permettre le remplacement de salariés suivant une action de formation. Ils peuvent également apporter à leurs membres leur aide ou leur conseil en matière d'emploi ou de gestion des ressources humaines.

Constitution et adhésion. Les groupements d'employeurs sont constitués sous la forme d'une association ou d'une société coopérative (L. 1253-2). Lorsqu'un groupement d'employeurs se constitue, il en informe l'Inspection du travail, la liste des membres du groupement étant tenue en permanence à sa disposition au siège du groupement (L. 1253-6). La règle prescrivant qu'une personne ne peut être membre que de deux groupements est abrogée (loi du 28 juill. 2011).

Les employeurs qui adhèrent à un groupement d'employeurs informent les institutions représentatives du personnel (CE, DP, CHSCT) existant dans leur entreprise de la constitution et de la nature du groupement d'employeurs (L. 1253-7).

La conclusion préalable d'un accord collectif dans les entreprises de plus de 300 salariés n'est plus exigée (loi du 28 juill. 2011).

Responsabilité solidaire des dettes. Les membres du groupement sont solidairement responsables de ses dettes à l'égard des salariés et des organismes créanciers de cotisations obligatoires. Par dérogation, les statuts des groupements d'employeurs peuvent prévoir, sur la base de critères objectifs, des règles de répartition de ces dettes entre les membres du groupement, opposables aux créanciers. Ils peuvent également prévoir des modalités de responsabilité spécifiques pour les collectivités territoriales membres du groupement (L. 1253-8).

Conditions d'emploi et de travail. Les contrats de travail conclus par le groupement sont établis par écrit. Ils comportent notamment :

- les conditions d'emploi et de rémunération ;
- la qualification professionnelle du salarié ;
- la liste des utilisateurs potentiels ;
- les lieux d'exécution du travail.

Ils garantissent l'égalité de traitement en matière de rémunération, d'intéressement, de participation et d'épargne salariale entre le salarié du groupement et les salariés des entreprises auprès desquelles il est mis à disposition (L. 1253-9).

Les salariés du groupement bénéficient de la convention collective dans le champ d'application de laquelle le groupement a été constitué (L. 1253-10). Pendant la durée de la mise à disposition, l'utilisateur est responsable des conditions d'exécution du travail (durée du travail, travail de nuit, repos hebdomadaire, jours fériés, santé et sécurité, etc., L. 1253-12). Les obligations relatives à la médecine du travail sont à la charge du groupement, mais à la charge de l'utilisateur en cas de surveillance médicale renforcée (L. 1253-13).

Les salariés du groupement ont accès dans l'entreprise utilisatrice aux moyens collectifs de transport et aux installations collectives, notamment de restauration, dont peuvent bénéficier les salariés de l'entreprise utilisatrice, dans les mêmes conditions que ces derniers (L. 1253-14).

Actions en justice. Les organisations syndicales représentatives dans l'EU ou dans le groupement peuvent exercer en justice les actions civiles en faveur des salariés du groupement (pouvoir de substitution comme en matière de CDD ou de travail temporaire). Des sanctions pénales sont également prévues (L. 1254-13).

Contrat de travail à temps partiel

A. Définition

Le temps partiel en chiffres

- Plus de 83 % des salariés à temps partiel sont des femmes.
- Le nombre de salarié(e)s à temps partiel augmente (notamment dans le secteur tertiaire) : ainsi, il a doublé en 25 ans. En effet, en 1982, il représentait 8,2 % des salariés contre 17,9 % en 2005.

(Source DARES)

Sont salariés à temps partiel les salariés dont la durée de travail est inférieure (L. 3123-1, L. 212-4-2, al. 2) à :

– la durée légale du travail ou, lorsque ces durées sont inférieures à la durée légale, à la durée du travail fixée conventionnellement pour la branche ou l'entreprise ou aux durées du travail applicables dans l'établissement.
– la durée mensuelle résultant de l'application, sur cette période, de la durée légale du travail ou, si elles sont inférieures, de la durée du travail fixée conventionnellement pour la branche ou l'entreprise ou des durées du travail applicables dans l'établissement.
– la durée de travail annuelle résultant de l'application sur cette période de la durée légale du travail ou, si elles sont inférieures, de la durée du travail fixée conventionnellement pour la branche ou l'entreprise ou des durées du travail applicables dans l'établissement, diminuée des heures correspondant aux jours de congés légaux et aux jours fériés.

Est donc considéré comme à temps partiel tout salarié dont l'horaire de travail est inférieur à un temps plein. Il n'existe pas de plancher.

Différentes voies permettent de mettre le temps partiel en place : par accord de branche étendu ou par accord d'entreprise ; en l'absence d'accord, après avis du CE ou des DP ; en leur absence, à la demande de l'employeur ou des salariés (voir chapitre 14 sur le temps de travail).

B. Contrat de travail à temps partiel

Le contrat de travail à temps partiel doit être écrit en français. Il peut être à durée déterminée ou indéterminée, voire temporaire, comme un contrat à temps complet. Il mentionne notamment (L. 3123-14, L. 212-4-3 et L. 212-4-4) :

- la qualification du salarié ;
- les éléments de la rémunération ;
- la durée hebdomadaire ou, le cas échéant, mensuelle du travail ;
- la répartition de la durée du travail entre les jours de la semaine ou, le cas échéant, des semaines du mois (la répartition des heures de travail entre les semaines pouvant être inégale pour tenir compte des besoins de l'entreprise) et les cas où une répartition différente peut intervenir ainsi que la nature de cette modification ;
- les limites dans lesquelles peuvent être effectuées des heures complémentaires.

Le contrat définit, en outre, les conditions de la modification éventuelle de la répartition de la durée du travail ainsi que la nature de cette modification qui doit être notifiée sept jours au moins avant la date à laquelle elle doit intervenir. Le délai peut être réduit jusqu'à trois jours, par accord collectif de branche étendu, accord d'entreprise ou d'établissement, moyennant compensation. Ne pas le respecter revient à rompre le contrat sans cause réelle et sérieuse (Soc. 16 févr. 1999).

Si le contrat ne comporte pas ces deux précisions, le refus du salarié d'accepter un changement de la répartition de la durée du travail prévue au contrat ne constitue ni une faute ni un motif de licenciement. Et si le contrat comporte ces deux précisions, le refus du salarié d'accepter un changement de la répartition de la durée du travail prévue au contrat ne constitue ni une faute ni un motif de licenciement lorsque ce changement est incompatible avec :

- des obligations familiales impérieuses (plus largement avec le droit de mener une vie familiale normale) ;
- le suivi d'un enseignement scolaire ou supérieur ;
- une période d'activité fixée chez un autre employeur ;
- une activité professionnelle non salariée.

Enfin, le défaut de contrat écrit ou des mentions prévues est puni des mêmes sanctions pénales que pour le CDD. Le contrat est, en outre, présumé à temps plein, à moins que l'employeur apporte la preuve, difficile, de la réalité du travail à temps partiel et de l'indisponibilité du salarié pour un temps plein (Soc. 25 févr. 2004 ; Soc. 9 avril 2008, pour un chèque emploi-service universel avec une durée hebdomadaire de travail supérieure à huit heures, L. 1271-4). Le contrat est requalifié en contrat à temps complet quand les horaires de la salariée pouvaient être révisés en fonction des besoins du service, l'employeur n'apportant pas la preuve de la durée du travail convenue ni du fait que la salariée n'était pas placée dans l'impossibilité de prévoir à quel rythme elle devait travailler et n'avait pas à se tenir constamment à sa disposition (Soc. 15 sept. 2010, PBR).

C. Statut du salarié à temps partiel

Égalité de traitement. Le salarié à temps partiel bénéficie d'une égalité de traitement et de non-discrimination. Il a donc les mêmes droits que ceux reconnus au salarié à temps complet par la loi, les conventions et les accords collectifs d'entreprise ou d'établissement (directive européenne préc.), sous réserve, en ce qui concerne les droits conventionnels, de modalités spécifiques prévues par une convention ou un accord collectif de travail (L. 3123-11, L. 212-4-5) ; les salariés à temps partiel ne devant pas être exclus du champ des accords collectifs (Soc. 15 janv. 2002). Pour pouvoir être étendu(e), l'accord ou la convention collective de branche doit notamment comporter des garanties relatives à la mise en œuvre, pour les salariés à temps partiel, des droits reconnus aux salariés à temps complet, et notamment de l'égalité d'accès aux possibilités de promotion, de carrière et de formation.

Discrimination indirecte. Les salariés à temps partiel, qui sont en grande majorité des femmes, ne doivent subir aucune discrimination, directe ou indirecte – la jurisprudence de la CJUE est abondante en la matière et n'est pas encore mise en œuvre de manière satisfaisante en droit interne.

Rémunération. La rémunération doit être, compte tenu de la durée de leur travail et de leur ancienneté, proportionnelle à celle du salarié qui, à qualification égale, occupe à temps complet un emploi équivalent dans l'établissement ou l'entreprise, y compris pour ce qui est des primes (L. 3123-10), par exemple de vacances ou de fin d'année (Soc. 26 févr. 1997), et pour les indemnités, par exemple de résidence (Soc. 1er juin 1999). En revanche, les primes conventionnelles forfaitaires n'ont pas à être proratisées (Soc. 15 sept. 2010, primes d'expérience, familiale et de vacances, dans le réseau des Caisses d'Épargne et de Prévoyance).

Essai. Le contrat de travail peut prévoir une période d'essai, dont la durée calendaire ne peut être supérieure à la durée de la période d'essai des salariés à temps plein (L. 3123-9).

Congés payés. La durée des congés annuels payés est la même que si le salarié travaillait à temps complet (mais l'indemnité de congés payés est moindre). « *Le salarié à temps partiel a droit à un congé dont la durée, qui ne doit pas être réduite à proportion de l'horaire de travail, est égale à celle du congé d'un salarié à temps plein et dont la rémunération est égale au dixième de la rémunération totale qu'il a perçue au cours de la période de référence ou, si elle est plus favorable, au montant de la rémunération qu'il aurait perçue s'il avait continué à travailler* » (Soc. 22 févr. 2000, C.H. Montperrin). Pour le décompte des congés payés, le point de départ des congés est le premier jour où le salarié aurait dû travailler, s'il n'était pas parti en congé, et le dernier jour est la veille de la reprise du travail ; les jours ouvrables jusqu'à la reprise sont décomptés dans le nombre de jours de congés (Soc. 22 févr. 2000, préc.).

Ancienneté. Pour la détermination des droits liés à l'ancienneté, celle-ci est décomptée comme s'il avait été occupé à temps complet, c'est-à-dire que les périodes non travaillées sont prises en compte en totalité (L. 3123-12). L'indemnité de licenciement et l'indemnité de départ à la retraite des salariés ayant été occupés à temps complet et à temps partiel dans la même entreprise sont calculées proportionnellement aux périodes d'emploi effectuées selon l'une et l'autre de ces deux modalités depuis leur entrée dans l'entreprise (L. 3123-13).

Licenciement économique. En cas de licenciement économique, un plan de sauvegarde de l'emploi (PSE) ne peut écarter des salariés du bénéfice de ses mesures parce qu'ils sont à temps partiel (Soc. 12 févr. 2003). Le fait de travailler à temps partiel ne peut constituer un critère défavorable dans l'établissement de l'ordre des licenciements (Soc. 3 mars 1998).

Droits collectifs. Enfin, concernant la représentation du personnel, les salariés à temps partiel ayant les mêmes droits que les salariés à temps complet sont électeurs et éligibles aux élections de DP et au CE. Ils peuvent être désignés comme délégués syndicaux, aux mêmes conditions d'âge et d'ancienneté que les salariés à temps complet. Le crédit d'heures d'un représentant du personnel travaillant à temps partiel est le même que celui d'un représentant du personnel travaillant à temps plein, mais son temps de travail ne peut être réduit de plus du tiers par l'utilisation de ce crédit. Le solde éventuel peut être utilisé en dehors de son temps de travail (L. 3123-29, L. 212-4-10). Ces salariés sont pris en compte dans l'effectif de l'entreprise au prorata de leur temps de travail.

D. Heures complémentaires

Les heures complémentaires – et non supplémentaires (L. 3123-17, L. 212-4-3) – sont celles effectuées au-delà du temps de travail régulier prévu par le contrat. Le contrat de travail détermine les limites dans lesquelles peuvent être effectuées des heures complémentaires. Le nombre d'heures complémentaires effectuées par un salarié à temps partiel, au cours d'une même semaine ou d'un même mois « ou sur la période prévue par un accord collectif » (L. 3122-2 ; *infra* chapitre XIV, « Répartition et aménagements du temps de travail »), ne peut être supérieur au dixième ou, en cas d'accord collectif de branche étendu, d'accord d'entreprise ou d'établissement, au tiers de la durée de travail prévue dans son contrat « calculée, le cas échéant, sur la période prévue par un accord collectif » (L. 3122-2). Le paiement des heures complémentaires ne peut être remplacé par un repos (Soc. 17 févr. 2010).

La salariée à temps partiel bénéficie d'un aménagement de la charge de la preuve des heures effectuées (L. 3171-4 ; Soc. 24 nov. 2010, Sté Résidence Les Serpolets, « *un décompte établi au crayon, mois par mois, sans autre explication ni indication complémentaire* » peut être considéré comme « *la production d'éléments suffisamment précis quant aux horaires effectivement réalisés* »).

Le nombre d'heures complémentaires ne peut avoir pour effet de porter la durée du travail effectuée par un salarié à temps partiel jusqu'au niveau de la durée légale ou au niveau de la durée conventionnelle, si cette dernière est inférieure. À défaut, le contrat est « requalifié à temps complet », y compris quand les heures ont été effectuées en exécution d'avenants (Soc. 9 déc. 2009, Sté Cora).

Le refus d'effectuer des heures complémentaires au-delà des limites fixées par le contrat n'est ni une faute ni un motif de licenciement. Chacune des heures complémentaires effectuées au-delà du dixième de la durée hebdomadaire ou mensuelle fixée au contrat de travail donne lieu à une majoration de salaire de 25 %. Le juge communautaire considère que la moindre majoration des heures effectuées au-delà du contrat pour les salariés à temps partiel par rapport aux salariés à temps complet constitue une discrimination indirecte à l'égard des femmes, largement majoritaires parmi les salariés à temps partiel (CJCE 6 déc. 2007). Par conséquent, toute heure complémentaire devrait être majorée de 25 % dès la première heure.

À l'intérieur de ces limites, le refus d'effectuer des heures complémentaires ne constitue ni une faute ni un motif de licenciement si le salarié est informé moins de trois jours avant la date à laquelle les heures complémentaires sont prévues.

Si, en raison du nombre d'heures complémentaires effectuées, la durée réellement travaillée par le salarié – sur une période de 12 semaines consécutives ou pendant 12 semaines au cours d'une période de 15 semaines – a dépassé la durée prévue au contrat de deux heures au moins par semaine, ou de l'équivalent mensuel de cette durée, la durée fixée au contrat doit être modifiée (sous réserve d'un préavis de sept jours et sauf opposition du salarié). Doit alors être ajoutée à la durée fixée au contrat la différence entre la durée du travail effectuée et la durée stipulée au contrat.

CHAPITRE IX

Modification et suspension du contrat de travail

L'employeur qui tire profit de l'activité de l'entreprise, en assumant aussi des risques, détermine les buts à atteindre et les moyens pour y parvenir. C'est lui qui prend les décisions. Ce pouvoir de direction s'exerce aussi sur chaque salarié de l'entreprise, pris individuellement. Le contrat de travail place en effet le salarié sous sa subordination juridique. En particulier, l'employeur décide de l'affectation, des horaires et du lieu de travail. Ainsi, il peut changer le travail effectué par un salarié, dès l'instant où il correspond à ses qualifications (sauf à exercer une discrimination prohibée, Soc. 10 mai 1999).

Le licenciement n'est pas la seule incertitude de la vie professionnelle. Placé sous l'autorité de l'employeur, le salarié est exposé aux effets des décisions que celui-ci peut prendre dans l'exercice de son pouvoir de direction : changement des attributions ou des conditions de travail, etc. L'employeur, confronté à une conjoncture économique défavorable, peut décider de réduire l'activité de l'entreprise : les salariés se trouveront alors au chômage partiel.

L'étendue et les limites des prérogatives de l'employeur, dans l'exercice de son pouvoir de direction, ne font pas l'objet de dispositions législatives générales. Elles résultent pour l'essentiel de la jurisprudence et de quelques dispositions légales particulières.

Des événements de la vie professionnelle comme l'accident du travail, la maladie provoquée par le travail ou la grève, et des événements personnels comme une maladie sans lien avec le travail ou la maternité, qui intéressent la Sécurité sociale, ou encore un congé, entraînent des conséquences sur la relation de travail.

Pendant ces périodes où le salarié ne fournit aucun travail, le contrat de travail n'est pas rompu : il est simplement suspendu. Le salarié est dispensé de fournir un travail, l'employeur de verser un salaire (sauf dispositions conventionnelles particulières, notamment en matière de maladie ou de maternité).

Lorsque le salarié reprend son travail, il retrouve son emploi et l'ancienneté qu'il détenait lui reste acquise, mais, sauf dispositions légales ou conventionnelles contraires, la période de suspension n'est normalement pas prise en compte pour le calcul de l'ancienneté.

Modification du contrat et des conditions de travail

Le contrat de travail peut être modifié à l'initiative des parties. Le salarié doit toujours obtenir l'accord de l'employeur. Dans l'exercice de son pouvoir de direction, celui-ci peut parfois imposer des modifications, mais il ne doit pas dépasser certaines limites.

La jurisprudence distingue la modification du contrat de travail (élément essentiel) et celle des conditions d'exécution du travail. Elle met l'accent sur la nature du changement et non plus sur son importance (une appréciation objective remplace une appréciation subjective).

Selon la jurisprudence de la Cour de cassation (depuis Soc. 10 juill. 1996), si la modification décidée unilatéralement par l'employeur porte sur un élément essentiel du contrat de travail, le salarié est en droit de la refuser. Si l'employeur maintient sa décision, la rupture du contrat de travail sera imputable à l'employeur et il s'agira donc d'un licenciement (exigence de justification notamment). La cause du licenciement n'est pas le refus du salarié, mais la cause de la proposition de la modification. En revanche, si la modification porte sur un élément des conditions de travail, la décision de l'employeur s'impose au salarié, sauf exceptions. « *Le refus par les salariés du changement de leurs conditions de travail, s'il rend leurs licenciements fondés sur une cause réelle et sérieuse, ne constitue pas à lui seul une faute grave* » (Soc. 17 juill. 2007).

Par conséquent, il faut distinguer la modification du contrat de travail qui requiert l'acceptation du salarié et le changement des conditions de travail que l'employeur est en droit d'imposer (Soc. 10 oct. 2000).

Dans tous les cas, qu'il s'agisse des horaires, du lieu de travail, des attributions, voire de la rémunération, il est loisible au salarié d'accepter la modification du contrat proposée par l'employeur. Pour ce faire, l'employeur, dans son obligation d'exécution de bonne foi du contrat de travail, doit laisser au salarié un délai de réflexion qui lui permette d'évaluer la portée de la modification proposée et de décider en connaissance de cause (Soc. 28 mars 2001).

Si, au contraire, le salarié refuse la modification du contrat de travail que veut lui imposer l'employeur, il doit manifester son refus. La rupture du contrat sera alors qualifiée de licenciement, voire de licenciement économique. Le juge, saisi par le salarié, pourra lui accorder des dommages-intérêts s'il estime que le licenciement est sans cause réelle

MODIFICATION DU CONTRAT DE TRAVAIL

Conditions de modification des h. de W d'un salarié à tps partiel par l'employeur

L'E. ne peut modifier les h. de W du S. à tps partiel que si le contrat de W prévoit les hypothèses ds lesquelles (définies de manière précise) une modification de la répartition de la durée du W entre les jours de la semaine ou les semaines du mois peut intervenir, ainsi que la nature de cette modification.

↳ délai de prévenance

. 7 jrs au moins

contreparties pr le salarié { . 3 jrs ouvrés par conven° / accord B. étendu, conven° / accord € ou d'étbl^t

Code du W. ↳ lorsque le contrat ne prévoit pas les cas et la nature de telles modifications, le refus du S. ne constitue pas une faute ou motif de licenciement

Code du W. ↳ si prévu au contrat, le refus ne constitue pas une faute ou motif de licenciement si

. incompatible avec des obliga° familiales impérieuses

. " avec le suivi d'un enseignement scolaire ou supérieur

. " une autre activité prof. non salariée

. " période d'activité fixée chez un autre E.

NB: ds le cadre d'un tps complet simple chgmt de conditions de W

tps partiel = modif. contrat de W

Principe

Le contrat de W peut ê modifié à l'initiative des par

Le S. doit tjs obtenir l'accord de l'E.

Ds l'exercice de son pouvoir de direction l'E. peut parfoi imposer des modifications.

Jurisprudence distingue modif. du contrat de W
L éléments essentiels

met l'accent sur
la nature du chgmt
& non plus son importance

des condi° d'exécu° du W.

↳ Ccass. Si la modif° décidée unilatéralement par l'E. porte sur un élément essentiel du contrat de W, le S. est en droit de refuse

modif. contrat W requiert accord S. ↗
chgt de condi° peut ê imposé /E.

. si maintien de la décision par l'E. alors rupture du contrat imputable à l'
= licenciement (pour proposi° de mo
voir licenciement éco.

Si modif° porte s/ condi° de W, la décisio de l'E. s'impose au S, sauf exceptions et sérieuse. Il peut aussi trouver que le licenciement est justifié par l'intérêt de l'entreprise. Le préavis devra être exécuté aux anciennes conditions ou indemnisé s'il n'est pas effectué aux nouvelles conditions qui ne peuvent être imposées par l'employeur, même pour cette courte durée (Cass. Ass. plén. 18 nov. 1994).

Modification pour cause économique. Concernant la procédure de modification, afin de permettre d'éclaircir rapidement la situation et de sécuriser la situation contractuelle de l'employeur, il est prévu que lorsque celui-ci envisage la modification d'un élément essentiel du contrat de travail, pour l'un des motifs économiques, il en fait la proposition au salarié par lettre recommandée avec accusé de réception. La lettre de notification informe le salarié qu'il dispose d'un mois à compter de sa réception pour faire connaître son refus. À défaut de réponse dans le délai d'un mois, le salarié est réputé avoir accepté la modification proposée (L. 1222-6, L. 321-1-2). Le silence du salarié vaut acceptation de la modification, mais une réponse dilatoire vaut refus (Soc. 6 juill. 1998).

Le respect du délai d'un mois par l'employeur est une formalité substantielle. Ce délai court à compter de la réception de la lettre, par le salarié (L. 1222-6 ; Soc. 27 mars 2008, date de retrait de la lettre recommandée avec accusé de réception), et « *expire à minuit le jour du mois suivant qui porte le même quantième que le jour de la réception de la lettre recommandée contenant la proposition de modification* » (Soc. 3 mars 2009). Un licenciement intervenu dans un délai plus court, même prévu dans sa lettre de notification de la modification au salarié, rend le licenciement sans cause réelle et sérieuse (Soc. 10 déc. 2003).

En cas de refus par au moins 10 salariés dans le délai d'un mois et de décision par l'employeur de ne pas maintenir les conditions antérieures d'exécution du contrat de travail, celui-ci devra mettre en œuvre la procédure de licenciement collectif pour motif économique adaptée au cas d'espèce (L. 1233-25, L. 321-1-3). Cette disposition est valable pour toute modification pour raison économique, quelle qu'elle soit (changement dans les horaires, le lieu, les attributions, etc.), mais pas dans les autres cas. Le délai d'un mois ne s'applique pas, même en cours de procédure de licenciement économique, lorsque l'employeur exécute son obligation de reclassement à l'égard d'un salarié, laquelle peut entraîner une modification du contrat de travail (Soc. 13 avril 1999).

Loyauté. « Le contrat de travail est exécuté de bonne foi » (L. 1222-1, L. 120-4). Ainsi, caractérise un manquement de l'employeur le fait de cesser de faire bénéficier une salariée d'un moyen de transport lié à sa fonction, ce qui « *l'avait mise dans l'impossibilité de travailler* » (Soc. 10 mai 2006). Cependant, « *la bonne foi contractuelle étant présumée, les juges n'ont pas à rechercher si la décision de l'employeur de modifier les conditions de travail d'un salarié est conforme à l'intérêt de l'entreprise ; il incombe au salarié de démontrer que cette décision aurait été prise pour des raisons étrangères à cet intérêt ou bien qu'elle a été mise en œuvre dans des conditions exclusives de la bonne foi* *contractuelle* » (Soc. 3 oct. 2007). Le salarié n'a plus à établir l'abus de droit ou la légèreté blâmable de l'employeur.

La jurisprudence s'est notamment développée à propos de changements décidés par l'employeur, dans les attributions, la rémunération, l'horaire ou le lieu de travail du salarié.

A. Attributions

Qualification. L'employeur doit respecter la clause du contrat de travail concernant la qualification professionnelle reconnue au salarié au moment de son embauche (si le salarié a été recruté comme ouvrier professionnel, il ne peut être affecté à une tâche de manœuvre). La qualification du salarié constitue un élément essentiel de son identité professionnelle (et de son état civil).

« Tout travailleur engagé dans la vie professionnelle ou toute personne qui s'y engage a droit à la qualification professionnelle et doit pouvoir suivre, à son initiative, une formation lui permettant, quel que soit son statut, d'acquérir une qualification correspondant aux besoins de l'économie prévisibles à court ou moyen terme » (L. 6314-1). Le salarié a droit à la qualification correspondant à ses fonctions réellement exercées (Soc. 21 mars 1985 ; Soc. 19 déc. 2000, Sté Pyrénées Labo Photo, revalorisation de la classification de femmes), peu important les énonciations du bulletin de paie ou du contrat.

Les indications contenues dans le contrat de travail sur la qualification professionnelle, parfois assez générales, préservent le pouvoir de direction de l'employeur d'assigner des tâches variées au salarié ou de les changer, dès l'instant où elles correspondent à sa qualification (Soc. 24 avril 2001). Le contrat de travail se borne en général à mentionner une qualification professionnelle et laisse l'employeur libre d'assigner au salarié toute tâche qui correspond à cette qualification – l'employeur ne peut modifier la fonction/qualification, mais peut changer les tâches attribuées, sauf détournement de pouvoir (pour un cadre dans une société d'assurance, Soc. 10 oct. 2000 ; pour une ouvrière agricole, Soc. 10 mai 1999).

Affectation. En règle générale, les conventions collectives préservent le pouvoir de direction de l'employeur pour tout ce qui touche à l'organisation du travail et à l'affectation aux emplois. Les conventions collectives contiennent une classification des emplois, mais, à la différence de ce qui peut être observé dans certains pays étrangers, ne posent pas de règles précises selon lesquelles un salarié passera d'un emploi à un autre (en fonction de l'ancienneté ou de l'expérience professionnelle) ou en ce qui concerne le contenu de ses attributions (description de la fonction, limitation de la polyvalence – art. 1129 Civ.).

Carrière. Il n'existe pas, sauf dispositions conventionnelles ou statutaires particulières, un droit à la promotion et au déroulement de carrière. Cependant, une esquisse de ce droit se fait jour. Ainsi, le refus de faire bénéficier le salarié d'une promotion en cas « *d'abus de l'employeur* *dans l'exercice de sa prérogative de nomination* » (Soc. 27 oct. 2010, Ass. Institut de l'Audiovisuel et des Télécommunications en Europe c/ Mme Y.) donne lieu à réparation, notamment par l'octroi de « *dommages-intérêts au titre du préjudice subi en termes de perspectives d'évolution de carrière et au titre du préjudice moral et psychologique* » (arrêt préc.), (cf. *infra* VAE).

Classification. La classification, qui détermine la rémunération, ne peut pas être modifiée par l'employeur sans l'accord du salarié (Soc. 3 juill. 2001), sauf modification de la convention collective. En cas de contentieux, le juge vérifie que la classification retenue correspond aux fonctions réellement exercées par le salarié. À défaut, il peut opérer un reclassement (Soc. 7 févr. 2007, Soc. 25 juin 2007) ; mais il ne peut pas ordonner à l'employeur d'accorder une promotion refusée de manière abusive (Soc. 7 mai 2003, réparation du préjudice par seulement l'octroi de dommages-intérêts).

La jurisprudence est nuancée. Il y a modification de la qualification lorsqu'un directeur, au terme d'une réorganisation de l'entreprise, se retrouve sans personnel à diriger, lorsque l'employée d'une clinique qui, après avoir eu, comme gouvernante, autorité sur 38 personnes, se voit proposer un poste de buandière (Soc. 13 déc. 1979) ou encore dans le cas d'un directeur général d'une société qui se voit proposer les fonctions de directeur commercial, même en conservant les avantages financiers de sa situation antérieure, s'agissant là d'une rétrogradation (Soc. 19 mai 1998). Le critère de déclassement est déterminant.

À l'inverse, dans le cas d'un ambulancier, l'utilisation du téléphone portable imposée par l'employeur a été considérée comme portant atteinte à un élément essentiel du contrat de travail, car elle s'accompagnait d'un accroissement de ses responsabilités (Soc. 2 févr. 2000). Concernant un cadre auquel on supprime une astreinte et son éventuelle compensation financière, il ne subit pas de modification de son contrat de travail, car il s'agit d'une sujétion qui n'a pas de caractère systématique (Soc. 15 déc. 2004). La mise au chômage partiel du personnel ne constitue pas, pendant la période d'indemnisation, une modification des contrats de travail (Soc. 18 juin 1996).

Cette jurisprudence cherche à cerner le point d'équilibre entre les prérogatives de la direction, qui doit pouvoir modifier l'organisation de l'entreprise, et, en conséquence, les attributions des membres du personnel, et l'intérêt des salariés qui, même si leur rémunération n'en souffre pas, peuvent être affectés dans leurs conditions de travail, voire moralement.

Libre circulation (UE). L'ordonnance du 30 mai 2008 transpose la directive du 7 septembre 2005 concernant le principe de la reconnaissance mutuelle, en vertu duquel un État de l'UE qui subordonne l'accès à une profession réglementée ou son exercice à la possession de qualifications professionnelles reconnaît les qualifications acquises dans un autre État de l'UE (sont concernées de nombreuses professions : avocat, guide interprète, coiffeur, etc.).

B. Rémunération

La rémunération d'un salarié constitue un élément du contrat de travail qui ne peut être modifié sans son accord (Soc. 28 janv. 1998). Il en est de même du mode de détermination de celle-ci (fixe, variable, avec un intéressement, etc. ; Soc. 20 oct. 1998).

L'accord des intéressés n'est cependant pas nécessaire lorsque l'élément de rémunération résulte d'un usage de l'entreprise que l'employeur peut dénoncer en avertissant, outre chacun des salariés concernés, les IRP dans un délai suffisant (Soc. 7 avril 1998). S'il s'agit d'une nouvelle disposition de la convention collective, elle ne peut modifier le salaire contractuel ni un taux horaire de base (Soc. 3 juill. 2001), mais elle peut modifier une prime, sans que les salariés puissent se prévaloir d'une modification de leur contrat de travail (Soc. 27 juin 2000).

Autrement dit, le mode de rémunération contractuel du salarié constitue un élément du contrat de travail qui ne peut être modifié sans son accord, peu important que l'employeur prétende que le nouveau mode serait plus avantageux (Soc. 30 mai 2000). « *Peu important que le nouveau mode soit plus avantageux* », la modification unilatérale de la rémunération contractuelle justifie la prise d'acte de la rupture par le salarié (Soc. 5 mai 2010, Sté Cie européenne des peintures Julien).

Clause de variation. Le contrat de travail peut prévoir une clause de variation de la rémunération du salarié dès lors qu'elle est fondée sur des éléments objectifs indépendants de la volonté de l'employeur, qu'elle ne fait pas peser le risque d'entreprise sur le salarié et n'a pas pour effet de réduire la rémunération en dessous des minima légaux et conventionnels (Soc. 2 juill. 2002). Une clause du contrat de travail ne peut cependant pas permettre à l'employeur de modifier unilatéralement la rémunération contractuelle du salarié, même indirectement, en modifiant, par exemple, le secteur de prospection d'un représentant de commerce (Soc. 16 juin 2004).

L'employeur peut supprimer le recours aux heures supplémentaires (sauf stipulations contractuelles contraires).

C. Horaires de travail

Dans le cas le plus général où le contrat de travail est muet sur les horaires de travail ou le lieu de travail, l'employeur est libre de déterminer ces horaires ou ce lieu de travail du salarié. Ce sont là des domaines où s'exercent les prérogatives de la direction et le salarié est, en principe, tenu de se soumettre aux décisions de l'employeur.

Les juges n'ont pas à rechercher si la décision de l'employeur est conforme ou pas à l'intérêt de l'entreprise, la bonne foi de l'employeur étant présumée (Soc. 23 févr. 2005). Cependant, si la modification ne répond à aucun motif légitime, l'employeur pourra être condamné pour abus de droit (Soc. 25 févr. 2004).

Des modifications des horaires de travail sont, cependant, regardées comme des modifications du contrat de travail, au regard de leur importance. Ainsi, constitue une modification du contrat de travail que le salarié est en droit de refuser :

- la transformation d'un horaire à temps complet en horaire à temps partiel (elle constitue une modification du contrat de travail qui requiert l'accord du salarié, peu important qu'elle ait été prévue dans le contrat de travail initial, Soc. 29 juin 1999).
- le passage d'un horaire fixe à un horaire variant sur un cycle de cinq semaines et comportant une coupure de plusieurs heures dans la journée (Soc. 14 nov. 2000).
- le passage d'un horaire continu à un horaire discontinu (Soc. 18 déc. 2000).
- le passage d'un horaire variable à un horaire fixe (Soc. 24 janv. 2007).
- la mutation entraînant le passage d'un internat à un établissement de jour et la perte de primes d'astreinte (Soc. 19 juin 2008, Mme Chabral).

La jurisprudence réintroduit ici le critère de l'importance de la modification. « *Sauf atteinte excessive au droit du salarié au respect de sa vie personnelle et familiale ou à son droit au repos, l'instauration d'une nouvelle répartition du travail sur la journée relève du pouvoir de direction de l'employeur* » (Soc. 3 nov. 2011, Sté Gsf Orion).

Le salarié peut également refuser d'accepter le changement de son poste de jour en poste de nuit lorsque le travail de nuit est incompatible avec des obligations familiales « impérieuses », notamment avec la garde d'un enfant ou la prise en charge d'une personne dépendante. Un tel refus ne constitue ni une faute ni un motif de licenciement (L. 3122-37, L. 213-4-3).

Une telle modification ne peut donc être imposée au salarié (Soc. 5 mars 1997). L'employeur peut seulement la proposer au salarié et, en cas de refus, soit retirer son projet, soit engager une procédure de licenciement, mais en aucun cas le refus par le salarié de la modification proposée ne peut constituer, par lui-même, une cause de licenciement (Soc. 27 mai 1998).

Même en présence d'une modification des conditions d'exécution du contrat de travail, l'employeur ne peut prendre acte de la rupture du contrat en cas de départ du salarié de ce fait (Soc. 24 juin 1992). L'employeur peut sanctionner le salarié, éventuellement par un licenciement, y compris pour faute grave, mais seulement en présence de circonstances particulières (Soc. 23 févr. 2005).

Le contrat de travail peut comporter des dispositions explicites sur les horaires. Dans ce cas, l'employeur ne pourra modifier, de manière importante, unilatéralement l'horaire prévu au contrat, sans l'accord exprès du salarié (Soc. 9 mars 2005). À cet égard, la signature de relevés d'heures n'est pas suffisante (Soc. 16 févr. 1999). Il en va ainsi notamment pour les salariés à temps partiel.

Si le salarié refuse, la rupture sera imputable à l'employeur et considérée comme un licenciement. Chaque partie étant libre de mettre à tout moment un terme au contrat, elle peut aussi proposer à l'autre de modifier le contrat, ce qui pourra entraîner la rupture du contrat de travail en cas de refus (Soc. 11 juill. 2001).

Même lorsque rien n'a été prévu dans le contrat sur ce point, ou en l'absence de contrat écrit, l'horaire a pu constituer, pour le salarié, lorsqu'il a conclu le contrat, un facteur déterminant. Malgré le silence du contrat, l'horaire sera alors considéré par les juges comme un élément essentiel de celui-ci, que l'employeur doit respecter au même titre que les dispositions explicites. Ainsi un chauffeur de taxi, lors de l'embauche, avait accepté son emploi parce que son horaire de travail, fixé de 7 heures à 17 heures, était compatible avec ses obligations familiales ; son employeur, cinq ans après l'embauche, l'affecte à un service où l'horaire est de 10 heures à 20 heures. La décision unilatérale de l'employeur a donc modifié un élément essentiel du contrat (Soc. 22 mai 1975).

Mais souvent, il ne sera pas possible d'établir que l'horaire de travail a constitué un élément déterminant dans la décision du salarié de conclure le contrat de travail. C'est au moment où l'employeur décide de modifier l'horaire que le salarié découvre l'importance qu'il attachait aux horaires qui lui permettaient de « mener une vie familiale normale ».

Même dans ce cas, les juges pourront estimer qu'il y a une modification d'un élément essentiel du contrat, si le changement présente des inconvénients importants pour le salarié. Ils pourront aussi nuancer leur décision et dire que le licenciement a une cause réelle et sérieuse (Soc. 15 déc. 2004).

Accord collectif RTT. La conclusion d'un accord collectif portant sur la RTT est susceptible d'avoir un impact sur le contrat de travail des salariés et, par suite, sur les obligations des entreprises confrontées, le cas échéant, au refus d'un ou de plusieurs salariés d'accepter les conséquences de l'accord collectif. De ce point de vue, et pour prévenir les risques d'insécurité juridique, deux règles existent.

D'une part, la seule diminution du nombre d'heures stipulé au contrat de travail, en application d'un accord collectif de réduction de la durée du travail, ne constitue pas une modification du contrat de travail (L. 1222-7, L. 212-3).

D'autre part, lorsqu'un ou plusieurs salariés refusent une modification de leur contrat de travail résultant de l'application d'un accord de réduction de la durée du travail, leur licenciement ne repose pas sur un motif économique. Il est soumis aux dispositions relatives à la rupture du contrat de travail pour motif personnel (L. 1222-8).

D. Lieu de travail

Le régime juridique applicable est proche de celui qui régit la modification des horaires de travail.

Si le lieu de travail a été indiqué dans le contrat de travail, sauf stipulation claire et précise indiquant que le travail s'exerce exclusivement dans le lieu que le contrat mentionne, cette indication est purement informative et ne constitue pas une clause de sédentarité (Soc. 3 juin

2003 et 23 févr. 2005). Ainsi, désormais, le lieu de travail n'est un élément du contrat que si une clause contractuelle expresse le dit.

Secteur géographique. Cependant, même en l'absence d'indications contractuelles, la modification du lieu de travail peut être regardée comme une modification du contrat de travail, en cas de modification du « secteur géographique » (périmètre nécessitant l'accord du salarié), ce secteur étant à apprécier au regard du niveau hiérarchique et de la fonction exercée par le salarié.

Il a ainsi été jugé que :

- « *le nouveau lieu d'affectation ne relevait pas du même secteur géographique* » (vu la distance entre les deux sites et l'augmentation des trajets), « *le changement d'affectation constituait une modification de son contrat de travail que la salariée n'était pas tenue d'accepter* » (Soc. 21 déc. 2006).
- un transfert à Saint-Ouen pour une femme de 55 ans, employée depuis 1946 dans le centre de Paris, entraînant un allongement de trois quarts d'heure de la durée du trajet et de plus nombreux changements de moyens de transport, constituait une modification du contrat de travail (Soc. 5 oct. 1977).

En revanche, le déplacement de l'entreprise à l'intérieur d'un bassin d'emploi (de Malakoff à Courbevoie ou de Villeneuve-la-Garenne à Saint-Ouen, en région parisienne, par exemple) constitue un simple aménagement des conditions de travail qui s'impose au salarié (Soc. 20 oct. 1998 et 8 févr. 2005) ; ce qui n'est pas le cas d'un transfert de Versailles à Chartres (Soc. 1er juill. 1998).

Sont examinées les contraintes que subit le salarié du fait de sa mutation (par exemple, la desserte en moyens de transport de chacun des sites, Soc. 15 juin 2004). En revanche, un salarié engagé pour travailler sur des chantiers peut être affecté dans un atelier fixe dans le même secteur et ce, même s'il y perd ses indemnités de grand déplacement qui ne sont en effet pas du salaire, mais des remboursements de frais (Soc. 16 déc. 1998).

Le déplacement occasionnel imposé à un salarié en dehors du « secteur géographique » habituel, s'il est justifié par l'intérêt de l'entreprise et quand la spécificité des fonctions du salarié implique une certaine mobilité géographique, peut effectivement être imposé (Soc. 22 janv. 2003 ; la mutation temporaire suppose une information précise du salarié, préalable et complète – durée prévisible de la nouvelle affectation... et doit être motivée par l'intérêt de l'entreprise et justifiée par des circonstances exceptionnelles, Soc. 3 févr. 2010, PBR, Sté Leader Price Chatou). En revanche, l'employeur ne peut imposer au salarié de travailler à domicile et d'y installer ses dossiers et instruments de travail (Soc. 2 oct. 2001). Mais il ne peut pas remettre en cause une organisation contractuelle du travail permettant au salarié de travailler deux jours par semaine à domicile (Soc. 31 mai 2006).

Certaines conventions collectives prévoient explicitement que le salarié pourra être appelé à travailler sur divers chantiers (travaux publics) ou dans les divers établissements d'une même entreprise (banques). Le salarié, en concluant son contrat de travail, a souscrit à cette règle.

Clause de mobilité. Le contrat de travail peut contenir une clause dite de « mobilité ». « Une clause de mobilité doit définir de façon précise sa zone géographique d'application et elle ne peut conférer à l'employeur le pouvoir d'en étendre unilatéralement la portée » (Soc. 7 juin 2006). Et il a été jugé qu'« *une clause indéterminée ne permettait pas à l'employeur de muter le salarié sans son accord* » (Soc. 17 juill. 2007). Cette clause ne permet pas à l'employeur d'imposer au salarié un partage de son temps de travail entre plusieurs établissements (Soc. 20 déc. 2006). La clause de mobilité n'autorise pas l'employeur à muter le salarié sans considération pour son « droit à » une « *vie personnelle et familiale* » (Soc. 14 oct. 2008, Sté Pricewaterhouse ; Soc. 13 janv. 2009, salariée veuve ayant deux jeunes enfants) et est neutralisée quand il y a « abus de l'employeur » dans la mise en œuvre (Soc. 20 févr. 2007).

Si cette clause est régulièrement mise en œuvre par l'employeur, le salarié doit rejoindre sa nouvelle affectation, faute de quoi il peut être licencié ; « *le refus, par le salarié dont le contrat de travail contient une clause de mobilité, de la modification de son lieu de travail, constitue en principe un manquement à ses obligations contractuelles, mais ne caractérise pas à lui seul une faute grave* » (Soc. 23 janv. 2008). L'employeur doit toutefois respecter un délai de prévenance, sans quoi la mutation pourrait être refusée par le salarié, car abusive (Soc. 3 juin 1997 ; Soc. 14 oct. 2008, Sté Otis). En dehors de ce cas, le refus de la mutation permet néanmoins à l'employeur d'exiger l'exécution du préavis dans les conditions nouvelles (Soc. 25 nov. 1997), sauf abus de pouvoir de direction (Soc. 10 janv. 2001).

« *Un salarié ne peut accepter par avance un changement d'employeur* » et par conséquent « *la clause de mobilité par laquelle le salarié lié par un contrat à une société s'est engagé à accepter toute mutation dans une autre société, alors même que cette société appartiendrait au même groupe ou à la même unité économique et sociale, est nulle* » (les clauses de mobilité intragroupe sont illicites, Soc. 23 sept. 2009).

Clause de domiciliation. Une clause de mobilité, voire une clause de domiciliation (Soc. 28 mars 2006), insérée dans un contrat de travail, ne peut imposer au salarié de changer son domicile pour s'installer dans la région où il est nouvellement affecté. Il s'agit là d'un choix relevant de la vie personnelle du salarié, sauf circonstances exceptionnelles liées à l'emploi (Soc. 12 janv. 1999, M. Speelers ; 13 avril 2005, Soc. 15 mai 2007).

Modification à l'initiative du salarié. La demande de modification du lieu de travail peut également émaner du salarié. En cas de demande de mutation sur un poste disponible, formulée par une salariée pour des raisons familiales sérieuses, la décision de refus de l'employeur, ne s'appuyant sur aucune raison objective, porte atteinte de façon disproportionnée à la liberté de choix du domicile et est contraire à la bonne foi contractuelle (Soc. 24 janv. 2007).

Contrat de travail		Conditions d'exécution du contrat de travail
– Qualification	→	– Tâches
– T.T.P.	←	– Horaires de travail
– Rémunération	→	– Suppression des heures supplémentaires
		– Lieu de travail (à l'intérieur du secteur géographique)
– Bouleversement du contrat de travail (atteinte au droit de mener une vie familiale normale,...)		

Tableau 6 – La modification du contrat de travail

Suspension du contrat de travail

Deux motifs principaux de suspension du contrat de travail seront étudiés ici : la maladie et la maternité.

Maladie

La Convention de l'OIT n° 158, concernant la cessation de la relation de travail à l'initiative de l'employeur, ratifiée par la France et d'application directe (Soc. 29 mars 2006), prévoit que « l'absence temporaire du travail en raison d'une maladie ou d'un accident ne devra pas constituer une raison valable de licenciement » (art. 6).

A. Accident du travail et maladie professionnelle

1. *Suspension du contrat et protection contre la rupture*

Le contrat de travail du salarié victime d'un accident du travail, autre qu'un accident de trajet, ou d'une maladie professionnelle, est suspendu pendant la durée de l'arrêt de travail provoqué par l'accident ou la maladie. Le contrat de travail est également suspendu pendant le délai d'attente et la durée du stage de réadaptation, de rééducation ou de formation professionnelle que doit suivre l'intéressé. La durée des périodes de suspension est prise en compte pour la détermination de tous les avantages légaux ou conventionnels liés à l'ancienneté dans l'entreprise (L. 1226-7 et s., L. 122-32-1 et s.).

Au cours des périodes de suspension, l'employeur ne peut résilier le CDI, même en cours de période d'essai (Soc. 12 mai 2004), que s'il justifie soit d'une faute grave de l'intéressé, soit de l'impossibilité où il se trouve, pour un motif non lié à l'accident ou à la maladie, de maintenir ledit contrat (L. 1226-9).

La faute peut avoir été commise avant l'arrêt de travail et découverte après coup (malversations par exemple) ou pendant l'arrêt de travail (concurrence déloyale).

Toute résiliation du contrat de travail prononcée en méconnaissance de ces dispositions est nulle (L. 1226-13, L. 122-32-2).

À l'issue des périodes de suspension, le salarié, s'il est déclaré apte par le médecin du travail, retrouve son emploi ou un emploi similaire, assorti d'une rémunération au moins équivalente. Les conséquences de l'accident ou de la maladie professionnelle ne peuvent entraîner pour le salarié aucun retard de promotion ou d'avancement au sein de l'entreprise (L. 1226-8, L. 122-32-4).

2. *Inaptitude*

Procédure. Le médecin du travail ne peut constater l'inaptitude du salarié qu'après une étude de son poste et des conditions de travail dans l'entreprise ainsi que de deux examens médicaux de l'intéressé, espacés de deux semaines, accompagnés le cas échéant d'examens complémentaires (R. 4624-31, R. 241-51-1). Un recours est possible contre l'avis du médecin du travail devant l'inspecteur du travail (L. 4624-1, L. 241-10-1).

Si, à l'issue des périodes de suspension, le salarié est déclaré inapte par le médecin du travail à reprendre l'emploi qu'il occupait précédemment, l'employeur lui propose un autre emploi approprié à ses capacités (L. 1226-10). Dans les entreprises de plus de 50 salariés, le médecin du travail formule des indications sur l'aptitude de l'intéressé à bénéficier d'une formation destinée à lui proposer un poste adapté.

Reclassement. La proposition de reclassement prend en compte, après avis des DP (rendu après le second examen médical, Soc. 15 oct. 2002, et avant que la procédure de licenciement ne soit engagée, Soc. 8 avril 2009, Sté Abattoirs Puylaurentais), les conclusions écrites du médecin du travail et les indications qu'il formule sur l'aptitude du salarié à exercer l'une des tâches existantes dans l'entreprise. L'emploi proposé est aussi comparable que possible à l'emploi précédemment occupé, au besoin par la mise en œuvre de mesures telles qu'une mutation, la transformation de poste ou l'aménagement du temps de travail. Le reclassement peut être recherché dans une autre société du groupe dont fait partie l'employeur (Soc. 24 oct. 1995).

Quand le salarié est reconnu travailleur handicapé, la proposition de reclassement doit tenir compte de l'exigence d'un « aménagement raisonnable » d'un poste de travail pour permettre le maintien dans l'emploi, sauf si si les « mesures adaptées » pour permettre le maintien dans l'emploi ont un caractère disproportionné (Dir. 27 nov. 2000, art. 5, préc. ; L. 1133-4 et L. 5213-6 ; Chap. V).

Période transitoire. Si le salarié n'est pas reclassé dans l'entreprise à l'issue d'un délai d'un mois à compter de la date de l'examen de reprise du travail ou s'il n'est pas licencié, l'employeur est tenu de lui verser, dès l'expiration de ce délai, le salaire correspondant à l'emploi qu'il occupait avant la suspension de son contrat de travail (L. 1226-11). Cette rémunération n'est susceptible d'aucune réduction (Soc. 16 févr. 2005). Le salarié déclaré inapte depuis le 1er juill. 2010 perçoit une indemnité temporaire d'inaptitude entre la date de la reconnaissance de l'inaptitude et la date de mise en œuvre de la décision de l'employeur de le reclasser ou de le licencier, pendant un mois maximum (CSs L. 433-1, décret 9 mars 2010).

Ces dispositions s'appliquent également en cas d'inaptitude à tout emploi dans l'entreprise constatée par le médecin du travail (L. 1226-11), même si le salarié a été indemnisé par un régime de prévoyance en vigueur dans l'entreprise, bien que ceci puisse conduire à un revenu supérieur à la rémunération habituelle (Soc. 19 mai 1998).

Si l'employeur ne verse pas le salaire à l'issue du délai d'un mois, le salarié peut soit solliciter la condamnation de l'employeur en paiement des salaires, soit faire constater la rupture du contrat de travail qui sera alors un licenciement sans cause réelle et sérieuse (Soc. 18 nov. 2003).

Licenciement. L'employeur ne peut rompre le contrat de travail que s'il justifie (L. 1226-12) :

– de l'impossibilité de proposer un emploi, répondant aux exigences légales, au salarié. Il lui fait connaître par écrit les motifs qui s'opposent au reclassement.
– du refus par le salarié de l'emploi proposé.

S'il procède au licenciement, l'employeur doit respecter la procédure applicable au licenciement pour motif personnel (L. 1226-12, L. 122-32-5).

Visite de reprise. En cas de défaut de visite médicale de reprise par le médecin du travail dans les huit jours, après un arrêt pour cause d'accident du travail, « *l'employeur ne peut résilier le contrat (...) du salarié, dont le droit à la sécurité dans le travail a ainsi été méconnu, que s'il justifie soit d'une faute grave de ce dernier, soit de l'impossibilité (...), pour un motif non lié à l'accident, de maintenir ledit contrat* » (Soc. 28 févr. 2006).

« *L'employeur, tenu d'une obligation de sécurité de résultat en matière de protection de la santé et de la sécurité des travailleurs dans l'entreprise, doit en assurer l'effectivité.* » Par conséquent, l'employeur commet une faute privant le licenciement pour inaptitude de cause réelle et sérieuse « *en s'abstenant de prendre des mesures qui auraient prémuni la salariée contre la réaction allergique et auraient évité la dégradation de son état de santé antérieurement à la reconnaissance de sa maladie professionnelle* » (Soc. 2 déc. 2009, Mme CD c/ Sté Hinoux Tolub).

3. *Indemnités et sanctions*

Si le licenciement est justifié, il ouvre droit, pour le salarié, à l'indemnité compensatrice de préavis et à une indemnité spéciale de licenciement, égale au double de l'indemnité légale. Ce n'est que si l'employeur établit que le refus par le salarié du reclassement qui lui avait été proposé est abusif qu'il sera dispensé de verser ces indemnités (L. 1226-14, L. 122-32-6).

En revanche, si l'employeur procède au licenciement en méconnaissance des dispositions relatives à la « réintégration » du salarié apte, le CPH saisi doit, à la demande du salarié, proposer sa « réintégration » dans l'entreprise avec maintien de ses avantages acquis (Soc. 11 juill. 2001). En cas de refus par l'une ou l'autre des parties, le CPH octroie au salarié une indemnité qui ne peut être inférieure à douze mois de salaires et qui s'ajoute à l'indemnité compensatrice de préavis et à l'indemnité spéciale de licenciement (L. 1226-15, L. 122-32-7), mais pas à l'indemnité pour licenciement sans cause réelle et sérieuse (Soc. 6 mai 1998).

Ces diverses indemnités sont calculées sur la base du salaire moyen qui aurait été perçu par l'intéressé au cours des trois derniers mois s'il avait continué à travailler au poste qu'il occupait avant l'accident ou la maladie (L. 1226-16, L. 122-32-8).

CDD. Lorsque le salarié victime d'un accident ou d'une maladie professionnelle est titulaire d'un CDD (cf. Chap. VIII), l'arrivée du terme n'est pas modifiée par l'accident du travail ou la maladie professionnelle, sauf clause de renouvellement. L'employeur doit justifier d'un motif réel et sérieux, étranger à l'accident ou à la maladie. À défaut, il verse au salarié une indemnité correspondant au préjudice subi, qui ne peut être inférieure au montant des salaires et avantages que le salarié aurait reçus jusqu'au terme de la période de renouvellement prévue au contrat (L. 1226-19 et s., L. 122-3-5).

B. Maladie non professionnelle

1. *Suspension du contrat et protection contre la rupture*

La maladie du salarié ne rompt pas le contrat de travail, mais le suspend.

Rémunération et avantages en nature

Indemnisation. Le salarié absent ne perçoit pas de rémunération puisqu'il ne fournit pas de travail. Cependant, reprenant l'accord national et la loi sur la mensualisation (1978), en application de l'ANI du 11 janvier 2008 (art. 5), la loi du 25 juin 2008 prévoit que tout salarié ayant « une année » d'ancienneté dans l'entreprise bénéficie, en cas d'absence au travail justifiée par l'incapacité résultant de maladie ou d'accident constaté par certificat médical, et contre-visite s'il y a lieu, d'une indemnité complémentaire (à l'allocation journalière de la Sécurité sociale), à condition d'avoir justifié dans les 48 heures de cette incapacité ; d'être pris en charge par la Sécurité sociale, d'être soigné sur le territoire français ou dans l'UE (L. 1226-1 al. 1).

Ces dispositions ne s'appliquent pas aux salariés travaillant à domicile, aux salariés saisonniers, aux salariés intermittents ni aux salariés temporaires (L. 1226-1).

Cette indemnité complémentaire est calculée selon les modalités suivantes : 90 % de la rémunération brute que le salarié aurait perçue s'il avait continué à travailler, pendant les 30 premiers jours ; deux tiers de cette même rémunération, pendant les 30 jours suivants (D. 1226-1). Ces durées d'indemnisation sont augmentées de 10 jours par période de cinq ans d'ancienneté en plus de la durée d'une année requise pour pouvoir être indemnisé, sans que chacune d'elle puisse dépasser 90 jours (D 1226-2). Lors de chaque arrêt de travail, les durées d'indemnisation courent à compter du premier jour d'absence si celle-ci est constitutive à un accident du travail ou à une maladie professionnelle, à l'exclusion des accidents de trajet, et à compter du septième jour dans tous les autres cas (période de carence, D. 1226-3, décret du 18 juill. 2008). Les conventions collectives contiennent parfois des dispositions plus favorables pour les salariés ; les CCN, moins favorables que l'ANI, doivent être mises en conformité. Ces garanties s'entendent déduction faite des allocations que l'intéressé reçoit de la Sécurité sociale et des régimes complémentaires de prévoyance (D. 1226-5).

Contrôles médicaux. Des contre-visites médicales peuvent avoir lieu à l'instigation de l'employeur, mais des conclusions négatives du médecin contrôleur ne peuvent avoir pour effet que de priver le salarié des indemnités complémentaires de maladie versées par l'employeur – et non de le faire reprendre le travail à une date autre que celle fixée par son médecin traitant (Soc. 10 oct. 1995) ou de motiver une sanction disciplinaire. Dans ce cas toutefois, le salarié peut saisir le juge des référés, lequel peut désigner un expert. Si ce dernier confirme la nécessité de l'arrêt précédemment prescrit, l'employeur ne peut s'abstenir de verser le complément des indemnités journalières (Soc. 28 févr. 1996). L'employeur est libre de choisir les dates et les heures de la contre-visite dans le respect des indications de l'arrêt de travail qui peut autoriser la « sortie libre », le salarié devant dans ce cas informer l'employeur des horaires et des adresses où la contre-visite peut s'effectuer (Soc. 4 févr. 2009).

Les contrôles à l'initiative de l'employeur sont distincts de ceux diligentés par la Sécurité sociale, qui n'ont aucune influence sur les décisions des premiers (Soc. 4 mai 1999). Cependant, l'expérimentation visant à renforcer la coordination entre les actions du service du contrôle médical des caisses et les prérogatives des employeurs en matière de « contre-visite patronale » est généralisée (LFSS 2010, décret du 24 août 2010 relatif au contrôle des arrêts de travail). Ainsi, le médecin de contrôle (de l'employeur) doit envoyer son rapport à la Caisse nationale d'assurance-maladie dans les 48 heures ; une suite doit être donnée par la Caisse si l'arrêt apparaît non justifié (suspension du versement des Indemnités Journalières d'assurance-maladie), etc.

Avantages en nature. « *Le logement attribué à titre gratuit à un salarié pour l'exercice de ses fonctions, qui est l'accessoire du contrat de travail et dont il bénéficie dans sa vie personnelle, ne peut lui être retiré ou donner lieu au versement* *d'un loyer, pendant une période de suspension du contrat de travail pour maladie* » (Soc. 26 janv. 2011).

Protection de l'emploi

Le salarié malade ne peut, en principe, se voir reprocher son comportement pendant que son contrat de travail est suspendu.

Obligation de loyauté. « *L'inobservation par le salarié de ses obligations à l'égard de la Sécurité sociale ne peut justifier un licenciement et l'exercice d'une activité pendant un arrêt de travail provoqué par la maladie ne constitue pas en lui-même un manquement à l'obligation de loyauté qui subsiste pendant la durée de cet arrêt ; pour fonder un licenciement, l'acte commis par un salarié durant la suspension du contrat de travail doit causer un préjudice à l'employeur ou à l'entreprise* » (Soc. 12 oct. 2011, Sté Menuiseries du Havre de Vie, salarié chauffeur aidant son épouse sur des marchés pendant un arrêt de travail, la faute ne peut être retenue en l'absence de constat d'un préjudice pour l'employeur) ; voir déjà par exemple l'exercice d'une autre activité, telle la vente sur un stand de brocante (Soc. 21 mars 2000) ou l'absence de son domicile en dehors des heures autorisées du fait d'un voyage en Yougoslavie (Soc. 27 juin 2000)

Cependant, son obligation de loyauté persiste durant cette période, ce qui implique l'obligation de restituer, à la demande de l'employeur, les documents qui sont nécessaires à la poursuite de l'activité de l'entreprise (Soc. 6 févr. 2001), sous réserve de ne pas devoir exécuter une prestation de travail (Soc. 25 juin 2003). Constitue également un manquement à la loyauté une activité bénévole ou pour son propre compte présentant un lien avec l'entreprise (mécanicien d'un garage réparant une voiture pour son compte avec un autre mécanicien de la société, Soc. 21 oct. 2003).

Dispositions conventionnelles. Des dispositions conventionnelles prévoient des dispositions protectrices du contrat de travail du salarié absent pour maladie, par exemple une clause prévoyant que l'employeur ne peut procéder au licenciement du salarié absent pour maladie tant qu'il n'a pas épuisé ses droits à l'indemnisation complémentaire ou avant l'expiration d'un délai variable suivant son ancienneté. Ce délai conventionnel de protection de l'emploi doit être respecté (Soc. 14 nov. 1991), l'absence qui se prolonge au-delà de cette durée ne constituant pas en soi une justification d'un licenciement (Soc. 10 oct. 1995).

Des dispositions conventionnelles, d'apparence plus favorables que la loi, ne peuvent pas faire échec à l'interdiction de discrimination en raison de l'état de santé. Ainsi, une CCN ne peut pas prévoir que le salarié absent pour maladie ne sera pas licencié pour inaptitude, mais sera, le cas échéant, radié des effectifs, après cinq ans d'absence. En effet, « *la radiation (...) instituée par (...) la CCN (...) s'analyse en un licenciement fondé exclusivement sur l'état de santé, et donc nul* » (Soc. 25 févr. 2009, Mme Breuil c/ CRAM-IdF, CNAMTS et DRASS-IdF).

Discrimination

Principe. Aucun salarié ne peut être sanctionné, licencié ou faire l'objet d'une mesure discriminatoire, directe ou indirecte, en raison de son état de santé (L. 1132-1, L. 122-45). Toute disposition ou tout acte pris à l'égard d'un salarié en méconnaissance de ces dispositions est nul (L. 1132-4, L. 122-45 ; exemple : CA Versailles, 14 déc. 2010, Cabinet médical Beauregard, salariée convoquée à un entretien préalable au licenciement le jour où ses employeurs-médecins suspectent l'existence d'une tumeur cancéreuse, licenciement nul), sauf inaptitude constatée par le médecin du travail (L. 1133-2).

Ainsi, à l'égard d'un salarié, quand « *les absences pour maladie toutes justifiées par des arrêts de travail lui étaient systématiquement reprochées en elles-mêmes* », « *ces absences pour raison de santé (...) constituaient en réalité la véritable cause du licenciement, ce qui le rendait nul* » (Soc. 16 déc. 2010, Sté Toyota).

Cependant, « *si l'article L. 1132-1 du Code du travail fait interdiction de licencier un salarié, notamment en raison de son état de santé (...), ce texte ne s'oppose pas au licenciement motivé, non par l'état de santé du salarié, mais par la situation objective de l'entreprise dont le fonctionnement est perturbé par l'absence prolongée ou les absences répétées du salarié ; celui-ci ne peut toutefois être licencié que si ces perturbations entraînent la nécessité pour l'employeur de procéder à son remplacement définitif par l'engagement d'un autre salarié* » (Cass., Ass. plén., 22 avr. 2011, Mme X. c/ Syndicat des copropriétaires Y... représenté par son syndic Sté Stoops). (Voir déjà Soc. 13 mars 2001, Soc. 10 nov. 1998, Soc. 16 juill. 1998).

L'employeur doit alors respecter la procédure du licenciement pour cause personnelle. L'employeur qui a l'intention de se séparer d'un salarié convoque le salarié à l'entretien préalable et peut ainsi s'informer de l'état et des intentions du salarié ; de plus, ce dernier est informé du risque qu'il court de perdre son emploi. Il convient que la lettre de licenciement mentionne « *expressément, outre la perturbation du fonctionnement de l'entreprise, la nécessité du remplacement du salarié* » (Soc. 8 avril 2009, Hôtel West End). L'employeur doit verser l'indemnité légale ou conventionnelle de licenciement, si le salarié y a droit. Il sera dispensé de verser l'indemnité compensatrice de préavis, le salarié n'étant pas en état de travailler.

Par conséquent, la possibilité de licencier un salarié malade, en raison de son absence prolongée ou de ses absences répétées, est exceptionnelle. La nécessité du remplacement définitif doit être établie au jour du licenciement (Soc. 30 mai 2007). « *Seul peut constituer un remplacement définitif un remplacement entraînant l'embauche d'un autre salarié* » (Soc. 18 oct. 2007), dont la durée du travail est au moins égale à celle du salarié malade absent (Soc. 6 févr. 2008). Le recours à une société sous-traitante ne répond pas à cette exigence (Cass., Ass. plén., 22 avr. 2011, préc.).

Faute de l'employeur. *A fortiori*, quand l'absence du salarié est la conséquence du comportement de l'employeur, celui-ci ne peut se prévaloir de cette absence prolongée du salarié pour le licencier (Soc. 11 oct. 2006, Sté Cora, salarié ayant fait l'objet d'un « harcèlement moral » de la part de sa hiérarchie). Il en est de même quand une salariée est déclarée inapte à la suite d'un harcèlement sexuel ; son licenciement résultant de son refus de subir ces agissements est nul (Soc. 3 mars 2009, M. Philippe Y., la salariée secrétaire de direction obtient 50 000 € de dommages-intérêts). Comme le dit l'adage : nul ne peut se prévaloir de sa propre turpitude. Ces licenciements discriminatoires sont nuls.

Affectation et carrière. Un salarié ne peut pas subir un retard de carrière en raison de son état de santé ayant entraîné des arrêts de travail (Soc. 28 janv. 2010, SNCM). Un changement d'affectation lié à l'état de santé d'une salariée, déclarée apte à la reprise de son emploi par le médecin du travail dans le cadre d'un mi-temps thérapeutique, constitue une discrimination (Soc. 30 mars 2011, Crédit mutuel des Antilles et de la Guadeloupe).

2. *Inaptitude*

Principe. Lorsque, à l'issue des périodes de suspension du contrat de travail consécutives à une maladie ou un accident non professionnel, le salarié est déclaré inapte par le médecin du travail à reprendre l'emploi qu'il occupait précédemment, l'employeur lui propose un autre emploi approprié à ses capacités (L. 1226-2 et s., L. 122-24-4).

Procédure d'inaptitude. Le médecin du travail ne peut constater l'inaptitude du salarié à son poste de travail qu'après une étude de ce poste, une étude des conditions de travail dans l'entreprise et deux examens médicaux de l'intéressé, espacés de deux semaines, accompagnés le cas échéant d'examens complémentaires (R. 4624-31), ou d'un seul examen dans le cas où le maintien du salarié à son poste de travail entraîne, selon l'avis du médecin, un danger immédiat pour la santé ou la sécurité de l'intéressé ou celle des tiers (Soc. 4 juin 2002, Soc. 30 mai 2007). L'avis du médecin doit alors indiquer qu'une seule visite est effectuée et faire état d'un danger immédiat (Soc 20 janv. 2010) ; à défaut, le licenciement prononcé pour inaptitude et impossibilité de reclassement est nul (Soc. 21 mai 2008). Lorsqu'un examen de préreprise a eu lieu dans un délai de 30 jours au plus, l'avis d'inaptitude peut être délivré en un seul examen.

Le médecin du travail peut proposer des aménagements de postes ou des changements d'emploi, notamment en considération de l'âge, de la résistance physique ou de l'état de santé physique ou mentale des salariés. Cette règle vaut également pour l'inaptitude psychique, même sans suspension du contrat de travail, par exemple en cas d'état dépressif (Soc. 28 janv. 1998).

L'employeur « *doit prendre en compte les recommandations du médecin du travail* » (conclusions écrites du médecin du travail et les indications qu'il formule sur l'aptitude du salarié à exercer l'une des tâches existantes dans l'entreprise « *et, en cas de refus, faire connaître les motifs qui s'opposent à ce qu'il y soit donné suite* » (L. 1226-2 ; Soc. 14 oct. 2009, PBR, Sté Point P ; Soc. 23 sept. 2009, Soc. 20 sept. 2006).

Recours. En cas de difficulté ou de désaccord, la décision est prise par l'inspecteur du travail, après avis du médecin inspecteur du travail (L. 4624-1, L. 241-10-1). C'est la seule voie de recours ouverte à l'employeur ou au salarié (Soc. 9 oct. 2001). Le salarié qui conteste l'avis n'a pas à en avertir l'employeur (Soc. 3 févr. 2010, Sté Cinéma Le Rialta).

Procédure de reclassement. L'obligation de reclassement commence à compter de la seconde visite de reprise (Soc. 6 janv. 2010). L'emploi proposé dans l'entreprise, par l'employeur, est aussi comparable que possible à l'emploi précédemment occupé, au besoin par la mise en œuvre de mesures telles que mutations, transformations de postes de travail ou aménagement du temps de travail. « *Dans l'hypothèse où le salarié conteste la compatibilité du poste, auquel il est affecté avec les recommandations du médecin du travail, il appartient à l'employeur de solliciter à nouveau l'avis de ce dernier* » (Soc. 6 févr. 2008). Quand l'entreprise appartient à un groupe, la recherche doit s'effectuer parmi les entreprises dont les activités, l'organisation ou le lieu d'exploitation permettent d'effectuer la mutation (Soc. 19 mai 1998).

Quand le salarié est reconnu travailleur handicapé, la proposition de reclassement doit tenir compte de l'exigence d'un « aménagement raisonnable » d'un poste de travail pour permettre le maintien dans l'emploi, sauf si les « mesures adaptées » pour permettre le maintien dans l'emploi ont un caractère disproportionné (Dir. 27 nov. 2000, art. 5, préc. ; L. 1133-4 et L. 5213-6 ; Chap. V).

Période intermédiaire. Si le salarié déclaré inapte n'est pas reclassé dans l'entreprise à l'issue d'un délai d'un mois à compter de la date de l'examen médical de reprise du travail ou s'il n'est pas licencié, l'employeur est tenu de lui verser, dès l'expiration de ce délai, le salaire correspondant à l'emploi occupé avant la suspension du contrat, et ce même si le médecin du travail a constaté une inaptitude à tout emploi dans l'entreprise (L. 1226-4, L. 122-24-4).

Le délai d'un mois ne court qu'à partir de la date du second des examens médicaux prévus en cas d'inaptitude (Soc. 28 janv. 1998) ou de l'examen unique, quand celui-ci est possible (Soc. 6 févr. 2008). Dans tous les cas, la seule solution est donc de continuer à payer le salarié ou de le licencier, la résiliation d'un commun accord du contrat de travail étant ici illégale (Soc. 29 juin 1999).

Licenciement. En application de l'ANI du 11 janvier 2008, la loi du 25 juin 2008 prévoit qu'en cas de licenciement, les indemnités dues au salarié au titre de la rupture sont prises en charge soit directement par l'employeur, soit au titre des garanties qu'il a souscrites à un fonds de mutualisation (L. 1226-4-1).

En cas de licenciement, le préavis n'est pas exécuté et le contrat de travail est rompu à la date de notification du licenciement. Le préavis est néanmoins pris en compte pour le calcul de l'indemnité de licenciement. Par dérogation l'inexécution du préavis ne donne pas lieu au versement d'une indemnité compensatrice (L. 1226-4). [Proposition de Loi de « simplification du droit », votée par l'Assemblée nationale le 18 oct. 2011, rejetée par le Sénat le 10 janvier 2012].

Ne constitue pas l'énoncé d'un motif précis de licenciement l'inaptitude physique du salarié sans mention de l'impossibilité de reclassement (Soc. 9 avr. 2008).

Le choix de l'entreprise de ne pas licencier un salarié déclaré inapte ne peut être contesté par une mutuelle (Soc. 6 oct. 2010).

Le licenciement prononcé en raison de l'état de santé d'un salarié, dont l'inaptitude n'a pas été constatée dans les conditions réglementaires précitées (double examen par le médecin du travail, etc.), est nul (Soc. 20 sept. 2006). Il en est ainsi quand les faits reprochés au salarié, licencié pour faute grave, sont en rapport avec sa maladie (Soc. 28 janv. 1998). Un salarié souffrant de troubles psychologiques au travail (déficience physique ou comportement « anormal ») ne peut pas être licencié pour motif disciplinaire (Soc. 31 oct. 2006). De tels licenciements sont nuls.

Invalidité et visite de reprise. « *Dès lors que le salarié informe son employeur de son classement en invalidité 2e catégorie sans manifester la volonté de ne pas reprendre le travail* », c'est à l'employeur qu'il appartient « *de prendre l'initiative de faire procéder à une visite de reprise* » (et non pas au salarié), « *laquelle met fin à la suspension du contrat de travail* » (Soc. 25 janvier 2011, PBR, ARAS, l'employeur est condamné à verser une somme à titre de dommages-intérêts pour le préjudice subi par le salarié du fait du retard dans l'organisation de la visite de reprise).

3. *Autorisations d'absence*

Tout salarié atteint d'une maladie grave (au sens du 3° et du 4° de l'article L. 322-3 du Code de la Sécurité sociale) bénéficie d'autorisations d'absence pour suivre les traitements médicaux rendus nécessaires par son état de santé (thérapies lourdes liées au sida ou au cancer notamment ; L. 1226-5, L. 122-24-5). Le Code ne prévoit pas de solution pour la couverture juridique et financière de ces absences.

Le licenciement est discriminatoire quand il est motivé par un départ du salarié de son poste de travail pour raison de santé : « *Le fait de quitter son poste en raison de son état de santé afin de consulter un médecin ne constitue pas, en soi, une faute de nature à justifier le licenciement.* » (Soc. 3 juill. 2001 ; Soc. 15 oct. 2003.)

Maternité

La protection de la femme enceinte est assurée pendant le congé de maternité, période de suspension du contrat, mais également avant et après cette période. Une femme, du fait qu'elle est ou a été enceinte, ne doit pas faire l'objet d'une discrimination, directe ou indirecte.

A. Recrutement et affectation temporaire

1. *Recrutement*

L'employeur ne doit pas prendre en considération l'état de grossesse d'une femme pour refuser de l'embaucher ou pour rompre son contrat de travail au cours d'une période d'essai. La rupture du contrat de travail de la salariée enceinte pendant la période d'essai est nulle (CJCE 11 oct. 2007).

Il lui est en conséquence interdit de rechercher ou de faire rechercher toute information concernant l'état de grossesse de l'intéressée (L. 1225-1, L. 125-1). La femme candidate à un emploi n'est pas tenue de révéler son état de grossesse (L. 1225-2). Lorsque survient un litige, l'employeur communique au CPH tous les éléments de nature à justifier sa décision. Lorsqu'un doute subsiste, il profite à la salariée (L. 1225-3).

2. *Changement temporaire d'affectation*

La salariée enceinte peut être affectée temporairement à un autre emploi, à son initiative ou à celle de l'employeur, si son état de santé médicalement constaté l'exige. En cas de désaccord entre l'employeur et la salariée ou lorsque le changement intervient à l'initiative de l'employeur, seul le médecin du travail peut établir la nécessité médicale du changement d'emploi et l'aptitude de la salariée à occuper le nouvel emploi envisagé. L'affectation à un autre établissement est subordonnée à l'accord de l'intéressée. L'affectation temporaire ne peut excéder la durée de la grossesse et prend fin dès que l'état de santé de la femme lui permet de retrouver son emploi initial. Le changement d'affectation n'entraîne aucune diminution de rémunération (L. 1225-7, L. 122-25-1). Lorsque la salariée reprend son travail à l'issue du congé de maternité et si pendant sa grossesse elle a fait l'objet d'un changement d'affectation, elle est réintégrée dans l'emploi occupé avant cette affectation (L. 1225-8).

3. *Risques particuliers*

L'employeur propose à la salariée qui occupe un poste de travail l'exposant à des risques déterminés (R. 1225-4 ; agents toxiques pour la reproduction, benzène, plomb, etc.) un autre emploi compatible avec son état lorsqu'elle est en état de grossesse médicalement constatée et lorsqu'elle a accouché, compte tenu des répercussions sur sa santé ou sur l'allaitement, durant une période n'excédant pas un mois après son retour de congé postnatal (L. 1225-12 et s., L. 122-25-1-2).

La proposition d'emploi est réalisée au besoin par la mise en œuvre de mesures temporaires telles que l'aménagement de son poste de travail ou son affectation à un autre poste de travail. Elle prend en compte les conclusions écrites du médecin du travail et les indications qu'il formule sur l'aptitude de la salariée à exercer l'une des tâches existantes dans l'entreprise. Ces mesures temporaires n'entraînent aucune diminution de la rémunération. Si l'employeur est dans l'impossibilité de lui proposer un autre emploi, il lui fait connaître par écrit, ainsi qu'au médecin du travail, les motifs qui s'opposent à cette affectation temporaire. Le contrat de travail de la salariée est suspendu avec garantie de rémunération composée de l'allocation journalière de Sécurité sociale et d'un complément à la charge de l'employeur (L. 1225-14).

4. *Travail de nuit*

La salariée en état de grossesse médicalement constatée ou ayant accouché qui travaille de nuit est affectée sur sa demande à un poste de jour pendant la durée de sa grossesse et pendant la période du congé postnatal (L. 1225-9).

Elle est également affectée à un poste de jour pendant la durée de sa grossesse lorsque le médecin du travail constate par écrit que le poste de nuit est incompatible avec son état. Cette période peut être prolongée pendant le congé postnatal et après son retour de ce congé pour une durée n'excédant pas un mois lorsque le médecin du travail constate par écrit que le poste de nuit est incompatible avec son état. L'affectation dans un autre établissement est subordonnée à l'accord de la salariée. Le changement d'affectation n'entraîne aucune diminution de la rémunération.

Lorsque l'employeur est dans l'impossibilité de proposer un autre emploi à la salariée travaillant de nuit, il lui fait connaître par écrit, ainsi qu'au médecin du travail, les motifs qui s'opposent à cette affectation. Le contrat de travail est alors suspendu jusqu'à la date du début du congé légal de maternité et éventuellement durant la période complémentaire qui suit la fin de ce congé. La salariée bénéficie d'une garantie de rémunération pendant la suspension du contrat de travail.

B. Congé de maternité

La femme enceinte a le droit de prendre un congé de maternité (L. 1225-17 et s., L. 122-26). Pendant cette période, le contrat de travail est suspendu. La salariée avertit l'employeur du motif de son absence et de la date à laquelle elle entend y mettre fin. La durée de ce congé est assimilée à une période de travail pour la détermination des droits que la salariée tient de son ancienneté. Elle dépend du nombre d'enfants à naître et du nombre d'enfants déjà présents, comme le montre le tableau suivant.

Situation de famille		Nombre de semaines indemnisées		
Enfants à charge avant l'accouchement	Naissances	Congé prénatal	Congé postnatal	Total
0	1 enfant des jumeaux des triplés	6 12 24	10 22 22	16 34 46
1	1 enfant des jumeaux des triplés	6 12 24	10 22 22	16 34 46
2 ou plus	1 enfant des jumeaux des triplés	8 12 24	18 22 22	26 34 46

Le congé « de base » commence six semaines avant la date présumée de l'accouchement, indiquée par le médecin traitant, et se termine 10 semaines après celui-ci (L. 1225-17). La salariée peut réduire, à sa demande et sous réserve d'un avis médical favorable, la période de suspension du contrat qui précède la date présumée de l'accouchement d'une durée maximale de trois semaines, la période postérieure à l'accouchement étant augmentée d'autant (L. 1225-19).

Lorsqu'un état pathologique est attesté par un certificat médical comme résultant de la grossesse ou de l'accouchement, le congé de maternité est augmenté de la durée de cet état pathologique dans la limite de deux semaines avant la date présumée de l'accouchement et de quatre semaines après la date de celui-ci.

Pendant la durée de son congé, la femme perçoit des indemnités journalières de repos versées par la Caisse d'assurance-maladie au titre de l'assurance maternité. Leur montant est calculé en fonction du salaire net, avec un minimum et dans la limite d'un plafond. De nombreuses conventions collectives garantissent à la femme salariée le maintien intégral de son salaire : l'employeur verse alors des allocations différentielles qui complètent les allocations de la Sécurité sociale.

La femme en état de grossesse apparente a le droit de résilier son contrat de travail sans préavis et sans devoir d'indemnité de rupture (L. 1225-34, L. 122-32). Ce même droit est reconnu à la mère (et au père) qui, à l'expiration du congé de maternité, s'abstient de reprendre son travail (L. 1225-66, L. 122-28). Elle doit alors informer son employeur (15 jours au moins avant l'expiration du congé) et conserve pendant un an le droit d'être réembauchée par priorité, si elle en fait la demande, dans un emploi correspondant à sa qualification (L. 1225-67).

Le congé de maternité est un droit reconnu à la femme, mais elle n'est pas tenue de l'exercer. En tout état de cause, il est interdit d'employer la salariée pendant une période de huit semaines au total avant et après son accouchement et pendant les six semaines qui suivent son accouchement. L'employeur doit donc cesser d'occuper la femme deux semaines avant la date présumée de l'accouchement. La période globale de huit semaines est ainsi prolongée si l'accouchement a lieu après la date présumée. Toute infraction à cette règle est passible d'une amende de cinquième classe de 1 500 € (R. 1227-6, R. 262-7).

À l'issue de ce congé, la salariée retrouve son emploi ou un emploi similaire, assorti d'une rémunération au moins équivalente (L. 1225-25, L. 122-26). Elle a alors droit à un entretien avec son employeur en vue de son orientation professionnelle (L. 1225-27, L. 122-26-4).

Augmentation de salaire. Depuis la loi du 23 mars 2006, inspirée par la jurisprudence communautaire (CJCE 30 mars 2004, Mme Alabaster), en l'absence de dispositions conventionnelles, la rémunération de la salariée est majorée, à la suite de ce congé maternité, des augmentations générales ainsi que de la moyenne des augmentations individuelles perçues pendant la durée de ces congés par les salariés relevant de la même catégorie professionnelle ou, à défaut, de la moyenne des augmentations individuelles dans l'entreprise (L. 1225-44).

C. Protection contre le licenciement

Il est interdit à l'employeur de licencier une salariée lorsqu'elle est en état de grossesse médicalement constatée et pendant l'intégralité des périodes de suspension du contrat de travail auxquelles elle a droit, qu'elle use ou non de ce droit, ainsi que pendant les quatre semaines qui suivent l'expiration de ces périodes (L. 1225-4, L. 122-25-2, al. 1).

Si un licenciement est notifié avant la constatation médicale de la grossesse, la salariée peut, dans un délai de 15 jours à compter de la notification du licenciement, justifier de son état par l'envoi d'un certificat médical. « *Le délai de quinze jours (...) court à compter du jour où le licenciement a été effectivement porté à la connaissance de la salariée* » (Soc. 8 juin 2011, Sté Don Camillo). Le licenciement se trouve alors annulé (L. 1225-5, L. 122-25-2, al. 2, Soc. 21 déc. 2006) et ce de plein droit (Soc. 7 avril 2004), sauf lorsque le licenciement est prononcé pour une faute grave non liée à l'état de grossesse ou par l'impossibilité de maintenir le contrat pour un motif étranger à la grossesse ou à l'accouchement.

1. *Interdiction relative de licencier*

L'interdiction de licencier est levée si l'employeur justifie d'une faute grave de l'intéressée, non liée à l'état de grossesse, ou de l'impossibilité où il se trouve de maintenir ledit contrat pour un motif étranger à la grossesse ou à l'accouchement (L. 1225-4, L. 122-25-2, al. 1). La charge de la preuve incombe à l'employeur.

D'une part, pour l'appréciation de la faute grave, les tribunaux tiendront compte de l'état de grossesse : certains comportements qui seraient, en principe, jugés constitutifs d'une faute grave habituellement, ne seront pas considérés comme tels pour une femme enceinte (Soc. 18 avr. 2008).

D'autre part, l'impossibilité de maintenir le contrat de travail pour un motif étranger à la grossesse n'est pas établie en soi par l'existence d'un motif économique (Soc. 21 mai 2008, l'employeur doit préciser dans la lettre les motifs rendant impossible le maintien du contrat).

L'employeur qui licencie une salariée pour l'un de ces deux motifs doit respecter la procédure de licenciement, notamment convoquer la salariée à l'entretien préalable. L'employeur a donc, dans certains cas, la possibilité de licencier la salariée enceinte.

Ces dispositions s'appliquent pendant la période de quatre semaines post-natales (Soc. 17 févr. 2010).

2. *Interdiction absolue de licencier*

Pendant l'intégralité des périodes de suspension du contrat auxquelles la salariée a droit (qu'elle use ou non de ce droit) et pendant les quatre semaines suivant l'expiration de ces périodes, l'interdiction de licencier est absolue.

Un licenciement, même justifié par une faute grave de l'intéressée (non lié à l'état de grossesse), ne peut prendre effet ou être notifié pendant les périodes de suspension du contrat de travail ainsi que pendant les quatre semaines qui suivent (Soc. 28 mars 2001, L. 1225-4).

Même en cas d'impossibilité de maintenir le contrat de travail d'une salariée pour un motif étranger à son état de grossesse ou à son accouchement, l'employeur ne peut notifier à une salariée la rupture de son contrat de travail avant la fin de la période de suspension du contrat de travail, même avec un effet différé. La rupture, intervenue en violation d'une mesure de protection légale, est donc nulle. La salariée a droit à une réparation intégrale du préjudice résultant du caractère illicite de ce licenciement (Soc. 19 mars 2008, protection applicable même en cas de liquidation judiciaire de l'entreprise).

De plus, l'employeur ne doit pas prendre à l'égard de la salariée enceinte de « mesure préparatoire à son licenciement » durant son congé maternité (faire passer des annonces ou recruter un salarié pour assurer son remplacement définitif, etc.). À défaut, le licenciement de la salariée est nul, même quand il est intervenu après l'expiration de la période de protection (Soc. 15 sept. 2010, PBR, Mme X c/ Sté des Publications du Courrier de l'Ouest ; CJCE 11 oct. 2007, Paquay). Par conséquent, l'employeur ne peut pas convoquer une salariée enceinte pendant son congé maternité pour un entretien préalable à son licenciement, même si celui-ci intervient à l'issue du congé.

3. *Sanctions et réparations*

La salariée en état de grossesse licenciée en méconnaissance des règles protectrices bénéficie de la nullité du licenciement. Ainsi, est nul le licenciement d'une salariée qui a refusé une mutation, en application d'une clause de mobilité, proposée à son retour de congé de maternité, l'employeur ayant pris des mesures préparatoires au licenciement pendant la période du congé de maternité (CA Paris 26 mars 2008, Sté GFI, Délibération HALDE du 5 févr. 2007).

Lorsque le licenciement est nul, l'employeur est tenu de verser le montant du salaire qui aurait été perçu pendant la période couverte par la nullité. L'employeur sera donc condamné à verser à la salariée les salaires qu'elle aurait perçus jusqu'à la fin de la période protégée (quatre semaines après la fin du congé, L. 1225-71 al. 2). Ne doivent plus être déduites de cette somme les indemnités journalières de l'assurance maternité, même si la salariée reçoit plus que ce qu'elle aurait reçu si elle n'avait pas été licenciée (Soc. 10 avril 1991).

La salariée est, si elle le demande, « réintégrée » dans son emploi ou, à défaut, dans un emploi équivalent (Soc. 9 oct. 2001, Soc. 30 avril 2003). Si la salariée ne souhaite pas être « réintégrée », le licenciement peut donner lieu à des dommages-intérêts (L. 1225-71 al. 1, L. 122-30), dont le montant est apprécié par le juge mais doit être au moins égal à six mois de salaire (Soc. 9 oct. 2001). À cela s'ajoutera l'indemnité de licenciement si elle est due.

Le licenciement illégal d'une femme enceinte constitue une infraction, passible d'une contravention de la 5e classe (R. 1227-5-1°, R. 152-3).

CDD. Ces dispositions protectrices contre le licenciement peuvent faire obstacle à l'échéance d'un CDD prévoyant une clause de renouvellement (L. 1225-6, L. 122-25-2, al. 3, à interpréter selon deux arrêts CJCE 4 oct. 2001, Tele Danmark). Enfin, elles sont applicables en cas de congé d'adoption (L. 1225-38, L. 1225-39).

Sous-partie 3

Rupture du contrat

Chapitre X

Rupture du contrat de travail à durée indéterminée à l'initiative de l'employeur

Statistiques des licenciements (DARES, 2006)

En 2003, les établissements du privé d'au moins 10 salariés ont licencié trois fois plus souvent pour motif personnel que pour motif économique. Les licenciements pour motif personnel ont augmenté de 40 % entre début 2001 et fin 2003. Près des trois quarts des licenciés pour motif personnel sont des salariés du tertiaire, près de la moitié des licenciés économiques sont des salariés de l'industrie.

Le licenciement pour motif économique n'est pas particulièrement risqué en France : le juge n'a pas le pouvoir de se substituer à l'employeur et le contentieux relatif aux licenciements diminue régulièrement depuis vingt ans (Centre d'Étude de l'Emploi, *Connaissances de l'emploi*, n° 72, sept. 2010).

Le CDI peut être rompu soit à l'initiative de l'employeur, il s'agit notamment d'un licenciement (résiliation unilatérale du contrat de travail) ; soit à l'initiative du salarié, il s'agit notamment d'une démission ; soit d'un commun accord (L. 1231-1).

Droit commun du licenciement

Lorsque c'est l'employeur qui prend l'initiative de la rupture du contrat de travail à durée indéterminée, il s'agit, en principe, d'un licenciement. Dès que l'engagement est confirmé, les parties sont liées par un contrat de travail et, même si l'exécution du contrat n'a pas commencé, la rupture de celui-ci à l'initiative de l'employeur s'analyse en un licenciement (Soc. 2 févr. 1999).

Tout licenciement doit :

- reposer sur une justification (une cause réelle et sérieuse) ;

- faire l'objet d'une procédure préalable ;
- ouvrir droit à des indemnités de rupture (sauf exceptions).

Deux catégories de licenciement sont à distinguer ; le licenciement pour motif personnel, et le licenciement pour motif économique (voir chapitre XI).

Le licenciement est pour fait personnel s'il est motivé par le comportement personnel du salarié, pour un motif inhérent au salarié : soit pour des fautes disciplinaires (licenciement disciplinaire, chapitre VI) ; soit pour des faits non disciplinaires comme une insuffisance professionnelle, de mauvais résultats, le refus d'une modification du contrat de travail, des absences prolongées ou répétées (pour maladie, chapitre IX), etc. (licenciement pour motif personnel non disciplinaire). L'employeur remplacera le salarié ainsi licencié. Les dispositions légales relatives au licenciement pour fait personnel résultent, pour l'essentiel, de la loi du 13 juillet 1973.

A. Cause réelle et sérieuse (CRS)

« Tout licenciement pour motif personnel est motivé (...). Il est justifié par une cause réelle et sérieuse » (L. 1231-1, L. 122-14-3). Ce principe vaut pour tous les salariés, quelle que soit notamment leur ancienneté, pour toute entreprise, quel que soit notamment son effectif, et pour tout licenciement, quel que soit le fait personnel en cause.

1. *Définition*

Aucune définition du motif réel et sérieux de licenciement n'est donnée par la loi. Tout en la matière est l'œuvre de la jurisprudence.

D'une part, un motif réel, c'est tout d'abord un motif qui existe, pour lequel l'examen des faits donne une certaine consistance. Si, par exemple, un employeur allègue l'insuffisance professionnelle d'un salarié pour justifier son licenciement et si le salarié a bénéficié cependant d'une promotion récente, les juges douteront du caractère réel du motif invoqué. Un motif réel, c'est aussi le vrai motif du licenciement. Les juges du fond recherchent la véritable cause du licenciement, le motif exact (Soc. 6 avril 2011 ; Soc. 28 oct. 1981, « *il était impossible d'admettre que le larcin (...) soit la cause réelle du licenciement (...) le véritable motif était le témoignage effectué par Mlle G. (...) au cours de la procédure de divorce de son employeur ; (...) le motif invoqué par l'employeur pour justifier le licenciement était inexact, ce qui justifiait l'allocation de dommages-intérêts* »). S'il apparaît aux juges que, derrière le motif invoqué (par exemple insuffisance professionnelle, absences répétées, etc.), c'est en fait un motif inavouable qui est visé (une discrimination, un témoignage, etc.), ils en déduiront que le motif allégué n'est pas le motif réel.

D'autre part, le motif doit aussi être sérieux, c'est-à-dire revêtir une certaine gravité. Par exemple, des retards d'un salarié peuvent être établis, notamment s'il ne les conteste pas. Ils constituent donc le motif réel du licenciement envisagé. Mais si ces retards ont été peu nombreux, que de quelques minutes chaque fois, le motif réel ne sera pas considéré comme sérieux. De même, un don d'une valeur minime (deux sandwichs) à un client, n'est pas une cause sérieuse de licenciement (Soc. 21 mars 2002).

Au contraire, le refus d'exécuter des ordres, etc., peut, suivant les circonstances de l'espèce, être considéré comme un motif sérieux. Le refus n'est pas fautif en raison du non-respect par l'employeur des règles de sécurité (Soc. 18 déc. 2007). En matière d'insuffisance professionnelle, le licenciement est sans cause réelle et sérieuse quand l'employeur n'a pas fait bénéficier le salarié d'une formation suffisante (Soc. 29 nov. 2007) ou que le salarié commet des erreurs dans l'exécution d'une tâche qui ne relève pas de sa qualification (Soc. 2 févr. 1999).

Depuis la promulgation de la loi de 1973, une abondante jurisprudence s'est constituée sur la notion de cause réelle et sérieuse. Elle marque un progrès certain dans la protection du salarié contre des licenciements arbitraires ou injustifiés.

La prédominance des éléments objectifs est établie : « Un licenciement pour une cause inhérente à la personne du salarié doit être fondé sur des éléments objectifs. » Ainsi, « *la perte de confiance alléguée par l'employeur ne constitue pas en soi un motif de licenciement* » (Soc. 29 nov. 1990), même quand elle repose sur des éléments objectifs et que seuls ces éléments peuvent, le cas échéant, constituer une cause de licenciement (Soc. 29 mai 2001). Ainsi, la mésentente qui crée une situation intolérable perturbant le service peut constituer une cause de licenciement si elle repose sur des faits objectifs imputables au salarié concerné (Soc. 27 nov. 2001, Soc. 5 févr. 2002). « *Aucune clause du contrat de travail ne peut valablement décider qu'une circonstance quelconque constituera une cause de licenciement* » (Soc. 14 nov. 2000, Affichages Giraudy).

À titre d'illustration, il convient d'examiner quelques motifs de licenciement personnel (voir également les chapitres VI sur le licenciement disciplinaire, et IX sur le licenciement non disciplinaire).

2. *Objectifs*

En matière d'objectifs, « *l'insuffisance de résultats ne peut constituer en soi une cause de licenciement* » (depuis Soc. 30 mars 1999). L'insuffisance de résultats peut constituer une cause réelle et sérieuse de licenciement, mais à condition que les objectifs fixés ne soient pas inaccessibles et que le salarié ait eu les moyens d'accomplir la prestation prévue (Soc. 10 févr. 2004). Le juge apprécie la faisabilité des objectifs fixés au salarié (Soc. 3 févr. 1999), « *si les objectifs étaient réalistes et si la salariée était en faute de ne pas les avoir atteints* » (Soc. 14 nov. 2000, préc.). L'employeur doit prouver la fixation négociée des objectifs (Soc. 4 juill. 2007). Dans le même esprit, le salarié n'a pas commis de faute, ne pouvant accomplir le travail demandé dans un temps compatible avec ses horaires (Soc. 16 nov. 1999).

3. *Vie personnelle*

En principe, un fait relevant de la vie privée ne peut justifier un licenciement pour faute professionnelle (Soc. 29 janv. 2008, société Cors'Hôtel), en l'absence de manquement à des obligations professionnelles (Soc. 23 juin 2009) (voir chapitre VI – Droit disciplinaire).

Ainsi, le fait pour un salarié de commettre, dans le cadre de sa vie privée, une infraction ayant entraîné le retrait ou la suspension de son permis de conduire, ne constitue pas un manquement aux obligations résultant de son contrat de travail. (Soc. 3 mai 2011, Sté Challancin ; CE 15 déc. 2010).

Par exception, un comportement dans la vie personnelle peut justifier un licenciement s'il existe un lien étroit avec la vie professionnelle, « *eu égard aux fonctions du salarié et à la finalité propre de l'entreprise* » – ainsi est justifié le licenciement d'un salarié d'une caisse d'allocations familiales, qui, en tant qu'allocataire d'une autre caisse, a commis des faits de même nature que ceux qu'il était chargé de poursuivre dans ses fonctions (Soc. 25 févr. 2003). Cependant, « *un trouble objectif dans le fonctionnement de l'entreprise ne permet pas en lui-même de prononcer une sanction disciplinaire à l'encontre de celui par lequel il est survenu* » (au regard de la vie privée : Cass. ch. mixte, 18 mai 2007, chauffeur de direction s'étant fait adresser sur son lieu de travail une revue destinée à des couples échangistes ; voir également au regard de l'exercice d'une « liberté collective » : Soc. 23 mai 2007, agent de contrôle d'une société d'autoroute ayant participé à une manifestation publique sur l'autoroute en dehors de son temps de travail). La référence au « trouble » ne doit pas faire réapparaître le licenciement pour « perte de confiance », ce motif ne pouvant plus en soi justifier un licenciement.

Par conséquent, « *un fait de la vie personnelle occasionnant un trouble dans l'entreprise ne peut justifier un licenciement disciplinaire* » (Soc. 9 mars 2011, RFI) ; mais peut justifier un licenciement pour motif personnel (avec le bénéfice des indemnités de rupture).

4. *Discrimination*

Le licenciement discriminatoire est interdit (voir chapitre V). Ainsi, aucun salarié ne peut être licencié en raison de sa situation de famille, ce qui comprend notamment les liens matrimoniaux (Soc. 10 févr. 1999) et aussi de filiation avec un autre salarié de l'entreprise (Soc. 1er juin 1999, Banque savoisienne de crédit).

5. *Contrat nouvelles embauches (CNE)*

L'ordonnance du 2 août 2005 relative au contrat de travail « nouvelles embauches », non codifiée, applicable dans les entreprises de 20 salariés au plus, prévoyait que ce contrat de travail relève des dispositions du Code du travail, à l'exception lors des deux premières années courant à compter de la date de sa conclusion, de celles concernant notamment l'exigence d'une cause réelle et sérieuse de licenciement.

Après que le Tribunal des conflits a considéré que le juge judiciaire était compétent pour contrôler le caractère licite de l'ordonnance (TC 19 mars 2007), des juridictions de l'ordre judiciaire ont jugé que les dispositions de l'ordonnance sur le CNE sont « contraires » aux dispositions de la convention n° 158 de l'OIT qui prévoit qu'un « travailleur ne devra pas être licencié sans qu'il existe un motif valable de licenciement (...) » (art. 4), la durée de la « période de consolidation » de deux années, permettant à l'employeur de s'affranchir de l'obligation de justification du licenciement, n'étant pas raisonnable (Soc. 1er juill. 2008 approuvant CA Paris, soc., 6 juill. 2007, confirmant CPH Longjumeau, 28 avril 2006 ; CA Bordeaux, soc., 18 juin 2007). Les contrats de travail « nouvelles embauches » sont ici requalifiés en CDI de droit commun. Des entreprises recrutant en ayant recours au CNE peuvent être exclues du bénéfice d'aides régionales (TA Poitiers, 30 juill. 2007).

Le Conseil d'administration de l'OIT a approuvé le 14 nov. 2007 le rapport du comité des experts demandant que « les contrats "nouvelles embauches" ne puissent en aucun cas être rompus en l'absence d'un motif valable » (art. 4 de la Convention de l'OIT n° 158). En revanche, le juge communautaire s'est déclaré incompétent. Le droit des salariés à ne pas être licencié sans motif valable ne relevait pas du droit communautaire alors applicable (CJCE 16 janv. 2008).

Reprenant des dispositions de l'ANI du 11 janvier 2008, la loi du 25 juin 2008 de modernisation du marché du travail (art. 9) prévoit que les contrats « nouvelles embauches » en cours à la date de publication de la présente loi sont requalifiés en CDI de droit commun (nécessité d'une justification pour la rupture par l'employeur) dont la période d'essai est fixée par voie conventionnelle ou, à défaut, par le Code du travail.

L'employeur condamné par le CPH pour avoir appliqué l'ordonnance sur le CNE peut engager la responsabilité de l'État et lui demander réparation des préjudices qui en avaient découlé de manière directe et certaine (TA Montpellier, 29 mars 2010, le ministère du Travail a été condamné à rembourser à l'employeur la somme correspondant au montant de l'indeminité pour licenciement sans cause réelle et sérieuse...).

6. *Contrôle par le juge*

Antérieurement à la loi de 1973, il incombait au salarié qui estimait être victime d'une rupture abusive de son contrat de travail, de prouver devant le juge l'abus commis par l'employeur dans l'exercice de son droit de licenciement. Il devait établir des faits susceptibles de prouver l'intention de nuire, la légèreté blâmable, etc., qui, pour la jurisprudence d'alors, étaient les critères de l'abus. Conformément à un principe général de la procédure civile, la preuve incombait au demandeur, c'est-à-dire au salarié. Celui-ci supportait la charge de la preuve.

Dans certains droits étrangers (allemand par exemple), la charge de la preuve incombe à l'employeur. C'est à lui de prouver devant le juge que le licenciement est justifié.

La loi de 1973 n'est pas allée jusqu'à faire supporter par l'employeur la charge de la preuve et a retenu une solution intermédiaire.

Aucune des parties ne supporte seule la charge de la preuve. C'est au juge qu'il revient d'établir la preuve avec les éléments que lui fournissent les deux parties. Il peut, en outre, ordonner toutes les mesures d'instruction nécessaires.

Le juge, à qui il appartient d'apprécier le caractère réel et sérieux des motifs invoqués par l'employeur, forme sa conviction au vu des éléments fournis par les parties après avoir ordonné, au besoin, toutes les mesures d'instruction qu'il estime utiles (L. 1235-1, L. 122-14-3).

L'employeur doit alléguer devant le juge un motif en apparence réel et sérieux. Ce sera au juge d'établir la réalité du motif allégué, au besoin en ordonnant des mesures d'instruction, et de décider si un tel motif est suffisamment sérieux pour justifier un licenciement. Si, devant le juge, l'employeur n'allègue aucun motif de licenciement, des motifs vagues ou encore un motif différent de celui énoncé dans la lettre de licenciement, le juge considère que le licenciement est sans cause réelle ni sérieuse.

Et « si un doute subsiste, il profite au salarié » (L. 1235-1, L. 122-14-3). C'est seulement au cas où le juge sera dans l'impossibilité, au terme d'une instruction contradictoire, de former avec certitude sa conviction sur l'existence d'une cause réelle et sérieuse justifiant le licenciement qu'il sera conduit à faire application du principe selon lequel le doute profite au salarié. Ces dispositions sont destinées à renforcer les exigences du tribunal à l'encontre de l'employeur, qui dispose de toutes les informations nécessaires pour convaincre le juge du bien-fondé de la décision qu'il a prononcée.

7. *Sanction*

Si le licenciement survient pour une cause qui n'est pas réelle et sérieuse, le juge peut proposer la réintégration du salarié dans l'entreprise, avec maintien de ses avantages acquis. Si l'une ou l'autre des parties refuse, le juge octroie une indemnité au salarié. Cette indemnité, à la charge de l'employeur, ne peut être inférieure aux salaires des six derniers mois. Elle est due sans préjudice, le cas échéant, de l'indemnité de licenciement (L. 1235-3, L. 122-14-4).

Si on s'en tient à la lettre de cet article, ce n'est qu'en cas de refus de la réintégration que l'employeur sera condamné à verser des dommages-intérêts au salarié. En fait, le tribunal, très souvent, ne propose pas la réintégration car elle n'est pas demandée par le salarié. La condamnation aux dommages-intérêts s'impose dans ce cas (Soc. 27 juin 2000), à défaut de la compensation de la perte de salaire depuis le licenciement que seul le salarié qui a demandé sa réintégration peut obtenir (Soc. 3 juill. 2003). Ainsi, la réparation en nature est ignorée au profit de la seule réparation indemnitaire.

Le montant des dommages-intérêts est, dans le cas général, au moins égal à six mois de salaire, mais les dispositions légales ne sont applicables qu'aux salariés ayant au moins deux ans d'ancienneté, dans une entreprise occupant au moins 11 salariés. Pour les autres salariés, le juge fixe le montant des dommages-intérêts en fonction du « préjudice subi » (L. 1235-5, L. 122-14-5). Dans les faits, le montant des dommages-intérêts accordé par le CPH s'élève rarement de manière sensible au-delà du plancher de six mois. Les cours d'appel peuvent se montrer plus généreuses.

Enfin, le juge ordonne le remboursement par l'employeur fautif (aux Assédic) de tout ou partie des indemnités de chômage versées au salarié licencié, du jour de son licenciement au jour du jugement prononcé, dans la limite de six mois d'indemnités de chômage par salarié intéressé (L. 1235-4, L. 122-14-4, Soc. 12 juill. 2006). Cette disposition n'est également applicable que si le licenciement concerne un salarié ayant au moins deux ans d'ancienneté dans une entreprise occupant au moins 11 salariés.

Toutefois, lorsque le licenciement est dû à une discrimination ou à une action en justice sur la base des dispositions relatives aux discriminations ou à une atteinte à une liberté fondamentale, le juge prononce la nullité du licenciement. La poursuite du contrat de travail est de droit et le salarié est regardé comme n'ayant jamais cessé d'occuper son emploi. S'il refuse la poursuite du contrat de travail, il a droit à une indemnité qui ne peut être inférieure aux six derniers mois de salaire, outre l'indemnité de licenciement (L. 122-45-2). Ainsi, une salariée en état de grossesse, licenciée en méconnaissance des règles protectrices, doit bénéficier de la poursuite de son contrat (« réintégration ») si elle le demande (Soc. 30 avril 2003).

L'octroi de dommages-intérêts pour licenciement sans cause réelle et sérieuse entraîne l'application d'un délai de carence spécifique pour l'assurance-chômage (augmentation du délai de carence en cas de versement d'indemnités – règlement annexé à la convention d'assurance-chômage), « *la loi ne déterminant pas directement le montant des dommages-intérêts alloués pour licenciement sans cause réelle et sérieuse que le juge évalue souverainement en fonction du préjudice subi par le salarié* » (Soc. 15 juin 2010, M. X c/ Assédic de Lorraine ; Soc. 15 juin 2010, Mme X c/ Assedic).

B. Procédure

La procédure de licenciement pour fait personnel comporte plusieurs phases successives.

1. *Convocation*

L'employeur qui envisage de licencier un salarié le convoque, avant toute décision, à un entretien préalable. La convocation est effectuée par lettre recommandée ou par lettre remise en main propre contre décharge. Cette lettre indique l'objet de la convocation. L'entretien ne peut avoir lieu moins de cinq jours ouvrables après la présentation de la lettre recommandée ou la remise en main propre de la lettre de convocation (L. 1232-2, L. 122-14). « *Le salarié doit disposer d'un délai de cinq jours pleins pour préparer sa défense. Le jour de remise ne compte pas dans le délai, non plus que le dimanche qui n'est pas un jour ouvrable* » (Soc. 20 févr. 2008). Ne sont pas non plus pris en compte les jours de repos hebdomadaires dans l'entreprise autres que le dimanche et les jours fériés et habituellement chômés dans l'entreprise (Soc. 14 mai 1997). La lettre doit donc être envoyée suffisamment à l'avance pour permettre au salarié de préparer l'entretien et de rechercher l'assistance d'un membre du personnel ou, le cas échéant, d'un conseiller extérieur.

L'employeur n'a pas à indiquer dans la lettre de convocation le motif du licenciement, mais doit mentionner que l'entretien aura pour objet le licenciement envisagé.

La lettre recommandée, qui n'est pas nécessairement avec accusé de réception, doit préciser d'une part la date et l'heure de l'entretien : le délai de cinq jours ouvrables doit être respecté, sous peine d'irrégularité de la procédure, même si le salarié a trouvé le temps de se faire assister dans un délai plus court (Soc. 5 janv. 1999). Cet entretien a lieu en principe pendant le temps de travail du salarié. Cependant, il peut se dérouler en dehors des horaires de travail du salarié, sans que cela constitue une irrégularité de procédure. Dans ce cas, le salarié peut prétendre au paiement de ce temps comme temps de travail et, le cas échéant, à la réparation du préjudice subi (Soc. 24 sept. 2008, Soc. 7 avril 2004). D'autre part, la lettre doit indiquer le lieu de l'entretien : en principe il s'agit de celui où s'exécute le travail ou celui du siège de l'entreprise (Soc. 9 mai 2000), mais il peut être distinct, auquel cas le salarié a droit au remboursement de ses frais de déplacement (Soc. 28 janv. 2005).

Lors de l'entretien, le salarié pourra se faire assister par une personne de son choix appartenant au personnel de l'entreprise (L. 1232-4). Lorsqu'il n'y a pas d'IRP dans l'entreprise, et non pas seulement dans l'établissement (Soc. 26 nov. 1996), c'est-à-dire en l'absence d'élus et de délégués syndicaux (Soc. 19 févr. 2002), le salarié peut se faire assister par un conseiller du salarié (inscrit sur une liste dressée par le préfet du département). Mention doit être faite, dans la lettre de convocation, de la faculté pour le salarié de se faire assister ; en cas d'omission dans la convocation de cette mention, la procédure est entachée d'irrégularité (Soc. 29 avril 2003, Soc. 8 déc. 2004). La lettre doit indiquer l'adresse des services où la liste des conseillers du salarié est tenue à la disposition des salariés (sections d'Inspection du travail et mairie ;

D. 1232-5). L'adresse est une information impérative, son absence dans la lettre de convocation entraîne pour le salarié un préjudice que l'employeur doit réparer, même en cas de présence d'un conseiller lors de l'entretien (Soc. 21 janv. 2009). Il s'agit là d'une faculté ouverte au salarié qui peut, s'il le préfère, se faire assister d'une personne appartenant au personnel de l'entreprise (qui ne doit subir aucune perte de salaire) ou se présenter seul. Cette faculté de se faire assister ne s'applique pas au personnel travaillant chez un particulier alors que l'entretien doit bien avoir lieu (Soc. 4 juin 1998).

2. Entretien préalable

L'entretien préalable, institué dans l'intérêt du salarié (Soc. 15 mai 1991), doit respecter le principe du contradictoire et celui des droits de la défense.

Cet entretien revêt un caractère strictement individuel, ce qui exclut que le salarié soit entendu en présence de collègues contre lesquels serait également envisagé un licenciement, quand bien même les faits reprochés seraient identiques (Soc. 23 avril 2003). Le salarié peut se faire assister (*supra*).

Au cours de l'entretien préalable, l'employeur indique les motifs de la décision envisagée et recueille les explications du salarié (L. 1232-3). Le motif du licenciement devra être indiqué par l'employeur. Le salarié doit pouvoir s'expliquer à son sujet – l'entretien doit être mené dans une langue compréhensible pour l'une et l'autre des parties ; à défaut, il doit être fait appel à un interprète accepté par les deux parties (Soc. 8 janv. 1997).

Ces dispositions ont pour objet de donner au salarié la possibilité d'apprendre pourquoi l'employeur envisage son licenciement, de fournir des explications sur les faits reprochés (droits de la défense) et à l'employeur la possibilité de s'informer davantage.

L'employeur peut se faire représenter (Soc. 14 juin 1994), mais pas par une personne étrangère à l'entreprise (Soc. 26 mars 2002), à moins qu'il ne s'agisse d'une personne appartenant à la société mère du groupe dont fait partie l'entreprise (Soc. 19 janv. 2005). L'employeur peut également se faire assister, mais uniquement par une personne appartenant au personnel de l'entreprise (Soc. 2 avril 1996 ; il ne peut recourir à un avocat, Soc. 22 févr. 2006, un huissier, Soc. 30 mars 2011). L'assistance par plusieurs personnes ne doit pas transformer l'entretien en enquête, sous peine de le détourner de son objet (Soc. 17 sept. 2008) et de perturber le salarié dans l'exercice de ses droits pour se défendre (Soc. 10 janv. 1991).

Une conversation téléphonique ne saurait remplacer valablement l'entretien (Soc. 14 nov. 1991). Si le salarié ne se présente pas à l'entretien, la procédure suivra normalement son cours, même si l'absence est due à une maladie (Soc. 26 mai 2004).

3. *Notification du licenciement*

D'une part, après l'entretien préalable, l'employeur peut reconsidérer son projet et renoncer à sa décision de licencier le salarié. D'autre part, lorsque l'employeur décide de licencier un salarié, il lui notifie sa décision par lettre recommandée avec accusé de réception (L. 1232-6). Ceci nécessite un accusé de réception comportant la signature du salarié ou la remise en main propre contre décharge (Soc. 2 juill. 2003). La date de présentation de la lettre recommandée fixe le point de départ du délai-congé.

Cette lettre comporte l'énoncé du ou des motifs invoqués par l'employeur (L. 1232-6, L. 122-14-2). Elle peut invoquer plusieurs motifs, dès lors qu'ils procèdent de faits distincts (Soc. 23 sept. 2003).

Ce ou ces motifs, qui doivent être précis et mentionner les justifications nécessaires, lient l'employeur, qui ne pourra pas invoquer de motif différent devant le juge, mais ne pourra que développer ou étayer ceux-ci. La lettre de licenciement fixe les limites du litige. L'absence ou l'insuffisance d'énonciation de motif précis dans la lettre de licenciement équivaut à une absence de motif et rend le licenciement sans cause réelle et sérieuse (depuis Soc. 29 nov. 1990, Rogie). Il en sera de même en cas de simple référence aux motifs contenus dans la lettre de convocation à l'entretien préalable (Cass. Ass. plén. 27 nov. 1998). Les motifs indiqués dans la lettre de licenciement doivent être ceux qui ont été indiqués au salarié lors de l'entretien préalable.

Cette lettre ne peut être expédiée moins de deux jours ouvrables après la date prévue pour l'entretien préalable (L. 1232-6, L. 122-14-1). L'objet de ces dispositions est de laisser à l'employeur le temps de la réflexion et d'éviter ainsi des licenciements impulsifs décidés sous l'effet de l'irritation.

L'employeur doit, le cas échéant, indiquer dans la lettre de notification du licenciement les droits dont le salarié bénéficie en matière de DIF, dont, notamment, la mention de la possibilité de demander, pendant le préavis, à bénéficier d'une action de bilan de compétences, de validation des acquis de l'expérience ou de formation.

La lettre de licenciement doit être signée par l'employeur ou par une personne de l'entreprise ayant le pouvoir de le faire, sans qu'il soit nécessaire que la délégation du pouvoir de licencier soit donnée par écrit (Soc. 18 nov. 2003). Le défaut de signature constitue un défaut de procédure (Soc. 29 juin 1999).

Dans les SAS (L. 227-6 C. commerce, L. 1232-6 C. travail), « *si, selon le premier de ces textes, la société par actions simplifiée est représentée à l'égard des tiers par son président et, si ses statuts le prévoient, par un directeur général ou un directeur général délégué dont la nomination est soumise à publicité, cette règle n'exclut pas la possibilité, pour ces représentants légaux, de déléguer le pouvoir d'effectuer des actes déterminés tel que celui d'engager ou de licencier les salariés de l'entreprise (...) ; aucune disposition n'exige que la délégation du pouvoir de licencier soit donnée par écrit ; qu'elle peut être tacite et découler des fonctions du salarié qui conduit la procédure de licenciement* » (Cass. Ch. mixte 19 nov. 2010, PBRI, Sté Whirlpool France ; Cass. Ch. mixte 19 nov. 2010, Sté ED). La délégation de pouvoir, notamment pour licencier, même non écrite, est ainsi largement admise.

C'est à tort qu'un salarié se prétend victime d'une diffamation non publique en raison des termes d'une lettre de licenciement adressée par l'employeur, conformément à l'obligation légale qui lui est faite (Crim. 12 oct. 2004, licenciement pour harcèlement sexuel).

4. *Sanctions*

Si la procédure n'a pas été observée par l'employeur, totalement ou partiellement, le salarié licencié ne peut obtenir sa réintégration par le juge des référés (jurisprudence constante). Il n'a d'autre ressource que de saisir le CPH et de demander réparation de l'inobservation.

Les dispositions qui sanctionnent l'irrégularité diffèrent selon l'ancienneté du salarié et la taille de l'entreprise. Ainsi, aucune sanction spécifique n'est prévue dans le cas où la procédure n'a pas été observée à l'égard d'un salarié ayant moins de deux ans d'ancienneté ou occupé dans une entreprise de moins de 11 salariés. Il revient alors au juge de prévoir la réparation du préjudice éventuellement subi par le salarié lésé. Par ailleurs, les salariés qui ont au moins deux ans d'ancienneté dans une entreprise occupant habituellement plus de 10 salariés, bénéficient de dispositions particulières. Le juge impose à l'employeur d'accomplir la procédure prévue et accorde au salarié, à la charge de l'employeur, une indemnité qui ne peut être supérieure à un mois de salaire (L. 1235-2, L. 122-14-4).

Cette sanction est applicable lorsque l'employeur ne respecte pas les dispositions relatives à l'assistance du salarié par un conseiller inscrit sur la liste des conseillers du salarié, quels que soient l'ancienneté du salarié et l'effectif de l'établissement (L. 1235-5, L. 122-14-5).

Pour obtenir réparation du défaut de procédure, il faut aussi que le CPH juge que le licenciement était fondé, qu'il avait bien une cause réelle et sérieuse. Si le tribunal juge, au contraire, que le licenciement était injustifié, il appliquera une sanction plus lourde qui écarte la sanction plus légère de l'inobservation de la procédure. S'il s'agit d'un salarié ayant moins de deux ans d'ancienneté ou appartenant à une entreprise de moins de 11 salariés, en cas de non-respect de la règle relative à l'assistance du salarié par un conseiller extérieur, outre l'indemnité d'un mois maximum pour non-respect de la procédure, celui-ci peut obtenir, le cas échéant, des dommages-intérêts, fixés par le juge, pour le préjudice subi pour licenciement sans cause réelle et sérieuse (Soc. 5 févr. 2003).

Dans la pratique, les juges n'imposent pas toujours de refaire la procédure ou les formalités omises, ce qui peut ne présenter aucun intérêt pour un salarié qui a retrouvé un emploi. Ils condamnent l'employeur à verser des dommages-intérêts au salarié, dont le maximum correspond à un mois de salaire. Les dommages-intérêts seront inférieurs à ce maximum si le tribunal estime que le préjudice subi par le salarié a été peu important.

Lorsque la durée des fonctions est inférieure à six mois et que le licenciement est sans motif réel et sérieux, l'indemnité allouée au salarié ne peut toutefois être supérieure aux salaires correspondant à la durée effective du travail (Soc. 18 déc. 2000). Pour une durée supérieure à six mois, l'indemnité pour défaut de motif réel et sérieux est due (Soc. 13 nov. 1996).

5. *Statut du conseiller du salarié*

Dans les entreprises ou établissements d'au moins 11 salariés, l'employeur est tenu de laisser au salarié de son entreprise investi de la mission de conseiller du salarié et chargé d'assister un salarié lors de l'entretien préalable, le temps nécessaire à l'exercice de sa mission dans la limite de 15 heures par mois (L. 1232-7 et s., L. 122-14-14).

Ces absences sont rémunérées par l'employeur et ne peuvent entraîner une diminution de la rémunération et des avantages qui s'y attachent. L'État rembourse à l'employeur les rémunérations maintenues durant ces absences. Les conseillers qui ont effectué au moins quatre interventions au cours de l'année civile bénéficient d'une indemnité pour couvrir leurs menus frais, outre les frais de déplacement qui sont remboursés. En cas d'accident au cours de leur mission, ils sont couverts par la législation sur les accidents du travail.

L'employeur doit accorder au salarié inscrit sur la liste des conseillers des autorisations d'absence pour les besoins de sa formation dans la limite de deux semaines par période de trois ans suivant la publication de la liste. Les dispositions relatives au congé de formation économique, sociale et syndicale sont applicables à ces autorisations, sauf celles relatives aux possibilités de refus laissées à l'employeur. Il est tenu au secret professionnel dans les mêmes conditions que les membres du comité d'entreprise et les délégués syndicaux. La violation de cette obligation peut entraîner la radiation de l'intéressé de la liste des conseillers par le préfet.

Le conseiller du salarié peut établir un rapport à l'issue de l'entretien dont le juge peut apprécier librement la valeur et la portée (Soc. 27 mars 2001). Lorsque ce rapport est produit en justice, la non-véracité des faits relatés engage la responsabilité pénale de son auteur (Crim. 26 mars 2002).

L'exercice de la mission de conseiller du salarié ne saurait être invoqué comme cause de rupture de son contrat de travail par l'employeur. En outre, le licenciement d'un salarié inscrit sur la liste des conseillers du salarié est soumis à la procédure d'autorisation préalable de l'Inspection du travail prévue pour le licenciement des délégués syndicaux. En cas de licenciement sans autorisation administrative, la liste des conseillers du salarié étant révisée tous les trois ans, le conseiller peut soit demander sa « réintégration » (la poursuite de son contrat de travail) avant le terme de la période triennale ou dans les douze mois qui suivent son éviction et ainsi bénéficier d'une indemnisation égale au montant des salaires dus jusqu'à sa réintégration effective, soit ne pas demander sa « réintégration » ou la demander de manière tardive et bénéficier d'une indemnisation égale aux salaires qu'il aurait dû percevoir jusqu'à la fin de la période triennale de révision ou pendant une période d'au moins douze mois (Soc. 19 juin 2007).

L'atteinte à l'exercice des fonctions de conseiller du salarié est sanctionnée par une amende de 3 750 € et un emprisonnement d'un an ou l'une de ces deux peines seulement.

C. Indemnités de rupture

Ces indemnités sont, en règle générale, l'indemnité de préavis et l'indemnité de licenciement. D'autres indemnités sont prévues pour certaines catégories de salariés (journalistes et VRP notamment).

1. *Préavis*

Point de départ et durée

Pour éviter que le salarié ne se trouve brusquement privé de ressources et pour lui laisser le temps de trouver un nouvel emploi, la loi impose à l'employeur de respecter un délai-congé ou préavis. Ce n'est qu'à l'expiration de ce délai que la relation de travail cessera et que le contrat sera rompu.

Le délai court à partir de la date de présentation de la lettre recommandée au salarié. La durée du préavis, en cas de licenciement, est prévue par la loi (L. 1234-1 et s., L. 122-6). Elle est fonction de l'ancienneté du salarié dans l'entreprise, évaluée au jour de la notification du licenciement.

Pour une ancienneté inférieure à six mois, la loi se borne à renvoyer aux conventions collectives ou, à défaut, aux usages (ce délai minimum de six mois est jugé raisonnable, Soc. 29 mars 2006, admettant l'application directe de la Convention OIT n° 158).

Pour une ancienneté comprise entre six mois et deux ans, le salarié a droit à un mois. Enfin pour une ancienneté d'au moins deux ans, il peut prétendre à deux mois.

Toute clause contractuelle défavorable au salarié est nulle (L. 1234-2).

Les conventions collectives contiennent en général des dispositions plus favorables pour les salariés en ce qu'elles prévoient des délais supérieurs au minimum légal ou (et) des conditions d'ancienneté moins rigoureuses. Le contrat de travail peut également fixer la durée du préavis, mais celle-ci ne doit pas, par son caractère excessif, faire échec au droit de résiliation unilatérale du contrat de travail à durée indéterminée. Si tel était le cas, le CPH pourrait la réduire, de même que l'indemnité compensatrice correspondante comme une clause pénale (pour un préavis de douze mois, Soc. 12 juill. 1999).

Le préavis est un délai préfixé qui ne supporte ni suspension ni interruption. Si le salarié tombe malade ou fait grève pendant sa durée, le terme du contrat ne se trouve pas reporté, à l'exception toutefois des arrêts consécutifs à un accident du travail (Soc. 18 juill. 1996). La fermeture de l'entreprise pour congé annuel n'a pas pour effet de suspendre le préavis (Soc. 21 nov. 2001).

Situation des parties pendant le préavis

Le contrat de travail est maintenu jusqu'à l'expiration du préavis. Les obligations réciproques de l'employeur et du salarié subsistent. C'est ainsi que le salarié doit continuer à bénéficier des augmentations générales de salaires, des primes de fin d'année, etc. (Soc. 5 juill. 1995), des jours de repos RTT (même en cas de dispense, Soc. 8 avril 2009). Le salarié licencié peut prendre sur les heures de travail un certain temps pour chercher un emploi, en général deux heures par jour ou 50 heures par mois. Cette pratique n'est pas prévue par la loi, mais résulte d'un usage parisien consacré ensuite par nombre de conventions collectives.

L'employeur peut souhaiter, pour des raisons d'opportunité, dispenser le salarié d'exécuter son travail. Dans ce cas, il doit lui verser une indemnité compensatrice qui a la nature d'un salaire et dont le montant doit être égal à la rémunération qu'il aurait touchée s'il avait continué à travailler jusqu'à l'expiration du préavis (L. 1234-5, L. 122-8), heures supplémentaires comprises (Soc. 20 avril 2005). Le droit à indemnité naît de la dispense de préavis par l'employeur seul et non pas lorsqu'elle résulte d'un accord réciproque (Soc. 28 janv. 2005). Elle reste définitivement acquise au salarié quoi qu'il arrive, y compris en cas de faute grave ou de faute lourde du salarié au cours de ce préavis non exécuté (Soc. 9 mai 2000 et 22 mai 2002). En outre, le salarié dispensé d'exécuter le préavis peut entrer immédiatement au service d'un autre employeur (Soc. 11 oct. 1994), ce qui pose, en pratique, des problèmes au niveau des cotisations sociales, le salarié ayant deux employeurs à temps plein pour la même période. Le premier employeur peut d'ailleurs demander au salarié de rester à sa disposition pendant cette période (Soc. 13 févr. 1993).

L'employeur peut aussi exiger que le salarié exécute son travail pendant la durée du préavis, mais certaines conventions collectives dispensent le salarié qui a trouvé un emploi d'exécuter son préavis. Si le salarié se dispensait lui-même de l'exécution du préavis, l'employeur pourrait demander des dommages-intérêts au CPH, en réparation du préjudice subi. Il peut également demander au juge la compensation avec les sommes qu'il doit au salarié au titre du solde de tout compte (dernier salaire, indemnités de congés payés, de licenciement, etc.), mais il ne peut opérer cette compensation de lui-même (Soc. 28 avril 1994).

Faute grave

L'employeur n'est pas tenu de respecter le préavis en cas de faute grave du salarié (ni *a fortiori* en cas de faute lourde). Si un salarié a été licencié sans préavis par son employeur et si le CPH juge qu'il n'y a pas eu faute grave, l'employeur sera condamné à verser au salarié une indemnité compensatrice égale à ce que le salarié aurait touché s'il avait effectué le préavis (même si le contrat était suspendu, par exemple pour maladie ayant entraîné le versement d'indemnités journalières par la Sécurité sociale, Soc. 9 oct. 2001). L'employeur peut, en outre, être condamné à verser des dommages-intérêts au salarié, si le tribunal estime que le licenciement est sans cause réelle ni sérieuse.

C'est au juge seul qu'il appartient de contrôler s'il y a faute grave ou non. Des conventions collectives contiennent parfois des dispositions aux termes desquelles tel agissement d'un salarié entraînera son licenciement sans préavis. Si le salarié, ainsi licencié, saisit le juge, celui-ci sera libre de décider qu'un tel agissement ne saurait être assimilé à une faute grave. En effet, le salarié ne peut être privé, à l'avance, par une convention collective, d'un droit qu'il tient de la loi, que le juge est chargé d'appliquer.

2. *Indemnité de licenciement*

L'indemnité de licenciement est destinée à atténuer les inconvénients du licenciement. Son montant est toujours fonction de l'ancienneté du salarié.

Indemnité légale (minimum)

En application de l'ANI du 11 janvier 2008 sur la réforme du marché du travail (avenant du 18 mai 2009, « Les indemnités de rupture en cas de licenciement ») et reprenant des dispositions en matière de mensualisation (1978), la loi du 25 juin 2008 prévoit que le salarié, lié par CDI, qui est licencié alors qu'il compte « une année » d'ancienneté ininterrompue au service du même employeur, a droit à une indemnité de licenciement (L. 1234-9, L. 122-9), sauf en cas de faute grave (ou de faute lourde).

L'ancienneté nécessaire pour bénéficier du droit à l'indemnité de licenciement s'apprécie au moment de la notification (date d'envoi de la lettre de licenciement : Soc. 11 janv. 2007). En revanche, pour le calcul du montant de l'indemnité, l'ancienneté est appréciée à l'expiration du préavis, effectué ou non (Soc. 25 nov. 1997).

Le taux de cette indemnité n'est désormais plus différent suivant le motif du licenciement (économique ou non). L'indemnité de licenciement ne peut être inférieure à un cinquième de mois de salaire par année d'ancienneté. À partir de 10 ans d'ancienneté, cette indemnité minimale s'élève à un cinquième de mois de salaire plus deux quinzièmes de mois par année d'ancienneté au-delà de 10 ans (R. 1234-2, décret du 18 juill. 2008, R. 122-2).

Les modalités de calcul de cette indemnité sont fonction de la rémunération brute dont le salarié bénéficiait antérieurement à la rupture de son contrat de travail (L. 1234-9). Le salaire à prendre en considération pour le calcul de l'indemnité de licenciement est, selon la formule la plus avantageuse pour le salarié, soit le douzième de la rémunération des douze derniers mois précédant le licenciement ; soit le tiers des trois derniers mois. Dans ce cas, toute prime ou gratification de caractère annuel ou exceptionnel, versée au salarié pendant cette période, n'est prise en compte que dans la limite d'un montant calculé à due proportion. Seuls sont exclus les remboursements de frais.

Les périodes de suspension du contrat de travail n'entrent pas en compte pour le calcul de l'ancienneté (L. 1234-11, L. 122-10), sauf dispositions conventionnelles plus favorables.

Lorsqu'un salarié a été occupé successivement à temps plein et à temps partiel dans l'entreprise, son indemnité de licenciement se calcule proportionnellement à chacune des périodes considérées (Soc. 16 févr. 1994). Les années incomplètes doivent être retenues au prorata temporis du nombre de mois travaillés.

Indemnité conventionnelle et contractuelle

À l'indemnité minimale légale et à son complément se substitue souvent une indemnité plus favorable prévue par la convention collective applicable à l'entreprise. L'indemnité conventionnelle peut être plus favorable parce qu'elle est subordonnée à des conditions d'ancienneté moins rigoureuses et (ou) parce qu'elle est d'un montant plus élevé.

Sauf disposition conventionnelle contraire, l'indemnité de licenciement due au salarié est celle prévue pour la catégorie à laquelle il appartient au moment de la rupture, en prenant en compte la totalité de son ancienneté (Soc. 17 juill. 1996). Sur le fondement de l'égalité de traitement en matière de rémunération entre salariés (*infra*), le salarié non-cadre peut obtenir les indemnités de rupture prévues pour les salariés de la catégorie cadres (CA Montpellier, 4 nov. 2009, Mme L.).

Le plafonnement de l'indemnité conventionnelle de licenciement ne constitue pas une discrimination liée à l'âge (Soc. 30 avril 2009).

Une indemnité de licenciement plus favorable au salarié peut également être prévue par le contrat de travail ou un avenant à celui-ci. Mais, dans ce cas, l'indemnité a le caractère d'une clause pénale qui peut être réduite par le juge du contrat de travail si elle présente un caractère manifestement excessif (Soc. 17 mars 1998).

Faute grave du salarié

L'indemnité de licenciement n'est pas due en cas de faute grave du salarié (ni *a fortiori* en cas de faute lourde). Un employeur qui allègue la faute grave d'un salarié et le licencie sans préavis ni indemnité de licenciement s'expose à se voir condamné par le CPH à verser au salarié licencié une indemnité compensatrice de préavis et une indemnité de licenciement si le tribunal juge qu'il n'y a pas eu faute grave de la part du salarié. C'est à l'employeur qu'il incombe de prouver la faute grave.

Autres modes de rupture du contrat de travail à durée indéterminée à l'initiative de l'employeur

A. Mise à la retraite

La mise à la retraite s'entend de la possibilité donnée à l'employeur de rompre le contrat de travail d'un salarié ayant atteint l'âge de 65 ans dès lors que le salarié peut bénéficier d'une pension de retraite à taux plein (Loi Fillon III du 21 août 2003 de réforme des retraites ; L. 1237-5 et s., L. 122-14-13). La loi de financement de la Sécurité sociale (LFSS) pour 2009 du 17 décembre 2008 repousse de 65 ans à 70 ans l'âge à partir duquel l'employeur peut contraindre le salarié à faire valoir ses droits à la retraite (art. 90, modifiant L. 1237-5, validé par le Conseil constitutionnel – DC 11 déc. 2008). Il s'agit d'un mode autonome de rupture du contrat de travail (Soc. 16 janv. 2008). Cette disposition est jugée conforme à la Constitution (DC QPC 4 févr. 2011).

Désormais, trois mois avant la date à laquelle le salarié atteint l'âge de 65 ans (L. 351-8-1° CSs), l'employeur interroge par écrit le salarié sur son intention de quitter volontairement l'entreprise pour bénéficier d'une pension de vieillesse. En cas de réponse négative du salarié, dans le délai d'un mois, ou à défaut d'avoir respecté cette obligation, l'employeur ne peut procéder à la mise à la retraite du salarié pendant l'année qui suit la date à laquelle le salarié atteint l'âge de 65 ans (D. 1237-2-1 et D. 1237-3). La même procédure est applicable chaque année jusqu'au 69e anniversaire du salarié (L. 1237-5).

Âge légal de départ en retraite. L'âge d'ouverture du droit à pension de retraite est fixé à 62 ans pour les assurés nés à compter du 1er janvier 1955. Cet âge est fixé par décret, de manière croissante à raison de quatre ou cinq mois par génération et dans la limite de 62 ans, pour les assurés nés avant le 1er janvier 1955 (loi du 9 nov. 2010 portant réforme des retraites, LFSS 2011 ; CSs L. 161-17-2 et D. 161-2-1-9 ; décret du 29 déc. 2011). Le relèvement de l'âge légal se fait progressivement en fonction de la date de naissance.

Des dispositions conventionnelles peuvent prévoir une procédure de mise à la retraite, par exemple la convocation à un entretien préalable, mais, en l'absence de telles dispositions, celle-ci n'est pas légalement imposée. L'employeur qui décide une mise à la retraite doit respecter le préavis légal de licenciement (Soc. 15 mai 2007) ou un préavis conventionnel plus favorable (L. 1237-6). L'employeur doit également verser au salarié une indemnité de départ en retraite égale à l'indemnité de licenciement (L. 1237-7), ou, selon la convention collective ou le contrat de travail, une indemnité spécifique de mise à la retraite plus élevée.

Une mise à la retraite au cours des périodes de suspension du contrat de travail consécutives à un accident du travail ou à une maladie professionnelle est nulle (Soc. 7 mars 2007).

« **Clauses couperet** ». Des clauses conventionnelles prévoient une rupture de plein droit du contrat de travail d'un salarié en raison de son âge ou du fait de son droit au bénéfice d'une pension de vieillesse. Ces « clauses couperet » sont nulles et de nul effet (L. 1237-4, L. 122-14-12, al. 2). Ce principe n'a été édicté que dans un souci de protection du salarié et, dès lors, l'employeur est irrecevable à s'en prévaloir (Ass. plén. 6 nov. 1998). Il s'agit d'une nullité d'ordre public absolu (Soc. 1er févr. 1995).

Si les conditions de mise à la retraite ne sont pas réunies, la rupture du contrat de travail par l'employeur constitue un licenciement (L. 1237-7). Il doit reposer sur une cause réelle et sérieuse, la limite d'âge prévue par la convention collective ne pouvant en elle-même constituer une telle cause (Soc. 29 mars 1992). Le licenciement d'un salarié ne remplissant pas les conditions de mise à la retraite peut désormais être qualifié de discriminatoire au regard de l'âge et donc être déclaré nul par le CPH (Soc. 21 déc. 2006).

Pour le juge communautaire, le licenciement à l'âge de la retraite peut ne pas être discriminatoire au regard d'objectifs légitimes relevant de la politique sociale de l'État (CJCE 5 mars 2009, National Council on Ageing).

B. Force majeure

Le contrat de travail peut être rompu pour cause de force majeure. Selon la jurisprudence, très restrictive, le fait constitutif de force majeure doit être imprévisible, involontaire et insurmontable (c'est-à-dire entraîner une impossibilité absolue d'exécution du contrat). Il rend définitivement impossible la poursuite du contrat de travail.

La cessation de l'entreprise pour cas de force majeure libère l'employeur de l'obligation de respecter le préavis et de verser l'indemnité de licenciement (L. 1234-12). Cependant, lorsque la rupture du CDI résulte d'un sinistre relevant d'un cas de force majeure, le salarié a droit à une indemnité compensatrice d'un montant égal au montant du préavis et de l'indemnité légale de licenciement, à la charge de l'employeur (L. 1234-13).

Un événement, tel qu'un incendie, une inondation ou un séisme, s'il détruit complètement les installations et équipements de l'entreprise, peut constituer un cas de force majeure. En revanche, la destruction partielle d'un hôtel par un cyclone n'a pas ce caractère (Soc. 12 févr.

2003). De même, certaines décisions de l'administration, par exemple le retrait à un salarié étranger de son titre de séjour, ce qui n'est pas totalement imprévisible, ne constitue pas un cas de force majeure. La seule solution, dans ce cas, est le licenciement (Soc. 14 oct. 1997). La détérioration de la situation économique ou des difficultés financières ne constituent pas non plus un cas de force majeure, car il s'agit là d'un risque prévisible que tout employeur est censé avoir envisagé (Soc. 20 févr. 1996). Il en va de même pour le redressement judiciaire de l'entreprise.

Du côté du salarié, son incarcération ne constitue pas un cas de force majeure (Soc. 15 oct. 1996), mais suspend le contrat de travail s'il s'agit d'une détention provisoire (Soc. 26 févr. 2003). Un décès, dans cette même logique, n'a pas le caractère de la force majeure. Ainsi, la mort de l'acteur principal d'une série télévisée ne fait pas obstacle à la poursuite de la production de celle-ci avec un autre acteur (Soc. 12 févr. 2003).

La force majeure est de plus en plus rarement admise comme cas de rupture du contrat de travail.

CHAPITRE XI

Licenciement pour motif économique

Le droit de l'emploi concerne toutes les mises en cause d'emplois (licenciement économique, mais également modification du contrat de travail, transfert de salariés, etc., voir *infra*).

Le droit de l'emploi, en matière de licenciements économiques, prévoit des dispositions concernant :

- la définition d'une cause réelle et sérieuse ;
- des procédures ;
- des mesures sociales d'accompagnement ;
- des sanctions des licenciements irréguliers ou injustifiés ;
- des règles particulières pour certains aléas économiques.

Cause réelle et sérieuse

« Tout licenciement pour motif économique est motivé (...) Il est justifié par une cause réelle et sérieuse » (L. 1233-2).

A. Définition

Constitue un licenciement pour motif économique le licenciement effectué par un employeur pour un ou plusieurs motifs non inhérents à la personne du salarié résultant d'une suppression ou transformation d'emploi ou d'une modification, refusée par le salarié, d'un élément essentiel du contrat de travail, à l'initiative de l'employeur et consécutive notamment à des difficultés économiques ou à des mutations technologiques (L. 1233-3, L. 321-1, al. 1).

Dans le licenciement pour motif économique, l'employeur ne reproche rien au salarié. Il se trouve seulement que, pour des raisons d'ordre économique, il en vient à juger nécessaire la réduction de l'effectif de l'entreprise ou une modification des emplois.

1. *Critères*

Plusieurs critères sont posés :

- d'une part, une qualification : l'absence de caractère inhérent à la personne du salarié (cf. licenciement pour motif personnel) ; le licenciement a alors un motif économique.
- d'autre part, une cause justificative : difficultés économiques, mutations technologiques ou un autre motif (notamment réorganisation de l'entreprise, cessation d'activité) ; et une justification par un élément matériel : une suppression d'emploi (entraînant ou pas un licenciement) ou une transformation d'emploi ou une modification du contrat de travail.

Un licenciement pour motif économique peut donc résulter d'une suppression d'emploi, entraînant une diminution des effectifs. Mais il peut aussi résulter de la transformation d'un emploi provoquée par des mutations technologiques ou de la modification refusée d'un élément du contrat de travail, entraînée par une réorganisation. Dans ces deux cas, le licenciement économique ne s'accompagne pas nécessairement d'une réduction des effectifs. Dans le second cas, il n'est pas nécessairement provoqué par un changement de la nature de l'emploi – il peut porter sur un changement de rémunération ou d'horaires ou également être consécutif à un transfert, sans modification, de production à l'étranger (Soc. 5 avril 1995, Thomson Tubes – Vidéocolor).

La résiliation du contrat de travail au cours de la période d'essai pour un motif non inhérent à la personne du salarié (motif économique) est abusive (Soc. 20 nov. 2007).

2. *Difficultés économiques*

Entreprise. Ces difficultés doivent être « réelles et sérieuses » et justifier le licenciement. Les difficultés économiques s'apprécient à la date du licenciement (Soc. 2 avril 1998). Le licenciement pour motif économique d'un salarié n'est pas justifié dès lors que l'évolution déficitaire des résultats était conforme aux prévisions et qu'une évolution positive du chiffre d'affaires était observée (Soc. 26 mars 2003). Ainsi, « *ni la réalisation d'un chiffre d'affaires moindre de 1992 à 1993, ni la baisse des bénéfices réalisés pendant la même période ne suffisent à caractériser la réalité des difficultés économiques alléguées* » (Soc. 10 juill. 1999).

Entreprise appartenant à un groupe. La jurisprudence invalide les licenciements économiques dans les groupes de sociétés en l'absence de difficultés (notion de co-employeur). La seule cessation d'activité d'une filiale n'est pas un motif de licenciement suffisant en cas de fermeture d'une entreprise intégrée à un groupe : « *Lorsque le salarié a pour co-employeurs des entités faisant partie d'un même groupe, la cessation d'activité de l'une d'elles ne peut constituer une cause économique de licenciement qu'à la condition d'être justifiée par des difficultés économiques, par une mutation technologique ou par la nécessité de sauvegarder la compétitivité du secteur d'activité* *du groupe dont elles relèvent* » (Soc. 18 janv. 2011, PBR, Jungheinrich finances holding SAS, *infra*).

3. *Réorganisation*

« *Les licenciements ont une cause économique réelle et sérieuse lorsqu'il est établi que la réorganisation de l'entreprise, qui entraîne des suppressions d'emplois, est nécessaire à la sauvegarde de la compétitivité de l'entreprise ou du secteur d'activité du groupe auquel elle appartient* » (Cass. Ass. plén. 8 déc. 2000, SAT).

La recherche de l'« amélioration de la compétitivité » ne justifie pas en soi un licenciement (Soc. 6 mars 2007). L'employeur doit démontrer l'existence d'une menace pour la compétitivité de l'entreprise – menace non établie (Soc. 21 févr. 2007), menace établie au regard de nouveaux concurrents mieux positionnés, la réorganisation intervenue était nécessaire à « *la sauvegarde de la compétitivité* » (Soc. 23 mai 2007, voir déjà Soc. 11 janv. 2006, Pages Jaunes, une entreprise saine peut se restructurer afin de prévenir des difficultés économiques prévisibles). Et il doit établir un lien de causalité entre cette réorganisation et la menace pesant sur la compétitivité de l'entreprise (Soc. 20 juin 2007).

L'économie de charges sociales ne constitue pas, en principe, un motif économique (Soc. 16 mars 1994 et 26 nov. 1996), non plus que de simples difficultés économiques (Soc. 29 avril 1998), ou le fait qu'un poste fasse double emploi, s'il n'est pas démontré que sa suppression est indispensable à la sauvegarde de la compétitivité de l'entreprise (Soc. 18 nov. 1998). Ainsi, un changement de politique commerciale consistant à remplacer les représentants multicartes par des représentants exclusifs, dans un souci de rentabilité, ne constitue un motif économique que s'il est démontré que cette mesure avait pour but de sauvegarder la compétitivité de l'entreprise (Soc. 23 nov. 1999). Un transfert de production en raison d'incitations fiscales attractives ne constitue pas une cause de licenciement économique (Soc. 18 sept. 2007). « *S'il est évident que le transfert d'activité dans des pays à protection salariale et sociale inférieure aux normes françaises est susceptible d'entraîner une diminution des coûts de production, ainsi qu'une augmentation des marges, cette circonstance ne saurait à elle seule constituer un motif économique de licenciement suffisant* » (CPH Libourne, 8 sept. 2008, SAS Arena TDP).

En cas de réorganisation de l'entreprise nécessaire à la sauvegarde de sa compétitivité, dès lors « *que cette condition était remplie dans les trois hypothèses de réorganisation envisagées initialement par l'employeur* », il n'appartient pas au juge « *de contrôler le choix effectué par l'employeur entre les solutions possibles* » (Cass. ass. plén. 8 déc. 2000, SAT ; il ne peut pas arbitrer entre différentes possibilités de réorganisation, Soc. 20 juin 2007).

La réorganisation de l'entreprise constitue un motif économique de licenciement si elle est effectuée pour en sauvegarder la compétitivité ou celle du secteur d'activité du groupe auquel elle appartient. Répond à ce critère la réorganisation mise en œuvre pour prévenir des difficultés économiques à venir liées à des évolutions technologiques et leurs conséquences sur l'emploi (Soc. 11 janv. 2006, Pages Jaunes). Le communiqué de la Cour de cassation, concernant cet arrêt, parle d'un « *impératif de gestion prévisionnelle* » et se demande « *si (...) la nouvelle obligation de négocier sur la gestion prévisionnelle de l'emploi et des compétences (...), ne devrait pas conduire à une approche plus rigoureuse des mesures de licenciement économique qui interviendraient par la suite, notamment lorsque la gestion prévisionnelle aura été défaillante* ».

Ainsi, répond à ce critère la réorganisation mise en œuvre pour prévenir des difficultés économiques à venir, au regard d'une « *importante dégradation du résultat d'exploitation (...) une diminution des commandes pour l'exercice suivant...* » (Soc. 17 déc. 2008, SARL Charpentes Renfort traitement) sans être subordonnée à l'existence de difficultés économiques à la date du licenciement.

Pour une association œuvrant dans un secteur non concurrentiel, la mesure de licenciement doit être nécessaire pour « assurer sa pérennité » au regard de son équilibre financier (Soc. 2 avril 2008).

Un licenciement n'a pas de cause économique quand « *la fermeture de l'usine n'avait pas mis fin aux activités du groupe, qui avait transféré les fabrications sur d'autres lieux de production* » et quand « *cette réorganisation avait été décidée pour mettre fin aux nuisances causées à l'environnement et non pour sauvegarder la compétitivité du secteur d'activité du groupe qui n'était pas menacée* » (Soc. 13 févr. 2008).

4. *Cadre d'appréciation du motif*

Le cadre d'appréciation du motif économique (difficultés, réorganisation, etc.) est l'entreprise (pas l'établissement) et, le cas échéant, le secteur d'activité du groupe auquel appartient l'entreprise.

Entreprise. Ainsi, dans une entreprise à établissements multiples, les difficultés sont appréciées au niveau de l'entreprise, pas d'un établissement (Soc. 17 juin 1992).

Entreprise appartenant à un groupe. Dans le cadre d'un groupe, « *les difficultés s'apprécient au niveau du secteur d'activité du groupe auquel appartient l'entreprise qui licencie* » (Soc. 5 avril 1995 ; Soc. 14 déc. 2011, PBR, Sté Generali), sans qu'il y ait lieu de « *rechercher si les résultats de la société étaient bénéficiaires* » (Soc. 28 nov. 2007). Concernant la définition du « secteur d'activité », « *la spécialisation d'une entreprise dans le groupe ou son implantation dans un pays différent de ceux où sont constituées les autres sociétés du groupe ne suffit pas à exclure son rattachement à un même secteur d'activité, au sein duquel doivent être appréciées les difficultés économiques* » (Soc. 23 juin 2009, Sté Calcic Spécialités).

L'employeur doit fournir au juge les éléments lui permettant de connaître l'organisation du groupe et de déterminer l'étendue de ses « secteurs d'activité ». À défaut, le licenciement est sans cause réelle et sérieuse (Soc. 4 mars 2009, Sté PMB).

5. *Cessation d'activité*

Entreprise. « *La cessation d'activité de l'entreprise, quand elle n'est pas due à une faute de l'employeur ou à sa légèreté blâmable, constitue un motif économique de licenciement* » (Soc. 16 janv. 2001). L'employeur n'a pas à démontrer que cette fermeture trouve sa cause dans des difficultés économiques (Soc. 14 déc. 2005). En revanche, la fermeture temporaire, voire prolongée, de l'entreprise pour travaux de réfection, ne constitue pas une cessation d'activité de l'entreprise et ne peut donc donner lieu à un licenciement économique (Soc. 15 oct. 2002).

Entreprise appartenant à un groupe. Quand il n'existe pas de « *difficultés économiques (...) au niveau du secteur d'activité du groupe* », la décision de fermeture ne résulte « *que de choix stratégiques décidés au niveau du groupe* » : les licenciements ne reposent pas sur une cause économique (Soc. 18 janv. 2011, PBR, Jungheinrich finances holding SAS, *supra*).

Ainsi, « *si, en cas de fermeture définitive et totale de l'entreprise, le juge ne peut, sans méconnaître l'autonomie de ce motif de licenciement, déduire la faute ou la légèreté blâmable de l'employeur de la seule absence de difficultés économiques ou, à l'inverse, déduire l'absence de faute de l'existence de telles difficultés, il ne lui est pas interdit de prendre en compte la situation économique de l'entreprise pour apprécier le comportement de l'employeur* », quand « *la décision de fermeture a été prise par le groupe, non pas pour sauvegarder sa compétitivité, mais afin de réaliser des économies et d'améliorer sa propre rentabilité, au détriment de la stabilité de l'emploi dans l'entreprise concernée* » ; il s'en déduit « *que l'employeur avait agi avec une légèreté blâmable et que les licenciements étaient dépourvus de cause réelle et sérieuse* » (Soc. 1er févr. 2011, PB, Sté Goodyear Dunlop Tires France).

6. *Rupture du contrat en dehors du licenciement*

Les dispositions sur les licenciements économiques sont applicables à toute rupture du contrat de travail résultant de l'une des causes énoncées précédemment (difficultés, réorganisation, etc. ; L. 1233-1, L. 321-1 al. 2).

Plan de départ volontaire (PDV). Sont assimilés à un licenciement économique les départs volontaires qui se traduisent par des suppressions d'emplois (Soc. 22 févr. 1995 ; exemple : accord du 25 avril 2008 sur le plan de départ volontaire de la Sté Merck Santé).

« *Un plan de reclassement, qui ne s'adresse qu'aux salariés dont le licenciement ne peut être évité, n'est pas nécessaire dès lors que le plan de réduction des effectifs au moyen de départs volontaires exclut tout licenciement pour atteindre les objectifs qui lui sont assignés en termes de suppression d'emplois* » (Soc. 26 oct. 2010, PBRI, Renault). Par conséquent, un plan de départ volontaire n'a pas à prévoir « *des mesures de reclassement interne* », mais uniquement si l'entreprise s'engage « *à ne prononcer aucun licenciement* » dans son « *programme d'ajustement des effectifs fondé sur le volontariat* » (arrêt préc.). En revanche, un plan de reclassement doit être intégré au

PSE lorsque le projet implique la suppression de l'emploi de salariés qui ne veulent pas quitter l'entreprise dans le cadre du PDV (Soc. 25 janv. 2012, PBRI, Sté Completel).

Le plan de départ volontaire doit respecter l'égalité de traitement. Même si les suppressions de postes concernent un seul établissement de l'entreprise, le PDV doit être ouvert à tous les salariés des autres entités, exposés au licenciement en cas d'insuffisance des départs volontaires (Soc. 12 juill. 2010).

Rupture amiable. La jurisprudence admet également la licéité de la résiliation amiable du contrat de travail pour motif économique (Soc. 2 déc. 2003, Soc. 24 mai 2006). Cependant, lorsque les conditions de mise à la retraite sont remplies, la rupture du contrat dans un contexte de difficultés économiques ne constitue pas un licenciement (Soc. 18 mars 2008).

Rupture conventionnelle. Concernant des tentatives de contournement de la législation applicable aux licenciements économiques par le biais des ruptures conventionnelles, il est jugé que « *lorsqu'elles ont une cause économique et s'inscrivent dans un processus de réduction des effectifs dont elles constituent la ou l'une des modalités, les ruptures conventionnelles doivent être prises en compte pour déterminer la procédure d'information et de consultation des représentants du personnel applicable, ainsi que les obligations de l'employeur en matière de plan de sauvegarde de l'emploi* » ; « *l'intégration des ruptures conventionnelles dans la procédure de licenciement économique ne remet cependant pas en cause leur qualification et leur régime juridiques propres, non plus qu'elle n'affecte, en soi, leur validité* » (Soc. 9 mars 2011, PBRI, UES ND Vrac).

Fraude. En revanche, en cas de fraude (licenciements prononcés pour motifs personnels, causés en réalité par des difficultés économiques), les transactions conclues, entre l'employeur et les salariés, sont nulles, les salariés devant alors restituer les sommes perçues (Soc. 10 nov. 2009, SAS Alcatel Submarine Networks).

7. *Cas particuliers*

Le licenciement d'un salarié employé de maison, même s'il repose sur un motif étranger à sa personne, ne relève pas des dispositions concernant le licenciement économique (Soc. 18 févr. 1998).

Le licenciement pour fin de chantier relève, sauf dérogation conventionnelle, du régime du licenciement pour motif personnel (L. 1236-8, L. 321-12). Ces contrats se rencontrent non seulement dans le bâtiment et les travaux publics, mais aussi dans la réparation navale, le tournage des films de cinéma ou les sociétés d'ingénierie, notamment.

La rupture à l'initiative de l'employeur d'un « contrat de mission à l'exportation » (L. 1223-5, L. 321-12-1) constitue un licenciement pour motif personnel (L. 1236-7) ; un accord collectif de branche étendu ou un accord d'entreprise doit déterminer les catégories de salariés concernés, la nature et la durée des missions, les contreparties, les garanties en termes de formation et de reclassement.

Si un licenciement pour motif économique peut être individuel, il s'agit le plus souvent d'un licenciement collectif. Ce dernier doit avoir une cause commune pour tous les salariés concernés, sans qu'il soit nécessaire que ces salariés soient licenciés au même moment.

B. Obligations d'adaptation et de reclassement

Ces obligations sont d'origine jurisprudentielle (Soc. 25 févr. 1992, Expovit, « *l'employeur tenu d'exécuter de bonne foi le contrat de travail a le devoir d'assurer l'adaptation des salariés à l'évolution de leur emploi* »). Elles bénéficient à tout salarié et pèsent sur l'employeur quels que soient l'effectif de l'entreprise, le nombre de salariés concernés par le projet de licenciement et l'existence ou non d'un plan de sauvegarde de l'emploi. Le droit au reclassement découle directement du « droit de chacun d'obtenir un emploi » (DC 13 janv. 2005).

« Un licenciement pour motif économique d'un salarié », quel qu'il soit (individuel, moins de 10 salariés, au moins 10 salariés), « ne peut intervenir que lorsque tous les efforts de formation et d'adaptation ont été réalisés et que le reclassement de l'intéressé ne peut être opéré dans l'entreprise » ou, le cas échéant, « dans les entreprises du groupe auquel l'entreprise appartient » (L. 1233-4). « Le reclassement du salarié s'effectue :

– sur un emploi de la même catégorie que celui qu'il occupe ou sur un emploi équivalent « assorti d'une rémunération équivalente ».
– à défaut, et sous réserve de l'accord exprès du salarié » (ce qui implique une notification par écrit suivie d'une acceptation explicite du salarié), « sur un emploi d'une catégorie inférieure ».

« Les offres de reclassement proposées au salarié sont écrites et précises » (L. 1233-4 ; Soc. 6 mars 2007). L'employeur « *ne peut limiter ses recherches de reclassement et ses efforts en fonction de la volonté de ses salariés, exprimés à sa demande et par avance, en dehors de toute proposition concrète* » (Soc. 4 mars 2009, PBR, Sté Pinault Bois et Matériaux). L'employeur ne peut pas non plus limiter ses offres en fonction de la volonté présumée du salarié de les refuser, à la suite d'une proposition de modification du contrat de travail, causée par des difficultés économiques, refusée par le salarié (Soc. 25 nov. 2009, Sté Distrimusic international).

Les possibilités de reclassement ne doivent pas être recherchées uniquement parmi les postes identiques : la recherche de reclassement doit porter sur des emplois disponibles de même catégorie ou, à défaut, de catégorie inférieure (le reclassement étant par ailleurs effectué de façon loyale par l'employeur), fut-ce par voie de modification des contrats de travail, en assurant au besoin une période probatoire ou l'adaptation des salariés à une évolution de leur emploi, le cas échéant par une formation complémentaire (Soc. 6 juill. 1999). L'obligation de reclassement se conjugue avec l'obligation d'adaptation : l'employeur doit proposer à une salariée un emploi disponible moyennant une formation permettant son adaptation (Soc. 28 mai 2008). Il existe une limite cependant, relative à la nature de la formation qui peut être exigée : il ne peut être, en effet, imposé à l'employeur d'assurer aux salariés la formation initiale qui leur fait défaut (Soc. 3 avril 2001).

Les efforts de reclassement devront être appréciés en fonction des moyens dont dispose l'entreprise ou, le cas échéant, l'unité économique et sociale ou le groupe – « *parmi les entreprises dont les activités, l'organisation et le lieu d'exploitation leur permettent d'effectuer une permutation du personnel (...) même si certaines de ces entreprises sont situées à l'étranger, sauf pour l'employeur à démontrer que la législation applicable localement aux salariés étrangers ne permet pas le reclassement* » (Soc. 4 déc. 2007). Mais « *l'obligation de reclasser les salariés (...) n'incombe qu'à l'employeur, une société relevant du même groupe n'est pas, en cette seule qualité, débitrice envers les salariés qui sont au service de ce dernier* » (Soc. 13 janv. 2010, PBR, Sté San Carlo gruppo). « *Les possibilités de reclassement s'apprécient au plus tard à la date du licenciement* » (Soc. 1er juin 2010 ; il ne peut être reproché à l'employeur de ne pas avoir recherché des possibilités de reclassement dans un groupe dont il ne fait pas encore partie à la date du licenciement).

Le manquement de l'employeur à l'obligation de reclassement, préalablement à la notification du licenciement, aura pour effet de priver le licenciement de cause réelle et sérieuse. Dès l'instant qu'existent des possibilités de reclassement et que l'employeur ne les a pas mises en œuvre, les licenciements sont dépourvus de cause économique (Soc. 12 déc. 1995).

Le salarié menacé de licenciement pour motif économique est en droit de refuser les mesures de reclassement qui lui sont proposées par l'employeur (Soc. 29 janv. 2003).

« Lorsque l'entreprise ou le groupe auquel elle appartient est implanté hors du territoire national, l'employeur demande au salarié, préalablement au licenciement, s'il accepte de recevoir des offres de reclassement hors de ce territoire, dans chacune des implantations en cause, et sous quelles restrictions éventuelles quant aux caractéristiques des emplois offerts, notamment en matière de rémunération et de localisation. Le salarié manifeste son accord, assorti le cas échéant des restrictions susmentionnées, pour recevoir de telles offres dans un délai de six jours ouvrables à compter de la réception de la proposition de l'employeur. L'absence de réponse vaut refus. Les offres de reclassement hors du territoire national, qui sont écrites et précises, ne sont adressées qu'au salarié ayant accepté d'en recevoir et compte tenu des restrictions qu'il a pu exprimer. Le salarié reste libre de refuser ces offres. Le salarié auquel aucune offre n'est adressée est informé de l'absence d'offres correspondant à celles qu'il a accepté de recevoir » (L. 1233-4-1, loi du 18 mai 2010).

Par ailleurs, de manière préventive, l'employeur a l'obligation de veiller à « l'employabilité » de chacun de ses salariés : « Le terme employabilité se rapporte aux compétences et aux qualifications transférables qui renforcent la capacité d'un individu à tirer parti des possibilités d'éducation et de formation qui se présentent pour trouver un travail décent et le garder, progresser dans l'entreprise ou en changeant d'emploi, ainsi que s'adapter aux évolutions de la technologie et des conditions du marché du travail » (Recommandation n° 195 de l'OIT de 2004).

Le droit impose à l'employeur une obligation de veiller au maintien de la capacité des salariés d'occuper non pas « leurs emplois », mais « un emploi », au regard notamment de l'évolution des emplois, des technologies et des organisations (L. 6321-1, L. 930-1). L'employeur est débiteur de cette obligation à l'égard de chaque salarié, indépendamment de tout licenciement économique. Et le non-respect de cette obligation ouvre droit notamment à des dommages-intérêts. Il a ainsi été jugé que :

« *La cour d'appel a constaté que les salariées, présentes dans l'entreprise depuis respectivement 24 et 12 ans, n'avaient bénéficié que d'un stage de formation continue de trois jours en 1999 ; qu'elle a pu en déduire qu'au regard de l'obligation pour l'employeur d'assurer l'adaptation des salariées à leur poste de travail et de veiller au maintien de leur capacité à occuper un emploi, ces constatations établissaient un manquement de l'employeur dans l'exécution du contrat de travail entraînant un préjudice distinct de celui résultant de sa rupture* » (Soc. 23 oct. 2007).

« *Le fait que les salariés n'avaient bénéficié d'aucune formation professionnelle continue pendant toute la durée de leur emploi dans l'entreprise établit un manquement de l'employeur à son obligation de veiller au maintien de leur capacité à occuper un emploi, entraînant pour les intéressés un préjudice qu'il appartient au juge d'évaluer* » (Soc. 2 mars 2010, M. Soumaré et a. c/ Sté La Tour Lafayette). Les salariés, employés en qualité de garçons de cuisine, d'origine malienne, avaient saisi la juridiction prud'homale de demandes notamment de dommages-intérêts pour absence de formation professionnelle continue et d'évolution de carrière ; pendant la durée de leur emploi (20 à 25 ans), au sein de la société, aucune formation ne leur avait été proposée, notamment pour combattre leur illettrisme, et ils n'avaient donc pu évoluer au sein de l'entreprise.

C. Critères de l'ordre des licenciements

Les conventions collectives contiennent fréquemment des dispositions prévoyant qu'en cas de licenciement collectif, il sera tenu compte, pour fixer l'ordre des licenciements, des charges de famille, de l'ancienneté de service dans l'établissement et des qualités professionnelles.

Lorsque l'employeur procède à un licenciement collectif pour motif économique et en l'absence de convention ou accord collectif de travail applicable, il définit les critères retenus pour fixer l'ordre des licenciements, après consultation du CE ou, à défaut, des DP. Ces critères prennent notamment en compte (L. 1233-5, L. 321-1) :

- les charges de famille, en particulier celles des parents isolés ;
- l'ancienneté de service dans l'établissement ou l'entreprise ;

- la situation des salariés qui présentent des caractéristiques sociales rendant leur réinsertion professionnelle particulièrement difficile, notamment celle des personnes handicapées et des salariés âgés ;
- les qualités professionnelles appréciées par catégorie.

Lorsque l'employeur procède à un licenciement individuel pour motif économique, il prend en compte, dans le choix du salarié concerné, les critères précités (L 1233-7).

Les critères retenus par la convention et l'accord collectif de travail ou, à défaut, par la décision de l'employeur, ne peuvent établir une priorité de licenciement à raison des seuls avantages à caractère viager dont bénéficie un salarié (L. 1233-6).

Procédures

Les procédures de licenciements économiques sont différentes suivant de nombreux paramètres (effectif et structuration de l'entreprise, taille du licenciement, présence et nature de la représentation du personnel, recours à une expertise comptable, dispositions conventionnelles applicables, etc.).

Trois grandes catégories de licenciement sont à distinguer selon qu'est envisagé :

- un licenciement individuel ;
- un licenciement collectif concernant moins de 10 salariés dans une même période de 30 jours ;
- un licenciement collectif concernant au moins dix salariés dans une même période de 30 jours.

Le point de départ de la période de 30 jours est la date de la première réunion des représentants du personnel ou, quand cette consultation n'a pas lieu, la date du premier entretien préalable.

Une procédure spécifique existe pour les procédures de redressement et liquidation judiciaire.

A. Licenciement individuel

1. *Entretien préalable*

Les règles de procédure qui s'imposent à l'employeur sont les mêmes que celles du licenciement pour fait personnel (voir chapitre 10). L'employeur doit convoquer le salarié à l'entretien par lettre recommandée ou par lettre remise en main propre contre décharge. La lettre doit indiquer l'objet de la convocation (c'est-à-dire le projet de licenciement), préciser la date, l'heure et le lieu de l'entretien et rappeler au salarié qu'il peut se faire assister, lors de l'audition, par une personne de son choix appartenant au personnel de l'entreprise.

Lorsqu'il n'y a pas d'institution représentative dans l'entreprise, le salarié peut se faire assister par une personne de son choix, inscrite sur une liste dressée par le préfet. Mention doit être faite de cette faculté dans la lettre de convocation.

Au cours de l'entretien qui ne peut avoir lieu moins de cinq jours ouvrables après la présentation de la lettre au salarié, l'employeur est tenu d'indiquer le ou les motifs du licenciement envisagé et de recueillir les explications du salarié. Il lui propose aussi le bénéfice de mesures d'évaluation des compétences professionnelles et d'accompagnement en vue du reclassement, qui diffèrent selon que l'entreprise a au moins 1 000 salariés ou un effectif moindre.

2. *Notification du licenciement à l'intéressé*

L'employeur, s'il persiste dans son projet, notifie le licenciement au salarié par lettre recommandée avec accusé de réception (L. 1233-15 et s., L. 122-14-1). Un délai de sept jours ouvrables doit s'écouler entre l'entretien et la notification du licenciement (délai de 15 jours ouvrables pour le licenciement individuel d'un membre du personnel d'encadrement).

3. *Lettre de licenciement*

La lettre de licenciement doit mentionner deux premiers éléments : d'une part, la raison économique (difficultés économiques, mutations technologiques, réorganisation pour sauvegarder la compétitivité, cessation d'activité, etc.), qui fonde sa décision, en indiquant les justifications ; et, d'autre part, l'incidence de cette raison économique sur l'emploi ou le contrat de travail du salarié concerné. À défaut, le licenciement est sans cause réelle et sérieuse (Soc. 29 oct. 2008). Par exception, il se déduit de la cessation de toutes les activités de l'entreprise (Soc. 28 nov. 2006) ou de la mise en liquidation judiciaire de l'entreprise (Soc. 28 juin 2006) la suppression de tous les emplois.

De plus, elle doit mentionner que le salarié bénéficie d'une priorité de réembauche et indiquer les conditions dans lesquelles cette priorité peut être mise en œuvre. Le salarié bénéficie d'une priorité de réembauche durant un délai d'un an à compter de la date de la rupture de son contrat, s'il manifeste son désir d'user de cette priorité tout au long de l'année en question (L. 1233-45). Dans ce cas, l'employeur doit l'informer de tout emploi disponible et compatible avec sa qualification, y compris à durée déterminée (Soc. 26 janv. 1994). Le salarié ayant acquis une nouvelle qualification bénéficie également de la priorité de réembauche au titre de celle-ci, s'il en informe l'employeur (L. 1233-45). Aucune période d'essai ne peut être imposée au salarié réembauché (Soc. 9 oct. 1996). L'employeur informe les représentants du personnel des postes devenus disponibles et en affiche la liste.

La lettre recommandée avec demande d'accusé de réception doit mentionner le délai de réponse de huit jours à compter de la réception de la lettre dont le salarié dispose encore pour accepter ou refuser les mesures d'évaluation des compétences professionnelles et de reclassement (CRP). Si le salarié refuse la proposition, explicitement ou en laissant expirer le délai de huit jours sans donner de réponse, la lettre vaut notification du licenciement et la date de sa présentation est le point de départ du délai-congé.

Par ailleurs, la lettre doit faire mention des droits dont le salarié bénéficie pour sa reconversion et peut bénéficier en matière de DIF.

Enfin, l'employeur est tenu, à la demande écrite du salarié, de lui indiquer les critères retenus pour fixer l'ordre des licenciements et procéder à son licenciement.

4. *Information de l'administration*

L'employeur doit informer par écrit l'UT (DIRECCTE) du licenciement prononcé (L. 1233-19), dans les huit jours suivant l'envoi de la lettre de licenciement. Cette information est destinée à permettre à l'administration un suivi statistique et, le cas échéant, l'application des dispositions relatives aux licenciements répétés de moins de 10 salariés.

L'employeur doit préciser à cette occasion son nom et son adresse, la nature de l'activité et l'effectif de l'entreprise ou de l'établissement, les nom, prénoms, nationalité, date de naissance, sexe, adresse, emploi et qualification du salarié licencié, enfin la date de la notification du licenciement au salarié concerné (D. 1233-3, R. 321-1).

B. Licenciement de moins de 10 salariés dans une même période de 30 jours

Il s'agit des « petits » licenciements.

1. *Consultation des représentants du personnel*

L'employeur est tenu de réunir préalablement et de consulter le comité d'entreprise ou d'établissement ou, s'il n'y a pas de comité, les DP (L. 1233-8, L. 321-2). Comme pour les autres réunions du CE, l'ordre du jour doit être élaboré en commun avec le secrétaire, mais, s'agissant d'une consultation obligatoire, elle peut être inscrite de plein droit à l'ordre du jour en cas de difficulté.

L'employeur doit joindre à la convocation « tous les renseignements utiles sur le projet de licenciement collectif » (L. 1233-10), notamment un document écrit indiquant :

- la ou les raisons économiques, financières ou techniques du projet de licenciement ;
- le nombre de licenciements envisagé ;
- le nombre de salariés, permanents ou non, employés dans l'établissement ;
- les catégories professionnelles concernées ;
- les critères proposés pour l'ordre des licenciements ;

- le calendrier prévisionnel des licenciements ;
- les mesures de nature économique envisagées.

Lors de cette consultation, qui se tient trois jours au moins après la convocation, l'employeur recueille l'avis des représentants du personnel, y compris sur la mise en place de mesures d'accompagnement en vue du reclassement et sur l'ordre des licenciements (il ne prend pas part au vote).

Les irrégularités affectant la procédure d'information/consultation des représentants du personnel n'entraînent pas sa nullité, mais permettent d'obtenir sa suspension, si elle n'est pas terminée, ou, à défaut, la réparation du préjudice subi (Soc. 7 avril 2004).

S'il n'y a pas de représentants du personnel, la procédure est la même que celle décrite ci-dessus pour les licenciements individuels, à l'exception du délai de réflexion avant notification des licenciements.

2. *Entretien préalable*

Cet entretien a lieu, pour chaque salarié visé, selon les mêmes règles que celles applicables à un licenciement individuel (L. 1233-11 et s.). L'employeur doit proposer à chaque salarié concerné des mesures d'accompagnement en vue du reclassement.

3. *Notification du licenciement*

Les dispositions légales relatives à la notification aux intéressés sont semblables à celles qui concernent les licenciements individuels (L. 1233-15).

4. *Information de l'autorité administrative*

L'information de l'UT (DIRECCTE) doit se faire dans le même délai et comporter les mêmes indications qu'en cas de licenciement individuel (L. 1233-19 et L. 1233-20).

C. Licenciement de 10 salariés ou plus dans une même période de 30 jours

Il s'agit des « grands » licenciements.

1. *Règles procédurales particulières*

Existence d'un accord collectif

Un accord collectif, dit accord de méthode, conclu au niveau du groupe, de la branche ou de l'entreprise, peut fixer des modalités dérogatoires d'information et de consultation du CE pour les cas de licenciement d'au moins 10 salariés sur une même période de 30 jours (L. 1233-21 et s. : réunion et information, formulation de propositions alternatives), organiser la mise en œuvre d'actions de mobilité professionnelle et enfin déterminer les conditions de conclusion d'un accord concernant le plan de sauvegarde de l'emploi (PSE) (L. 1233-22, L. 320-3).

L'accord ne peut pas déroger à certaines dispositions légales, notamment à l'obligation de formation, d'adaptation et de reclassement, aux règles générales d'information/consultation du CE et, en ce qui concerne la communication des renseignements obligatoires en cas de licenciement économique (L. 1233-23).

Toute action en contestation de la validité de l'accord doit être formée dans les trois mois suivant son dépôt, porté à douze mois pour un accord qui détermine ou anticipe le contenu du PSE (L. 1233-24).

Modification du contrat de travail

Lorsque au moins 10 salariés ont refusé la modification d'un élément essentiel de leur contrat de travail proposée par leur employeur pour l'un des motifs économiques et que leur licenciement est envisagé, celui-ci est soumis aux dispositions applicables en cas de licenciement collectif pour motif économique (L. 1233-25, L. 321-1-3).

La loi, dans ce cas également, assimile à des licenciements économiques le refus, par plusieurs salariés, d'une modification de leur contrat de travail.

Licenciements successifs

Lorsqu'une entreprise ou un établissement assujetti à la législation sur les CE a procédé pendant trois mois consécutifs à des licenciements économiques de plus de 10 salariés au total, sans atteindre 10 salariés dans une même période de 30 jours, tout nouveau licenciement économique envisagé au cours des trois mois suivants est soumis aux dispositions de la présente section (L. 1233-26).

De même, lorsqu'elle a procédé au cours d'une année civile à des licenciements pour motif économique de plus de 18 salariés au total, sans avoir été tenue de présenter de PSE, tout nouveau licenciement économique envisagé au cours des trois premiers mois de l'année civile suivante est soumis aux dispositions qui suivent, notamment à l'obligation d'élaborer un PSE (L. 1233-27).

L'objet de ces dispositions est de prévenir la fraude à la loi qui consisterait à procéder à des licenciements répétés de moins de 10 salariés, pour échapper au contrôle de l'administration, et d'éviter que l'employeur puisse s'exonérer de la réalisation d'un PSE.

2. *Entreprise d'au moins 50 salariés*

Une consultation plus approfondie des représentants du personnel est prévue, ainsi qu'une intervention plus active de l'administration, notamment au sujet du PSE.

Consultation des représentants du personnel

L'employeur qui envisage de procéder à un licenciement collectif concernant au moins 10 salariés dans une même période de 30 jours, doit réunir et consulter le CE ou, à défaut, les DP (L. 1233-28 et s., L. 321-2, al. 2 et 3). Cette question peut être inscrite de plein droit à l'ordre du jour par l'employeur ou le secrétaire du CE en cas de difficulté pour établir l'ordre du jour.

L'employeur doit joindre à la convocation un document écrit énonçant sur le licenciement envisagé les mêmes renseignements que ceux prévus en cas de « petits » licenciements collectifs (L. 1233-31).

L'employeur adresse aux représentants du personnel les mesures ou le PSE qu'il envisage de mettre en œuvre pour éviter les licenciements ou en limiter le nombre et pour faciliter le reclassement du personnel dont le licenciement ne pourrait être évité (L. 1233-32, L 321-4, al. 3).

L'employeur doit simultanément faire connaître aux représentants du personnel les mesures de nature économique qu'il envisage de prendre afin d'améliorer la situation de l'entreprise.

Enfin il doit mettre à l'étude les suggestions formulées par le CE relatives aux mesures sociales proposées et leur donner une réponse motivée (L. 1233-33, L. 321-4, al. 6).

Le CE, à défaut les DP, doit tenir deux réunions (L. 1233-30, L. 321-3, al. 4), qui doivent être séparées par un délai ne pouvant dépasser :

- 14 jours, lorsque le nombre des licenciements est inférieur à 100 ;
- 21 jours, lorsqu'il est au moins égal à 100 et inférieur à 250 ;
- 28 jours, lorsqu'il est au moins égal à 250.

Les délais légaux peuvent être allongés par des dispositions conventionnelles.

Recours à l'expert-comptable. Si le CE décide de recourir à l'assistance d'un expert-comptable, il tient une deuxième réunion qui a le même contenu que la première réunion habituelle et une troisième réunion qui remplace la deuxième (L. 1233-34 et L. 1233-35, L. 321-7-1, al. 3). La première réunion est celle où est prise la décision de recourir à l'expert-comptable. La deuxième réunion a lieu au plus tôt le vingtième et au plus tard le vingt-deuxième jour après la première. La troisième réunion doit avoir lieu dans un délai maximum qui court à compter de la seconde réunion et qui est fonction du nombre de licenciements :

- 14 jours, si le nombre de licenciements est inférieur à 100 ;
- 21 jours, si le nombre de licenciements est au moins égal à 100 et inférieur à 250 ;
- 28 jours, si le nombre de licenciements est au moins égal à 250.

L'expert-comptable participe normalement à la deuxième réunion, au cours de laquelle son rapport est examiné. Il a pour rôle d'analyser, pour le CE, les raisons et la pertinence du projet de licenciement, d'en apprécier les conséquences financières et peut donner son avis sur le plan de restructuration. Il peut se faire assister par un expert technique spécialiste des questions à l'origine du licenciement.

Consultation du CCE. Si les licenciements envisagés concernent plusieurs établissements, le comité central d'entreprise (CCE) et le comité de l'établissement ou les comités des établissements concernés tiennent deux réunions (chacune des réunions du ou des comités d'établissements doit être tenue après chacune des réunions du CCE). Si plusieurs établissements sont concernés, c'est le volume global des licenciements au niveau de l'entreprise qui détermine le délai entre les réunions.

Le CCE et le ou les comités d'établissement intéressés doivent être consultés dès lors que les mesures envisagées excèdent le pouvoir du ou des chefs d'établissement concernés ou visent plusieurs établissements simultanément (L. 1233-36, L. 321-2, al. 5). Cette double consultation est donc imposée lorsque le chef d'établissement ne détient pas de pouvoir de décision en matière de recrutement et de licenciement, la gestion du personnel étant assurée par le siège de l'entreprise, et aussi lorsque les licenciements envisagés intéressent plusieurs établissements ou entraînent des mutations d'un établissement à un autre. L'UT (DIRECCTE) du siège de chaque établissement est informée.

Notification à l'administration. La notification à l'UT (DIRECCTE) est faite, au plus tôt le lendemain de la date de la première réunion de chaque comité d'établissement concerné. Elle marque le point de départ du délai d'attente (30, 45 ou 60 jours, selon le nombre de licenciements) que doit observer l'employeur avant de notifier les licenciements et du délai imparti à l'administration pour faire ses observations (21, 28 ou 35 jours, selon le nombre de licenciements).

Au cours de sa première réunion, le CCE peut décider de recourir à l'assistance d'un expert-comptable. La seconde réunion du CCE se tient dans ce cas au plus tôt le vingtième et au plus tard le vingt-deuxième jour après cette première réunion. Chaque comité d'établissement concerné se réunit, une première fois, après cette seconde réunion du CCE.

Le projet de licenciement est notifié par chaque chef d'établissement concerné à l'UT (DIRECCTE) après cette première réunion du comité d'établissement (cette notification marque le point de départ du délai d'attente imposé à l'employeur et du délai imparti à l'administration pour présenter ses observations). La troisième réunion du CCE a lieu dans un délai (14, 21 ou 28 jours) qui est fonction du nombre de licenciements. La deuxième réunion de chaque comité d'établissement concerné se tient le lendemain de cette réunion.

Si le CCE n'a pas recours à un expert-comptable, les comités d'établissement concernés peuvent user de cette faculté (Soc. 25 janv. 1995).

Procédures de consultations concomitantes. Les procédures de licenciement pour motif économique (L. 1233-30 al. 2, L. 321-3 et s.) peuvent se dérouler concomitamment à la mise en œuvre des procédures concernant des projets de restructuration et de compressions d'effectifs (L. 1233-30 et L. 2323-15, L. 432-1 et L. 321-3, al. 2) qui donnent compétence au CE dans l'ordre économique et social de l'entreprise en général. Dès lors que l'employeur prend une décision de gestion qui est susceptible d'entraîner des licenciements économiques, il doit mettre en œuvre les deux procédures.

Le terme de la procédure est constitué par la notification des licenciements (Soc. 11 janv. 2007).

Intervention de l'administration

Après l'avoir informée, l'employeur est tenu de notifier à l'UT (DIRECCTE) le projet de licenciement. Cette notification est le point de départ du délai que doit respecter l'employeur avant de notifier son licenciement à chaque intéressé.

Notification à l'administration. La notification à l'administration est faite, par lettre recommandée, au plus tôt le lendemain de la date prévue pour la première réunion des représentants du personnel, accompagnée de tout renseignement concernant la convocation, l'ordre du jour et la tenue de cette réunion (L. 1233-46, L. 321-7, al. 1 et 2). En outre, elle doit préciser (D. 1233-4, R. 321-4) :

- le nom et l'adresse de l'employeur ;
- la nature de l'activité et l'effectif de l'entreprise ou de l'établissement ;
- le nombre des licenciements envisagés ;
- l'ensemble des informations fournies aux représentants du personnel, les procès-verbaux des réunions des représentants du personnel qui devront comporter les avis, suggestions et propositions de ceux-ci ;
- le cas échéant, les modifications qu'il y a lieu d'apporter aux informations déjà transmises.

À l'issue de la deuxième réunion (de la troisième en cas d'intervention d'un expert-comptable) des représentants du personnel, l'employeur est tenu d'indiquer à l'UT (DIRECCTE) d'une part les nom, prénoms, nationalité, date de naissance, sexe, adresse, emploi et qualification des salariés dont le licenciement est envisagé (cette liste nominative n'est pas fournie aux représentants du personnel) ; d'autre part les modifications qui ont pu être apportées au calendrier prévisionnel des licenciements, aux mesures d'accompagnement et au calendrier de leur mise en œuvre.

Lorsque le CE a décidé de se faire assister par un expert-comptable, la notification que l'employeur doit envoyer à l'UT (DIRECCTE), au plus tôt le lendemain de la date de la première réunion, doit le mentionner. L'employeur doit aussi informer l'UT (DIRECCTE) de la date retenue pour la deuxième réunion du CE. Il lui transmet également, à l'issue de chaque réunion du CE, le procès-verbal de cette réunion et les modifications éventuellement apportées au projet de licenciement et aux mesures d'accompagnement et, à l'issue de la troisième réunion, la liste nominative des salariés concernés. Le délai dont dispose l'UT (DIRECCTE) pour opérer les vérifications ne commence à courir qu'à compter du lendemain de la deuxième réunion du CE.

Contrôle de l'administration. L'UT (DIRECCTE) s'assure que les représentants du personnel ont été réunis, informés et consultés, conformément aux dispositions légales et conventionnelles en vigueur, que les règles relatives à l'élaboration des mesures sociales d'accompagnement ont été respectées et que les mesures prévues seront effectivement mises en œuvre (L. 1233-53, L. 321-7, al. 4). L'UT (DIRECCTE) doit s'assurer que l'employeur recherche des possibilités de reclassement interne. Il dispose à cette fin d'un délai, à compter de la notification, qui est de :

- 21 jours, lorsque le nombre de licenciements envisagés est inférieur à 100 ;
- 28 jours, lorsque le nombre de licenciements envisagés est au moins égal à 100 et inférieur à 250 ;
- 35 jours, lorsque le nombre de licenciements envisagés est au moins égal à 250.

Si le délai entre les deux réunions des représentants du personnel, prévu par la loi, est allongé par des dispositions conventionnelles, l'UT (DIRECCTE) dispose alors d'un délai égal à ce délai conventionnel augmenté de sept jours (L. 1233-54, L. 321-7, al. 5 et 6).

Irrégularité de la procédure. Si l'UT (DIRECCTE) relève une irrégularité de procédure (L. 1233-56), elle adresse à l'employeur un avis écrit précisant la nature de l'irrégularité constatée (la copie de ces observations est adressée aux membres du CE ou aux DP). Cet avis est transmis par lettre recommandée (ou remis contre récépissé daté et signé par l'employeur, D. 1233-13, R. 321-5). Cet avis ne constitue pas une décision susceptible de faire l'objet d'un recours pour excès de pouvoir, car il n'a pas pour effet d'empêcher les licenciements (CE 26 mars 1997). L'employeur est seulement tenu de répondre aux observations de l'UT (DIRECCTE) et d'adresser copie de sa réponse aux représentants du personnel. La réponse motivée de l'employeur doit parvenir à l'administration avant la fin du délai prévu pour l'envoi des lettres de licenciement. Ces lettres ne peuvent pas être adressées aux salariés, une fois ce délai passé, tant que l'employeur n'a pas fait parvenir sa réponse motivée à l'administration (L. 1233-56 al. 2, L. 321-7, al. 8).

Insuffisance du PSE. L'UT (DIRECCTE) peut également proposer des modifications ou des compléments au PSE ou formuler un constat de carence, selon les mêmes formes (L. 1233-57).

Procédure à l'égard des salariés

L'entretien individuel n'est pas obligatoire, sauf dans les entreprises où il n'y a ni CE, ni DP (L. 1233-38, L. 122-14, al. 3).

L'employeur doit observer un délai d'attente entre la notification à l'administration et la notification des licenciements aux intéressés. Ce délai est au minimum de :

- 30 jours lorsque le nombre de licenciements envisagés est au moins égal à 10 et inférieur à 100 ;

- 45 jours lorsque le nombre de licenciements envisagés est au moins égal à 100 et inférieur à 250 ;
- 60 jours lorsque le nombre de licenciements envisagés est au moins égal à 250.

Lorsqu'un accord collectif portant sur les conditions de licenciement et notamment sur les mesures destinées à en atténuer les inconvénients a été conclu à l'occasion du projet de licenciement ou lorsque l'entreprise applique les dispositions préexistantes d'une convention ou d'un accord collectif ayant le même objet, l'employeur peut demander à l'UT (DIRECCTE) une réduction du délai (légal ou conventionnel) d'attente avant l'envoi des lettres de licenciement, au plus tôt lors de la notification de son projet (R. 1233-8, L. 1233-41, L. 321-6, al. 2).

Si l'UT (DIRECCTE) a fait des observations à l'employeur, celui-ci ne peut notifier les licenciements aux intéressés qu'après avoir répondu à l'administration, si bien que les délais d'attente précités peuvent être alors dépassés.

Lorsque le CE a décidé de se faire assister par un expert-comptable, le délai d'attente que doit observer l'employeur avant de notifier les licenciements ne court qu'à compter du quatorzième jour suivant la notification adressée à l'UT (DIRECCTE) (L. 1233-40, L. 321-7-1, al. 5).

La lettre de licenciement a le même contenu qu'en cas de licenciement individuel, notamment les motifs économiques ou de changement technologique invoqués par l'employeur. Il n'existe pas de délai maximum pour prononcer les licenciements, à partir du moment où le PSE est définitif et dès lors que la situation économique n'évolue pas (Soc. 7 oct. 1998).

3. *Entreprises occupant moins de 50 salariés*

Lorsque le licenciement, visant au moins 10 salariés, a lieu dans une entreprise occupant moins de 50 salariés, les règles à suivre sont les mêmes que lorsque l'entreprise occupe au moins 50 salariés, sous réserve des trois points suivants.

Ainsi, ce sont les DP, s'ils existent, qui exercent les attributions précédemment dévolues au CE. Ils tiennent deux réunions, séparées par un délai ne pouvant excéder 14 jours (L. 1233-29, L. 321-3, al. 4).

L'employeur n'est pas tenu d'élaborer un PSE, mais doit proposer une CRP à chaque salarié licencié (L. 1233-65, L. 321-4, al. 4).

Enfin, le délai d'attente entre la notification à l'administration et la notification du licenciement est de 30 jours et l'UT (DIRECCTE) dispose de 21 jours, à compter de la notification, pour procéder aux vérifications prévues et s'assurer notamment que l'employeur a bien proposé une CRP à chaque salarié concerné.

D. Licenciements dans une entreprise en difficulté

L'entreprise en difficulté relève de la procédure de sauvegarde, redressement ou liquidation judiciaire (régime réformé en dernier lieu par l'ordonnance du 18 déc. 2008 et le décret du 12 févr. 2009).

Pour tenter de régler en amont les difficultés des entreprises, une procédure préventive de sauvegarde ouverte sur demande de l'employeur débiteur est prévue (Com. 26 juin 2007 ; T. com. Paris, 2 août 2006, Eurotunnel).

Si l'entreprise doit cesser ses paiements, une procédure de redressement judiciaire est engagée (on ne parle plus de « faillite ») à l'initiative du débiteur ou des créanciers, du procureur de la République ou du tribunal de commerce ou de grande instance. Le CE qui a déjà pu mettre en œuvre son droit d'alerte économique, peut communiquer au président du tribunal tout fait révélant la cessation des paiements. Toutefois, lorsqu'il apparaît, dès l'ouverture de la procédure, qu'aucune perspective sérieuse de redressement n'existe, l'entreprise est mise directement en liquidation judiciaire.

Le tribunal compétent, lorsque le débiteur est commerçant ou artisan, est le tribunal de commerce ; dans tous les autres cas, c'est le TGI. Le tribunal ne peut statuer sur l'ouverture de la procédure qu'après avoir entendu ou dûment appelé en chambre du conseil, le chef d'entreprise, les représentants du CE ou, à défaut, les DP qui sont associés au déroulement de la procédure. Est également entendu le conciliateur en présence duquel l'accord avait été conclu, en cas d'inexécution d'un plan amiable.

Le jugement d'ouverture, déclarant une entreprise en état de redressement judiciaire, désigne le juge-commissaire, l'administrateur (ex-« syndic ») et le représentant des créanciers ; le jugement invite le CE ou, à défaut, les DP à désigner un représentant des salariés qui doit lui-même être salarié de l'entreprise (Soc. 30 nov. 2004) et bénéficie d'une protection contre le licenciement.

Le juge-commissaire va suivre et coordonner l'ensemble des opérations ; il veille au déroulement rapide de la procédure et à la protection des intérêts en présence. L'administrateur va s'occuper de la gestion de l'entreprise. Pendant une période d'observation (de six mois à 20 mois), il dresse le bilan économique et social de l'entreprise et, si la liquidation judiciaire peut être évitée, le projet de plan de redressement. Il informe le CE de l'élaboration du plan de redressement.

Le représentant des créanciers est choisi par le tribunal sur la liste des mandataires-liquidateurs. Il peut être assisté d'un à cinq contrôleurs et rassemble les pièces produites par les créanciers. Pour les créances résultant du contrat de travail (couvertes par l'AGS), le représentant des créanciers soumet ses relevés, pour vérification, au représentant des salariés qui a été choisi par le comité d'entreprise ou, à défaut, par les délégués du personnel ou les salariés.

La fin de la procédure est marquée par la liquidation judiciaire, si aucune solution n'est apparue, ou par l'adoption par le tribunal d'un plan de redressement de l'entreprise, dans le cas contraire.

Les licenciements pour motif économique peuvent intervenir pendant la période d'observation, dans le mois qui suit le jugement arrêtant le plan de redressement, ou dans les 15 jours suivant le jugement de liquidation.

Pendant la période d'observation, l'administrateur ne peut procéder à des licenciements que s'il a été autorisé par le juge-commissaire et s'ils présentent un caractère urgent, inévitable et indispensable. Il doit donc déterminer un nombre de salariés avec des indications sur les catégories concernées (Soc. 5 oct. 2004). L'administrateur doit informer et consulter le CE, à défaut les DP et informer l'UT (DIRECCTE).

Si le plan de redressement, préparé par l'administrateur, prévoit des licenciements, il ne sera validé par le tribunal que si ces licenciements ont fait l'objet de l'information et de la consultation du CE ou, à défaut des DP, et de l'information de l'UT (DIRECCTE). Le jugement qui arrête le plan de redressement, qu'il s'agisse d'un plan de continuation ou d'un plan de cession, fixe le nombre des licenciements qui doivent intervenir dans le délai d'un mois après le jugement. Dans ce délai, les licenciements interviennent sur simple notification de l'administrateur aux salariés concernés (art. L. 621-64, al. 2, du Code de commerce) c'est-à-dire sans ordonnance du juge-commissaire.

Les procédures prévues pour les licenciements économiques sont « allégées » en cas de licenciement collectif dans une entreprise en difficulté. Dans ce cas, les représentants du personnel doivent être réunis et consultés (L. 1233-58), mais le CE, en cas de licenciement d'au moins 10 salariés dans une entreprise en occupant au moins 50, n'est consulté qu'une seule fois. De plus, les dispositions relatives aux mesures de reclassement et d'accompagnement ainsi qu'à la priorité de réembauchage sont maintenues (Soc. 10 mai 1999 et 2 mars 2003), mais l'entreprise ne peut s'en voir notifier la carence. Par ailleurs, la lettre de licenciement émanant du mandataire liquidateur est suffisamment motivée, dès lors qu'elle vise le jugement de liquidation (Soc. 2 mars 2004) ou l'ordonnance du juge-commissaire qui autorise les licenciements (Soc. 5 mai 1998) ; les délais pour l'envoi des lettres de licenciement ne sont pas applicables (L. 1233-59). Enfin, l'UT (DIRECCTE) doit être informée (L. 1233-60).

Mesures d'accompagnement

Par mesures d'accompagnement, il faut entendre toute mesure tendant à éviter les licenciements pour motif économique, à en limiter le nombre ou à en atténuer les effets, notamment en facilitant le reclassement des salariés dont le licenciement n'a pas pu être évité.

A. Prévention des licenciements

Pour la prévention des licenciements économiques, un certain nombre de mesures sont prévues. Il s'agit notamment des exigences légales en matière de gestion prévisionnelle des emplois et des compétences (GPEC) et de prévention des conséquences des mutations économiques (L. 2242-15, L. 320-2-I et II), au niveau de l'entreprise, afin en particulier de favoriser l'employabilité des salariés de l'entreprise et de la branche (voir chapitre XVIII).

Selon l'ANI du 14 novembre 2008, « la démarche de GPEC dans l'entreprise » s'appuie sur un diagnostic (global, « état des lieux des métiers et des compétences disponibles ou nécessaires », et « individuel des compétences des salariés »), est mise en œuvre en s'appuyant sur différents moyens (« modes d'organisation du travail » notamment), porte une attention particulière à des « publics prioritaires » (salariés dans des métiers « en décroissance », jeunes et seniors, etc.), donne place au dialogue social ; « l'objectif est que chaque salarié puisse bénéficier d'une visibilité sur les évolutions des emplois, des métiers et des qualifications ainsi que sur les parcours professionnels possibles ».

Le respect de l'obligation de négocier sur la GPEC et de consulter le CE sur l'évolution et les prévisions d'emploi a pu être regardé comme une condition préalable à la mise en œuvre d'un PSE (CA Paris, 7 mars 2007, Nextiraone ; *contra* CA Chambéry 18 oct. 2007). En effet, le PSE doit prévoir des mesures qui relèvent de la GPEC (L. 1233-62).

Selon l'ANI sur la GPEC, « la GPEC... ne doit pas être un outil favorisant les licenciements collectifs. (...) Ainsi conçue, elle n'est donc pas une étape préalable aux procédures de licenciements collectifs et aux PSE (...) Pour autant, une GPEC (...) doit permettre de consolider l'emploi et, le cas échéant, de mieux armer les salariés confrontés à des restructurations » (art. 7).

Cependant, il a été jugé que la méconnaissance par l'employeur de ses obligations en matière de négociation sur la GPEC ne pouvait être de nature à permettre la suspension de la procédure d'information et de consultation du CCE dans le cadre d'un projet de licenciement économique : « *La régularité de la consultation du comité d'entreprise sur un projet de licenciement économique n'est pas subordonnée au respect préalable par l'employeur de l'obligation de consulter le comité d'entreprise sur l'évolution annuelle des emplois et des qualifications prévue par l'article L. 2323-56 du Code du travail ni de celle d'engager tous les trois ans une négociation portant sur la gestion prévisionnelle des emplois et des compétences imposée par l'article 2242-15 du même Code* » (pourvoi rejeté, Soc. 30 sept. 2009, PBR, Sté Serca).

B. Plan de sauvegarde de l'emploi (PSE)

Objet. Dans les entreprises employant au moins 50 salariés, lorsque le nombre de licenciements est au moins égal à 10 dans une même période de 30 jours, l'employeur établit et met en œuvre un PSE pour éviter les licenciements ou en limiter le nombre. Ce plan intègre un plan de reclassement visant à faciliter le reclassement du personnel dont le licenciement ne pourrait être évité, notamment des salariés âgés ou qui présentent des caractéristiques sociales ou de qualification rendant leur réinsertion professionnelle particulièrement difficile (L. 1233-61, L. 321-4-1). S'il ne le fait pas, le licenciement est nul et de nul effet (Soc. 25 juin 2003).

Cadre. « *L'obligation d'établir un PSE pesant sur l'employeur, c'est au niveau de l'entreprise qu'il dirige que doivent être vérifiées les conditions d'effectif et de nombre des licenciements imposant l'établissement et la mise en œuvre d'un tel plan* » (Soc. 28 janv. 2009, FDSEA). L'obligation d'établir un PSE ne s'apprécie pas dans le cadre de l'UES, qui, n'ayant pas la personnalité morale, ne peut être l'employeur des salariés (Soc. 16 janv. 2008), sauf quand la décision de licencier a été prise par la direction commune (Soc. 16 nov. 2010, PBR, Sté L. Commercial).

En application du principe de territorialité de la loi française, « *seuls les salariés rattachés à l'activité de l'employeur en France bénéficient des lois françaises en droit du travail, en sorte que l'effectif à prendre en compte pour déterminer si un PSE devait être mis en place est constitué par les seuls salariés relevant des établissements de la société situés en France* » (Soc. 23 sept. 2008, Sté Banca Del Lavoro SPA).

Contenu. Le PSE (L. 1233-62) prévoit des mesures telles que :

- des actions en vue du reclassement interne des salariés sur des emplois relevant de la même catégorie d'emplois ou équivalents à ceux qu'ils occupent ou, sous réserve de l'accord exprès des salariés concernés, sur des emplois de catégorie inférieure.
- des créations d'activités nouvelles par l'entreprise.
- des actions favorisant le reclassement externe à l'entreprise (Soc. 6 juin 2007, l'employeur doit informer les salariés sur les risques que peuvent présenter ces emplois), notamment par le soutien à la réactivation du bassin d'emploi ; des dispositions conventionnelles imposent parfois à l'employeur une recherche externe dans le cadre de la branche (Soc. 28 mai 2008, Moulinex, accord métallurgie, la méconnaissance de cette obligation prive le licenciement de cause réelle et sérieuse).
- des actions de soutien à la création d'activités nouvelles ou à la reprise d'activités existantes par les salariés.
- des actions de formation, de validation des acquis de l'expérience ou de reconversion, de nature à faciliter le reclassement interne ou externe des salariés dans des emplois équivalents.
- des mesures de réduction ou d'aménagement du temps de travail, ainsi que des mesures de réduction du volume des heures supplémentaires effectuées de manière régulière lorsque ce volume montre que l'organisation du travail de l'entreprise est établie sur la base d'une durée collective manifestement supérieure à 35 heures hebdomadaires ou 1 607 heures par an et que sa réduction pourrait préserver tout ou partie des emplois dont la suppression est envisagée.

« *Le délai de réflexion fixé par un plan de sauvegarde de l'emploi pour que le salarié se prononce sur les propositions de reclassement qui lui sont faites (...) constitue une garantie de fond dont le non-respect par l'employeur emporte méconnaissance de son obligation de reclassement et prive le licenciement de cause réelle et sérieuse.* » (Soc. 16 mai 2007.)

Validité. La validité du PSE est appréciée au regard des mesures, qui doivent être pertinentes, précises et concrètes (Soc. 17 mai 1995, Sté Everite), en rapport avec la situation des salariés concernés et au regard des moyens dont dispose l'entreprise, ou, le cas échéant, l'UES ou le groupe (Soc. 8 nov. 2006, Soc. 28 nov. 2006, Soc. 5 déc. 2006 ; L. 1235-10). « *La vérification de la pertinence du plan social est indépendante de l'appréciation portée sur la cause économique du licenciement* » (Soc. 20 mars 2007).

Contrôle administratif. À l'issue de la procédure, le PSE définitivement arrêté doit être transmis par l'employeur à l'UT (DIRECCTE).

Le PSE détermine les modalités de suivi de la mise en œuvre effective des mesures contenues dans le plan de reclassement. Ce suivi fait l'objet d'une consultation régulière et détaillée du CE ou, à défaut, des DP. L'UT (DIRECCTE) est associée au suivi de ces mesures (L. 1233-63).

L'UT (DIRECCTE) peut, avant la dernière réunion du CE, présenter toute proposition destinée à compléter ou modifier le PSE, en tenant compte de la situation économique et des capacités financières de l'entreprise (L. 1233-57) et, le cas échéant, du groupe auquel l'entreprise appartient. La réponse motivée de l'employeur, accompagnée de l'avis du CE ou des DP, doit être transmise à l'UT (DIRECCTE). En l'absence de CE ou de DP, les propositions de l'UT (DIRECCTE) sont portées à la connaissance des salariés par voie d'affichage sur les lieux de travail ainsi que la réponse motivée de l'employeur à ces propositions.

Un constat de carence de PSE peut être notifié par l'UT (DIRECCTE) à l'employeur, au plus tard dans les huit jours à compter de la date de réception de la notification du projet de licenciement par l'employeur (L. 1233-52, D. 1233-11, L. 321-7).

Contrôle judiciaire. Mais « *le juge judiciaire est seul compétent pour apprécier la régularité d'un plan de sauvegarde de l'emploi (...), peu importe que l'autorité administrative ait ou non, (...), constaté la carence du plan social ou l'avis émis par le comité d'entreprise, qui ne lie pas le juge* » (Soc. 30 janv. 2007).

C. Mesures sociales

1. *Congé de reclassement*

Champs d'application. Le salarié menacé d'un licenciement pour motif économique peut bénéficier d'un congé de reclassement (L. 1233-71, L. 321-4-3 ; R. 1233-17, R. 321-10 et s.). Sont concernées par la mise en œuvre du congé de reclassement (hors entreprises en redressement ou liquidation judiciaire) :

- les entreprises, les UES ou les établissements d'au moins 1 000 salariés ;
- les entreprises soumises à l'obligation de constitution d'un comité de groupe, dès lors que le groupe occupe plus de 1 000 salariés ;
- les entreprises soumises à l'obligation de constitution d'un comité d'entreprise européen.

Dans ces entreprises, l'employeur qui envisage de prononcer un licenciement pour motif économique, quel que soit le nombre total de salariés concernés (licenciement individuel compris) et y compris en l'absence de PSE, doit proposer à chaque salarié concerné un congé de reclassement, dont la durée est, sauf accord exprès du salarié, d'au moins quatre mois, au maximum de neuf mois.

Modalités. Le congé de reclassement se déroule pendant le préavis, que le salarié est dispensé d'exécuter. La date de rupture du contrat de travail est, le cas échéant, au terme du préavis, reportée d'une durée égale à la durée du congé de reclassement restant à courir. Pendant cette période, le préavis est suspendu.

Les parties sont déliées de leurs obligations pendant la période de suspension. En l'espèce, la suspension a pour effet de retarder l'entrée en vigueur de la rupture du contrat de travail, afin de permettre au salarié de bénéficier du congé de reclassement pendant une période suffisante pour lui permettre l'acquisition de connaissances ou d'une formation. Il s'agit aussi d'éviter en même temps que l'intéressé se trouve dans la situation d'un demandeur d'emploi et que l'employeur ne supporte la charge de l'ensemble des obligations nées de ce contrat alors que celui-ci ne travaille plus.

L'ensemble des actions (bilan de compétences, actions de formation, prestations de la cellule d'accompagnement) est financé par l'employeur (L. 1233-71).

Droits du salarié. Pendant le congé de reclassement, le salarié bénéficie d'actions de formation et des prestations d'une cellule d'accompagnement des démarches de recherche d'emploi. La durée du congé est donc directement fonction du temps nécessaire à l'accomplissement des formations décidées entre l'employeur et le salarié. La cellule d'accompagnement est mise en œuvre par l'entreprise elle-même ou par un prestataire qu'elle choisit. Elle a vocation à assurer une fonction d'accueil, d'information et d'aide aux salariés dans leur recherche d'emploi par un suivi individualisé et régulier.

Le congé de reclassement débute si nécessaire par un bilan de compétences dont l'objet est d'aider le salarié à déterminer son projet professionnel de reclassement et le cas échéant les actions utiles à la réalisation de ce projet.

Pendant la période du congé de reclassement excédant le préavis, le salarié bénéficie d'une rémunération mensuelle à la charge de l'employeur dont le montant est égal à 65 % de la rémunération brute moyenne perçue par l'intéressé sur lesquelles ont été assises les contributions au régime d'assurance chômage au titre des douze mois précédant la notification du licenciement. Ce montant ne peut être inférieur à 85 % de la valeur mensuelle du SMIC. L'employeur remet chaque mois au salarié un bulletin précisant le montant et les modalités de calcul de cette rémunération.

Le congé de reclassement peut comporter des périodes de travail durant lesquelles il est suspendu. Ces périodes de travail sont effectuées pour le compte de tout employeur, à l'exception des particuliers, dans le cadre de CDD renouvelables une fois, ou de contrats de travail temporaire. Au terme de ces périodes, le congé de reclassement reprend, sans excéder son terme initial (L. 1233-72-1).

2. *Congé de mobilité*

Dans les entreprises concernées par la mise en œuvre du congé de reclassement, l'employeur qui a conclu un accord d'entreprise sur la GPEC peut proposer à ses salariés un congé de mobilité (L. 1233-77, L. 320-2-1). Celui-ci a pour objet de favoriser le retour à un emploi stable, par des mesures d'accompagnement, des actions de formation et des périodes de travail (accomplies au sein ou en dehors de l'entreprise qui a proposé le congé). Ce congé est pris pendant le préavis que le salarié est dispensé d'exécuter.

L'acceptation par le salarié de la proposition de congé de mobilité emporte rupture du contrat de travail d'un commun accord, à l'issue du congé. L'employeur est alors dispensé de proposer au salarié le congé de reclassement.

C'est à l'accord d'entreprise qu'il revient de préciser le régime de ce congé et notamment sa durée, les conditions pour en bénéficier, les modalités d'adhésion, les engagements des parties, l'organisation des périodes de travail, les modalités d'accompagnement des actions de formation, ainsi que les indemnités de rupture garanties au salarié – l'indemnité de départ volontaire bénéficie d'un régime fiscal et social plus avantageux, sous certaines conditions : avoir retrouvé un emploi « stable », etc. (se référer à la loi du 21 déc. 2006 et au décret du 25 avril 2007 ; circulaire DGEFP du 7 mai 2007).

3. *Contrat de sécurisation professionnelle (CSP)*

Ce dispositif prend la suite du dispositif de la Convention de reclassement personnalisé – CRP (et, dans certains bassins d'emplois, du dispositif de Contrat de transition professionnelle – CTP).

Objet. La loi n° 2011-893 du 28 juillet 2011 a créé un nouveau dispositif, le « contrat de sécurisation professionnelle », dont l'objet est l'organisation et le déroulement d'un parcours de retour à l'emploi, le cas échéant au moyen d'une reconversion ou d'une création ou reprise d'entreprise (L. 1233-65 ; ANI du 31 mai 2011 relatif au CSP et Convention du 19 juill. 2011, agréée par arrêté 6 oct. 2011). Ce parcours débute par une phase de pré-bilan, d'évaluation des compétences et d'orientation professionnelle en vue de l'élaboration d'un projet professionnel tenant compte, au plan territorial, de l'évolution des métiers et de la situation du marché du travail et comprend des mesures d'accompagnement, notamment d'appui au projet professionnel, ainsi que des périodes de formation et de travail.

Champs d'application. Le CSP est applicable aux procédures de licenciement pour motif économique engagées à compter du 1er sept. 2011 dans les entreprises qui ne sont pas soumises au dispositif du congé de reclassement (entreprises dont l'effectif tous établissements confondus est inférieur à 1 000 salariés ou entreprises en RLJ sans condition d'effectif).

Le salarié doit totaliser au moins 4 mois d'affiliation à l'assurance-chômage sur les 28 derniers mois pour les personnes de moins de 50 ans ou 36 derniers mois pour les personnes de plus de 50 ans.

Modalités. L'employeur est tenu de proposer, lors de l'entretien préalable ou à l'issue de la dernière réunion des représentants du personnel (CE ou à défaut DP), le bénéfice du CSP à chaque salarié dont il envisage de prononcer le licenciement pour motif économique (L. 1233-66) quelle que soit son ancienneté.

À défaut, Pôle emploi propose le CSP au salarié (dans ce cas, l'employeur verse à l'organisme une contribution égale à 2 mois de salaire brut, portée à 3 mois lorsque son ancien salarié adhère au CSP) ; Pôle emploi assure, pour le compte de l'Unédic, le recouvrement de ces éventuelles pénalités.

Droits du salarié. « L'adhésion du salarié au CSP emporte rupture du contrat de travail. » Toute contestation portant sur la rupture du contrat de travail ou son motif se prescrit par 12 mois à compter de l'adhésion (le salarié peut contester le motif économique de son « licenciement » – antérieurement pour le CRP, voir Soc. 5 mars 2008 ; Soc. 7 avril 2008 ; CA Paris, 22 mars 2007). Ce délai n'est opposable au salarié que s'il en a été fait mention dans la proposition de CSP (L. 1233-67).

Le document remis par l'employeur au salarié porte mention de la date de remise du document faisant courir le délai de réflexion de 21 jours imparti au salarié pour donner sa réponse et de la date à partir de laquelle, en cas d'acceptation du CSP, son contrat de travail est rompu. L'absence de réponse dans le délai prévu est assimilée à un refus du CSP.

Cette rupture du contrat de travail, qui ne comporte ni préavis ni indemnité compensatrice de préavis, ouvre droit à l'indemnité légale de licenciement et à toute indemnité conventionnelle qui aurait été due en cas de licenciement pour motif économique au terme du préavis ; ces indemnités sont calculées sur la base de l'ancienneté que l'intéressé aurait eue s'il avait effectué son préavis et, le cas échéant, au solde de ce qu'aurait été l'indemnité compensatrice de préavis – préavis supérieur à 3 mois (L. 1233-67).

Pendant la durée de son CSP et en dehors des périodes de travail qu'il peut être amené à effectuer et au titre desquelles il sera rémunéré directement par l'entreprise qui l'emploie, le bénéficiaire du CSP a le statut de stagiaire de la formation professionnelle et perçoit de Pôle emploi une « allocation de sécurisation professionnelle » (ASP), dès lors qu'il justifiait d'une année d'ancienneté dans l'entreprise (dans le cas contraire, le bénéficiaire du CSP perçoit l'allocation d'aide au retour à l'emploi – ARE). Cette ASP est versée mensuellement. Elle est égale à 80 % du salaire journalier de référence (SJR), sans pouvoir être inférieure au montant de l'ARE à laquelle l'intéressé aurait pu prétendre s'il n'avait pas accepté le CSP. L'ASP est versée pour une durée de 12 mois à compter de la prise d'effet du CSP. Le versement de l'ASP est interrompu en cas de retour à l'emploi (sauf indemnité différentielle couvrant une éventuelle baisse de rémunération) ou dans d'autres cas (condition d'âge notamment). Le bénéficiaire d'un CSP qui, au terme de ce contrat, est à la recherche d'un emploi, bénéficie de l'ARE (la durée d'indemnisation au titre de cette allocation est, dans ce cas, réduite du nombre de jours indemnisés au titre de l'allocation spécifique de sécurisation professionnelle).

Contribution de l'employeur. L'employeur contribue au financement de l'ASP en s'acquittant du paiement d'une somme correspondant à l'indemnité de préavis (dans la limite de 3 mois) que le salarié, à qui il a proposé le bénéfice d'un CSP, aurait perçue s'il n'avait pas bénéficié de ce dispositif ; cette contribution comprend l'ensemble des charges patronales et salariales. L'employeur verse aussi l'allocation de formation acquise annuellement par le salarié dans le cadre du DIF et n'ayant pas été utilisé (L. 1233-69).

Jurisprudence antérieure. Des solutions jurisprudentielles retenues concernant la CRP sont susceptibles d'être appliquées au sujet du CSP :

- l'employeur doit énoncer le motif économique au salarié (dans le document d'information remis au salarié ou dans la lettre envoyée au salarié ou « *dans tout autre document écrit remis ou adressé (au salarié) au plus tard au moment de son acceptation* », Soc. 14 avril 2010, Sté Aquitaine analyses).
- « *en l'absence de motif économique de licenciement, la CRP devient sans cause de sorte que l'employeur est alors tenu à l'obligation du préavis et des congés payés afférents, sauf à tenir compte des sommes déjà versées à ce titre en vertu de ladite convention* » (Soc. 5 mai 2010, Sté Netia).
- l'indemnité de licenciement est calculée en tenant compte de l'ancienneté acquise par le salarié à la date de la rupture du contrat, c'est-à-dire à l'expiration du délai de réflexion de 21 jours (Soc. 2 déc. 2009, Muller).

4. *Revitalisation des bassins d'emploi*

La participation des entreprises à l'origine de licenciements économiques est requise pour la revitalisation des bassins d'emploi. Ces obligations diffèrent selon la taille de l'entreprise (L. 1233-84 et s., L. 321-17).

Entreprises entre 50 et 1 000 salariés

Lorsqu'un licenciement collectif affecte par son ampleur l'équilibre du ou des bassins d'emplois dans lesquels l'entreprise est implantée, c'est au représentant de l'État, le cas échéant après étude de l'impact social et territorial qui prend en compte les observations de l'entreprise, qu'il appartient d'intervenir pour la mise en œuvre des actions destinées au développement d'activités nouvelles et à l'atténuation des effets du licenciement. Il le fait en concertation avec l'ANPE et, le cas échéant, les « maisons de l'emploi ».

L'entreprise et le représentant de l'État définissent d'un commun accord les modalités selon lesquelles l'entreprise prend part, le cas échéant, à ces actions, étant précisé qu'il devra être tenu compte de la situation financière de l'entreprise et du nombre d'emplois supprimés.

Entreprises de plus de 1 000 salariés

La réactivation du bassin d'emploi, pour ces entreprises, revêt un caractère obligatoire, sauf lorsqu'elles font l'objet d'une procédure de redressement ou de liquidation judiciaire.

Elles doivent contribuer financièrement à la création d'activités, au développement des emplois et à l'atténuation des effets du licenciement envisagé sur les autres entreprises dans le ou les bassins d'emploi. Le montant de leur contribution doit être au moins égal à deux fois la valeur mensuelle du SMIC par emploi supprimé, sauf incapacité de l'entreprise à assumer la charge d'une telle contribution, auquel cas le représentant de l'État pourra fixer un montant inférieur.

La mise en œuvre de ce dispositif passe par la signature d'une convention conclue entre l'entreprise et l'État dans un délai de six mois à compter de la notification du projet de licenciement à l'administration. Cette convention détermine, le cas échéant sur la base d'une étude d'impact social et territorial prescrite par le représentant de l'État, la nature, les conditions de mise en œuvre et de financement de ces actions. Elle tient compte des actions de même nature éventuellement prévues dans le PSE établi par l'entreprise.

Lorsqu'un accord collectif de groupe, d'entreprise ou d'établissement prévoit des actions de même nature, assorties d'engagements financiers de l'entreprise équivalents au montant de la contribution minimale, cet accord peut tenir lieu, à la demande de l'entreprise, de convention, sauf opposition du représentant de l'État motivée et exprimée dans le délai de deux mois suivant la demande.

En l'absence de convention, les entreprises sont redevables au Trésor public d'une contribution égale au double du montant minimum prévu (c'est-à-dire quatre fois la valeur mensuelle du SMIC par emploi supprimé).

Sanctions

A. Sanctions pénales

Est passible d'une amende de 3 750 €, prononcée autant de fois qu'il y a de salariés concernés par la ou les infractions ci-après, l'employeur qui :

– a effectué un licenciement d'au moins 10 personnes dans une même période de 30 jours sans avoir procédé à la consultation du CE, ou à défaut des DP (L. 1238-2).
– a omis de notifier ces licenciements à l'autorité administrative compétente (L. 1238-4).
– a notifié les licenciements aux intéressés concernés sans attendre l'expiration du délai d'envoi des lettres de licenciement (L. 1238-3).

Ces sanctions ne sont pas applicables lorsque l'employeur procède au licenciement de moins de 10 salariés dans une même période de 30 jours.

Le défaut de consultation des représentants du personnel est également constitutif du délit d'entrave.

L'employeur qui ne fournit pas à l'UT (DIRECCTE) les informations prévues par les textes peut également être sanctionné (R. 1227-1, R. 362-1).

B. Sanctions civiles

1. Consultation des représentants du personnel

Procédure judiciaire. Le CE (ou une organisation syndicale) peut saisir le juge des référés (TGI) dans les 15 jours suivant chacune de ses réunions pour irrégularité de la procédure de consultation (L. 1235-7 al. 1, L. 321-16). Mais le CE peut saisir le TGI par la voie de la procédure à jour fixe (art. 788 CPC), permettant de trancher le litige au fond, au-delà de ce délai (Soc. 28 juin 2008).

Sanction. Une action judiciaire contre une irrégularité de la procédure de consultation des représentants du personnel sur le projet de licenciement collectif permet d'obtenir (Soc. 11 janv. 2007) :

– la suspension de la procédure de licenciement (par le TGI), si celle-ci n'est pas terminée (depuis notamment Soc. 16 avril 1996, Sietam Industries) ; les licenciements éventuellement prononcés malgré cette suspension sont déclarés nuls (Soc. 14 janv. 2003).
– la réparation du préjudice individuel, si la procédure de licenciement est terminée ; le juge (CPH) accorde à chaque salarié une indemnité calculée en fonction du préjudice subi à la charge de l'employeur (L. 1235-12, L. 122-14-4, al. 3). Une consultation irrégulière n'entraîne plus, à ce stade, la nullité de la procédure de licenciement, ni la nullité des licenciements. Sur le plan collectif et pénal, l'employeur peut être condamné pour délit d'entrave (L. 2328-1).

Cependant, il a été jugé que le défaut de cause économique rejaillit sur la procédure de licenciement : lorsque « *la procédure de licenciement collectif engagée par la société (...) n'est pas fondée sur un motif économique* », sont « *nuls cette procédure et tous ses effets subséquents* » (CA Paris, Soc., pôle 6 – ch. 2, 12 mai 2011, SAS Viveo France), les données comptables et commerciales ne prouvent pas que la compétitivité du groupe soit en cause et que la procédure de licenciement réponde à une nécessité d'assurer la sauvegarde de cette compétitivité (voir également CA Reims, civ., 3 janv. 2012, Sté Sadimédical).

Carence d'IRP. Est également considéré comme irrégulier un licenciement économique effectué en l'absence de CE et de DP dans l'entreprise, alors qu'aucun procès-verbal de carence n'a été établi par l'employeur (Soc. 6 juin 2007). Il donne lieu au versement, à chaque salarié licencié, à la charge de l'employeur, d'une indemnité minimale correspondant à un mois de salaire brut (L. 1235-15, L 321-2-1), sans préjudice des indemnités de licenciement et de préavis.

Le terme de la procédure est constitué par la notification des licenciements (Soc. 11 janv. 2007). Le salarié pourrait obtenir une indemnisation du fait de la carence de l'employeur en matière de négociation collective et de mise en place d'une GPEC dans l'entreprise qui lui a causé un préjudice.

2. *Plan de sauvegarde de l'emploi (PSE)*

La procédure de licenciement est nulle tant que le plan de reclassement des salariés s'intégrant au PSE n'est pas présenté par l'employeur aux représentants du personnel (L. 1235-10 al. 1). Le TGI, saisi par le CE ou par une organisation syndicale, peut prononcer la nullité du PSE. La jurisprudence sur la validité du PSE est abondante. Ainsi, il a été jugé que :

- « *en l'absence dans le plan de sauvegarde de l'emploi d'indication relative au nombre, à la nature et à la localisation des emplois qui pourraient être proposés à l'intérieur du groupe, parmi les entreprises dont les activités, l'organisation ou le lieu d'exploitation permettaient la permutation de tout ou partie du personnel, celui-ci était nul* » (Soc. 30 janv. 2007 ; voir Soc. 17 mai 1995, Everite, les mesures du PSE doivent être concrètes et précises).
- « *la pertinence du plan doit être appréciée en fonction de l'ensemble des mesures qu'il contient et en tenant compte de la procédure d'actualisation des offres d'emploi qu'il prévoit* » et « *constitue une mesure de reclassement licite la mise en situation de recherche de reclassement pendant une période déterminée avec dispense d'activité et maintien de la rémunération dès lors que, pendant cette période, l'employeur remplit son obligation de recherche de reclassement et que le plan prévoit les mesures nécessaires à cet effet* » (Soc. 14 févr. 2007, Pages Jaunes).

La nullité d'un PSE (L. 1235-11, L. 122-14-4 et L. 321-4-1), du fait de son absence ou de son insuffisance, est prononcée par le TGI ou constatée par le CPH (Soc. 30 mars 1999 ; même quand le PSE a fait l'objet d'un accord collectif, Soc. 12 mars 2008). Le juge (CPH) prononce la nullité de chaque licenciement notifié et ordonne, à la demande de chaque salarié qui le souhaite, la poursuite de son contrat de travail (jurisprudence constante depuis Soc. 13 févr. 1997, La Samaritaine, « *la nullité qui affecte le plan social s'étend à tous les actes subséquents et en particulier les licenciements prononcés par l'employeur, (...), sont eux-mêmes nuls* »), sauf exception – ainsi, la réintégration est devenue impossible, notamment du fait de la fermeture de l'établissement ou du site

(Soc. 15 juin 2005, Sté Wolber) ou de l'absence d'emploi disponible dans l'entreprise, ou pour un retraité (Soc. 25 juin 2003).

Si le salarié ne demande pas la poursuite du contrat de travail ou en présence d'une impossibilité matérielle de « réintégration », le juge (CPH) lui octroie une indemnité, en plus de l'indemnité de licenciement, qui ne peut être inférieure aux salaires des douze derniers mois. « *La vérification de la pertinence du plan social est indépendante de l'appréciation portée sur la cause économique* » (Soc. 20 mars 2007).

La régularité ou la validité du licenciement peut faire l'objet d'une action dans le délai de douze mois à compter de la dernière réunion du CE ou à compter de la notification de son licenciement au salarié – ce délai n'est opposable au salarié que s'il en a été fait mention dans la lettre de licenciement (L. 1235-7 al. 2, L. 321-6 ; ce délai n'est pas contraire aux droits et libertés garantis par la Constitution, Soc. QPC 16 juill. 2010, et ce délai « *n'est applicable qu'aux contestations susceptibles d'entraîner la nullité de la procédure de licenciement collectif pour motif économique, en raison de l'absence ou de l'insuffisance d'un PSE* », Soc. 15 juin 2010, *infra*).

3. *Cause réelle et sérieuse (CRS)*

Compétence judiciaire. Depuis 1986, le CPH juge le bien-fondé du licenciement pour motif économique (antérieurement, le principe de la séparation des pouvoirs s'opposait à ce qu'il apprécie la légalité d'un licenciement qui avait été autorisé par l'UT (DIRECCTE).

Le salarié peut saisir le CPH dans le délai de cinq ans suivant la notification de son licenciement, pour constester la cause réelle et sérieuse de son licenciement (Soc. 15 juin 2010, PBRI, Sté Someto Honfleur, L. 1235-7 al. 2 ; C. civ. 2224).

L'employeur doit communiquer au CPH tous les éléments qu'il a fournis aux représentants du personnel ou, à défaut, à l'UT (DIRECCTE) (L. 1235-9).

Lettre de licenciement. La lettre de licenciement qui fixe les limites du litige doit énoncer des faits précis et matériellement vérifiables. L'énoncé d'un motif imprécis équivaut à une absence de motif rendant le licenciement sans cause réelle et sérieuse (Soc. 30 avril 1997). « *La lettre de licenciement pour motif économique doit comporter non seulement l'énonciation des difficultés économiques, des mutations technologiques ou de la réorganisation de l'entreprise, mais également l'énonciation des incidences de ces éléments sur l'emploi ou le contrat de travail du salarié licencié* » (Soc. 29 oct. 2008, SARL Roc Sport France). À défaut, notamment en l'absence de précision de « *l'incidence sur l'emploi ou le contrat (…) de la raison économique invoquée* », le licenciement est sans cause réelle et sérieuse.

Quand la lettre de licenciement fait état d'une « baisse significative de l'activité » sans énoncer l'une des raisons économiques prévues par la loi, elle ne satisfaisait pas aux exigences légales (Soc. 16 févr. 2011, Sté Tertia solutions) ; en revanche, quand la lettre de licenciement fait état d'une baisse d'activité, en indiquant des faits précis et matériellement vérifiables, et son incidence sur l'emploi du salarié, elle mentionne bien une raison économique prévue par la loi (Soc. 16 févr. 2011, M. Castel).

« *Le juge doit prendre en compte les changements susceptibles d'être intervenus dans la situation de l'entreprise et les possibilités de reclassement entre le moment où l'employeur, envisageant des licenciements, a engagé la procédure pouvant y conduire, et le moment où il les a décidés par leur notification aux salariés* » (Soc. 30 mars 2010, Sté Ensival Moret France).

Sanction. Le CPH, s'il estime que le licenciement est sans cause réelle et sérieuse, applique les mêmes dispositions qu'en cas de licenciement pour motif personnel (L. 1235-1).

En cas de non-respect des procédures de convocation et d'entretien préalable, lorsque celui-ci est prescrit, les sanctions sont les mêmes qu'en cas de licenciement pour motif personnel. Elles s'appliquent dans les mêmes conditions et seulement si le licenciement économique a une cause réelle et sérieuse.

Action de substitution. Les organisations syndicales représentatives peuvent exercer en justice toute action naissant des dispositions légales, réglementaires ou conventionnelles, régissant le licenciement économique, en faveur d'un salarié, sans avoir à justifier d'un mandat de l'intéressé, qui avertit par lettre recommandée avec demande d'accusé de réception et ne s'y est pas opposé dans un délai de 15 jours à compter de la date à laquelle l'organisation syndicale lui a notifié son intention (L. 1235-8, L. 321-15).

Le CPH peut condamner de manière solidaire des coemployeurs (CPH Aubenas, 15 avril 2008, BSA-Novoceram-Gruppo Concorde).

4. *Ordre des licenciements*

Le juge (CPH) peut être appelé à vérifier si l'ordre des licenciements a été respecté. Si, pour fixer l'ordre des licenciements, dans le cadre d'une procédure de licenciement économique, l'employeur peut privilégier l'un des critères arrêtés, il ne peut le faire qu'après avoir pris en considération l'ensemble de ces critères (Soc. 21 déc. 2006).

L'employeur ne doit pas commettre de discrimination. Ainsi, l'employeur ne peut fixer l'ordre des licenciements en se fondant sur le critère des charges de famille apprécié différemment suivant les origines (Soc. 8 avril 1992, M. Boufhager). Il ne peut pas non plus opérer de distinction entre salarié(e)s à temps partiel (femmes, en majorité) et salariés à temps complet et pénaliser les premières (Soc. 3 mars 1998).

En outre, l'employeur doit, dans les renseignements qu'il est tenu de fournir aux représentants du personnel, avant les réunions où ils seront consultés, faire figurer les critères proposés pour l'établissement de l'ordre des licenciements.

« *Il appartient à l'employeur de communiquer au juge, en cas de contestation, les éléments objectifs sur lesquels il s'est appuyé pour arrêter son choix* », notamment en ce qui concerne l'appréciation des qualités professionnelles (Soc. 14 janv. 1997, Sté SPGN c/ M. Belkacem).

Ces dispositions sont de nature à renforcer les chances d'un salarié, inclus dans un licenciement collectif économique, d'obtenir des dommages-intérêts au motif que l'ordre des licenciements n'a pas été respecté. Le non-respect par l'employeur des critères retenus pour fixer l'ordre des licenciements n'a pas pour conséquence de priver le licenciement de cause réelle et sérieuse (Soc. 20 janv. 1998) ; mais « *l'inobservation des règles relative à l'ordre des licenciements pour motif économique (...) constitue pour le salarié une illégalité qui entraîne pour celui-ci un préjudice, pouvant aller jusqu'à la perte injustifiée de son emploi, lequel doit être intégralement réparé, selon son étendue* » (Soc. 14 janv. 1997, préc.).

« *Le manquement de l'employeur, qui a prononcé un licenciement pour motif économique, à son obligation d'indiquer au salarié qui le demande les critères retenus (...), cause nécessairement au salarié un préjudice distinct de celui réparant l'absence de cause réelle et sérieuse* », que le juge doit réparer en fonction de son étendue (Soc. 24 sept. 2008, Sté Gitec ; Soc. 26 janv. 1999).

5. *Priorité de réembauche*

« *En cas de litige, il appartient à l'employeur d'apporter la preuve qu'il a satisfait à son obligation en établissant soit qu'il a proposé les postes disponibles, soit en justifiant de l'absence de tels postes* » (Soc. 23 juin 2009). Le refus par l'employeur de communiquer le registre unique du personnel empêchant la vérification du respect de l'obligation est ainsi sanctionnée.

L'employeur qui ne respecte pas cette priorité peut se voir condamné par le juge à verser au salarié une indemnité qui ne peut être inférieure à deux mois de salaire (L. 1235-13, L. 122-14-4, al. 3). Lorsque le salarié licencié a moins de deux ans d'ancienneté dans l'entreprise ou lorsque celle-ci occupe habituellement moins de 11 salariés, l'indemnité est calculée en fonction du préjudice subi.

Lorsque plusieurs salariés demandent à bénéficier de la priorité de réembauchage, l'employeur reste libre de choisir, en fonction de l'intérêt de l'entreprise, le salarié bénéficiaire, et n'est pas tenu de suivre les règles fixées pour déterminer l'ordre des licenciements (Soc. 2 déc. 1998).

L'employeur qui utilise systématiquement des intérimaires, avant et après le licenciement économique, ne satisfait ni à son obligation de reclassement, ni à son obligation de réembauchage (Soc. 1er mars 2000).

Aléas économiques

A. Chômage partiel

À lire : B. Silhol, *Le chômage partiel*, LGDJ, 1998.

Certaines circonstances, d'ordre économique ou technique, peuvent entraîner une réduction d'activité de l'entreprise. L'horaire de travail tombe au-dessous de la durée légale du travail, les salariés sont au chômage partiel (L. 5122-1 et L. 5122-2).

La mise au chômage partiel ne peut bénéficier à un seul salarié (Soc. 19 juill. 1995). Si elle est légalement décidée, elle s'impose à tous les salariés « *pendant la période d'indemnisation* » (Soc. 18 juin 1996). Le salarié dans cette situation est couvert par un système d'indemnisation particulier.

1. *Allocation publique*

D'une part, le salarié a tout d'abord droit à une allocation d'aide publique (R. 5122-1, R. 351-50 à R. 351-53), à la charge de l'État. Le droit à l'allocation est ouvert dès lors que la réduction de l'activité est imputable à l'un des facteurs suivants : conjoncture économique, difficultés d'approvisionnement en matières premières ou en énergie, sinistre, intempéries de caractère exceptionnel, transformation, restructuration ou modernisation de l'entreprise, ou toute autre circonstance de caractère exceptionnel. Les salariés dans certaines situations limitativement énumérées (chômage saisonnier, cadres sous conventions de forfait en heures ou en jours, etc.) n'en bénéficient pas (à partir du 1er janv. 2009, la prise en charge de tous les salariés à temps partiel est possible, même ceux dont le salaire hebdomadaire est inférieur à 18 fois le SMIC horaire – abrogation de R. 5122-8-1er par le décret du 25 mars 2009).

L'allocation est constituée par une indemnité horaire pour chaque heure indemnisable. Le calcul des heures indemnisables se fait dans le cadre du mois : c'est la différence entre le nombre d'heures qui aurait résulté de l'application de la durée légale du travail dans le mois considéré (ou de la durée conventionnelle applicable si elle est inférieure) et le nombre d'heures effectivement travaillées (R. 5122-11). Les heures supérieures à la durée légale ne donnent pas lieu à indemnisation (Soc. 28 oct. 2008, Sté MGB).

Le nombre d'heures indemnisées ne peut toutefois dépasser un maximum annuel. À partir du 1er janvier 2009, le contingent annuel d'heures indemnisables au titre de l'allocation spécifique de chômage partiel financée par l'État est fixé (par arrêté ministériel du 31 déc. 2009) à 1 000 heures par salarié pour l'ensemble des branches professionnelles pour l'année 2010 (ce contingent était déjà fixé à 1 000 heures pour les industries du textile, de l'habillement et du cuir, pour l'industrie automobile et ses sous-traitants, ainsi que pour le commerce automobile). Le taux de l'allocation est de 3,84 € pour les entreprises dont l'effectif ne dépasse pas 250 salariés et de 3,33 € pour les entreprises dont l'effectif est supérieur à 250 salariés (à partir du 1er janv. 2009, décret du 29 janv. 2009 – D. 5122-13, D. 351-3 ; décret du 25 mars 2009).

Le rôle de l'administration est précisé (Instruction DGEFP du 25 nov. 2008). Avant de solliciter l'État, les entreprises doivent être incitées à utiliser d'autres mesures liées au temps de travail et à la formation professionnelle.

L'employeur qui envisage une réduction d'activité doit, après avoir consulté le CE, adresser à l'UT (DIRECCTE) une demande en vue de faire bénéficier son personnel des allocations de chômage partiel. La décision est prise par le préfet sur proposition de l'UT (DIRECCTE). Les allocations sont servies par l'employeur qui est remboursé par l'État.

2. *Allocation conventionnelle complémentaire*

D'autre part, le salarié en chômage partiel a droit à une indemnité complémentaire, à la charge de l'employeur. Le complément d'indemnisation a été institué par un ANI conclu le 21 février 1968, étendu et modifié (en dernier lieu par l'ANI du 2 oct. 2009 sur l'indemnisation, agréé par l'arrêté du 15 déc. 2009). Ce complément d'indemnisation est aussi parfois prévu par des dispositions conventionnelles de branche ou d'entreprise. L'accord s'applique aux entreprises relevant d'une branche d'activité représentée au Medef, signataire de l'accord. Certaines activités restent en dehors du champ d'application, mais la grande majorité des salariés est couverte.

Les heures indemnisées sont celles qui le sont au titre de l'aide publique et dans la même limite annuelle (1 000 heures). Le montant de l'indemnité complémentaire est tel qu'ajouté à l'allocation d'aide publique, il assure au salarié 60 % de sa rémunération horaire brute (arrêté du 26 janv. 2009). En pratique, l'employeur verse au salarié cette partie de sa rémunération horaire brute et se fait rembourser le montant de l'allocation d'aide publique. Si la moitié de la rémunération horaire brute est inférieure à un minimum (le salarié doit percevoir l'indemnité horaire minimale de 6,84 € à compter du 1er janv. 2009), c'est ce minimum qui doit être versé par l'employeur.

Cependant, de manière temporaire (du 1er janv. 2010 au 1er janv. 2011 – période prolongée), en application de l'ANI du 2 oct. 2009 (complété par l'accord du 13 janv. 2012), l'assiette de calcul de l'indemnité conventionnelle de chômage partiel est sensiblement améliorée : il s'agit de prendre en compte la rémunération totale servant de base au calcul de l'indemnité de congés payés, soit toutes les sommes versées en contrepartie ou à l'occasion du travail (primes de rendement, de production, d'assiduité, d'ancienneté, etc.). Par ailleurs, la période de chômage partiel sera validée comme période de travail pour le calcul de la durée des congés payés (pour la période à compter du 1er juin 2009).

L'indemnisation complémentaire est à la charge de l'entreprise. Dans certains cas toutefois, elle peut être prise en charge partiellement par l'État (R. 5122-32 et s., D. 322-11 et s.), en vue d'éviter des licenciements collectifs. Le taux de prise en charge, fixé dans une convention passée entre l'entreprise et le préfet, est au maximum de 80 %, voire 100 % dans certains cas (arrêté du 9 avril 2010 ; notamment en cas de catastrophe naturelle, arrêté du 30 nov. 2009). Cette indemnisation n'est désormais prévue que pour les heures chômées au-dessous de 35 heures, durée légale hebdomadaire du travail.

L'allocation légale et l'allocation conventionnelle s'ajoutent au salaire, que continue à recevoir le salarié pour le travail qu'il continue à fournir. Il se peut que cet ensemble reste inférieur à la rémunération mensuelle minimale (RMM). Dans ce cas, le salarié a droit à une allocation complémentaire (L. 3232-5, L. 141-12) destinée à porter sa rémunération mensuelle au niveau de la rémunération minimale. Cette allocation est payée mensuellement par l'employeur, l'État remboursant 50 % du montant.

Activité partielle de longue durée (APLD). Ce dispositif fonctionne sur la base de « conventions d'activité partielle » conclues entre des organisations professionnelles (branche notamment) ou des entreprises et l'État, pour une durée de trois mois minimum sans que la durée totale puisse excéder douze mois (convention État/UNEDIC et décret du 29 avril 2009, art. D. 5122-43 et s.). L'employeur s'engage à maintenir l'emploi, dans son entreprise, pour une durée équivalente au double de la durée de la convention, et propose à chaque salarié un entretien de professionnalisation (actions de formation à engager, etc.). L'entreprise percevra une allocation complémentaire (versée par l'État). L'indemnisation pour ces salariés en chômage partiel de longue durée (L. 5122-2-2°) prend la forme d'« indemnités horaires au moins égales à 75 % de la rémunération brute servant d'assiette au calcul de l'indemnité de congés payés (...) ramenée à un montant horaire sur la base de la durée légale du travail applicable dans l'entreprise (...) » (D. 5122-46), depuis le 1er mai 2009 (Circ. DGEFP du 9 mars 2010).

3. *Chômage partiel total*

Les difficultés économiques peuvent aussi conduire l'employeur à fermer temporairement ou certains jours tout ou partie de l'établissement. Les salariés concernés sont alors indemnisés dans les mêmes conditions qu'en cas de chômage partiel. Mais, dès que la fermeture se prolonge au-delà de six semaines (« chômage partiel total »), ils sont considérés comme étant à la recherche d'un emploi et ont droit aux allocations de l'assurance chômage (pendant une durée maximum de 182 jours ; décret 22 déc. 2008, R. 5122-8-4°, R. 5122-9, R. 351-51).

Sous réserve de l'indemnisation à la charge de l'employeur, le salarié, pendant la période de chômage, n'est pas rémunéré, puisqu'il ne fournit pas de travail. Le contrat de travail est suspendu, mais cette suspension est subordonnée à l'accord du salarié. Il est loisible aussi au salarié de refuser son accord. La jurisprudence sur la modification unilatérale par l'employeur d'un élément essentiel du contrat de travail s'appliquera alors et la rupture sera imputable à l'employeur et considérée comme un licenciement. Dans ce cas, la clause essentielle du contrat qui a été modifiée par l'employeur est l'obligation qui pèse sur lui de fournir un travail au salarié.

B. Transfert du contrat de travail

En vue d'assurer la stabilité de l'emploi, des dispositions d'ordre public sont prévues : lorsque survient une modification dans la situation juridique de l'employeur, notamment par succession, vente, fusion, transformation du fonds ou mise en société, tous les contrats de travail en cours au jour de la modification subsistent entre le nouvel employeur et le personnel de l'entreprise (L. 1224-1, L. 122-12, al. 2). En particulier, « *ce texte, destiné à assurer aux salariés des emplois plus stables, doit recevoir application dans tous les cas où la même entreprise continue à fonctionner sous une direction nouvelle* » (Civ. 27 févr. 1934, Goupy).

La jurisprudence interne évolue sous l'influence du droit communautaire : directive de 1977, modifiée en 1998, codifiée dans la directive 2001/23/CE du 12 mars 2001, et jurisprudence de la CJUE (ancienne CJCE) de plus de 40 décisions.

1. Conditions d'application

L'entreprise dans laquelle travaille le salarié peut être absorbée par une autre entreprise. La fusion entre les deux entreprises entraîne un changement de direction. Dans une entreprise familiale, le fils succède au père comme patron de l'entreprise ; un commerçant vend son fonds de commerce ; etc.

Dans ces circonstances et dans d'autres qui leur sont comparables, un nouvel employeur se substitue à celui avec lequel avaient été conclus les contrats de travail. En principe, les obligations souscrites par le premier employeur ne devraient pas s'imposer à son successeur et les contrats de travail devraient se trouver rompus, mais une telle solution serait préjudiciable aux salariés et aux employeurs successifs.

Les dispositions d'ordre public sont applicables en cas de modification dans la situation juridique de l'employeur (quelle que soit la nature du changement) et en cas de transfert d'une « entité économique ».

À la suite de la jurisprudence communautaire (CJCE 10 févr. 1988), les dispositions d'ordre public s'appliquent « *même en l'absence d'un lien de droit direct (...), à tout transfert d'une entité économique conservant son identité et dont l'activité est poursuivie et reprise* » (Cass. Ass. plén., 16 mars 1990). Le transfert porte sur une « entité économique » maintenant son identité, c'est-à-dire un ensemble organisé de moyens, en vue de la poursuite d'une activité économique, essentielle ou accessoire (CJCE 14 avril 1994, Schmidt ; directive art. 1.1b).

La jurisprudence sur ces questions est abondante, notamment sur la notion d'entité économique distincte qui s'applique en cas de reprise de la représentation d'une marque avec la clientèle y afférente (Soc.

13 avril 1999) ou dans la reprise de la concession des marchés d'une commune (Soc. 16 nov. 1999). Le transfert des moyens d'exploitation, nécessaire à la poursuite de l'activité de l'entité, peut être indirect ; des locaux et équipements peuvent être mis à disposition par le donneur d'ordre aux prestataires successifs (Soc. 24 nov. 2009, service de restauration dans une clinique). À l'inverse, un atelier « caisserie bois » a été considéré comme un simple démembrement de l'entreprise où il ne disposait d'aucune autonomie (Soc. 18 juill. 2000, *infra*).

IRP. Le comité d'entreprise (CE) du cédant et le CE du cessionnaire doivent être consultés sur le projet de transfert.

Perte d'un marché. Ces dispositions ne sont pas applicables dans le cas de la seule perte d'un marché (Cass. Ass. plén., 16 mars 1990) d'un prestataire de services (nettoyage, sécurité, etc.). Pour contrecarrer les effets de cette jurisprudence (Cass. Ass. plén. 15 nov. 1985, Nova), les partenaires sociaux ont, dans certains secteurs d'activité, dont le nettoyage et la restauration collective, conclu des accords de transfert des salariés au nouveau titulaire du contrat.

La jurisprudence communautaire va dans ce sens pour affirmer le transfert des contrats : « *Dans certains secteurs dans lesquels l'activité repose essentiellement sur la main-d'œuvre, une collectivité de travailleurs que réunit durablement une activité commune peut correspondre à une entité économique* » (CJCE 24 janv. 2002, Temco Services, § 26).

Externalisation. Ces dispositions légales ne s'appliquent pas à une opération d'externalisation (organisée par l'employeur pour justifier le transfert de contrats de travail d'une activité de palettes manquant d'autonomie, Soc. 18 juill. 2000, Perrier-Vittel, « *la reprise par un autre employeur d'une activité secondaire ou accessoire de l'entreprise n'entraîne le maintien des contrats que si cette activité est exercée par l'entité économique autonome* » ; Soc. 11 juill. 2007, Auchan ; dans ces affaires les salariés étaient opposés à leur transfert).

Activité transférée au public. Est sans importance que le cessionnaire soit une personne morale de droit public liée à son personnel par des rapports de droit public, ce qui est le cas d'une commune qui reprend en gestion directe une activité de service public qu'elle avait précédemment concédée au service privé (Soc. 14 janv. 2003). L'entité publique doit proposer aux salariés un contrat de droit public (loi du 26 juill. 2005). Le refus des intéressés implique leur licenciement par la personne publique aux conditions prévues par le droit du travail et leur ancien contrat. L'acceptation n'implique pas pour autant un droit à titularisation (CE 22 oct. 2004, Lamblin). Tant que le nouvel employeur public n'a pas placé les salariés dans un statut de droit public, le juge judiciaire, à savoir le CPH, est compétent pour connaître des litiges (TC 13 janv. 2004 ; Soc. 12 juin 2007), mais ne peut se prononcer que sur le contrat de droit privé (Soc. 1er juin 2010).

Lorsque l'activité d'une entité économique employant des salariés de droit privé est, par transfert de cette entité, reprise par une personne publique dans le cadre d'un service public administratif, il appartient à cette personne publique de proposer à ces salariés un contrat de droit public, à durée déterminée ou indéterminée selon la nature du contrat dont ils sont titulaires. Sauf disposition légale ou conditions générales de rémunération et d'emploi des agents non titulaires de la personne publique contraires, le contrat qu'elle propose reprend les clauses substantielles du contrat dont les salariés sont titulaires, en particulier celles qui concernent la rémunération. En cas de refus des salariés d'accepter les modifications de leur contrat, la personne publique procède à leur licenciement dans les conditions prévues par le Code du travail et par leur contrat (L. 1224-3).

2. *Effets*

Les dispositions légales et communautaires ont pour effet de maintenir des éléments individuels du contrat de travail en cas de changement d'employeur. Les obligations de l'ancien employeur sont transférées au nouveau et ce, quelle que soit la forme du contrat, même s'agissant d'un CDD comme le contrat d'apprentissage (Soc. 28 mars 1996). Par exception toutefois, la convention collective nationale des employés de maison prévoit qu'en cas de décès de l'employeur, le contrat de travail ne se poursuit pas automatiquement avec les héritiers (arrêté du 20 avril 1998). Dans le cas général, chaque salarié conserve l'ancienneté qu'il avait acquise antérieurement ainsi que sa qualification, sa rémunération, etc. « *La convention collective dont relève le cessionnaire s'applique immédiatement au salarié, les dispositions plus favorables de l'accord mis en cause continuant cependant à lui bénéficier* » (Soc. 10 févr. 2010, PBR).

Sans doute le nouvel employeur peut-il décider de procéder à des licenciements pour motif économique. Ceci est fréquent après une fusion, mais dans ce cas, il devra mettre en œuvre les procédures prévues par la législation relative à ces licenciements et chaque salarié pourra se prévaloir des droits que lui confère son ancienneté totale, notamment pour le montant de l'indemnité de licenciement. La fraude est caractérisée quand les sociétés cédantes et cessionnaires s'entendent « *pour priver les salariés des droits qu'ils tenaient de l'article L. 122-12, alinéa 2, du Code du travail, et éviter ainsi la poursuite des contrats de travail aux conditions en vigueur au jour du transfert* » (Soc. 14 févr. 2007).

Le licenciement d'un salarié prononcé à l'occasion du transfert d'une activité poursuivie, est, non pas nul (Soc. 30 juin 2004), mais « privé d'effet » et « *le salarié peut, à son choix, demander au repreneur la poursuite du contrat de travail illégalement rompu ou demander à l'auteur du licenciement illégal, la réparation du préjudice en résultant* » (Soc. 20 mars 2002, Maldonado). Les salariés licenciés par le cédant et non repris par le cessionnaire peuvent à la fois obtenir leur réintégration chez ce dernier et l'indemnisation du préjudice qu'ils ont subi (Soc. 13 mai 2008).

Quand les conditions légales sont réunies, le transfert du contrat de travail s'impose donc de plein droit au nouvel employeur, comme il s'impose aussi au salarié (Soc. 11 mars 2003) qui ne peut prétendre au versement d'aucune indemnité (Soc. 14 déc. 2004, Auchan). Le refus individuel clairement établi produit les effets d'une démission (CJCE 16 déc. 1992, Katsiakis) ; le salarié se voit donc imposer un changement d'employeur, sauf à démissionner. Quand le contrat de travail est partiellement affecté à l'activité transférée, il est totalement transféré dès lors qu'il « s'exécutait pour l'essentiel dans le secteur d'activité repris » (Soc. 30 mars 2010, Sté TTE ; cette solution permet d'éviter le démembrement du contrat de travail).

En revanche, quand les conditions légales ne sont pas réunies, l'employeur doit recueillir l'accord du salarié (Soc. 10 oct. 2006, deux arrêts). Et « *lorsque l'application de l'article L. 1224-1 du Code du travail entraîne une modification du contrat de travail autre que le changement d'employeur, le salarié est en droit de s'y opposer* » (Soc. 30 mars 2010, M. Z c/ Sté Printer) ; « *il appartient alors au cessionnaire, s'il n'est pas en mesure de maintenir les conditions antérieures, soit de formuler de nouvelles propositions, soit de tirer les conséquences de ce refus en engageant une procédure de licenciement* », « *à défaut, le salarié peut poursuivre la résiliation judiciaire du contrat, laquelle produit alors les effets d'un licenciement sans cause réelle et sérieuse, sans préjudice du recours éventuel contre les employeurs successifs* ».

Le nouvel employeur est tenu de payer aux salariés, dont les contrats de travail subsistent, les dettes qu'aurait contractées à leur égard leur ancien employeur (L. 1224-2, L. 122-12-1 ; par exemple salaires, primes, heures supplémentaires, etc. ; Soc. 12 mars 2008, un engagement unilatéral est transmis). Cet article ne s'applique pas dans le cadre d'une procédure de sauvegarde, de redressement ou de liquidation judiciaire ; ni lorsqu'il n'y a aucun lien juridique entre les deux employeurs successifs (c'est le cas des sociétés de services visées plus haut) ; ni enfin lorsque, par convention passée entre les deux employeurs successifs, il a été décidé que le nouvel employeur prenait en charge les dettes de l'ancien.

Lorsque l'article s'applique, le premier employeur est tenu de rembourser les sommes acquittées par le nouvel employeur (Com. 18 sept. 2007).

Chapitre XII

Ruptures du CDI à l'initiative du salarié ou d'un commun accord et droit commun de la rupture

Rupture du CDI à l'initiative du salarié ou d'un commun accord

Rupture du CDI à l'initiative du salarié

Le salarié, en CDI, peut rompre son contrat de travail par : une démission, une demande de résiliation judiciaire, une prise d'acte ou un départ en retraite.

A. Démission

Le salarié titulaire d'un CDI peut démissionner à tout moment, sous réserve d'observer un délai de préavis et de ne pas abuser de ce droit.

La démission n'est soumise par la loi à aucune règle de forme : elle peut résulter d'une lettre, d'une déclaration verbale. Elle n'a pas à être motivée et peut intervenir à tout moment. Cette absence de règle de forme est destinée à préserver la liberté du travail du salarié et à lui faciliter la démission, quand bon lui semble. Mais elle peut se retourner contre lui. En effet, ses déclarations ou comportements peuvent être ambigus. Si l'employeur les interprète comme une démission, il se dispensera par là même de verser au salarié l'indemnité de licenciement et, plus généralement, d'observer toutes les règles qui s'imposent en cas de licenciement.

Les juges ne considèrent pas qu'il y a eu démission si les propos du salarié étaient équivoques et ne marquaient pas la décision de démissionner. Ainsi, dans une affaire où une ouvrière, qui dans un moment de fatigue et d'énervement avait déclaré « *Je préfère rentrer chez moi que de travailler dans ces conditions* » et dont l'employeur lui avait écrit le lendemain « *Je prends acte de votre démission* », il a été jugé (Soc. 10 mars 1965) que la rupture était imputable à l'employeur. La jurisprudence cherche ici à protéger le salarié contre des paroles irréfléchies qui ne manifestent pas sa volonté réelle de démissionner. L'employeur qui s'oppose à la reprise du travail d'un salarié qui, après avoir donné sa démission dans un mouvement d'humeur, s'était rapidement rétracté, est l'auteur de la rupture (Soc. 9 avril 1974).

De même, une absence de courte durée, à l'expiration des congés payés ou d'un congé de maladie, ne saurait être interprétée par l'employeur comme une démission (Soc. 3 févr. 1994). « *Ne peut être analysé comme une démission, le fait pour un salarié, en détention provisoire, d'avoir laissé son employeur sans information pendant plus de six mois* » (Soc. 30 oct. 1996).

Certaines « démissions » peuvent aussi avoir été extorquées par des menaces ou des pressions ou bien le salarié peut avoir été acculé à démissionner parce que l'employeur a accumulé les vexations et lui a rendu la vie intenable ou bien ne lui a pas payé la rémunération convenue (Soc. 18 nov. 1998). Ici encore, la rupture du contrat sera qualifiée par les juges de licenciement et non de démission, même si une lettre de démission a été signée par le salarié, mais à la condition que les manquements imputés à l'employeur soient d'une gravité suffisante.

Ce n'est que lorsque le salarié manifeste une « *volonté claire, sérieuse et non équivoque de démissionner* » que la rupture du contrat sera qualifiée de démission (Soc. 21 juin 2006).

Préavis. Le salarié qui démissionne doit respecter un préavis, appelé encore délai-congé. L'existence et la durée du délai-congé, en cas de démission, résultent soit de la loi, soit de la convention collective, soit des usages pratiqués dans la localité et la profession.

La référence à la loi ne concerne que des catégories de salariés qui font l'objet, dans le Code du travail, de dispositions particulières. Ainsi, pour les journalistes, la durée du préavis réciproque est d'un ou de deux mois, selon que la durée d'exécution du contrat a été inférieure ou supérieure à trois ans.

Pour les autres salariés (la grande majorité), la loi n'impose aucune durée minimale et se borne à renvoyer aux conventions collectives et, à défaut, aux usages. En fait, la plupart des conventions collectives contiennent des dispositions sur ce point. Le délai-congé qu'elles prévoient, en cas de démission, est plus long pour les cadres que pour les ouvriers ou employés, comme c'est également le cas lors d'un licenciement. Comme dans ce cas aussi, le délai de préavis est préfixé.

Le salarié démissionnaire doit rester à la disposition de son employeur pendant la durée du préavis, le contrat de travail étant maintenu jusqu'à l'expiration de celui-ci. S'il décide unilatéralement de cesser le travail avant l'expiration du préavis, il s'expose à être condamné à verser à son employeur une indemnité de brusque rupture, du même montant que les salaires qu'il aurait perçus entre le moment où il a interrompu le travail et l'expiration du préavis (jurisprudence de la Cour de cassation, souvent reprise dans les conventions collectives). La disposition d'heures pour la recherche d'emploi, prévue en cas de préavis de licenciement, n'a pas lieu d'être en cas de préavis de démission.

Par exception, ne sont pas tenus de respecter un préavis de démission, notamment les femmes en état de grossesse médicalement attesté ou après la naissance ou l'adoption d'un enfant, de même que les journalistes lors de la mise en jeu de la « clause de conscience » (L. 7112-5, L. 761-7). Il se peut aussi que le salarié démissionnaire soit dispensé de tout ou partie du préavis par l'employeur lui-même.

Rupture abusive. La résiliation d'un CDI, à l'initiative du salarié, ouvre droit, si elle est abusive, à dommages-intérêts (L. 1237-2, L. 122-13). Ces dispositions, en fait rarement appliquées, le sont cependant si la démission sans préavis entraîne des inconvénients graves pour l'employeur et marque de la part du salarié une volonté certaine de nuire – par exemple, cas d'un mannequin, chez un grand couturier, qui démissionne le jour de la présentation d'une collection comportant des modèles à ses propres mesures (Soc. 19 juin 1959, Christian Dior). La sanction est alors plus lourde que celle qui peut intervenir lorsque la rupture est brusque sans être abusive : les dommages-intérêts sont fixés par le juge, compte tenu du préjudice subi par l'employeur.

B. Résiliation judiciaire

La condition résolutoire est toujours sous-entendue dans les contrats synallagmatiques, pour le cas où l'une des parties ne satisfera point à son engagement (art. 1184 C. civ.). Si l'une des parties au contrat de travail (contrat synallagmatique) estime que l'autre partie n'exécute pas ses obligations, elle peut s'adresser au juge pour faire prononcer la résiliation judiciaire du contrat.

La résiliation judiciaire à la demande de l'employeur est exclue au profit du licenciement (Soc. 13 mars 2001), mais la résiliation judiciaire demeure possible à l'initiative du salarié. Ainsi, elle a été admise, aux torts de l'employeur, à qui il était reproché d'avoir réagi tardivement à la lettre d'une salariée dénonçant les agressions verbales de ses collègues de travail (Soc. 15 mars 2005), au bénéfice d'un salarié faisant l'objet d'un harcèlement (Soc. 16 mars 2005), etc.

Si le juge estime la demande fondée, la résiliation judiciaire produit alors des effets identiques à ceux d'un licenciement dépourvu de cause réelle et sérieuse (Soc. 20 janv. 1998). La résiliation prend effet à la date de la décision judiciaire la prononçant (Soc. 11 janv. 2007). L'indemnité réparant le non-respect de la procédure de licenciement n'est pas due (Soc. 20 oct. 2010).

C. Prise d'acte

Dans les mêmes circonstances d'inexécution du contrat par l'autre partie, le salarié ou l'employeur pouvait « prendre acte » de la rupture de celui-ci. L'initiative de l'employeur dans ce sens n'est plus admise (Soc. 25 juin 2003).

La jurisprudence admet la prise d'acte de la rupture par le salarié (Soc. 21 déc. 2006), mais ne reconnaît pas un droit à l'« auto-licenciement » : le juge doit contrôler le bien-fondé des griefs imputés par le salarié à l'employeur, même non écrits (Soc. 29 juin 2005) et s'ils justifient bien une rupture à la charge de l'employeur (Soc. 16 nov. 2004). La prise d'acte par le salarié produit alors les effets d'un licenciement.

La prise d'acte « *produit les effets, soit d'un licenciement sans cause réelle et sérieuse si les faits invoqués la justifiaient, soit, dans le cas contraire, d'une démission* » (Soc. 25 juin 2003). Un critère est posé : « *La prise d'acte permet au salarié de rompre le contrat de travail en cas de manquement suffisamment grave de l'employeur qui empêche la poursuite du contrat de travail* » (Soc. 30 mars 2010, Sté Bio rad laboratoires).

Ainsi, l'employeur peut être contraint de supporter la responsabilité de la rupture du contrat de travail, rompu à l'initiative du salarié, dès lors qu'il n'a pas respecté la dignité et la santé de ce salarié (Soc. 30 oct. 2007, Mme B. c/ Cabinet Proconsulte, « *manque gravement à ses obligations l'employeur qui porte atteinte à l'intégrité physique ou morale de son salarié* » – la salariée avait envoyé à l'employeur une lettre motivée indiquant le comportement violent qu'avait eu l'employeur à son encontre et les propos méprisants qu'il lui avait adressés), en cas d'agissements constitutifs de harcèlement ou de violences physiques ou morales (Soc. 3 févr. 2010, PBR, Sté Stratorg ; Soc. 3 févr. 2010, PBR, Sté Les Hôtels de Paris), en cas de non-paiement des salaires pendant deux mois (Soc. 10 mars 2010), suppression du moyen de transport mis à disposition par l'employeur (Soc. 17 mars 2010), défaut de fourniture au salarié du travail convenu (Soc. 3 nov. 2010), etc.

Le salarié a droit à l'indemnité de licenciement, à des dommages-intérêts (licenciement sans cause réelle et sérieuse), à l'indemnité de préavis, même en l'absence d'exécution (Soc. 2 juin 2010, PBR, SAS Sermat), et à l'indemnité de congés payés (Soc. 20 janv. 2010, Sté Adonis, Soc. 20 janv. 2010, Sté Roger Mondelin) et le cas échéant à des dommages-intérêts en raison du « *comportement fautif de l'employeur à l'occasion de la rupture* » (comportement vexatoire, Soc. 16 mars 2010).

Pour être requalifiée en « prise d'acte », une démission suppose l'existence d'un différend au moment de la rupture (Soc. 19 déc. 2007). À défaut, la rupture produit les effets d'une démission. Sur la distinction entre démission et prise d'acte par le salarié : « *Lorsque le salarié, (...), remet en cause (sa démission) en raison de faits ou manquements imputables à son employeur, le juge doit, s'il résulte de circonstances antérieures ou contemporaines de la démission qu'à la date à laquelle elle a été donnée, celle-ci était équivoque, l'analyser en une prise d'acte de la rupture qui produit les effets d'un licenciement sans cause réelle et sérieuse si les faits invoqués la justifient ou dans le cas contraire d'une démission* » (Soc. 9 mai 2007).

« *Les dispositions législatives protectrices des victimes d'accident du travail ne font pas obstacle à ce qu'un salarié déclaré inapte prenne acte de la rupture du contrat de travail en raison de faits qu'il reproche à son employeur ; cette rupture produit soit les effets d'un licenciement prononcé en violation (des dispositions légales protectrices) lorsque les faits invoqués par le salarié la justifiaient, soit, dans le cas contraire, les effets d'une démission* » (Soc. 21 janv. 2009, Mme D. c/ Sté Prim'Fleurs ; en l'espèce, les griefs invoqués par la salariée n'ont pas été jugés suffisamment graves pour justifier la rupture ; la salariée a donc perdu le bénéfice des indemnités majorées de rupture en cas d'impossibilité de reclassement).

La prise d'acte de la rupture du contrat peut être présentée par le conseil du salarié (Soc. 4 avril 2007).

En cas de succession d'actions par le salarié, demande de résiliation judiciaire puis prise d'acte, « *il appartient au juge de se prononcer sur la seule prise d'acte* », et de « *fonder sa décision sur les manquements de l'employeur invoqués par le salarié tant à l'appui de sa demande en résiliation judiciaire devenue sans objet qu'à l'appui de la prise d'acte* » (Soc. 31 oct. 2006).

L'employeur est tenu de remettre au salarié son certificat de travail et l'attestation Assédic (Soc. 4 juin 2008) ; son refus est constitutif d'un trouble manifestement illicite. En revanche, « *il n'y a pas lieu d'ordonner à l'employeur de délivrer une lettre de licenciement* » (Soc. 3 févr. 2010, SARL École bilingue Maria Montessori).

Le salarié ne peut pas rétracter sa prise d'acte (Soc. 14 oct. 2009, Sté Point P). La prise d'acte entraîne la cessation immédiate et définitive du contrat, tout événement concomitant ou postérieur, comme l'engagement d'une procédure collective (entreprise en difficulté), est sans effet (Soc. 30 juin 2010, Delezenne).

D. Départ en retraite

Le départ en retraite résulte d'une décision du salarié de rompre son contrat de travail et de bénéficier de sa pension. Le salarié peut quitter l'entreprise, dans ce cadre, même s'il ne bénéficiera pas d'une retraite à taux plein, dès lors qu'il a atteint au moins l'âge de 60 ans pour les salariés nés avant le 1er juill. 1951 (l'âge d'ouverture du droit à pension de retraite est fixé à 62 ans pour les assurés nés à compter du 1er janvier 1955. Pour les assurés nés en 1952 : 60 ans et 9 mois, etc., loi du 9 nov. 2010 portant réforme des retraites, LFSS 2011, CSs L. 161-17-2 et D. 161-2-1-9 ; décret du 29 déc. 2011).

Tout salarié qui quitte volontairement l'entreprise pour partir en retraite doit respecter un préavis dont la durée est celle prévue en cas de licenciement (L. 1237-10, L. 122-14-13). Il a droit à l'indemnité de départ en retraite égale (L. 1237-9, L. 122-14-13) à soit un demi-mois de salaire après 10 ans d'ancienneté ; un mois de salaire après 15 ans d'ancienneté ; un mois et demi de salaire après 20 ans d'ancienneté ; deux mois de salaire après 30 ans d'ancienneté (D. 1237-1) ; soit au montant prévu par la convention collective applicable à l'entreprise qui peut comporter des dispositions plus favorables.

Rupture du CDI selon une initiative commune

A. Principes

Quelle que soit la forme du contrat, il existe des causes communes de rupture qui découlent du droit applicable à tout contrat civil. La rupture peut résulter d'un commun accord des parties. La conclusion du contrat de travail dépend, selon la théorie juridique, de la rencontre de deux volontés autonomes. Ce que ces volontés ont fait, elles peuvent le défaire et un contrat peut cesser à tout moment d'un commun accord des parties.

Ce mode de rupture est le fondement juridique des « départs négociés », formule qui permet d'éviter les inconvénients de la démission, privant l'intéressé de toute indemnité, et du licenciement qui peut rendre plus difficile son reclassement et auquel la direction elle-même peut répugner.

La jurisprudence reconnaît la validité d'une rupture du contrat de travail par un commun accord de l'employeur et du salarié. Ce mode de rupture est cependant impossible dans différentes situations (salariés protégés ; salarié déclaré inapte à la suite d'un accident du travail ou d'une maladie professionnelle, Soc. 29 juin 1999, *infra* contentieux de la rupture conventionnelle).

Les conditions auxquelles doit obéir la rupture par consentement mutuel pour être valide sont les suivantes :

- absence de tout vice du consentement de la part du salarié (il doit donner librement son accord, en toute connaissance de cause) ;
- paiement au salarié au minimum des sommes auxquelles il aurait droit en cas de licenciement.

L'indemnité versée est en général plus élevée. La rupture par commun accord peut, comme pour un licenciement ou une démission, donner lieu à une transaction (art. 2044 C. civ.).

Une rupture d'un commun accord peut être annulée par le juge. Ainsi, l'acte de rupture d'un commun accord est nul en raison des violences (harcèlement sexuel, etc.) dont une jeune salariée en contrat de qualification avait fait l'objet de la part de l'employeur. Le juge alloue à la salariée des dommages-intérêts (Soc. 30 nov. 2004, art. 1112 C. civ.).

B. Évolution

Cette construction jurisprudentielle va coexister ou au contraire être absorbée par le nouveau dispositif légal répondant au besoin de sécurité juridique exprimé par les organisations d'employeurs et inscrit dans des dispositions de l'ANI du 11 janvier 2008 de modernisation du marché du travail (étendu par un arrêté du 23 juill. 2008).

La loi du 25 juin 2008 prévoit une législation de la « rupture conventionnelle » (entre le 1er août 2008 et le 30 déc. 2010, près de 480 000 ruptures ont été homologuées, représentant plus de 11 % des fins de CDI en 2010 – DARES juin 2011 –, soit une montée en charge spectaculaire de nature à déstabiliser le droit de la rupture du contrat de travail). Ce mode de rupture concerne en particulier les salariés « âgés » dans les petites entreprises ; il risque de concerner aussi les femmes au retour de congé maternité, les salariés fragilisés, ainsi que les salariés des entreprises où des « risques psychosociaux » sont constatés.

Objet. L'employeur et le salarié peuvent convenir en commun des conditions de la rupture du contrat de travail qui les lie. La rupture conventionnelle, exclusive du licenciement ou de la démission, ne peut être imposée par l'une ou l'autre des parties. Elle résulte d'une convention signée par les parties au contrat. Les dispositions légales sont destinées à « garantir la liberté du consentement des parties » (L. 1237-11). Elles donnent l'illusion d'une égalité des parties.

Droits du salarié. Les salariés dont la rupture du contrat de travail résulte de cette « rupture conventionnelle » bénéficient du versement des allocations d'assurance chômage dans des conditions de droit commun dès lors que la rupture conventionnelle a été homologuée par l'UT (DIRECCTE) (un arrêté du 9 oct. 2008 agrée l'avenant n° 1 du 27 juin 2008 à la convention de l'assurance-chômage introduisant la rupture conventionnelle parmi les cas ouvrant droit à l'indemnisation chômage).

Modalités. L'employeur et le salarié conviennent du principe d'une rupture conventionnelle lors d'un ou de plusieurs entretiens. Le salarié peut se faire assister soit par un salarié de son choix appartenant au personnel de l'entreprise, soit, en l'absence d'IRP dans l'entreprise, par un conseiller du salarié. L'employeur a la faculté de se faire assister, quand le salarié en fait lui-même usage, par une personne de son choix appartenant au personnel de l'entreprise ou, dans les entreprises de moins de 50 salariés, par une personne appartenant à son organisation syndicale d'employeurs ou par un autre employeur relevant de la même branche. Le salarié et l'employeur s'informent auparavant de leurs souhaits de se faire assister (L. 1237-12).

Convention. La convention de rupture :

– définit les conditions de la rupture, notamment le montant de l'indemnité spécifique de rupture du contrat de travail (cette indemnité est au moins égale à l'indemnité conventionnelle de licenciement, prévue par la convention collective applicable ; depuis le 27 nov. 2009, selon l'arrêté d'extension du 26 nov. 2009 de l'avenant n° 4 du 18 mai 2009, à l'ANI du 11 janv. 2008, pour toutes les entreprises, relevant du champ d'application de l'ANI, et, depuis le 17 juin 2009, pour les entreprises adhérentes des organisations signataires de l'avenant n° 4 du 18 mai 2009 à l'ANI du 11 janv. 2008 ayant considéré que le salarié doit bénéficier de l'indemnité conventionnelle quand elle est supérieure – procès-verbal d'interprétation du 15 déc. 2008 ; cette indemnité ne pouvant être inférieure à l'indemnité légale de licenciement, L. 1237-13 al. 1 ; Instruction DGT du 8 déc. 2009).
– fixe la date de rupture du contrat de travail, qui ne peut intervenir avant le lendemain du jour de l'homologation.

À compter de la date de sa signature par les deux parties, chacune d'entre elles dispose d'un délai de 15 jours calendaires pour exercer son droit de rétractation. Ce droit est exercé sous la forme d'une lettre adressée par tout moyen attestant de sa date de réception par l'autre partie (L. 1237-13).

Homologation. La validité de la convention est subordonnée à son homologation. À l'issue du délai de rétractation, la partie la plus diligente adresse une demande d'homologation à l'UT (DIRECCTE) (R. 1237-3), avec un exemplaire de la convention de rupture (modèle de la demande fixé par l'arrêté du 18 juill. 2008). L'UT (DIRECCTE) dispose d'un délai d'instruction de 15 jours ouvrables, à compter de la réception de la demande, pour s'assurer du respect des conditions légales et de la liberté de consentement des parties, notamment du salarié. À défaut de notification dans ce délai, l'homologation est réputée acquise et l'UT (DIRECCTE) est dessaisie. Il s'agit d'un contrôle restreint (Circulaire DGT du 22 juill. 2008). L'homologation ne peut faire l'objet d'un litige distinct de celui relatif à la convention.

Contentieux. Tout litige concernant la convention, l'homologation ou le refus d'homologation relève exclusivement de la compétence du CPH (L. 1237-14 ; CPH Valence, 14 oct. 2008, une rupture conventionnelle est homologuée par le juge malgré le refus du DDTEFP pour cause d'indemnité insuffisante liée à la parution du nouveau décret en la matière, le CPH se fondant sur les textes applicables au jour de la signature de l'accord). En cas de non-respect des règles légales (entretien, etc.), « *la rupture conventionnelle est nulle et la rupture du contrat de travail (...) est abusive* » (CPH Paris, Commerce, 13 nov. 2009, Le Cat Corner).

Le recours juridictionnel doit être formé, à peine d'irrecevabilité, avant l'expiration d'un délai de 12 mois à compter de la date d'homologation de la convention.

Des fraudes sont constatées, ainsi que des contournements de procédures. Voici quelques illustrations parmi une jurisprudence qui devient abondante :

- des faits de harcèlement moral caractérisent une situation de violence justifiant l'annulation de l'acte de rupture conclu entre les parties (CA Toulouse, 3 juin 2011, Mme J. c/ Sté Copie repro, le consentement n'est pas valable quand il a été extorqué par la violence – art. 1109 C. civ.). Absence de « *véritables entretiens permettant au salarié de donner un consentement éclairé* » (CPH Toulouse, encadrement, départ., 24 mai 2011, SA SII).
- « *un détournement des règles relatives aux licenciements pour motif économique avéré constituerait un trouble manifestement illicite* » ; une rupture conventionnelle ne peut être homologuée par le juge des référés (CPH Toulouse, référé, 22 janv. 2010, Sté CSSI et a. c/ DDTEFP). Un employeur qui utilise la rupture conventionnelle pour échapper à son obligation de reclassement d'un salarié inapte par suite d'un AT et aux conséquences financières commet une rupture abusive qui

produit les effets d'un licenciement sans cause réelle et sérieuse (CPH Les Sables d'Olonne, 25 mai 2010, SARL Tessier, Syndicat CFDT Construction et bois).

Exclusions du champs d'application. Cette rupture conventionnelle n'est pas applicable aux ruptures de contrats de travail résultant d'accords collectifs de GPEC (L. 2242-15) ou de PSE (L. 1233-61) (L. 1237-16). La rupture conventionnelle ne doit pas conduire à contourner les règles du licenciement collectif pour motif économique (DGT Instruction n° 02 du 23 mars 2010 ; Soc. 9 mars 2011, Chap. XI).

Droit commun de la rupture

A. Documents

1. *Reçu pour solde de tout compte*

Le reçu pour solde de tout compte est d'abord apparu comme une pratique patronale. L'employeur demandait au salarié, à l'expiration du contrat de travail, un reçu pour solde de tout compte par lequel le salarié reconnaissait que l'employeur lui avait payé tout ce qu'il devait (exemples : des sommes telles que le solde du salaire en cours, le prorata des primes annuelles, les indemnités de congés non pris, de préavis non effectué, de licenciement, de départ à la retraite, etc.). L'employeur se trouvait ainsi protégé contre toutes les demandes ultérieures du salarié qui renonçait à tous les droits qu'il tenait du contrat. Or, celui-ci pouvait avoir signé le reçu rapidement ou être mal informé de l'ensemble de ses droits. Cette pratique patronale a donc suscité des protestations syndicales et le législateur est intervenu, dès 1946, en vue de protéger les salariés et une transformation profonde de la nature du solde de tout compte résultait de la loi du 17 janvier 2002 prévoyant que lorsqu'un reçu pour solde de tout compte est délivré et signé par le salarié à l'employeur, « il n'a que la valeur d'un simple reçu des sommes qui y figurent » (L. 1234-20, L. 122-17). Cette disposition limitait considérablement la portée du solde de tout compte en ce qu'elle supprimait le délai de forclusion (deux mois) pour le dénoncer.

Revenant en arrière, le nouveau dispositif légal (loi du 25 juin 2008), répondant au besoin de sécurité juridique exprimé par les organisations d'employeurs inscrit dans des dispositions de l'ANI du 11 janvier 2008 de modernisation du marché du travail, prévoit que « le solde de tout compte, établi par l'employeur et dont le salarié lui donne reçu, fait l'inventaire des sommes versées au salarié lors de la rupture du contrat de travail. Le reçu pour solde de tout compte peut être dénoncé dans les six mois qui suivent sa signature, délai au-delà duquel il devient libératoire pour l'employeur pour les sommes qui y sont mentionnées » (L. 1234-20).

Le reçu ne peut être délivré qu'à l'expiration du contrat de travail ; il doit alors être établi en double exemplaire, dont l'un est remis au salarié.

2. *Transaction*

La transaction est un contrat écrit, prévu par le Code civil (art. 2044), par lequel « les parties terminent une contestation ou préviennent une contestation à naître ». Ce contrat peut être conclu entre un employeur et un salarié en cas de litige. Il suppose une discussion et des concessions réciproques. Elle ne peut intervenir qu'après la rupture définitive du contrat de travail, c'est-à-dire notamment après réception par le salarié de la lettre de licenciement (Soc. 29 mai 1996), sous peine de nullité qui ne peut toutefois être invoquée que par le salarié (Soc. 28 mai 2002). Dans le cas où elle est signée par un étranger, la Cour de cassation a pu décider que la transaction n'a aucune valeur si celui-ci n'a pas compris la signification et la portée du texte signé (Soc. 14 janv. 1997).

La transaction, valablement conclue, a, entre les parties, l'autorité de la chose jugée. En principe, elle ne permet aucune dénonciation ultérieure. Cependant, par exception, le juge (CPH) peut dans certains cas annuler une transaction (défaut de consentement libre du salarié du fait de pressions – Soc. 30 nov. 2004, absence de concessions réciproques).

La transaction peut accompagner une rupture du contrat de travail par commun accord des parties ou une rupture unilatérale (démission ou licenciement).

3. *Certificat de travail*

L'employeur doit, à l'expiration du contrat de travail, délivrer au travailleur un certificat contenant exclusivement la date de son entrée et celle de sa sortie, et la nature de l'emploi ou, le cas échéant, des emplois occupés successivement ainsi que les périodes pendant lesquelles ces emplois ont été tenus (L. 1234-19, D. 1234-6, R. 1238-3, L. 122-16, al. 1). Il mentionne les droits acquis en matière de DIF (D. 1234-6).

Le certificat de travail a un double objet : d'une part permettre au salarié de prouver qu'il a travaillé pour un employeur pendant un certain temps et lui faciliter ainsi la recherche d'un nouvel emploi ; d'autre part permettre au nouvel employeur de s'assurer que le travailleur qu'il se propose d'embaucher n'est plus lié par un contrat antérieur.

Si un employeur embauche un salarié qu'il sait déjà lié par un contrat de travail, il est solidairement responsable du dommage causé à l'employeur précédent. Le salarié, dispensé d'exécuter son préavis, peut toutefois entrer, pendant la durée de celui-ci, au service d'un autre employeur.

Le certificat de travail mentionne le nom de l'employeur, les nom et prénoms du salarié, le lieu et la date de délivrance. Il doit aussi indiquer la date d'entrée du salarié dans l'entreprise, celle de sortie, la nature de l'emploi ou des emplois occupés, les périodes pendant lesquelles, en cas d'emplois successifs, ces divers emplois ont été occupés. Les indications sur la nature de l'emploi doivent être concrètes et permettre de connaître la qualification réelle du salarié.

Outre ces mentions obligatoires, d'autres mentions sont facultatives. Il en va ainsi de la formule « libre de tout engagement », qui constate l'expiration régulière du contrat de travail et ne signifie nullement que l'intéressé n'est pas lié par une clause de non-concurrence. Ceci est d'autant plus important que l'existence d'une clause de non-concurrence ne doit plus être mentionnée sur le certificat de travail (Soc. 4 mars 1992). Pourtant, le nouvel employeur est responsable s'il embauche ou continue à faire travailler un salarié lié par une clause de non-concurrence à un ancien employeur.

Les mentions qui seraient susceptibles de nuire au salarié (appréciations défavorables, indications sur les circonstances de la rupture, etc.) sont interdites.

Le certificat de travail est établi sur papier libre, exempt de timbre ou d'enregistrement. Le certificat est « quérable et non portable » (l'employeur, après l'avoir établi, doit seulement le tenir à la disposition du salarié, mais n'est pas tenu de le lui envoyer).

Si l'employeur ne remet pas au salarié le certificat de travail, le lui remet tardivement ou omet certaines des mentions obligatoires, le salarié peut demander au CPH des dommages-intérêts, dont le montant sera fixé en tenant compte du préjudice subi. Encore faut-il que le salarié prouve qu'il y a eu préjudice (difficulté de trouver un emploi, par exemple) et que ce préjudice soit imputable au fait incriminé. La délivrance, le cas échéant, sous peine d'astreinte, du certificat de travail, peut être ordonnée par le bureau de conciliation du CPH ou par la voie du référé prud'homal. Sur le plan pénal, l'employeur défaillant s'expose à une amende de 750 €.

4. *Attestation pour Pôle emploi*

Pour permettre à son ex-salarié de bénéficier éventuellement des allocations de chômage, l'employeur doit lui délivrer les attestations et justificatifs lui permettant de faire valoir ses droits (R. 1234-9 et s.). Un modèle d'attestation est établi par Pôle emploi. La délivrance doit intervenir au moment de la résiliation, de l'expiration ou de la rupture du contrat de travail.

Une amende de 1 500 € sanctionne la non-délivrance des attestations permettant la détermination des droits des salariés ou la délivrance d'attestations non conformes. Le salarié est fondé à obtenir des dommages-intérêts en réparation du préjudice que lui a causé le retard de l'employeur à délivrer l'attestation (Soc. 8 juin 1988).

B. Clauses contractuelles

Plusieurs clauses du contrat de travail sont importantes au regard de la rupture du contrat de travail.

1. *Clause de non-concurrence*

Justification

Un salarié, à l'expiration de son contrat de travail, peut porter atteinte aux intérêts de son ex-employeur, s'il crée une entreprise concurrente ou fait l'apport à un concurrent de son expérience professionnelle, de son capital de relations commerciales, etc. Aussi les contrats de travail contiennent-ils souvent une clause de non-concurrence qui prend effet à l'expiration du contrat (elle se distingue ainsi de la clause d'exclusivité), quelle qu'en soit la nature, et qui vise à interdire au salarié l'exercice de certaines activités professionnelles. Celles-ci doivent avoir été prévues avant l'expiration du contrat de travail, y compris par avenant, mais le salarié peut refuser d'y souscrire et un tel refus ne peut constituer un juste motif de licenciement (Soc. 7 juill. 1998). La clause souscrite par un salarié dont le contrat de travail est transféré est transmise au nouvel employeur (Soc. 15 oct. 1997).

Régime

Aucune disposition légale ne concerne les clauses de non-concurrence. C'est la jurisprudence qui a déterminé les conditions de leur validité, en cherchant à tenir compte à la fois des intérêts de l'entreprise (qui est fondée à se prémunir contre un tel risque) et du salarié (qui doit pouvoir continuer à exercer une activité professionnelle en utilisant ses compétences « pour gagner sa vie »). Selon la jurisprudence (Soc. 10 juill. 2002, M. Barbier c/ Sté Maine Agri), « *une clause de non-concurrence n'est licite que si elle est indispensable à la protection des intérêts légitimes de l'entreprise, limitée dans le temps et dans l'espace, qu'elle tient compte des spécificités de l'emploi du salarié et comporte l'obligation pour l'employeur de verser au salarié une contrepartie financière, ces conditions étant cumulatives* ».

Il ressort de cette jurisprudence que l'interdiction de concurrence doit être limitée :

- dans le temps ;
- dans l'espace ;
- quant à la nature de l'activité interdite.

La clause doit, en raison des fonctions du salarié, protéger les intérêts légitimes de l'entreprise, ce qui n'était pas le cas pour un laveur de vitres (Soc. 14 mai 1992, Godissart, « *en raison des fonctions du salarié, la clause de non-concurrence n'était pas indispensable à la protection des intérêts légitimes de l'entreprise* »), voire pour un négociateur à l'achat et à la vente de fonds de commerce (Soc. 16 déc. 1998), mais peut l'être pour un électromécanicien (Soc. 14 févr. 1995) ou le serveur d'un café (Soc. 1er mars 1995).

La clause incluse dans un contrat de travail aux termes de laquelle l'employeur se réserve la faculté, après la rupture du contrat de travail, d'imposer au salarié une obligation de non-concurrence, est nulle (Soc. 12 févr. 2002). Il n'est donc plus possible d'utiliser des clauses dites en sommeil.

Contentieux

Seul le salarié peut invoquer la nullité de la clause de non-concurrence (Soc. 17 juill. 1997). En cas de litige, les juges apprécient au cas par cas si la clause laisse au salarié la possibilité d'exercer son métier. Si l'interdiction porte sur un aspect limité de l'activité du salarié, peu importe alors que le champ d'application territorial soit vaste. Il a été jugé par exemple (Soc. 14 déc. 1976) qu'une clause de non-concurrence qui interdisait à un salarié, pendant les trois ans suivant l'expiration du contrat, d'utiliser ses connaissances techniques à la fabrication de fromages à l'ail et au poivre, était valide, bien qu'elle étende l'interdiction à toute la France et aux pays de la Communauté européenne. La Cour de cassation a, en l'espèce, considéré qu'une interdiction aussi limitée sur le plan technique laissait subsister bien d'autres possibilités à l'intéressé d'utiliser ses connaissances en matière fromagère. Peu importait qu'elle couvre la France et même d'autres pays. Cet exemple montre que le juge, appréciant chaque situation, peut décider que la clause est valable, même si l'un des critères ne paraît pas satisfait.

Si le juge estime que la clause porte gravement atteinte à la liberté du travail, il la déclare nulle et le salarié recouvre toute liberté (Soc. 28 oct. 1997). Il peut aussi restreindre l'application de la clause en limitant son effet dans le temps (Soc. 7 mars 2007), l'espace ou autre (Soc. 18 sept. 2002).

Contrepartie

Le contrat qui contient une clause de non-concurrence doit prévoir qu'une indemnité sera allouée au salarié pendant la période où l'obligation s'imposera. La validité de cette clause est conditionnée à une telle contrepartie financière (Soc. 10 juill. 2002). Cette condition s'applique de plein droit aux contrats en cours d'exécution (Soc. 17 déc. 2004). L'ajout d'une contrepartie financière constitue une modification du contrat de travail, qui doit recevoir l'accord exprès du salarié concerné. Lorsque le contrat de travail fait référence à un accord collectif, la contrepartie financière évoquée par cet accord s'applique de plein droit (Soc. 10 mars 2004) et est considérée comme un salaire.

En cas de non-respect de la clause, le salarié perd tout droit au versement de cette contrepartie et peut être condamné à verser des dommages-intérêts à son ex-employeur. Le contrat de travail peut même prévoir la somme forfaitaire que devra payer le salarié s'il ne respecte pas son obligation. Le montant de cette clause pénale peut être modifié par le tribunal s'il l'estime manifestement excessive ou dérisoire (art. 1152 C. civ.).

Encadrement conventionnel

Les conventions collectives contiennent souvent des dispositions sur les clauses de non-concurrence. Par exemple, la convention collective des VRP prévoit que les clauses de non-concurrence ne pourront interdire la concurrence pendant plus de deux ans ni en dehors du secteur que le VRP était chargé de visiter. Si la convention collective limite dans le temps la clause de non-concurrence, le contrat de travail ne peut pas prévoir une durée plus longue (Soc. 2 déc. 1998 ; Soc. 12 oct. 2011, quand l'interdiction de non-concurrence est réglementée par une convention collective, le contrat de travail ne peut pas valablement contenir des dispositions plus contraignantes pour le salarié, notamment en ce qui concerne son champ d'application territoriale).

Il arrive même qu'une convention collective prohibe les clauses de non-concurrence. C'est le cas de la convention des chaînes d'hôtels et de restaurants, par exemple. De même, la loi la prohibe pour les avocats collaborateurs ou salariés.

La convention peut aussi contenir des dispositions fixant le montant minimal de la contrepartie pécuniaire versée au salarié pendant la période où il est tenu de respecter son obligation de non-concurrence et sur le montant maximal de la clause pénale. De même, le droit local d'Alsace-Moselle prévoit pour les employés du commerce une indemnisation au moins égale à la moitié des gains et une durée de clause qui ne peut être supérieure à deux ans. Les contrats individuels peuvent toujours comporter des dispositions plus favorables pour le salarié mais pas moins. C'est ainsi que lorsque la convention collective limite la clause de non-concurrence à une catégorie de salariés, ceux qui n'en font pas partie ne peuvent se voir proposer une telle clause (Soc. 12 nov. 1997).

Mise en œuvre

La responsabilité du nouvel employeur est engagée s'il connaît l'obligation de non-concurrence et passe outre en embauchant ou continuant à faire travailler le salarié. L'ancien employeur peut le poursuivre en concurrence déloyale et lui demander des dommages-intérêts en tant que complice, d'où le problème créé par la jurisprudence interdisant la mention de l'existence d'une clause de non-concurrence sur le certificat de travail. Il peut aussi demander au juge des référés d'ordonner au nouvel employeur de faire cesser le trouble en rompant le contrat de travail, mais le juge ne peut procéder lui-même à sa résiliation (Soc. 13 mai 2003).

La responsabilité du salarié lié par une clause de non-concurrence et qui passe outre est également engagée ; il peut être condamné à des dommages-intérêts au profit de son ancien employeur et à cesser l'activité concurrente, tout en perdant la contrepartie financière prévue.

La clause de non-concurrence s'applique, quel que soit le mode de rupture du contrat de travail (licenciement, démission, départ en retraite, etc.), y compris si elle intervient lors de la période d'essai (Soc. 22 juin 1994) ou en cas de dispense de préavis (Soc. 12 mars 1997).

L'employeur que la clause est destinée à protéger peut, mais à condition que cela soit expressément prévu par celle-ci, renoncer à la clause (Soc. 17 févr. 1993). Il doit le faire soit en cours de contrat, soit lors de la rupture de celui-ci, mais en tout cas avant la date à laquelle le salarié quitte l'entreprise. Cette renonciation doit être faite expressément, par écrit – la mention « libre de tout engagement » sur le certificat de travail n'a pas pour effet de le délivrer de la clause de non-concurrence.

2. *Clause de dédit formation*

La clause de dédit formation est un accord écrit par lequel le salarié s'engage, en contrepartie de la formation qui lui est assurée par son employeur, à rester à son service pendant au moins une certaine durée (deux ou trois ans, par exemple) ou, au cas où il le quitterait pendant cette période, à lui verser une somme convenue au titre de dédommagement pour les frais engagés. Pour être opposable au salarié, une telle clause doit être prévue par accord (contrat de travail ou avenant) précis et signé avant le début de la formation (Soc. 4 févr. 2004). Les conditions de validité de cette clause ne sont pas réunies quand elle ne contient « *aucune information sur le coût réel de la formation pour l'employeur* » (Soc. 16 mai 2007).

Un tel engagement constitue juridiquement une clause pénale (art. 1152 C. civ.) ; les dommages-intérêts ainsi fixés forfaitairement sont dus, sauf à être modifiés par le juge s'ils sont manifestement excessifs ou dérisoires.

La jurisprudence admet la validité d'une telle clause qui ne porte pas atteinte, en principe, à la faculté, pour le salarié, de mettre fin au contrat de travail à tout moment ; elle exige toutefois que l'indemnité corresponde à des dépenses précises et effectivement engagées par l'employeur (et non pas prises en charge par un organisme extérieur) et allant au-delà de ses obligations légales ou conventionnelles (Soc. 9 févr. 1994).

Lorsqu'un ANI étendu détermine la possibilité d'actions de formation suivies en dehors du temps de travail, les engagements pris ne peuvent comporter de clause financière en cas de démission, si ce n'est pour les salariés dont le niveau de rémunération est supérieur à trois fois le SMIC. C'est un moyen d'encourager le coï/investissement en matière de formation professionnelle (L. 6321-2, L. 932-1).

Dans le domaine des contrats d'insertion en alternance, est nulle et de nul effet toute clause de remboursement par le jeune à l'employeur des dépenses de formation, en cas de rupture du contrat.

Enfin, les conditions d'application de clauses de dédit formation doivent figurer parmi les thèmes de la négociation quinquennale de branche sur les objectifs et les moyens de la formation professionnelle (L. 6323-5, L. 933-2).

3. *Clause de garantie d'emploi*

Une clause de garantie d'emploi peut figurer dans le contrat de travail ou dans un accord collectif. Incluse dans le CDI, la clause interdit à l'employeur de licencier le salarié pendant une certaine période, par exemple cinq ans (Soc. 23 oct. 2007). De la même manière, les conventions et accords collectifs peuvent limiter les possibilités de licenciement de l'employeur à des causes qu'ils déterminent.

La Cour de cassation reconnaît la validité d'une telle clause comme ne portant pas atteinte à la liberté de résiliation unilatérale du contrat de travail par l'employeur qui doit, en revanche, en tirer les conséquences financières au profit du salarié. Celles-ci ont pu être prévues dans le contrat également, sous forme d'une clause pénale qui ne pourra être écartée par le juge que si elle est manifestement excessive ou dérisoire.

À défaut, l'indemnité versée au salarié doit correspondre au solde des salaires restant dus jusqu'au terme de la période de garantie (Soc. 27 oct. 1998).

La clause peut aussi prévoir que l'employeur pourra rompre le contrat, pendant la période de garantie, en cas de faute lourde ou grave du salarié rendant impossible le maintien des relations contractuelles (Soc. 13 févr. 1996). Le contrat pourra également être rompu en cas de force majeure ou par accord des parties.

« *La violation par l'employeur de la clause de garantie d'emploi insérée dans un contrat de travail à durée indéterminée ne dispense pas le juge d'examiner la cause du licenciement ; il lui appartient d'apprécier le caractère réel et sérieux des motifs invoqués par l'employeur dans la lettre de licenciement* » (Soc. 13 nov. 2008, Sté Assa Abloy) ; par conséquent, le cumul des indemnités (violation de la clause et défaut de CRS) est possible si l'employeur a prononcé un licenciement sans cause réelle et sérieuse.

Concernant la sanction de la violation de la garantie d'emploi, « *le licenciement prononcé pour un motif autre que ceux conventionnellement prévus n'est pas nul, mais seulement dépourvu de cause réelle et sérieuse, en l'absence de dispositions conventionnelles prévoyant expressément la nullité dans une telle hypothèse* » (Soc. 25 mars 2009).

PARTIE 3

LE TRAVAIL

La rémunération et les conditions de travail constituent deux aspects essentiels et complémentaires de l'emploi.

Les dispositions relatives à la santé et à la sécurité constituent un ensemble complexe et souvent très technique, qui bénéficie d'une architecture renouvelée grâce au droit communautaire. Ce droit, en évolution sensible, pose des exigences plus intenses pour la sauvegarde de la santé des travailleurs, dans un contexte de dégradation des conditions de travail. De nombreux acteurs sont chargés de la mobilisation de ce droit dans l'entreprise (chapitre 13).

La législation sur le temps de travail (chapitre 14) porte sur le volume de la durée du travail (durée légale, durées maximales, contingent d'heures supplémentaires, etc.) et sur la répartition de cette durée, à travers plus de 25 dispositifs d'aménagement (parfois en réponse aux besoins des salariés et surtout aux demandes des entreprises).

Le temps consacré au travail est aussi fonction du nombre de jours fériés et de la durée des congés payés (chapitre 15).

La législation sur la rémunération, librement fixée par la convention collective et le contrat de travail, intervient pour prévoir un SMIC, affirme le principe de l'égalité de rémunération pour un travail égal ou de valeur égale, confère un statut juridique particulier à cette créance que constitue le salaire et prévoit des règles pour la participation financière des salariés aux résultats de l'entreprise (chapitre 16).

CHAPITRE XIII

Santé et sécurité au travail

Le droit en matière de santé et sécurité au travail évolue en fonction de catastrophes – par exemple, la mort de 1 099 mineurs en 1905 dans les mines de Courrières ; ou plus récemment l'explosion de l'usine AZF de Toulouse le 21 septembre 2001, entraînant la mort de 29 ouvriers – et de décisions judiciaires.

Ce droit est également fortement marqué par l'évolution du droit communautaire depuis plus de 20 ans (notamment directive du 12 juin 1989). Les directives communautaires fixent des « prescriptions minimales en vue de promouvoir l'amélioration, notamment du milieu de travail, pour garantir un meilleur niveau de protection de la sécurité et de la santé des travailleurs ». Cette amélioration « représente un objectif qui ne saurait être subordonné à des considérations de caractère purement économique » (directive préc.). Ainsi, de nombreuses directives concernent la santé et la sécurité, soit d'une manière globale, soit par rapport à des risques particuliers (vibrations mécaniques, produits cancérogènes, bio-technologies, travail sur écran, manutentions manuelles de charges lourdes, etc.).

« *Les notions de "sécurité" et de "santé" au sens (...) du traité, (...) , doivent recevoir une interprétation large comme visant tous les facteurs, physiques ou autres, capables d'affecter la santé et la sécurité du travailleur dans son environnement de travail (...) Une telle interprétation peut s'appuyer sur le préambule de la Constitution de l'Organisation mondiale de la Santé, dont font partie tous les États membres, qui définit la santé comme un état complet de bien-être physique, mental et social, et non pas seulement comme un état consistant en une absence de maladie ou d'infirmité* » (CJCE 12 nov. 1996 Royaume-Uni c/ Conseil ; CJCE 9 sept. 2003, N. Jaeger).

Le droit à la santé et à la préservation de sa santé constitue un droit fondamental de la personne du travailleur : « La possession du meilleur état de santé qu'il est capable d'atteindre constitue l'un des droits fondamentaux de tout être humain, quelles que soient sa race, sa religion, ses opinions politiques, sa condition économique ou sociale » (Constitution de l'OMS, 7 avril 1948).

Quelques statistiques

Accidents du travail (AT) et Maladies professionnelles (MP) :

- En 2010, le nombre d'AT avec arrêt a augmenté (658 847) ; le nombre de jours d'arrêt augmente (37 164 643) ; le nombre d'AT mortels reste élevé (529). Le nombre de MP continue d'augmenter (50 688). (Rapport de la CNAMTS).
- En 2007, sur les 44 000 MP reconnues (régime général de la Sécurité sociale), environ 78,1 % sont des TMS (troubles musculo-squelettiques), les femmes étant plus touchées que les hommes et plus gravement ; 14,5 % sont des affections causées par l'amiante (DARES, Analyses n° 056, sept. 2010).
- 17 % des salariés interrogés déclarent subir le comportement hostile d'une ou de plusieurs personnes dans le cadre de leur emploi (DARES, 2008).
- Espérance de vie : les ouvriers vivent moins longtemps que les cadres (à 35 ans, les cadres supérieurs ont une espérance de vie de 47 ans, les ouvriers de 41 ans) et subissent davantage d'incapacités et de handicaps. Les ouvriers du BTP sont les plus exposés aux contraintes physiques (INSEE, CEE, DARES).
- La sous-déclaration des AT/MP aboutit à creuser le déficit de l'assurance-maladie, qui prend en charge des soins qui devraient relever de la branche AT/MP (rapport 2008 de la commission d'évaluation de la sous-déclaration des AT/MP).
- La dégradation de l'état de santé conduit à une sortie précoce du marché du travail (INSEE, 2008). L'état de santé du salarié est fortement lié à son parcours professionnel (déclassement, fréquence des changements d'emploi, périodes de chômage, pénibilité du travail, etc. – DARES, janv. 2010).
- Les salariés immigrés sont plus exposés aux postures pénibles et connaissent dans leur travail plus de monotonie et moins d'autonomie (DARES, 2009).
- Rapports et études :

Rapport au Premier ministre (févr. 2010), « Bien être et efficacité au travail », H. Lachman, C. Larose, M. Penicaud.

Rapport du CESE, « La santé des femmes en France » (sept. 2010), Mme D. Hénon.

À lire : S. Bourgeot, M. Blatman, *L'état de santé du salarié*, Liaisons, 2009, 2e éd.

Le droit en matière de santé et de sécurité au travail porte sur les normes juridiques applicables et sur les rôles des acteurs.

Normes applicables

A. Champ d'application

Les dispositions législatives et réglementaires en la matière sont applicables aux employeurs de droit privé ainsi qu'aux travailleurs (L. 4111-1).

Elles sont également applicables aux ÉPIC (Établissement public à caractère industriel et commercial), aux Établissements publics administratifs (ÉPA) lorsqu'ils emploient du personnel dans les conditions du droit privé, enfin aux établissements de santé, sociaux et médico-sociaux (relevant de la fonction publique hospitalière).

Les travailleurs sont les salariés, y compris temporaires, et les stagiaires, ainsi que toute personne placée à quelque titre que ce soit sous l'autorité de l'employeur (L. 4111-5).

B. Principes généraux

Le droit européen (directive-cadre du 12 juin 1989) construit une architecture du droit applicable en matière de prévention. Ces dispositions ont été transposées en droit interne (lois du 31 déc. 1991 et du 17 janv. 2002). La directive pose un principe intense : « L'employeur est obligé d'assurer la sécurité et la santé des travailleurs dans tous les aspects liés au travail » (cette disposition n'a pas été transposée en droit interne).

L'employeur prend les mesures nécessaires pour assurer la sécurité et protéger la santé physique et mentale des travailleurs. Ces mesures comprennent :

- 1°) des actions de prévention des risques professionnels ;
- 2°) des actions d'information et de formation ;
- 3°) la mise en place d'une organisation et de moyens adaptés.

L'employeur veille à l'adaptation de ces mesures pour tenir compte du changement des circonstances et tendre à l'amélioration des situations existantes (L. 4121-1).

L'employeur met en œuvre ces mesures sur le fondement des principes généraux de prévention suivants (L. 4121-2) :

- 1°) éviter les risques ;
- 2°) évaluer les risques qui ne peuvent être évités ;
- 3°) combattre les risques à la source ;
- 4°) adapter le travail à l'homme, en particulier en ce qui concerne la conception des postes de travail ainsi que le choix des équipements de travail et des méthodes de travail et de production, en vue notamment de limiter le travail monotone et le travail cadencé et de réduire les effets de ceux-ci sur la santé ;
- 5°) tenir compte de l'état d'évolution de la technique ;
- 6°) remplacer ce qui est dangereux par ce qui n'est pas dangereux ou par ce qui est moins dangereux ;
- 7°) planifier la prévention en y intégrant, dans un ensemble cohérent, la technique, l'organisation du travail, les conditions de travail, les relations sociales et l'influence des facteurs ambiants, notamment les risques liés au harcèlement moral ;
- 8°) prendre des mesures de protection collective en leur donnant la priorité sur les mesures de protection individuelle ;
- 9°) donner les instructions appropriées aux travailleurs.

Le droit insiste sur la nécessité d'une politique préventive pluridisciplinaire.

La France a été condamnée pour transposition incomplète de cette directive 89/391 (CJCE 5 juin 2008, au sujet du défaut d'application de règles à la SNCF, de l'absence de tenue de la liste des accidents de travail ayant entraîné pour le salarié une incapacité temporaire de travail supérieure à trois jours et de l'exclusion de salariés du bénéfice de l'information par l'employeur en fonction de l'effectif occupé). Pour compléter cette transposition, l'employeur doit désormais informer les travailleurs des risques pour leur santé et leur sécurité d'une manière compréhensible pour chacun ; cette information doit porter sur (R. 4141-2, décret du 17 déc. 2008) :

- les modalités d'accès au DUERP ;
- les mesures de prévention des risques identifiés dans ce DUERP (document unique d'évaluation) ;
- le rôle du service de santé au travail et, s'ils existent, des représentants du personnel en matière de prévention des risques professionnels ;
- les consignes de sécurité et de premier secours en cas d'incendie (R. 4227-37).

1. *Évaluation des risques*

L'employeur, compte tenu de la nature des activités de l'établissement, évalue les risques pour la santé et la sécurité des travailleurs, y compris dans le choix des procédés de fabrication, des équipements de travail, des substances ou préparations chimiques, dans l'aménagement ou le réaménagement des lieux de travail ou des installations et dans la définition des postes de travail.

À la suite de cette évaluation, l'employeur met en œuvre les actions de prévention ainsi que les méthodes de travail et de production garantissant un meilleur niveau de protection de la santé et de la sécurité des travailleurs. Il intègre ces actions et ces méthodes dans l'ensemble des activités de l'établissement et à tous les niveaux de l'encadrement (L. 4121-3, R. 4121-1).

L'employeur doit établir un document relatif à l'évaluation des risques pour la santé et la sécurité des travailleurs : le document unique d'évaluation des risques professionnels (DUERP). Ce document doit être tenu à la disposition du CHSCT, des délégués du personnel, des travailleurs exposés (R. 4121-4) et du médecin du travail et être mis à jour au moins chaque année (faute de quoi l'employeur est passible d'une amende de 1 500 € ou de 3 000 € en cas de récidive, décret du 5 nov. 2001). Le DUERP doit être mis à jour en cas d'apparation d'un risque nouveau (au regard de la grippe A H1N1, d'une part, en matière de prévention de la « pandémie », d'autre part, au regard des risques liés à une réorganisation du travail entraînée par un absentéisme important). En cas de réalisation du risque (AT/MP notamment), le défaut d'évaluation ou une mauvaise évaluation du risque concerné est retenu contre l'employeur (sur le plan pénal, Crim.

15 mai 2007, Sté Citroën ; en matière de reconnaissance de la faute inexcusable par le TASS).

Lorsqu'il confie des tâches à un travailleur, l'employeur, compte tenu de la nature des activités de l'établissement, prend en considération les capacités de l'intéressé à mettre en œuvre les précautions nécessaires pour la santé et la sécurité (L. 4121-4).

2. *Obligation de sécurité de résultat*

L'obligation de l'employeur en matière de santé au travail constitue une obligation de résultat. Sur le fondement de « l'article L. 230-2, I, du Code du travail, interprété à la lumière de la directive CE n° 89/391 du 12 juin 1989 », la jurisprudence pose que « *l'employeur tenu d'une obligation de sécurité de résultat en matière de protection de la santé et de la sécurité des travailleurs dans l'entreprise, doit en assurer l'effectivité* » (Soc. 28 févr. 2006). L'employeur ne peut s'exonérer de sa responsabilité en matière de protection de la santé de ses salariés qu'en cas de force majeure (« À l'impossible, nul n'est tenu »), qu'il lui appartient d'établir.

Dans le cadre de son obligation de sécurité de résultat, l'employeur doit notamment prendre en considération les réserves émises par le médecin du travail sur l'avis d'aptitude et les mesures individuelles qui lui sont proposées (Soc. 19 déc. 2007) ; assurer la prévention du harcèlement moral et licencier le salarié (directeur) responsable de ces actes (Soc. 21 juin 2006, Ass. Propara).

3. *Responsabilités de l'État et des entreprises et dialogue social*

La loi du 15 mai 2001, relative aux nouvelles régulations économiques (NRE), impose aux sociétés cotées en Bourse de présenter chaque année aux actionnaires un rapport sur la manière dont sont prises en compte les conséquences sociales et environnementales de l'activité (art. L. 225-102-1 C. commerce). Ce rapport doit reprendre certaines données du bilan social et faire état des relations avec les sous-traitants pour les inciter à respecter les normes sociales fondamentales (décret du 20 févr. 2002, art. 148-2 et 148-3 modifiant le décret du 23 mars 1967 sur les sociétés commerciales).

« *Du fait de ces carences dans la prévention des risques liés à l'exposition des travailleurs aux poussières d'amiante, l'État avait commis une faute de nature à engager sa responsabilité* » (CE 3 mars 2004). Le ministre chargé du Travail a présenté le 17 févr. 2005 au Conseil supérieur de prévention des risques professionnels un « plan santé au travail » (2005-2009), dont l'objectif principal est la réduction du nombre d'AT et de MP. Le ministre chargé du Travail a présenté le 15 janv. 2010 au Conseil d'Orientation sur les Conditions de travail le second « plan santé au travail » (2010-2014), qui porte notamment sur l'amélioration de la connaissance en santé au travail, une politique active de la prévention des risques, notamment « les risques organisationnels » et le renforcement de l'accompagnement des entreprises, en particulier des PME et des TPE.

Les partenaires sociaux ont conclu le 12 mars 2007 un protocole sur la prévention, la tarification et la réparation des risques professionnels. Les négociations sur la pénibilité au travail ont pris fin le 16 juillet 2008 sans accord (définition et critères de pénibilité, départs à la retraite anticipés, etc.).

Une conférence tripartite sur les conditions de travail, tenue le 4 octobre 2007, a décidé de renvoyer trois sujets à la négociation collective : les conditions de travail dans les PME et les TPE ; le rôle, le mandat et la formation des membres des CHSCT ; enfin la mise en place d'une procédure d'alerte en matière de conditions de travail. Une seconde conférence, tenue le 27 juin 2008, a notamment porté sur les risques psychosociaux et la réforme de la médecine du travail.

C. Règles techniques générales

Les établissements et locaux de travail sont aménagés de manière à ce que leur utilisation garantisse la sécurité des travailleurs. Ils sont tenus dans un état constant de propreté et présentent les conditions d'hygiène et de salubrité propres à assurer la santé des intéressés (L. 4221-1).

À mesure que de nouveaux risques sont décelés, que les connaissances dans un domaine progressent ou que la pression sociale sur une question devient plus forte, des textes nouveaux sont préparés par le ministère du Travail, qui est tenu de consulter sur tout projet législatif ou réglementaire en ce domaine le Conseil supérieur de prévention des risques professionnels.

1. Règles relatives à l'hygiène

Des dispositions réglementaires portent sur divers points, notamment :

- les installations sanitaires, restauration et hébergement (R. 4228-1, R. 232-2, R. 232-10) ;
- l'aération, l'assainissement (R. 4222-1, R. 232-5) ;
- l'ambiance thermique (R. 4223-13, R. 232-6) ;
- l'éclairage (R. 4223-1, R. 232-7) ;
- le confort au poste de travail : mise à disposition de boissons (R. 4225-2), de sièges (R. 4225-5), d'équipements de travail (R. 4321-1), etc.

Ces dispositions comportent des obligations très précises pour l'employeur. Par exemple, les niveaux d'éclairement des locaux affectés au travail doivent être au moins égaux à des valeurs minimales exprimées en lux (R. 232-7-2). Quant au bruit, l'employeur doit être à même, grâce à des mesurages, d'identifier les salariés pour lesquels l'exposition sonore quotidienne atteint ou dépasse 80 décibels, et de déclencher une action de prévention (R. 4431-2, R. 232-8-3).

Un décret du 15 novembre 2006 concerne l'interdiction de fumer, notamment dans les lieux de travail, et impose des obligations précises aux employeurs pour protéger les non-fumeurs et offrir, le cas échéant, des possibilités aux fumeurs (plan d'organisation ou d'aménagement des espaces, signalisation, etc.) et ce, en concertation avec les représentants du personnel et le médecin du travail. La Cour de cassation avait déjà établi pour l'employeur, dans le cadre de son obligation de sécurité de résultat, l'obligation d'assurer, par des mesures effectives, la protection des non-fumeurs (Soc. 29 juin 2005, Sté ACME ; Soc. 6 oct. 2010).

2. *Règles relatives à la sécurité*

Destinées à prévenir les accidents et les maladies professionnelles, ces règles forment un ensemble complexe (R. 4224-1). La variété de ces textes s'explique par la multiplicité des risques d'accident ou de maladie auxquels sont exposés les travailleurs.

Risques technologiques

À la suite de la catastrophe de l'explosion de l'usine AZF (Total) à Toulouse, le 21 septembre 2001, la loi du 30 juillet 2003 édicte des règles de protection renforcée pour les établissements industriels à haut risque dits Seveso.

Coactivité

Lorsque dans un même lieu de travail les travailleurs de plusieurs entreprises sont présents (sous-traitance de site), les employeurs coopèrent à la mise en œuvre des dispositions relatives à la santé et à la sécurité au travail (L. 4121-5, R. 4511-1).

Amiante

Cette matière est enfin totalement interdite (décret du 24 déc. 1996). Des exceptions sont prévues temporairement (arrêté du 12 juill. 2000), des règles de protection contre les risques liés à l'inhalation de poussières devant être respectées (décret du 30 juin 2006, R. 4412-95).

Écran de visualisation

Des dispositions, largement inspirées d'une directive européenne du 29 mai 1990, prévoient l'information sur les postes, des visites médicales périodiques, les normes des équipements, les conditions de chaleur, de bruit, d'éclairage, etc. (R. 4542-1).

Rémunération

Le mode de rémunération du salarié ne doit pas être de nature à compromettre sa sécurité (Soc. 21 mars 2007, rémunération « au bon » pour un coursier, Convention collective nationale des transports routiers ; Soc. 24 sept. 2008).

Sécurité intégrée

Les objectifs de santé et de sécurité devraient être pris en compte dès la phase de conception des machines ou de fabrication des produits : la loi du 6 décembre 1976, relative au développement de la prévention des accidents du travail, a consacré cette conception de la « sécurité intégrée », et a défini les règles et procédures s'imposant notamment aux constructeurs de machines et aux fabricants de produits dangereux.

Conception des machines

Antérieurement à la loi du 6 décembre 1976, les machines dangereuses étaient déjà soumises à une procédure d'homologation par le ministère du Travail et l'usage des produits dangereux était réglementé. La loi du 6 décembre 1976 a diversifié et renforcé les procédures de contrôle et cherché à faire prendre en considération les problèmes de sécurité dès la phase de construction des machines ou de fabrication des produits (sécurité « intégrée », R. 4312-1, R. 233-83 et s.).

Au niveau européen, une série de directives a été adoptée pour garantir un niveau élevé de sécurité et pour assurer la liberté des échanges entre les États. En ce qui concerne les « machines », la directive du 14 juin 1989 définit des « exigences essentielles », des obligations de résultats auxquelles doivent répondre les machines de par leur conception, notamment dans le cadre de normes. La loi du 31 décembre 1991 harmonise le droit interne avec plusieurs directives européennes (L. 4311-1, L. 233-5).

En ce qui concerne les machines, une distinction a été introduite par la loi entre les machines les plus dangereuses et les autres. Les premières (il s'agit des presses, scies circulaires, etc.) doivent être conformes à des règles de sécurité, très précises, fixées par le ministère du Travail. La vérification de conformité est effectuée préalablement à toute mise sur le marché, soit par les services spécialisés du ministère (qui délivrent, si le résultat de l'examen est positif, un certificat d'homologation), soit par un organisme technique (qui délivre un visa d'examen technique).

Les machines qui n'entrent pas dans la catégorie des machines les plus dangereuses doivent satisfaire à des règles générales de sécurité qui imposent aux constructeurs une sorte de « cahier des charges ». Les constructeurs et importateurs sont tenus de certifier à l'acheteur que le modèle est conforme à ces règles. L'acheteur peut, dans le délai d'un an, demander la résolution de la vente s'il apparaît que le modèle n'est pas conforme.

Il est interdit d'importer, de louer ou de vendre des machines qui n'auraient pas été soumises au contrôle préalable ou qui ne seraient pas conformes au cahier des charges. Il est également interdit de les utiliser (Crim. 9 janv. 2007, 12 juin 2007).

La directive du 17 mai 2006 relative à la conception des machines, qui modifie la législation européenne en la matière (voir la directive du 14 juin 1989 révisée), est transposée (décret du 7 nov. 2008 entrant en application le 29 déc. 2009). Sont notamment précisés :

- les types d'équipements neufs ou considérés comme neufs ;
- les règles de mise sur le marché ;
- les procédures d'évaluation de la conformité ;
- les règles applicables aux organismes notifiés ;
- les règles relatives à la mise sur le marché des machines et Équipements de Protection Individuelle (EPI) d'occasion.

Produits chimiques

Au niveau européen, le règlement (850 pages) et la directive du 18 décembre 2006 (REACH pour *Registration, Evaluation and Authorization of CHemicals*) sur le contrôle des produits chimiques prévoient une procédure d'enregistrement obligatoire pour toutes les substances chimiques produites ou importées en quantité supérieure à une tonne par an (environ 30 000 substances), en remplaçant une quarantaine de textes. Cet enregistrement devient la condition préalable pour la fabrication et la mise ou le maintien sur le marché de substances.

Depuis le 1er juin 2008, les fabricants et les importateurs de substances chimiques ou de mélanges en contenant doivent déposer un dossier démontrant l'acceptabilité et la maîtrise des risques liés à leurs substances, à l'Agence européenne des produits chimiques (Echa) à Helsinki. Les exigences varient en particulier suivant la date de mise sur le marché (avant ou après le 18 sept. 1981), la quantité par an (volume supérieur à 1 000 tonnes par an ou non) et la classification opérée suivant le danger. Les 1 500 substances dites « extrêmement préoccupantes » doivent faire l'objet d'une autorisation (substances cancérogènes, mutagènes, toxiques pour la reproduction, etc.), délivrée pour une durée limitée au regard de différents paramètres (risque maîtrisé, absence de solution de remplacement, etc.).

Depuis le 1er juin 2008, les entreprises utilisatrices doivent prendre contact avec leurs fournisseurs pour vérifier que ces derniers ont bien préenregistré chaque substance qu'elles utilisent et que l'usage qui en est fait est couvert par cet enregistrement.

En application de la loi Grenelle I (juillet 2009), plusieurs dispositions concernent la prévention de risques professionnels. Ainsi, un « carnet de santé du salarié » sera expérimenté en vue de permettre un meilleur suivi aux expositions à des substances cancérogènes, mutagènes ou toxiques pour la reproduction (CMR).

L'employeur doit mesurer l'exposition aux agents chimiques dangereux et aux agents cancérogènes, mutagènes ou toxiques pour la reproduction (CMR), communiquer les résultats et prendre des mesures de protection en cas de dépassement d'une Valeur Limite d'Exposition contraignante (décret 15 déc. 2009, R. 4412-149 et s., R. 4222-10).

Construction

La loi du 6 décembre 1976 modifiée a édicté des mesures spéciales applicables aux opérations de construction (L. 4531-1, R. 4211-1, L. 235-1).

3. *Règles relatives aux conditions de travail*

Organisation du travail

« *L'employeur est tenu, à l'égard de son personnel, d'une obligation de sécurité de résultat qui lui impose de prendre les mesures nécessaires pour assurer la sécurité et protéger la santé des travailleurs ; il lui est interdit, dans l'exercice de son pouvoir de direction, de prendre des mesures qui auraient pour objet ou pour effet de compromettre la santé et la sécurité des salariés* » (Soc. 5 mars 2008, Sté Snecma).

Par conséquent, le juge peut suspendre une décision de l'employeur relative à l'organisation du travail qui était de nature à compromettre la santé et la sécurité des travailleurs concernés, dès lors que « *la nouvelle organisation mise en place par l'employeur (...) réduisait le nombre des salariés assurant le service de jour et entraînait l'isolement du technicien chargé d'assurer seul la surveillance et la maintenance de jour, en début de service et en fin de journée, ainsi que pendant la période estivale et à l'occasion des interventions, cet isolement augmentant les risques liés au travail dans la centrale, et que le dispositif d'assistance mis en place était insuffisant pour garantir la sécurité des salariés* » (Soc. 5 mars 2008, SNECMA, préc.).

Ainsi, le juge peut annuler une décision de gestion préjudiciable à la santé des travailleurs, même en l'absence d'infraction aux règles de santé et de sécurité au travail. L'action en justice de l'organisation syndicale peut notamment s'appuyer sur le rapport de l'expert du CHSCT.

Parmi les questions importantes concernant l'organisation du travail figurent la charge de travail et le rythme de travail. « Les normes de travail ne doivent pas conduire à un rythme de travail, à une intensité d'effort musculaire ou intellectuel, à une tension nerveuse imposant une fatigue excessive. Aussi, la charge de travail supportée par les salariés doit-elle être compatible avec les exigences de leur santé physique et morale. Le respect de ces exigences est une condition nécessaire au développement de la personnalité des salariés » (art. 1er de l'ANI du 17 mars 1975, complété par avenants du 16 oct. 1984 et du 20 oct. 1989, étendu par arrêté du 12 janv. 1996). « Les États membres prennent les mesures nécessaires pour que l'employeur qui envisage d'organiser le travail selon un certain rythme tienne compte du principe général de l'adaptation du travail à l'homme » (Directive n° 2003/88, art. 13 – Rythme de travail).

Cependant, la modification de la cadence de travail sans répercussion sur la rémunération ou le temps de travail, de salariées femmes de ménage, est jugée comme « *un simple changement de leurs conditions de travail* », dont le refus justifie les licenciements (Soc. 20 oct. 2010, Mmes ... c/ Sté Strend).

Risques organisationnels (dits psychosociaux)

Ces risques liés à l'intensification du travail et à certaines formes de management et d'organisation du travail commencent enfin à être sérieusement appréhendés.

Politiques publiques. L'amélioration de la prévention de ces risques psychosociaux est à l'ordre du jour. Ces questions de souffrances au travail sont clairement inscrites dans l'agenda des pouvoirs publics, dans le plan gouvernemental santé au travail 2005-2009 (notamment le pôle organisation du travail et santé) et dans le plan 2010-2014.

Six types de facteurs de risques psychosociaux au travail sont identifiés :

- l'intensité du travail et le temps de travail ; les exigences émotionnelles ;
- le manque d'autonomie ;
- la mauvaise qualité des rapports sociaux au travail ;
- la souffrance éthique ;
- l'insécurité de la situation de travail (Rapport du 11 avril 2011 au ministre du Travail sur le suivi des risques psychosociaux au travail).

Accords collectifs. Au niveau communautaire, deux accords collectifs ont été conclus entre les partenaires sociaux européens (CES, BusinessEurope, UEAPME, CEEP) sur le stress (le 8 oct. 2004) et sur la violence et le harcèlement (le 27 avril 2007).

L'ANI du 2 juillet 2008 sur le stress au travail (étendu par arrêté du 23 avril 2009) reprend les dispositions de l'accord européen en l'amendant : « Un état de stress survient lorsqu'il y a déséquilibre entre la perception qu'une personne a des contraintes que lui impose son environnement et la perception qu'elle a de ses propres ressources pour y faire face. L'individu est capable de gérer la pression à court terme, mais il éprouve de grandes difficultés face à une exposition prolongée ou répétée à des pressions intenses ». L'identification d'un problème de stress au travail doit passer par une analyse de facteurs tels que l'organisation et les processus de travail, les conditions et l'environnement de travail, la communication et les facteurs subjectifs. Les organisations signataires prévoient que les accords de branche et les accords d'entreprises ne peuvent déroger aux dispositions de cet ANI que dans un sens plus favorable aux travailleurs. Ainsi, un accord place le comité d'hygiène, de sécurité et des conditions de travail (CHSCT) au cœur du dispositif de prévention du stress au travail, prévoit une méthodologie de mesure du stress et prend en compte l'insécurité liée à l'emploi (Accord-cadre du groupe Saint-Gobain du 9 nov. 2010 relatif à la prévention du stress).

L'ANI du 26 mars 2010 sur la violence et le harcèlement au travail (étendu par arrêté du 23 juill. 2010) prévoit en particulier que « l'employeur, en concertation avec les salariés ou leurs représentants, procédera à l'examen des situations de harcèlement et de violence au travail lorsque de telles situations sont constatées, y compris au regard de l'ensemble des éléments de l'environnement de travail : comportements individuels, modes de management, relations avec la clientèle, mode de fonctionnement de l'entreprise… ».

Cependant, les dispositions de ces accords européens et de ces ANI doivent encore faire l'objet d'accords de branches et d'entreprises pertinents, pour produire des effets dans les conditons de travail. Le ministre du Travail incite les entreprises de plus de 1 000 salariés à « engager significativement les négociations » sur le stress avant le 1er févr. 2010 (lettre du 10 déc. 2009). « *L'employeur tenu d'une obligation de sécurité de résultat (...) manque à cette obligation lorsqu'un seul salarié est victime sur le lieu de travail de violences physiques ou morales, exercées par l'un ou l'autre de ses salariés, quand bien même il aurait pris des mesures en vue de faire cesser ces agissements* » (Soc. 3 févr. 2010, Sté Les Hôtels de Paris).

Responsabilité de l'employeur. L'employeur est responsable de l'altération de la santé d'un salarié liée à la dégradation de ses conditions de travail (Soc. 17 févr. 2010, Sté CDF énergie c/ Mme C., dépression – l'employeur alerté par plusieurs courriers de la salariée n'avait pris aucune mesure pour résoudre les difficultés exposées). Quand « *les mesures prises par l'employeur n'étaient pas suffisantes* », il peut être tenu responsable du « sentiment d'insécurité » ressenti par une salariée du fait de possibles actes de délinquance perpétrés par des personnes étrangères à l'entreprise (Soc. 6 oct. 2010, SAS Citram Aquitaine, la salariée, travaillant en contact avec le public dans une gare routière, obtient des dommages-intérêts pour violation de l'obligation de sécurité).

En droit de la Sécurité sociale, désormais, « *un accident qui se produit à un moment où le salarié ne se trouve plus sous la subordination de l'employeur constitue un accident du travail dès lors que le salarié établit qu'il est survenu par le fait du travail* » (Civ. 2e, 22 févr. 2007, la faute inexcusable de l'employeur a été reconnue après la tentative de suicide du salarié à son domicile consécutive à un trouble psychologique lié au travail).

Harcèlement moral

Objet. « Aucun salarié ne doit subir les agissements répétés de harcèlement moral qui ont pour objet ou pour effet une dégradation de ses conditions de travail susceptible de porter atteinte à ses droits et à sa dignité, d'altérer sa santé physique ou mentale ou de compromettre son avenir professionnel » (L. 1152-1 et s., L. 122-49). « *La simple possiblité de cette dégradation suffit à consommer le délit de harcèlement moral* » (Crim. 6 déc. 2011), les conséquences étant seulement potentielles.

« Aucun salarié ne peut être sanctionné, licencié ou faire l'objet d'une mesure discriminatoire, directe ou indirecte, notamment en matière de rémunération, de formation, de reclassement, d'affectation, de qualification, de classification, de promotion professionnelle, de mutation ou de renouvellement de contrat pour avoir subi ou refusé de subir des agissements répétés de harcèlement moral ou pour avoir témoigné de tels agissements ou les avoir relatés. »

« Toute rupture du contrat de travail intervenue en méconnaissance de ces dispositions, toute disposition ou tout acte contraire est nul. » Il en est ainsi notamment quand « *le comportement reproché à la salariée était une réaction au harcèlement moral dont elle avait été victime* » (Soc. 29 juin 2011, AHNAC c/ Mme P.).

Responsabilités de l'employeur. « *L'employeur est tenu envers ses salariés d'une obligation de sécurité de résultat en matière de protection de la santé et de la sécurité des travailleurs dans l'entreprise, notamment en matière de harcè-*

lement moral » (Soc. 21 juin 2006, Ass. Propara). Le résultat doit être atteint : l'absence de tout harcèlement. L'employeur doit s'abstenir de tout agissement de harcèlement moral et doit mettre en œuvre une politique de prévention de ce risque particulier et, en cas de harcèlement commis par un salarié, user de son pouvoir disciplinaire. « *L'absence de faute de sa part ne peut l'exonérer de sa responsabilité* » (Soc. 21 juin 2006, préc.). L'employeur « *doit répondre des agissements des personnes qui exercent, de fait ou de droit, une autorité sur les salariés* » (Soc. 19 oct. 2011, gardien harcelé par le président du conseil syndical, responsabilité du syndicat des copropriétaires de l'immeuble Les Cornouillers ; Soc. 10 mai 2001, employeur responsable des agissements de son épouse non-salariée de l'entreprise ; Soc. 1er mars 2011).

Obligation de prévention. « L'employeur prend toute disposition nécessaire en vue de prévenir les agissements de harcèlement moral » (L. 1152-4). « *L'employeur, tenu d'une obligation de sécurité de résultat en matière de protection de la santé et de la sécurité des travailleurs, manque à cette obligation, lorsqu'un salarié est victime sur le lieu de travail d'agissements de harcèlement moral ou sexuel exercés par l'un ou l'autre de ses salariés, quand bien même il aurait pris des mesures en vue de faire cesser ces agissements* » (Soc. 3 févr. 2010, Mme C. c/ SA Stratorg ; pour des « *violences physiques ou morales* », Soc. 3 févr. 2010, Mme V. c/ Sté Les Hôtels de Paris).

Sanction de l'auteur. « *Tout salarié ayant procédé à ce type d'agissement est passible d'une sanction disciplinaire* » (notamment d'un licenciement pour faute grave – Soc. 10 févr. 2009, SAS Kohler c/ M.R., licenciement du DRH, *infra*). « *L'abstention fautive de l'employeur* » peut être caractérisée, notamment quand « *la procédure de licenciement avait été engagée tardivement* » (Soc. 29 juin 2011, FUAJ).

Responsabilité du salarié harceleur. Le salarié, notamment quand il est en position hiérarchique, doit « *prendre soin de la sécurité et de la santé des personnes concernées du fait de ses actes ou de ses omissions au travail* » ; *par conséquent,* « *engage sa responsabilité personnelle à l'égard de ses subordonnés le salarié qui leur fait subir intentionnellement des agissements répétés de harcèlement moral* » (Soc. 21 juin 2006, Ass. Propara, préc.).

Définition. En l'absence de définition légale, les agissements de harcèlement moral sont précisés par la jurisprudence (cf. mise à l'écart professionnel, abus de langage, etc.) : mise en cause sans motif des méthodes de travail et dénigrement (Soc. 3 févr. 2010), « *comportement déplacé* » (emportement violent à l'égard d'une salariée, Soc. 10 févr. 2009), etc.

Harcèlement managérial. Dans un arrêt innovant, la chambre sociale de la Cour de cassation établit enfin un lien entre méthodes de management et « harcèlement moral » : « *Peuvent caractériser un harcèlement moral les méthodes de gestion mises en œuvre par un supérieur hiérarchique dès lors qu'elles se manifestent pour un salarié déterminé par des agissements répétés ayant pour objet ou pour effet d'entraîner une dégradation des conditions de travail susceptibles de porter atteinte à ses droits et à sa dignité, d'altérer sa* *santé physique ou mentale ou de compromettre son avenir professionnel »*. Il en est ainsi quand *« le directeur de l'établissement soumettait les subordonnés à une pression continuelle, des reproches incessants, des ordres et contre-ordres dans l'intention de diviser l'équipe, se traduisant, en ce qui concerne M. X, par sa mise à l'écart, un mépris affiché à son égard, une absence de dialogue caractérisée par une communication par l'intermédiaire d'un tableau, et ayant entraîné un état très dépressif »*. Le licenciement du salarié pour inaptitude, causée par ces méthodes de gestion, est *« nul »* (Soc. 10 nov. 2009, Association Salon Vacances Loisirs). Ainsi, l'exercice du pouvoir de direction de l'employeur peut dégénérer en un harcèlement moral (Soc. 10 novembre 2009, Mme X c/ Sté HSBC France).

Éléments constitutifs. Les agissements de harcèlement moral s'inscrivent le plus souvent dans un processus et peuvent concerner l'organisation du travail, le contenu des fonctions et les moyens, des propos, etc. Par exemple, un employeur qui impose à une salariée des tâches *« au mépris des prescriptions du médecin du travail »* et qui lui propose des postes de niveau inférieur commet un harcèlement moral (Soc. 28 janv. 2010, Sté Leroy Merlin).

« Le harcèlement moral est constitué, indépendamment de l'intention de son auteur (...) » (Soc. 10 nov. 2009, FS-PBR) ; le harcèlement moral peut être reconnu par le juge (civil) même si n'est pas établie « l'intention de nuire » ou « l'intention malveillante » de l'employeur ou de la hiérarchie (Soc. 13 mai 2009).

« Les faits constitutifs de harcèlement moral peuvent se dérouler sur une brève période » (Soc. 26 mai 2010, Sté Autocasse Bouvier).

Preuve. Le régime probatoire est aménagé. Le salarié n'est tenu que d'apporter les éléments qui permettent de présumer l'existence d'un harcèlement moral (notamment des certificats médicaux établissant la dégradation de son état de santé). Il n'est pas tenu d'établir l'existence d'un lien entre la dégradation de son état de santé et ses conditions de travail pour que le harcèlement moral soit reconnu (Soc. 30 avril 2009). Le juge doit *« prendre en compte l'ensemble des éléments invoqués par le salarié »* et *« apprécier dans leur ensemble les éléments matériellement établis par le salarié afin d'apprécier s'ils faisaient présumer l'existence d'un harcèlement moral »* (Soc. 16 juin 2011, M. S. c/ Sté Cybervitrine ; Soc. 6 avril 2011, Mme A. c/ Sté Renault agriculture).

Des faits liés aux conditions de travail permettent de présumer l'existence d'un tel harcèlement (salariée *« installée avec une collègue dans un bureau aux dimensions restreintes (...) laissée-pour-compte (...) le travail qui lui était confié se limitait à l'archivage et à des rectifications de photocopies (...) »*, Soc. 10 nov. 2009, Mme B. c/ SNCF). Ce harcèlement peut notamment être établi par des attestations (témoignages), des certificats médicaux, voire par la lettre de licenciement du salarié harceleur (« *déresponsabilisation* (...), *propos dévalorisants*, (...) *instauration d'une mauvaise ambiance de travail* (...) », Soc. 29 sept. 2011, Mme T. c/ Sté Ratiopharm).

Ensuite, il incombe à l'employeur, au vu de ces éléments, « de prouver que ces agissements ne sont pas constitutifs d'un tel harcèlement et que sa décision est justifiée par des éléments objectifs étrangers à tout harcèlement » (L. 1154-1).

Protection de l'action. « *Le salarié qui relate des faits de harcèlement moral ne peut être licencié pour ce motif sauf mauvaise foi, laquelle ne peut résulter de la seule circonstance que les faits dénoncés ne soient pas établis* » (Soc. 10 mars 2009, SA Entreprise dijonnaise ; nullité du licenciement).

Réparation et sanction. Le harcèlement moral peut être réparé et sanctionné :

- sur le plan civil (Soc. 24 sept. 2008, Mme G. c/ Sté Clinique de l'Union, Soc. 24 sept. 2008, Mme A. c/ RATP ; de nouveau, la chambre sociale de la Cour de cassation exerce un contrôle de qualification des faits) à l'encontre du « harceleur » et de l'employeur n'ayant pas adopté et mis en œuvre les mesures nécessaires de prévention (Soc. 21 juin 2006, Ass. Propara), « *quand bien même il aurait pris des mesures en vue de faire cesser ces agissements* » (Soc. 3 févr. 2010, Sté Stratorg), et
- sur le plan pénal (Crim. 20 mai 2008, M. K., « *isolement* », « *privation de travail* », « *tenue de propos injurieux* »...). La responsabilité pénale de la personne morale peut être engagée (condamnation de l'entreprise en tant que personne morale ; exemple : tribunal correc., Paris, 31e ch., 7 juill. 2010, Sté NYSE-Euronext).

La notion de « harcèlement moral » est juridiquement ambiguë ; elle masque souvent la question de l'organisation du travail, à l'origine des situations dites de harcèlement moral, en mettant le projecteur sur une relation « harceleur/victime(s) ».

Pouvoirs du juge. « *Il n'entre pas dans les pouvoirs du juge d'ordonner la modification ou la rupture du contrat de travail du salarié auquel sont imputés de tels agissements* » (Soc. 1er juill. 2009).

Accident de travail. En droit de la Sécurité sociale, le suicide peut être reconnu comme un accident du travail (avec reconnaissance de la faute inexcusable de l'employeur, TASS Hauts-de-Seine, 17 déc. 2009, Renault SA). Deux cas de figure sont possibles :

- suicide pendant le temps et sur le lieu de travail : le suicide est présumé d'origine professionnelle (à charge le cas échéant pour l'employeur et la CPAM de combattre cette présomption simple et de rapporter la preuve contraire – difficile en pratique – que le geste suicidaire est tout à fait étranger à l'activité professionnelle du salarié, qu'il résulte d'un lien direct et exclusif avec la vie personnelle du salarié ou de son état de santé mentale antérieur – dépression).
- suicide en dehors du temps et du lieu de travail : le suicide est présumé d'origine non professionnelle (à charge pour les ayants droit de rapporter la preuve d'un lien de causalité entre le geste suicidaire et les conditions de travail du salarié).

Ce harcèlement moral ne doit pas être confondu avec les harcèlements discriminatoires (cf. Chap. V).

Prévention de la pénibllité

Facteurs de risques. Pour chaque travailleur exposé à un ou plusieurs facteurs de risques professionnels liés à des contraintes physiques marquées, à un environnement physique agressif ou à certains rythmes de travail susceptibles de laisser des traces durables identifiables et irréversibles sur sa santé (L. 4121-3-1, D. 4121-5), l'employeur consigne dans une fiche les conditions de pénibilité auxquelles le travailleur est exposé, la période au cours de laquelle cette exposition est survenue, ainsi que les mesures de prévention mises en œuvre par l'employeur pour faire disparaître ou réduire ces facteurs durant cette période. Cette fiche individuelle est établie en cohérence avec l'évaluation des risques (DUE – R. 138-32 CSs).

Accord ou plan. À partir du 1er janvier 2012, pour les salariés exposés aux facteurs de risques professionnels (L. 4121-3-1), les entreprises employant une proportion minimale de 50 % de leur effectif dans cette catégorie et employant au moins 50 salariés (ou appartenant à un groupe dont l'effectif comprend au moins 50 salariés) sont soumises à une pénalité à la charge de l'employeur lorsqu'elles ne sont pas couvertes par un accord ou un plan d'action relatif à la prévention de la pénibilité. Le montant de cette pénalité est fixé à 1 % au maximum des rémunérations ou gains, versés aux travailleurs salariés ou assimilés concernés au cours des périodes au titre desquelles l'entreprise n'est pas couverte par l'accord ou le plan d'action. Le montant est fixé par la DIRECCTE, en fonction des efforts constatés dans l'entreprise en matière de prévention de la pénibilité. Le produit de cette pénalité est affecté à la branche AT-MP de la Sécurité sociale.

L'accord d'entreprise ou de groupe est conclu pour une durée maximale de 3 ans (une liste de thèmes obligatoires doit y figurer).

Les entreprises ne sont pas soumises à la pénalité lorsque, en l'absence d'accord d'entreprise ou de groupe, elles ont élaboré, après avis du CE ou, à défaut, des DP, un plan d'action établi au niveau de l'entreprise ou du groupe relatif à la prévention de la pénibilité (avec un contenu conforme à celui prévu pour les accords). La durée maximale de ce plan d'action est de 3 ans. Il fait l'objet d'un dépôt auprès de la DIRECCTE.

Les entreprises dont l'effectif comprend au moins 50 salariés et est inférieur à 300 salariés ou appartenant à un groupe dont l'effectif comprend au moins 50 salariés et est inférieur à 300 salariés ne sont pas soumises à cette pénalité lorsqu'elles sont couvertes par un accord de branche étendu (dont le contenu est conforme à celui prévu pour les accords d'entreprise).

Contenu de l'accord ou du plan. Ces documents doivent reposer sur « un diagnostic préalable des situations de pénibilité et prévoir les mesures de prévention qui en découlent, ainsi que les modalités de suivi de leur mise en œuvre effective » (D. 138-28 CSs).

L'accord ou le plan (D. 138-27 CSs) traite au moins un des thèmes suivants : la réduction des polyexpositions aux facteurs de pénibilité et l'adaptation et l'aménagement du poste de travail ; et, en outre, au moins deux des autres thèmes suivants : l'amélioration des conditions de travail, notamment au plan organisationnel ; le développement des compétences et des qualifications ; l'aménagement des fins de carrière ; le maintien en activité des salariés exposés aux facteurs de pénibilité. Pour chaque thème retenu, les dispositions sont assorties d'objectifs chiffrés dont la réalisation est mesurée au moyen d'indicateurs.

Retraite. Le dispositif de retraite anticipé pour pénibilité retient la mesure de l'incapacité du salarié, plutôt que les expositions professionnelles (malgré les fortes critiques émises). Ainsi, la condition d'âge (62 ans, L. 351-1 CSs) est abaissée pour les assurés qui justifient d'une incapacité permanente (L. 434-2 CSs) au moins égale à un taux déterminé par décret (qui devrait être de l'ordre de 20 %), lorsque cette incapacité est reconnue au titre d'une maladie professionnelle (L. 461-1 CSs) ou au titre d'un accident de travail (L. 411-1 CSs) et ayant entraîné des lésions identiques à celles indemnisées au titre d'une maladie professionnelle (CSs L. 351-1-4.-I). Cette possibilité sera également ouverte au salarié qui a un taux d'IPP (Incapacité permanente partielle) inférieur et qui peut faire la preuve d'une exposition à des facteurs de risques professionnels ayant causé cette IPP.

Conditions de travail contraires à la dignité

Le fait de soumettre une personne, dont la vulnérabilité ou l'état de dépendance sont apparents ou connus de l'auteur, à des conditions de travail incompatibles avec la dignité humaine est puni de cinq ans d'emprisonnement et de 15 000 € d'amende (art. 225-14 Code pénal). Il en est ainsi, par exemple en faisant du salarié le « *prolongement d'une machine-outil* » (Crim. 4 mars 2003), en le laissant sans travail (Soc. 2 juill. 2003), en le traitant comme un esclave (Soc. 10 mai 2006) ou en lui imposant un travail forcé (Crim. 13 janv. 2009, « *tout travail forcé est incompatible avec la dignité humaine* » ; il s'agissait en l'espèce d'une mineure, arrivée sur le territoire français illégalement, dont le passeport avait été confisqué par son employeur-mère de famille, employée pendant six ans, contrainte d'exécuter en permanence des tâches domestiques sans bénéficier de congés, moyennant quelque argent de poche).

Langue française.

Tout document comportant des obligations pour le salarié ou des dispositions dont la connaissance est nécessaire pour l'exécution de son travail est rédigé en français (L. 1321-6 – loi Toubon du 4 août 1994 visant à défendre le patrimoine linguistique français – « *La langue de la République est le français », art. 2 de la Constitution* » ; Soc. 29 juin 2011, Data Systems EDS France). Il ne peut être dérogé à cette obligation que dans deux hypothèses : lorsque les documents sont reçus de l'étranger et lorsqu'ils sont destinés à des étrangers.

Selon cette règle, qui est la « *traduction concrète du principe constitutionnel selon lequel la langue de la République est le français* » et qui « *instaure la primauté de la langue française dans les entreprises situées en France* », « *l'obligation de traduction s'applique à tous les documents matériels ou immatériels tels que des logiciels nécessairement utilisés par les salariés pour exécuter leur travail* » (TGI Paris, 6 mai 2008, Nextiraone ; TGI Nanterre, 27 avril 2007, Europ Assistance ; CA Versailles 2 mars 2006, GE Medical Systems). L'employeur peut être condamné à procéder à la traduction de l'intégralité des documents concernés dans un délai maximum et sous astreinte (CA Paris, soc., 1er oct. 2010, Sté Air France ; il s'agit ici de documents remis jusqu'alors seulement en langue anglaise aux pilotes et mécaniciens). Cette règle s'applique également concernant les objectifs (Soc. 29 juin 2011, Data Systems EDS France, préc.).

D. Règles techniques particulières

Ces règles concernent des secteurs d'activités, des risques spécifiques ou des personnes.

1. *Secteurs d'activité*

Le bâtiment continue notamment d'occuper une place importante au regard des risques pour la santé et la sécurité.

D'une part, des règles particulières de santé et de sécurité sont prévues (en particulier depuis le décret du 8 janv. 1965, actualisé par le décret du 1er sept. 2004, transposant la directive du 27 juin 2001). Ainsi, la prévention des chutes de hauteur à partir d'un plan de travail (risque majeur) est assurée :

« 1° Soit par des garde-corps intégrés ou fixés de manière sûre, rigides et d'une résistance appropriée, placés à une hauteur comprise entre un mètre et 1,10 m et comportant au moins :

a) Une plinthe de butée de 10 à 15 cm, en fonction de la hauteur retenue pour les garde-corps ;

b) Une main courante ;

c) Une lisse intermédiaire à mi-hauteur ;

2° Soit par tout autre moyen assurant une sécurité équivalente » (R. 4323-59).

D'autre part, des règles de coordination sont prévues au regard de la multiplicité des problématiques liées par la coactivité d'entreprises (L. 4532-2). En particulier, le maître d'ouvrage doit désigner un coordonnateur. « *Il incombe au coordonnateur en matière de sécurité, dans la phase de réalisation de l'ouvrage, d'anticiper les situations de risque pouvant résulter notamment des dispositions prises par les entreprises intervenant sur le chantier* » (Crim. 9 juin 2009, délit d'homicide involontaire retenu).

2. *Risques*

Peuvent être cités notamment l'incendie et l'explosion (R. 4227-1 à R. 4227-57), le bruit (R. 4431-1, R. 232-8), l'exposition aux agents chimiques dangereux cancérogènes, mutagènes et toxiques pour la reproduction (R. 4412-59) ou encore la manutention de charges (R. 4541-1).

3. *Personnes bénéficiant de dispositions spéciales*

Ces règles concernent les personnes au regard de leur âge (jeunes travailleurs – L. 4152-1, L. 4153-9 et s. et D. 4153-1, R. 4153-23 ; seniors – accords collectifs, notamment l'ANI du 13 oct. 2005), de leur sexe (L. 4152-1 et s., R. 4121-1, R. 4152-1 – femmes enceintes, venant d'accoucher ou allaitant) ou de leurs statuts professionnels (salariés en contrats précaires, chapitre VIII).

Rôles des acteurs

Les acteurs de la santé et de la sécurité au travail sont internes à l'entreprise (le salarié, l'employeur) et externes (le médecin du travail, l'inspecteur du travail, la CARSAT).

A. Acteurs internes

1. *Salarié*

Les droits et obligations du travailleur sont les suivants.

Droit à la gratuité

« Les mesures prises en matière de santé et de sécurité au travail ne doivent entraîner aucune charge financière pour les travailleurs » (L. 4122-2). De plus, les frais que le salarié expose pour les besoins de son activité professionnelle et dans l'intérêt de l'employeur doivent être supportés par ce dernier. Il en est ainsi notamment en cas de port d'un vêtement de travail obligatoire : l'employeur doit assurer la charge de son entretien (Soc. 21 mai 2008).

Devoir d'alerte

Le travailleur alerte immédiatement l'employeur de toute « situation de travail dont il a un motif raisonnable de penser qu'elle présente un danger grave et imminent pour sa vie ou sa santé ainsi que de toute défectuosité qu'il constate dans les systèmes de protection ». Cette alerte peut être réalisée par tout moyen et il ne peut pas être imposé au salarié de l'effectuer par écrit (Soc. 28 mai 2008 ; CE 11 juin 1987), mais elle est obligatoire (Soc. 21 janv. 2009, RATP).

Droit de retrait

Le salarié peut se retirer de « toute situation de travail dont il a un motif raisonnable de penser qu'elle présente un danger grave et imminent pour sa vie ou sa santé ». Le salarié prend l'initiative de suspendre l'exécution de sa prestation de travail (il ne suspend pas son contrat de travail). L'employeur ne peut demander au travailleur qui a fait usage de son droit de retrait de reprendre son activité dans une situation de travail où persiste un danger grave et imminent résultant notamment d'une défectuosité du système de protection (L. 4131-1, L. 231-8).

Le droit de retrait est exercé de telle manière qu'il ne puisse créer pour autrui une nouvelle situation de danger grave et imminent (L. 4132-1). Aucune sanction, aucune retenue de salaire ne peut être prise à l'encontre d'un travailleur ou d'un groupe de travailleurs qui se sont retirés d'une situation de travail dont ils avaient un motif raisonnable de penser qu'elle présentait un danger grave et imminent pour la vie ou pour la santé de chacun d'eux (L. 4131-3, L. 231-8-1). Le salarié ou le groupe de salariés qui s'est retiré de la situation de travail dans ces circonstances, ne peut faire l'objet de sanction ou de retenue sur salaire (Soc. 5 juill. 2000).

En cas de contestation par l'employeur, c'est aux juges du fond qu'il appartient d'apprécier si le motif était raisonnable. Il s'agit d'une appréciation subjective du risque par le salarié, qui a le droit à l'erreur d'appréciation. Le juge devra apprécier *in concreto* si le salarié avait « *un motif raisonnable de penser que la situation présentait un danger grave et imminent* » (Soc. 9 mai 2000) au regard de plusieurs paramètres tels que la qualification, l'expérience, l'ancienneté, l'âge du salarié.

Ainsi, le seul fait de se sentir concerné par des agressions sur des chauffeurs de bus dans un quartier ne justifie pas que d'autres chauffeurs se retirent de leurs postes de travail (Soc. 23 avril 2003). Si le salarié a abusé du droit qui lui est ainsi reconnu, il peut faire l'objet d'une « retenue sur salaire » (Crim. 25 nov. 2008, « *peu importe qu'il reste à la disposition de l'employeur* »), de sanctions disciplinaires, allant jusqu'au licenciement pour refus d'obéissance (Soc. 20 janv. 1993) ou abandon de poste, ou d'une retenue sur salaire. Le danger ne doit pas être confondu avec l'inconfort ou avec le risque inévitable normalement maîtrisé.

En revanche, si le salarié s'est retiré et qu'il avait un « motif raisonnable » pour le faire, même s'il s'avère finalement qu'il n'y avait pas de danger, son licenciement est nul (Soc. 28 janv. 2009, M. Wolff c/ SNC Sovab).

La situation perçue comme dangereuse peut avoir diverses causes : système de freinage défectueux d'un véhicule (CA Montpellier, 30 avril 1998), harcèlement sexuel (CA Riom, 18 juin 2002), etc. La jurisprudence n'exige pas que ce danger soit étranger à la personne du salarié, ni même extérieur à celui-ci ; le danger peut donc être inhérent à sa personne, comme la nécessité d'aménager le poste d'une ouvrière souffrant de scoliose (Soc. 11 déc. 1986), un risque d'allergie pour un gardien (Soc. 20 mars 1996), etc.

Le droit de retrait doit être distingué du droit de grève. Parfois, l'exercice du premier droit glisse vers l'exercice du second (leurs régimes juridiques étant différents). Ainsi, des ouvriers du bâtiment qui, sur un chantier, refusent d'exécuter un ordre dangereux, du fait des conditions climatiques, exercent leur droit de retrait, mais à partir du moment où ils revendiquent de bénéficier du dispositif de chômage-intempéries, ils exercent leur droit de grève (Soc. 26 sept. 1990).

L'employeur prend les mesures et donne les instructions nécessaires pour permettre aux travailleurs, en cas de danger grave et imminent, d'arrêter leur activité et de se mettre en sécurité en quittant immédiatement le lieu de travail (L. 4132-5). Le CHSCT joue un rôle particulier en cas de danger grave et imminent.

Réparation complémentaire pour faute inexcusable de l'employeur

Le bénéfice de la faute inexcusable de l'employeur prévue à l'article L. 452-1 du Code de la Sécurité sociale est de droit pour le ou les travailleurs qui seraient victimes d'un accident du travail ou d'une maladie professionnelle, alors qu'eux-mêmes ou un représentant du personnel au CHSCT avaient signalé à l'employeur le risque qui s'est matérialisé (L. 4131-4, L. 231-8-1). En cas d'accident du travail survenant après que l'employeur a été ainsi alerté, celui-ci sera considéré comme ayant commis une faute inexcusable, ce qui entraînera notamment une majoration des rentes servies à la victime au titre de la Sécurité sociale et des cotisations versées par l'employeur au titre de la législation relative aux accidents du travail.

Selon la Cour de cassation, « *en vertu du contrat de travail le liant à son salarié, l'employeur est tenu envers celui-ci d'une obligation de sécurité de résultat, notamment en ce qui concerne les maladies professionnelles contractées par ce salarié du fait des produits fabriqués ou utilisés par l'entreprise ; que le manquement à cette obligation a le caractère d'une faute inexcusable, au sens de l'article* L. 452-1 *du Code de la Sécurité sociale, lorsque l'employeur avait ou aurait dû avoir conscience du danger auquel était exposé le salarié, et qu'il n'a pas pris les mesures nécessaires pour l'en préserver* » (Soc. 28 févr. 2002, arrêts Amiante).

« *En cas de faute inexcusable de l'employeur et indépendamment de la majoration de rente servie à la victime d'un accident du travail ou d'une maladie professionnelle, celle-ci peut demander à l'employeur, devant la juridiction de Sécurité sociale, la réparation non seulement des chefs de préjudice énumérés par le texte susvisé (L. 452-3 CSs), mais aussi de l'ensemble des dommages non couverts par le livre IV du Code de la Sécurité sociale* » (Civ. 2e 30 juin 2011, PBR, Sté d'aménagement toutristique de l'Alpe-d'Huez SATA ; DC 18 juin 2010) ; il peut ainsi être répondu favorablement à des demandes du salarié « *d'indemnisation au titre de l'aménagement de son logement et des frais d'un véhicule adapté* ». L'article L. 452-3 CSs vise la réparation des préjudices causés par les souffrances physiques et morales, esthétiques et d'agrément, ainsi que ceux résultant de la perte ou de la diminution des possibilités de promotion professionnelle.

Obligation de sécurité

Conformément aux instructions qui lui sont données par l'employeur, dans les conditions prévues au règlement intérieur pour les entreprises tenues d'en élaborer un, il incombe à chaque travailleur de prendre soin, en fonction de sa formation et selon ses possibilités, de sa santé et de sa sécurité ainsi que de celles des autres personnes concernées par ses actes ou ses omissions au travail. Les instructions de l'employeur précisent, en particulier lorsque la nature des risques le justifie, les conditions d'utilisation des équipements de travail, des moyens de protection, des substances et préparations dangereuses (L. 4122-1, L. 230-3). Elles sont adaptées à la nature des tâches à accomplir. Les dispositions du premier alinéa sont sans incidence sur le principe de la responsabilité de l'employeur. L'obligation du salarié constitue une obligation de moyens.

Responsabilité contractuelle

La responsabilité du salarié est à apprécier *in concreto* au regard de sa formation, sa qualification, des instructions reçues de l'employeur, etc. Le salarié qui ne respecte pas son obligation de sécurité peut être licencié pour faute grave – directeur technique ne veillant pas à l'information de salariés sous-traitants, cette carence ayant entraîné la mort de deux ouvriers (Soc. 28 févr. 2002) ; chef de chantier ayant refusé de porter un casque de sécurité (Soc. 23 mars 2005) ; directeur d'un établissement ayant procédé à des actes de harcèlement moral et de dénigrement sur des salariés (Soc. 21 juin 2006, préc.). Ainsi, même s'il n'a pas reçu de délégation de pouvoir, il répond des fautes qu'il a commises dans l'exécution de son contrat de travail (Soc. 28 févr. 2002, préc.).

Responsabilité civile

En règle générale, le salarié bénéficie d'une immunité (art. 1184 Civ.), sauf en cas de condamnation pénale pour une infraction ayant porté préjudice à un tiers et ce même sur ordre de l'employeur (Ass. plén. 14 déc. 2001). La responsabilité personnelle du salarié à l'égard de tiers peut également désormais être engagée quand il a commis intentionnellement des actes dégradant leur santé (Soc. 21 juin 2006, préc., directeur condamné à verser des dommages-intérêts à des salariés qu'il avait harcelés).

Responsabilité pénale

La responsabilité pénale du salarié peut être engagée quand il a reçu une délégation de pouvoirs valable en cas d'infraction (voir *infra*) et également quand il a commis une infraction de droit commun sanctionnée par le Code pénal (Crim. 8 déc. 1998).

2. *Employeur*

Les obligations et les responsabilités de l'employeur sont notamment les suivantes.

Information

L'employeur organise et dispense une information des travailleurs sur les risques pour la santé et la sécurité et les mesures prises pour y remédier (L. 4141-1, R. 4141-3-1 nouveau). Toute notice technique apposée sur une machine doit être rédigée en langue française (Crim. 6 nov. 2007).

Formation à la sécurité

L'employeur organise une formation pratique et appropriée à la sécurité au bénéfice :

- des travailleurs qu'il embauche ;
- des travailleurs qui changent de poste de travail ou de technique ;
- des salariés temporaires, à l'exception de ceux auxquels il est fait appel en vue de l'exécution de travaux urgents nécessités par des mesures de sécurité et déjà dotés de la qualification nécessaire à cette intervention ;
- à la demande du médecin du travail, des travailleurs qui reprennent leur activité après un arrêt de travail d'une durée d'au moins 21 jours.

Cette formation est répétée périodiquement dans des conditions déterminées par voie réglementaire ou par convention ou accord collectif de travail (L. 4141-2).

L'étendue de l'obligation d'information et de formation à la sécurité varie selon la taille de l'établissement, la nature de son activité, le caractère des risques qui y sont constatés et le type d'emploi des travailleurs (L. 4141-3). Le financement des actions de formation à la sécurité est à la charge de l'employeur (L. 4141-4). Cette formation doit être adaptée aux salariés et installations (sécurité dans la circulation des personnes, dans l'exécution du travail, dispositions à prendre en cas d'accident, etc.). Le défaut de formation à la sécurité est fréquemment sanctionné pénalement (Crim. 15 janv. 2008 ; Crim. 3 avril 2007 ; Crim. 6 nov. 2007), l'employeur pouvant en outre être condamné pour faute inexcusable, notamment en cas d'accident survenu à un travailleur intérimaire n'ayant pas bénéficié d'une formation renforcée (Cass. 2e civ. 24 mai 2007).

Responsabilités

Les responsabilités de l'employeur sont civiles et pénales.

Responsabilité civile. Concernant la responsabilité civile, l'employeur est responsable pour ses propres actes (ou omissions) et également pour les actes commis par ses préposés (art. 1184 Civ.) et pour ceux commis par les personnes qui exercent une autorité de droit (cadre titulaire d'une délégation de pouvoir, Soc. 15 mars 2000) ou de fait sur les salariés (épouse de l'employeur non salariée de l'entreprise, Soc. 10 mai 2001). L'employeur est ainsi responsable des actes commis par le directeur de l'établissement (Soc. 21 juin 2006, préc.). Selon l'adage, « qui peut et n'empêche, pèche ».

L'employeur est débiteur à l'égard de ses salariés d'une obligation de sécurité de résultat : « *l'employeur, tenu d'une obligation de sécurité de résultat en matière de protection de la santé et de la sécurité des travailleurs dans l'entreprise, doit en assurer l'effectivité* » (attendu de principe repris dans les arrêts depuis Soc. 28 févr. 2006, PBRI, Sté Cubit France technologies). Cette obligation s'applique :

– en matière de réparation, au regard des maladies professionnelles et des accidents du travail (Soc. 22 févr. 2002, « arrêts amiante » ; Soc. 11 avril 2002 ; Cass. Ass. plén. 24 juin 2005) et plus largement au regard de toute dégradation de la santé liée aux conditions de travail (Soc. 28 févr. 2006, préc. Soc. 7 déc. 2011, PBR, Sté Sanofi Pasteur ; sur le fondement du droit commun de la responsabilité civile contractuelle).
– en matière de prévention (Soc. 29 juin 2005, Sté ACME Protection c/ Mme L. ; Soc. 5 mars 2008, Sté SNECMA, préc.). Ainsi, dès lors que l'employeur affecte un salarié à un poste où « *un risque (...) avait été identifié* », « *la seule circonstance* » que le moyen de protection prévu « n'ait pas été fourni » constitue « *un manquement de l'entreprise (...) à son obligation de sécurité de résultat causant nécessairement un préjudice au salarié* » ; il en est ainsi même en l'absence de conséquences pathologique constatée (Soc. 30 nov. 2010, PBR, Sté Adecco et Sté Barreaut Lafon ; Soc. 6 oct. 2010, Sté Citram Aquitaine).

Responsabilité pénale. Concernant la responsabilité pénale, les personnes physiques pénalement responsables sont les chefs d'établissement, directeurs, gérants ou préposés (L. 4741-1, L. 263-2). Selon la jurisprudence constante de la Cour de cassation (chambre criminelle), les obligations édictées par le Code du travail en matière de santé et de sécurité, pèsent sur le chef d'entreprise. Il lui appartient de veiller personnellement à la stricte et constante exécution des dispositions édictées par le Code du travail ou les règlements pris pour son application en vue d'assurer l'hygiène et la sécurité des travailleurs (Crim. 17 oct. 1995). C'est la contrepartie de son pouvoir de direction et de l'autorité dont il est investi.

Peuvent également être poursuivis et pénalement sanctionnés les chefs d'entreprise tels que les fabricants, vendeurs, importateurs de substances dangereuses, les concepteurs, exposants, loueurs d'équipements de travail, les maîtres d'ouvrage. Des cumuls de responsabilités entre employeurs sont possibles.

La responsabilité pénale de l'employeur peut être engagée en cas d'infraction aux règles de santé et de sécurité et en particulier lors de la survenance d'un accident du travail ou d'une maladie professionnelle.

Responsabilité pénale des personnes morales (RPPM)

En matière de santé et de sécurité, la responsabilité de l'entreprise, en tant que personne morale (NCP entré en vigueur le 1er mars 1994), peut être retenue de manière générale (loi Perben II du 9 mars 2004) à raison :

– d'infractions générales de droit commun (homicide involontaire, atteinte involontaire à l'intégrité de la personne, mise en danger d'autrui). Ainsi, « le fait d'exposer directement autrui à un risque immédiat de mort ou de blessures de nature à entraîner une mutilation ou une infirmité permanente par la violation manifestement délibérée d'une obligation particulière de sécurité ou de prudence imposée par la loi ou le règlement » (art. 223-1 NCP – CA Douai, corr., 6 mars 2008, Sté Alsthom Power Boilers ; art. 221-6 NCP, Crim. 15 janv. 2008, préc. ; Crim. 6 nov. 2007, préc. ; etc.).
– d'infractions particulières réprimées par le Code du travail (Crim. 29 janv. 2008, défaut d'installation sur une machine dangereuse d'un dispositif de sécurité disponible, fait de ne pas avoir veillé à l'application effective des consignes de sécurité).

La responsabilité pénale des personnes morales (RPPM) suppose des infractions commises, pour leur compte, par leurs organes ou représentants. Des cumuls de responsabilités sont possibles : la responsabilité pénale des personnes morales n'exclut pas celle des personnes physiques auteurs ou complices des mêmes faits (art. 121-2 NCP).

La personne morale peut être condamnée en particulier à des amendes (cinq fois le montant prévu pour les personnes physiques) et le cas échéant à mettre en œuvre un plan de sécurité (Crim. 24 févr. 1981).

Responsabilité pénale des préposés ayant une délégation de pouvoir

Les préposés (salariés) sont mentionnés parmi les personnes qui peuvent être sanctionnées. Mais la jurisprudence de la Cour de cassation est très stricte : la délégation de pouvoir doit être valide pour engager la responsabilité du salarié (Crim. 8 avril 2008, défaut de délégation empêchant la condamnation du salarié).

La mission du préposé doit être expresse, clairement précisée dans son contenu (son champ) ; le chef d'entreprise doit lui avoir donné une délégation de pouvoirs et celle-ci doit avoir été acceptée par le salarié.

La délégation de pouvoirs n'est subordonnée à aucune condition de forme particulière, mais doit être certaine et exempte d'ambiguïté. Un écrit est donc indispensable sauf s'agissant de cadres dirigeants qui sont titulaires d'une délégation implicite de pouvoirs, eu égard à l'autorité dont ils sont pourvus (Soc. 2 mars 1999).

La délégation suppose que le préposé soit pourvu de l'autorité (pouvoir de commandement et de discipline), des moyens (humains, matériels et budgétaires) et de la compétence (qualification, formation) nécessaires pour veiller efficacement au respect des règles de santé et de sécurité (Crim. 14 nov. 2006). À défaut, la délégation est inopérante et la responsabilité pénale du déléguant est engagée (Crim. 8 déc. 2009, chef de chantier de 21 ans, ayant moins d'une année d'ancienneté, ...). En cas de contestation, l'employeur devra apporter cette preuve.

Si toutes ces conditions cumulatives sont réunies, alors le préposé peut être condamné à la place de l'employeur.

Le préposé peut également subdéléguer ses pouvoirs, selon les mêmes conditions que pour la délégation et sans qu'il soit nécessaire qu'il ait obtenu l'autorisation du chef d'entreprise (Crim. 30 oct. 1996). Toutefois, un salarié titulaire d'une délégation ou d'une subdélégation de pouvoirs ne peut se voir reprocher une faute dans l'accomplissement de la mission qui lui a été confiée lorsque le chef d'entreprise ou l'un de ses supérieurs hiérarchiques s'immisce dans le déroulement de celle-ci, supprimant ainsi l'autonomie d'initiative inhérente à toute délégation effective (Soc. 21 nov. 2000).

Infraction aux règles de santé et de sécurité

Les prescriptions, législatives et réglementaires, en matière de santé et de sécurité, s'imposent à l'employeur/au chef d'entreprise (voir *supra* les normes applicables). « *Indépendamment des mesures expressément prévues par les textes relatifs à la sécurité des travailleurs, il appartient au chef d'entreprise de prendre les dispositions nécessaires commandées par les circonstances et relevant de son obligation générale de sécurité* » (Crim. 19 nov. 1996). Le chef d'entreprise ne peut arguer qu'il ne saurait être à tout moment sur place, ni invoquer les négligences de ses subordonnés ou les difficultés rencontrées pour faire respecter les consignes de sécurité sur les lieux de travail par les salariés.

Délits non intentionnels

La responsabilité pénale des personnes physiques est aménagée pour des délits non intentionnels (loi du 10 juill. 2000). Le Code pénal distingue la faute en lien direct avec le dommage qu'elle a provoqué et celle qui n'a contribué qu'indirectement à celui-ci.

Dans ce second cas, il y a également délit lorsque la loi le prévoit, en cas de faute d'imprudence, de négligence ou de manquement à une obligation de prudence ou de sécurité prévue par la loi ou le règlement, s'il est établi que l'auteur des faits n'a pas accompli les diligences normales, compte tenu, le cas échéant, de la nature de ses missions ou de ses fonctions, de ses compétences ainsi que du pouvoir et des moyens dont il disposait (art. L. 121-3 NCP). Ainsi, les employeurs « *personnes physiques qui n'ont pas causé directement le dommage, mais qui ont créé ou contribué à créer la situation qui a permis la réalisation du dommage ou qui n'ont pas pris les mesures permettant de l'éviter, sont responsables pénalement s'il est établi qu'elles ont, soit violé de façon manifestement délibérée une obligation particulière de prudence ou de sécurité prévue par la loi ou le règlement, soit commis une faute caractérisée et qui exposait autrui à un risque d'une particulière gravité qu'elles ne pouvaient ignorer* » (art. L. 121-3 alinéa 4 NCP, Crim. 31 janv. 2006, Crim. 26 mars 2008, É. Delchevalerie, Crim. 28 févr. 2008, R. Gauthier ; Crim. 16 sept. 2008, D. et autres, « *cinq salariés intérimaires ont été tués et quatre autres blessés* »).

En outre, la loi affirme l'autonomie des fautes civile et pénale en précisant que l'absence de faute pénale non intentionnelle ne fait pas obstacle à l'exercice d'une action devant les juridictions civiles afin d'obtenir la réparation d'un dommage sur le fondement de l'article 1383 du Code civil ou en application de l'article L. 452-1 du Code de la Sécurité sociale si l'existence de la faute inexcusable prévue par cet article est établie (art. 4-1 NCPP).

Infractions liées à un accident du travail ou à une maladie professionnelle

Plusieurs dispositions du Code pénal sont applicables.

Ainsi, l'article 221-6 est appliqué en cas d'accident ou de maladie ayant entraîné la mort. Il vise quiconque, qui par maladresse, imprudence, inattention, négligence ou inobservation des règlements, aura commis involontairement un homicide. La sanction est une amende pouvant aller jusqu'à 15 000 € et un emprisonnement jusqu'à trois ans (Crim. 11 mars 2008, N. Rabier ; Crim. 16 sept. 2008, F. Bodetto, « *B. a directement créé le dommage...* » – le chef d'entreprise n'avait pas eu recours à un échafaudage par souci d'économie –, salarié « *mortellement blessé lors du basculement d'une dalle* », peine de six mois d'emprisonnement avec sursis et peine d'amende, art. 121-3 alinéa 3 du Code pénal).

Par ailleurs, l'article 222-19 dispose que s'il est résulté d'un défaut d'adresse ou de précaution des blessures, coups et maladies entraînant une incapacité totale de travail pendant plus de trois mois, le coupable sera puni d'un emprisonnement jusqu'à deux ans et d'une amende jusqu'à 30 000 €. Le cas visé est celui d'un accident non mortel (blessures involontaires). Les peines sont renforcées en cas de manquement délibéré.

Lorsque l'un ou l'autre de ces articles est applicable, le tribunal recherchera à qui peut être imputée la maladresse, l'inattention, la négligence ou l'imprudence à l'origine de l'accident. Elle sera appréciée par rapport aux exigences de la fonction. L'employeur, un ingénieur ou un contremaître, peut, chacun à son niveau, s'avérer fautif et chacun sera condamné. À la différence de ce qui se produit lorsqu'il s'agit de sanctionner une violation de la réglementation en matière de santé et de sécurité, plusieurs personnes peuvent être sanctionnées, si chacune a personnellement commis une faute en relation de cause à effet avec l'accident, y compris la personne morale : l'entreprise employeur (Crim. 3 janv. 2006, Sté Bouygues ; Crim. 16 sept. 2008, D. et autres, « *cinq salariés intérimaires ont été tués et quatre autres blessés* », « *le prévenu, qui a contribué à créer la situation ayant permis la réalisation du dommage et n'a pas pris les mesures permettant de l'éviter, a commis une faute caractérisée et qui exposait autrui à un risque d'une particulière gravité qu'il ne pouvait ignorer* », art. 121-3 Code pénal).

Souvent, une infraction à la réglementation en matière de sécurité est découverte à l'occasion de l'accident. Dans ce cas, s'il apparaît que l'accident n'aurait pas eu lieu si la réglementation avait été respectée, l'employeur sera considéré comme responsable de l'accident (TGI correc. Versailles, 22 juin 2009, M. Lev ; à moins qu'il n'ait délégué ses pouvoirs). Dans ce cas, la sanction prévue par le Code du travail et celle prévue par le Code pénal ne sont pas cumulables. Seule la sanction la plus lourde sera appliquée (L. 4741-1, L. 263-2, al. 3).

Il peut arriver, en cas d'accident du travail, qu'aucune personne physique ne soit condamnée, du fait qu'aucune imprudence, ni inobservation des règlements, n'a été constatée ou du fait d'une dilution de la responsabilité. Le tribunal peut enjoindre à l'entreprise de présenter, dans un délai qu'il fixe, un plan de réalisation des mesures nécessaires pour rétablir les conditions normales de sécurité. Cette mesure n'est possible que si dans l'entreprise des manquements graves ou répétés aux règles de sécurité ont été relevés (L. 4741-11, L. 263-3-1).

Sanctions pénales

Le chef d'entreprise, notamment quand il est employeur, qui ne respecte pas les prescriptions légales et réglementaires, s'expose à des sanctions pénales (les infractions à la santé et à la sécurité sont considérées comme des délits, les condamnations sont prononcées par le TC). L'action pénale peut être déclenchée notamment par les procès-verbaux des inspecteurs du travail (transmis au Parquet, qui décide s'il y a lieu de poursuivre) et également par une organisation syndicale de salariés, au nom de l'intérêt collectif de la profession.

La sanction pénale est une peine d'amende pouvant aller jusqu'à 3 750 €. L'amende est appliquée autant de fois qu'il y a de salariés dans l'entreprise concernés par la ou les infractions relevées (L. 4741-9, L. 263-2), c'est-à-dire exposés au risque que l'infraction crée. En outre, le jugement fixe le délai dans lequel doivent être exécutés les travaux de sécurité et de salubrité imposés par les dispositions auxquelles il a été fait infraction (L. 4741-4, L. 263-3). En cas de récidive, les sanctions sont plus lourdes : emprisonnement jusqu'à un an et (ou) amende jusqu'à 9 000 € (L. 4741-1, L. 263-4). Qu'il y ait ou non récidive, le tribunal ordonne l'affichage du jugement aux portes de l'entreprise et sa publication dans les journaux qu'il désigne, aux frais du délinquant (L. 4741-5, L. 263-6, al. 1).

Autres acteurs de prévention

L'employeur désigne un ou plusieurs salariés compétents pour s'occuper des activités de protection et de prévention des risques professionnels de l'entreprise. Le ou les salariés ainsi désignés par l'employeur bénéficient, à leur demande, d'une formation en matière de santé au travail (L. 4644-1). Ces personnes disposent du temps nécessaire et des moyens requis pour exercer leurs missions et ne peuvent subir de préjudice en raison de leurs activités de prévention (R. 4644-1 et s. nouveaux).

À défaut, si les compétences dans l'entreprise ne permettent pas d'organiser ces activités, l'employeur peut faire appel, après avis du CHSCT ou, en son absence, des DP, aux intervenants en prévention des risques professionnels (IPRP – R. 4623-37 et s. nouveaux) appartenant au service de santé au travail interentreprises auquel il adhère (*infra*) ou dûment enregistrés auprès de l'autorité administrative, disposant de compétences dans le domaine de la prévention des risques professionnels et de l'amélioration des conditions de travail.

L'employeur peut aussi faire appel aux services de prévention des caisses de Sécurité sociale avec l'appui de l'INRS dans le cadre des programmes de prévention (CSs L. 422-5), à l'OPPBTP et à l'ANACT.

Cet appel aux compétences est réalisé dans des conditions garantissant les règles d'indépendance des professions médicales et l'indépendance des personnes et organismes.

B. Acteurs externes

Ces acteurs sont les services de santé au travail (médecine du travail), l'Inspection du travail et les organismes de prévention.

1. *Services de santé au travail*

Dans tous les établissements couverts par la législation sur la santé et la sécurité doivent être organisés des services médicaux du travail, dénommés services de santé au travail (L. 4621-1, L. 241-1).

Objectifs et attributions des services de santé au travail

Les services de santé au travail ont pour mission exclusive d'éviter toute altération de la santé des travailleurs du fait de leur travail (L. 4622-2). À cette fin, ils :

- 1° Conduisent les actions de santé au travail, dans le but de préserver la santé physique et mentale des travailleurs tout au long de leur parcours professionnel.
- 2° Conseillent les employeurs, les travailleurs et leurs représentants sur les dispositions et mesures nécessaires afin d'éviter ou de diminuer les risques professionnels, d'améliorer les conditions de travail, de prévenir la consommation d'alcool et de drogue sur le lieu de travail, de prévenir ou de réduire la pénibilité au travail et la désinsertion professionnelle et de contribuer au maintien dans l'emploi des travailleurs.
- 3° Assurent la surveillance de l'état de santé des travailleurs en fonction des risques concernant leur sécurité et leur santé au travail, de la pénibilité au travail et de leur âge.
- 4° Participent au suivi et contribuent à la traçabilité des expositions professionnelles et à la veille sanitaire.

Organisation des services de santé au travail

Suivant l'importance des entreprises, les services de santé au travail peuvent être propres à une seule entreprise ou communs à plusieurs (L. 4622-5, R. 4622-1, D. 4622-1, L. 241-3). Dans le premier cas, on parle de service autonome, dans le second, de service interentreprises.

Lorsque, pour organiser le service de santé au travail, l'entreprise a le choix, ce choix est fait par l'employeur ; le CE préalablement consulté peut s'opposer à cette décision (l'opposition est motivée – D. 4622-2). Il saisit la DIRECCTE qui se prononce sur la forme du service, après avis du médecin inspecteur du travail (MIT), dans le délai d'un mois (R. 4622-4).

Service autonome

Un service de santé au travail d'entreprise ou d'établissement peut être mis en place lorsque l'effectif de salariés suivi atteint ou dépasse 500 salariés (D. 4622-5 nouveau).

Gestion. Le service autonome de santé au travail est un service de l'entreprise. C'est à l'employeur qu'il revient de le créer, avec l'agrément préalable de la DIRECCTE, renouvelable tous les cinq ans, et de le faire fonctionner. Celui-ci doit respecter certaines dispositions réglementaires relatives aux locaux, à l'équipement et au personnel. Le recrutement d'un infirmier au moins est imposé à partir de 200 salariés dans les établissements industriels, 500 salariés dans les autres ; deux infirmiers sont obligatoires quand l'effectif dépasse respectivement 500 et 1 000 salariés. C'est l'employeur qui supporte la charge financière du service, notamment la rémunération du médecin du travail.

Le service de santé au travail est administré par l'employeur sous la surveillance du CE, qui est consulté sur les questions relatives à l'organisation et au fonctionnement de ce service (D. 4622-6).

Missions. Les missions des services de santé au travail sont exercées par les médecins du travail en toute indépendance. Ils mènent leurs actions en coordination avec les employeurs, les membres du CHSCT ou les DP et organismes de prévention (L. 4622-4).

L'employeur nomme le médecin du travail. Ce dernier ne peut être nommé et licencié qu'après avis du CE. Le licenciement ne peut intervenir, en outre, qu'après un entretien préalable et sur autorisation de l'inspecteur du travail, après avis du MIT (L. 4623-5, R. 4623-18 et s.). En cas de faute grave, le médecin peut être mis à pied en attendant la décision définitive.

Le remplacement d'un médecin du travail ne peut se faire par recours à un contrat de travail temporaire. Le changement d'affectation ne peut intervenir qu'avec l'accord du CE.

Service interentreprises

Gestion. Le service de santé interentreprises est un organisme à but non lucratif doté de la personnalité civile et de l'autonomie financière. Il est administré par un président, sous la surveillance d'une commission de contrôle ; les responsables de ce groupement ou de cet organisme sont soumis, dans les mêmes conditions que l'employeur et sous les mêmes sanctions (L. 4622-7, R. 241-12).

Le service de santé au travail est administré paritairement par un conseil composé (L. 4622-11) :

- 1° De représentants des employeurs désignés par les entreprises adhérentes (le président, qui dispose d'une voix prépondérante en cas de partage des voix, est élu parmi ces représentants et doit être en activité).
- 2° De représentants des salariés des entreprises adhérentes, désignés par les organisations syndicales représentatives au niveau national et interprofessionnel (le trésorier est élu parmi ces représentants).

L'organisation et la gestion du service de santé au travail sont placées sous la surveillance (L. 4622-12) :

- 1° Soit d'un comité interentreprises constitué par les comités d'entreprise intéressés.
- 2° Soit d'une commission de contrôle composée pour un tiers de représentants des employeurs et pour deux tiers de représentants des salariés. Son président est élu parmi les représentants des salariés.

Missions et moyens. Les missions des services de santé au travail sont assurées par une équipe pluridisciplinaire comprenant des médecins du travail, des IPRP et des infirmiers, qui peut être complétée par des assistants de services de santé au travail et des professionnels recrutés après avis des médecins du travail (des intervenants en prévention des risques professionnels – IPRP, habilités, ergonomes, toxicologues, épidémiologistes, psychologues, etc. – R. 4623-27).

Les médecins du travail animent et coordonnent l'équipe pluridisciplinaire (L. 4622-8).

Les priorités des services de santé au travail sont précisées, dans le cadre d'un contrat pluriannuel d'objectifs et de moyens conclu entre le service, d'une part, la DIRECCTE et les organismes de Sécurité sociale compétents, d'autre part, après avis des organisations d'employeurs, des organisations syndicales de salariés représentatives au niveau national et des agences régionales de santé (L. 4622-10).

La commission de contrôle surveille l'organisation et le fonctionnement du service médical. Elle doit notamment être consultée sur les créations et suppressions d'emplois de médecins du travail et diverses autres questions énumérées par les textes, ainsi que sur le rapport annuel relatif au fonctionnement du service et sur le rapport annuel de chaque médecin du travail.

Le recrutement et le licenciement d'un médecin du travail obéissent aux mêmes règles que dans le cas du service autonome ; l'avis à recueillir est celui de la commission de contrôle ou du conseil d'administration, le cas échéant ; le projet de licenciement est examiné après audition de l'intéressé.

Les dépenses du service interentreprises sont réparties entre les entreprises adhérentes proportionnellement à leurs effectifs.

Statut du médecin du travail

Le médecin du travail est un salarié. Le contrat de travail est conclu avec le chef de l'entreprise (service autonome) ou avec le président du service interentreprises et doit être écrit (R. 4623-4).

Tout en étant placé dans la situation de subordination qui caractérise le salarié, le médecin du travail reste indépendant pour tous les actes relevant de l'art et de la technique médicaux. L'employeur doit éviter toute ingérence dans ce domaine.

La compétence professionnelle du médecin est consacrée par le certificat d'études spéciales de médecine du travail ou le diplôme d'études spécialisées, délivré par les facultés de médecine et sans lequel il ne peut exercer la médecine du travail (L. 4623-1).

Attributions du médecin du travail

Mission. Le rôle du médecin du travail est exclusivement préventif. Il consiste à éviter toute altération de la santé des travailleurs du fait de leur travail, notamment en surveillant leurs conditions d'hygiène du travail, les risques de contagion et leur état de santé (L. 4622-3, L. 241-2). Il ne se substitue pas à un médecin traitant. Le médecin du travail a vocation à agir sur le milieu du travail et à promouvoir l'« adaptation du travail à l'homme ».

Le médecin du travail est le conseiller de l'employeur, des salariés, des représentants du personnel et des services sociaux en ce qui concerne notamment l'amélioration des conditions de travail et de vie dans l'entreprise, l'hygiène générale de l'établissement, l'adaptation des postes, des techniques et des rythmes à la physiologie humaine, etc. (R. 4623-1, R. 241-41).

Afin d'exercer ces missions, le médecin du travail conduit des actions sur le milieu de travail et procède à des examens médicaux. Il procède à l'analyse de l'exposition des salariés à des facteurs de pénibilité (L. 4612-2) et formule des propositions.

Action sur le milieu de travail

Le médecin du travail en particulier (R. 4624-1 et s. nouveaux) :

- a libre accès aux lieux de travail et réalise la visite des entreprises et établissements dont il a la charge ;
- est obligatoirement associé à l'étude de toute nouvelle technique de production ;
- est consulté sur les projets de construction de locaux ou de modification des équipements ;
- assiste aux séances du CHSCT, avec voix consultative.

Le médecin du travail est tenu de consacrer à cette action sur le milieu de travail le tiers de son temps. Ce temps comporte au moins 150 demi-journées de travail effectif chaque année, réparties mensuellement, calculées au prorata en cas de temps partiel.

Le médecin du travail établit et met à jour une fiche d'entreprise où figurent notamment les risques professionnels (D. 4624-37 et s.) et un rapport annuel d'activité (D. 4624-42).

Suivi individuel de l'état de santé du salarié

Le médecin du travail procède à des examens médicaux permettant de surveiller la santé des travailleurs, de voir si des tâches ou des postes sont contre-indiqués. Les textes prévoient plusieurs types d'examens.

Recrutement. La visite médicale d'embauchage (R. 4624-10 et s. nouveaux) a pour but de rechercher si le salarié n'est pas atteint d'une affection dangereuse pour les autres travailleurs, de s'assurer qu'il est médicalement apte au poste de travail envisagé pour lui, de proposer éventuellement les adaptations de ce poste ou l'affectation à d'autres postes ; elle a lieu avant l'embauche ou au plus tard avant l'expiration de la période d'essai.

Périodiques. Les visites périodiques (R. 4624-16 nouveau) supposent que tout salarié bénéficie d'un examen médical au moins une fois tous les deux ans en vue de s'assurer du maintien de son aptitude au poste de travail occupé (sauf dérogation R. 4624-16 al. 2).

Surveillance médicale renforcée. Bénéficient chaque année d'une visite médicale les salariés (R. 4624-18 nouveau) affectés à certains travaux comportant des exigences ou des risques déterminés (expositions à l'amiante, aux rayonnements ionisants, au plomb, au risque hyperbare, aux températures extrêmes, au bruit, aux vibrations, etc.) et ceux qui relèvent de différentes catégories (jeunes travailleurs, femmes enceintes, travailleurs handicapés).

Des règles spécifiques sont prévues pour des catégories de travailleurs (travailleurs temporaires – R. 4625-8, saisonniers – R. 4625-22, etc., L. 4625-1) et peuvent être prévues par accord collectif pour d'autres (travailleurs du spectacle, des particuliers, etc., L. 4625-2).

Reprise. Dans le cadre de la visite de reprise du travail (R. 4624-22 nouveau), les salariés doivent bénéficier d'un examen médical après une absence pour cause de maladie professionnelle, un congé de maternité, une absence d'au moins 30 jours pour cause d'accident du travail, de maladie ou d'accident non professionnel. Cet examen a pour objet d'apprécier l'aptitude du salarié à reprendre son emploi et, au besoin, de rechercher si une adaptation des conditions de travail ou (et) la réadaptation du salarié est nécessaire. Le salarié ne peut se prévaloir des conclusions du médecin du travail, formulées à l'issue d'une visite de reprise à son initiative s'il n'en a pas informé au préalable son employeur (Soc. 4 févr. 2009).

Pré-reprise. En vue de favoriser le maintien dans l'emploi des salariés en arrêt de travail d'origine professionnelle ou non, d'une durée de plus de 3 mois, une visite de pré-reprise est organisée par le médecin du travail à l'initiative du médecin traitant et/ou du médecin conseil des organismes de sécurité sociale ou du salarié (R. 4624-20 nouveau).

Demande. Tout salarié bénéficie d'un examen médical à la demande de l'employeur ou à sa demande. La demande du salarié ne peut motiver aucune sanction (R. 4624-17 nouveau).

Modalités. Le temps nécessité par les examens médicaux est soit pris sur les heures de travail des salariés sans qu'aucune retenue de salaire puisse être opérée, soit rémunéré comme temps de travail normal lorsque ces examens ne peuvent avoir lieu pendant les heures de travail. Le temps et les frais de transport nécessités par ces examens sont pris en charge par l'employeur. À l'issue de chaque examen, le médecin établit une fiche médicale d'aptitude en double exemplaire (R. 4624-47 et s.).

Contestation. Seul l'avis médical d'aptitude ou d'inaptitude valablement délivré par le médecin du travail peut être contesté, par le salarié ou l'employeur ; le recours est adressé dans un délai de deux mois, par LR/AR à l'inspecteur du travail dont relève l'entreprise. La demande énonce les motifs de la contestation (R. 4624-35 et s. nouveaux).

Prévention de la pénibilité

Pour le suivi des expositions, le médecin du travail établit un dossier et une fiche.

Dossier. Un dossier médical en santé au travail, constitué par le médecin du travail, retrace dans le respect du secret médical les informations relatives à l'état de santé du travailleur, aux expositions auxquelles il a été soumis, ainsi que les avis et les propositions du médecin du travail. Ce dossier ne peut être communiqué qu'au médecin de son choix, à la demande de l'intéressé. En cas de risque pour la santé publique ou à sa demande, le médecin du travail le transmet au médecin inspecteur du travail. Ce dossier peut être communiqué à un autre médecin du travail dans la continuité de la prise en charge, sauf refus du travailleur. Le travailleur, ou en cas de décès de celui-ci toute personne autorisée, peut demander la communication de ce dossier (L. 4624-2).

Fiche. Pour chaque travailleur exposé à un ou plusieurs facteurs de risques professionnels (L. 4121-3-1, D. 4121-5) liés à des contraintes physiques marquées, à un environnement physique agressif ou à certains rythmes de travail susceptibles de laisser des traces durables identifiables et irréversibles sur sa santé, l'employeur consigne dans une fiche (R. 4412-110) les conditions de pénibilité auxquelles le travailleur est exposé, la période au cours de laquelle cette exposition est survenue, ainsi que les mesures de prévention mises en œuvre par l'employeur pour faire disparaître ou réduire ces facteurs durant cette période. Cette fiche individuelle est établie en cohérence avec l'évaluation des risques (cf. *supra* le DUE). Elle est communiquée au service de santé au travail qui la transmet au médecin du travail. Elle complète le dossier médical en santé au travail de chaque travailleur. Elle précise de manière apparente et claire le droit pour tout salarié de demander la rectification des informations contenues dans ce document. Une copie de cette fiche est remise au travailleur à son départ de l'établissement, en cas d'AT excédant une durée fixée par décret ou de déclaration de MP. Les informations contenues dans ce document sont confidentielles et ne peuvent pas être communiquées à un autre employeur auprès duquel le travailleur sollicite un emploi. En cas de décès du travailleur, ses ayants droit peuvent obtenir cette copie (L. 4121-3-1).

Propositions

Proposition individuelle. Le médecin du travail est habilité à proposer des mesures individuelles telles que la mutation ou la transformation de poste, justifiée par des considérations relatives notamment à l'âge, à la résistance physique ou à l'état de santé physique et mentale des travailleurs.

L'employeur est tenu de prendre ces propositions en considération et, en cas de refus, de faire connaître les motifs qui s'opposent à ce qu'il y soit donné suite (Soc. 14 oct. 2009, PBR, Sté Point P ; L. 4624-1).

En cas de difficulté ou de désaccord, l'employeur ou le salarié peut exercer un recours devant l'inspecteur du travail. Celui-ci prend sa décision après avis du médecin inspecteur du travail (L. 4624-1, L. 241-10-1).

Proposition liée à un risque. Lorsque le médecin du travail constate la présence d'un risque pour la santé des travailleurs, il propose par un écrit motivé et circonstancié des mesures visant à la préserver. L'employeur prend en considération ces propositions et, en cas de refus, fait connaître par écrit les motifs qui s'opposent à ce qu'il y soit donné suite.

Lorsque le médecin du travail est saisi par un employeur d'une question relevant des missions, il fait connaître ses préconisations par écrit.

Les propositions et les préconisations du médecin du travail et la réponse de l'employeur sont tenues, à leur demande, à la disposition du CHSCT ou, à défaut, des DP, de l'Inspection du travail, du médecin inspecteur du travail ou des agents des services de prévention des CARSAT (L. 4624-3).

Contrôle

Les services de santé au travail doivent faire l'objet d'un agrément, donné par la DIRECCTE, après avis du MIT. L'agrément est donné pour cinq ans. Une copie du rapport annuel d'activité, accompagnée des observations du comité ou de la commission, doit être adressée à l'inspecteur du travail ou à la DIRECCTE, en cas de service interentreprises (D. 4622-48 et s.). Les MIT contrôlent l'activité des services de santé au travail.

Sanctions

Les infractions relatives à la médecine du travail sont sanctionnées par une amende, pouvant aller jusqu'à 1 500 €. Les peines sont plus lourdes en cas de récidive : amende pouvant aller jusqu'à 3 750 € et/ou emprisonnement jusqu'à quatre mois (L. 4745-1, L. 264-1).

2. *Inspection du travail*

L'inspecteur (ou le contrôleur) du travail qui, à l'occasion d'une visite de contrôle, constate dans une entreprise ou sur un autre lieu de travail (chantier, etc.) une infraction à la réglementation, peut dresser immédiatement un procès-verbal (chapitre IV). Cependant, d'autres formules juridiques sont à sa disposition.

Observation

L'inspecteur (ou le contrôleur) du travail peut rappeler à l'entreprise ses obligations au regard des textes applicables.

Mise en demeure

En matière de santé et de sécurité, l'inspecteur du travail, au lieu de dresser immédiatement un procès-verbal, procède, lorsque la loi le prévoit, à une mise en demeure (R. 4271-4). L'employeur dispose alors d'un certain délai pour remédier à la situation défectueuse et se mettre en règle. Si, à l'expiration de ce délai, rien n'a été fait, l'inspecteur du travail dresse un procès-verbal. La mise en demeure, datée et signée par l'inspecteur, indique les infractions constatées et le délai accordé à l'employeur ; elle doit être conservée par l'employeur.

Le Code du travail indique les dispositions relatives à la sécurité pour lesquelles la mise en demeure est prévue et le délai minimum d'exécution, compris entre huit jours et trois mois. L'inspecteur du travail, compte tenu des circonstances, détermine le délai accordé.

Cependant, les inspecteurs du travail peuvent dresser immédiatement un procès-verbal, alors même que la mise en demeure est prévue, lorsque les faits qu'ils constatent présentent un danger grave ou imminent pour l'intégrité physique des travailleurs. Ainsi, en cas de danger, la phase préalable de la mise en demeure, bien qu'elle soit prévue par le texte dont la violation est constatée, peut être supprimée (L. 4721-5, L. 231-4, al. 2).

Certaines situations peuvent être dangereuses, sans qu'un texte précis soit violé et puisse être invoqué. Cela peut résulter des conditions d'organisation du travail, de l'état des surfaces de circulation, des caractéristiques des engins utilisés, etc. Il faut éviter que, confronté à ces situations, l'inspecteur du travail se trouve démuni, du fait qu'il ne peut constater une infraction caractérisée à un texte spécifique.

Dans ce cas, l'UT (DIRECCTE), sur rapport de l'inspecteur du travail constatant la situation dangereuse, peut mettre en demeure le chef d'établissement de prendre toute mesure utile pour y remédier (L. 4721-1, L. 231-5). La mise en demeure fixe le délai d'exécution en tenant compte des difficultés de réalisation. Si, à l'expiration de ce délai, la situation dangereuse n'a pas cessé, l'inspecteur du travail peut dresser un procès-verbal.

L'inspecteur (ou le contrôleur du travail) peut aussi mette en demeure l'employeur de faire procéder à des vérifications, des analyses et des mesures par un organisme agréé (R. 4721-11, *infra*).

Dans tous les cas où une mise en demeure est signifiée à un chef d'établissement, celui-ci peut, avant l'expiration du délai et au plus tard dans les 15 jours qui suivent la mise en demeure, former un recours auprès du directeur régional du travail. Cette réclamation est suspensive (L. 4723-1, L. 231-5-1). La DIRECCTE dispose de 21 jours pour répondre (R. 4723-1, R. 231-13-1). La non-réponse dans ce délai vaut acceptation de la réclamation.

Action en référé

L'inspecteur du travail, lorsqu'un risque sérieux d'atteinte à l'intégrité physique d'un travailleur résulte de l'inobservation des dispositions réglementaires, a la possibilité de saisir le juge des référés (président du TGI) pour voir ordonnée toute mesure propre à faire cesser ce risque, telles que la mise hors service, l'immobilisation, la saisie des matériels, machines, dispositifs, produits ou autres (L. 4732-1, L. 263-1). Le juge peut également ordonner la fermeture temporaire d'un atelier ou d'un chantier.

L'inspecteur du travail peut ainsi saisir le juge des référés lorsqu'il est lui-même saisi par l'employeur, après qu'un représentant du personnel au CHSCT a constaté une cause de danger grave et imminent.

Arrêt de travaux

L'inspecteur du travail peut, dans certains cas (risques de chute de hauteur ou d'ensevelissement sur un chantier du BTP, opérations de confinement et retrait de l'amiante, risque de chute sur les chantiers d'exploitation de bois, exposition à une substance chimique cancérogène, mutagène ou toxique pour la reproduction – CMR), ordonner l'arrêt temporaire de l'activité concernée (L. 4731-1, L. 231-12). Si, à l'issue du délai fixé par l'inspecteur du travail, le risque persiste, il lui est possible d'ordonner l'arrêt temporaire de l'activité. En cas de contestation, l'employeur peut saisir le président du TGI, qui statue en référé (ce recours est très rarement utilisé en pratique).

3. *Organismes de prévention*

Un rôle important est joué en matière de prévention par les organismes de Sécurité sociale. En particulier, la caisse nationale d'assurance-maladie (CNAM) peut demander l'extension, par arrêté interministériel, à l'ensemble du territoire, des mesures de prévention édictées par une Caisse d'assurance-retraite et de la santé au travail (CARSAT) (il s'agit de l'ancienne Caisse régionale d'assurance-maladie, CRAM). Ces textes visent les risques très particuliers liés à l'usage de certaines techniques (par exemple ponts roulants). Les ingénieurs-conseils et les contrôleurs de sécurité des services de prévention des CARSAT sont notamment chargés de veiller au respect de ces dispositions. Ces agents peuvent aussi assister les services de santé au travail dans l'approche pluridisciplinaire de la prévention. En outre, les CARSAT ont la possibilité d'imposer des cotisations supplémentaires en cas de risques exceptionnels présentés par l'exploitation, et d'accorder des ristournes sur cotisation aux employeurs ayant mis en œuvre une prévention efficace (Arrêté 9 déc. 2010, LFSS 24 déc. 2009).

Des organismes sont agréés par le ministère du Travail pour effectuer des vérifications de conformité (aération, éclairage, moyens de protection, appareils de levage, installations électriques, risque chimique, bruit, rayonnements ionisants, vibrations mécaniques, risques chimiques et biologiques/valeurs limites d'exposition – décret du 15 déc. 2009, etc.), notamment en cas de mise en demeure de l'Inspection du travail.

Chapitre XIV

Temps de travail

La question du temps de travail, c'est-à-dire de la durée du travail (donnée quantitative du volume) et de la répartition de cette durée du travail (donnée qualitative de la répartition), présente des enjeux multiples en matière de conditions de travail (directive communautaire de 1993, etc.), de rémunération du travail, de coût du travail, de politique de l'emploi contre le chômage, d'articulation de la vie professionnelle et de la vie personnelle, notamment familiale, de relations sociales dans l'entreprise, de rapports sociaux de sexe, etc. Le temps de travail appliqué dans l'entreprise devrait prendre en compte ces différentes attentes.

Depuis 1997, une politique de réduction du temps de travail est mise en œuvre par les pouvoirs publics :

– loi dite « Aubry I » du 13 juin 1998 « d'orientation et d'incitation relative à la réduction du temps de travail ».
– loi dite « Aubry II » du 19 janv. 2000 fixant la durée légale du travail à 35 heures hebdomadaires, modifiant des modalités d'aménagement du temps de travail (travail à temps partiel, modulation du temps de travail, travail intermittent, etc.) et introduisant des modalités particulières pour le temps des cadres.

Depuis 2003, les nouveaux décideurs publics, sans modifier la durée légale du travail, réforment la législation pour favoriser l'augmentation de la durée réelle du travail. Les textes les plus importants sont les suivants :

– loi « Fillon II » du 17 janv. 2003 : recours facilité aux heures supplémentaires (taux de majorations définis par accord collectif), modification du régime des astreintes et des forfaits (cadres).
– loi « Fillon IV » du 4 mai 2004 : possibilité de mettre en œuvre la plupart des dérogations par accord d'entreprise (et pas seulement par accord de branche).
– loi du 30 juin 2004 : « journée supplémentaire de travail non rémunéré ».
– loi du 18 janv. 2005 : modification du régime du temps de trajet professionnel.
– loi du 11 févr. 2005 sur les travailleurs handicapés.

- loi du 31 mars 2005 : régime d'« heures choisies », au-delà des heures supplémentaires, modification du régime du compte épargne temps (CET), prorogation du régime dérogatoire des heures supplémentaires dans les entreprises de moins de 20 salariés.
- loi du 2 août 2005 : extension du forfait en jours à tous les salariés « autonomes » (non-cadres).
- loi du 21 août 2007 (TEPA) : exonérations fiscales et de cotisations sociales pour les heures supplémentaires.
- loi du 8 févr. 2008 sur le pouvoir d'achat.
- loi du 20 août 2008 (publiée au *JO* du 21 août), volet relatif à la réforme du temps de travail.
- loi du 10 août 2009 sur le repos dominical.

À lire : F. Morel, *Durée et aménagement du temps de travail*, EFB, 2009 ; M. Miné, *Droit du temps de travail*, LGDJ, 2004.

Durée du travail

A. Mesure

Le droit du temps de travail repose sur la mesure de ce temps de travail.

1. *Définition*

Temps de travail effectif. La durée du travail effectif est le temps pendant lequel le salarié est à la disposition de l'employeur et se conforme à ses directives sans pouvoir vaquer *librement* à des occupations personnelles (L. 3121-1 et s., L. 212-4). Cet article du Code du travail fixe le principe applicable en matière de mesure du temps de travail.

En dehors mêmes de règles particulières (*infra*), le contentieux sur la mesure du temps de travail est conséquent et c'est sur le fondement de ce principe que les solutions sont adoptées. Ainsi, il a été jugé que constitue un temps de travail devant être rémunéré comme tel, le temps passé par un salarié à des soirées scientifiques organisées par l'entreprise, sous la forme de cocktails dînatoires, « *même si le salarié disposait pendant ces soirées d'une liberté de mouvement* » (Soc. 5 mai 2010, Sté Chugai Pharma France). En revanche, il a été jugé que le temps d'attente pour un chauffeur routier pendant des opérations de chargement et de déchargement auxquelles il ne participait pas ne constitue pas du temps de travail (Soc. 7 avril 2010, la Cour d'appel n'ayant pas constaté que les critères légaux étaient réunis, hormis l'impossibilité de vaquer librement à des occupations personnelles).

Temps de travail. Ce principe interne doit être interprété et appliqué à la lumière du droit communautaire, pour atteindre l'objectif de la directive. La directive communautaire prévoit une définition du

« temps de travail » : « Toute période durant laquelle le travailleur est au travail, à la disposition de l'employeur et dans l'exercice de son activité ou de ses fonctions, conformément aux législations et/ou pratiques nationales » (art. 2, dir. 2003/88).

La jurisprudence communautaire, rendue sur cette définition, s'impose aux États (voir notamment CJCE 1er déc. 2005, Dellas ; CJCE 5 oct. 2004, Pfeiffer ; CJCE 9 sept. 2003, Jaeger ; etc.). La jurisprudence considère que la définition est une règle de droit social communautaire présentant une importance particulière ; les États ne peuvent pas la modifier dans un sens défavorable à l'objectif de la directive (santé des travailleurs). Selon la jurisprudence, l'intensité de l'activité du travail n'a pas à être prise en compte dans la mesure du temps de travail. Par conséquent, conformément à la définition communautaire du temps de travail, il convient d'employer la notion de « temps de travail » (sans référence au « travail effectif ») ; le critère essentiel de qualification d'un temps en « temps de travail » étant celui d'être à la disposition de l'entreprise. Cette jurisprudence porte sur la mesure du temps de travail (elle ne porte pas sur la rémunération de ce temps de travail). Les États qui n'appliquent pas cette définition du temps de travail sont donc en infraction (pour remettre en cause cette jurisprudence de la CJCE, des gouvernements ont demandé à la Commission, dans le cadre de la révision de la directive « temps de travail », de sept. 2004, d'intégrer une nouvelle définition du temps de travail excluant les « temps d'inaction » ; mais cette tentative a échoué lors de la réunion de conciliation du 27 avril 2009 entre le Conseil des ministres et le Parlement européen. La Commission Baroso II a invité les partenaires sociaux européens, le 24 mars 2010, à négocier sur ce sujet, la CES a répondu négativement le 2 juin 2010, mais à la suite d'une nouvelle invitation, le 21 déc. 2010, des négociations ont commencé le 8 déc. 2011).

Quand un temps est qualifié de temps de travail, il convient de vérifier au regard de quels droits il bénéficie de cette qualification : soit ce temps est qualifié de temps de travail et est intégré dans la durée du travail (il ouvrira droit le cas échéant à des contreparties pour heures supplémentaires), soit ce temps est payé comme du temps de travail, mais n'est pas intégré dans la durée du travail. Par ailleurs, un temps peut ne pas être considéré comme du temps de travail, mais ouvrir droit à des contreparties.

2. *Règles particulières*

La législation interne prévoit des règles particulières pour d'autres temps (L. 3121-2 et s.).

Le **temps de restauration** est du temps de travail si le salarié reste, pendant ce temps, à la disposition de l'employeur (Soc. 18 févr. 1998, Soc. 4 janv. 2000).

Le temps de pause, « *arrêt de travail de courte durée sur le lieu de travail ou à proximité* » (Soc. 1er avril 2003, Sté Atafina), n'est pas du temps de travail, même en cas d'interventions éventuelles et exceptionnelles, notamment pour des motifs de sécurité (Soc. 1er avril 2003, Soc. 16 mai 2007), sauf si cela correspond à une surveillance permanente (Soc. 12 oct. 2004). La brièveté de la pause et l'impossibilité de quitter l'entreprise à cette occasion (Soc. 5 avr. 2006) ou l'obligation de porter une tenue de travail (Soc. 30 mai 2007) ne permettent pas de considérer le temps de pause comme du temps de travail (cf. Soc. 13 juill. 2010, l'incidence sur le SMIC, chap. XV). Pourtant, pendant ces temps de pause, le salarié ne peut pas vaquer librement à ses occupations personnelles...

Les **temps de déshabillage** et d'habillage peuvent être qualifiés de temps de travail (intégré dans la durée du travail ou seulement rémunéré comme temps de travail).

Cependant « *sous réserve de dispositions plus favorables, le temps (...) d'habillage (...) ne peut être pris en compte dans la durée du travail* » (Soc. 28 oct. 2009, Cité des Sciences et de l'Industrie). Ces temps, quand ils ne sont pas qualifiés de temps de travail, lorsqu'une tenue de travail est imposée et que celle-ci doit être revêtue dans l'entreprise ou sur le lieu de travail, doivent, au minimum, faire l'objet d'une contrepartie conventionnelle ou contractuelle ; « *les contreparties au temps nécessaire aux opérations d'habillage et de déshabillage sont subordonnées à la réalisation cumulative des deux conditions* » (Cass. Ass. plén. 18 nov. 2011, PBRI, Sté CIWLT ; Soc. 5 déc. 2007, Soc. 26 mars 2008, Sté STAS ; *contra* Soc. 26 janv. 2005, Sté Connex Nancy, admettant l'obligation de contreparties en cas d'habillage hors du lieu de travail). À défaut de contrepartie précisée, c'est au juge de la déterminer (Soc. 16 janv. 2008).

Pourtant le salarié qui porte sa tenue de travail entre son domicile et son lieu de travail subit une contrainte – sur ce fondement, des tribunaux avaient résisté à cette nouvelle interprétation et considéré que le salarié devait recevoir une contrepartie, quel que soit le lieu où il se change (CA Paris, 26 juin 2008, Intrabus Orly ; CPH Argenteuil, 30 oct. 2008, SAS TVO).

Le temps du trajet au sein de l'entreprise afin de se rendre du vestiaire à son poste de travail ou au lieu de pointage est qualifié de temps de travail, dès lors que les critères légaux sont remplis (« *les salariés étaient à la disposition de l'employeur tenus de se conformer à ses directives* », Soc. 13 juill. 2004, Carrefour ; cependant, « *la circonstance que le salarié soit astreint au port d'une tenue de travail ne permet pas de considérer qu'un temps de déplacement au sein de l'entreprise constitue un temps de travail effectif* », Soc. 31 oct. 2007, Sté Iveco). Il s'agit bien de temps de travail quand les salariés effectuent « *ce trajet imposé par l'employeur* », « *soit à pied à travers des zones ouvertes au public, qui peut solliciter ces salariés identifiés comme tels par leurs costumes et leurs badges, soit en navette où ils peuvent se trouver en présence de leur supérieur hiérarchique* » (Soc. 13 janv. 2009, SCA Eurodisney).

Le **temps de déplacement professionnel** du domicile au lieu de travail n'est pas du temps de travail (Soc. 26 mars 2008, Sté STAS).

Toutefois, s'il dépasse le temps normal de trajet entre le domicile et le lieu habituel de travail, il doit faire l'objet d'une contrepartie soit sous forme de repos, soit financière, déterminée par convention ou accord collectif ou, à défaut, par décision unilatérale de l'employeur prise après consultation du CE ou des DP, s'ils existent. La part de ce temps de déplacement professionnel coïncidant avec l'horaire de travail ne doit pas entraîner de perte de salaire. Les temps de déplacement entre des lieux de travail constituent du temps de travail.

Le **temps de douche**, pour les travaux salissants ou insalubres, n'est pas du temps de travail, mais doit faire l'objet d'une rémunération comme du temps de travail (R. 4228-8, R. 232-2-4 ; Soc. 11 févr. 2004).

Les équivalences : la durée du travail s'entend à l'exclusion des périodes d'inaction dans les industries et les commerces nommées équivalences. Une durée équivalente à la durée légale peut être instituée dans les professions concernées et pour des emplois déterminés, par décret pris après conclusion d'une convention ou d'un accord de branche ou par décret en Conseil d'État (« *un régime d'équivalence (...) est une exception qui ne saurait être appliquée en dehors des activités ou des emplois visés par les textes réglementaires et conventionnels* » ; exemple : un régime d'équivalence prévu pour les ambulanciers roulants ne peut être appliqué à un salarié gestionnaire, Soc. 28 oct. 2009, SA Ambulance Pontivyenne). Ces périodes sont rémunérées conformément aux dispositions conventionnelles ou aux usages.

Un contentieux emblématique s'est développé, depuis plusieurs années (Soc. 29 juin 1999), dans le secteur pour personnes inadaptées et handicapées (CCN du 15 mars 1966) concernant les éducateurs effectuant des permanences de nuit en « chambre de veille ». Récemment, deux décisions du juge européen ont condamné la France au sujet d'une loi de validation (art. 29 de la loi du 19 janv. 2000), adoptée pour des raisons budgétaires, qui portait atteinte au « droit à un procès équitable » (art. 6, § 1 de la Convention européenne des droits de l'Homme, CEDH 9 janv. 2007, Arnolin et Aubert c/France). Pour les salariés qui ont saisi les tribunaux (CPH) avant l'entrée en vigueur de la loi (1er févr. 2000), dont les demandes, encore pendantes, avaient échoué du fait de cette loi, leurs heures de permanence doivent être intégralement rémunérées comme des heures normales de travail, la loi de validation étant écartée au regard de la jurisprudence européenne (Soc. 13 juin 2007, Ass. APAEI). C'est une réponse à un contentieux complexe.

« *Les permanences nocturnes constituent du temps de travail effectif même lorsqu'elles englobent, dans le cadre d'un régime d'équivalence, des temps d'inaction* » (Soc. 29 juin 2011, ANRS).

De manière plus générale, en réponse à une question préjudicielle, le juge communautaire (CJCE) considère que la directive communautaire s'oppose à ce régime d'équivalence (CJCE 1er déc. 2005), le temps de présence physique sur le lieu de travail devant être intégralement comptabilisé comme temps de travail (la durée hebdomadaire maximale devant être respectée, Soc. 26 mars 2008). Des décrets sur les équivalences ont été annulés (secteur médico-social : CE 28 avril 2006, un nouveau décret étant adopté ; hôtels-cafés-restaurants : CE 18 oct. 2006, les équivalences sont supprimées dans cette branche – avenant à la CCN du 5 févr. 2007), mais le législateur n'a pas révisé de manière générale le régime des équivalences. Des équivalences continuent d'exister dans de nombreuses professions – exemple : les pharmacies d'officine pendant un « service de garde ou d'urgence à volets fermés » ; « Pour le calcul de la durée légale, les heures de permanence effectuées dans l'officine (...) sont décomptées sur la base de 25 % du temps de présence », décret du 21 mars 2002, art. 2, avenant du 9 avril 2008, art. 4 c) ; autres exemples : secteurs médico-social, des transports (route, hélicoptères, etc.), du commerce alimentaire de détail de fruits et légumes, etc.

L'**astreinte** désigne la période pendant laquelle le salarié, sans être à la disposition permanente et immédiate de l'employeur, a l'obligation de demeurer à son domicile (ou dans son logement de fonction, Soc. 19 déc. 2007, Soc. 24 sept. 2003) ou à proximité afin d'être en mesure d'intervenir pour effectuer un travail au service de l'entreprise, la durée de cette intervention étant considérée comme un temps de travail (Soc. 5 nov. 2003). Le temps de déplacement lié à l'intervention constitue du temps de travail (Soc. 31 oct. 2007).

L'astreinte doit, en outre, pour la contrainte, même sans intervention, donner lieu à une compensation financière ou sous forme de repos. Le tout est à préciser par la voie conventionnelle et la programmation individuelle des astreintes doit être portée à la connaissance de chaque salarié concerné 15 jours à l'avance, en principe. La décision de l'employeur de mettre en œuvre le régime d'astreinte prévu par accord collectif, s'impose au salarié et n'entraîne aucune modification du contrat de travail (Soc. 16 déc. 1998).

Selon la loi du 17 janv. 2003, les astreintes peuvent désormais être considérées comme un temps de repos, « exception faite de la durée d'intervention » (L. 3121-6), mais le Comité européen des droits sociaux décide que cette disposition constitue une violation de la Charte sociale européenne révisée (décisions du 12 oct. et du 7 déc. 2004, entérinées par le Comité des ministres du Conseil de l'Europe dans ses Résolutions du 4 mai 2005 ; nouvelles décisions du 23 juin 2010, à la suite des nouvelles réclamations de la CGT et de la CGC). La législation devrait donc faire l'objet d'une modification pour être mise en conformité. L'astreinte ne doit pas porter atteinte au repos hebdomadaire (*infra*, Soc. 8 juin 2011, Sté Dalkia France).

En revanche, des astreintes effectuées dans un local imposé par l'employeur constituent du temps de travail, car le salarié ne peut y vaquer librement à ses occupations personnelles (Soc. 2 juin 2004). L'accident survenu au cours d'une période d'astreinte au domicile ne bénéficie pas des protections relatives aux accidents du travail (Soc.

2 avril 2003), mais il en bénéficie s'il a eu lieu dans un logement imposé par l'employeur (Soc. 2 nov. 2004). Constitue également du temps de travail la permanence effectuée par le salarié à son domicile pendant laquelle il exerce les fonctions attribuées pendant la journée (Soc. 10 nov. 2010, réception d'appels téléphoniques d'urgence).

Enfin, le **télétravail** est régi par un ANI étendu (ANI du 19 juill. 2005, arrêté d'extension du 30 mai 2006, déclinant l'accord européen du 16 juill. 2002). « Le télétravail est une forme d'organisation et/ou de réalisation du travail, utilisant les technologies de l'information dans le cadre d'un contrat de travail et dans laquelle un travail, qui aurait également pu être réalisé dans les locaux de l'employeur, est effectué hors de ces locaux de façon régulière » (art. 1). Le « télétravailleur » exerce son activité à son domicile, dans un local loué par l'entreprise ou en « nomade » chez des clients de l'entreprise, ces différentes modalités pouvant être exercées de manières alternées, dans des proportions variables. « Les télétravailleurs bénéficient des mêmes droits et avantages légaux et conventionnels que ceux applicables aux salariés en situation comparable travaillant dans les locaux de l'entreprise. Cependant, pour tenir compte des particularités du télétravail, des accords spécifiques complémentaires collectifs et/ou individuels peuvent être conclus. » (art. 4). Il en est ainsi notamment en matière de durée du travail. En matière de santé, « le télétravailleur gère l'organisation de son temps de travail dans le cadre de la législation, des conventions collectives et règles d'entreprise applicables. La charge de travail, les normes de production et les critères de résultats exigés du télétravailleur doivent être équivalents à ceux des salariés en situation comparable travaillant dans les locaux de l'employeur. Des points de repères moyens identiques à ceux utilisés dans l'entreprise sont donnés au télétravailleur. La charge de travail et les délais d'exécution, évalués suivant les mêmes méthodes que celles utilisées pour les travaux exécutés dans les locaux de l'entreprise, doivent, en particulier, permettre au télétravailleur de respecter la législation relative à la durée du travail et tout spécialement la durée maximale du travail et les temps de repos (...) » (art. 9). En matière de préservation de la vie privée, « l'employeur est tenu de respecter la vie privée du télétravailleur. À cet effet, il fixe, en concertation avec le salarié, les plages horaires durant lesquelles il peut le contacter » (art. 6).

Le Code du travail prévoit (L. 1222-9 – Proposition de Loi « Simplification du droit », votée par l'Assemblée nationale le 18 oct. 2011 mais rejetée par le Sénat le 10 janv. 2012) :

– des définitions : « Le télétravail désigne toute forme d'organisation du travail dans laquelle un travail qui aurait également pu être exécuté dans les locaux de l'employeur est effectué par un salarié hors de ces locaux de façon régulière et volontaire en utilisant les technologies de l'information dans le cadre d'un contrat de travail ou d'un avenant à celui-ci » et « le télétravailleur désigne toute personne salariée de l'entreprise qui effectue soit dès l'embauche, soit ultérieurement du télétravail ».

- un régime de modification du contrat : « Le refus d'accepter un poste de télétravailleur n'est pas un motif de rupture du contrat de travail » et « le contrat de travail ou son avenant précise les conditions de passage en télétravail et les conditions de retour à une exécution du contrat de travail sans télétravail » *(infra).*
- le contrôle du temps de travail (*infra*) : « À défaut d'accord collectif applicable, le contrat de travail ou son avenant précise les modalités de contrôle du temps de travail. »

L'employeur est tenu (L. 1222-10) :

1° De prendre en charge tous les coûts découlant directement de l'exercice du télétravail, notamment le coût des matériels, logiciels, abonnements, communications et outils, ainsi que de la maintenance de ceux-ci.

2° D'informer le salarié de toute restriction à l'usage d'équipements ou outils informatiques ou de services de communication électronique et des sanctions en cas de non-respect de telles restrictions.

3° De lui donner priorité pour occuper ou reprendre un poste sans télétravail qui correspond à ses qualifications et compétences professionnelles et de porter à sa connaissance la disponibilité de tout poste de cette nature.

3° bis D'organiser chaque année un entretien qui porte notamment sur les conditions d'activité du salarié et sa charge de travail.

4° De fixer, en concertation avec lui, les plages horaires durant lesquelles il peut habituellement le contacter.

Enfin, « en cas de circonstances exceptionnelles, notamment de menace d'épidémie, ou en cas de force majeure, la mise en œuvre du télétravail est considérée comme un aménagement du poste de travail rendu nécessaire pour permettre la continuité de l'activité de l'entreprise et garantir la protection des salariés. » (L. 1222-11). Cette dernière disposition est critiquable au regard du droit de la modification du contrat de travail.

B. Durée légale du travail

La loi du 21 juin 1936 limitait la durée hebdomadaire du travail « qui ne pouvait excéder 40 heures par semaine » (règle non respectée dans certains décrets d'application prévoyant des heures supplémentaires et des équivalences). La loi du 25 février 1946 a transformé cette durée maximale en « durée légale ».

L'ordonnance du 16 janv. 1982 a réduit la durée légale du travail à 39 heures par semaine et à 35 heures pour les salariés travaillant en continu (la loi du 6 janv. 1982 prévoyait le passage à une durée légale de 35 heures pour tous les salariés avant le 31 déc. 1985).

La loi du 19 janv. 2000 a réduit cette durée légale hebdomadaire à 35 heures (L. 3121-10, L. 212-1). Cette durée légale n'est pas une durée obligatoire, ni une durée maximale, ni une durée minimale.

C. Heures supplémentaires

1. *Principes*

La durée effective du travail peut être supérieure à la durée légale. Les heures travaillées au-delà de la durée légale hebdomadaire de 35 heures, ou de la durée considérée comme équivalente, à la demande de l'employeur ou avec son accord implicite (charge de travail, *infra*), sont des heures supplémentaires.

C'est l'employeur qui prend la décision de recourir aux heures supplémentaires. En principe, les salariés sont tenus d'effectuer les heures supplémentaires décidées par l'employeur, sous réserve qu'il respecte ses obligations légales (information ou consultation des représentants du personnel – L. 3121-11-1 –, octroi des contreparties aux salariés en termes de majorations et de repos). L'obligation concernant l'information de l'inspecteur du travail a été abrogée.

Le refus du salarié peut, en principe, être qualifié de faute (Soc. 26 nov. 2003), sauf si le salarié peut invoquer un motif légitime de refus (modification de son contrat de travail – Soc. 16 mai 1991 – heures supplémentaires tous les samedis matin ; non-respect par l'employeur de dispositions conventionnelles interprofessionnelles – *infra* – ou de ses obligations à l'égard du salarié, Soc. 8 janv. 2003, Soc. 10 juin 2003 ; motif tiré de sa vie personnelle notamment familiale ; absence de moyen de transport, Soc. 3 déc. 2008 ; etc.).

Le recours régulier aux heures supplémentaires constitue un élément essentiel du contrat de travail qui doit être porté à la connaissance du salarié par écrit (CJCE 2 févr. 2001). Le recours fréquent aux heures supplémentaires est contraire aux dispositions des ANI qui prévoient que les heures supplémentaires sont uniquement destinées à répondre à des besoins conjoncturels (ANI du 23 mars 1989 et du 31 oct. 1995, signés par les organisations patronales représentatives, mais non étendus).

La qualité de cadre et une liberté d'organisation ne suffisent pas à exclure du droit au paiement d'heures supplémentaires, en l'absence de convention de forfait (*infra*).

La suppression des heures supplémentaires par l'employeur ne constitue pas une modification du contrat de travail, dès lors que celles-ci ne sont pas garanties contractuellement (Soc. 3 mars 1998).

La loi du 20 août 2008 « temps de travail » a opéré une réforme du régime des heures supplémentaires (bien au-delà des dispositions de l'article 17 du Protocole du 9 avril 2008) :

– « des heures supplémentaires peuvent être accomplies dans la limite d'un contingent annuel défini par une convention ou un accord collectif d'entreprise ou d'établissement ou, à défaut, par une convention ou un accord de branche » (L. 3121-11 alinéa 1) ;
– un accord d'entreprise pourrait déroger à un accord de branche impératif (qu'il ait ce caractère en raison de sa date de conclusion – avant le 7 mai 2004 –, ou en raison de la volonté des signataires), notam-

ment en ce qui concerne le volume du contingent d'heures supplémentaires (DC 7 août 2008). Cette nouvelle articulation, entre accord d'entreprise et accord de branche, ne respecterait pourtant pas la volonté des signataires de l'accord de branche... (ces dispositions contradictoires créent une situation d'insécurité juridique sur laquelle le juge sera certainement appelé à se prononcer à brève échéance).

La nécessité d'une autorisation préalable de l'Inspection du travail pour dépasser ce contingent a été abrogée.

Un accord collectif, d'entreprise ou d'établissement ou à défaut de branche, fixe « l'ensemble des conditions d'accomplissement d'heures supplémentaires au-delà du contingent annuel (...) et, le cas échéant, en deçà du contingent annuel » (L. 3121-11 alinéa 2). Le contingent d'heures supplémentaires est très variable suivant les branches (Hôtel-Cafés-Restaurants : 360 heures ; Métallurgie : 220 heures ; Coiffure : 200 heures ; Bâtiment ouvriers entreprises + 10 salariés : 180 heures ; Plasturgie : 130 heures ; etc.). À défaut d'accord collectif, un décret détermine ce contingent (L. 3121-11 alinéa 3). Le contingent réglementaire demeure fixé à 220 heures par an et par salarié (décret du 4 nov. 2008, D. 3121-14-1). La loi est ainsi devenu supplétive : elle ne s'applique qu'à défaut de dispositions conventionnelles.

Les clauses des conventions et accords conclus avant la publication de la loi (21 août 2008) restent en vigueur (DC 7 août 2008, art. 1er, 1re phase de l'art. 18-IV de la loi annulée).

Dans les branches d'activité à caractère saisonnier (L. 3132-7), une convention ou un accord collectif peut, s'il est étendu, et dans des conditions fixées par décret, déroger aux dispositions relatives à la détermination des périodes de référence pour le décompte des heures supplémentaires et des repos compensateurs. La convention ou l'accord doit organiser des procédures de décompte contradictoires des temps et périodes de travail (L. 3121-21, L. 212-5-2).

2. *Régime probatoire, dérogations, contrôle et sanctions*

Régime probatoire

Sur le plan civil, en cas de litige relatif à « l'existence ou au nombre d'heures de travail accomplies », un aménagement de la charge de la preuve est prévu au bénéfice du salarié (L. 3171-4, L. 212-1-1) : le salarié fournit des éléments pour étayer sa demande (Soc. 25 févr. 2004, PBRI ; Soc. 6 avril 2005 – décompte détaillé des heures travaillées) ; l'employeur, lui, doit fournir au juge les éléments de nature à justifier les horaires effectivement réalisés par le salarié (Soc. 10 mai 2007, Soc. 24 mars 2004). Puis le juge forme sa conviction au vu de ces éléments, après avoir ordonné, en cas de besoin, toutes les mesures d'instruction qu'il estime utiles. Le juge ne peut pas rejeter une demande du salarié parce qu'elle serait insuffisamment probante ; il doit examiner les éléments que l'employeur est tenu de lui fournir (jurisprudence constante depuis Soc. 3 juill. 1996 ; Soc. 7 avril 2010, Sté La Mouna, une vendeuse en boulangerie ne peut pas être déboutée de ses demandes en paiement d'heures supplémentaires alors qu'elle produit diverses pièces – attestations de clientes et d'anciennes salariées, décompte de l'intéressée ayant comptabilisé 87 heures de travail par semaine pour la période considérée et qui avait signalé cette situation à l'Inspection du travail, et l'employeur ne fournissant aucun élément).

En matière d'heures supplémentaires, il suffit que l'employeur ait donné son accord, même implicite, à l'accomplissement de ces heures pour que leur rémunération soit due (Soc. 20 mars 1980 ; Soc. 31 mars 1998 ; Soc. 2 juin 2010, Sté Yusen air & Sea service, PBR, l'accord tacite de l'employeur se déduit de sa connaissance des heures supplémentaires effectuées portées sur les fiches de pointage, auxquelles il ne s'était pas opposé).

La dissimulation d'emploi (L. 8221-1-1° et 8221-5-2°), de manière intentionnelle (Soc. 8 mars 2007), par mention sur le bulletin de paie d'un nombre d'heures de travail inférieur à celui effectué, ouvre droit à réparation pour le salarié (Soc. 24 mars 2004 ; en cas de rupture de la relation de travail : L. 8223-1 et s. ; Soc. 25 mai 2005, PBRI, cumul de l'indemnité forfaitaire égale à six mois de salaire avec les indemnités de préavis, conventionnelle de licenciement et de congés payés, Soc. 12 janv. 2006).

La prescription des salaires étant de cinq ans, l'employeur doit, en cas de litige sur le nombre d'heures effectuées, être en mesure de fournir les éléments de nature à justifier les heures effectivement réalisées par ses salariés durant toute cette période, peu important qu'il ne soit tenu de mettre à la disposition de l'inspecteur du travail les documents relatifs au décompte de la durée du travail que pendant un an (Soc. 9 avr. 2008).

Dans l'hypothèse d'un litige relatif à l'accomplissement d'heures supplémentaires dans le cadre d'un forfait de salaire, la preuve en incombe à celui qui l'invoque, c'est-à-dire en principe l'employeur (Soc. 8 mars 2007).

Dérogations administratives

Des dérogations peuvent être sollicitées auprès de l'autorité administrative. L'autorité administrative compétente pour traiter ces demandes est « celle dont relève l'établissement qui emploie les salariés concernés par la dérogation » (Instruction DGT 2010/06, 29 juill. 2010). Pour les demandes relatives au travail de nuit et à la durée maximale journalière, il s'agit de l'inspecteur du travail ; pour les demandes relatives au dépassement des durées maximales hebdomadaires, il s'agit de la DIRECCTE ou par délégation du responsable de l'unité territoriale (UT) ou par subdélégation de l'inspecteur du travail.

Contrôle et sanctions

Deux systèmes de contrôle existent (décret du 8 juill. 2010).

D'une part, pour les salariés en horaire collectif, l'employeur doit notamment afficher, sur tous les lieux où ils s'appliquent (Crim. 17 janv. 1995), les horaires de travail et de repos (L. 3171-1, D. 3171-1 et D. 3171-2 à D. 3171-7). Il en est ainsi notamment en cas d'organisation du temps de travail sur une période supérieure à la semaine (L. 3122-2) : dans ces entreprises, « à défaut de précision conventionnelle contraire (...) l'affichage indique le nombre de semaines que comporte la période de référence fixée par l'accord ou le décret, et, pour chaque semaine incluse dans cette période de référence, l'horaire de travail et la répartition de la durée du travail » (D. 3171-5).

D'autre part, pour les salariés ne relevant pas d'un horaire collectif, l'employeur doit établir un décompte individuel, quotidien et hebdomadaire, et conserver les documents nécessaires au décompte des heures travaillées (L. 3171-2, L. 3172-2, D. 3171-8 et s.). Les documents doivent être conservés pendant cinq ans (Soc. 9 avril 2008). Ces documents sont tenus à la disposition des délégués du personnel (L. 3171-2). Le salarié reçoit des informations annexées à son bulletin de paie (D. 3171-11 et s.). Si le décompte des heures de travail accomplies par chaque salarié est assuré par un système d'enregistrement automatique, celui-ci doit être fiable et infalsifiable (L. 3171-4).

Une copie des affichages est envoyée à l'Inspection du travail (D. 3171-17) qui peut consulter l'ensemble des documents existants dans l'entreprise permettant de comptabiliser le « temps de travail » accompli par chaque salarié (L. 3171-3, D. 3171-16), même quand ces documents ne sont pas prévus par le Code du travail (D. 3171-16-1° ; Crim. 4 juin 1991). Le non-respect de ces dispositions est pénalement sanctionné (D. 3173-1 et s.). Les modalités pratiques de contrôle du temps de travail sont prévues (D. 3171-1 et s., D. 212-17 et s.).

Pour les salariés exerçant une activité de distribution ou de portage de documents, le temps de travail fait l'objet d'une quantification préalable, selon des modalités établies par convention ou accord collectif étendu, en fonction de différents critères (secteur géographique, habitat, volume à distribuer, etc.) et l'employeur remet au salarié avant chaque mission le document qui évalue *a priori* sa durée du travail (R. 3171-9-1, R. 3173-4 – décret du 8 juill. 2010 ; CE 11 mars 2009, annulant le décret du 4 janv. 2007 – D. 3171-9-2°). En cas de litige, le juge prend en compte les heures réellement effectuées (Soc. 16 juin 2010, Sté Adrexo).

Sur le plan pénal, des sanctions sont prévues dans de nombreuses hypothèses (dépassement des durées maximales du travail, etc.), en cas de non-respect de dispositions conventionnelles dérogatoires à des dispositions légales sanctionnées pénalement (décret du 3 nov. 2008, R. 3124-1 et s.) ou de dissimulation d'heures de travail effectuées (Trib. Correc. Versailles, 21 juin 1999, « écrêtage » d'heures effectuées ; L. 8224-1 et s.).

3. *Contreparties*

Les salariés bénéficient de contreparties pour ces heures supplémentaires.

Majorations de salaire

Les heures supplémentaires donnent lieu à une majoration de salaire dont le taux est fixé par une convention ou un accord de branche étendu ou une convention ou un accord d'entreprise ou d'établissement (L. 3121-22, L. 212-5). Ce taux ne peut être inférieur à 10 %. À défaut de convention ou d'accord, chacune des huit premières heures supplémentaires donne lieu à une majoration de 25 % et les heures suivantes (à partir de la 44e) à une majoration de 50 %. La loi est ainsi devenue supplétive : elle fixe un « filet de sécurité » minimum et ne s'applique qu'à défaut de dispositions conventionnelles.

L'assiette de calcul des majorations comprend le salaire et tous les accessoires ayant le caractère de salaire, comme des primes, des commissions, etc. « *Les éléments de rémunération dont les modalités de fixation permettent leur rattachement direct à l'activité personnelle du salarié doivent être intégrés dans la base de calcul des majorations pour heures supplémentaires* » (Soc. 23 sept. 2009, SARL CMC habillement).

Repos obligatoire

Ancien régime. Dans les entreprises de plus de 20 salariés, les heures supplémentaires ouvrent droit à un repos compensateur de 50 %, au-delà de 41 heures. Cette durée est portée à 100 % pour chaque heure supplémentaire accomplie au-delà du contingent applicable – conventionnel ou à défaut réglementaire (L. 3121-26). Dans les entreprises de 20 salariés et moins, les heures supplémentaires accomplies au-delà du contingent annuel d'heures supplémentaires (conventionnel ou à défaut réglementaire) donnent lieu à un repos compensateur de 50 % (L. 3121-27).

Le versement, même volontaire, d'une prime, ne peut tenir lieu de règlement des heures supplémentaires, car celles-ci ne donnent pas lieu seulement au paiement d'un salaire majoré, mais s'exécutent dans le cadre d'un contingent annuel et ouvrent droit à un repos compensateur (Soc. 27 juin 2000).

Nouveau régime. La loi du 20 août 2008 partie « temps de travail » supprime le régime légal du repos compensateur. La loi fixe « une contrepartie obligatoire en repos » (COR) pour toute heure supplémentaire accomplie au-delà du contingent annuel, dont le régime est déterminé par accord collectif (un contingent conventionnel élevé peut avoir pour effet de rendre inaccessible l'ouverture du droit à ce repos).

Cependant, du fait de la décision constitutionnelle, le régime du repos compensateur au-delà du contingent est en partie sauvegardé. Ainsi, la durée de la contrepartie obligatoire en repos due pour toute heure supplémentaire accomplie au-delà du contingent annuel d'heures supplémentaires est fixée à 50 % pour les entreprises de 20 salariés au plus et à 100 % pour les entreprises de plus de 20 salariés (art. 18-IV de la loi, DC 7 août 2008, § 13 à 16).

Les caractéristiques et les conditions de prise de ce repos sont fixées par accord collectif (d'entreprise ou, à défaut, de branche) ou, à défaut, par décret (D. 3121-7 et s. : « La contrepartie obligatoire en repos peut être prise par journée entière ou par demi-journée à la convenance du salarié. Elle est assimilée à une période de travail effectif pour le calcul des droits du salarié. Elle donne lieu à une indemnisation qui n'entraîne aucune diminution de rémunération par rapport à celle que le salarié aurait perçue s'il avait accompli son travail », D. 3121-9 ; « L'absence de demande de prise de la contrepartie obligatoire en repos par le salarié ne peut entraîner la perte de son droit au repos. Dans ce cas, l'employeur lui demande de prendre effectivement ses repos dans un délai maximum d'un an », D. 3121-10 ; etc.).

La convention ou l'accord collectif, qui détermine le contingent, peut également prévoir qu'une contrepartie en repos soit accordée au titre des heures supplémentaires accomplies dans la limite du contingent (L. 3121-11 alinéa 2). Les accords collectifs prévoyant un repos compensateur, adoptés avant la promulgation de la loi, continuent à produire leurs effets.

Repos compensateur équivalent de remplacement

En principe, les heures supplémentaires et leurs majorations sont payées en argent. Toutefois, par accord collectif (d'entreprise, ou, à défaut, de branche), il est possible de convertir tout ou partie de ce paiement en argent par un repos compensateur équivalent (une heure majorée à 25 % = 1 heure 15 de repos, une heure majorée à 50 % = 1 heure 30 ; L. 3121-24 alinéa 1, L. 212-5-II).

Dans les entreprises dépourvues de DS non assujetties à l'obligation annuelle de négocier, ce remplacement peut être mis en place par l'employeur à condition que le CE ou les DP, s'ils existent, ne s'y opposent pas (L. 3121-24 alinéa 2). Ces heures supplémentaires ne s'imputent pas sur le contingent annuel d'heures supplémentaires (L. 3121-25).

Les salariés sont informés du nombre d'heures de repos compensateur de remplacement et de contrepartie obligatoire en repos portés à leur crédit par un document annexé au bulletin de paie. Dès que ce nombre atteint sept heures, ce document comporte une mention notifiant l'ouverture du droit à repos et l'obligation de le prendre dans un délai maximum de deux mois après l'ouverture » (D. 3171-11).

4. *Heures choisies*

La loi « temps de travail » du 20 août 2008 opère la suppression de ce régime, compte tenu des possibilités de dépassement par accord du contingent annuel et de la fixation des contreparties à ces heures par accord collectif. Cependant, les accords conclus demeurent applicables.

D. Durées maximales du travail

La loi fixe plusieurs durées maximales du travail.

Durée quotidienne. Ainsi, la durée maximale journalière est fixée à 10 heures. Il peut être dérogé à cette limite par convention ou accord de branche, d'entreprise ou d'établissement, dans la limite de 12 heures, ainsi que, par décision de l'inspecteur du travail en cas de circonstances exceptionnelles, voire par anticipation en cas d'urgence (L. 3121-10, L. 212-1, D. 3121-15 et s., D. 212-12 et s.).

Durées hebdomadaires. La durée maximale hebdomadaire absolue est fixée à 48 heures, pour chaque semaine. Des dérogations exceptionnelles sont possibles par l'administration du travail (L. 3121-19, L. 212-7, R. 212-2 et s.), ainsi que par convention ou accord de branche ou d'entreprise fixant une autre limite pour les salariés bénéficiant d'une convention de forfait.

La durée maximale hebdomadaire relative sur 12 semaines consécutives est fixée à 44 heures. Plusieurs dérogations sont possibles : par décret pris après conclusion d'un accord au niveau de la branche, dans la limite de 46 heures ; par l'administration du travail, en cas de circonstances exceptionnelles ; par convention ou accord de branche ou d'entreprise fixant une autre limite pour les salariés bénéficiant d'une convention de forfait.

Forfait-jours. Enfin, le nombre maximal de jours pouvant être travaillés par un salarié relevant d'une convention de forfait annuel en jours mise en place sur la base d'une convention ou d'un accord collectif est de 218 jours travaillés par an. La loi « temps de travail » prévoit que ce nombre peut être dépassé par accord collectif et à défaut par décision de l'employeur (*infra*).

E. Repos minimum

Tout salarié doit bénéficier de repos minimums.

Repos journalier. Il s'agit d'un repos quotidien d'une durée minimale de 11 heures consécutives (L. 3131-1, L. 220-1).

Les salariés des centres de vacances ont droit à ce repos (CJUE 14 oct. 2010, Union syndicale Solidaires, CE 10 oct. 2011 abrogeant en application de la décision précitée le décret concernant le contrat relatif à l'engagement éducatif – D. 432-1 et s. du C. action sociale et familles, qui ne garantissait pas ce repos quotidien de 11 heures).

Dans certaines conditions (L. 3131-2, D. 3131-1, D. 220-1 et s.), il est permis de déroger à cette durée, notamment pour assurer une continuité du service ou pour des périodes d'intervention fractionnées (nécessité d'une convention ou d'un accord collectif étendu ou d'une convention ou d'un accord d'entreprise ou d'établissement ; le repos quotidien ne peut être réduit en deçà de neuf heures consécutives – D. 3131-3). L'employeur ne peut imposer un repos inférieur à la durée prévue par la convention collective en cas de dérogation (la CCN des entreprises de propreté prévoit une durée de repos de neuf heures) par avenant au contrat et « *le salarié ne peut valablement renoncer à la durée minimale de repos journalier prévue par la convention collective (...) le salarié était fondé à refuser de signer l'avenant* » (Soc. 8 juin 2010, Sté Poly Prest Europe).

Est également prévue la possibilité de dérogation, sous la responsabilité de l'employeur, en cas de travaux urgents en raison d'un accident ou d'une menace d'accident (D. 3131-5) et en cas de surcroît d'activité (D. 3131-2, avec un accord collectif ; D. 3131-4, à défaut d'accord collectif).

Ce repos quotidien de 11 heures, d'une part s'ajoute au repos hebdomadaire de 24 heures au minimum (35 heures de repos hebdomadaire) et, d'autre part, limite à 13 heures l'amplitude de travail, c'est-à-dire du temps pendant lequel un salarié peut être, compte tenu des pauses, à la disposition de son employeur pendant une journée civile (de 0 à 24 heures, Soc. 18 déc. 2001).

Pause. Tout salarié doit également bénéficier d'une pause d'une durée minimale de 20 minutes dès que la durée journalière du travail atteint six heures, sauf dispositions conventionnelles plus favorables fixant une durée de pause supérieure (L. 3121-33, L. 220-2). Cette pause est obligatoire après que le salarié a effectué six heures de travail (Soc. 13 mars 2001).

Jeunes. Les jeunes travailleurs, âgés de moins de 18 ans, et ceux qui accomplissent des stages d'initiation ou d'application professionnelle dans le cadre d'un enseignement alterné ou d'un cursus scolaire, ne peuvent être employés à un travail excédant huit heures par jour et 35 heures par semaine, sauf dérogation accordée par l'inspecteur du travail (L. 3162-1, L. 212-13, al. 1). Aucune période de travail ininterrompu ne peut excéder une durée maximale de quatre heures et demi sans faire bénéficier le jeune travailleur d'une pause d'au moins 30 minutes consécutives (L. 3162-3, L. 212-14, al. 2).

Le repos de nuit doit être d'au moins 12 heures (14 si les jeunes ont moins de 16 ans) consécutives (L. 3163-1 et s., L. 213-9) et comprendre au moins la plage comprise entre 22 heures (20 heures pour les jeunes de moins de 16 ans) et 6 heures du matin.

Lorsqu'une référence annuelle est substituée au cadre hebdomadaire en cas de modulation ou de temps partiel, une durée annuelle du travail est calculée à partir de la durée légale hebdomadaire de 35 heures, ou de la durée conventionnelle si elle est inférieure, multipliée par le nombre de semaines travaillées, compte tenu des jours de congés légaux et des 11 jours fériés du Code du travail (plafond à 1 607 heures).

Répartition et aménagements du temps de travail

La négociation collective, de branche ou d'entreprise, occupe une place prépondérante en matière de répartition du temps de travail. Dans de nombreux cas, l'entreprise ne peut mettre en œuvre un dispositif dérogatoire en matière d'aménagement du temps de travail que dans le cadre d'un accord collectif. Les aménagements du temps de travail, au nombre de plus de vingt, répondent, suivant les cas, aux aspirations des salariés et/ou aux besoins des employeurs. Certains aménagements, suivant les modalités retenues, peuvent répondre davantage à une partie ou à l'autre : pour les salariés (temps « choisi » par « jours de repos », temps partiel, etc.), pour les entreprises (demande de « flexibilité » – modulation, temps partiel, etc., ou d'une demande d'augmentation de la durée d'utilisation des équipements – travail par équipes). Ces aménagements du temps de travail sont des dérogations à plusieurs règles (calcul de la durée du travail à la semaine, majoration des heures supplémentaires, etc.), mais doivent respecter les quelques normes qui demeurent impératives (définition du temps de travail, durées maximales, repos minimum, etc.). Le droit du temps de travail est le laboratoire de la dérogation. Le droit applicable est un compromis entre les demandes des entreprises, les demandes des salariés et les demandes de la société.

Les dérogations peuvent être mises en œuvre dans certains cas (prévus par la loi), à certaines conditions (notamment par la conclusion d'un accord collectif le plus souvent) et dans certaines limites (au regard du respect des règles de droit public – durées maximales du travail, etc., précitées, du contenu minimal des accords collectifs de mise en œuvre et du respect des droits fondamentaux de la personne – notamment en matière de santé et de vie familiale normale). Par conséquent, il y a deux erreurs à ne pas commettre : penser que l'accord collectif est toujours plus favorable que la loi pour le salarié ou, à l'inverse, penser qu'il est possible de déroger à toutes les règles sans limites.

Nouveau régime légal. La loi du 20 août 2008 « temps de travail » unifie les régimes légaux de différents dispositifs (modulation, cycle, jours de repos, etc.). Ainsi, « un accord collectif d'entreprise ou d'établissement ou, à défaut, une convention ou un accord de branche peut définir les modalités d'aménagement du temps de travail et organiser la répartition de la durée du travail sur une période supérieure à la semaine et au plus égale à l'année » (L. 3122-2). Désormais, pour tout aménagement du temps de travail organisant la répartition de la durée du travail sur une période supérieure à la semaine et au plus égale à l'année (modulation, cycle, jours de repos, temps partiel, etc.), l'accord collectif, d'entreprise ou à défaut de branche, prévoit :

- les conditions et délais de prévenance des changements de durée ou d'horaire de travail (délai de sept jours, sauf disposition conventionnelle contraire) ;
- les limites pour le décompte des heures supplémentaires (L. 3122-4) ;
- les conditions de prise en compte, pour la rémunération des salariés, des absences ainsi que des arrivées et départs en cours de période, notamment pour les salariés à temps partiel (modalités de communication et de modification de la répartition de la durée et des horaires de travail) ;
- le cas échéant, le « lissage » de la rémunération, permettant d'assurer une rémunération stable indépendante de la durée du travail effectuée (L. 3122-5).

Cependant, les accords collectifs conclus antérieurement demeurent en vigueur. Les dispositifs d'aménagement du temps de travail seront ici présentés au regard des règles applicables, selon les typologies en vigueur dans les entreprises.

A. Horaire collectif

En matière d'horaires de travail, le principe demeure celui de l'horaire collectif de travail. Les employeurs affichent les heures auxquelles commence et finit le travail, ainsi que les heures et la durée du repos (L. 3171-1 L. 620-2). Le principe de l'horaire collectif et l'affichage de l'horaire facilitent le contrôle par l'inspecteur du travail des dispositions légales relatives à la durée du travail, tous les membres du personnel d'une même entreprise (à l'intérieur d'un même service, atelier, etc.) étant censés commencer et finir le travail en même temps. Cependant, dans les faits, ce principe tend à devenir l'exception, au regard des multiples possiblités de dérogations largement utilisées dans les entreprises.

1. *Décrets de répartition du temps de travail à l'intérieur de la semaine*

Un seul jour de repos hebdomadaire étant prévu par la loi, il existe trois modalités de répartition des heures sur les jours de la semaine (pour les entreprises relevant d'un décret dit de 1936, L. 3121-52) :

- sur cinq jours, avec deux jours de repos ;
- sur six jours, avec un jour de repos ;
- sur cinq jours et demi, avec un jour et demi de repos.

Après 1982, des décrets d'application, fixant la répartition des heures de travail, ne sont intervenus que pour quelques branches (dont transport routier de marchandises, transport par voie de navigation intérieure, transports publics urbains de voyageurs, banques et assurances).

Des accords collectifs peuvent déroger aux dispositions réglementaires (L. 3122-47, L. 212-2).

2. *Cadre de calcul de la durée du travail*

La durée du travail se calcule, en principe, à la semaine civile. Sauf stipulations contraires d'un accord d'entreprise ou d'établissement, la semaine civile débute le lundi à 0 heure et se termine le dimanche à 24 heures (L. 3122-1 nouveau). Cependant, des dispositifs d'aménagement du temps de travail permettent de calculer le temps de travail au-delà de la semaine (*infra*).

Répartition de l'horaire sur une période de quatre semaines au plus (décret du 4 nov. 2008) : en l'absence d'accord collectif, la durée du travail de l'entreprise ou de l'établissement peut être organisée sous forme de périodes de travail, chacune d'une durée de quatre semaines au plus. L'employeur établit le programme indicatif de la variation de la durée du travail. Ce programme est soumis pour avis, avant sa première mise en œuvre, au CE ou, à défaut, aux DP, s'ils existent. Les modifications du programme de la variation font également l'objet d'une consultation des IRP, dans les mêmes conditions. L'employeur communique au moins une fois par an un bilan de la mise en œuvre du programme indicatif de la variation de la durée du travail aux IRP. Les salariés sont prévenus des changements de leurs horaires de travail dans un délai de sept jours ouvrés au moins avant la date à laquelle ce changement intervient (D. 3122-7-1). La rémunération mensuelle des salariés des entreprises organisant des périodes de travail sur quatre semaines au plus est indépendante de l'horaire réel. Elle est calculée sur la base de 35 heures hebdomadaires (D. 3122-7-2). Sont des heures supplémentaires les heures effectuées au-delà de :

- 39 heures par semaine (limite hebdomadaire haute) ;
- 35 heures (durée moyenne calculée sur la période de référence de quatre semaines au plus, déduction faite, le cas échéant, des heures supplémentaires comptabilisées au titre du dépassement de la durée hebdomadaire).

En cas d'arrivée ou de départ en cours de période de quatre semaines au plus, les heures accomplies au-delà de 35 heures hebdomadaires sont des heures supplémentaires. Les semaines où la durée de travail est inférieure à 35 heures, le salaire est maintenu sur la base de 35 heures hebdomadaires. En cas d'absence rémunérée, le temps non travaillé n'est pas récupérable et est valorisé sur la base du temps qui aurait été travaillé si le salarié avait été présent, heures supplémentaires comprises (D. 3122-7-3).

B. Récupération des heures perdues

Les heures récupérées doivent être distinguées des heures supplémentaires. Lorsqu'une interruption collective du travail, dans un établissement ou une partie d'établissement, entraîne une diminution de la durée du travail au-dessous de 35 heures, les heures ainsi perdues peuvent être récupérées. C'est l'employeur qui en décide, après avoir informé l'inspecteur du travail, et peut l'imposer aux salariés. Les heures perdues ne peuvent être récupérées que dans les douze mois précédant ou suivant leur perte (R. 3122-4, D. 212-1).

Seules peuvent être récupérées, selon des modalités déterminées par décret, les heures perdues par suite d'interruption collective du travail :

- résultant de causes accidentelles, d'intempéries ou de cas de force majeure ;
- pour cause d'inventaire ;
- à l'occasion du chômage d'un jour ou de deux jours ouvrables compris entre un jour férié et un jour de repos hebdomadaire ou d'un jour précédant les congés annuels (L. 3122-27, L. 212-2-2).

Cette dernière phrase vise ce que l'on appelle couramment les « ponts ». Les jours peuvent être récupérés lorsqu'ils précèdent ou suivent le jour férié, mais non pas, à la fois, pour ceux qui le précèdent et ceux qui le suivent (Soc. 18 mai 1999). Par conséquent, les heures perdues du fait d'une baisse d'activité ne peuvent pas être récupérées.

Les heures de récupération sont effectuées en sus de l'horaire journalier, dans la limite d'une heure par jour, ou le samedi, dans la limite de huit heures par semaine. Elles sont rémunérées au taux normal, sans majoration.

C. Horaires individualisés

Les horaires individualisés permettent aux salariés une relative liberté dans la détermination de leurs horaires de travail (L. 3122-23, L. 212-4-1 et s.). Ils doivent être présents pendant une certaine période de la journée (plage fixe), mais le moment où ils commencent et terminent le travail est librement choisi à l'intérieur d'une tranche horaire, avant et après la plage fixe.

Cette pratique constitue une dérogation au principe de l'horaire collectif. L'employeur peut recourir à cette formule s'il existe dans l'entreprise une demande en ce sens, émanant de certains travailleurs, et si le CE ou, s'il n'existe pas, les DP, ne s'y sont pas opposés. L'inspecteur du travail doit, au préalable, avoir été informé. Dans les entreprises qui ne disposent pas d'une représentation du personnel, une autorisation de l'inspecteur du travail est nécessaire, autorisation qui n'est donnée que si l'inspecteur du travail constate l'accord du personnel.

Le salarié qui bénéficie des horaires individualisés peut être amené à reporter des heures de travail d'une semaine à une autre et à dépasser ainsi les 35 heures (durée légale). Ces reports d'heures, dans la limite d'un nombre d'heures fixé par décret, resteraient sans effet sur le nombre et le paiement des heures supplémentaires, pourvu qu'elles résultent d'un libre choix du salarié concerné (Soc. 21 févr. 2007). À défaut de dispositions différentes d'une convention ou d'un accord collectif étendu ou d'un accord d'entreprise ou d'établissement, le report d'heures d'une semaine à une autre ne peut excéder trois heures et le cumul des reports ne peut avoir pour effet de porter le total des heures reportées à plus de 10.

Les dispositifs d'aménagement du temps de travail suivants visent à l'adaptation de l'entreprise aux fluctuations d'activité (jours de repos, temps partiel, modulation) et parfois à la réponse à des demandes des salariés (jours de repos, temps partiel).

D. Jours de repos dans le cadre de l'année

La réduction et l'aménagement du temps de travail peuvent s'effectuer sous forme de jours de repos supplémentaires dans le cadre de l'année : les « jours de repos RTT » (L. 3122-19 à L. 3122-22, L. 212-9). Un accord doit notamment déterminer dans quelle proportion le choix des jours de repos est fait par l'employeur et également par le salarié sans autorisation préalable de l'employeur (CA Paris, 16 mai 2000), le délai maximal dans lequel ils doivent être pris dans la limite de l'année, la manière dont les salaires sont « lissés » d'un mois à l'autre malgré les variations d'horaires. Elle peut être combinée avec d'autres formes de réduction du temps de travail (par exemple une réduction de la durée hebdomadaire du travail). Lorsque les jours de repos sont pris au plus toutes les quatre semaines, la mise en place peut se faire sans accord collectif.

La loi du 20 août 2008 « temps de travail » supprime la référence à la « réduction du temps de travail » et assure son remplacement par les termes « repos accordé au titre de l'accord collectif ». L'accord collectif doit prévoir les mêmes dispositions obligatoires qu'en cas de modulation (*infra* F. Modulation, L. 3122-1 et s.).

Les accords conclus en application des anciennes dispositions du Code du travail dans leur rédaction antérieure à la publication de la loi « temps de travail » (21 août 2008) restent en vigueur.

« *Les jours de récupération, qui sont acquis par le salarié au titre d'un accord d'aménagement et de réduction du temps de travail et représentent la contrepartie des heures de travail qu'il a exécutées en sus de l'horaire légal ou de l'horaire convenu, n'ont ni la même cause ni le même objet que les congés payés d'ancienneté auxquels il a droit, en sus de ses congés légaux annuels* », par conséquent, ces jours se cumulent (Cass. Ass. plén. 24 oct. 2008, Syndicat Syser CFDT c/ COGITIS).

« *Les jours de repos acquis au titre d'un accord d'(ARTT) ne peuvent être positionnés un jour férié chômé* » (Soc. 13 janv. 2009, EML Soregies).

E. Temps partiel

La loi du 27 décembre 1973, relative à l'amélioration des conditions de travail, contenait déjà quelques dispositions destinées à favoriser le recours au travail à temps partiel. La question a été depuis, à de nombreuses reprises, remaniée, pour répondre aux besoins des entreprises. La loi du 19 janv. 2000 est intervenue, mais avec un objectif différent, celui de créer des modalités plus respectueuses des conditions de vie des salariés et compatibles avec le mouvement de réduction de la durée collective du travail. En dernier lieu, la loi du 20 août 2008 unifie les modalités de travail à temps partiel au-delà de la semaine (L. 3123-1 et 2, R. 3123-1, L. 212-4-2).

Les horaires de travail à temps partiel peuvent être pratiqués après avis du CE ou, à défaut, des DP. Cet avis est transmis dans un délai de 15 jours à l'inspecteur du travail. En l'absence de représentation du personnel, les horaires de travail à temps partiel peuvent être pratiqués, sous réserve que l'inspecteur du travail en ait été préalablement informé.

Les horaires de travail d'un salarié à temps partiel ne peuvent comporter au cours d'une même journée plus d'une interruption d'activité ou une interruption supérieure à deux heures. Toutefois, il peut être dérogé à cette règle par accord de branche étendu, accord d'entreprise ou d'établissement, moyennant des contreparties spécifiques précisées par la convention ou l'accord. De tels accords ont déjà été conclus dans un certain nombre de branches (nettoyage, restauration rapide, commerce à prédominance alimentaire, etc.).

Dans la grande distribution, il est notamment prévu que désormais, la base de l'horaire régulier est portée au minimum à 25 heures par semaine (28 heures en cas de modulation, *infra*) ; un travail continu d'une durée inférieure à trois heures ne peut être imposé ; en matière de coupures, outre les pauses, la journée de travail ne peut comporter plus d'une coupure d'une durée maximale de quatre heures si l'établissement est fermé à la mi-journée ou de deux heures et demi deux fois par semaine (deux heures les autres jours) si l'ouverture du magasin est continue (avenant 25 du 17 juill. 2008 relatif au travail à temps partiel dans le commerce de détail et de gros à prédominance alimentaire).

Temps partiel choisi par le salarié. Un droit au temps partiel existe selon plusieurs dispositifs.

– les conditions de mise en place dans l'entreprise d'horaires à temps partiel à la demande des salariés doivent être précisées par accord de branche étendu ou par accord d'entreprise (modalités du passage du temps plein au temps partiel et réciproquement, procédure à suivre, délai dont dispose l'employeur pour faire connaître sa décision, raisons pouvant justifier un refus de sa part).

  En l'absence d'accord, des règles doivent être respectées :
  - le salarié doit présenter sa demande par lettre recommandée avec accusé de réception au moins six mois avant la date à laquelle il souhaite modifier sa durée du travail ;
  - la demande doit préciser la durée du travail souhaitée et la date envisagée pour sa mise en œuvre ;
  - l'employeur est tenu de répondre par lettre recommandée avec accusé de réception dans les trois mois suivant la réception de la demande ;
  - la demande ne peut être refusée que pour des raisons objectives (absence d'emploi disponible, conséquences préjudiciables du changement d'emploi sur la bonne marche de l'entreprise).

– les salariés qui en font la demande peuvent bénéficier, après accord de l'employeur, d'un temps partiel annuel pour raisons familiales (L. 3123-7, L. 212-4-7). Le temps partiel annuel pour raisons familiales permet à des salariés de ne pas travailler pendant certaines semaines de l'année, par exemple, pendant les vacances scolaires. Le reste de l'année, les salariés doivent être occupés selon l'horaire collectif applicable dans l'entreprise. Les heures effectuées au-delà de la durée légale constituent des heures supplémentaires. Les semaines non travaillées doivent être précisées dans le contrat de travail. Ce dernier peut prévoir que la rémunération du salarié sera lissée.

– la loi pour l'initiative économique permet au salarié qui souhaite créer ou reprendre une entreprise de demander une période de travail à temps partiel (L. 3142-78-2°, L. 122-32-12).

Temps partiel intermittent. Pour pourvoir des emplois permanents comportant une alternance de périodes travaillées et non travaillées (emplois saisonniers par exemple), une convention ou un accord collectif de branche ou d'entreprise peut prévoir la conclusion de contrats de travail intermittent (L. 3123-31 et s., L. 212-4-12 à L. 212-4-15). La convention doit désigner de façon précise les emplois pour lesquels ces contrats peuvent être conclus (Soc. 27 juin 2007). Ce contrat, qui a existé de 1986 à 1993, remplace le temps partiel annualisé, en vigueur de 1993 à 2000.

Le contrat de travail doit alors notamment prévoir :

- la durée annuelle du travail (les heures dépassant la durée annuelle minimale fixée au contrat ne peuvent excéder le tiers de cette durée, sauf accord du salarié) ;
- les périodes de travail ;
- la répartition des heures de travail à l'intérieur de ces périodes.

En l'absence d'établissement d'un calendrier, le contrat est requalifié en contrat à temps plein, le salarié étant tenu de rester à disposition de l'employeur (Soc. 18 oct. 2006), un délai de prévenance de 48 heures aboutissant à un résultat comparable (Soc. 30 mai 2007).

La convention ou l'accord peut prévoir que la rémunération du salarié ayant conclu un contrat de travail intermittent sera lissée. Ce temps partiel intermittent est notamment utilisé dans les industries agroalimentaires.

Sous réserve de modalités spécifiques prévues par la convention ou l'accord, les salariés ayant conclu un contrat de travail intermittent bénéficient des mêmes droits que les salariés à temps complet. Les périodes non travaillées sont prises en compte en totalité pour la détermination des droits liés à l'ancienneté.

Dans les secteurs, dont la liste est fixée par décret, où la nature de l'activité ne permet pas de fixer avec précision les périodes de travail et la répartition des heures de travail à l'intérieur de ces périodes, la convention ou l'accord collectif doit prévoir les adaptations nécessaires et, notamment, les conditions dans lesquelles le salarié peut refuser les dates et les horaires de travail qui lui sont proposés. Cependant, faute de publication de ce décret, cette disposition légale n'est pas applicable.

Temps partiel modulé. Les dispositions légales spécifiques sont abrogées (L. 3123-25, L. 212-4-6). Désormais, selon la loi du 20 août 2008, de réforme du temps de travail, l'accord collectif doit prévoir les mêmes dispositions obligatoires pour toute répartition des horaires sur une période supérieure à la semaine et au plus égale à l'année (*infra* F. Modulation, L. 3122-1 et s.). Il prévoit également les modalités de communication et de modification de la répartition de la durée et des horaires de travail (L. 3122-2). Cependant, les accords conclus en application des anciennes dispositions du Code du travail dans leur rédaction antérieure à la publication de la loi du 20 août 2008 restent en vigueur. Ce temps partiel modulé est notamment utilisé dans la grande distribution.

Le contrat de travail à temps partiel qui implique une régularité de l'horaire ne convient pas aux activités supposant la succession, plus ou moins régulière, de périodes travaillées et d'autres non travaillées pouvant être assez longues. Une convention ou un accord collectif de branche étendu ou une convention ou un accord d'entreprise peut prévoir que la durée hebdomadaire ou mensuelle du temps de travail d'un salarié à temps partiel varie à condition que sur un an, la durée hebdomadaire ou mensuelle ne dépasse pas en moyenne la durée fixée au contrat.

La convention ou l'accord doit mentionner :

- les catégories de salariés concernées.
- la durée minimale de travail, hebdomadaire ou mensuelle. Cette durée doit également figurer au contrat de travail des salariés.
- la durée minimale de travail pendant les jours travaillés. Seul l'accord de branche peut prévoir plus d'une interruption d'activité ou une interruption supérieure à deux heures.
- l'amplitude de la variation de la durée du travail. En tout état de cause, la variation ne peut dépasser le tiers de la durée fixée au contrat. La durée du travail ne peut être portée à un niveau égal à la durée légale ou à la durée conventionnelle si cette dernière est inférieure.
- les modalités selon lesquelles le programme indicatif de la modulation est communiqué par écrit au salarié.
- les conditions et les délais dans lesquels les horaires de travail sont notifiés au salarié et sont susceptibles d'être modifiés. Cette modification ne peut intervenir que sept jours après la date à laquelle le salarié en a été informé, ce délai pouvant être ramené à trois jours par un accord de branche étendu.
- les modalités de rémunération. La convention ou l'accord peut prévoir que celle-ci sera lissée.
- les modalités de décompte de la durée du travail.

Si la durée annuelle effectuée dépasse la durée hebdomadaire ou mensuelle prévue au contrat et calculée sur l'année, la durée du travail fixée au contrat doit être modifiée, sous réserve d'un préavis de sept jours et sauf opposition du salarié, en ajoutant à la durée fixée la différence entre cette durée et la durée moyenne réellement effectuée.

La mise en œuvre du travail à temps partiel modulé constitue une modification du contrat de travail, qui nécessite l'accord exprès du salarié (Soc. 28 sept. 2011 ; Soc. 20 févr. 2008).

F. Modulation

Les variations d'activité, liées aux fluctuations des commandes, sont onéreuses pour l'entreprise du fait que, pendant les périodes de grande activité, elle doit recourir aux heures supplémentaires, alors que pendant les périodes creuses, elle doit réduire la durée du travail et financer le chômage partiel. Pour neutraliser ces coûts, la loi (depuis 1982) permet que la durée hebdomadaire du travail varie, sur tout ou partie de l'année, à condition que, sur un an, cette durée n'excède pas la durée légale annuelle ou une durée conventionnelle inférieure (L. 3122-9 ancien, L. 212-8).

La loi du 20 août 2008, volet « temps de travail », prévoit de nouvelles dispositions pour ce régime dérogatoire d'annualisation. La modulation peut être mise en place par accord d'entreprise ou d'établissement ou par convention ou accord de branche, qui doit fixer (L. 3122-2) :

– les conditions et délais de prévenance des changements de durée ou d'horaires de travail : les salariés doivent être prévenus des changements de leurs horaires de travail au moins sept jours avant la date à laquelle ce changement doit intervenir ; la convention ou l'accord peut prévoir un délai inférieur ; l'employeur doit respecter le délai de prévenance (Soc. 14 févr. 2001, Moulinex).
– les limites pour le décompte des heures supplémentaires : la limite haute de modulation et la durée annuelle du travail (les heures supplémentaires sont, d'une part, les heures accomplies au-delà de la limite haute fixée pour la semaine et, d'autre part, les heures accomplies au-delà de la durée annuelle du travail, plafonnées de 1 607 heures ou de la limite inférieure fixée par l'accord, L. 3122-4-1°).
– les conditions de prise en compte pour la rémunération des salariés des absences (d'une part, en cas d'absence en période haute, notamment pour raison de santé, la durée de la semaine doit être validée au réel selon les heures qui auraient été effectuées, et non au pas de manière forfaitaire sur une moyenne de 35 heures, Soc. 9 janv. 2007, Sporfabric ; d'autre part, l'indemnisation maladie se calcule sur la base de la durée moyenne), ainsi que des arrivées et départs en cours de période.

La loi « temps de travail » prévoit que seuls ces trois types de clauses sont obligatoires dans l'accord collectif. Ainsi, ce dernier perd sensiblement son caractère de garantie et également de ressource en cas de contestation devant le CPH (Soc. 23 sept. 2009, Serop Industrie). Ne sont plus obligatoires, au regard du Code du travail, notamment les clauses suivantes :

– les justifications de ce recours (cependant, tout accord doit avoir une cause, art. 1131 Civ.).
– le programme indicatif de la répartition de la durée du travail (Soc. 12 mars 2008, Les Ateliers de Belleville) soumis, ainsi que ses modifications, pour avis au CE ou, à défaut, aux DP ; il peut permettre des ajustements périodiques (Soc. 26 mai 2004).

En cas de rupture du contrat de travail pour motif économique intervenant après ou pendant une période de modulation, le salarié conserve le supplément de rémunération qu'il a, le cas échéant, perçu par rapport au nombre d'heures travaillées.

La modulation des horaires présente l'inconvénient que les salariés sont moins payés pendant la période où les horaires sont inférieurs à 35 heures. Pour pallier cet inconvénient, une rémunération mensuelle moyenne peut être prévue par une convention ou un accord collectif étendu ou par une convention ou un accord collectif d'établissement. Cette rémunération moyenne est calculée sur la base de la durée annuelle prévue et versée mensuellement (« lissage » de la rémunération) (L. 3122-5). Toutefois, lorsque des heures supplémentaires sont effectuées au-delà des limites hebdomadaires prévues (limite haute de modulation), les rémunérations correspondantes (à ces heures supplémentaires) sont payées avec le salaire du mois considéré.

La modulation peut être mise en place par acccord de branche. Quand celui-ci prévoit, en l'absence de DS, de salarié mandaté et d'élus du personnel dans l'entreprise, que l'entreprise pourra instituer la modulation après information des salariés, l'information des seuls chefs d'équipe ne répond pas à cette exigence ; par conséquent, le régime de modulation est « *inopposable* » aux salariés (Soc. 9 mai 2009, CCN des prestataires de services).

Quand une entreprise ne dispose pas d'un accord de modulation conforme à la législation (absence de clauses obligatoires rendant la modulation inapplicable), les heures supplémentaires se calculent alors selon les règles de droit commun à la semaine (Soc. 12 mars 2008).

« *L'instauration d'une modulation du temps de travail constitue une modification du contrat de travail qui requiert l'accord exprès du salarié* » (Soc. 28 sept. 2010, Sté Y Philippe et Vincent) ; à défaut d'un tel accord, les heures supplémentaires se calculent selon les règles de droit commun (à la semaine, supra). En réaction à cette jurisprudence, une disposition législative envisagée (Proposition de Loi de simplification du droit votée par l'Assemblée nationale le 18 oct. 2011 mais rejetée par le Sénat le 10 janv. 2012) dispose que « la mise en place d'une répartition des horaires sur une période supérieure à la semaine et au plus égale à l'année prévue par un accord collectif ne constitue pas une modification du contrat de travail. Cette disposition ne s'applique pas aux salariés à temps partiel (L. 3122-6). »

Les accords conclus en application des anciennes dispositions du Code du travail dans leur rédaction antérieure à la publication de la loi de « temps de travail » restent en vigueur.

Les dispositifs d'aménagement du temps de travail suivants visent à augmenter de la durée d'utilisation des équipements de l'entreprise.

G. Travail en équipes successives

Le travail par équipes (« travail posté ») est un mode d'organisation du travail dont le but est d'assurer la continuité de la production par la présence d'équipes se succédant sur les lieux de travail.

Les effets nocifs du travail posté sur la santé des travailleurs et sur leur vie familiale et sociale ont été scientifiquement établis ; pourtant, le travail posté a continué à se développer, les entreprises étant soucieuses d'amortir, par une production accrue, le coût souvent élevé des équipements. Certaines industries, en outre, ne peuvent fonctionner qu'en continu du fait de leur processus de production.

Le travail par relais avait été interdit (équipes ayant des horaires différents), mais l'autorisation des horaires individualisés conduit à supprimer cette interdiction. Le travail par roulement (répartition différente des équipes sur la semaine) peut être effectué dans la mesure où il respecte les règles relatives au repos dominical ou aux équipes de suppléance.

Les équipes au sein de la journée. Plusieurs dispositifs existent (deux équipes matin/après-midi « 2 × 8 », trois équipes matin/après-midi/nuit en « 3 × 8 » ou travail posté semi-continu ; avec éventuellement « travail par relais » ou par « équipes chevauchantes »).

Les équipes de suppléance. Les entreprises industrielles peuvent recruter et occuper des salariés en fin de semaine, pendant les jours de repos hebdomadaire accordés au personnel. L'objet de ces dispositions est de favoriser une utilisation continue des équipements, avec une exception au principe du repos dominical. Le personnel est réparti en deux groupes, dont l'un a pour fonction de remplacer l'autre pendant le ou les jours de repos accordés à celui-ci en fin de semaine (L. 3121-16, L. 221-5-1), mais également le cas échéant pendant tous les jours de repos de l'équipe habituelle, jours fériés et congés payés notamment.

Cette possibilité doit être prévue par une convention de branche ou un accord collectif étendu. Il faut en outre qu'un accord conclu au sein de l'entreprise ou de l'établissement le prévoie expressément. Si l'accord ne peut être obtenu à ce niveau, l'inspecteur du travail peut cependant autoriser la mesure, après avoir consulté les délégués syndicaux et pris l'avis du CE ou des DP, s'ils existent.

Ainsi pour le repos hebdomadaire, l'équipe de suppléance peut travailler un, deux ou trois jours consécutifs selon que l'équipe de semaine travaille six, cinq ou quatre jours. L'équipe de suppléance ne peut être occupée en même temps que l'équipe qu'elle remplace sauf chevauchements marginaux de quelques heures en début ou fin de période, nécessaires pour assurer la continuité du processus de production.

Concernant les jours fériés, l'équipe de suppléance peut travailler un jour férié sans que cela n'affecte son activité de fin de semaine dès lors que le jour férié est collectivement chômé par l'équipe habituelle. S'agissant des congés annuels, l'équipe de suppléance n'intervient que pour remplacer l'équipe de semaine collectivement. Si le remplacement en semaine dépasse une journée, l'équipe de suppléance ne peut alors être occupée en fin de semaine. L'employeur ne peut faire appel individuellement à des salariés de l'équipe de suppléance pour faire face à l'absence ponctuelle de salariés de l'équipe de semaine.

La durée journalière de travail de l'équipe de suppléance ne peut excéder 12 heures lorsque la période de recours à cette équipe est limitée à deux jours. Au-delà, cette durée journalière ne peut excéder 10 heures, sauf si l'accord de branche ou d'entreprise le prévoit ou, à défaut, sur autorisation de l'inspecteur du travail. Lorsque le remplacement est dû à la prise des congés payés par l'équipe de semaine, l'équipe de suppléance pratique les horaires habituels de l'équipe remplacée.

Les salariés des équipes de suppléance peuvent être engagés sous CDI ou CDD. La majoration de la rémunération de 50 % peut se cumuler avec des majorations pour travail de nuit ou de jours fériés et ne s'applique pas pour le remplacement des départs en congés. En outre, l'accord de branche étendu ou la convention collective doit prévoir les conditions de mise en œuvre et de rémunération de la formation des salariés travaillant en équipe de suppléance.

Ces salariés bénéficient des dispositions sur le travail à temps partiel, dès lors que le travail est bien effectué à temps partiel et doivent donc bénéficier du principe de proportionnalité de la rémunération d'un salarié de même qualification occupant un emploi équivalent à temps plein dans l'entreprise (Soc. 16 mai 2007).

Le travail en continu. Ce dispositif permet à l'entreprise de fonctionner en permanence (24 heures sur 24 et 7 jours sur 7, toute l'année, travail dit en « 5 × 8 »). La durée du travail, légale et maximale, est de 35 heures en moyenne sur l'année (L. 3132-15, Ord. 16 janv. 1982, art. 26). Les salariés en équipes bénéficient de cette règle même s'ils sont parfois occupés en horaire normal (L. 3132-15, Soc. 14 nov. 2000). En cas de dépassement, les heures effectuées sont des heures supplémentaires ouvrant droit à majoration (et le cas échéant à repos compensateur), ainsi qu'à dommages-intérêts pour réparer le préjudice lié au dépassement de la durée maximale (Soc. 14 nov. 2000). L'affectation d'un salarié à deux équipes successives est en principe interdite (L. 3122-1). L'entreprise peut mettre en place ce dispositif pour des raisons techniques (L. 3132-12) ou pour des raisons économiques (L. 3132-14) (par accord collectif ou par décision de l'inspecteur du travail ou encore désormais sur plusieurs semaines par décision de l'employeur – L. 3122-3). Le travail en continu s'accompagne de dérogations en matière de travail de nuit et de repos hebdomadaire par roulement.

Le cycle. Les cycles de travail désignent des périodes constantes de quelques semaines (en pratique entre deux et douze semaines), à l'intérieur desquelles la durée du travail est répartie d'une certaine façon se répétant à l'identique d'un cycle à l'autre (« semaines hautes » et « semaines basses », répartition de la durée du travail à l'intérieur des semaines) et dont la durée du travail respecte en moyenne la durée légale hebdomadaire.

Ainsi, le cycle semi-continu prévoit trois équipes. Chacune travaillant huit heures, il faut prévoir une interruption hebdomadaire. Pour sa part, le cycle continu compte quatre équipes ou plus. Il est possible d'éviter l'interruption hebdomadaire. Le cycle se déroule entre deux et douze semaines (cliniques, chimie, etc.), celles ayant des horaires au-delà de

35 heures étant compensées par celles comportant des durées inférieures au cours du même cycle, sans pouvoir toutefois excéder la durée maximale hebdomadaire (Soc. 5 nov. 2003). La durée du travail des salariés travaillant en cycle continu ne doit pas être supérieure, en moyenne, sur une année, à 35 heures par semaine travaillée. D'autres mesures sont prévues par les décrets d'application et les conventions collectives (primes, repos compensateurs, priorité d'emploi sur un poste fixe, pauses, repas chauds, etc.).

Les cycles de travail peuvent être mis en place dans les entreprises qui fonctionnent en continu ou lorsque cette modalité est autorisée par décret (entreprises de gardiennage, de sécurité et de surveillance) ou par un accord de branche ou un accord d'entreprise ou d'établissement. L'accord collectif doit prévoir les mêmes dispositions obligatoires qu'en cas de modulation (*supra* F. Modulation, L. 3122-1 et s.). La loi « temps du travail » prévoit qu'à défaut, l'organisation du temps de travail peut être organisée sur plusieurs semaines par décision de l'employeur (L. 3122-3).

Les heures supplémentaires se calculent sur la base du cycle (Soc. 26 mars 2008) ; ce sont les heures qui dépassent la durée moyenne de 35 heures calculée sur la durée du cycle.

Les dispositions légales sur le cycle ont été abrogées par la loi du 20 août 2008 ; cependant, les accords conclus en application de ces anciennes dispositions du Code du travail dans leur rédaction antérieure à la publication de la loi du 20 août 2008 dans son volet « temps de travail » restent en vigueur.

I. Travail de nuit

1. Salariés adultes

Pour des raisons démographiques (loi de 1892), le travail de nuit était interdit dans l'industrie aux femmes. À la suite d'un arrêt communautaire (CJCE 13 mars 1997), la loi du 9 mai 2001 prévoit des mesures générales d'encadrement du travail de nuit qui doit être exceptionnel et prendre en compte les impératifs de protection de la sécurité et de la santé des salariés. Il doit être justifié par la nécessité d'assurer la continuité de l'activité économique ou des services d'utilité sociale.

Le travail de nuit ne peut être mis en place qu'après conclusion d'une convention ou d'un accord collectif de branche ou d'entreprise. À défaut d'accord, l'employeur ne peut mettre en place le travail de nuit que s'il a engagé sérieusement et loyalement des négociations tendant à la conclusion d'un tel accord et obtenu l'autorisation de l'inspecteur du travail (L. 3122-32 et s., L. 213-1 et 213-4).

Sauf dérogation par la loi (L. 3122-29 et 30, L. 213-1-1 pour la presse, le spectacle, l'audiovisuel, le cinéma et les discothèques), par accord de branche étendu ou d'entreprise, le travail de nuit (travail entre 21 heures et 6 heures ou, sous réserve de la conclusion d'un accord, de neuf heures consécutives comprises entre 21 heures et 7 heures mais comprenant, en tout état de cause, l'intervalle compris entre 24 heures et 5 heures) ne peut excéder huit heures par jour et 40 heures par semaine. Le repos de nuit doit avoir une durée de 11 heures.

L'accord collectif qui institue le travail de nuit doit prévoir des contreparties sous forme de repos compensateur et, le cas échéant, sous forme de compensation salariale (Soc. 24 janv. 2007, Soc. 21 juin 2006). Lorsque l'employeur entend substituer un horaire de travail de nuit à un autre horaire, également de nuit, il doit malgré tout obtenir l'accord du salarié, même en présence d'une clause de variabilité des horaires qui ne peut avoir pour effet de permettre à l'employeur d'imposer une telle modification (Soc. 18 déc. 2001).

Est considéré comme travailleur de nuit tout salarié qui soit accomplit au moins deux fois par semaine au moins trois heures de nuit, soit accomplit un nombre minimal d'heures de nuit fixé par la voie conventionnelle ou un décret (L. 3122-31, L. 213-2).

Lorsque le travail de nuit est incompatible avec des « obligations familiales impérieuses » comme la « garde d'un enfant ou la prise en charge d'une personne dépendante », le salarié travaillant le jour peut refuser d'être affecté à un poste de nuit, sans que ce refus ne constitue une faute ou un motif de licenciement (L. 3122-44, L. 213-4-2 et 213-4-3). Il devrait en être ainsi plus largement au regard du droit de mener une vie familiale normale.

Le travailleur de nuit bénéficie d'une surveillance médicale particulière et une femme enceinte ou venant d'accoucher peut être affectée à un poste de jour si le poste de nuit est incompatible avec son état, à rémunération égale. En cas d'impossibilité de reclassement, une suspension du contrat de travail est prévue, assortie d'une garantie de rémunération (L. 1225-9 et s., L. 122-25-1-1 et L. 334-1 à 334-3). Pour tout autre salarié inapte au travail de nuit, l'employeur ne peut rompre son contrat de travail que s'il justifie par écrit de l'impossibilité de le reclasser ou du refus du salarié d'un reclassement (L. 3122-42, L. 213-5).

Les travailleurs de nuit qui souhaitent reprendre une activité de jour et ceux qui font la journée normale, mais qui souhaitent travailler de nuit dans le même établissement ou, à défaut, dans la même entreprise, ont priorité pour l'attribution d'un emploi ressortissant à leur catégorie professionnelle ou d'un emploi équivalent (L. 3122-43, L. 213-4-1).

2. *Jeunes travailleurs*

Le travail de nuit est interdit aux jeunes âgés de moins de 18 ans. Toutefois, à titre exceptionnel, des dérogations peuvent être accordées par l'inspecteur du travail pour les établissements commerciaux et ceux du spectacle et dans les secteurs déterminés par décret, un accord collectif de branche étendu ou d'entreprise pouvant définir les modalités d'octroi de la dérogation (L. 3163-2, L. 213-7, décret du 13 janv. 2006). Tout travail entre 22 heures (20 heures pour les jeunes de moins de 16 ans) et 6 heures est considéré comme travail de nuit (L. 3163-1, L. 213-8). Le repos de nuit doit avoir une durée de 12 heures (14 heures pour les jeunes de moins de 16 ans) consécutives.

J. Forfaits

La loi prévoit des règles spécifiques de décompte du temps de travail pour les salariés, notamment les cadres, en forfait. Plus le degré d'autonomie des salariés est grand et moins les dispositions du Code du travail s'appliquent.

Ces règles spécifiques ne concernent pas tous les salariés même cadres. Il convient donc de procéder à une analyse objective des fonctions qu'ils exercent réellement, quelle que soit leur classification.

De manière générale, pour tout forfait, « la conclusion d'une convention individuelle de forfait requiert l'accord du salarié. La convention est établie par écrit » (L. 3121-40 ; Soc. 26 mars 2008). La rémunération du salarié ayant conclu une convention de forfait en heures est au moins égale à la rémunération minimale applicable dans l'entreprise pour le nombre d'heures correspondant à son forfait, augmentée des majorations pour heures supplémentaires » (L. 3121-41).

1. Cadres dirigeants

Trois critères cumulatifs doivent être réunis : des responsabilités importantes impliquant une grande indépendance dans l'organisation de leur temps de travail, l'habilitation à prendre des décisions de façon largement autonome et une rémunération dans les niveaux les plus élevés de leur entreprise. Cette notion de cadre dirigeant est interprétée strictement (Soc. 3 nov. 2004, Soc. 16 mai 2007). Les juges doivent vérifier précisément les conditions réelles d'emploi du salarié concerné, peu important que l'accord collectif applicable retienne pour la fonction occupée par le salarié la qualité de cadre dirigeant (Soc. 13 janv. 2009, concernant un ingénieur commercial senior).

Ces salariés ne relèvent pas de la réglementation sur la durée du travail, seules s'appliquent à eux les dispositions relatives aux congés payés et aux congés particuliers, comme le congé maternité (L. 3111-2, L. 212-15-1). « *Un cadre dirigeant ne saurait prétendre à la rémunération de l'astreinte ; sauf dispositions contractuelles ou conventionnelles plus favorables* » (Soc. 12 nov. 2008, M. Vastel ; Soc. 28 oct. 2008, M. Tugdual).

2. Régime de droit commun du forfait

« La durée du travail de tout salarié peut être fixée par une convention individuelle de forfait en heures sur la semaine ou sur le mois » (L. 3121-38). Des salariés non-cadres peuvent relever de ce forfait. Un accord collectif préalable n'est pas nécessaire.

Il s'agit là d'une reprise de la jurisprudence (en application de la loi de 1978 sur la mensualisation) quand le système de forfait sert uniquement à faciliter le calcul de la rémunération, qui intègre alors le versement d'heures supplémentaires dont le nombre a été prédéterminé (exemples : forfaits de 38 heures à la semaine, de 165 heures au mois).

La convention ne modifie pas le régime juridique applicable en matière de temps de travail. Les règles légales relatives à la durée du travail (repos, durées maximales, contingent d'heures supplémentaires – CE 28 mars 2001, etc.) leur sont applicables.

La nature des fonctions des salariés concernés peut les conduire à suivre globalement l'horaire collectif applicable au sein de l'atelier, du service ou de l'équipe auquel ils sont intégrés.

3. *Salariés en forfait sur l'année*

Suivant le degré d'autonomie du salarié, dans l'organisation de son emploi du temps, plusieurs types de forfaits annuels, fixés en heures ou en jours sont possibles.

Pour ces forfaits sur l'année, « la conclusion de conventions individuelles de forfait, en heures ou en jours, sur l'année, est prévue par un accord collectif d'entreprise ou d'établissement ou, à défaut, par une convention ou un accord de branche. Cet accord collectif préalable détermine les catégories de salariés susceptibles de conclure une convention individuelle de forfait, ainsi que la durée annuelle du travail à partir de laquelle le forfait est établi, et fixe les caractéristiques principales de ces conventions » (L. 3121-39). L'accord de branche peut ne pas avoir fait l'objet d'un arrêté d'extension.

Forfait en heures sur l'année

La loi « temps du travail » prévoit que « peuvent conclure une convention de forfait en heures sur l'année, dans la limite de la durée annuelle de travail applicable aux conventions individuelles de forfait fixée par l'accord collectif :

1° Les cadres dont la nature des fonctions ne les conduit pas à suivre l'horaire collectif applicable au sein de l'atelier, du service ou de l'équipe auquel ils sont intégrés ;

2° Les salariés qui disposent d'une réelle autonomie dans l'organisation de leur emploi du temps » (L. 3121-42), notamment des salariés itinérants (technico-commerciaux, par exemple).

En cas de dépassement du forfait prévu, le régime des heures supplémentaires s'applique (majorations, le cas échéant repos). Ce régime ne prévoit plus la possibilité de déroger aux durées maximales du travail. En revanche, le contingent annuel d'heures supplémentaires ne s'applique plus à ces salariés (D. 3121-14-1, décret du 4 nov. 2008) ; « le soin étant laissé à l'accord collectif de fixer la durée annuelle du travail et les contreparties » (circulaire DGT du 13 nov. 2008).

Forfait en jours sur l'année

La loi du 20 août 2008, dans son volet « temps de travail », réduit fortement le contenu de l'accord collectif (sont supprimées les modalités de suivi de l'organisation du travail ; seul un entretien annuel et la consultation du CE sont prévus sur la charge de travail du salarié, etc.). Ainsi, l'accord collectif perd sensiblement son caractère de garantie et également de ressource en cas de contestation devant le CPH.

Champs d'application personnel. « Peuvent conclure une convention de forfait en jours sur l'année, dans la limite de la durée annuelle de travail fixée par l'accord collectif prévu à l'article L. 3121-39 :

– 1° Les cadres qui disposent d'une autonomie dans l'organisation de leur emploi du temps et dont la nature des fonctions ne les conduit pas à suivre l'horaire collectif applicable au sein de l'atelier, du service ou de l'équipe auquel ils sont intégrés.
– 2° Les salariés dont la durée du temps de travail ne peut être prédéterminée et qui disposent d'une réelle autonomie dans l'organisation de leur emploi du temps pour l'exercice des responsabilités qui leur sont confiées » (L. 3121-43).

Régime. Le nombre de jours travaillés dans l'année fixé par l'accord collectif ne peut excéder 218 jours (L. 3121-44). Mais le salarié qui le souhaite peut, en accord avec son employeur, renoncer à une partie de ses jours de repos en contrepartie d'une majoration de son salaire. L'accord entre le salarié et l'employeur est établi par écrit. Le nombre de jours travaillés dans l'année ne peut excéder un nombre maximal fixé par l'accord collectif. En cas d'accord collectif, le nombre maximal annuel de jours travaillés n'est pas fixé ; cependant, il doit être compatible avec les dispositions relatives au repos quotidien, au repos hebdomadaire et aux jours fériés chômés dans l'entreprise, et aux congés payés (soit 282 jours au maximum… Il s'agit d'un maximum absolu, mais une durée de 272 jours par exemple est possible). À défaut d'accord, ce nombre maximal est de 235 jours (L. 3121-45).

Un avenant à la convention de forfait conclu entre le salarié et l'employeur détermine le taux de la majoration applicable à la rémunération de ce temps de travail supplémentaire, sans qu'il puisse être inférieur à 10 % (ce dispositif pérennise le système de la loi du 31 mars 2005 – L. 3121-44, L. 212-15-3 – mais en l'absence d'accord collectif).

En cas de litige concernant le dépassement du forfait, l'aménagement de la charge de la preuve prévu en matière de temps de travail s'applique (L. 3171-4 préc. ; D. 3171-10). « *La preuve n'incombe spécialement à aucune des parties, et le juge ne peut, pour rejeter une demande de jours travaillés, se fonder sur l'insuffisance des preuves apportées par le salarié, mais doit examiner les éléments de nature à justifier les jours effectivement travaillés par le salarié et que l'employeur est tenu de lui fournir* » (Soc. 23 sept. 2009, PBR, Sté François-Charles Oberthur Fiduciaire).

« Un entretien annuel individuel est organisé par l'employeur, avec chaque salarié ayant conclu une convention de forfait en jours sur l'année. Il porte sur la charge de travail du salarié, l'organisation du travail dans l'entreprise, l'articulation entre l'activité professionnelle et la vie personnelle et familiale, ainsi que sur la rémunération du salarié » (L. 3121-46).

Contentieux. À la suite des réclamations collectives de la CGC et de la CGT, le Comité européen des droits sociaux a décidé que ce régime des forfaits en jours constituait une violation de la Charte sociale européenne révisée (Conseil de l'Europe) du fait des durées hebdomadaires de travail excessives qu'il permet (décisions du 12 oct. et du 7 déc. 2004, entérinées par le Comité des ministres du Conseil de l'Europe dans ses résolutions du 4 mai 2005). La législation devrait donc faire l'objet d'une modification pour être mise en conformité. La loi « temps de travail » maintient ces dispositions en l'état (ces salariés ne bénéficient pas des dispositions en matière de durées maximales du travail – quotidienne et hebdomadaire – ni des dispositions en matière d'heures supplémentaires). La législation française est, de manière aggravée, non conforme au droit européen (le CEDS a de nouveau condamné le régime des forfaits en jours par deux décisions du 23 juin 2010, rendues publiques le 14 janv. 2011, notamment au regard des durées hebdomadaires excessives légalement possibles).

À la suite de ces dernières décisions, le juge interne souligne que *« le droit à la santé et au repos est au nombre des exigences constitutionnelles »* et rappelle à chacun ses obligations : *« Toute convention de forfait en jours doit être prévue par un accord collectif dont les stipulations assurent la garantie du respect des durées maximales de travail ainsi que des repos, journaliers et hebdomadaires. »* Quand les dispositions de la branche répondent aux exigences rappelées (comme c'était le cas ici pour l'Accord Métallurgie du 28 juill. 1998 sur le temps de travail), l'employeur doit les respecter : à défaut, l'employeur ne peut pas utiliser la dérogation sur les forfaits en jours, *« la convention de forfait en jours était privée d'effet »* (le salarié peut bénéficier du paiement d'heures supplémentaires ; Soc. 29 juin 2011). Quand ces accords ne respectent pas ces obligations, ils sont susceptibles d'être invalidés par le juge.

Le juge doit vérifier d'office la légalité du forfait jours et s'il est applicable au salarié au regard de son autonomie réelle dans l'organisation de son emploi du temps, même si aucune des parties n'a soulevé ce moyen. Ainsi, le salarié *« qui ne disposait d'aucune liberté dans l'organisation de son travail, n'était pas susceptible de relever du régime du forfait en jours qui lui avait été appliqué »* (L. 3121-41 et L. 3121-50, L. 212-15-14, Soc. 31 oct. 2007, Blue Green). Quand les modalités de suivi, prévues par la loi, n'ont pas été respectées par l'employeur, la jurisprudence est rigoureuse : le régime du forfait en jours est inapplicable, même quand le salarié a signé une convention de forfait en jours, et le salarié a droit au paiement des heures supplémentaires, calculées selon le régime de droit commun (Soc. 13 déc. 2006, M. Y. c/ Sté Ey Law, *« les modalités exigées (...) avaient été précisées de façon unilatérale par l'employeur »* en l'absence d'accord collectif suffisamment précis). La conclusion d'une convention de forfait en jours implique que les conditions posées par la CCN soient remplies (Soc. 3 nov. 2011, PBR, Sté Linedata).

Lorsqu'un salarié ayant conclu une convention de forfait en jours perçoit une rémunération manifestement sans rapport avec les sujétions qui lui sont imposées, il peut, nonobstant toute clause contraire, conventionnelle ou contractuelle, saisir le juge judiciaire afin que lui soit allouée une indemnité calculée en fonction du préjudice subi, eu égard notamment au niveau du salaire pratiqué dans l'entreprise et correspondant à sa qualification (L. 3121-50, L. 3121-47).

Les absences pour maladie ne peuvent donner lieu à récupération, par le biais du retrait d'un jour de RTT (Soc. 3 nov. 2011 CGCc/Sté Prysmian).

Grève. En cas de grève, quand le salarié participe à un mouvement pendant une durée inférieure à la journée ou à la demi-journée, en l'absence de dispositions conventionnelles applicables en la matière, les modalités de calcul de la retenue sur salaire, devant respecter le principe de proportionnalité, résultent de la durée de l'absence et de la détermination, à partir du salaire mensuel ou annuel, d'un salaire horaire fictif, tenant compte du nombre de jours travaillés, prévus par la convention de forfait, et prenant pour base soit la durée légale du travail, soit la durée applicable dans l'entreprise aux cadres si elle est supérieure (Soc. 13 nov. 2008, Sté GIAT Industries ; cette solution s'inspire des dispositions de D. 6321-7 ; exemple : un salarié gagne 55 000 € par an, pour un forfait de 204 jours dans une entreprise à 35 heures et a fait grève pendant deux heures : 204/217 x 151,67 x 12 = 1 711 heures, le salaire horaire fictif est donc : 55 000 €/1 711 heures = 32,14 €, la retenue possible est au maximum de : 2 h x 32,14 € = 64,28 €).

En application des dispositions conventionnelles sur l'organisation du temps de travail dans la métallurgie, « aucune suspension du contrat de travail », notamment en cas de grève, « *inférieure à une journée entière ou à une demi-journée, selon la répartition choisie par le contrat de travail, ne peut entraîner une retenue de salaire* » (Soc. 4 mars 2009, SAS Schneider Automation).

Encadrement conventionnel et consultation du CE. Enfin, la loi « temps de travail » prévoit d'une part que le CE est consulté chaque année sur le recours aux conventions de forfait ainsi que sur les modalités de suivi de la charge de travail des salariés concernés (L. 2323-29) et, d'autre part, que les accords collectifs conclus en application des dispositions du Code du travail dans leur rédaction antérieure à la publication de la loi (21 août 2008) restent en vigueur. Il a été jugé que le défaut d'exécution par l'employeur d'une stipulation conventionnelle d'invalidait pas la convention de forfait en jours, mais ouvrait droit à des dommages-intérêts au profit du salarié (Soc. 13 janv. 2010, SAS Castorama) ; cette solution apparaît transférable en cas de défaut de consultation du CE.

K. Compte épargne temps

Le compte épargne temps (CET) (L. 3151-1 et s., L. 227-1) permet, par la voie d'une convention ou d'un accord collectif d'entreprise ou d'établissement, ou à défaut, de branche, d'accumuler des droits à congés rémunérés ou de bénéficier d'une rémunération, immédiate ou différée, en contrepartie des périodes de congé ou de repos non prises ou des sommes qu'il y a affectées.

La convention ou l'accord collectif détermine dans quelles conditions et limites le CET peut être alimenté en temps ou en argent à l'initiative du salarié ou, pour les heures accomplies au-delà de la durée collective, à l'initiative de l'employeur. Le congé annuel ne peut être affecté au CET que pour sa durée excédant 24 jours ouvrables (L. 3152-2).

L'entreprise a la possibilité de majorer le capital temps ainsi constitué. Le salarié peut affecter à son CET des augmentations de salaire, des primes et des indemnités conventionnelles, les sommes issues de l'intéressement et de la participation ou inscrites à un Plan d'épargne entreprise (PEE).

La convention ou l'accord définit l'utilisation possible des droits affectés au CET (L. 3152-3), par exemple :

- compenser en tout ou partie des congés normalement non rémunérés (parental, sabbatique, pour création d'entreprise, etc.), également pour prendre un congé sans solde, pour passer à temps partiel pour des raisons familiales, pour indemniser tout ou partie des heures non travaillées lorsque le salarié passe à temps partiel pour créer ou reprendre une entreprise, pour suivre une formation en dehors du temps de travail.
- procéder au versement de cotisations (rachat de cotisations d'assurance vieillesse du régime général), anticiper une fin de carrière ; alimenter un PEE, quel qu'il soit, contribuer au financement de prestations de retraite revêtant un caractère collectif et obligatoire et financer le rachat d'annuités manquantes, correspondant notamment à des années d'études, pour le calcul de la pension de retraite.

Nonobstant les stipulations de la convention ou de l'accord collectif, tout salarié peut, sur sa demande et en accord avec son employeur, utiliser les droits affectés sur le CET pour compléter sa rémunération (L. 3153-1). L'utilisation sous forme de complément de rémunération des droits versés sur le CET au titre du congé annuel n'est autorisée que pour ceux de ces droits correspondant à des jours excédant la durée de 30 jours (L. 3153-2).

L'accord peut aussi prévoir les conditions de transfert des droits constitués par le salarié vers une autre entreprise ou leur liquidation, sous forme d'indemnité, en cas de renonciation de la part du salarié ou de rupture de son contrat (L. 3152-3). À défaut d'accord, le salarié perçoit, en cas de rupture de son contrat de travail, une indemnité correspondant à la conversion monétaire des droits acquis. Cette indemnité est aussi versée lorsque les droits atteignent un montant déterminé par décret.

Repos hebdomadaire et dominical

A. Principe : un repos hebdomadaire et dominical

La règle générale est un repos hebdomadaire dominical d'au moins 35 heures.

1. *Salariés adultes*

Repos hebdomadaire. Le repos hebdomadaire est la règle. Il est interdit d'occuper plus de six jours par semaine un même salarié (L. 3132-1, L. 221-2). Ce repos hebdomadaire doit avoir une durée minimale de 35 heures consécutives (L. 3132-2, L. 3164-2, L. 221-4), soit 24 heures auxquelles s'ajoute le repos quotidien de 11 heures, consécutives de la veille ou du lendemain travaillé.

Il est jugé que « *la privation du repos hebdomadaire a généré pour les salariés un trouble dans leur vie personnelle et engendré des risques pour leur santé et leur sécurité* » ; ainsi, un préjudice spécifique résulte de la privation du repos hebdomadaire (Soc. 8 juin 2011, Sté Dalkia France).

En ce qui concerne son champ d'application professionnel, la règle sur le repos hebdomadaire n'est pas applicable au capitaine d'un navire (Soc. 11 juill. 2007).

Repos dominical. « Dans l'intérêt des salariés, le repos hebdomadaire est donné le dimanche » (L. 3132-3, L. 221-5).

La privation du repos dominical nécessite l'accord exprès et préalable du salarié : « *La nouvelle répartition de l'horaire de travail avait pour effet de priver le salarié du repos dominical, ce qui constituait une modification de son contrat de travail qu'il était en droit de refuser* » (Soc. 2 mars 2011, SARL Le Café Pierre).

Le salarié qui travaille habituellement le dimanche en violation des dispositions légales relatives au repos dominical subit un préjudice du fait de l'atteinte portée à sa vie personnelle, dont le montant est apprécié par le juge du fond (Soc. 19 déc. 2007, en l'espèce 50 000 € de dommages-intérêts).

Le Code du travail prévoit de nombreuses possibilités de dérogation à la règle du repos dominical (cf. en dernier lieu la loi du 10 août 2009 – Décision DC n° 2009-588 ; décret du 21 sept. 2009, circulaire du 31 août 2009 ; voir la circulaire-guide du ministère/DGT de juillet 2007) : le repos hebdomadaire peut alors être pris un autre jour que le dimanche (il peut même, dans certains cas exceptionnels, être supprimé).

Dans les branches couvrant des commerces, où des dérogations administratives au repos dominical sont applicables, les partenaires sociaux engagent des négociations en vue de la signature d'un accord relatif aux contreparties accordées aux salariés privés du repos dominical, lorsque la branche ou l'entreprise n'est pas déjà couverte par un accord.

Dans certains cas, le salarié pourrait légitimement refuser de travailler le dimanche en se fondant sur son droit de mener une vie familiale normale.

Le refus d'un demandeur d'emploi d'accepter une offre d'emploi impliquant de travailler le dimanche ne constitue pas un motif de radiation de la liste des demandeurs d'emploi (L. 3132-3-1 nouv.).

Cette réforme du 10 août 2009 n'est pas applicable au département de la Moselle ni en Alsace (pour le Conseil constitutionnel, « *en maintenant, par dérogation (...), le régime local particulier en vertu duquel le droit au repos hebdomadaire des salariés s'exerce le dimanche, le législateur, (...) a opéré une conciliation, (...) entre la liberté d'entreprendre et les exigences du dixième alinéa du Préambule de la Constitution de 1946 qui dispose : "La Nation assure à l'individu et à la famille les conditions nécessaires à leur développement"* », DC QPC 5 août 2011).

2. *Jeunes travailleurs*

Pour cette catégorie est prévu le bénéfice de deux jours de repos consécutifs ou de 36 heures lorsque les caractéristiques particulières de l'activité le justifient et selon ce que prévoit une convention ou un accord collectif étendu (3132-2 et L. 3164-2, L. 221-4).

B. Dérogations : le repos hebdomadaire un autre jour que le dimanche

1. *Dérogations de droit*

Certains établissements doivent fonctionner sans interruption, soit pour des raisons techniques (conduite des fours, par exemple), soit pour tenir compte des besoins du public (hôtels, par exemple). Dans ces établissements, il n'est pas possible que tout le personnel soit absent le dimanche. Le repos hebdomadaire est pris par roulement (une fraction du personnel prend son congé le dimanche, une autre le lundi, etc.).

Les catégories d'établissements qui sont admises à donner le repos hebdomadaire par roulement sont énumérées : fabrication de produits alimentaires, hôtels, restaurants, hôpitaux, musées, salons professionnels, etc. (L. 3132-12, R. 3132-1, L. 221-9 et R. 221-4 et R. 221-4-1). En cas d'activités multiples, seule l'activité principale est prise en compte (Soc. 18 déc. 2001).

Dans les commerces de détail alimentaires (L. 3132-13), le repos hebdomadaire peut être donné le dimanche à partir de 13 heures.

La dérogation peut également être instaurée sur une base conventionnelle (L. 3132-14, L. 221-10).

La jurisprudence prévoit que la dérogation au repos dominical n'est possible que pour les nécessités spécifiques à l'exercice de l'activité mentionnée (Soc. 21 mai 2002), mais fait parfois preuve de libéralisme dans son interprétation, ainsi en faveur de résidences services (Soc. 18 déc. 2001) ou pour tenir des stands dans le cadre d'un salon professionnel (Soc. 19 nov. 2002).

Les établissements de commerce de détail d'ameublement sont autorisés de plein droit à déroger au repos dominical (loi du 3 janv. 2008 pour le développement de la concurrence au service des consommateurs).

2. *Dérogations accordées sur demande*

Dérogations individuelles. S'il est établi que le repos simultané le dimanche de tout le personnel d'un établissement serait préjudiciable au public ou compromettrait le fonctionnement normal de cet établissement (L. 3132-20 et s., L. 221-6), une autorisation peut être délivrée par le préfet. Le repos est alors donné selon diverses modalités : par exemple, un autre jour que le dimanche ou du dimanche 13 heures au lundi 13 heures. Les dérogations sur demande peuvent être accordées à tout établissement répondant au critère légal. En pratique, ce sont surtout les commerces qui en bénéficient.

Cinq dimanches par an. Pour les commerces de détail, des autorisations d'ouverture exceptionnelles peuvent être accordées dans la limite de cinq dimanches par an, par le maire (ou le préfet à Paris) ; les salariés perçoivent une rémunération au moins égale au double de la rémunération due pour une durée équivalente ainsi qu'un repos compensateur équivalent en temps (L. 3132-27).

Tourisme. Dans les communes touristiques ou thermales et dans les zones touristiques d'affluence exceptionnelle ou d'animation culturelle permanente, la loi élargit de manière importante la possibilité de faire travailler des salariés le dimanche (L. 3123-25, R. 3123-3 ; L. 221-8-1) :

- la dérogation devient de droit pour les établissements de vente au détail situés dans les communes touristiques ou thermales et dans les zones touristiques d'affluence exceptionnelle ou d'animation culturelle permanente ; la liste des communes concernées et les périmètres des zones touristiques demeurent établis par le préfet.
- tous les établissements de vente au détail sont visés (quelle que soit leur activité), sans limitation quant aux périodes concernées.
- le texte ne prévoit pas de contreparties pour les salariés et ne limite pas le travail dominical aux salariés volontaires.

La liste des communes concernées est arrêtée par le préfet, selon des critères définis par la voie réglementaire (R. 3132-20) ; à l'intérieur de ces communes, le périmètre des zones touristiques est délimité par le préfet (sur proposition du Conseil municipal, après avis des chambres de commerce) ; c'est ainsi qu'un arrêté du 14 octobre 1994 du préfet de Paris délimite six zones touristiques d'affluence exceptionnelle dans la capitale : les Champs-Élysées, une partie de la rue de Rivoli, la rue d'Arcole, une partie du viaduc des Arts, la rue des Francs-Bourgeois et la place des Vosges. L'arrêté préfectoral autorisant l'ouverture dérogatoire le dimanche du magasin Louis Vuitton sur les Champs-Élysées, avait été annulé (CE 11 mars 2009, Fédération nationale de l'habillement, nouveautés et accessoires et a.), au motif que les articles vendus par ce magasin ne sont pas des biens et services destinés aux activités de détente ou de loisirs. La nouvelle loi remet en cause cette jurisprudence.

Consommation. Pour les périmètres d'usage de consommation exceptionnelle (PUCE) : la loi prévoit un nouveau cas de dérogation pour des « unités urbaines » de plus d'un million d'habitants dans des périmètres d'usage de consommation exceptionnelle caractérisés par des habitudes de consommation dominicale, l'importance de la clientèle concernée et l'éloignement de celle-ci de ce périmètre (L. 3132-25-1) ; la liste et le périmètre seront établis par le préfet de région (seraient notamment visés les Bouches-du-Rhône avec Plan-de-campagne, l'Île-de-France avec plusieurs zones, en particulier Sainte-Geneviève-des-Bois dans l'Essonne). Une unité urbaine est un ensemble d'une ou plusieurs communes présentant une continuité du tissu bâti. La délimitation d'un PUCE au sein d'une unité territoriale doit répondre à plusieurs critères (habitude de consommation dominicale, importance de la clientèle concernée, etc.) et avoir fait l'objet d'une demande du conseil municipal de la commune concernée par ce PUCE. L'autorisation préfectorale est accordée au vu d'un accord collectif ou, à défaut, d'une décision unilatérale de l'employeur prise après référendum (des contreparties doivent être prévues pour les salariés privés du repos dominical) ; seuls les salariés volontaires ayant donné leur accord par écrit à leur employeur peuvent travailler le dimanche ; le refus de travailler le dimanche ne peut justifier une mesure de représailles ; etc. (L. 3132-25-3 et s). Le classement d'une zone en PUCE améliore la situation des salariés travaillant le dimanche (volontariat, contreparties).

Ces nouvelles dispositions légales sont destinées à mettre fin à un abondant contentieux (exemple : le 24 janv. 2008, le TA de Marseille a annulé 133 décisions du préfet des Bouches-du-Rhône autorisant des commerces à ouvrir et à employer des salariés le dimanche dans la zone commerciale de Plan-de-Campagne ; après ces jugements, le 22 avril 2008, suite à un recours engagé par les syndicats CGT et CFDT, le TGI d'Aix-en-Provence a ordonné à 12 établissements de respecter le repos dominical, sous peine d'astreinte de 50 000 € par dimanche travaillé).

Un premier accord collectif a été conclu (Accord du 11 déc. 2009 sur le travail du dimanche des salariés du Puce de Plan-de-Campagne ; tous les salariés sont visés, y compris ceux de l'ameublement, par cet accord prévoyant des contreparties minimales : respect du volontariat, repos hebdomadaire de deux jours, sauf demande contraire du salarié, droit à un repos dominical par roulement de six à 15 dimanches suivant l'effectif, majoration égale à 100 % du SMIC pour chaque heure travaillée le dimanche, prime complémentaire pour les salariés ayant

18 mois d'ancienneté, etc. ; le périmètre du PUCE est défini par arrêté préfectoral du 10 nov. 2009).

Contrôle. Lorsque le repos est donné collectivement à la totalité ou à une partie du personnel un autre jour que le dimanche, des affiches facilement accessibles et lisibles doivent indiquer les jours et les heures de repos collectif. Un exemplaire de cette affiche doit être envoyé à l'inspecteur du travail (R. 3172-1 et s., R. 221-10 et R. 221-11).

En cas de mise en place du repos hebdomadaire par roulement, l'employeur doit respecter les règles légales de consultation du personnel et les règles sur la modification du contrat de travail.

3. *Sanctions*

Sur le plan civil, l'inspecteur du travail peut saisir en référé le président du TGI pour voir ordonner toutes les mesures propres à faire cesser, dans les établissements de vente au détail et de prestations de services, l'emploi illicite de salariés le dimanche (L. 3132-31, L. 221-16), sans être tenu de dresser un procès-verbal (Soc. 10 mars 2010, Inspecteur du travail de la DDTEFP des Vosges c/ SA Centrale internationale de distribution) ; « *ce pouvoir peut s'exercer dans tous les cas où des salariés sont employés de façon illicite un dimanche* » (y compris quand le repos dominical résulte d'un arrêté préfectoral ordonnant la fermeture au public d'un établissement le dimanche, Soc. 6 avril 2011, Sté Tolodis – magasin Super-U de Martres Tolosane).

Le juge des référés (président du TGI) peut aussi être saisi par des organisations de salariés ou d'employeurs et ordonner l'interdiction de faire travailler des salariés le dimanche (Soc. 13 juin 2007, TGI Aix-en-Provence 22 avril 2008, préc.). Le fait pour un employeur d'ouvrir son magasin le dimanche et d'y employer des salariés, sans autorisation de droit ou sur dérogation, constitue un trouble manifestement illicite : tel est le cas quand l'entreprise a obtenu une dérogation du préfet (L. 3132-20), mais que cette décision est frappée de recours devant le TA ; ce recours suspend les effets de l'autorisation dès son dépôt au greffe (L. 3132-24 ; Soc. 16 juin 2010, Sté Leroy Merlin, confirmant la condamnation à fermer ses portes le dimanche, sous astreinte de 50 000 € par infraction, puis du double passé le délai de quatre mois).

Sur le plan pénal, les infractions sont punies d'une amende appliquée autant de fois qu'il y a de personnes employées illégalement (R. 3135-2, R. 262-1).

C. Exception : la suppression du repos hebdomadaire

La suppression du repos hebdomadaire est possible si des travaux urgents sont nécessaires pour prévenir ou réparer un accident (L. 3132-4, L. 221-12). L'inspecteur du travail doit être immédiatement informé. Aucun repos compensateur n'est prévu. Des dispositions comparables visent les industries traitant des matières périssables (L. 3132-5, L. 221-22), dans la limite de deux fois par mois et six fois par an.

D. Fermeture obligatoire des établissements le jour du repos hebdomadaire

La règle du repos hebdomadaire, destinée à protéger les salariés, ne s'applique pas aux établissements sans salariés. Il est loisible à un commerçant, sans salariés, de travailler le jour où ses concurrents, occupant des salariés, observent le repos. Pour remédier à cette situation et homogénéiser les conditions de la concurrence, le préfet peut, par arrêté, ordonner la fermeture au public des établissements de la profession (L. 3132-29, R. 3132-5, L. 221-17). Le préfet ne peut toutefois prendre cet arrêté que si un accord est intervenu entre les syndicats d'employeurs et de travailleurs de la profession et de la région sur les conditions dans lesquelles le repos hebdomadaire est donné au personnel, et si ces syndicats en font la demande au préfet.

Les infractions à la législation sur la durée du travail, les heures supplémentaires, le repos hebdomadaire, ainsi qu'aux règles protectrices des femmes et des jeunes travailleurs, sont sanctionnées par des amendes dont le taux peut aller jusqu'à 750 €. Les infractions donnent lieu à autant d'amendes qu'il y a de salariés concernés par l'irrégularité constatée (R. 3124-3, R. 261-3). Elles sont punies d'une amende de 1 500 €, portée à 3 000 € en cas de récidive, remplacée éventuellement par des peines privatives ou restrictives de droits, si elles ont trait au travail à temps partiel, au travail de nuit, au repos hebdomadaire, etc.

Chapitre XV

Jours fériés et congés

Jours fériés

La loi énumère un certain nombre de jours fériés. À l'exception du 1er mai, ceux-ci ne sont pas nécessairement chômés. Les jours fériés peuvent donc être des jours de travail. Les 11 jours fériés légaux sont les suivants : 1er janvier, lundi de Pâques, 1er mai, 8 mai, Ascension, lundi de Pentecôte, 14 juillet, Assomption, Toussaint, 11 novembre et Noël (L. 3133-1, L. 222-1).

Sont également fériés :

- le jour de l'abolition de l'esclavage, dans les DOM et à Mayotte (dates variables fixées par décret) ;
- la fête de Saint-Étienne (26 décembre) et le Vendredi Saint en Alsace-Moselle (s'il y a un temple ou une église mixte dans la commune) ;
- certains jours selon la branche d'activité : Saint Éloi (1er décembre) dans la métallurgie (conventions collectives), Sainte Barbe (4 décembre) pour les mineurs (loi de 1951), etc.

La loi du 30 juin 2004 relative à la solidarité pour l'autonomie des personnes âgées et des personnes handicapées, modifiée par la loi du 16 avril 2008, prévoit une « journée de solidarité », c'est-à-dire « une journée de travail supplémentaire non rémunéré ».

Les modalités d'accomplissement de cette journée sont fixées par accord d'entreprise ou d'établissement ou, à défaut, par accord de branche. L'accord prévoit le travail un jour férié précédemment chômé (sauf le 1er mai) ou un autre jour précédemment non travaillé, par exemple un jour de RTT, ou toute autre modalité permettant le travail de sept heures. À défaut d'accord, ces modalités sont définies par l'employeur, après consultation des IRP (L. 3133-8, L. 212-16 et L. 212-17). En Alsace et en Moselle, en l'absence d'accord collectif, les dispositions du Code local des professions s'appliquent ; est condamné pénalement l'employeur qui ouvre à la clientèle son établissement et emploie des salariés un jour férié chômé (Crim. 16 sept. 2008 ; journée de solidarité fixée le 11 novembre ; décision rendue avant la réforme de 2008).

Cette journée travaillée sans rémunération supplémentaire doit permettre à l'employeur de verser une contribution de 0,3 %, calculée sur la même assiette que celle de la cotisation d'assurance-maladie, qui alimente la Caisse nationale de solidarité pour l'autonomie (CNSA). Bien que cette loi paraisse contraire au « droit au salaire » (voir notamment le droit à une rémunération équitable prévue par la Charte sociale européenne révisée), lorsque cette journée est fixée un jour précédemment chômé pour lequel le salarié est rémunéré par l'effet de la mensualisation, une absence injustifiée ou pour grève autorise l'employeur à pratiquer une retenue sur salaire qui ne constitue pas une sanction pécuniaire (Soc. 16 janv. 2008 ; *contra* CPH Romans 4 avril 2006). La journée de solidarité ne constitue pas du « travail forcé » (CESDH et Convention n° 29 de l'OIT) selon la jurisprudence française (CE 9 nov. 2007, Soc. 25 juill. 2007).

A. 1er mai

Le 1er mai est jour férié et chômé, en raison d'une interdiction légale de travailler ce jour-là (L. 3133-4, L. 222-5). Seuls sont dispensés d'observer cette règle générale les établissements et services qui, en raison de la nature de leur activité, ne peuvent interrompre le travail (hôpitaux, usines à feu continu, etc.). Les heures de travail perdues en raison des congés du 1er mai ne peuvent être récupérées.

Le chômage du 1er mai ne doit entraîner aucune réduction de salaire. Sauf lorsqu'il coïncide avec le jour de repos hebdomadaire, les salariés, payés à l'heure, à la journée ou au rendement doivent recevoir une indemnité égale à ce qu'ils auraient reçu s'ils avaient travaillé ce jour-là. Pour les salariés payés au mois, la rémunération mensuelle doit être intégralement maintenue.

Dans les établissements où, exceptionnellement, le 1er mai est travaillé, les salariés occupés ce jour-là ont droit, en plus du salaire correspondant au travail effectué, à une indemnité égale au montant de ce salaire. Il s'agit d'une disposition d'ordre public à laquelle il ne peut être dérogé, par exemple en prévoyant son remplacement par un repos compensateur (Soc. 30 nov. 2004).

Toute contravention aux dispositions relatives au 1er mai est passible d'une amende de 750 €, appliquée autant de fois qu'il y a de salariés indûment employés ou rémunérés.

B. Autres jours fériés

Les autres jours fériés ne sont pas obligatoirement chômés – sauf une exception : les jeunes travailleurs et apprentis de moins de 18 ans, occupés dans l'industrie, ne peuvent être employés ces jours-là. L'employeur qui violerait cette règle est passible d'une amende de

1 500 € ou 3 000 € en cas de récidive, appliquée autant de fois qu'il y a de salariés concernés.

Lorsque le jour férié est travaillé, il n'existe aucune disposition légale imposant une majoration de la rémunération, mais les conventions collectives contiennent en général des dispositions en ce sens.

Lorsque le jour férié est chômé, les salariés payés au mois ne subissent aucune réduction de rémunération. Si une partie de la rémunération est variable, elle doit être calculée en fonction de la moyenne journalière des sommes perçues au même titre au cours du mois considéré (Soc. 7 mai 1996).

Le chômage des jours fériés ne peut entraîner aucune perte de salaire pour les salariés totalisant au moins trois mois d'ancienneté dans l'entreprise ou l'établissement (L. 3133-3 – Proposition de Loi de simplification du droit votée par l'Assemblée nationale le 18 oct. 2011 mais rejetée par le Sénat le 10 janv. 2012).

La récupération des heures perdues par suite de chômage des jours fériés est interdite. Le refus par un salarié de travailler un jour férié constitue une absence irrégulière passible de sanctions. Cependant, si la convention collective prévoit qu'un jour férié est chômé, mais ne prévoit pas cette possibilité de sanction, celle-ci n'a pas à être infligée (Soc. 13 mai 1986).

Congés

Le droit au congé annuel payé revêt, en sa qualité de principe du droit social de l'Union, une importance particulière, et il est expressément consacré par la Charte des droits fondamentaux de l'Union européenne (CJUE 22 nov. 2011, KHS AG c/ Winfried Schulte). Les congés sont conçus comme des périodes de repos, de détente et de loisirs, et sont légalement payés par l'employeur.

À côté des congés payés annuels, la législation prévoit de nombreux types de congés, aux finalités diverses, autres que le repos, et qui ne sont pas tous rémunérés par l'employeur.

A. Droit au congé annuel payé

Tout salarié a droit à un congé annuel payé à la charge de son employeur (L. 3141-1, L. 223-1 et s.).

Ouverture du droit à congés. Le salarié bénéfice de son droit à congés payés annuels, sans qu'il ait besoin de justifier avoir travaillé un minimum de temps préalablement dans l'entreprise (Proposition de Loi de simplification du droit, votée par l'Assemblée nationale le 18 oct. 2011 mais rejetée par le Sénat le 10 janv. 2012).

En effet, la directive n° 2003/88 « concernant certains aspects de l'aménagement du temps de travail » prévoit que « les États membres prennent les mesures nécessaires pour que tout travailleur bénéficie d'un congé annuel payé... », aucune dérogation n'étant prévue notamment en matière d'admission d'une exigence de durée préalable d'activité. Sur ce fondement, le juge communautaire construit une jurisprudence novatrice (CJCE 10 sept. 2009, Francisco Vincente Pereda, aff. C-277/08 ; CJCE 20 janv. 2009, grande chambre, Gerard Schultz-Hoff et Stringer e.a., aff. C-350/06 et C-520/06).

La Cour de cassation avait déjà proposé « *de modifier l'article L. 3141-3 du Code du travail qui n'est plus conforme au droit communautaire* ». « *La directrice des affaires civiles et du sceau a fait savoir que le ministère du Travail est conscient de cette incompatibilité qui sera réglée à l'occasion d'une prochaine modification législative du Code du travail* » (Rapport annuel de la Cour de cassation, édition 2009, 15 avril 2010, Première partie : « Suggestions de modifications législatives »).

Période de référence. L'année de référence va du 1er juin de l'année précédente au 31 mai de l'année en cours.

B. Durée du congé

La durée du congé est de deux jours et demi-ouvrables par mois de travail, sans que la durée totale du congé exigible puisse excéder 30 jours ouvrables. La durée du congé auquel le salarié a droit est fonction de la durée du travail pendant l'année de référence. Lorsque le nombre de jours ouvrables ainsi calculé n'est pas un nombre entier, la durée du congé est portée au nombre entier immédiatement supérieur (par exemple, trois mois de travail donnent droit à huit jours ouvrables de congé).

Il s'agit de jours ouvrables. Même si, dans l'entreprise, le travail est réparti sur cinq jours de la semaine, six jours ouvrables par semaine sont comptabilisés. De manière conventionnelle, il est également possible de compter les congés en jours ouvrés, c'est-à-dire travaillés : six jours ouvrables de congés correspondent à cinq jours ouvrés (Soc. 17 mars 1999). Ne sont pas comptés les jours fériés, s'ils sont chômés dans l'entreprise. Le point de départ du congé doit être un jour ouvré.

En principe, le travail, pendant la période de référence, doit avoir été réellement effectué. Sont toutefois assimilés à des périodes de travail, notamment la période de congés de l'année précédente, les repos compensateurs des heures supplémentaires, le congé de maternité, les congés de formation économique, sociale et syndicale, les congés pour événements familiaux, les absences dues à un accident de travail ou à une maladie professionnelle et les jours de repos acquis au titre de la RTT. Les absences pour maladie non professionnelle ne peuvent plus avoir pour effet d'éteindre ou de réduire le droit à congé (*infra*, CJCE 20 janv. 2009). D'autres absences comme les périodes de chômage partiel ne peuvent plus, de manière temporaire, avoir d'incidence négative sur la durée des congés (ANI du 2 oct. 2009, préc.).

La règle, selon laquelle le salarié doit justifier de 12 mois de travail effectif pour avoir droit à un congé de 30 jours ouvrables, devrait entraîner que, si le salarié a été absent, par exemple, pendant deux semaines (et si cette absence ne peut être assimilée à une période de travail), son congé soit inférieur à 30 jours ouvrables. Pour atténuer ce que ce système a de rigoureux, il est prévu que les périodes équivalentes à quatre semaines ou 24 jours de travail soient assimilées à un mois de travail effectif (L. 3141-4, L. 223-4). Ceci permet de considérer le nombre de semaines ou de jours travaillés au lieu du nombre de mois. Le droit au congé maximum est ouvert dès lors que le salarié a travaillé 48 semaines (4 semaines x 12) ou 288 jours ou 240 jours, selon la répartition du travail. Le salarié qui a été absent deux semaines satisfait donc à cette condition.

Cependant, « *la naissance du droit au congé annuel (...) n'est en soi pas liée à la condition d'une prestation effective de travail préalable en sorte que ces droits sont reconnus au travailleur, même si celui-ci a été absent tout au long de l'année de référence pour maladie* » (CJCE 20 janv. 2009, préc., § 41, CJUE 24 janv. 2012, Mme Dominguez c/ le CICOA). Par conséquent, « *le droit au congé ou à une indemnité de remplacement naît également en cas d'absence excusée (pour maladie) au cours de la totalité de l'année de référence* » (conclusions de l'avocate générale, Mme V. Trstenjak, 24 janvier 2008, affaire C-350/06, préc.). Cependant, ce maintien du droit, à congé annuel payé, en cas de maladie peut être limité (par exemple, « *par une période de report de 15 mois à l'expiration de laquelle le droit au congé annuel payé s'éteint* », pour un travailleur en incapacité de travail pendant plusieurs périodes de référence consécutives : CJUE 22 nov. 2011, KHS AG c/ M. Schulte ; Conclusions 7 juill. 2011 préconisant une période de report d'au moins 18 mois).

Jeunes. Les jeunes travailleurs et apprentis de moins de 21 ans au 30 avril de l'année précédente bénéficient de dispositions plus favorables. Ils ont droit au congé maximum de 30 jours ouvrables, quelle que soit leur ancienneté dans l'entreprise. Les jours de congé qui peuvent s'ajouter alors à ceux auxquels leur donne droit leur travail effectif, ne sont pas rémunérés.

Les femmes salariées ou apprenties, âgées de moins de 21 ans au 30 avril de l'année précédente, bénéficient de deux jours de congé supplémentaires payés par enfant à charge. Est réputé enfant à charge l'enfant qui vit au foyer et est âgé de moins de 15 ans au 30 avril de l'année en cours. Le congé supplémentaire est réduit à un jour si le congé légal (c'est-à-dire tel qu'il résulte de la durée du travail effectif) n'excède pas six jours.

Temps partiel. Les salariés à temps partiel, quelles que soient la durée du travail et sa répartition entre les jours de la semaine, acquièrent, comme les salariés à temps plein, deux jours et demi-ouvrables de congés par mois de travail (Soc. 22 févr. 2000). Le décompte des jours de congés pris se fait, en conséquence, en prenant en compte le nombre de jours ouvrables compris entre le premier jour où le salarié aurait dû travailler s'il n'était pas parti en congé et le jour de la reprise.

Les conventions collectives contiennent souvent des dispositions plus favorables que les dispositions légales.

Pour le juge communautaire, « *ce droit au congé annuel payé, qui (...) doit être considéré comme un principe du droit social communautaire revêtant une importance particulière, est donc accordé à chaque travailleur, quel que soit son état de santé* » (CJCE, gde chambre, 20 janv. 2009, G. Shultz-Hoff et Stringer e.a., § 54). Le droit communautaire « *s'oppose à des dispositions ou à des pratiques nationales qui prévoient que le droit au congé annuel payé s'éteint à l'expiration de la période de référence et/ou d'une période de report fixée par le droit national, même lorsque le travailleur a été en congé de maladie durant tout ou partie de la période de référence et que son incapacité de travail a perduré jusqu'à la fin de sa relation de travail, raison pour laquelle il n'a pas pu exercer son droit au congé annuel payé* » (CJCE, 20 janv. 2009, préc.). Cette jurisprudence va faire évoluer de manière favorable aux salariés les règles appliquées en France (exemple : les jours de congés non pris doivent être indemnisés, Soc. 25 mars 2009).

Congé maternité et arrêt AT ou MP. Le congé annuel payé et le congé de maternité ne peuvent pas se confondre et la salariée doit bénéficier de la durée de ces deux périodes de congés, aux finalités différentes, de manière cumulée (CJCE 18 mars 2004). Il en va de même en cas d'absence pour accident du travail ou maladie professionnelle, le salarié a droit à un report de ses congés (Soc. 27 sept. 2007).

Arrêts maladie non professionnelle. Il en est désormais de même en cas d'arrêt maladie, « *les congés payés acquis doivent être reportés après la date de reprise du travail* » (Soc. 24 févr. 2009, CPAM de Creil c/ Mme Kopacz ; CJCE 20 janv. 2009, préc.). En cas d'arrêt maladie pendant les congés payés, le salarié a droit, après son rétablissement, de bénéficier de sa période de congé annuel, pendant laquelle il était en arrêt maladie, à une autre période que celle initialement fixée, le cas échéant en dehors de la période de référence correspondante, pour tenir compte de raisons impérieuses liées aux intérêts de l'entreprise (CJCE 10 sept. 2009, préc.).

C. Fractionnement du congé

Le salarié qui a droit à cinq semaines de congés payés ne peut prendre ces cinq semaines d'affilée, la durée des congés pris en une seule fois ne pouvant excéder 24 jours ouvrables, soit quatre semaines.

Le premier congé doit être pris pendant la période légale. Il doit être au minimum de 12 jours ouvrables continus compris entre deux jours de repos hebdomadaire (soit deux semaines). Les autres jours de congé (dans la limite de 12 jours ouvrables, la cinquième semaine n'étant pas prise en compte) peuvent être pris pendant la période légale. Mais la loi encourage qu'ils soient pris en dehors, en prévoyant dans ce cas des jours de congé supplémentaires. Le congé est en effet allongé de deux jours, si le congé pris en dehors de la période légale dure au moins six jours, et d'un jour s'il est d'une durée comprise entre trois et cinq jours. Le fractionnement du congé doit résulter de l'accord de l'employeur et du salarié. Ainsi, bien qu'ayant exprimé son désaccord sur les dates retenues par l'employeur, le salarié ne peut fixer unilatéralement la date de reprise de son travail (Soc. 10 mars 2004). Par exemple, un salarié qui a droit à cinq semaines de congés (30 jours ouvrables) peut prendre 18 jours ouvrables de congé (trois semaines) en été. Il lui reste six jours ouvrables, qu'il prend en hiver et qui de ce fait sont portés à huit jours. Ces huit jours peuvent être accolés à la cinquième semaine. L'employeur peut subordonner son accord au fractionnement à la renonciation par le salarié à ses droits aux jours de congé supplémentaires. Cette renonciation doit être écrite, car elle ne se présume pas (Soc. 26 mars 1997). À défaut, le droit à des jours de congés supplémentaires est acquis, que ce soit le salarié ou l'employeur qui ait pris l'initiative du fractionnement (Soc. 12 juin 2002).

D. Période de congé

La période de congés payés est fixée par les conventions collectives. Elle doit comprendre, normalement, la période du 1er mai au 31 octobre.

Les congés peuvent être pris dès l'acquisition de jours de congés, tout en respectant les règles sur la période des congés et le fractionnement.

E. Ordre des départs

À défaut de convention collective, la période de congé est fixée par l'employeur, en se référant aux usages et après consultation du CE. Elle doit être portée à la connaissance du personnel deux mois avant son ouverture. Le congé est pris par tous les salariés en même temps lorsque l'entreprise ferme pendant la période des congés. Dans le cas contraire, les congés sont pris par roulement. L'ordre des départs en congé de chaque salarié, s'il n'existe aucune disposition conventionnelle ou aucun usage, est fixé par l'employeur après avis des DP. Il doit être arrêté en tenant compte de la situation de famille des bénéficiaires (et notamment des possibilités de congé du conjoint) et de la durée des services. Les conjoints et personnes liées par un PACS, travaillant dans une même entreprise, ont droit à des congés simultanés. La loi demande également de tenir compte de la situation des salariés ayant plusieurs employeurs.

Sauf en cas de circonstances exceptionnelles, l'ordre et les dates de départ fixés par l'employeur ne peuvent être modifiés dans le délai d'un mois avant la date prévue du départ.

Le principe est que l'employeur fixe l'ordre des départs en congés, y compris pour la cinquième semaine, qui peut être donnée par roulement ou lors de la fermeture de l'entreprise (Ch. mixte 10 déc. 1993).

Le salarié doit prendre effectivement ses congés et ne peut exercer une autre activité pendant son congé annuel, qui doit correspondre à un temps de repos. Le passage au service d'un autre employeur pendant le temps du congé peut entraîner un licenciement, y compris pour faute grave (Soc. 4 avril 1990). Constitue cependant une exception à cette règle la possibilité de conclure un contrat vendanges.

F. Rémunération du congé

La période de congés payés est rémunérée par une indemnité à la charge de l'employeur.

1. Deux modes de calcul

Deux modes de calcul de l'indemnité sont prévus par la loi. C'est le plus favorable au salarié qui doit être retenu, ceci constituant une obligation d'ordre public qu'aucune convention ne peut écarter (Soc. 11 juill. 2000).

En fonction de la rémunération annuelle

L'indemnité est égale au dixième de la rémunération totale perçue par le salarié au cours de la période de référence.

Un salarié qui n'a travaillé que six mois pendant l'année de référence a donc droit à une indemnité égale à la rémunération perçue pendant ces six mois, divisée par dix. Cette indemnité globale est fractionnée si le congé l'est aussi.

La rémunération totale perçue par le salarié au cours de la période de référence, qui sert de base au calcul de l'indemnité, comprend :

- le salaire brut ;
- la rémunération des heures supplémentaires ainsi que les indemnités allouées au titre du repos compensateur ;
- les primes ayant un caractère de salaire ;
- l'indemnité de congé de l'année précédente ;
- les indemnités allouées en cas de chômage d'un jour férié.

Si le salarié a été absent au cours de l'année de référence et si cette période d'absence est assimilée à une période de travail, on tient compte aussi du salaire qui aurait été reçu par le salarié s'il avait effectivement travaillé. Sont exclues de la rémunération totale :

- les indemnités versées en remboursement de frais (primes de panier, etc.) ;
- les primes annuelles (treizième mois, etc.) ;
- les primes liées à certains aspects du travail (salissure, risque, etc.) ;
- les gratifications bénévoles.

En fonction de la rémunération qui aurait été perçue pendant les congés

Pour déterminer la rémunération qu'aurait perçue le salarié s'il avait travaillé pendant la période de congé, on retient les mêmes éléments que dans le premier cas, en particulier la rémunération des heures supplémentaires qui auraient été effectuées par le salarié compte tenu de l'horaire de travail habituellement pratiqué dans l'établissement.

Ce second mode de calcul est retenu s'il s'avère plus favorable au salarié. C'est en général le cas, du fait des hausses de salaires intervenues pendant l'année de référence. Le salarié, payé au mois, continue alors à recevoir son salaire normal.

L'indemnité de congés payés est assimilée à un salaire. Elle est en particulier assujettie aux mêmes cotisations sociales et aux mêmes impôts qu'un salaire.

2. *Fermeture de l'établissement*

Lorsque le maintien en activité d'un établissement n'est pas assuré pendant un nombre de jours qui dépasse la durée des congés légaux annuels, l'employeur est tenu, pour chacun des jours ouvrables de fermeture excédant cette durée, de verser à son personnel une indemnité qui ne peut être inférieure à l'indemnité journalière de congés payés. Si la durée de la fermeture est normale, les salariés qui n'ont pas accumulé le nombre de jours de congés suffisants peuvent, compte tenu des indemnités compensatrices de congés payés dont ils auraient pu bénéficier pendant la période de référence, être mis en chômage partiel.

G. Indemnité compensatrice

Lorsque le contrat de travail est résilié avant que le salarié ait pu bénéficier de la totalité du congé auquel il avait droit, il doit recevoir, pour la fraction de congé dont il n'a pas bénéficié, une indemnité déterminée selon les mêmes règles que l'indemnité de congés payés. Il n'y a pas lieu de distinguer suivant que cette résiliation résulte du fait de l'employeur ou du salarié. Toutefois, l'indemnisation n'a lieu que si le salarié a été dans l'impossibilité d'exercer ses droits du fait de l'employeur (Soc. 27 févr. 2001) et c'est à lui qu'incombe la charge de la preuve (Soc. 10 mai 2001). L'indemnité compensatrice de congés payés est assimilée à un salaire.

Elle n'est pas due en cas de licenciement pour faute lourde du salarié. Ne sont alors dus que les seuls congés de la période de référence en cours et doivent donc malgré tout être payés les congés acquis au cours de la période de référence écoulée.

H. Contrôle et sanctions

Les dates du congé et le montant de l'indemnité de congés payés doivent être indiqués sur le bulletin de paie lorsqu'une période de congé annuel est comprise dans la période de paie considérée. L'employeur qui ne respecte pas les prescriptions légales et réglementaires relatives aux congés est passible d'une amende pouvant aller jusqu'à 1 500 € (3 000 € en cas de récidive dans le délai d'un an), appliquée autant de fois qu'il y a de travailleurs concernés (R. 3143-1, R. 262-6).

I. Chèques-vacances

Le droit aux congés payés annuels n'entraîne pas nécessairement que le salarié parte en vacances, notamment si ses revenus sont peu élevés. Les chèques-vacances (art. 411-1 et s. du Code du tourisme ; loi du 22 juill. 2009) sont destinés à favoriser le « droit aux vacances ».

Les salariés intéressés acquièrent les chèques. Une contribution de l'employeur, éventuellement complétée par le CE, est prévue « en pourcentage de la valeur libératoire du titre », en fonction des revenus et de la situation familiale du salarié. L'employeur ne peut pas limiter unilatéralement le montant maximal de cotisation de chaque salarié et donc le montant de l'abondement de l'employeur, en l'absence de dénonciation régulière de l'usage existant ; la décision de modification de l'employeur n'est pas opposable aux salariés (Soc. 25 févr. 2009, SA CIC).

Les sommes ainsi rassemblées sont versées à l'Agence nationale pour les chèques-vacances (ANCV), qui délivre les chèques aux intéressés et les rembourse aux collectivités publiques et aux prestataires de services agréés (maisons familiales, centres de vacances, organismes culturels, transporteurs, hôtels, etc.), tenus d'accepter les chèques-vacances comme titres de paiement.

Congés spéciaux

Outre les congés annuels payés, la législation française prévoit de nombreux types de congés qui peuvent être classés en trois catégories : les congés liés à la vie familiale, les congés répondant à des objectifs de formation et des congés permettant d'exercer certaines activités d'intérêt général.

A. Congés en considération de circonstances familiales

1. *Congés pour événements familiaux*

Les congés suivants sont prévus (L. 3142-1, L. 226-1) :

- quatre jours pour le mariage du salarié ;
- deux jours pour le décès du conjoint ou du partenaire du PACS, ou d'un enfant ;
- un jour pour le mariage d'un enfant ;
- un jour pour le décès du père, de la mère, du beau-père, de la belle-mère, d'un frère ou d'une sœur.

Ces jours d'absence n'entraînent pas de réduction de la rémunération. Ils sont assimilés à des jours de travail pour la détermination de la durée du congé annuel. Les conventions collectives prévoient souvent des congés qui s'ajoutent à ceux prescrits par la loi. Ces droits devraient tous être étendus aux salariés en PACS (HALDE, délib. 11 févr. 2008).

2. *Congé de naissance*

Tout salarié a droit à un congé de naissance à l'occasion de chaque naissance survenue à son foyer ou de l'arrivée d'un enfant placé en vue de son adoption. La durée de ce congé est fixée à trois jours qui ne sont pas nécessairement consécutifs, mais qui doivent être inclus dans une période de 15 jours entourant la date de la naissance ou suivant l'arrivée au foyer de l'enfant placé en vue de son adoption. La rémunération est égale à celle qui aurait été perçue par l'intéressé s'il avait travaillé. Ce congé permet au père d'effectuer les démarches nécessaires.

3. *Congé de paternité*

Au bénéfice des pères salariés existe un congé de paternité de 11 jours (18 jours en cas de naissances multiples) ; le bénéfice est ouvert « *à raison d'un lien de filiation au père de l'enfant* » (Civ. 2e, 11 mars 2010). Le congé doit être pris dans un délai de quatre mois suivant la naissance de l'enfant, sauf exception (hospitalisation de l'enfant, décès de la mère), et n'est pas nécessairement accolé au précédent (L. 1225-35, décret du 9 janv. 2008 ; L. 122-25-4). Le salarié ne peut reporter son congé en raison d'un manque de personnel dans l'entreprise (Civ. 2e, 10 nov. 2009, le salarié ne peut alors pas bénéficier de l'indemnisation de la Sécurité sociale). À l'issue du congé, le salarié retrouve son précédent emploi (ou un emploi similaire assorti d'une rémunération équivalente).

4. *Congé d'adoption*

Le salarié à qui un service départemental d'aide sociale à l'enfance ou une œuvre d'adoption autorisée confie un enfant en vue de son adoption, a le droit de bénéficier d'un congé d'adoption (L. 1225-37), qui suspend le contrat de travail pendant une période de 10 semaines au plus à dater de l'arrivée de l'enfant au foyer. Le salarié avertit l'employeur du motif de son absence et de la date à laquelle il entend mettre fin à la suspension de son contrat. Lorsque la durée du congé d'adoption est répartie entre les deux parents, la durée du congé d'adoption est alors augmentée de 11 jours (ou 18 jours en cas d'adoptions multiples). La durée du congé d'adoption est assimilée à une période de travail effectif pour la détermination des droits que le salarié tient de son ancienneté. À l'issue du congé d'adoption, le salarié retrouve son précédent emploi ou un emploi similaire assorti d'une rémunération au moins équivalente.

Toute stipulation d'une convention ou d'un accord collectif de travail comportant en faveur des salariées en congé de maternité un avantage lié à la naissance s'applique de plein droit aux salariés en congé d'adoption.

Pour tout salarié bénéficiant de l'agrément permettant l'adoption, un droit à congé non rémunéré existe, d'une durée maximale de six semaines, s'il se rend à l'étranger ou dans les DOM-TOM en vue d'adopter un ou plusieurs enfants.

5. *Congé parental d'éducation*

Tout salarié qui justifie d'une ancienneté minimale d'un an à la date de la naissance de son enfant ou de l'arrivée à son foyer d'un enfant de moins de 16 ans confié en vue de son adoption, a le droit, soit de bénéficier d'un congé parental d'éducation, soit de travailler à temps partiel (L. 1225-47). La réduction du temps de travail doit être limitée de sorte que l'activité maintenue ne soit pas inférieure à 16 heures hebdomadaires. Pendant la période d'activité à temps partiel ou à l'occasion des prolongations de celle-ci, le salarié ne peut modifier la durée du travail initialement choisie sans l'accord de l'employeur, sauf dispositions conventionnelles. En cas de décès de l'enfant ou de diminution importante des ressources du ménage, le salarié peut reprendre son activité initiale ou en modifier la durée avec l'accord de l'employeur.

Le père comme la mère peut bénéficier de ces dispositions. La durée initiale du congé parental ou de l'activité à temps partiel est d'un an maximum, mais peut être prolongée deux fois jusqu'au troisième anniversaire de l'enfant (temps partiel de six mois, renouvelable une fois, en cas de maladie, accident ou handicap grave de l'enfant). Le congé parental peut être prolongé d'une année supplémentaire en cas de maladie, d'accident ou de handicap grave de l'enfant. Ces prolongations ne s'appliquent pas en cas d'adoption d'enfants âgés de 3 à 16 ans. S'agissant d'un enfant adopté, le congé parental d'éducation peut être pris jusqu'à l'expiration d'un délai de trois ans après l'arrivée de l'enfant au foyer, sauf s'il s'agit d'un enfant de 3 à 16 ans, auquel cas le congé doit être pris dans l'année suivant l'arrivée de l'enfant au foyer. Le congé est ouvert de droit à tous les salariés, quel que soit l'effectif de l'entreprise.

Au cas où, en cours de congé parental, la femme serait de nouveau enceinte, la suspension de son contrat de travail ne ferait pas obstacle aux règles protectrices de la maternité (Soc. 11 févr. 2004). La femme bénéficie alors d'une interruption de son congé parental au profit d'un congé de maternité (CJCE 20 sept. 2007).

En cas de congé parental, le contrat de travail est suspendu et la durée du congé est prise en compte pour moitié dans le calcul des avantages liés à l'ancienneté. Des accords de branche peuvent prévoir cette prise en compte intégralement. Le salarié a le droit de suivre, à son initiative, une action de formation, au cours de la période pendant laquelle il bénéficie du congé parental, mais il n'est pas rémunéré tout en gardant sa protection sociale, y compris au titre des accidents du travail et maladies professionnelles. À l'expiration du congé, le salarié doit retrouver son précédent emploi ou un emploi similaire assorti d'une rémunération au moins équivalente. Il a alors droit à un entretien avec son employeur en vue de son orientation professionnelle ainsi qu'à une formation professionnelle.

6. *Congé de présence parentale*

Tout salarié (sans condition d'ancienneté) dont l'enfant à charge ouvrant droit aux prestations familiales est victime d'une maladie, d'un accident ou d'un handicap grave et nécessitant une présence soutenue et des soins contraignants, a le droit de bénéficier d'un congé de présence parentale entraînant la suspension de son contrat de travail (L. 1225-62, L. 122-28-9). Il bénéficie alors d'une allocation de présence parentale. La période d'activité à temps partiel, ou de suspension du contrat de travail, a une durée initiale de quatre mois au plus. Elle peut être renouvelée deux fois, dans la limite maximale de douze mois, renouvellement inclus.

Le salarié doit envoyer à son employeur, au moins 15 jours avant le début du congé, une lettre recommandée avec demande d'accusé de réception ou remise en main propre contre décharge, l'informant de sa volonté de bénéficier de ce congé ainsi qu'un certificat médical concernant l'état de l'enfant. Il en va de même lorsque le salarié entend prolonger son congé.

À l'issue du congé de présence parentale ou de la période d'exercice de son activité à temps partiel, le salarié retrouve son précédent emploi ou un emploi similaire assorti d'une rémunération au moins équivalente (il en va de même en cas de décès de l'enfant ou de diminution importante des ressources du ménage). Dans chaque cas, le salarié doit adresser une demande motivée à l'employeur, par lettre recommandée avec demande d'accusé de réception, au moins un mois avant la date à laquelle il entend revenir dans l'entreprise. La durée du congé de présence parentale est prise en compte pour moitié dans la détermination des avantages liés à l'ancienneté. Le salarié conserve en outre le bénéfice de tous les avantages qu'il avait acquis avant le début de ce congé.

7. *Congé pour enfant malade*

Le salarié bénéficie d'un congé pour enfant malade non rémunéré en cas de maladie ou d'accident d'un enfant à charge de moins de 16 ans, moyennant présentation d'un certificat médical (L. 1225-61). Ce congé a une durée maximum de trois jours par an qui peut être portée à cinq jours si l'enfant a moins d'un an ou si le salarié a la charge de trois enfants ou plus âgés de moins de 16 ans. Ces mesures peuvent être améliorées par des dispositions conventionnelles.

8. *Congé de soutien familial*

Le congé de soutien familial est ouvert aux salariés qui interrompent leur activité pour s'occuper d'un proche (conjoint, ascendant, enfant, etc.) qui présente un handicap ou une perte d'autonomie, sa durée étant de trois mois, renouvelable dans la limite d'un an pour l'ensemble de la carrière (L. 3142-22).

9. *Congé de solidarité familiale*

Le congé de solidarité familiale est ouvert aux salariés dont un ascendant, descendant, frère ou sœur, ou une personne partageant son domicile souffre d'une pathologie mettant en jeu le pronostic vital, l'état de phase avancée ou terminale d'une affection grave et incurable, à prouver par certificat médical (L. 3142-16, L. 225-15). Ce congé est de droit. L'employeur ne peut ni s'y opposer, ni le reporter. Le salarié peut également, mais cette fois avec l'accord de son employeur, transformer ce congé en période d'activité à temps partiel ou le fractionner. Le congé a une durée maximale de trois mois, renouvelable une fois. Une allocation journalière d'accompagnement de fin de vie est prévue (CSs L. 168-1, loi du 2 mars 2010).

En cas d'urgence absolue médicalement constatée, le congé débute sans délai à la date de réception par l'employeur de la lettre du salarié. Le congé prend fin soit à l'expiration de la période prévue, soit dans les trois jours qui suivent le décès de la personne accompagnée (sans préjudice du bénéfice des dispositions relatives aux congés pour événements familiaux), soit à une date antérieure.

À l'issue du congé ou de sa période d'activité à temps partiel, le salarié retrouve son emploi ou un emploi similaire assorti d'une rémunération au moins équivalente. La durée du congé est prise en compte pour la détermination des avantages liés à l'ancienneté. Le salarié conserve le bénéfice de tous les avantages acquis avant le début du congé.

B. Congés répondant à des objectifs de formation

Le régime juridique de la formation professionnelle va évoluer, notamment à la suite de la conclusion de l'ANI du 7 janvier 2009 sur le développement de la formation tout au long de la vie professionnelle, la professionnalisation et la sécurisation des parcours professionnels. La nouvelle loi (du 24 nov. 2009) reprend plusieurs dispositions de cet accord.

1. *Congé individuel de formation (CIF)*

Il a pour objet de permettre à tout travailleur, au cours de sa vie professionnelle, de suivre à son initiative, et à titre individuel, des actions de formation. Celles-ci doivent permettre aux travailleurs d'accéder à un niveau supérieur de qualification, de changer d'activité ou de profession et de s'ouvrir plus largement à la culture, à la vie sociale et à l'exercice des responsabilités associatives bénévoles. Elles s'accomplissent en tout ou partie pendant le temps de travail (L. 6322-1, L. 931-1). Seul peut bénéficier d'un CIF le salarié qui justifie d'une ancienneté dans la branche professionnelle d'au moins 24 mois, consécutifs ou non, dont 12 mois dans l'entreprise. En outre, le salarié doit laisser s'écouler un certain délai entre deux stages.

Le congé est de droit dès lors que le salarié satisfait à ces conditions. Toutefois, l'employeur peut en différer la réalisation si celle-ci avait pour effet de porter le nombre d'absences simultanées, au titre du congé de formation, au-dessus de 2 % de l'effectif, dans les établissements occupant au moins 200 salariés ou, dans les établissements de moins de 200 salariés, si le nombre d'heures de congés demandées dépasse 2 % du nombre total des heures de travail effectuées dans l'année. Même lorsque ce n'est pas le cas, l'employeur peut toujours en différer la réalisation s'il estime, après avis du CE ou, à défaut, des DP, que cette absence aurait des conséquences préjudiciables pour la production et la marche de l'entreprise. Si le salarié n'est pas d'accord, l'inspecteur du travail peut être pris pour arbitre.

Les bénéficiaires ont droit à une rémunération dès lors qu'ils ont obtenu l'accord, pour la prise en charge de leur formation, d'un organisme paritaire agréé pour recevoir la contribution des employeurs assujettis au financement. Le salarié doit donc obtenir d'abord l'accord de son employeur et ensuite demander sa prise en charge à un organisme paritaire agréé, par exemple à un Fongecif (Fonds de gestion du congé individuel de formation). En règle générale, la rémunération, pour une prise en charge d'une année, est de 80 % du salaire antérieur. Elle est versée par l'employeur qui sera remboursé par l'organisme paritaire agréé. Même les salariés occupés dans des entreprises de moins de 10 salariés qui sont assujetties au versement de la cotisation obligatoire dans des conditions particulières ont accès à ce dispositif. Le CIF peut se dérouler en dehors du temps de travail (L. 6322-64).

2. *Période de professionnalisation*

Une période de professionnalisation peut permettre d'acquérir une qualification ou de participer à une action de professionnalisation à travers une formation en alternance. Elle est mise en œuvre soit à l'initiative du salarié, soit à l'initiative de l'employeur. Elle est ouverte à certaines catégories de salariés, et notamment les salariés dont la qualification est inadaptée à l'évolution des technologies et les salariés en deuxième partie de carrière. Ces actions sont désormais ouvertes aux bénéficiaires du RSA, de l'ASS, de l'AAH et d'un CUI (L. 6325-1).

3. *Congé de bilan de compétences*

Il ne peut excéder 24 heures de travail, consécutives ou non (L. 6322-42, L. 931-21 et s.).

4. *Congé pour validation des acquis de l'expérience (VAE)*

Toute personne salariée peut en bénéficier (L. 6111-1, L. 900-1).

Quand un diplôme a été obtenu par une VAE, un salarié qui a obtenu le diplôme, devenu obligatoire pour l'exercice d'un métier, doit bénéficier de la qualification correspondante (Soc. 13 juill. 2010, Ass. Adèle de Glaubitz c/ M. L.). Le salarié doit bénéficier d'un reclassement dans la classification de la convention collective applicable avec le coefficient correspondant.

Un employeur n'est en principe pas tenu d'assurer la promotion d'un salarié qui acquiert un nouveau titre ou diplôme et de prendre en compte ceux-ci pour lui permettre une progression de carrière. Cependant, il en va différemment en cas de dispositions statutaires ou conventionnelles plus favorables (Soc. 13 juill. 2010, préc.). Et il en est également ainsi quand le salarié a bénéficié d'« *actions de formation ayant pour objet le développement des compétences* », dans le cadre du plan de formation de l'entreprise.

« L'entreprise définit avec le salarié, avant son départ en formation, la nature des engagements auxquels elle souscrit dès lors que l'intéressé aura suivi avec assiduité la formation et satisfait aux évaluations prévues. Les engagements de l'entreprise portent sur :

1° Les conditions dans lesquelles le salarié accède en priorité, dans un délai d'un an, à l'issue de la formation aux fonctions disponibles correspondant aux connaissances ainsi acquises et sur l'attribution de la classification correspondant à l'emploi occupé ;

2° Les modalités de prise en compte des efforts accomplis par le salarié. » (L. 6321-8).

Cet arrêt marque un pas significatif vers la reconnaissance de l'obligation pour l'employeur de faire bénéficier le salarié, qui a « suivi avec assiduité la formation et satisfait aux évaluations prévues », de sa nouvelle qualification. Le droit à la qualification professionnelle est ainsi mis en œuvre (L. 6314-1). Il ouvre la voie à un droit à la promotion.

5. *Droit individuel à la formation (DIF)*

Le DIF existe pour chaque salarié ayant au moins un an d'ancienneté (L. 6323-1 et s.) et représente 20 heures par an, cumulables sur six ans (à défaut de son utilisation, le DIF est plafonné à 120 heures), sauf accord conventionnel plus favorable. Ce DIF est mis en œuvre à l'initiative du salarié, avec l'accord de l'employeur. Le salarié adresse une demande à l'employeur (choix de la formation envisagée) et l'employeur dispose d'un mois pour répondre (passé ce délai, l'absence de réponse vaut acceptation). En cas de désaccord persistant, le salarié bénéficie d'une priorité d'accès au CIF.

La formation se déroule en dehors du temps de travail, sauf si un accord de branche ou d'entreprise prévoit qu'elle puisse se dérouler sur le temps de travail. Si la formation est réalisée en dehors du temps de travail, elle donne lieu au versement par l'employeur, en sus des frais de formation, d'une allocation de formation égale à 50 % de la rémunération nette (D. 6321-6). L'OPCA assure la prise en charge des frais de formation (entreprises de 10 salariés et plus).

L'employeur ne peut imputer des temps de formation relevant de son obligation d'adaptation du salarié à l'évolution de son emploi (liée à l'installation d'un nouveau logiciel) des droits du salarié (Soc. 16 janv. 2008).

La portabilité du DIF se met en place (les heures acquises et non utilisées, au moment du départ de l'entreprise, sont mobilisables par le salarié pour abonder le financement de formations). En cas de licenciement, sauf faute lourde, les droits capitalisés par le salarié restent acquis. L'employeur est tenu, dans la lettre de licenciement, d'informer le salarié de ses droits (L. 6323-19). L'employeur mentionne sur le certificat de travail les droits acquis par le salarié au titre du DIF, ainsi que l'organisme collecteur paritaire agréé compétent – OPCA (L. 6323-21).

La demande du salarié doit être effectuée avant la fin du préavis, notamment pour financer une action de bilan de compétences, de VAE ou de formation ; l'action menée pendant le préavis se déroule sur le temps de travail (L. 6323-17). Les droits acquis peuvent également être utilisés en cas de démission, l'action devant être engagée avant la fin du préavis.

Le salarié peut demander à bénéficier de ses droits acquis en matière de DIF auprès d'un nouvel employeur, au cours des deux années suivant son embauche (L. 6323-18-1°). L'action a lieu sur le temps de travail avec l'accord de l'employeur (bilan de compétence, VAE, formation ; le reliquat des heures acquises est valorisé sur la base du tarif forfaitaire – 9,15 €, sauf accord plus favorable) ; en cas de désaccord de l'employeur, le salarié peut néanmoins utiliser ses droits acquis, mais uniquement pour des actions relevant des priorités définies par accord de branche ou d'entreprise, à défaut par l'OPCA (l'action a lieu en dehors du temps de travail, elle est financée par l'OPCA, l'employeur n'ayant pas à verser l'allocation de formation).

Le salarié qui part en retraite ne peut pas bénéficier de ses droits acquis au titre du DIF (L. 6323-20).

6. *Congé jeune travailleur*

Le salarié sans formation professionnelle a droit, pendant les deux premières années d'activité professionnelle et jusqu'à ce qu'il ait atteint l'âge de 25 ans, à un congé rémunéré pour suivre un stage destiné à lui permettre d'acquérir les connaissances professionnelles qui lui font défaut (L. 6322-59, L. 931-29). La durée maximale de ce congé est de 200 heures par an et son bénéfice ne peut être refusé.

7. *Congé de formation des cadres et animateurs de la jeunesse*

Ce congé est ouvert aux jeunes salariés de moins de 25 ans et doit être pris dans un organisme agréé par le ministère de la Culture. Il est de six jours ouvrables par an et non rémunéré (L. 3142-43, L. 225-1 et s.).

C. Congés pour exercer des activités d'intérêt général

De nombreux autres congés existent :

- congé d'enseignement (L. 6322-53, L. 931-28) ;
- congés de participation aux instances d'emploi et de formation professionnelle ou à un jury d'examen (L. 3142-3) ;
- congé pour les candidats à un mandat public (L. 3142-56, L. 122-24-1) ;
- congé pour la création d'entreprise (L. 3142-78, L. 122-32-12) et congé sabbatique (L. 3142-91, L. 122-32-17) ;
- congé mutualiste de formation (L. 3147-37) ;
- congé de représentation (L. 3142-51) ;
- congés des candidats ou élus à un mandat parlementaire ou local (L. 3142-46) ;
- congé de solidarité internationale (L. 3142-32) ;
- contrat de volontariat de solidarité internationale ;
- service national (L. 3142-71, L. 122-20-1) ;
- réserve opérationnelle (L. 3142-55, L. 122-24-5) ;
- congés pour catastrophe naturelle (L. 3142-41) ;
- réserve dans la sécurité civile (L. 3142-108) ;
- participation aux opérations de secours (L. 3142-112) ;
- congé pour acquisition de la nationalité (L. 3142-116) ;
- congé pour activité désintéressée (décret du 18 sept. 2008) ;
- etc.

CHAPITRE XVI

Rémunération

Quelques chiffres clés

• Plafond de la Sécurité sociale (art. D. 242-16 CSs) : 3 031€ bruts par mois (à partir du 1er janv. 2012, soit 36 372 € par an ; 23 € de l'heure).

• En 2008, le salaire net médian (qui partage les salariés en deux groupes d'effectifs égaux), s'élève à 1 655 € par mois ; le salaire mensuel moyen est de 2 069 - net (2 753 € brut) et a progressé moins pour les femmes que pour les hommes (INSEE Première n° 1300, juin 2010 ; DARES *Analyses* n° 057, sept. 2010).

• Différence de rémunération entre les femmes et les hommes : dans les entreprises de 10 salariés et plus du secteur concurrentiel, la rémunération brute totale moyenne des femmes est inférieure de 27 % à celle des hommes (DARES, 2006). L'écart de salaires entre femmes et hommes sans interruption de carrière est de 17 % (Revue de l'OFCE n° 114, juill. 2010).

• SMIC : 9,22 € brut de l'heure (depuis le 1er janvier 2012) ; un salarié sur cinq en France est rémunéré au SMIC ou à un salaire proche du SMIC ; 72,1 % des salariés au SMIC sont des femmes (notamment à temps partiel) ; les secteurs professionnels les plus concernés sont l'hôtellerie-restauration-tourisme, l'habillement-cuir-textile, la santé et l'action sociale et le commerce alimentaire (DARES, Analyses n° 074, Rapport groupe d'experts, nov. 2010). La part des branches professionnelles disposant d'une grille salariale conforme au SMIC recule : au 31 mai 2011, seules 127 branches sur 175 du secteur général couvrant plus de 5 000 salariés ont un premier coefficient égal ou supérieur au SMIC ; 48 branches couvrant plus de 2 410 000 salariés ne sont pas conformes (DGT, étude juin 2011).

• Seuil de pauvreté (égal ou inférieur à 60 % du revenu médian) : 908 € par mois pour une personne seule. Le nombre de travailleurs pauvres a augmenté de 30 000 personnes entre 2004 et 2005 (Onpes, 2008) : 7 % des travailleurs (1,74 million de personnes) occupent un emploi qui ne leur permet pas de dépasser le seuil de pauvreté (60 % du niveau de vie médian). Il s'agit notamment des salariées à temps partiel et des salariés peu qualifiés.

La rémunération est complexe : elle comprend le salaire et d'autres éléments assimilés au salaire.

Le montant du salaire est déterminé par l'employeur avec le salarié, mais ne doit pas être inférieur au SMIC ni aux minimums prévus par les conventions collectives et respecter les règles d'égalité de rémunération.

Le salaire constitue un « bien » pour le travailleur (CEDH, 9 janv. 2007, Arnolin et a.). Comme il représente en général la seule ressource du salarié, sa protection est assurée par un statut juridique particulier à cette créance du salarié sur l'employeur.

Composantes de la rémunération

Par rémunération, il faut entendre le salaire proprement dit ou le traitement ordinaire de base ou minimum ainsi que tous les autres avantages et accessoires payés, directement ou non, en espèces ou en nature, par l'employeur au salarié, en raison de l'emploi de ce dernier (L. 3221-3, L. 140-2). Les éléments assimilés au salaire obéissent aux mêmes régimes sociaux et fiscaux.

A. Salaire

Le salaire est la contrepartie du travail (Soc. 20 oct. 1998, Courcelles) et rémunère aussi la disponibilité du salarié (Soc. 28 févr. 1962, Charles Vanel, arrêt concernant le tournage du film « Le port des passions », « *dès que Vanel s'était tenu à la disposition de son employeur, il devait percevoir les salaires convenus en contrepartie...* »). Plus largement, le salaire est dû au regard de l'emploi, en application du contrat de travail.

Ce salaire constitue un élément essentiel du contrat de travail.

En règle générale, il est calculé selon la durée du travail : c'est le salaire au temps (L. 3242-1). Le plus souvent mensuel (mensualisation), il peut aussi être horaire. Mais il peut également être calculé au rendement (à la tâche, aux pièces, etc.) ou suivant les résultats (à la commission, suivant le chiffre d'affaires, etc.). Il peut être fixe ou variable ou encore mixte (une partie fixe garantie et une partie variable). Les systèmes de rémunération sont de plus en plus sophistiqués dans les faits.

Enfin, le salaire est versé en argent, mais une partie peut être en nature (nourriture, etc.) dans certaines professions.

Avantages en nature. Le logement, la nourriture, le chauffage, l'éclairage et autres sont, dans certains cas ou professions, fournis par l'employeur au salarié. Selon la jurisprudence, ces avantages en nature constituent un salaire quand ils représentent la contrepartie du travail.

La valeur, en euros, de l'avantage en nature est en général fixée forfaitairement dans le contrat de travail ou la convention collective.

B. Primes, pourboires, indemnités

Primes. La variété des primes est considérable. La plupart des primes sont assimilées au salaire (sauf lorsqu'elles ont réellement le caractère d'un secours). Il s'agit des sommes d'argent allouées par l'employeur aux membres du personnel, soit à l'occasion d'événements familiaux (primes de maternité, de vacances, etc.), soit de manière périodique (primes de bilan, de fin d'année, treizième mois, etc.). Certaines primes visent à « motiver » le salarié : primes de rendement, d'objectifs, de qualité, etc.

Objectifs. Les objectifs dont dépend la partie variable de la rémunération sont contractualisés par les parties ou renvoient à un plan de rémunération variable (PRV) déterminé unilatéralement par l'employeur. En cas de modification des objectifs :

- lorsque le contrat de travail prévoit que les objectifs sont fixés d'un commun accord, l'employeur ne peut pas les modifier unilatéralement ; la rémunération dans sa partie variable pouvant être réduite, le régime de la modification contractuelle s'applique (Soc. 26 janv. 2000, Soc. 18 avril 2000, Soc. 28 oct. 2008, Soc. 7 juill. 2009).
- « *lorsque les objectifs sont définis unilatéralement par l'employeur dans le cadre de son pouvoir de direction, celui-ci peut les modifier dès lors qu'ils sont réalisables et qu'ils ont été portés à la connaissance du salarié en début d'exercice* » (Soc. 2 mars 2011, Sté Néopost France).

Les objectifs doivent être rédigés en français (L. 1321-6) : quand les documents fixant les objectifs nécessaires à la détermination de la rémunération variable contractuelle sont rédigés en anglais, le salarié peut se prévaloir de leur « *inopposabilité* » (Soc. 29 juin 2011, Data Systems EDS France).

Lorsque le calcul de la rémunération dépend d'éléments détenus par l'employeur, celui-ci est tenu de les produire aux salariés (Soc. 18 déc. 2001).

Fidélisation. Des primes récompensent la fidélité du salarié : primes d'ancienneté, d'assiduité, etc. Une prime d'ancienneté est, bien entendu, du salaire. Mais si elle a une origine conventionnelle, elle ne peut être intégrée, sans l'accord du salarié, dans la rémunération contractuelle (Soc. 23 oct. 2001).

Conditions de travail. Des primes constituent une compensation à certaines conditions de travail difficiles : primes de pénibilité, d'insalubrité, etc. Elles sont en général prévues dans les conventions collectives et ont la nature de salaire.

Caractère obligatoire ou non. En matière de primes, la jurisprudence établit une distinction entre la gratification libéralité et la gratification obligatoire.

En principe, la gratification est une libéralité et l'acte n'a pas de caractère obligatoire. Le taux de la gratification est librement déterminé par l'employeur, qui fixe librement les conditions d'attribution. Cependant, l'employeur ne peut « *opposer son pouvoir discrétionnaire pour se soustraire à son obligation de justifier de façon objective et pertinente une différence de rémunération* » entre des salariés effectuant un même travail ou un travail de valeur égale (« prime de résultat », « bonus », etc., Soc. 30 avril 2009, Nobel). Quelle que soit la source d'une prime, l'employeur doit être en mesure de justifier ses choix. La gratification libéralité ou bénévole est distincte du salaire. On n'a pas à en tenir compte pour la base du calcul des indemnités de rupture (Soc. 14 oct. 2009, PBR, bonus exceptionnel) et le salarié ne peut en exiger le renouvellement.

En revanche, la gratification est obligatoire lorsqu'elle est prévue par la convention collective ou le contrat de travail. Cette obligation peut également résulter d'un engagement unilatéral de l'employeur, mais à la condition qu'une clause précise définisse objectivement l'étendue et les limites de celle-ci (Soc. 27 juin 2000), ou d'un usage constant dans l'entreprise. Pour que l'usage soit établi, trois conditions doivent être réunies :

- la généralité : la gratification est versée à l'ensemble du personnel ou d'une même catégorie professionnelle.
- la constance : la gratification a été versée plusieurs fois de suite, lorsqu'une même circonstance se représentait.
- la fixité : la gratification est calculée selon les mêmes modalités (par exemple en pourcentage du salaire).

Le salarié qui quitte l'entreprise avant le versement de la prime de fin d'année n'a droit à une fraction de la prime calculée au prorata de son temps de présence dans l'entreprise (*prorata temporis*) que si cela a été expressément prévu par une convention ou un usage dont il appartient au salarié d'apporter la preuve (Ass. plénière 5 mars 1993).

Primes illégales. Certaines primes peuvent être illicites, par exemple une prime de rendement au kilomètre, attribuée à des chauffeurs routiers, constituant une incitation au dépassement de la durée du travail (Soc. 13 nov. 2003).

Pourboires. Dans tous les établissements commerciaux où existe la pratique du pourboire (cafés, casinos, etc.), toutes les perceptions faites « pour le service » par l'employeur sous forme de pourcentage obligatoirement ajouté aux notes des clients (exemple : la note du restaurant majorée d'un certain pourcentage pour le service), ou autrement, ainsi que toutes les sommes remises volontairement par les clients pour le service entre les mains de l'employeur, ou centralisées par lui, sont intégralement versées au personnel en contact avec la clientèle (L. 3244-1, L. 147-1), quelle que soit la catégorie du personnel à qui les sommes sont matériellement remises (Soc. 9 mai 2000). Ni l'employeur ni un accord d'entreprise ne peut accorder une partie des pourboires à d'autres salariés que ceux en contact avec la clientèle. Les pourboires ont la nature de salaire. Ces pourboires s'ajoutent au salaire fixe, sauf dans le cas où un salaire minimum a été garanti par l'employeur (L. 3244-2).

Indemnités. Des primes ne sont pas assimilées à un salaire lorsqu'elles ont le caractère d'un remboursement de frais : indemnités de panier, de déplacement, primes de salissure ou d'outillage, etc. Le fait, pour une prime de panier, d'être versée en considération de conditions particulières de travail, ne suffit pas à lui conférer le caractère de remboursement de frais. Encore faut-il qu'elle compense une charge supplémentaire de nourriture (Soc. 24 oct. 1997). Le mot indemnités convient mieux dès qu'il y a remboursement de frais, mais la terminologie est incertaine. « *Les frais qu'un salarié expose pour les besoins de son activité professionnelle et dans l'intérêt de l'employeur doivent être supportés par ce dernier* » (Soc. 21 mai 2008, Sté Champion, concernant la charge de l'entretien de vêtements de travail ; Soc. 9 janv. 2001).

Stages. Les stages en entreprise ne relevant ni de l'apprentissage, ou de périodes d'observation ou d'initiation (L. 4153-1), ni de la formation professionnelle tout au long de la vie, font l'objet entre le stagiaire, l'entreprise d'accueil et l'établissement d'enseignement, d'une convention. Ces stages sont intégrés à un cursus pédagogique scolaire ou universitaire. Ils ne peuvent pas avoir pour objet l'exécution d'une tâche régulière correspondant à un poste de travail permanent de l'entreprise (L. 612-8 C. éducation).

La durée du ou des stages effectués par un même stagiaire dans une même entreprise ne peut excéder six mois par année d'enseignement, sauf exceptions – interruption momentanée par les stagiaires ou cursus pluriannuel (L. 612-9 C. éducation).

L'accueil successif de stagiaires, au titre de conventions de stage différentes, pour effectuer des stages dans un même poste, n'est possible qu'à l'expiration d'un délai de carence égal au tiers de la durée du stage précédent. Cette disposition n'est pas applicable lorsque ce stage précédent a été interrompu avant son terme à l'initiative du stagiaire (L. 612-10 C. éducation).

Lorsque la durée de stage au sein d'une même entreprise (association, entreprise privée, entreprise publique ou ÉPIC) est supérieure à deux mois consécutifs ou, au cours d'une même année scolaire ou universitaire, à deux mois consécutifs ou non, le ou les stages font l'objet d'une gratification versée mensuellement dont le montant est fixé par convention de branche ou par accord professionnel étendu ou, à défaut, par décret. Cette gratification n'a pas le caractère d'un salaire (L. 612-11 C. éducation).

La durée de stage s'apprécie compte tenu de la convention de stage et des éventuels avenants qui ont pour effet de prolonger le stage. Les stages en entreprise, accomplis à titre obligatoire ou optionnel, par les étudiants d'établissement d'enseignement dispensant une formation supérieure diplômante ou non diplômante, doivent être intégrés dans un cursus pédagogique et faire l'objet d'une convention tripartite.

La gratification est due au stagiaire sans préjudice du remboursement des frais engagés pour effectuer le stage et des avantages offerts, le cas échéant, pour la restauration, l'hébergement et le transport. La gratification de stage est due au stagiaire à compter du premier jour du premier mois de stage et lui est versée mensuellement. En cas de suspension ou de résiliation de la convention de stage, le montant de la gratification due au stagiaire est proratisé en fonction de la durée de stage effectuée.

À défaut de convention de branche ou d'accord professionnel étendu, le montant horaire de la gratification due au stagiaire est fixé à 12,5 % du plafond horaire de la Sécurité sociale.

Les stagiaires accèdent aux activités sociales et culturelles du comité d'entreprise dans les mêmes conditions que les salariés (L. 2323-83 ; L. 612-12 C. éducation).

Frais de transport. La loi n° 2008-1130 de financement de la Sécurité sociale (LFSS 2009) a instauré un dispositif de prise en charge par l'employeur d'une partie des frais de transport, publics ou personnels, engagés par les salariés pour aller ou revenir de leur travail (décret du 30 déc. 2008, circulaire du 28 janvier 2009). Cette nouvelle aide se substitue au chèque transport.

Transports publics. Désormais, tous les employeurs ont l'obligation de prendre en charge une partie du prix des titres d'abonnement aux transports collectifs, souscrits par leurs salariés pour se déplacer entre leur résidence habituelle et leur lieu de travail (L. 3261-2, R. 3261-1 et s.). La prise en charge par l'employeur est égale à 50 % du coût du titre d'abonnement pour le salarié, sur la base des tarifs de 2e classe.

Véhicule privé. Les employeurs ont la possibilité (pas l'obligation) de prendre en charge, dans des conditions sociales avantageuses (exonérations sociales et fiscales, dans la limite de 200 € par an), tout ou partie des frais de carburant de leurs salariés, qui utilisent leur véhicule personnel, soit parce que leur résidence ou travail est située en dehors du périmètre de transport collectif, soit parce que leurs horaires de travail ne leur permettent pas de les utiliser. Lorsqu'il est accordé, cet avantage doit bénéficier à l'ensemble des salariés remplissant ces conditions, selon les mêmes modalités et en fonction de la distance domicile/travail. Cette prime peut être établie sur la base d'un accord d'entreprise ou d'une décision unilatérale de l'employeur (après consultation des IRP).

Modalités communes. Le montant de la prise en charge des frais de transport doit figurer sur les bulletins de paie. En cas de changement des modalités de remboursement des frais, l'employeur doit avertir les salariés au moins un mois à l'avance. Les salariés à temps partiel employés au moins à mi-temps (par rapport à la durée légale ou à la durée conventionnelle si elle est inférieure) bénéficient d'une prise en charge équivalente à celle des salariés à temps plein ; si le temps partiel est inférieur à un mi-temps, la participation est calculée proportionnellement par rapport au mi-temps.

Télétravail. Le juge peut imposer le versement aux salariés concernés d'une indemnité d'occupation de bureau à domicile (Soc. 7 avril 2010, Sté Nestlé Waters marketing distribution). La sujétion d'utiliser une partie de leur domicile personnel pour les besoins de l'activité professionnelle « *constitue des frais professionnels que l'employeur est dans l'obligation de leur rembourser sans qu'ils puissent être imputés sur la rémunération due, à moins qu'il ait été contractuellement prévu qu'ils en conserveraient la charge, moyennant le versement d'une somme fixée à l'avance de manière forfaitaire et à la condition que la rémunération proprement dite du travail reste au moins égale au SMIC* ». Or, « *aucune disposition contractuelle ne prévoyait le remboursement (...) des frais relatifs à l'occupation de leur domicile privé à des fins professionnelles par le versement d'une somme fixée à l'avance de manière forfaitaire* ». À défaut, « *l'employeur ne peut soutenir que la rémunération globale versée aux salariés comprenait l'indemnisation de la sujétion* ».

Médaille du travail. Les gratifications versées lors de la remise de la médaille d'honneur du travail bénéficient d'une tolérance administrative d'exonération des charges sociales, dans la limite du salaire mensuel de base du bénéficiaire (lettre-circulaire ACOSS du 22 nov. 2000).

Montant de la rémunération

Les salaires, depuis la loi du 11 février 1950, sont fixés librement (DC du 11 juin 1963), leur montant résultant des dispositions de la convention collective ou du contrat de travail. Toutefois, la loi prévoit un salaire minimum horaire, au-dessous duquel aucun salarié ne doit être payé. D'autres dispositions légales visent notamment à assurer l'égalité des rémunérations entre les femmes et les hommes.

A. Salaire minimum interprofessionnel de croissance (SMIC)

Réformant la loi du 11 février 1950 (salaire minimum interprofessionnel garanti ou SMIG), dans le prolongement du Protocole de Grenelle (27 mai 1968), le SMIC, mis en place par une loi du 2 janvier 1970, vise à assurer aux salariés dont les rémunérations sont les plus faibles (L. 3231-2) la garantie de leur pouvoir d'achat et une participation au développement économique de la Nation.

1. Modalités de fixation

Le mode de détermination du montant du SMIC répond à un double objectif.

Maintien du pouvoir d'achat

Le SMIC est indexé sur l'évolution de l'indice mensuel des prix à la consommation des ménages urbains (série nationale). S'il s'avère que l'indice a augmenté d'au moins 2 %, par rapport à l'indice de référence du SMIC en vigueur, le SMIC est relevé dans la même proportion à compter du premier jour du mois suivant (L. 3231-4 et L. 3231-5).

Le nouveau montant du SMIC, qui résulte d'un simple calcul, est fixé par arrêté conjoint des ministres chargés du Travail, de l'Agriculture et de l'Économie. L'arrêté est publié au *Journal Officiel* et mentionne aussi l'indice de référence (le SMIC a été augmenté le 1er déc. 2011 et porté à « 9,19 € de l'heure », arrêté du 29 nov. 2011 au *JO* du 30 nov.).

Participation au développement économique

La revalorisation, selon l'évolution du coût de la vie, ne fait que maintenir le pouvoir d'achat des salariés payés au SMIC. Pour leur garantir une progression de leur pouvoir d'achat, comparable ou même supérieure à celle des autres salariés, il faut pouvoir aller au-delà. Chaque année, le gouvernement, après avoir consulté la commission nationale de la négociation collective (CNNC), fixe un nouveau taux du SMIC qui entrait en vigueur au 1er juillet (L. 3231-6, L. 141-4). Le nouveau taux est supérieur à celui qui résulterait de la seule indexation sur l'indice des prix. Il est fixé par décret et est publié au *Journal Officiel* avec mention du nouvel indice de référence.

La loi n° 2008-1258 du 3 déc. 2008 en faveur des revenus du travail prévoit qu'à partir du 1er janv. 2010, le SMIC est revalorisé chaque année au 1er janv.

L'accroissement annuel du pouvoir d'achat du SMIC ne peut être inférieur à la moitié de l'augmentation du pouvoir d'achat des salaires horaires moyens enregistrés par l'enquête trimestrielle du ministère du Travail (L. 3231-8, L. 141-5).

En cours d'année, le gouvernement peut, après avis de la commission nationale de la négociation collective, donner un « coup de pouce » supplémentaire, en portant le SMIC à un niveau supérieur à celui qui résulte de l'indexation du SMIC sur l'indice des prix (L. 3231-10, L. 141-7).

2. *Montant*

Depuis le 1er janv. 2012, le SMIC brut est porté à 9,22 € par heure (décret du 22 déc. 2011, *JO* du 23 ; anciens montants : 9,19 € au 1er déc. 2011, 9 € au 1er janv. 2011, 8,86 € au 1er janv. 2010, 8,82 € au 1er juill. 2009, 8,71 € au 1er juill. 2008, 8,63 € depuis le 1er mai 2008, 8,44 € depuis le 1er juill. 2007). « *Sauf dans les cas où la loi en dispose autrement et quel que soit le mode de rémunération pratiqué, un salarié a droit à une rémunération au moins égale au salaire minimum de croissance pour le nombre d'heures qu'il a effectuées* » (Soc. 25 mai 2005, salarié distribuant des prospectus payé au rendement et dont l'activité ne s'inscrivait pas dans un horaire de travail contrôlable).

Pour un salarié employé à temps complet selon la durée légale (35 heures par semaine) pendant un mois (base 151,67 heures), le « SMIC mensuel brut » s'établit à 1 398,37 €, (soit environ 1 096,94 € nets).

3. *Bénéficiaires*

Le champ d'application des dispositions légales relatives au SMIC est très vaste (L. 3231-1, L. 141-1). La quasi-totalité du secteur privé est couverte, ainsi que les entreprises publiques dont le personnel n'est pas doté d'un statut. « *Sauf dans les cas où la loi en dispose autrement, un salarié a droit à une rémunération égale au SMIC* » (Soc. 25 juin 2007).

Pour le travail à domicile, « *est illicite la clause du contrat de travail subordonnant la rémunération (...) au règlement par le client de la commande qu'il a enregistrée* » (Soc. 10 mai 2007, concernant une télévendeuse).

Des abattements sont prévus lorsque le salarié n'a pas 18 ans (20 % pour ceux qui ont moins de 17 ans, 10 % pour ceux qui ont entre 17 et 18 ans). Ces abattements ne sont plus applicables aussitôt que le jeune travailleur justifie de six mois de pratique professionnelle dans la branche d'activité dont il relève (D. 3231-3, R. 141-1). La législation sur le SMIC n'est pas applicable aux apprentis.

Pour le salaire des travailleurs handicapés, le dispositif de réduction de salaire a été supprimé. Une aide compensatrice peut être attribuée à l'employeur.

4. *Éléments de rémunération à prendre en compte*

Pour vérifier si le salarié perçoit effectivement un salaire au moins égal au SMIC, il convient d'identifier les sommes qui s'imputent sur son salaire et les autres. En effet, certains éléments doivent être exclus de l'assiette de détermination du SMIC au regard des objectifs d'assurer un minimum et, au-delà, une croissance du pouvoir d'achat.

Il doit être tenu compte des avantages en nature et des majorations diverses ayant le caractère de fait d'un complément de salaire. Mais doivent notamment être exclues les sommes versées au titre de remboursement de frais (Soc. 10 nov. 2004, Soc. 9 janv. 2001) et les majorations pour heures supplémentaires prévues par la loi et enfin la prime de transport (D. 3231-6, D. 141-3).

Selon la jurisprudence de la Cour de cassation et la doctrine administrative (circulaire du ministère du Travail du 29 juill. 1981), seuls les éléments qui correspondent à la rémunération de la prestation élémentaire de travail doivent être retenus pour vérifier si le SMIC est atteint (primes de rendement – Soc. 30 mars 1994 – ou de polyvalence ; Soc. 14 mai 1987). En revanche, doivent être exclus les éléments qui ne constituent pas la contrepartie directe du travail :

- les primes d'ancienneté et d'assiduité (Soc. 19 juin 1996, Soc. 23 avril 1997) ;
- les indemnités liées aux conditions de travail (pénibilité, rythme contraignant de travail, Soc. 29 mars 1995 ; insalubrité, majoration pour travail du dimanche ou des jours fériés, prime de « non-accident », Soc. 3 juill. 2001, etc.) ;

- une prime fondée sur les résultats financiers de l'entreprise et dépendant de facteurs sur lesquels les salariés n'avaient pas d'influence et susceptible d'être remise en cause (Crim. 5 nov. 1996 ; Soc. 2 avril 2003) ; une prime d'activité (Soc. 27 mai 1997) ;
- une « indemnité DOM », compensant la cherté de la vie (Soc. 4 mars 2003) ;
- une prime versée en fin d'année (treizième mois ; Crim. 27 janv. 1987 ; Soc. 2 mars 1994, imputation possible le mois du versement) ;
- une rémunération du temps de pause (« *dès lors qu'il n'est pas contesté que pendant les pauses, les salariés n'étaient pas à la disposition de l'employeur de sorte que celles-ci ne constituaient pas du temps de travail effectif, les primes les rémunérant, qui ne sont pas la contrepartie du travail et dont la détermination dépend de facteurs généraux sur lesquels les salariés n'influent pas, sont exclues du salaire devant être comparé au SMIC* » (Soc. 13 juill. 2010, Compagnie des Fromages et Richesmonts) ;
- etc.

Les déductions permises par le « SMIC hôtelier » sont supprimées à compter du 1er janv. 2008 (restauration collective, avenant du 20 juill. 2007).

5. *Sanctions civiles et pénales*

Civil. Si un employeur ne respecte pas le SMIC, une action en justice est possible devant le CPH. Le salarié peut obtenir l'alignement du salaire perçu sur le SMIC et des rappels de salaire et également des dommages-intérêts (« *le manquement de l'employeur à son obligation de paiement d'une rémunération au moins égale au salaire minimum de croissance cause nécessairement un préjudice au salarié dont il appartient au juge d'apprécier le montant* » Soc. 29 juin 2011, Sté Loisirs 2000).

Pénal. Le fait de payer des salaires inférieurs au SMIC est puni d'une amende de 1 500 - pour chaque travailleur rémunéré dans des conditions illégales (amende portée à 3 000 - en cas de récidive). L'amende est appliquée autant de fois qu'il y a de salariés rémunérés dans des conditions illégales (R. 3233-1, R. 154-1 ; exemples : CA Versailles, ch. ap. correc., 17 mai 2010, SA Auchan et CA Versailles, ch. ap. correc., 17 mai 2010, SA Dagui, concernant la prise en compte des temps de pause dans le calcul du SMIC, pourvois des employeurs rejetés par Crim. 15 févr. 2011 ; cf. *supra*).

6. *Rémunération mensuelle minimale (RMM)*

Le SMIC est un taux horaire. La rémunération mensuelle minimale (RMM) est égale au produit du montant du SMIC par le nombre d'heures correspondant à la durée légale du travail pour le mois considéré (L. 3232-1 et s., L. 141-11), soit 151,67 heures sur la base de 35 heures par semaine $\left(\frac{35 \times 52}{12}\right)$. Le SMIC se trouve ainsi mensualisé.

Un salarié en chômage partiel doit recevoir une rémunération (salaire pour le travail effectué et allocations) au moins égale à la rémunération mensuelle minimale (1 398,37 € à partir du 1er janv. 2012). C'est là l'intérêt pratique de cette notion.

7. *Minimum garanti (MG)*

Le MG (L. 3231-12, L. 141-8) varie seulement en fonction de l'indice des prix. Il est, de ce fait, bien inférieur au SMIC (3,44 € au 1er janv. 2012).

Si certaines allocations ou rémunérations sont calculées par référence au SMIC (par exemple rémunération minimale de l'apprenti, rémunération maximale du salarié en congé de formation), d'autres allocations sont calculées par référence au MG (notamment pour l'évaluation des avantages en nature – dans la détermination du SMIC, il est parfois tenu compte des avantages en nature, D. 3231-6 : logement : évaluation par accord collectif ou à défaut 0,02 € par jour, un repas = 1 MG – sauf dans les HCR – D. 3231-13, D. 3231-10 et D. 3231-11).

B. Salaire conventionnel et contractuel

Au-delà de ce plancher légal, le salaire relève de la liberté contractuelle, entre partenaires sociaux, de branche et de l'entreprise, et entre les parties au contrat.

1. *Salaires conventionnels*

Un des principaux objets de la négociation collective porte sur les salaires (voir chapitre XVIII).

Objet. La négociation collective de branche détermine les salaires *minima* conventionnels, qui doivent être respectés par toutes les entreprises assujetties à la convention collective. La négociation, lorsqu'elle couvre une branche d'activité, peut se dérouler dans un cadre national (textile, chimie, etc., Convention Collective Nationale), régional ou local (métallurgie, bâtiment). Outre les salaires, les conventions collectives déterminent en général, compte tenu des caractéristiques de la branche, diverses primes et indemnités (en déterminant leurs régimes : montants, conditions d'attribution, modalités de calcul). Les accords collectifs, notamment les avenants à la convention collective, quand ils ont fait l'objet d'un arrêté d'extension du ministre du Travail, sont obligatoires pour toutes les entreprises relevant du champ d'application de l'accord.

Catégories professionnelles. Dans tous les cas, les conventions collectives de branche distinguent des catégories professionnelles (ouvriers, employés, agents de maîtrise, techniciens, ingénieurs, cadres, etc.) et à l'intérieur plusieurs catégories d'emplois, chacune étant affectée d'un coefficient (selon l'accord conventionnel – national en général – sur les classifications).

La négociation de branche peut déterminer un nouveau salaire minimum correspondant au coefficient de base, avec répercussion sur les salaires minima des emplois classés à des coefficients plus élevés. Elle peut aussi prévoir une revalorisation en pourcentage des salaires effectifs.

Lorsque la négociation ne porte que sur les minima, les nouveaux barèmes peuvent être bien inférieurs aux salaires effectivement pratiqués dans les entreprises. Au contraire, un accord sur la revalorisation en pourcentage des salaires effectifs fait sentir ses effets dans toutes les entreprises assujetties à l'accord.

Rémunération mensuelle ou annuelle garantie. Certains accords nationaux prévoient une rémunération annuelle ou mensuelle garantie. Des compléments seront versés aux salariés dont la rémunération est inférieure à ce minimum. L'objet est de revaloriser les salaires les plus bas.

« *En l'absence de dispositions conventionnelles contraires, toutes les sommes versées en contrepartie du travail entrent dans le calcul de la rémunération à comparer avec le salaire minimum garanti* » (Soc. 7 avril 2010, Sté de transports en commun de Limoges, une prime de maintien du pouvoir d'achat peut être versée en contrepartie du travail). Par conséquent, en l'absence d'indication contraire de la convention collective applicable, les primes qui ne constituent pas une contrepartie directe du travail effectué ne peuvent être prises en compte pour vérifier l'application du salaire minimum conventionnel. Ainsi, quand les pauses ne sont pas considérées comme du temps de travail et que des primes de pauses sont versées sans contrepartie d'un travail, le paiement de ces temps ne doit pas être considéré comme un élément de salaire pour le calcul du salaire minimum conventionnel applicable au salarié (Soc. 2 juill. 2008 ; Soc. 9 nov. 2010, CCN Commerce de détail et de gros à prédominance alimentaire). Ainsi, la CCN des Bureaux d'études techniques prévoit que les primes et gratifications de caractère exceptionnel ne sont pas comprises pour le calcul des minima (art. 32, Soc. 8 juill. 2010).

Recommandation patronale. Dans le cas où un accord n'a pas été conclu, l'organisation patronale de la branche peut recommander à ses adhérents d'appliquer de nouveaux barèmes. Ces recommandations patronales, décisions unilatérales, sont en général suivies, voire obligatoires en vertu de dispositions conventionnelles, et la jurisprudence leur reconnaît, sous certaines conditions, un caractère impératif (Soc. 29 juin 1999). Au niveau interprofessionnel, l'ex-CNPF, devenu Medef, a mis fin à ses recommandations en 1994.

L'exemple de l'édition

À titre d'exemple, la convention collective nationale (CCN) de l'Édition du 14 janv. 2000 (étendue par arrêté du 24 juill. 2000, *JO* 9 août 2000). Avenant n° 6 du 15 juin 2007 relatif aux salaires au 1er juin 2007 :

I. – Les salaires minima garantis prévus par la convention collective sont revalorisés comme suit, à compter du 1er juin 2007 :

Employés : – 2 % pour les catégories E1 à E6 incluse ; – 1,5 % pour les catégories E7 à E9 incluse.

Techniciens : – 1,5 % pour les catégories T1 à T4 incluse.

Agents de maîtrise : – 2 % pour les catégories AM1 à AM4 incluse.

Cadres : – 1,5 % pour les catégories C1 A à C5 incluse.

II. – Les nouveaux barèmes qui résultent de l'application de ces revalorisations figurent aux tableaux en annexe au présent accord et en font partie intégrante. Ces nouveaux barèmes annulent et remplacent à compter du 1er juin 2007 ceux issus de l'accord du 20 décembre 2006 étendu.

III. – Par ailleurs, les parties aux présentes précisent que la conclusion du présent accord constitue une étape supplémentaire dans le contexte de revalorisation des salaires minima en regard du SMIC en vigueur. Les parties conviennent de poursuivre les négociations dès septembre 2007, en s'appuyant notamment sur le rapport de branche qui sera finalisé dans les prochaines semaines.

IV. – Le présent accord engage, dès sa signature, les entreprises ayant donné mandat au syndicat national de l'édition pour agir. Il est applicable à compter de son extension à l'ensemble des sociétés soumises à la convention collective de l'édition, rétroactivement au 1er juin 2007. Le présent accord est conclu pour une durée indéterminée.

Barèmes minima au 1er juin 2007 avec minima d'ancienneté intégrant une variation de 2,5 % tous les 4 ans – Minima mensuels (en euros)

Catégorie	Minimum au 1er juin 2007	Minimum après 4 ans	Minimum après 8 ans	Minimum après 12 ans	Minimum après 16 ans
E1	1 163	1 192	1 222	1 253	1 284
E2	1 165	1 194	1 224	1 255	1 286
E3	1 168	1 198	1 228	1 258	1 290
E4	1 171	1 201	1 231	1 261	1 293
E5	1 176	1 205	1 235	1 266	1 298
E6	1 180	1 209	1 239	1 270	1 302
E7	1 193	1 223	1 254	1 285	1 317
E8	1 212	1 243	1 274	1 306	1 338
E9	1 240	1 271	1 303	1 335	1 368
T1	1 334	1 368	1 402	1 437	1 473
T2	1 448	1 484	1 521	1 559	1 598
T3	1 559	1 597	1 637	1 678	1 720
T4	1 627	1 667	1 709	1 752	1 795
AM1	1 219	1 250	1 281	1 313	1 346
AM2	1 341	1 374	1 409	1 444	1 480
AM3	1 466	1 503	1 540	1 579	1 618
AM4	1 566	1 605	1 645	1 687	1 729
C1A	1 655	1 696	1 739	1 782	1 827

Catégorie	Minimum au 1er juin 2007	Minimum après 4 ans	Minimum après 8 ans	Minimum après 12 ans	Minimum après 16 ans
C1B	1 738	1 782	1 826	1 872	1 919
C2A	1 871	1 918	1 966	2 015	2 065
C2B	2 000	2 050	2 101	2 154	2 208
C2C	2 135	2 188	2 243	2 299	2 357
C3A	2 265	2 322	2 380	2 439	2 500
C3B	2 536	2 599	2 664	2 731	
C3C	2 668	2 735	2 803	2 873	
C4	2 703				
C5	2 837				

Accord d'entreprise. La négociation collective d'entreprise, qui porte sur les salaires effectifs, fixe, en principe, des barèmes de salaires égaux ou supérieurs à ceux déterminés par l'accord collectif de la branche ; à défaut, ce sont les minima de branche qui s'appliquent. Au niveau de l'entreprise ou de l'établissement, l'accord doit respecter les classifications et les salaires minima conventionnels ; cependant, des modalités dérogatoires peuvent être décidées sans que, toutefois, l'accroissement de la masse salariale ne puisse être inférieur au pourcentage décidé au niveau de la branche (cette possibilité de dérogation est très rarement utilisée).

Quand les négociations ont lieu à plusieurs niveaux, le barème salarial qui s'applique est celui qui résulte de l'accord local correspondant à l'établissement où est accompli le travail et ce quel que soit son degré d'autonomie par rapport à l'entreprise (Soc. 21 juill. 1993).

Sanctions civiles et pénales. Si un employeur ne respecte pas les barèmes conventionnels, des actions en justice sont possibles.

Civil. Le CPH est compétent pour les « litiges individuels » (rappels de salaire notamment) et le TGI peut ordonner à l'employeur, à la demande notamment des organisations syndicales représentatives de salariés, l'exécution forcée des dispositions conventionnelles.

Pénal. Si les barèmes résultent d'une convention collective étendue ou d'un avenant étendu, les infractions sont punies d'une peine d'amende de 750 -, prononcée autant de fois qu'il y a de salariés concernés (R. 2263-3, R. 153-2).

Indexation. Les clauses d'indexation des salaires sur l'indice des prix sont illicites (ordonnance du 30 déc. 1958). Il est également interdit d'indexer l'évolution des salaires conventionnels en fonction du SMIC (L. 3231-3, Soc. 3 mai 1979).

2. *Salaires contractuels*

Lorsque l'employeur est lié par les clauses d'une convention ou d'un accord, ces clauses s'appliquent aux contrats de travail conclus avec lui, sauf stipulations plus favorables (L. 2254-1, L. 135-2). En vertu de la liberté contractuelle, l'employeur et le salarié peuvent définir dans le contrat de travail un salaire réel plus élevé que le minimum prévu par la convention collective de branche ou même l'accord d'entreprise.

Tout salarié a le droit de connaître les bases de calcul de sa rémunération : « *Le salarié doit pouvoir vérifier que le calcul de sa rémunération a été effectué conformément aux modalités prévues par le contrat de travail* » (Soc. 18 juin 2008) ; l'employeur ne pouvant pas se prévaloir du secret des affaires pour refuser de « *communiquer l'ensemble des bases de calcul* » et permettre au salarié de « *vérifier la justesse de (sa) rémunération* ». En cas de contentieux, l'employeur doit fournir les éléments comptables servant à établir le salaire : « *Lorsque le calcul de la rémunération dépend d'éléments détenus par l'employeur, celui-ci est tenu de les produire en vue d'une discussion contradictoire* » (Soc. 24 sept. 2008, Sté Métro).

C. Égalité de rémunération

En matière d'égalité de rémunération, deux régimes juridiques existent : d'une part, les règles d'égalité entre les femmes et les hommes (discrimination sexuelle), et par extension les règles de non-discrimination, et d'autre part, le principe d'égalité de rémunération entre tous les salariés (voir tableau *infra*). Cette distinction entre non-discrimination et égalité de traitement n'est pas toujours claire pour les acteurs (Soc. 17 avril 2008, Sté ESRF, discrimination en raison de la nationalité, non retenue, position contraire de la HALDE dans sa délibération du 22 oct. 2007 ; Soc. 18 janv. 2006) et aboutit parfois à des échecs du fait d'un choix erroné au regard des fondements juridiques de la demande (Soc. 14 janv. 2009, Mme Y c/ CERFAL ; Soc. 17 mars 2010, Mme V. c/ SA Index multimédia – les demandes des salariées, qui échouent sur le terrain de l'égalité de traitement, avaient une plus forte probabilité d'aboutir sur le terrain de la discrimination sexuelle).

1. *Deux régimes d'égalité de rémunération*

	Égalité (égalité de traitement au sens français)	**Non-discrimination (égalité de traitement au sens européen – UE)**
Nature	Justice sociale	Droits de l'Homme
Champ d'application	Tous les salariés Dans une **situation identique** actuelle Rémunération : Règles (travail temporaire ou CDD/CDI, TTP/temps complet, etc.) Principe « À travail égal, salaire égal » Justification admise de l'inégalité (raisons objectives et pertinentes)	Les personnes visées par un critère Dans une **situation comparable**, concrète (actuelle ou successive) ou hypothétique Toutes les mesures (recrutement, affectation, formation professionnelle, promotion, etc.) et notamment la rémunération « À travail de valeur égale, salaire égal » Justification possible uniquement pour la discrimination indirecte
Régime de la preuve	Aménagement de la charge de la preuve au bénéfice du salarié demandeur (art. 1315 C. civ. notamment al. 2)	Aménagement de la charge de la preuve au bénéfice de la personne (salarié) demandeur (Code du travail, L. 1134-1)
Réparation	1) Réparation en nature : alignement du salaire sur le salaire plus élevé et rappel de salaire (prescription quinquennale) 2) et le cas échéant dommages-intérêts (notamment pour préjudice moral)	1) Réparation en nature : reclassification, etc., notamment alignement du salaire sur le salaire plus élevé, rappel de salaire (sans limitation de durée – réparation intégrale) 2) ou à défaut, dommages-intérêts et le cas échéant dommages-intérêts (notamment pour préjudice moral)
Action en justice	Absence de régime protecteur	Protection des plaignants et des témoins
Sources	Droit interne (Code du travail, L. 2261-22 et L. 2271-1)	Droit européen (Traité, directives de 2000 et de 2006) et Droit interne (Code du travail, dispositions sur la discrimination, notamment L. 3221-2)

2. *Égalité de rémunération entre les femmes et les hommes et règles de non-discrimination*

Principe. Tout employeur assure, pour un même travail ou pour un travail de *valeur égale*, l'égalité de rémunération entre les femmes et les hommes (L. 3221-2, L. 140-2 ; art. 157 TFUE de Lisbonne – ancien art. 141 du Traité d'Amsterdam, directive de 1975 ; Convention n° 100 de l'OIT de 1950, ratifiée par la France, Traité de Versailles de 1919).

Critères. Les emplois occupés dans une entreprise par les femmes et par les hommes étant très rarement identiques, la notion de travail de « valeur égale » est essentielle. Sont considérés comme ayant une valeur égale les travaux qui exigent des salariés un ensemble comparable de connaissances professionnelles consacrées par un titre, un diplôme ou une pratique professionnelle, de capacités découlant de l'expérience acquise, de responsabilités et de charge physique ou nerveuse (L. 3221-4, L. 140-2, al. 3). L'égalité de rémunération est à appliquer à des personnes qui effectuent un travail de valeur égale dans des fonctions différentes (Soc. 6 juill. 2010, PBR, Sté TMS c/ Mme Bastien, la salariée était « *responsable des RH, du juridique et des services généraux* » et ses collègues masculins directeur commercial et directeur financier).

Les disparités de rémunération entre les établissements d'une même entreprise ne peuvent pas, pour un même travail ou pour un travail de valeur égale, être fondées sur l'appartenance des salariés de ces établissements à l'un ou à l'autre sexe (L. 3221-5, L. 140-2, al. 4).

Classifications. Les différents éléments composant la rémunération doivent être établis selon des normes identiques pour les hommes et pour les femmes. Les catégories et les critères de classification et de promotion professionnelles, ainsi que toutes les autres bases de calcul de la rémunération, notamment les modes d'évaluation des emplois, doivent être communs aux travailleurs des deux sexes (L. 3221-6, L. 140-3 ; CJCE 1er juill. 1986, Mme G. Rummler).

Rémunération. La notion de rémunération est entendue au sens large et englobe « le salaire (...) et tous les autres avantages et accessoires payés, directement ou indirectement, en espèces ou en nature, par l'employeur au salarié à raison de l'emploi » (L. 3221-3, L. 140-2 al. 2). Sont à inclure dans la rémunération : les éléments de performance (bonus, commission, gratification, etc.), individuelle ou d'équipe, les avantages en nature (voiture, logement, mobile, etc.), les compléments de protection sociale, les gratifications en nature (voyages, cadeaux, etc.). Ainsi, une allocation pour frais de garde prévue par un accord collectif doit être accordée dans les mêmes conditions aux hommes qu'aux femmes (Soc. 8 oct. 1996). De même, dans les secteurs d'activité où est prévu un âge particulier de départ à la retraite, le statut ne saurait valablement fixer, sans justifier cette différence, un âge pour les femmes (40 ans) et un âge pour les hommes (45 ans), comme pour les danseurs de l'Opéra de Paris (Soc. 15 juin 1999).

La discrimination ne peut découler en principe que des pratiques à l'intérieur d'une entreprise et non pas de la comparaison entre entreprises (CJCE 13 janv. 2004).

Réparation. Des salariées obtiennent l'alignement de leurs salaires sur ceux de leurs collègues masculins, ainsi que des rappels de salaire (Soc. 28 nov. 2000, primes d'une analyste financière ; Soc. 19 déc. 2000, augmentation de coefficients et de salaires de techniciennes dans un laboratoire photo ; CA Montpellier, 25 mars 2003 et CPH Montpellier 5 avril 2005, Mme B. c/ IBM, revalorisation du coefficient et de la rémunération ; CPH Lyon, 20 juin 2008, Mme G. c/ SAS Bosch ; Soc. 16 déc. 2008, AFPA ; CPH Bordeaux, 16 oct. 2009, Union nationale des industries de carrières et matériaux ; etc. ; chapitre V). En effet, il faut apprécier les compétences des femmes et des hommes selon une méthode objective, pertinente et dénuée de discrimination et de tout stéréotype.

Non-discrimination. Ces règles de non-discrimination en matière d'égalité entre les femmes et les hommes sont applicables pour tous les motifs discriminatoires (par exemple, en matière de discrimination raciale : CPH Lyon, 20 juin 2008, six salariés de différentes origines nationales c/ SAS Bosch ; en matière de discrimination syndicale, chapitre XVII).

3. *Égalité de rémunération entre les salariés*

Principe. La Cour de cassation a estimé que « *la règle de l'égalité de rémunération entre les hommes et les femmes était une application de la règle plus générale "à travail égal, salaire égal" énoncée par les articles L. 133-5-4° et L. 136-2-8° du Code du travail ; qu'il s'en suit que l'employeur est tenu d'assurer l'égalité de rémunération entre tous les salariés de l'un et l'autre sexe, pour autant que les salariés en cause sont placés dans une situation identique* » (Soc. 29 oct. 1996, Mme Ponsolle c/ Sté Delzongle ; L. 2261-22 et L. 2271-1).

Champs d'application. De l'abondante et complexe jurisprudence en la matière, il ressort que cette règle s'applique aux salariés du même employeur effectuant un travail égal ou de même valeur et placés dans une situation identique.

Cette règle d'égalité s'applique à tous les éléments de la rémunération, même aux augmentations individuelles au mérite (Soc. 28 sept. 2004). L'employeur peut accorder des avantages particuliers à certains salariés, à la condition que tous les salariés placés dans une situation identique puissent en bénéficier et que les règles déterminant l'octroi de cet avantage soient préalablement définies et contrôlables (Soc. 27 mars 2007).

Cette règle d'égalité de traitement appliquée en matière de rémunération s'est étendue à tous les avantages, salariaux et autres.

Situation juridique identique. Dans de nombreux cas, la situation est regardée comme identique et les salariés doivent alors bénéficier de l'égalité de rémunération.

– **Ancienneté.** L'ancienneté ne peut à elle seule justifier une différence de rémunération dès lors qu'elle donne lieu à l'allocation d'une prime distincte (Soc. 21 janv. 2009, BHV ; Soc. 8 juin 2011).

– **Transfert d'entreprise** (L. 1224-1, L. 122-12). Le maintien des avantages salariaux aux salariés repris, qui ne compense pas un préjudice, doit être appliqué aux nouveaux embauchés exerçant des travaux de même valeur (Soc. 19 juin 2007 ; Soc. 4 févr. 2009, M.P.A. c/ Sté TVO).

– **Date d'embauche.** La date d'embauche ne peut pas à elle seule justifier une différence de traitement en matière de rémunération (Soc. 12 févr. 2008, en matière de dénonciation d'un engagement unilatéral).

– **Évaluation individualisée.** Des comptes-rendus d'entretien d'évaluation d'un salarié qui ne contiennent pas d'éléments objectifs et pertinents, mais comportent des données contradictoires, ne peuvent pas justifier une différence de rémunération défavorable (Soc. 20 févr. 2008).

– **Diplôme.** Une différence de diplômes ne justifie pas, en principe, une différence de rémunération (Soc. 16 déc. 2008, Sté Fauchon, l'employeur devant établir que « *les diplômes obtenus par* [le salarié mieux rémunéré] *attestaient de connaissances particulières utiles à l'exercice de la fonction occupée, de sorte qu'ils justifiaient une différence de rémunération* »), sauf quand un diplôme est requis par la convention collective applicable (Soc. 10 nov. 2009).

– **Parcours professionnels.** La situation ne peut plus être regardée comme différente entre des salariés au regard de leur « parcours professionnel spécifique », dès lors « *qu'aucun élément tenant à la formation, à la nature des fonctions exercées ou à l'ancienneté dans l'emploi ne distinguait les salariées qui se trouvaient dans une situation identique (...), l'avancement plus rapide de celles qui avaient été promues (...) n'était que la conséquence des modalités d'application du reclassement des emplois, défavorables aux salariées nommées dans ces fonctions avant l'entrée en vigueur du protocole (...)* » (Soc. 4 févr. 2009, CAF Paris, opérant un revirement de jurisprudence invalidant la solution retenue par Soc. 3 juill. 2006, CRAM-IF).

– **Contraintes budgétaires.** Des « *contraintes budgétaires imposées par l'autorité de tutelle ne (constituent) pas une justification pertinente, ces impératifs financiers n'impliquant pas nécessairement une différence de traitement entre les salariés (...)* » (Soc. 4 févr. 2009, CNRSI-CANAM c/ cinq fédérations syndicales).

– **Établissements multiples.** Une différence de rémunération entre des salariés de différents établissements d'une même entreprise effectuant un travail égal ou de valeur égale doit être justifiée. Deux situations sont possibles :

– en cas de décision unilatérale de l'employeur (Soc. 21 janv. 2009, Radio France, abattements salariaux pratiqués dans certains établissements en application d'une norme unilatérale, défaut d'« *explication objective* », les salariés étant dans « *une situation professionnelle identique* », Soc. 5 mai 2010, FR3, l'employeur alléguant d'une différence de coût de la vie sans produire d'éléments objectifs).

– en cas de négociation collective : des négociations collectives d'établissements peuvent aboutir à des différences ainsi justifiées (Soc. 27 oct. 1999, EDF). Cependant, « *un accord d'entreprise ne peut prévoir de différences de traitement entre salariés d'établissements différents d'une même entreprise exerçant un travail égal ou de valeur égale, que si elles reposent sur des raisons objectives dont le juge doit contrôler concrètement la réalité et la pertinence* » (Soc. 28 oct. 2009, SAS Pfizer PGM, « *le choix des partenaires sociaux de priver un certain nombre de salariés* » d'un établissement du bénéfice d'une prime n'est pas justifié ; Soc. 8 juin 2011, Sté Goodyear Dunlop Tires France, à propos de primes pour des salariés postés d'un établissement ayant fait l'objet d'une absorption). Les choix des partenaires sociaux sont soumis au contrôle du juge quant au respect de l'égalité de traitement (cf. déjà en matière de discrimination sexuelle, CJCE 28 oct. 1993, Pamela Enderby, les modalités de la négociation collective ne peuvent justifier une discrimination entre femmes et hommes).

– **Public-privé.** Pour les comparaisons public/privé, l'entreprise qui emploie à la fois des fonctionnaires et des agents de droit public et des salariés de droit privé, peut justifier une différence de leur « rémunération de base », entre ces catégories de personnels dont « certains éléments sont calculés, en fonction pour les premiers de règles de droit public et, pour les seconds, de dispositions conventionnelles de droit privé ». En revanche, pour un complément de rémunération fixé par une décision de l'employeur, applicable à l'ensemble du personnel, « *venant rétribuer le niveau de la fonction et la maîtrise du poste* », le principe « à travail égal, salaire égal » doit s'appliquer (Cass. Ass. plén. 27 févr. 2009, La Poste c/ M. Paolinelli, un agent contractuel de droit privé doit bénéficier du même niveau annuel du « complément Poste » qu'un fonctionnaire effectuant le même travail).

– **Avantages catégoriels.** L'exigence d'égalité de traitement est de plus en plus souvent mobilisée. Cette exigence interroge désormais fortement les différences de traitement, très françaises, entre « cadres » et « non-cadres ». « *La seule différence de catégorie professionnelle ne saurait en elle-même justifier, pour l'attribution d'un avantage, une différence de traitement entre les salariés placés dans une situation identique au regard dudit avantage, cette différence devant reposer sur des raisons objectives dont le juge doit contrôler concrètement la réalité et la pertinence* » (Soc. 1er juill. 2009, SAS DHL Express, l'accord collectif prévoyait 30 jours de congés payés pour les cadres et seulement 25 pour les non-cadres, cette différence est jugée injustifiée ; pour une application en matière d'indemnités de rupture : CA Montpellier, 4 nov. 2009, le salarié non-cadre obtient les indemnités prévues pour les cadres – CCN Caves coopératives). Les partenaires sociaux doivent donc dans les accords collectifs instituant de telles différences justifier leurs choix, par des éléments objectifs et pertinents, dans des dispositions conventionnelles explicites (des différences sont jugées justifiées : CA Angers, 8 nov. 2011).

Des salariés soumis à une même sujétion doivent bénéficier de la même contrepartie, la seule différence de catégorie professionnelle ne permettant pas de justifier d'une disparité de traitement entre des salariés placés dans une situation identique au regard de la contrainte en cause (Soc. 7 avril 2010, à propos d'une indemnité versée à des salariés devant effectuer des tâches administratives à leur domicile, mais refusée à d'autres dans le même cas ; voir déjà pour d'autres accessoires de salaire, Soc. 20 févr. 2008, tickets-restaurant accordés aux « non-cadres », mais refusés aux « cadres »).

Situation juridique différente. En revanche, dans de nombreux autres cas, la situation est regardée comme n'étant pas identique et les salariés ne peuvent bénéficier de l'égalité de rémunération.

– **Accord collectif compensant un préjudice.** La situation juridique de salariés ayant subi la dénonciation d'un accord collectif est différente de celle des nouveaux embauchés, qui ne peuvent donc prétendre aux mêmes avantages (Soc. 11 juill. 2007). La date d'embauche peut justifier une différence de traitement quand un accord collectif compense un préjudice subi par des salariés déjà présents (Soc. 16 janv. 2007), notamment en ce qui concerne une indemnité liée à la RTT (Soc. 1er déc. 2007) ou au passage d'une rémunération au pourcentage à une rémunération fixe (Soc. 31 oct. 2006). Ainsi, est justifiée une différence de traitement entre des salariés de deux centres de tri, dans l'un les salariés travaillant entièrement de nuit, dans l'autre les salariés alternant travail diurne et nocturne, les premiers subissant donc une sujétion différente justifiant une différence de traitement en matière de durée du travail (Soc. 8 juin 2011, Sté La Poste).

Un principe est posé : « *Au regard du principe à travail égal, salaire égal, la seule circonstance que les salariés aient été engagés avant ou après l'entrée en vigueur d'un accord collectif ou d'un engagement unilatéral de l'employeur, ne saurait suffire à justifier des différences de traitement entre eux, pour autant que cet accord collectif ou cet engagement unilatéral n'a pas pour objet de compenser un préjudice subi par les salariés lors de son entrée en vigueur ; tel est le cas lorsque des salariés présents lors de la dénonciation d'un accord collectif, bénéficient d'un maintien partiel de leurs avantages individuels acquis destiné à compenser la perte de rémunération subie à l'occasion du passage d'une rémunération en pourcentage à une rémunération fixe* » (Soc. 24 sept. 2008, Sté Ritz hôtel Ltd).

– **UES.** La situation est également différente au sein d'une UES, sauf en cas d'accord collectif commun ou de travail dans le même établissement (Soc. 1er juin 2005).

– **Exceptions.** Cependant, même entre des salariés effectuant un travail identique et placés dans une situation identique, l'employeur peut parfois déroger à la règle d'égalité, « *cette différence devant reposer sur des raisons objectives, dont le juge doit contrôler la réalité et la pertinence* » (Soc. 15 mai 2007). Ces raisons devraient également être « *proportionnées à l'objectif légitimement poursuivi* » (Soc. 17 avril 2008, ESRF, préc.).

D. Invention des salariés

Est obligatoire l'octroi d'une rémunération supplémentaire au salarié auteur d'une invention de service. Les conditions d'attribution de cette rémunération sont déterminées par les accords collectifs ou le contrat individuel de travail. Les conventions collectives de branche susceptibles d'extension doivent, en tant que de besoin, comporter des dispositions sur les conditions dans lesquelles la rémunération doit être accordée (Com. 18 déc. 2007 ; L. 2261-22, L. 133-5-12° f ; voir également L. 611-7 C. propriété intellectuelle).

Si l'employeur n'est pas lié par une convention collective, c'est normalement le créateur ou l'auteur salarié qui est propriétaire des droits. Le contrat de travail n'emporte pas cession automatique de ces droits à l'entreprise. Les modalités financières de la cession se posent différemment selon que la création intervient dans le cadre des fonctions du salarié ou en dehors de celles-ci. Appartient à l'employeur l'invention réalisée par le salarié dans le cadre de l'exécution de son contrat de travail qui comporte une mission inventive (Soc. 21 sept. 2011, Sté Finaxo environnement).

Les litiges portant sur cette rémunération sont soumis à la commission paritaire de conciliation siégeant auprès de l'Institut national de la propriété industrielle (INPI) et, le cas échéant, au juge (TGI ; exemple : TGI Paris, 16 juin 2009, RATP, revalorisation de la rémunération perçue au bénéfice du salarié pour une invention hors mission ; CPH ; exemple : Soc. 21 sept. 2011, préc.).

Versement et protection de la rémunération

A. Paiement de la rémunération

1. *Périodicité*

Les salaires des salariés mensualisés doivent être payés au moins une fois par mois (L. 3242-1, L. 143-2). La quasi-totalité des salariés étant mensualisés (ANI du 14 déc. 1977, loi du 19 janv. 1978), leur salaire est payé chaque mois. Un acompte correspondant, pour une quinzaine, à la moitié de la rémunération mensuelle, est versé au salarié qui en fait la demande.

Les salariés ne bénéficiant pas de la mensualisation (salariés travaillant à domicile, saisonniers, intermittents et temporaires) sont payés au moins deux fois par mois, à 16 jours au plus d'intervalle (L. 3242-3).

2. *Mensualisation*

La rémunération des salariés est mensuelle et indépendante, pour un horaire de travail déterminé, du nombre de jours travaillés dans le mois. Pour un horaire hebdomadaire déterminé, le salaire mensuel ne varie pas d'un mois à l'autre : il est forfaitaire. Le paiement mensualisé neutralise les conséquences de la répartition inégale des jours entre les douze mois de l'année. Pour un horaire équivalent à la durée légale hebdomadaire (35 heures), la rémunération mensuelle due au salarié se calcule en multipliant la rémunération horaire par les 52/12e de la durée légale hebdomadaire (L. 3242-1), 52 représentant le nombre de semaines dans l'année et 12 le nombre de mois. Sont ainsi neutralisées les conséquences de la variation du nombre de jours travaillés d'un mois à l'autre, en faveur d'une forfaitisation à 4,33 semaines. Cependant, la mensualisation n'exclut pas les divers modes de calcul du salaire aux pièces, à la prime ou au rendement (L. 3242-2).

3. *Modalités*

Le paiement doit être réalisé par chèque ou par virement à un compte bancaire ou postal, lorsque le montant du salaire excède 1 500 € par mois (L. 3241-1, L. 143-1). En dessous de ce montant, le salaire est payé en espèce au salarié qui le demande.

Lors du paiement de la rémunération, l'employeur doit remettre au salarié une pièce justificative : le bulletin de paie (L. 3243-2, L. 143-3), qui peut désormais être remis sous forme électronique avec l'accord du salarié si les conditions de remise garantissent l'intégrité des données. À défaut d'avoir remis le bulletin de paie au salarié, l'employeur doit le lui faire parvenir par tout moyen (Soc. 19 mai 1998). Toutefois, la délivrance d'un bulletin de paie n'a pas de valeur probatoire et, en cas de contestation, l'employeur doit prouver le paiement du salaire (Soc. 2 févr. 1999). De nombreuses indications doivent figurer sur le bulletin de paie (R. 3243-1, R. 143-2) :

- le nom et l'adresse de l'employeur ainsi que, le cas échéant, la désignation de l'établissement dont dépend le salarié ;
- la référence de l'organisme auquel l'employeur verse les cotisations de Sécurité sociale, le numéro sous lequel ces cotisations sont versées et, le cas échéant, le numéro de la nomenclature des activités économiques caractérisant l'activité de l'entreprise ou de l'établissement (code APE) ;
- s'il y a lieu, l'intitulé de la convention collective de branche applicable au salarié ou, à défaut, la référence au Code du travail pour les dispositions relatives à la durée des congés payés et à la durée du préavis en cas de rupture du contrat ;
- le nom et l'emploi du salarié ;
- sa position dans la classification conventionnelle (position notamment définie par le niveau ou le coefficient hiérarchique qui lui est attribué) ;
- la période et le nombre d'heures de travail auxquels se rapporte le salaire en distinguant, s'il y a lieu, les heures payées au taux normal et celles comportant une majoration pour heures supplémentaires ou pour toute autre cause (travail de nuit, du dimanche ou des jours fériés, etc.) et en mentionnant le(s) ou taux appliqué(s) aux heures correspondantes, la nature et le volume du forfait (hebdomadaire, mensuel ou annuel en heures ou en jours) ;

- l'identification de la nature de la base de calcul du salaire lorsque, par exception, cette base n'est pas la durée du travail ;
- la nature et le montant des accessoires de salaire soumis aux cotisations salariales et patronales ;
- le montant de la rémunération brute du salarié ;
- la nature et le montant de tous les ajouts et retenues réalisés sur la rémunération brute ;
- le montant de la somme effectivement reçue par le salarié ;
- la date de paiement de cette somme ;
- les dates de congé et le montant de l'indemnité correspondante, lorsqu'une période de congé annuel est comprise dans la période de paie considérée.

Le bulletin de paie ou un récapitulatif annuel remis au salarié doit mentionner la nature, le montant et le taux des cotisations et des contributions patronales d'origine législative, réglementaire ou conventionnelle assises sur la rémunération brute.

Le bulletin de paie doit comporter en caractères apparents une mention incitant le salarié à le conserver sans limitation de durée. Il ne doit comporter aucune trace de l'exercice du droit de grève ou d'une activité représentative des salariés. Dans ce dernier cas, l'employeur doit fournir une fiche annexée au bulletin de paie ayant la même valeur juridique que celui-ci et récapitulant le montant et la nature de la rémunération des heures de délégation (Soc. 18 févr. 2004).

Les mentions portées sur le bulletin de paie n'ont qu'une valeur informative et ne valent que simple présomption ; en cas de contestation, il revient à l'employeur d'apporter la preuve contraire (Soc. 7 mai 2008). Ainsi, « *la date d'ancienneté figurant dans le bulletin de paie vaut présomption de reprise d'ancienneté sauf à l'employeur à rapporter la preuve contraire* » (Soc. 21 sept. 2011).

L'employeur doit conserver pendant cinq ans (délai de prescription en matière de rémunération), un double des bulletins de paie (L. 3243-4), qui doivent pouvoir être présentés à tout moment aux agents de contrôle ; en cas de remise de bulletins de paie par voie éléctronique, l'employeur doit en conserver un double dans un coffre-fort électronique pendant la même durée.

L'acceptation sans protestation ni réserve d'un bulletin de paie par le travailleur ne peut valoir, de la part de celui-ci, renonciation au paiement de tout ou partie du salaire et des indemnités ou accessoires de salaire qui lui sont dus en vertu de la loi, du règlement, d'une convention collective ou d'un contrat (L. 3243-3, L. 143-4).

Des réclamations ultérieures du salarié sont donc toujours possibles, s'il estime avoir été lésé. Le salarié peut saisir le CPH, mais l'action en paiement du salaire se prescrit par cinq ans (L. 3245-1, L. 143-14 ; loi du 1er juin 2008 sur la prescription civile, art. 2224 C. civ.). Au-delà de cette durée, elle n'est donc plus admise. Cette règle s'applique à toutes les sommes afférentes au salaire (Soc. 13 janv. 2004) et ne court qu'à compter de la date d'exigibilité de chacune des fractions de la somme réclamée (Soc. 26 janv. 2005). Un aménagement conventionnel réduisant cette durée de cinq ans n'est pas admis.

Un bulletin de paie inexact, par exemple ne reflétant pas la réalité des heures de travail effectuées par le salarié, peut entraîner une condamnation de l'employeur au titre de travail dissimulé, mais seulement s'il est établi que l'employeur a agi intentionnellement (Soc. 4 mars 2003). L'employeur coupable de telles pratiques peut en outre être condamné à verser au salarié concerné, en cas de rupture de la relation de travail, une indemnité forfaitaire égale à six mois de salaire. Cette indemnité ne peut toutefois se cumuler avec les indemnités légales ou conventionnelles (Soc. 15 oct. 2002).

B. Protection de la rémunération

Les dispositions légales en la matière visent à protéger le salarié contre l'employeur, contre ses propres créanciers et contre les créanciers de son employeur.

1. Retenues pour compensation et absences

Il s'agit de protéger le salarié contre l'employeur. L'employeur qui a avancé une somme en espèces au salarié, peut, lorsqu'il verse le salaire, se rembourser au moyen de retenues successives dont aucune ne doit dépasser le dixième du montant du salaire (L. 3251-3, L. 144-2).

L'employeur peut avoir mis à la disposition du salarié diverses fournitures. La compensation est dans ce cas exclue (L. 3251-1), sauf lorsqu'il s'agit d'outils et d'instruments nécessaires au travail, de matières ou matériaux dont le salarié a la charge et l'usage ou de sommes avancées pour l'acquisition de ces objets (L. 3251-2, L. 144-1) ; mais même dans ce cas, la responsabilité pécuniaire du salarié à l'égard de son employeur ne peut résulter que de sa faute lourde (Soc. 20 avril 2005). Les retenues sur salaire pour erreur constituent des sanctions pécuniaires illégales.

Ces dispositions n'excluent pas le versement d'acomptes sur le salaire du mois en cours, par définition récupérables (L. 3251-3). Elles ne concernent pas non plus les retenues concernant la protection sociale (Soc. 25 févr. 1997), ni les retenues pour absence du salarié.

Il est interdit à l'employeur, sous réserve des dispositions de l'article 1382 du Code civil, d'imposer aux salariés des versements d'argent ou d'opérer des retenues d'argent sous la dénomination de frais ou sous toute autre dénomination pour quelque objet que ce soit, à l'occasion de l'exercice normal de leur travail dans plusieurs secteurs (hôtels, cafés, restaurants ; entreprises de spectacles, cercles et casinos ; entreprises de transport ; L. 3251-4).

Les frais professionnels engagés par le salarié sont supportés par l'employeur ; la clause du contrat qui met à la charge du salarié les frais engagés par lui pour les besoins de son activité professionnelle est réputée non écrite (Soc. 25 mars 2010, Sté Nch France).

En cas d'absence, la retenue opérée doit être égale, pour chaque heure d'absence, au quotient du salaire mensuel par le nombre d'heures de travail réel, dans l'entreprise, pour le mois considéré (exemple : pour un salaire de 1 500 € brut mensuel, le nombre d'heures réellement effectué étant de 154 heures au cours du mois concerné, pour une durée d'absence de trois heures au cours de ce mois, le montant de la retenue = 1 500 €/154 heures x 3). Pour une même durée d'absence, le montant de la retenue peut être différent d'un mois sur l'autre (l'employeur ne doit pas effectuer de retenue forfaitaire en se basant sur la durée du travail mensualisée, par exemple sur 151,67 heures pour un temps complet à 35 heures hebdomadaires).

2. *Saisies et cessions*

Il s'agit de protéger le salarié contre ses propres créanciers. Le créancier d'un salarié peut engager devant le TI une procédure de saisie-arrêt des salaires du débiteur. Si le juge autorise la saisie-arrêt, l'employeur sera tenu de prélever sur le salaire du débiteur le montant des sommes retenues et de les adresser au greffe du tribunal. Les dispositions de la loi visent à empêcher que le salarié ne se trouve complètement démuni et à préserver une fraction insaisissable. Des dispositions identiques existent en cas de cession par le salarié, à un de ses créanciers, de cette créance que représente le salaire.

Seule une fraction du salaire est saisissable ou cessible. Cette fraction est calculée à partir du salaire annuel net, divisé en tranches. Les taux applicables à chaque tranche de rémunération (y compris les accessoires et avantages en nature, après déduction des cotisations et contributions sociales obligatoires, L. 3252-1 et s., L. 145-2, R. 3252-1 et s., R. 145-2 ; décret du 20 déc. 2011) sont les suivants :

< 3 590 € par an	1/20
> 3 590 – < 7 030 € par an	1/10
> 7 030 – < 10 510 € par an	1/5
> 10 510 – < 13 950 € par an	1/4
> 13 950 – < 17 410 € par an	1/3
> 17 410 – < 20 910 € par an	2/3
> 20 910 € par an	la totalité

Chacune de ces tranches est majorée en cas de personnes à charge (1 360 € par personne). Les pensions alimentaires, fixées par le juge, peuvent être prélevées pour le mois en cours sur la partie insaisissable du salaire. Toutefois, une somme égale au montant mensuel du RSA de base (allocataire seul) doit rester absolument insaisissable (474,93 €) ; le titulaire d'un compte bancaire faisant l'objet d'une saisie conserve de plein droit à disposition une somme égale au montant précité du RSA (Loi du 13 déc. 2011, L. 3252-3).

3. *Sauvegarde, redressement judiciaire ou liquidation*

Il s'agit de protéger le salarié contre les créanciers de son employeur.

Un super-privilège fait passer les salariés avant tous les autres créanciers. Il couvre (L. 3253-8) les rémunérations de toute nature, dues aux salariés et apprentis, pour les 60 derniers jours de travail ou d'apprentissage. Les rémunérations visées comprennent, dans la limite d'un plafond égal à deux fois le plafond retenu par mois pour le calcul des cotisations de Sécurité sociale (L. 3253-2, L. 143-10), les salaires et les accessoires de salaires et l'indemnité compensatrice du préavis. L'indemnité de congés payés est également couverte dans la limite du même plafond mensuel (L. 3253-4, L. 143-11). Les rémunérations, déterminées dans ces conditions, doivent être versées par l'administrateur, mais elles pourront ne couvrir qu'une partie des sommes dues à chaque salarié (elles ne concernent que les 60 derniers jours et sont plafonnées). De plus, l'administrateur ne trouvera pas nécessairement dans l'entreprise les fonds nécessaires à ce paiement. L'assurance de garantie des salaires (AGS) (L. 3253-6, L. 143-11-1), qui est gérée par les Assédic, couvre les sommes dues aux salariés à la date du jugement d'ouverture et aussi dans diverses circonstances assimilées. S'il s'agit de l'indemnisation du licenciement résultant de dispositions conventionnelles, celles-ci ne sont prises en compte que si elles sont antérieures d'au moins 18 mois à la date du jugement d'ouverture. Les créances résultant de la rupture du contrat de travail sont constituées notamment par les salaires, indemnités de licenciement, de congés payés, et indemnités propres aux CDD et aux contrats de travail temporaire, auxquelles s'ajoutent les sommes dues au titre de la participation et de l'intéressement, ainsi que d'une transaction (Soc. 3 avril 2001), bien qu'elles ne soient pas des salaires.

Les sommes versées par l'AGS à un salarié ne peuvent toutefois dépasser, toutes créances confondues, un montant maximum (L. 3253-17, D. 3253-5, L. 143-11-8), selon trois plafonds différents :

- le plafond normal est fixé à six fois le plafond mensuel pour le calcul des contributions au régime d'assurance chômage.
- ce montant est fixé à cinq fois ce plafond lorsque le contrat de travail dont résulte la créance a été conclu moins de deux ans et six mois au moins avant la date du jugement d'ouverture de la procédure collective.
- le montant est fixé à quatre fois ce plafond si le contrat a été conclu moins de six mois avant la date du jugement d'ouverture.

Ces éléments s'apprécient à la date à laquelle est due la créance du salarié et, au plus tard, à la date du jugement arrêtant le plan ou prononçant la liquidation.

Si l'administrateur ne trouve pas dans l'entreprise les fonds nécessaires pour payer les créances couvertes par le super-privilège, elles seront payées par l'Assédic dans les 15 jours suivant le jugement déclaratif. Les autres sommes dues aux salariés leur seront payées dans les trois mois suivant le jugement déclaratif, dans la limite du plafond précité.

Si les fonds deviennent ultérieurement disponibles, du fait de la liquidation des biens, ils serviront au remboursement des Assédic qui sont subrogées dans les droits des salariés. L'AGS verse les sommes dues au représentant des salariés, qui les reverse immédiatement aux salariés intéressés.

Désormais, en cas de liquidation judiciaire, une période de garantie des créances salariales d'une durée de 15 jours est prévue à l'issue de la période de maintien provisoire d'activité, lorsque celle-ci n'a pas abouti à l'arrêté d'un plan de cession (L. 3253-8, ordonnance du 18 déc. 2008).

Tout employeur ayant la qualité de commerçant, d'artisan ou de personne morale de droit privé occupant un ou plusieurs salariés, doit adhérer à l'AGS (L. 3253-6, L. 143-11-1). La cotisation, exclusivement à la charge de l'employeur, a été fixée depuis le 1er juillet 2006 à 0,15 % du salaire dans la limite de quatre fois le plafond de la Sécurité sociale, soit le même que pour l'assurance chômage.

Le salarié est également protégé contre l'insolvabilité de son employeur établi dans un autre État de l'UE (directive « codifiée » du 22 oct. 2008 relative à la protection des travailleurs salariés en cas d'insolvabilité de l'employeur ; directive du 23 sept. 2002, loi du 30 janv. 2008, L. 3253-18-1 ; Règlement CE n° 1346/2000 du 29 mai 2000, Soc. 14 oct. 2009, M. Sissoko et a. c/ Sté Isotech GMBH et a.).

Dividende du travail : intéressement, participation et épargne salariale

Ces dispositions visent à permettre aux salariés de participer financièrement aux bénéfices réalisés par l'entreprise ; ce sont des éléments de motivation et de fidélisation des salariés. Ils bénéficient d'un régime social (cotisations) et fiscal avantageux. Les sommes perçues ne constituent pas une rémunération et ne peuvent pas s'y substituer.

L'UT (DIRECCTE) dispose d'un délai de quatre mois, à compter du dépôt d'un accord d'intéressement ou de participation ou d'un règlement d'un plan d'épargne salarial pour demander, après consultation de l'Urssaf, le retrait ou la modification de dispositions illicites (L. 444-11).

Tout salarié reçoit, lors de la conclusion de son contrat de travail, un livret d'épargne salarial présentant l'ensemble des dispositifs proposés par l'entreprise (L. 444-5-I).

A. Intéressement

L'intéressement, institué par une ordonnance de 1959, est facultatif. Il a pour objet d'associer les salariés aux résultats ou aux performances de l'entreprise. Il présente un caractère aléatoire et résulte d'une formule de calcul liée à ces résultats ou performances (L. 3312-1).

1. *Mise en place*

Toute entreprise, quel que soit son effectif, satisfaisant aux obligations en matière de représentation du personnel peut mettre en place, par accord, un intéressement collectif des salariés (L. 3312-2), quels que soient son effectif, la nature de son activité et sa forme juridique.

Un « intéressement de projet » est possible pour les salariés d'entreprises juridiquement distinctes, mais associées dans un projet commun.

Les sommes distribuées, en application de l'accord d'intéressement, n'ont pas le caractère de rémunération et ne peuvent se substituer à aucun des éléments de rémunération (L. 3312-4), en vigueur ou qui deviendraient obligatoires. Bien que ce principe ait été assoupli, il reste fermement contrôlé par les juges et toute substitution, même partielle, entraîne l'intégration des primes d'intéressement, pour leur totalité, dans l'assiette des cotisations (Soc. 21 mars 1996).

2. *Contenu et régime des accords*

Les accords d'intéressement sont conclus par accord collectif, par accord au sein du CE ou par ratification du personnel d'un projet proposé par l'employeur (L. 3312-5).

L'accord institue un système d'information du personnel et de vérification de ses modalités d'exécution. Il doit indiquer les motifs et les raisons des choix des modalités de l'intéressement, en préambule, puis (L. 3313-1 et L. 3313-2, L. 441-3) :

- la période pour laquelle il est conclu (obligatoirement trois ans de date à date) ;
- les établissements concernés (l'accord peut couvrir l'ensemble des établissements d'une entreprise ou certains d'entre eux) ;
- les modalités d'intéressement retenues ;
- les modalités de calcul de l'intéressement et les critères de répartition de ses produits ;
- les dates de versement ;
- les conditions dans lesquelles le CE ou une commission spécialisée créée par lui ou, à défaut, les DP, dispose(nt) des moyens d'information nécessaires sur les conditions d'application des clauses du contrat ;
- les procédures de règlement des conflits pouvant naître de l'application ou de la révision de l'accord.

L'accord doit être déposé à l'UT (DIRECCTE) (condition indispensable à l'ouverture du droit aux exonérations, Soc. 24 nov. 1994).

3. *Calcul, répartition et distribution*

L'accord doit préciser la formule permettant de calculer chaque année (ou plus fréquemment si l'accord le prévoit) la somme globale à distribuer. Cette formule est liée aux résultats ou aux performances de l'entrerpise (L. 3314-2). La façon d'évaluer les résultats ou les performances n'est pas imposée et les entreprises peuvent choisir les paramètres qui leur semblent le mieux convenir, par exemple des critères tenant à l'amélioration de la sécurité dans l'entreprise (Soc. 24 sept. 2002). Des modalités particulières sont fixées par la loi pour les sociétés holdings.

Souvent, des formules complexes sont retenues. Le principe est que l'intéressement doit avoir un caractère aléatoire, ce que ne respecte pas l'accord qui fixe un montant minimum annuel (Soc. 26 nov. 1998). Ce caractère aléatoire conditionne les exonérations sociales et fiscales, que l'accord soit conclu au sein d'une entreprise ou d'un groupe de sociétés établies en France ou dans plusieurs États membres de l'UE (L. 3315-4, L. 441-2).

La répartition de l'intéressement peut être uniforme (versement de sommes égales pour tous), proportionnelle à la durée de présence dans l'entreprise au cours de l'exercice (mais ne peut être minorée de façon forfaitaire par jour d'absence, Soc. 9 mai 1996) ou proportionnelle aux salaires. L'accord peut cependant prévoir des modalités de répartition différentes selon les unités de travail. Mais il ne peut dépendre, pour chaque salarié, de ses performances individuelles (Soc. 9 mai 1996).

Tous les salariés de l'entreprise ont vocation à bénéficier de ces versements, aucune catégorie ne devant être exclue. Toutefois, une ancienneté qui ne peut excéder trois mois dans l'entreprise peut être exigée. Les salariés licenciés pour faute grave ou lourde ne peuvent être exclus de l'intéressement (Soc. 9 mai 1996).

Le montant global des primes distribuées ne doit pas dépasser annuellement 20 % du total des salaires bruts versés aux personnels concernés. Le montant des primes distribuées à un salarié ne peut excéder la moitié du montant du plafond annuel des cotisations de Sécurité sociale (L. 3314-8).

Le conseil d'administration ou le directoire peut décider de verser, dans certaines conditions, un supplément d'intéressement collectif au titre de l'exercice clos (L. 3314-10, L. 444-12). En l'absence de ces instances, le chef d'entreprise peut décider de ce versement.

4. *Régime social et fiscal*

Les salariés bénéficiaires disposent des sommes qui leur reviennent aussitôt que leur montant a été calculé. Ils peuvent les affecter, totalement ou partiellement, à un PEE, pour bénéficier d'une exonération d'impôt sur le revenu (L. 3315-2), les sommes attribuées étant exonérées des cotisations sociales.

Pour l'entreprise, le montant des sommes attribuées aux salariés est déductible de l'assiette de l'impôt sur les sociétés, est exonéré de taxes (salaires, apprentissage) et bénéficie d'exonération des cotisations sociales (L. 3315-1).

B. Participation aux résultats de l'entreprise

La participation a un double objet : instituer en faveur des salariés un droit sur les bénéfices de l'entreprise et inciter les employeurs à développer les investissements (par autofinancement).

La participation n'a pas le régime juridique du salaire ; il est en outre interdit de la substituer à un élément quelconque du salaire (Soc. 17 févr. 2004).

1. *Champ d'application et mise en place*

Toute entreprise ou UES employant habituellement au moins 50 salariés, quelles que soient la nature de son activité et sa forme juridique, doit garantir à ses salariés la participation aux résultats de l'entreprise (L. 3322-1). Si une entreprise, ayant conclu un accord d'intéressement, vient à employer au moins 50 salariés, l'obligation de conclure un accord de participation ne s'applique qu'à la date d'expiration de l'accord d'intéressement (L. 3322-3, L. 442-1).

Les entreprises qui ne sont pas tenues de mettre en application un régime de participation peuvent se soumettre volontairement aux dispositions de la loi (L. 3323-6) ou appliquer un accord de branche (L. 3322-9).

Des accords de groupes constitués par des entreprises juridiquement indépendantes, mais ayant établi entre elles des liens financiers et économiques, sont possibles (L. 3322-7, L. 444-3).

2. *Contenu et régime des accords*

Les accords de participation peuvent être conclus, de manière classique ou dérogatoire (L. 3322-6, L. 442-10) :

- par une convention ou un accord collectif de travail ;
- par accord entre l'employeur et les représentants d'organisations syndicales représentatives dans l'entreprise ;
- par accord conclu au sein du CE ;
- à la suite de la ratification, à la majorité des deux tiers du personnel, d'un projet de contrat proposé par l'employeur.

Pour ce dernier point, s'il existe dans l'entreprise une ou plusieurs organisations syndicales représentatives ou un CE, la ratification doit être demandée conjointement par l'employeur et une ou plusieurs de ces organisations ou ce comité.

La négociation au sein du CE a été jusqu'ici la modalité la plus répandue.

L'accord détermine (L. 3323-1, L. 442-5) d'une part les modalités de calcul et de gestion de la réserve de participation et de détermination des droits individuels des salariés ; d'autre part les conditions dans lesquelles les salariés seront informés de l'application de la participation.

L'accord doit être déposé à l'UT (DIRECCTE) du lieu de sa conclusion.

L'absence d'accord est constatée par l'Inspection du travail et entraîne l'application du régime subsidiaire de droit commun (L. 3323-5, ce régime légal de base de la participation s'appliquant faute d'accord d'entreprise ou de branche).

3. *Calcul et gestion de la participation*

L'entreprise qui réalise un bénéfice fiscal est tenue de mettre en réserve, chaque année, une certaine somme, calculée à partir de ce bénéfice et appelée « réserve spéciale de participation » (L. 3324-1). Plusieurs opérations sont appliquées (droit fiscal) : déduction d'une provision pour investissement, paiement de l'impôt (bénéfice net fiscal, B), rémunération des capitaux propres (à 5 %, C), modulation en fonction de la valeur ajoutée (VA), la dotation affectée à la réserve étant égale à la moitié de la somme obtenue (1/2 (B – 5 % C) (S/VA). Le montant du bénéfice net et celui des capitaux propres de l'entreprise sont établis par une attestation de l'inspecteur des impôts ou du commissaire aux comptes (L. 3326-1). L'employeur doit, dans les six mois de la clôture des comptes, présenter au CE un rapport sur la RSP (D. 3323-14) ; l'expert désigné par le CE est rémunéré par l'employeur (Soc. 28 janv. 2009).

Le conseil d'administration ou le directoire peut décider de verser, dans certaines conditions, un supplément de réserve spéciale de participation au titre de l'exercice clos (L. 3324-9, L. 444-12). En l'absence de ces instances, le chef d'entreprise peut décider de ce versement. Les principes de la participation (caractères aléatoire et contractuel) s'en trouvent assouplis, voire perturbés.

L'ensemble des dispositions légales et réglementaires relatives à la participation obligatoire sont d'ordre public absolu. Il ne peut y être dérogé qu'avec l'autorisation expresse de la loi (Soc. 23 mai 2007).

Tous les salariés de l'entreprise doivent bénéficier de la réserve spéciale de participation. Les accords peuvent prévoir que la répartition entre les salariés soit proportionnelle aux salaires, uniforme ou proportionnelle à la durée de présence dans l'entreprise au cours de l'exercice, ou retenir conjointement plusieurs de ces critères (L. 3324-5, L. 442-4). En tout état de cause, les salaires ne sont retenus que dans la limite d'un montant maximum librement fixé par l'accord, mais qui ne peut être supérieur à quatre fois le plafond annuel de la Sécurité sociale. Un plancher peut également être fixé dans l'accord. Le montant des droits susceptibles d'être attribués à un salarié ne peut, pour un même exercice, excéder une somme égale à la moitié du plafond annuel de la Sécurité sociale.

Cette somme est répartie entre les membres du personnel, mais aucun d'entre eux ne touche immédiatement sa part individuelle. Les droits sur la réserve de participation ne sont négociables ou exigibles qu'à l'expiration d'un délai de cinq ans à compter de l'ouverture de ces droits (L. 3324-10), sauf exceptions : mariage du salarié, conclusion d'un Pacs, cessation du contrat de travail, mise à la retraite, invalidité ou décès, naissance ou adoption lorsqu'il y a déjà au moins deux enfants, acquisition ou agrandissement de la résidence principale, création ou reprise d'une entreprise, surendettement du salarié constaté judiciairement.

La réserve reste donc à la disposition de l'entreprise qui peut l'utiliser à des investissements et y est encouragée par diverses dispositions fiscales. Plusieurs possibilités sont prévues :

- distribution d'actions aux salariés ;
- affectation à un plan d'épargne d'entreprise ;
- versement à des organismes de placement extérieurs à l'entreprise ;
- faute d'accord, les sommes sont versées sur un compte courant.

À compter du 1er mai 2009, les salariés peuvent opter pour la disponibilité immédiate de leurs primes de participation (les avantages fiscaux ne seront pas maintenus dans ce cas ; décret du 30 mars 2009).

4. *Régime social et fiscal*

Le salarié, à l'expiration du délai de blocage de ses droits, peut exiger la somme qui lui est due. Cette somme n'est pas soumise à l'impôt sur le revenu (L. 3325-2), non plus que les intérêts touchés chaque année (à condition toutefois que ces intérêts soient réemployés de la même façon et restent indisponibles pendant la même période). Cette exonération porte seulement sur la moitié des sommes en cause lorsque la durée d'indisponibilité a été fixée à trois ans (L. 442-8).

Lors de toute répartition de réserve, chaque bénéficiaire doit recevoir une fiche indiquant :

- le montant global de la réserve de participation pour l'exercice écoulé ;
- le montant des droits attribués à l'intéressé ;
- s'il y a lieu, l'organisme auquel est confiée la gestion de ses droits ;
- la date à partir de laquelle ces droits seront négociables ou exigibles ;
- les cas dans lesquels ils pourront être exceptionnellement liquidés ou transférés avant l'expiration de ce délai.

Cet argent peut revenir moins cher à l'entreprise que si elle devait emprunter sur le marché financier. En outre, les sommes portées à la réserve spéciale de participation sont déductibles des bénéfices imposables de l'entreprise (L. 3325-1), déduction qui est opérée sur les résultats de l'exercice suivant. L'entreprise peut également constituer, en franchise d'impôt, une provision pour investissements (PPI, L. 3325-3), dans la limite de la moitié de la réserve de participation. Le système comporte donc des avantages fiscaux pour les entreprises qui se trouvent incitées à investir. Le Trésor public supporte ainsi une part du coût de la participation.

C. Épargne salariale

L'épargne salariale, la « participation au capital », s'organise par le biais de l'actionnariat et dans le cadre de plans.

1. *Actionnariat des salariés*

Avec l'actionnariat salarié, les salariés deviennent actionnaires de leur entreprise, à titre individuel, mais également collectif, et ce de manière préférentielle. Cet « actionnariat populaire » peut prendre plusieurs formes :

- attribution gratuite d'actions au personnel de l'entreprise (vote favorable de l'assemblée générale, limite de 10 % du capital social, régime fiscal favorable – L. 225-197-1 C. commerce) ;
- acquisition d'actions, à des conditions avantageuses, lors de privatisations d'entreprises ou de reprises d'entreprises en difficulté ;
- offre d'attribution d'actions aux salariés lors de toute décision d'augmentation du capital d'une société ;
- options de souscription d'actions (ou *stock-options*) surtout utilisées pour des mandataires sociaux et des cadres dirigeants d'entreprise (L. 225-186-1 C. commerce).

2. *Plans d'épargne salariale*

Plan d'épargne entreprise (PEE)

Toutes les entreprises peuvent adopter un plan d'épargne, quelle que soit leur taille, la nature de leur activité ou leur forme juridique.

Le plan peut être établi à l'initiative du chef d'entreprise ou en vertu d'un accord avec le personnel. La loi donne la priorité à la négociation d'un accord lorsque l'entreprise comporte au moins un délégué syndical ou un CE (L. 443-1). Par ailleurs, dans les entreprises dépourvues de délégué syndical où sont présents un ou des délégués du personnel et où aucun accord d'intéressement ou de participation n'est en vigueur, l'employeur doit proposer, tous les trois ans, un examen des conditions dans lesquelles pourraient être mis en œuvre un ou plusieurs dispositifs d'épargne salariale (L. 444-8). Le PEE peut devenir le cadre privilégié de l'actionnariat des salariés.

Tous les salariés de l'entreprise peuvent participer au PEE (une durée minimum d'ancienneté au cours de l'exercice, qui ne peut excéder trois mois, peut être exigée). Dans les PME ayant au maximum 100 salariés, les chefs d'entreprise et dirigeants peuvent également y participer. Les versements annuels d'un salarié ne peuvent dépasser un quart de sa rémunération annuelle.

Les salariés peuvent verser sur le PEE les sommes distribuées au titre de la participation (soit directement lors de la répartition de la réserve spéciale de participation, soit à l'expiration de la période d'indisponibilité) et de l'intéressement. À cela s'ajoutent les sommes versées par l'entreprise. La loi fixe la limite maximale de cet « abondement », par an et par salarié, à 8 % du montant annuel du plafond de Sécurité sociale, sans pouvoir excéder le triple de la contribution du bénéficiaire, augmenté de 80 % au maximum si le salarié a consacré cette somme à l'acquisition d'actions émises par l'entreprise.

Les sommes versées dans le PEE sont indisponibles pendant cinq ans (avec les mêmes exceptions que pour la participation aux résultats). Comme dans le cas de la participation, certains avantages fiscaux sont prévus en faveur de l'entreprise (exonération de l'impôt sur les sociétés, de la taxe sur les salaires et des charges sociales) et des salariés (exonération, dans les limites d'un plafond, de l'impôt sur le revenu). En cas de changement d'employeur, le salarié peut transférer les sommes détenues dans un plan d'épargne à celui de son nouvel employeur (L. 442-5).

Plan d'épargne interentreprises (PEI)

Son régime est proche de celui des PEE (L. 3333-1 et s.). Plusieurs petites entreprises peuvent instituer des PEI. Un accord collectif de branche ou interentreprises est nécessaire.

Plan d'épargne pour la retraite collectif (PERCO)

Il est destiné à la gestion d'une épargne longue au bénéfice des salariés partant en retraite (L. 3334-1 et s.). Il peut être alimenté par des sommes issues de l'intéressement, de la participation et notamment par des abondements de l'entreprise ainsi que par les droits inscrits à un compte épargne temps. Les sommes inscrites sont en règle générale bloquées jusqu'au départ en retraite des intéressés (complément de retraite).

Comité intersyndical de l'épargne salariale (CIES)

Créé par les confédérations syndicales de salariés (à l'exception de FO), il attribue un « label » aux fonds gestionnaires de l'épargne salariale « socialement responsables ».

PARTIE 4

RELATIONS COLLECTIVES DE TRAVAIL

La législation organise les relations collectives de travail. Par relations collectives de travail, il faut entendre les relations qui mettent en présence, non plus l'employeur et le salarié en tant qu'individus, mais l'employeur ou des organisations d'employeurs et de salariés en tant que collectifs (organisés en syndicats, représentés par des élus du personnel, réunis en groupes d'expression, etc.).

La loi détermine les conditions dans lesquelles les syndicats peuvent être créés et définit leurs attributions, en reconnaissant des prérogatives aux syndicats « représentatifs ». Elle cherche à assurer la liberté pour chacun d'adhérer au syndicat de son choix. La loi reconnaît certains droits aux syndicats représentatifs dans l'entreprise. Ils peuvent rassembler leurs adhérents dans une section syndicale, à laquelle sont rattachées un certain nombre de prérogatives, désigner des délégués et exercer une influence au sein de l'entreprise. Ainsi, le droit façonne le mouvement syndical et celui-ci cherche à modifier le droit en vigueur. Nouvel exemple de ce double mouvement, la loi du 20 août 2008 « démocratie sociale » modifie sensiblement les règles applicables (chapitre 17).

Les organisations d'employeurs et les organisations syndicales de salariés au niveau national interprofessionnel et dans chaque branche d'activité négocient et concluent des conventions collectives, une des sources essentielles du droit du travail. Au niveau de l'entreprise, l'employeur, dans les entreprises « organisées » (dotées d'une ou plusieurs sections syndicales), doit négocier sur de nombreux thèmes (salaires effectifs, organisation et durée du temps de travail, égalité professionnelle, etc.) avec les syndicats de l'entreprise.

La législation organise partiellement la négociation collective de branche, d'entreprise et de groupe, en déterminant les acteurs, la matière et les modalités de la négociation, ainsi que les effets de l'accord une fois conclu (chapitre 18).

Dès que l'effectif de l'entreprise dépasse certains seuils, les salariés peuvent élire des IRP. Le système de représentation du personnel, tel qu'il est organisé par la législation française, est complexe.

Les délégués du personnel voient leurs missions traditionnelles renouvelées (chapitre 19). Le CE, s'il conserve un rôle essentiellement consultatif, voit ses attributions régulièrement étendues dans les domaines économiques et professionnels (chapitre 20). Ces structures essaient de s'adapter à l'évolution de l'organisation des entreprises (comités d'établissement ; comité de groupe ; comité d'entreprise européen ; comité de la société européenne).

Le CHSCT devient une institution essentielle pour la santé des travailleurs (chapitre 21). Le droit a été reconnu aux salariés eux-mêmes de s'exprimer sur leurs conditions de travail, de disposer d'une possibilité d'influence sur leur environnement immédiat et sur l'organisation de leur travail (ce droit aujourd'hui en sommeil mériterait d'être réactivé au regard de l'évolution du travail). Les CHSCT et l'expression des salariés consacrent une conception extensive des conditions de travail.

Les représentants des travailleurs, représentants élus du personnel et représentants syndicaux, bénéficient d'un statut protecteur particulier, notamment contre le licenciement (chapitre 22).

Les relations collectives de travail peuvent prendre la forme de conflits collectifs. La législation et surtout la jurisprudence déterminent le régime juridique de la grève (chapitre 23).

Chapitre XVII

Droit syndical

La loi fixe le statut juridique des syndicats, mais pas leur organisation ni leur mode de fonctionnement. Sont ainsi définis leur objet, leurs modalités de création, le régime de la liberté syndicale, leur capacité civile, avec leurs moyens d'action notamment en justice, des prérogatives étant réservées aux organisations syndicales les plus représentatives.

Statut du syndicat

A. Objet

1. *Principes*

Les syndicats professionnels ont exclusivement pour objet l'étude et la défense des droits ainsi que des intérêts matériels et moraux, tant collectifs qu'individuels, des personnes mentionnées dans leurs statuts (L. 2131-1, L. 411-1). Le syndicat, qu'il s'agisse d'un syndicat de salariés ou d'employeurs, existe donc uniquement en vue de la défense de ces droits et de ces intérêts (la violation de ces règles est sanctionnée pénalement, L. 2135-1). C'est le principe de spécialité.

Toute activité commerciale lui est interdite.

Les syndicats ne devraient pas non plus avoir d'activité politique, mais la défense des droits et des intérêts professionnels les conduit souvent à prendre position à l'égard de partis politiques ou de décisions gouvernementales.

L'effet pratique du texte précité est de permettre, par exemple, de dire qu'une organisation (exemple : Force nationale Transports en commun) ne peut être reconnue comme syndicat professionnel car ne pouvant apporter aucune preuve de son indépendance à l'égard d'un parti politique (par exemple le Front National). C'est ce principe qui a été appliqué pour juger illégaux FN-police et FN-pénitentiaire (« *un syndicat… ne peut poursuivre des objectifs essentiellement politiques ni agir contrairement aux règles de non-discrimination* », Ch. mixte 10 avril 1998). C'est également sur cet article que s'est fondée la jurisprudence pour interdire les communications à caractère exclusivement politique affichées dans l'entreprise par les délégués du personnel ou les délégués syndicaux.

2. Financement

La faiblesse des effectifs syndicaux ne permet pas le financement par le seul canal des cotisations. D'autres sources ont donc été mises en place.

Au niveau territorial interprofessionnel, il est désormais admis que les communes, les départements et les régions puissent attribuer des subventions de fonctionnement aux structures locales des organisations syndicales (L. 2251-3-1, L. 3231-3-1 et L. 4253-5 du Code général des collectivités territoriales, loi de modernisation sociale du 17 janv. 2002).

Au niveau national, il existe aussi d'autres formes indirectes de financement des syndicats, par exemple pour leurs actions de formation économique et sociale ou au bénéfice des conseillers prud'hommes.

Au niveau des branches professionnelles, l'« affaire de l'UIMM », depuis l'automne 2007, concernant les sources de financement en amont et en aval de l'organisation patronale de la métallurgie, confirme la nécessité d'une réforme du financement des organisations d'employeurs et des organisations syndicales de salariés. Le financement des syndicats par le biais de détachements fictifs de syndicalistes constitue un abus de bien sociaux dont sont pénalement responsables les dirigeants de l'entreprise (C. com., art. L. 242-6-3 ; Crim. 14 nov. 2007).

Un accord interprofessionnel du 12 décembre 2001 relatif au développement du dialogue social dans le secteur des métiers signé par l'UPA et les cinq organisations syndicales de salariés (étendu le 25 avril 2002) a été contesté en justice sans succès par le Medef, la CGPME, l'UIMM et la FFB (CE 30 juin 2003, Soc. 4 décembre 2007). Le Medef et la CGPME sont ainsi définitivement désavoués et ne peuvent se prévaloir d'aucune représentativité sur le champ de l'artisanat. À la différence des grandes entreprises, les entreprises artisanales ne peuvent organiser de négociation en interne ni conclure d'accords d'entreprises, du fait de leurs effectifs. Au niveau de la branche de l'artisanat dans le bâtiment, un accord a été conclu entre l'organisation d'employeurs (CAPEB) et toutes les organisations syndicales de salariés, le 25 janv. 1994, prévoyant notamment le financement du dialogue social. Un avenant du 20 octobre 2003 organise une répartition différente de la quote-part de la contribution des entreprises suivant les organisations (3/13e pour la CGT, la CFDT et FO, mais 2/13e pour la CFTC et la CGC). Cet avenant a été attaqué par les deux dernières organisations. Cet accord innovant est jugé licite : « *La différence de traitement est justifiée par des raisons objectives matériellement vérifiables liées à l'influence de chaque syndicat dans le champ de l'accord* » (Soc. 10 oct. 2007). Cet accord est étendu (arrêté du 24 oct. 2008 ; un second accord du 24 avril 2003 concernant les métiers de service et production de 25 secteurs est également étendu ; un troisième arrêté d'extension concerne le secteur de l'entretien des textiles).

Au niveau de l'entreprise, le mode de financement classique des syndicats reste la collecte des cotisations des syndiqués. Cependant, le financement des syndicats par l'employeur est également admis. Mais le principe d'égalité, de valeur constitutionnelle, ne permet pas à un employeur de subventionner un syndicat représentatif et non un autre, selon qu'il a signé ou non une convention ou un accord collectif (Soc. 29 mai 2001).

Devant le phénomène de désyndicalisation en France, entraînant une diminution des cotisations, quelques employeurs qui souhaitent conserver des interlocuteurs – souvent indispensables à la mise en place négociée de certaines dispositions (temps de travail, etc.) – proposent un financement des syndicats, notamment sous la formule dite du chèque syndical – formule lancée par AXA en 1990 et consistant à donner à chaque salarié un chèque annuel représentant une certaine somme que celui-ci remet, s'il le souhaite, au syndicat de son choix, lequel se le fait payer par l'employeur.

Certains syndicats sont hostiles à cette formule qu'ils considèrent comme démobilisatrice. D'autres entreprises utilisent des formules plus classiques de financement, souvent proportionnelles au nombre de voix et/ou d'élus lors des élections des représentants du personnel.

En application de la Position commune du 9 avril 2008, la loi « démocratie sociale » du 20 août 2008 prévoit que les syndicats professionnels et leurs unions et les associations de salariés ou d'employeurs régies par la loi du 1er juillet 1901 (Association) sont tenus d'établir des comptes annuels, à compter de l'exercice comptable 2009 (L. 2135-1). Les comptes sont arrêtés par l'organe chargé de la direction et approuvés par l'assemblée générale des adhérents ou par un organe collégial de contrôle désigné par les statuts (L. 2135-4). Les syndicats professionnels, unions et associations, de salariés ou d'employeurs, tenus d'établir des comptes, assurent la publicité de leurs comptes (L. 2135-5). Les syndicats professionnels, unions et associations d'employeurs ou de salariés dont les ressources dépassent un seuil réglementaire sont tenus de nommer au moins un commissaire aux comptes (L. 2135-6).

Une convention collective ou un accord collectif de branche étendu ou un accord d'entreprise détermine les conditions dans lesquelles il peut être procédé à une mise à disposition de salariés auprès d'organisations syndicales ou d'associations d'employeurs (L. 2135-8). Avec son accord exprès et dans les conditions prévues par l'accord collectif, un salarié peut être mis à disposition d'une organisation syndicale de salariés ou d'une association d'employeurs. Pendant cette mise à disposition, les obligations de l'employeur à l'égard du salarié sont maintenues. Le salarié, à l'expiration de sa mise à disposition, retrouve son précédent emploi ou un emploi similaire assorti d'une rémunération au moins équivalente (L. 2135-7). La négociation annuelle donne lieu à une information par l'employeur sur les mises à disposition de salariés auprès des organisations syndicales ou des associations d'employeurs (L. 2242-9-1).

B. Création

1. *Constitution*

Les syndicats peuvent se constituer librement (L. 2131-2, L. 411-2). C'est l'aspect collectif de la liberté syndicale. Aucune autorisation administrative, aucun agrément n'est requis. En outre, les formalités à remplir sont réduites au minimum. Les fondateurs de tout syndicat professionnel doivent déposer les statuts et les noms de ceux qui, à un titre quelconque, sont chargés de l'administration ou de la direction (L. 2131-3, L. 411-3). Ce dépôt doit avoir lieu à la mairie de la localité où le syndicat est établi (R. 2131-1, R. 411-1 ; le renouvellement des statuts en cas de changement de la direction constitue une formalité dont l'absence n'a pas d'influence sur la recevabilité d'une action intentée par le syndicat – Soc. 11 mai 2004 ; « *peu importe que (les formalités de dépôt) aient été accomplies à l'occasion d'une modification de ses statuts* », Soc. 7 juill. 2010, SUD).

« *Selon l'article 2 de la Convention n° 87 de l'OIT ratifiée par la France et relative à la liberté syndicale et à la protection du droit syndical, les travailleurs et les employeurs, sans distinction d'aucune sorte, ont le droit de constituer des organisations de leur choix et, selon l'article 5, ces organisations ont le droit de former d'autres groupements* » (Soc. 13 janv. 2009, SMPF).

Pour pouvoir être chargé de l'administration ou de la direction d'un syndicat, il faut satisfaire des conditions (L. 2131-5, L. 411-4) :

- être membre du syndicat ;
- jouir de ses droits civiques ;
- n'être l'objet d'aucune interdiction, déchéance ou incapacité relative à ses droits civiques.

Il en va de même pour les adhérents étrangers de 18 ans au moins.

Il a été jugé que le droit d'exercer librement l'activité syndicale « *doit pour être effectif s'accompagner de mesures concrètes telles que la mise à disposition de locaux et d'équipements indispensables pour pouvoir organiser des réunions et tenir des permanences* » (CA Bourges, 26 mars 2009, U.D. CGT, FO et CFDT de l'Indre c/ Ville de Châteauroux) ; cependant cet arrêt a été cassé, au terme d'un raisonnement civiliste, et l'affaire renvoyée devant la Cour d'appel d'Orléans (Civ. 1re 3 juin 2010, PBI ; à suivre…).

2. *Adhérents*

Un syndicat ne peut être créé que si, au départ, quelques travailleurs en décident ainsi, arrêtent des statuts et désignent ceux d'entre eux qui, en application des statuts, seront appelés à exercer un rôle de direction du syndicat. Il faut ensuite procéder aux formalités nécessaires.

Les statuts déterminent les salariés qui pourront faire partie du syndicat. Certains syndicats regroupent les travailleurs d'une grande entreprise (exemple : syndicat Sud des travailleurs de l'entreprise France Telecom). Des syndicats d'une région ou d'une profession se regroupent en union de syndicats : la vocation des syndicats s'étend à une circonscription territoriale (exemple : Union régionale interprofessionnelle des syndicats CFDT d'Alsace) et aussi parfois à une activité déterminée dans une circonscription territoriale (exemple : Union syndicale CGT du commerce de la Haute-Garonne), comme cela ressort du nom qu'il se donne (le syndicat regroupera alors des salariés travaillant dans diverses entreprises d'un secteur d'activité et du département).

Les adhérents d'un syndicat exercent une même profession ou des professions similaires (boulangers, pâtissiers) ou concourant à un même produit (travailleurs du livre, de l'automobile) (L. 2131-2, L. 411-2). Peuvent également continuer à faire partie d'un syndicat ou adhérer au syndicat de leur choix les personnes qui ont cessé l'exercice de leurs fonctions ou de leur profession (L. 2141-2, L. 411-7).

Les statuts prévoient aussi le paiement par les adhérents d'une cotisation mensuelle. Dans la pratique, le paiement des cotisations n'est pas toujours régulier. Le précompte des cotisations syndicales sur les salaires, effectué par l'employeur pour le compte du syndicat, qui existe dans d'autres pays (États-Unis, Suède, etc.) est interdit par la loi (L. 2141-6, L. 412-2, al. 2) et n'est pas souhaité par les syndicats qui y verraient une ingérence de l'employeur dans leurs affaires et qui utilisent la perception des cotisations comme une occasion de contact avec les adhérents, même si le prélèvement automatique se développe. Les statuts prévoient les cas où un adhérent peut être exclu du syndicat.

3. *Instances du syndicat*

Les statuts prévoient la composition, les conditions de fonctionnement et les attributions des diverses instances du syndicat. À la base, l'assemblée générale (congrès) est compétente pour modifier les statuts et élire les membres des organes de direction du syndicat (conseil syndical, commission exécutive, bureau syndical, comprenant notamment un secrétaire et un trésorier, qui assure la gestion permanente du syndicat).

Un syndicat qui vient de se constituer adhère en général à une confédération et cette adhésion est souvent prévue dans les statuts. Elle entraîne que le syndicat devient membre d'une structure professionnelle (fédération correspondant à son secteur d'activité) mais aussi géographique (union locale, départementale, régionale). La fédération nationale couvre une profession au niveau national et les unions (régionales, départementales et locales) sont interprofessionnelles. Cette structuration exprime la double solidarité, professionnelle et géographique, du syndicalisme salarié indépendant.

4. *Unions de syndicats*

Les syndicats professionnels régulièrement constitués peuvent se concerter pour l'étude et la défense de leurs intérêts matériels et moraux. Les unions de syndicats font connaître le nom et le siège social des syndicats qui les composent – l'omission ne prive pas l'union de son existence juridique et de sa jouissance des droits syndicaux notamment pour désigner un délégué syndical (Soc. 28 févr. 2007). Leurs statuts déterminent les règles selon lesquelles les syndicats adhérents à l'union sont représentés dans le conseil d'administration et dans les assemblées générales. Les unions de syndicats jouissent de tous les droits conférés aux syndicats professionnels (L. 2133-1 et s.).

C. Liberté syndicale

Tout homme peut défendre ses droits et ses intérêts par l'action syndicale et adhérer au syndicat de son choix (préambule de la Constitution de 1946). Ce principe de la liberté syndicale se trouve solennellement confirmé au niveau international (Convention n° 87 de l'OIT) et européen (CESDH, art. 11 ; Charte sociale européenne). La liberté syndicale, avec le droit de grève, est le propre des démocraties authentiques.

La liberté syndicale repose sur trois règles :

- chacun est libre d'adhérer au syndicat de son choix ;
- chacun est libre de se retirer du syndicat ;
- nul n'est tenu d'adhérer à un syndicat.

Les entraves à la liberté syndicale sont punies pénalement par le Code pénal d'un an d'emprisonnement et de 15 000 € d'amende, portés à trois ans et 45 000 € d'amende en cas de violence et voie de fait (art. 431-1). Le Code du travail réprime les discriminations (L. 2146-2) ainsi que les entraves au droit syndical (L. 2146-1).

« Tout salarié peut librement adhérer au syndicat professionnel de son choix et ne peut être écarté pour l'un des motifs » discriminatoires (L. 2141-1, L. 411-5), quels que soient son sexe, son âge, sa nationalité, sa religion ou ses convictions, son handicap, son orientation sexuelle, son appartenance, vraie ou supposée, à une ethnie, une nation ou une race, etc. Cependant, un syndicat peut expulser un de ses membres appartenant à un groupe politique défendant des idées contraires à celles du syndicat (CEDH 27 févr. 2007, ASLEF c/Royaume-Uni). Cette règle exprime deux idées distinctes : le droit pour chacun d'adhérer à un syndicat et le droit d'adhérer au syndicat de son choix.

Il ne suffit pas de reconnaître solennellement ce droit. Encore faut-il que celui qui l'exerce ne soit pas pénalisé, en faisant l'objet d'une discrimination de la part de l'employeur.

Le droit d'adhérer au syndicat de son choix renvoie à un trait marqué du mouvement ouvrier français : le pluralisme syndical. Dans ce contexte, le salarié effectue un choix (entre la CGT, la CFDT, CGT-FO, la CFTC, etc.). C'est ce choix personnel que la Constitution protège. Dans d'autres pays ayant d'autres traditions syndicales, pays anglo-saxons notamment, choisir un syndicat est un choix non pas individuel, mais collectif : dans une entreprise, les salariés voteront pour décider s'ils veulent être représentés par tel syndicat et le syndicat ainsi choisi à la majorité représentera tous les salariés et sera seul à les représenter. Ce pluralisme existe fortement, également, pour les organisations d'employeurs dans de nombreuses branches.

Chacun est libre de se retirer d'un syndicat à tout moment (Civ. 22 juin 1892). Cette règle découle de la conception française de la liberté syndicale qui privilégie la liberté individuelle. Ainsi, tout membre d'un syndicat professionnel peut s'en retirer à tout instant, même en présence d'une clause contraire. Le syndicat peut réclamer la cotisation afférente aux six mois qui suivent le retrait d'adhésion (L. 2141-3, L. 411-8).

Nul n'est tenu d'adhérer à un syndicat. Tout homme « peut » défendre ses droits et intérêts par l'action syndicale... Le droit français condamne le syndicalisme obligatoire (qui existe dans certains pays démocratiques) et l'adhésion au syndicat reste facultative. Il s'agit de la liberté syndicale négative. Dans certains pays (notamment anglo-saxons, avec des nuances), il est fréquent qu'un travailleur, pour se faire embaucher dans une entreprise, doive d'abord s'inscrire au syndicat. Cette pratique dite du *closed shop* s'est instituée en France dans certains secteurs (imprimerie notamment, avec le syndicat du Livre CGT). Elle est visée et condamnée : tout accord ou disposition tendant à obliger l'employeur à n'embaucher ou à ne conserver à son service que les adhérents du syndicat propriétaire de la marque ou du label est nul (L. 2135-2, L. 413-2, al. 2). Dans la manutention portuaire, un pas de plus a été franchi par l'adoption d'une loi du 9 juin 1992 qui a fait disparaître l'exigence de la détention de la carte professionnelle, et de la convention collective nationale le 28 avril 1994, signée par l'ensemble des organisations syndicales confédérées, où l'article 11 reconnaît à chacun la liberté d'opinion ainsi que le droit de ne pas adhérer ou de librement adhérer à un syndicat de son choix.

D. Capacité civile

Les syndicats jouissent de la personnalité civile (L. 2132-1, L. 411-10). La responsabilité civile des syndicats peut être engagée, ainsi que leur responsabilité pénale de personne morale.

1. *Capacité d'acquérir*

Les syndicats ont le droit d'acquérir sans autorisation des biens meubles et immeubles. Les immeubles et objets mobiliers nécessaires à leurs réunions, à leurs bibliothèques et à leurs cours d'instruction professionnelle sont insaisissables (L. 2132-4, L. 411-12).

2. *Capacité de négocier et de contracter*

Les organisations de salariés, constituées en syndicats professionnels, sont seules admises à négocier les conventions et accords collectifs de travail (L. 2132-2, L. 411-17). La négociation des conventions collectives constitue l'un des aspects majeurs de cette capacité de contracter (voir chapitre 18). Par ailleurs, un syndicat, s'il emploie du personnel, conclut avec les membres du personnel des contrats de travail de droit commun.

3. *Droit d'ester en justice*

Les syndicats professionnels ont le droit d'agir en justice (L. 2132-3, L. 411-11). Cette action judiciaire peut être exercée, suivant les statuts du syndicat, par un membre désigné par ses statuts (Soc. 16 avril 2008, le secrétaire général), un titulaire d'un mandat exprès (Crim. 3 avril 1997), une personne habilitée par l'assemblée générale (Soc. 16 janv. 2008), un organisme justifiant d'une ratification par l'assemblée (Soc. 5 mars 2008) ou par une union de syndicats (Soc. 18 déc. 2000). Cette « action judiciaire syndicale » peut s'exercer dans plusieurs situations et selon différentes modalités.

Défense des intérêts propres du syndicat

Le syndicat, comme toute personne morale, peut décider d'agir en justice pour défendre ses intérêts patrimoniaux et extrapatrimoniaux. Les droits propres peuvent être ceux que reconnaît aux syndicats la législation en matière d'élection aux institutions représentatives, de désignation de délégués syndicaux, de protection de ses conseillers prud'homaux (Soc. 3 oct. 2007), etc.

Défense des intérêts collectifs de la profession

Les syndicats peuvent, devant toutes les juridictions, exercer tous les droits réservés à la partie civile relativement aux faits portant un préjudice direct ou indirect à l'intérêt collectif de la profession qu'ils représentent (L. 2132-2, L. 411-11). Souvent dans ces actions, le syndicat veut obtenir une décision « faisant jurisprudence », dans un secteur d'activité, à partir d'une situation particulière. L'évaluation du préjudice réellement subi par un syndicat, intervenant volontairement dans une instance, permet de déterminer le montant des dommages-intérêts à lui octroyer (Soc. 18 nov. 2009).

a. Droit pénal

Les syndicats peuvent se constituer « partie civile » devant les juridictions pénales et obtenir des dommages-intérêts (Crim. 29 oct. 1996), lorsque l'employeur commet une infraction (Code pénal, voir les accidents du travail ; Code du travail). Il est en effet dans l'intérêt collectif de la profession que le droit du travail soit correctement appliqué. Le syndicat peut saisir le juge répressif selon les règles de droit commun (constitution de partie civile sur le PV d'un inspecteur du travail ; plainte avec constitution de partie civile ; citation directe).

b. Droit administratif

Les syndicats peuvent agir devant le juge administratif pour faire annuler une décision administrative, par exemple devant le TA pour faire annuler une décision d'autorisation de licenciement d'un délégué syndical prise par l'inspecteur du travail ; ou devant le Conseil d'État pour faire annuler un arrêté ministériel d'extension d'une convention collective.

c. Droit civil

Les syndicats peuvent agir en « intervention volontaire ». Ils sont alors « partie intervenante » devant les juridictions civiles (CPH notamment).

Un syndicat peut, au nom de l'intérêt collectif de la profession, obtenir du juge (TGI) qu'il ordonne au chef d'entreprise de réunir, informer et consulter les IRP, notamment le CE (Soc. 24 juin 2008).

d. Défense des accords collectifs

La défense en justice des intérêts collectifs de la profession concerne notamment les accords collectifs.

D'une part, le syndicat, lié par une convention ou un accord (signataire du texte conventionnel), peut intenter en son nom propre toute action visant à obtenir l'exécution des engagements contractés et, le cas échéant, des dommages-intérêts contre les autres organisations ou groupements (organisations d'employeurs signataires), leurs propres membres ou toute personne liée par la convention ou l'accord (L. 2262-11, L. 135-5 ; TGI Thionville 3 mars 1998, Unimétal). Dans ce cas, c'est le TGI qui est saisi.

D'autre part, quand le syndicat n'est pas signataire de l'accord collectif, le syndicat peut agir « à la place » et « pour le compte » de ses membres ou aux côtés de ses membres :

- le syndicat dont les membres sont liés par une convention ou un accord, peut exercer toutes les actions en justice qui en résultent en faveur d'un de ses membres, sans avoir à justifier d'un mandat de l'intéressé, pourvu que celui-ci ait été averti et n'ait pas déclaré s'y opposer, l'intéressé pouvant toujours intervenir à l'instance engagée par l'organisation ou le groupement. Cette action est destinée à faire valoir les droits individuels résultant de la convention applicable à l'entreprise. Il s'agit d'une action individuelle, portée devant le CPH, exercée par le syndicat. Ici le salarié n'intente aucune action, c'est le syndicat qui se substitue à lui (L. 2262-9, L. 135-4). Ainsi le syndicat « *peut (...) obtenir la condamnation de l'employeur au paiement des sommes dues aux adhérents en application d'une convention ou d'un accord collectif* » (Soc. 12 janv. 1994).
- lorsqu'une action née de la convention ou de l'accord est intentée soit par une personne, soit par une organisation ou un groupement, le syndicat, dont les membres sont liés par la convention ou l'accord, peut toujours intervenir à l'instance engagée, à raison de l'intérêt collectif que la solution du litige peut présenter pour ses membres (L. 2262-10, L. 135-4 ; Soc. 14 févr. 2001, Moulinex). C'est le salarié qui intente lui-même l'action et le syndicat est partie intervenante à ses côtés.

Enfin, sur le fondement des textes en matière d'action judiciaire générale (L. 2132-2, L. 411-11), le syndicat peut saisir le TGI pour :

- soit faire annuler les clauses illicites d'un accord collectif (l'annulation d'un accord collectif national de branche, même étendu par arrêté ministériel – Soc. 30 mars 2011 –, rejetant les pourvois du

SNPA et du SORAP contre l'arrêt CA Paris, 3 déc. 2009, Fédération CGT des personnels des sociétés d'études).

– soit obtenir l'application d'une convention collective, étendue dans une entreprise relevant de son champ d'application (Soc. 12 juin 2001, Eurodisney c/ CGT spectacle ; Soc. 18 févr. 2003), et même non étendue (Soc. 3 mai 2007, Syndicat de la métallurgie de la Loire CFDT, « *les syndicats professionnels sont recevables à demander (...) l'exécution d'une convention ou d'un accord collectif de travail, même non étendu, son inapplication causant nécessairement un préjudice à l'intérêt collectif de la profession* »).

La défense des intérêts de la profession doit être distinguée de la défense de l'intérêt général (prérogative du ministère public) – une action du syndicat sur ce terrain n'est pas recevable ; et de la défense des intérêts personnels. Ainsi, un syndicat ne peut pas mener toute action en justice ; de même, un syndicat ne peut pas faire reconnaître l'existence d'un contrat de travail à l'égard d'un coemployeur (Soc. 23 janv. 2008). L'action au nom de l'intérêt collectif de la profession « *ne permet pas de demander au profit des salariés l'octroi d'avantages individuels* » (Soc. 28 oct. 1998).

« *Un syndicat est recevable (...) à demander en justice que soit déterminée l'étendue des droits acquis par les salariés à la suite de la dénonciation d'un accord collectif* » (Soc. 2 déc. 2008, CNCEP).

	Accord d'entreprise	Accord de branche non étendu	Accord de branche étendu	Tous types d'accords
Qui peut agir ?	Syndicat signataire ou non signataire	Syndicat signataire ou non signataire	Syndicat signataire ou non signataire	Syndicat non signataire si l'accord s'applique à certains de ses adhérents
Quand ?	En cas de carence de l'employeur dans l'application d'une convention collective ou d'un accord collectif			
Effets ?	Exécution par l'employeur des engagements contractés et versement de dommages-intérêts à l'organisation syndicale			Obtenir l'application d'une clause conventionnelle au bénéfice des salariés
Où ?	TGI (ou CPH avec action en substitution)			CPH (action en substitution)
Fondements ?	– L. 2262-11 du CT (syndicat signataire) Soc. 3 mars 1998, Sté Sollac TGI Thionville, 13 nov. 1998, Unimétal – L. 2132-3 du CT (syndicat non signataire) Soc. 3 mai 2007	– L. 2262-11 du CT (syndicat signataire) Soc. 04 juin2002 – L.2132-3 du CT (syndicat non signataire) Soc. 3 mai 2007	– L.2132-3 du CT (syndicat non signataire) Soc. 12 juin 2001, Eurodisney	– L. 2262-9 du CT Soc. 14 fév. 2001, Moulinex

Tableau 7– Action syndicale pour faire appliquer un accord dans l'entreprise : « l'action en exécution »

	Opposition (dans l'entreprise)	Dénonciation (dans l'entreprise)	Annulation (action en justice)
Qui peut agir ?	Un ou des syndicats non signataires représentant au moins 50 % des suffrages exprimés	Un ou des syndicat(s) signataire(s)	Un syndicat non signataire (syndicat d'entreprise ou encore Union Locale ou Départementale, Fédération)
Quand ?	Deux conditions : – tout accord ; – délai de 8 jours, à compter de la réception de l'accord	À tout moment	Condition : il s'agit d'un accord illicite (négociation déloyale, clause ou effet illicite)(1) [dans un délai : « raisonnable »]
Où ?	Auprès des signataires par lettre motivée (nécessairement commune s'il y a plusieurs opposants)	Lettre à tous les autres signataires et dépôts légaux	TGI
Effets ?	Accord annulé en totalité	Ouverture de négociation dans un délai de 3 mois	Accord annulé (en partie ou en totalité)
Fonde-ment ?	L. 2232-2 du CT CA Paris 20 juin 1994, Unibéton (peu de jurisprudence)	L. 2261-10 du CT	L. 2132-3 nouveau du CT TGI Paris 28 juin 1987, UIMM TGI Besançon 7 janv. 1997, Sté Weber TGI Paris 28 juin 1999, Sagem CA Paris 16 mai 2000, AFB TGI Nanterre 12 oct. 2001, OTIS (jurisprudence abondante)

(1) Par exemple :
** Négociation de l'accord (amont) : conditions de négociation discriminatoires, défaut de remise par l'employeur des informations pertinentes ou défaut de réponse motivée aux questions des négociateurs syndicaux, etc.*
** Contenu de l'accord : dérogation (à la loi ou à un accord collectif) ne s'appuyant sur aucune base légale, clauses de l'accord ne correspondant pas aux termes du préambule, absence de clause exigée (par la loi ou par un accord collectif applicable), etc.*
** Mise en œuvre de l'accord (aval) : accord ayant des effets illicites dans sa mise en œuvre (dégradation de la santé, discrimination indirecte entre femmes et hommes, etc.)*

Tableau 8– Action syndicale pour s'opposer à l'application d'un accord collectif d'entreprise

Défense des intérêts individuels de salariés

Cette défense se fait par l'action en substitution. Dans certains cas, les syndicats représentatifs peuvent agir en justice en faveur d'un salarié (ou d'un candidat à un emploi ou à un stage), sans avoir à justifier d'un mandat de l'intéressé, à condition que celui-ci ait été averti par écrit et ne s'y soit pas opposé dans un délai de 15 jours à compter de la date à laquelle le syndicat lui a notifié son intention d'agir, l'intéressé pouvant toujours intervenir à l'instance.

Ce pouvoir est destiné à favoriser l'accès à l'action en justice pour des personnes en situation vulnérable. Il s'agit de personnes discriminées (L. 1134-2), femmes (ou hommes) discriminées (L. 1144-2), personnes en CDD, intérimaires, licenciées pour motif économique, travailleurs à domicile, étrangers « sans papiers », salariés de groupement d'employeurs, salariés harcelés, ou encore salariés en cas de prêt de main-d'œuvre illicite. Un syndicat peut ainsi agir en substitution au bénéfice de salariés à temps partiel discriminés, notamment quand la majorité de ces personnes sont des femmes faisant l'objet d'une discrimination indirecte (exemple : l'inégalité de traitement des heures complémentaires par rapport aux heures supplémentaires, CJCE 6 déc. 2007, Ursula VoB, préc.).

Des associations peuvent se substituer à des personnes (exemple : personnes handicapées, L. 1134-3), sous réserve de justifier d'un accord écrit de l'intéressé.

De manière générale, le syndicat peut assurer la défense du salarié (par le biais d'un défenseur syndical) ou assister le salarié notamment devant le CPH.

Actions européennes

Désormais les organisations syndicales mènent aussi des actions en justice au niveau supranational, par exemple, calcul des effectifs et application des directives (partie intervenante devant la CJCE 18 janv. 2007) ; volumineux dossier des temps d'équivalence imposés aux salariés (partie intervenante devant la CEDH 9 janv. 2007, deux arrêts : Arnollin et autres et Aubert et autres) ; réclamation collective (concernant les temps d'astreinte et les forfaits jours devant le CEDS du Conseil de l'Europe, Décisions du 23 juin 2010, publiées le 14 janv. 2011), ou encore droit de la concurrence. Cependant, ce droit d'agir en justice devant la CJUE fait l'objet de restrictions.

La loi ne fait pas de différence, lorsqu'elle définit ces possibilités d'action judiciaire, entre organisations d'employeurs et syndicats de salariés, mais, dans la pratique, ce sont surtout les syndicats de salariés qui mobilisent le droit en justice. En particulier, l'action fondée sur l'intérêt collectif de la profession permet aux syndicats de faire respecter par les employeurs des règles légales, comme celles relatives au fonctionnement des institutions représentatives et au droit syndical dans l'entreprise, au recours aux contrats précaires. Des organisations d'employeurs interviennent également (exemple : pour faire respecter l'interdiction d'emploi de salariés le dimanche et d'ouverture des magasins).

Objectifs de l'action en justice

L'action judiciaire syndicale peut poursuivre plusieurs objectifs.

Tout d'abord, il s'agit de faire trancher un litige par le juge, tiers au conflit entre l'employeur et le syndicat, pour obtenir le respect d'un droit légal ou conventionnel.

Par ailleurs, cela permet d'utiliser la perspective d'une action en justice comme un élément du « rapport de force social » pour amener l'employeur à négocier et à conclure, le but étant davantage de parvenir à un accord dans l'entreprise qu'à une décision de justice.

Enfin, cela suscite une jurisprudence entérinant une interprétation du droit favorable aux salariés. Ainsi, les arrêts Perrier de 1974, qui ont interdit la résolution judiciaire du contrat de travail d'un représentant du personnel à l'initiative de l'employeur, ont été préparés par une série de décisions des tribunaux répressifs condamnant les employeurs qui avaient adopté ce procédé, pour délit d'entrave au fonctionnement des institutions représentatives.

E. Représentativité

La représentativité désigne la capacité juridique à représenter des personnes (salariés ou employeurs), en vue de défendre leurs droits et leurs intérêts.

1. *Historique*

Le traité de Versailles (1919), qui a créé l'OIT, a prévu que les délégués des employeurs et des travailleurs à la Conférence internationale du travail sont désignés par les États membres de l'organisation en accord avec les organisations syndicales les plus représentatives. La notion est ainsi apparue d'abord dans le droit international.

Cette notion a été retenue par le droit français pour la première fois en 1936 : la loi du 24 juin 1936 sur les conventions collectives a conféré un statut particulier aux conventions collectives conclues par les organisations syndicales les plus représentatives d'employeurs et de salariés. La loi de 1968 permet aux syndicats représentatifs de désigner un délégué syndical. Celle de 1982 autorise les syndicats représentatifs à présenter des candidats au premier tour des élections professionnelles. L'action en justice est parfois réservée aux syndicats représentatifs.

Cette question se pose aujourd'hui au niveau de l'UE : versant travailleurs, la CES pour les syndicats de salariés ; versant entreprises, BusinessEurope pour les organisations d'employeurs du privé, UAPME pour les PME, CEEP pour les entreprises publiques.

2. *Situation*

La législation actuellement en vigueur fait de nombreuses références à ces organisations, auxquelles elle reconnaît certaines prérogatives. Au plan national, les représentants des employeurs et des travailleurs à la Commission nationale de la négociation collective (CNNC) sont nommés par le ministre du Travail sur proposition des organisations syndicales d'employeurs et de travailleurs les plus représentatives au plan national. De même, ces organisations ont des sièges au Conseil économique, social et environnemental (CESE), dans les conseils d'administration des caisses de Sécurité sociale et dans de nombreuses autres instances.

Dans le cadre des branches d'activité, les conventions collectives « ordinaires » sont conclues entre, d'une part, les organisations patronales de la branche et, d'autre part, les organisations syndicales représentatives des travailleurs de la branche considérée. Pour qu'une convention collective soit susceptible d'extension, il faut qu'elle ait été conclue entre des organisations d'employeurs et des organisations syndicales de salariés représentatives dans la branche. Dans ce cas, la représentativité est exigée des deux parties (CE 30 juin 2003). Si la convention collective est régionale ou locale, la représentativité est appréciée dans le cadre de la région ou de la localité, mais toujours dans la branche considérée.

Dans le cadre de l'entreprise, seuls les syndicats de salariés représentatifs ont le droit de désigner des délégués syndicaux, et, en principe, de négocier et de conclure une convention collective d'entreprise.

3. *Justification*

La notion de représentativité se justifie par l'extension des attributions reconnues aux organisations syndicales, aux divers niveaux. Il n'a pas semblé que ces attributions nouvelles pouvaient être conférées sans distinction à tout syndicat. La création d'un syndicat s'effectue en France avec un minimum de formalités et ce libéralisme permet la coexistence, du côté des travailleurs en particulier, mais aussi des employeurs suivant les branches, de nombreux syndicats se faisant concurrence. Certains d'entre eux n'auront que quelques adhérents. D'autres seront peut-être soupçonnés d'avoir été créés à l'instigation et avec l'aide d'employeurs. La notion de représentativité a pour fonction d'opérer une sélection et de ne reconnaître certains droits qu'aux organisations syndicales dignes de tenir lieu de porte-parole authentiques des travailleurs. Cette sélection tempère le pluralisme syndical et évite un trop grand émiettement.

4. *Critères de la représentativité*

L'évolution du système étant complexe, notamment du fait de périodes transitoires, l'ancien régime juridique est rappelé avant la présentation du nouveau système.

Ancien régime juridique

Quel que soit le cadre dans lequel la représentativité est exigée, les critères de la représentativité syndicale étaient : les effectifs ; l'indépendance ; les cotisations ; l'expérience et l'ancienneté du syndicat ; l'attitude patriotique pendant l'Occupation (ce critère s'explique par le moment où ces dispositions ont été promulguées – loi du 11 févr. 1950).

Nouveau régime juridique

Reprenant des dispositions de la Position commune du 9 avril 2008 (signée par le Medef et la CGPME et par la CGT et la CFDT), qui opère une réforme intense et ambitieuse de la représentativité syndicale salariée, la loi de « rénovation de la démocratie sociale » du 20 août 2008 prévoit de nouvelles dispositions (L. 2121-1) :

« La représentativité des organisations syndicales est déterminée d'après les critères cumulatifs suivants :

- 1°) « Le respect des valeurs républicaines ;
- 2°) L'indépendance ;
- 3°) La transparence financière ;
- 4°) Une ancienneté minimale de deux ans dans le champ professionnel et géographique couvrant le niveau de négociation. Cette ancienneté s'apprécie à compter de la date de dépôt légal des statuts ;
- 5°) L'audience établie selon les niveaux de négociation (...) ;
- 6°) L'influence, prioritairement caractérisée par l'activité et l'expérience ;
- 7°) Les effectifs d'adhérents et les cotisations. »

L'indépendance se mesure principalement à l'égard de l'employeur (TI Lille 21 janv. 2009 ; voir déjà DC 6 nov. 1996 concernant les négociateurs salariés mandatés). Ce critère permet de vérifier que l'organisation est un authentique syndicat de travailleurs.

Au sujet du respect des valeurs républicaines, nécessaire dans une société démocratique, ce critère est présumé assuré (TI Roanne, 2 janv. 2009, TI Paris 5 déc. 2008), et en cas de contestation, c'est à celui qui conteste le respect de ces valeurs par un syndicat d'en apporter la preuve (Soc. 8 juill. 2009, PBRI, Sté Veolia c/ FAT-UNSA). « *Le fait pour un syndicat (...) de préconiser l'action directe (...) n'est nullement contraire aux valeurs de la République, mais participe d'une action revendicative propre à l'action syndicale* » (TI Boissy-Saint-Léger, 11 févr. 2010, SCIAL CNT, pourvoi rejeté par Soc. 13 oct. 2010, Sté Baud et FO, « *en dépit des mentions figurant dans les statuts datant de 1946* », « *la preuve n'étant pas rapportée que le syndicat CNT (...) poursuive dans son action un objectif illicite, contraire aux valeurs républicaines* »).

L'exigence d'une ancienneté minimale de deux ans n'est pas regardée comme contraire à des dispositions constitutionnelles (Soc. 20 oct. 2011, UDSPA, refusant de transmettre une QPC au Conseil constitutionnel).

Les trois derniers critères, notamment sur l'audience, permettent de vérifier que ce syndicat est représentatif, à chaque niveau de négociation notamment (selon la règle de concordance, la représentativité doit s'apprécier pour chaque fonction et à chaque niveau).

L'audience électorale devient un critère majeur. Le nouveau système généralise la représentativité prouvée. Cependant, la présomption irréfragable de représentativité (« par affiliation ») demeure dans certains cas pendant la période transitoire (*infra*).

Les syndicats ont choisi en France d'être les représentants de l'ensemble des salariés, et pas seulement de leurs adhérents ; par conséquent, il apparaît cohérent qu'ils doivent bénéficier d'un minimum d'audience auprès des salariés (pour les négociations collectives notamment, mais également pour l'action en justice).

En matière d'effectifs, un syndicat est jugé représentatif dès lors que son indépendance est constatée et qu'une « *éventuelle insuffisance de ses effectifs était compensée au titre des autres critères* » (Soc. 29 avril 2009).

Le « *principe de représentativité constitue un principe général du droit applicable à l'ensemble des relations collectives de travail* » (CE 11 oct. 2010).

5. *Application des critères*

Ancien régime juridique

Organisations de salariés. Le gouvernement a reconnu, le 8 avril 1948, puis le 31 mars 1966, comme confédérations de salariés les plus représentatives au plan national : la CGT, la CFDT, la CGT-FO, la CFTC et la CFE-CGC (pour l'encadrement). L'Union Nationale des Syndicats Autonomes (UNSA) ne répond pas aux critères permettant la reconnaissance de sa représentativité à ce niveau (CE 5 nov. 2004).

Organisations d'employeurs. Du côté employeur, sont considérés comme représentatifs le Medef, la CGPME et l'UPA. Une organisation d'employeurs du secteur de l'économie sociale (USGERES) demande la reconnaissance de sa représentativité au niveau national interprofessionnel ; il en est de même pour les professions libérales. La CGPME n'est pas représentative dans l'artisanat (CE 9 févr. 2005) ; le Medef ne l'est pas dans la transformation du caoutchouc, le seul syndicat d'employeurs de cette branche n'en étant pas adhérent (Soc. 16 mars 2005), ni non plus dans l'artisanat (CE 30 juin 2003, « *les organisations d'employeurs ne sont pas dispensées de faire la preuve de leur représentativité dans le champ d'application de la convention* »).

Situation dans les branches professionnelles. Au niveau des branches d'activité, s'il y a lieu de déterminer la représentativité d'un syndicat ou d'une organisation professionnelle autre que ceux affiliés à l'une des organisations représentatives au niveau national, l'autorité administrative diligente une enquête et l'organisation intéressée fournit les éléments d'appréciation dont elle dispose (L. 2121-2, L. 133-3). Du côté patronal, il n'existe souvent qu'une organisation d'employeurs, mais dans de nombreuses branches, plusieurs organisations sont en concurrence et parfois, dans certains secteurs, des branches professionnelles sont constituées au regard de la structuration des organisations patronales, sans grande pertinence ni cohérence d'ensemble.

Nouveau régime juridique

Reprenant des dispositions de la Position commune du 9 avril 2008, la loi du 20 août 2008 « démocratie sociale » prévoit la création d'un Haut Conseil du dialogue social (décret du 13 nov. 2008) composé de représentants d'organisations représentatives d'employeurs au niveau national, d'organisations syndicales nationales et interprofessionnelles, de représentants du ministère du Travail et de personnalités qualifiées.

Ce Haut Conseil donne un avis au ministre du Travail qui arrête la liste des organisations syndicales reconnues représentatives par branche et des organisations syndicales reconnues représentatives au niveau national et interprofessionnel au vu des conditions exigées pour la reconnaissance de la représentativité (voir *infra*).

6. *Reconnaissance de la représentativité*

Ancien régime juridique

Dans le cadre des branches d'activité et au niveau des entreprises, il existe deux systèmes de reconnaissance de la représentativité des syndicats de salariés.

D'une part, dans le cadre de la *représentativité par affiliation*, les syndicats rattachés à une organisation représentative au plan national (CGT, CFDT, etc.) bénéficient d'une présomption irréfragable de représentativité en vue de l'application des dispositions légales relatives aux IRP et à la négociation collective (cette présomption ne peut pas être renversée). Ils sont donc considérés *ipso facto* comme représentatifs, même si leurs effectifs dans la branche ou l'entreprise sont minimes. Toutefois un syndicat affilié à la CFE-CGC ne bénéficie de la présomption irréfragable que pour le personnel d'encadrement. Dans les autres collèges, il doit apporter la preuve de sa représentativité (Soc. 7 avril 1993).

D'autre part, la *représentativité par la preuve* prévoit que les autres syndicats (non affiliés aux grandes confédérations), s'ils veulent bénéficier de certaines prérogatives, prouvent leur représentativité.

Dans le cadre de l'entreprise, les litiges sont fréquents. Ils surgissent en général à l'occasion d'élections professionnelles, un syndicat de salariés contestant à un autre le droit de présenter des candidats. La question est alors tranchée par le TI, compétent pour tout ce qui ressort du contentieux électoral. Ce sera au syndicat dont la représentativité est contestée de fournir la preuve de sa représentativité. Ce contentieux peut naître également à l'occasion de l'implantation syndicale ou d'une négociation collective.

Les décisions du juge d'instance sont prises en dernier ressort et susceptibles d'un pourvoi devant la Cour de cassation. Il existe une jurisprudence complexe et nuancée en la matière dont il ressort plusieurs éléments.

D'une part, la représentativité est appréciée selon le principe de concordance (Soc. 25 janv. 2006) : le syndicat sera reconnu représentatif pour remplir telle fonction (prérogative) et ce dans tel cadre – par exemple présenter des candidats au premier tour des élections professionnelles dans un établissement donné, ce qui ne signifie pas que le syndicat soit représentatif pour négocier au niveau de l'entreprise.

D'autre part, le juge va recourir à la technique du faisceau d'indices pour décider si tel syndicat est représentatif, en combinant les différents critères entre eux.

Tout d'abord, l'indépendance est un critère premier qui constitue une garantie essentielle de l'authenticité du syndicat. Pour être représentatif, ce dernier doit être indépendant de l'employeur, ce qui disqualifie un « syndicat maison ». C'est le syndicat qui conteste l'indépendance d'une organisation qui doit prouver la dépendance à l'employeur.

En outre, si le critère des effectifs d'adhérents est important, il doit être considéré conjointement avec les autres critères : dans une entreprise, un syndicat ne saurait prétendre à la représentativité, malgré ses effectifs importants, s'il s'avère qu'il ne perçoit guère de cotisations et que ses ressources proviennent d'une aide de l'employeur (ce qui va à l'encontre du critère d'indépendance). La jurisprudence, souvent peu exigeante sur ce critère au regard des faibles taux de syndicalisation dans de nombreuses professions et entreprises, procède par comparaison avec les autres syndicats déjà implantés. Elle privilégie désormais l'audience électorale (la loi du 4 mai 2004 en matière de négociation collective allant dans le même sens) : un syndicat avec peu d'adhérents peut bénéficier du soutien de nombreux sympathisants.

Le troisième critère, les cotisations, est un signe de l'autonomie financière de l'organisation.

Les critères d'expérience et d'ancienneté concernent le syndicat, pas ses adhérents et dirigeants.

Enfin, la jurisprudence a ajouté un nouveau critère, à partir de combinaisons des critères légaux : la représentativité syndicale peut être caractérisée par les seuls critères de l'« indépendance » et de l'« audience », devenue l'« influence », souverainement appréciés par les juges du fond : « *Dès lors qu'il constate l'indépendance et caractérise l'influence du syndicat au regard des critères (...), le tribunal d'instance apprécie souverainement la représentativité* » (Soc. 3 déc. 2002, Syndicat Sud Caisses d'Épargne ; Soc. 13 sept. 2005). L'influence pourra notamment tenir compte de l'activité réelle du syndicat et de son audience électorale.

Nouveau régime juridique

Reprenant des dispositions de la Position commune du 9 avril 2008, la loi du 20 août 2008 « démocratie sociale » prévoit de nouvelles conditions pour la reconnaissance de la représentativité des syndicats de salariés, à chaque niveau (curieusement, la question de la représentativité des organisations d'employeurs est ignorée, alors que des organisations de certains secteurs, économie sociale et professions libérales, demandent la reconnaissance de leur représentativité).

Au niveau de l'entreprise. « Dans l'entreprise ou l'établissement, sont représentatives les organisations syndicales qui satisfont aux critères de l'article L. 2121-1 et qui ont recueilli au moins 10 % des suffrages exprimés au premier tour des dernières élections des titulaires au comité d'entreprise ou de la délégation unique du personnel ou, à défaut, des délégués du personnel, quel que soit le nombre de votants » (L. 2122-1). Cette disposition est « *d'ordre public absolu* » (Soc. 18 mai 2011, Fédération FO Métallurgie c/ Sté Dékra Inspection, « *ce qui interdit, par suite, à* *un accord collectif comme à un employeur de reconnaître la qualité d'organisation syndicale représentative à une organisation qui n'a pas satisfait à cette condition* »). Seul le premier tour des élections est pris en compte, que le quorum soit ou non atteint (infra élections professionnelles) ; même si le quorum n'est pas atteint, ce premier tour doit être dépouillé pour mesurer l'audience des organisations syndicales. Chaque bulletin de vote est intégralement pris en compte, « pour une unité », sans tenir compte d'éventuelles ratures de noms (Soc. 6 janv. 2011, PBRI, Sté DNA). Les votes blancs et nuls ne comptent pas dans les « suffrages exprimés ».

Cette nouvelle disposition est jugée en conformité avec la Constitution (Cass. QPC 18 juin 2010, CFTC c/ Pôle emploi IdF) et avec les normes européennes et internationales : « *Si le droit de mener des négociations collectives est, en principe, devenu l'un des éléments essentiels du droit de fonder des syndicats et de s'affilier à des syndicats, pour la défense de ses intérêts, énoncé à l'article 11 de la Convention européenne de sauvegarde des droits de l'homme et des libertés fondamentales, les États demeurent libres de réserver ce droit aux syndicats représentatifs, ce que ne prohibent ni les articles 5 et 6 de la Charte sociale européenne, ni l'article 28 de la Charte des droits fondamentaux de l'Union européenne, ni les conventions n° 98 et 135 de l'OIT ; le fait pour les salariés, à l'occasion des élections professionnelles, de participer à la détermination des syndicats aptes à les représenter dans les négociations collectives n'a pas pour effet d'affaiblir les représentants syndicaux au profit des représentants élus, chacun conservant les attributions qui lui sont propres* » (Soc. 14 avril 2010, BPR, Sté SDMO c/ FO ; voir également Cass. QPC 18 juin 2010 et DC QPC 12 nov. 2010, § 7). Ce critère d'audience minimale est considéré comme conforme aux Conventions de l'OIT par le Comité de la Liberté Syndicale de l'OIT (cas n° 2750, nov. 2011).

La jurisprudence précise plusieurs points importants de cette nouvelle disposition :

- « *L'audience recueillie (...) aux élections des DP ne peut être prise en compte (...) que s'il ne s'est pas tenu dans l'entreprise d'élections au CE ou à la DUP permettant de mesurer cette audience* » (Soc. 13 juill. 2010) ; par conséquent, si des élections au CE (comité d'entreprise ou comités d'établissements) ont eu lieu, seuls les résultats de ce scrutin seront pris en compte pour établir la liste des syndicats représentatifs (Soc. 10 nov. 2010, CGT c/ Caisse d'Épargne de Bourgogne Franche-Comté ; Soc. 16 nov. 2010, SNCF c/ Fédération FO des cheminots).
- « *Satisfait à ce critère le syndicat qui a obtenu 10 % des voix au premier tour des élections tous collèges confondus, peu important qu'il n'ait pas présenté de candidat dans chacun des collèges* » (Soc. 22 sept. 2010, Fondation de l'Armée du Salut c/ Syndicat départemental de l'action sociale FO de Paris).
- « *Lorsque la désignation s'effectue au niveau d'une UES, le seuil de 10 % (...) se calcule en additionnant la totalité des suffrages obtenus lors des élections au sein des différentes entités composant l'UES* », « *le calcul de l'audience pour la désignation d'un délégué syndical au sein de l'UES tient compte de tous les suffrages (...) obtenus par les syndicats affiliés à la même*

confédération syndicale » (Soc. 22 sept. 2010, PBR, CGT c/ CMA-CGM ; les voix obtenues par un syndicat CGT et par un syndicat UGICT-CGT sont donc à additionner).

– « *L'affiliation confédérale sous laquelle un syndicat a présenté des candidats au premier tour des élections des membres titulaires du comité d'entreprise constitue un élément essentiel du vote des électeurs* » ; par conséquent, « *en cas de désaffiliation après ces élections, le syndicat ne peut continuer à se prévaloir des suffrages ainsi recueillis pour se prétendre représentatif* » (Soc. 18 mai 2011, PBRI, STAAAP UNSA c/ SAS Aéropass). Ainsi, en cas de désaffiliation et réaffiliation, le syndicat ne peut conserver le bénéfice des votes émis par les salariés et l'organisation syndicale ne peut faire profier son nouveau syndicat, nouvellement affilié, de l'audience acquise antérieurement sous un autre sigle syndical.

– Quand deux syndicats, avec le même sigle syndical, présentent « *chacun leur propre liste, au 1er tour des membres titulaires du CE, il n'y a pas lieu de procéder à la totalisation, au profit de l'un ou de l'autre, des suffrages recueillis en propre par chacun* » et quand ni l'un, ni l'autre n'a recueilli au moins 10 % des suffrages exprimés, il en résulte qu'aucun n'est représentatif et ne peut procéder à la désignation de DS (Soc. 26 oct. 2011, Renault Douai).

– « *Le changement d'affiliation d'une union syndicale doit être décidé dans les conditions prévues par les statuts ; à défaut de disposition statutaire spécifique, la décision est prise aux conditions statutaires prévues pour la dissolution de l'organisation syndicale et à défaut, dans le silence des statuts, à l'unanimité des syndicats adhérents* » (Soc. 18 mai 2011, PBRI, Fédération des cheminots c/ Syndicat général des transports du Rhône CFDT).

– « *Pour apprécier l'influence d'un syndicat, critère de sa représentativité caractérisé prioritairement par l'activité et l'expérience, le juge doit prendre en considération l'ensemble de ses actions, y compris celles qu'il a menées alors qu'il était affilié à une confédération syndicale dont il s'est par la suite désaffilié* » (Soc. 28 sept. 2011, Sté Acna Roissy c/ SNRTGS-CFTC).

Organisations catégorielles. Cette règle se décline par collège pour « les organisations syndicales catégorielles affiliées à une confédération syndicale catégorielle interprofessionnelle nationale » (L. 2122-2 ; il s'agit aujourd'hui de la CGC). Cette disposition est jugée conforme à la Constitution (DC QPC du 7 oct. 2010, suite à Cass. QPC 8 juill. 2010, Sté Bosch). Il s'ensuit que pour évaluer l'audience (10 % au moins) de ces syndicats, seules doivent être prises en compte les voix obtenues dans les « collèges électoraux dans lesquels leurs règles statutaires leur donnent vocation à présenter des candidats » (cf. pour la CGC les deuxième ou troisième collèges suivant les cas). La situation des autres organisations catégorielles (CGC, organisations de journalistes – L. 7111-7 –, de pilotes d'avion – L. 432-9 C. aviation civile) qui bénéficient ici d'un privilège, est également validée comme non contraire à la Constitution (DC QPC 12 nov. 2010, § 8). Le régime dérogatoire pour ces organisations catégorielles pourrait être contesté au regard de l'égalité de traitement entre organisations syndicales, sur la base de dispositions internationales devant des instances internationales (OIT, Conseil de l'Europe).

Selon les dispositions transitoires, jusqu'aux résultats des premières élections professionnelles, est présumé représentatif au niveau de l'entreprise tout syndicat affilié à l'une des organisations syndicales de salariés représentatives au niveau national et interprofessionnel à la date de publication de la présente loi.

Au niveau du groupe. « La représentativité des organisations syndicales au niveau de tout ou partie du groupe est appréciée conformément aux règles définies aux articles (...) relatifs à la représentativité syndicale au niveau de l'entreprise, par addition de l'ensemble des suffrages obtenus dans les entreprises ou établissements concernés » (L. 2122-4).

Au niveau des branches professionnelles. « Dans les branches professionnelles, sont représentatives les organisations syndicales représentatives qui :

- 1°) « Satisfont aux critères de l'article L. 2121-1.
- 2°) Disposent d'une implantation territoriale équilibrée au sein de la branche.
- 3°) Ont recueilli au moins 8 % des suffrages exprimés au premier tour des dernières élections des titulaires aux comités d'entreprise ou de la délégation unique du personnel ou, à défaut, des délégués du personnel, quel que soit le nombre de votants, additionnés au niveau de la branche. La mesure de l'audience s'effectue tous les quatre ans » (L. 2122-5).

Cependant, « dans les branches dans lesquelles plus de la moitié des salariés sont employés dans des entreprises où, en raison de leur taille, ne sont pas organisées d'élections professionnelles permettant d'y mesurer l'audience des organisations syndicales, et jusqu'à l'intervention d'une loi suivant les résultats d'une négociation nationale interprofessionnelle, aboutissant au plus tard le 30 juin 2009, sur les moyens de renforcer l'effectivité de la représentation collective du personnel dans les petites entreprises et d'y mesurer l'audience des organisations syndicales, sont présumées, sans préjudice de la preuve du contraire, représentatives les organisations syndicales de salariés affiliées à des organisations syndicales représentatives au niveau national et interprofessionnel. Sont également considérées comme représentatives pendant cette période les organisations syndicales qui satisfont aux critères mentionnés à l'article L. 2121-1 autres que celui de l'audience » (*infra* Loi sur les TPE).

Ces règles se déclinent dans les collèges électoraux pour les organisations syndicales catégorielles qui sont affiliées à une confédération syndicale catégorielle interprofessionnelle nationale (L. 2122-7).

Au niveau national interprofessionnel, enfin, sont représentatives les organisations syndicales qui :

- 1°) Satisfont aux critères de l'article L. 2121-1.
- 2°) Sont représentatives à la fois dans des branches de l'industrie, de la construction, du commerce et des services.

– 3°) Ont recueilli au moins 8 % des suffrages exprimés au premier tour des dernières élections des titulaires aux comités d'entreprise ou de la délégation unique du personnel ou, à défaut, des délégués du personnel, quel que soit le nombre de votants, additionnés au niveau de la branche. Sont également pris en compte les résultats de la mesure de l'audience par branche (L. 2122-6), s'ils sont disponibles. La mesure de l'audience s'effectue tous les quatre ans (L. 2122-9). Cette règle se décline pour les organisations syndicales catégorielles (L. 2122-10).

Très Petites Entreprises (TPE). Pour la « mesure de l'audience des organisations syndicales concernant les entreprises de moins de 11 salariés », il est prévu que (loi du 15 oct. 2010 et décret du 28 juin 2011 – R. 2121-61 à R. 2122-98) :

En vue de mesurer l'audience des organisations syndicales auprès des salariés des entreprises de moins de 11 salariés, à l'exception de ceux relevant des branches de l'agriculture, un scrutin est organisé au niveau régional tous les quatre ans. Ce scrutin a lieu au cours d'une période fixée par décret (L. 2122-10-1). Sont électeurs les salariés des entreprises qui emploient moins de 11 salariés au 31 décembre de l'année précédant le scrutin, titulaires d'un contrat de travail au cours de ce mois de décembre, âgés de 16 ans révolus et ne faisant l'objet d'aucune interdiction, déchéance ou incapacité relative à leurs droits civiques (L. 2122-10-2). Les électeurs sont inscrits dans deux collèges, d'une part un collège « cadres », d'autre part un collège « non-cadres », en fonction des informations relatives à l'affiliation à une institution de retraite complémentaire portées sur les déclarations sociales des entreprises (L. 2122-10-4). Les organisations syndicales de salariés qui satisfont aux critères de respect des valeurs républicaines et d'indépendance, légalement constituées depuis au moins deux ans et auxquelles les statuts donnent vocation à être présentes dans le champ géographique concerné, ainsi que les syndicats affiliés à une organisation syndicale représentative au niveau national et interprofessionnel peuvent se déclarer candidates (L. 2122-10-6). Il s'agit d'élections « sur sigle » (pas pour une liste de personnes). Le scrutin a lieu par voie électronique et par correspondance. Lorsqu'il n'en dispose pas, l'employeur n'a pas l'obligation de mettre à la disposition des salariés le matériel informatique permettant le vote par voie électronique. Les conditions de déroulement du scrutin et de confidentialité du vote sont déterminées par décret, qui précise également les modalités de l'information délivrée aux salariés (L. 2122-10-7).

Ces élections seront organisées au niveau régional ; les listes électorales sont établies par les DIRECCTE et les candidatures sont adressées aux DIRRECTE ; les contestations sont portées devant le TI du ressort de la DIRECCTE concernée (le TI de Paris XVe pour les décisions des services centraux du ministère du Travail).

Les résultats obtenus lors de ce scrutin seront pris en compte pour établir la liste des syndicats représentatifs au niveau national et interprofessionnel et au niveau des branches (L. 2122-5 et L. 2122-9).

Selon des **dispositions transitoires** (loi « démocratie sociale », art. 9-11) :

– la première mesure de l'audience au niveau des branches et au niveau interprofessionnel est réalisée au plus tard cinq ans après la publication de la loi (soit avant le 21 août 2013).
– au niveau interprofessionnel national : jusqu'à la détermination des organisations représentatives, sont présumées représentatives les organisations syndicales de salariés présumées représentatives au niveau national et interprofessionnel à la date de publication de la loi, ainsi que toute organisation syndicale dont la représentativité est fondée sur les critères de représentativité dans la rédaction antérieure à la présente loi (L. 2121-1 ancien).
– au niveau des branches : jusqu'à la première détermination des organisations syndicales reconnues représentatives sont présumés représentatifs au niveau des branches professionnelles les syndicats affiliés aux organisations syndicales de salariés représentatives au niveau national et interprofessionnel et les organisations syndicales de salariés déjà représentatives. Pendant quatre ans à compter de la première détermination des organisations syndicales représentatives au niveau des branches, toute organisation syndicale affiliée à l'une des organisations syndicales représentatives au niveau national et interprofessionnel est présumée représentative au niveau de la branche.
– au niveau de l'entreprise : jusqu'aux résultats des premières élections professionnelles dans l'entreprise ou l'établissement, pour lesquelles la date fixée pour la première réunion de la négociation du protocole d'accord préélectoral est postérieure à la publication de la loi, est présumé représentatif à ce niveau tout syndicat affilié à l'une des organisations syndicales de salariés présumées représentatives au niveau national et interprofessionnel à la date de publication de la loi, ainsi que tout syndicat représentatif à ce niveau à la date de cette publication (la loi « *n'a pas prévu qu'il puisse être rapporté une preuve contraire* », Soc. 8 juill. 2009, PBRI, Fédération CGT Commerce distribution services c/ Sté Okaidi). Pendant cette période, un syndicat qui ne bénéficie pas de cette présomption peut établir sa représentativité, soit par affiliation postérieure à une organisation représentative au niveau national ou interprofessionnel, soit en apportant la preuve qu'il remplit les nouveaux critères légaux, à l'exception de l'obtention d'un score électoral de 10 % (Soc. 10 mars 2010, PBRI, Sté Elidis c/ CGT).

« *Dès lors que les résultats de l'élection ont donné lieu à la proclamation d'élus, la période transitoire prend fin* », les anciennes modalités de désignation d'un DS ne sont plus applicables (Soc. 18 mai 2011, Sté Blanchisserie l'Étoile).

Est également présumé représentatif dans les mêmes conditions tout syndicat constitué à partir du regroupement de plusieurs syndicats dont l'un au moins est affilié à une organisation syndicale de salariés représentative au niveau national et interprofessionnel à la date de publication de la loi.

Cette réforme met ainsi fin à la présomption irréfragable de représentativité, cependant maintenue à titre transitoire pour certaines applications.

Droit syndical dans l'entreprise

	Ensemble		CFDT		CGT		CGT-FO		CFTC		CFE-CGC		Syndicats non confédérés	
Secteur d'activité	1998-1999	2004-2005	1998-1999	2004-2005	1998-1999	2004-2005	1998-1999	2004-2005	1998-1999	2004-2005	1998-1999	2004-2005	1998-1999	2004-2005
Industrie	40	49	18	24	25	28	12	15	5	9	9	10	1	2
Construction	23	24	8	8	11	11	5	10	1	3	2	3	0	1
Commerce	19	24	6	9	6	8	6	7	2	4	3	5	2	4
Transports	37	39	19	24	18	21	14	14	4	8	4	6	5	7
Activités financières et immobilières	57	63	38	41	18	29	27	33	11	22	16	21	7	21
Services aux entreprises	33	36	16	20	17	19	13	15	6	8	7	9	3	4
Services aux particuliers	25	29	10	14	14	14	9	14	2	7	6	7	2	2
Éducation, santé-action sociale	39	49	24	27	10	21	9	11	6	5	3	4	1	6
Ensemble	33	38	16	19	16	19	10	13	4	7	6	8	2	4

Lecture : en 2004-2005 la CFDT dispose de DS dans 8 % des établissements du secteur de la construction.
Champ : établissements de 20 salariés et plus du secteur marchand non agricole.
Source : enquêtes REPONSE 1998-1999, 2004-2005, volet « représentant de la direction », Dares.

Tableau 9 – Évolution de la présence de délégués syndicaux dans les établissements selon l'affiliation et le secteur d'activité (en %)

Règles générales

L'exercice du droit syndical est reconnu dans toutes les entreprises dans le respect des droits et libertés garantis par la Constitution de la République, en particulier de la liberté individuelle du travail. Les syndicats professionnels peuvent s'organiser librement dans toutes les entreprises (L. 2141-4).

Aucune limitation ne peut être apportée aux dispositions légales relatives à l'exercice du droit syndical par note de service ou décision unilatérale de l'employeur (L. 2141-10). En revanche, des conventions ou accords collectifs de travail comportant des clauses plus favorables à l'exercice du droit syndical peuvent être conclu(e) s dans le respect de la liberté syndicale et l'égalité de traitement entre les organisations. Des dispositions complémentaires s'appliquent dans les entreprises du secteur public (L. 2144-1 et L. 2144-2).

A. Champ d'application

La loi s'applique aux employeurs de droit privé (quelles que soient la nature de l'activité et la forme juridique de l'entreprise) ainsi qu'à leurs salariés, au personnel des personnes publiques employé dans les conditions du droit privé, sous réserve de dispositions particulières ayant le même objet résultant du statut qui régit ce personnel (L. 2111-1, L. 412-4).

B. Non-discrimination

Les dispositions légales interdisant la discrimination syndicale sont d'ordre public. Sur le plan civil, toute mesure prise par l'employeur contrairement à ces dispositions est nulle (le juge peut ordonner la remise en l'état et, à défaut ou en complément, le versement de dommages-intérêts ; une discrimination constitue un trouble manifestement illicite que le juge des référés du CPH doit faire cesser). Sur le plan pénal, une discrimination constitue une infraction (un délit relevant de la compétence du tribunal correctionnel), des sanctions peuvent être prononcées contre les personnes physiques et les personnes morales.

1. Non-discrimination à l'égard des personnes physiques (salariés)

Il est interdit à tout employeur de prendre en considération l'appartenance à un syndicat ou l'exercice d'une activité syndicale pour arrêter ses décisions en ce qui concerne notamment l'embauchage, la conduite et la répartition du travail, la formation professionnelle, l'avancement, la rémunération et l'octroi d'avantages sociaux, les mesures de discipline et de rupture du contrat de travail (L. 2141-5, L. 412-2 ; Chap. V, Non-discrimination). L'efficacité de ces dispositions, longtemps parue incertaine, même si des condamnations pour discrimination syndicale étaient parfois prononcées (Soc. 3 janv. 1958), se manifeste désormais (Soc. 10 avril 2008, Soc. 27 mai 2008, Soc. 4 févr. 2009, etc.). Le droit devient une menace crédible.

Toute discrimination peut également donner lieu à sanction pénale, c'est-à-dire à une amende jusqu'à 3 750 € (Crim. 6 févr. 2007 ; Crim. 9 nov. 2004) et, en cas de récidive, à un emprisonnement dans la limite d'un an et/ou à une amende pouvant s'élever à 7 500 € (L. 2146-2, L. 481-3). La preuve de la discrimination, au pénal, peut désormais être établie par étude comparative entre les salariés (Crim. 9 nov. 2004). Constituent ainsi une discrimination la dégradation des conditions de travail (Crim. 4 janv. 1991), le retrait des moyens de travail et l'exclusion (Crim. 29 janv. 2009, Jean X), la mise en intercontrat sur une période anormalement longue (Crim. 17 mars 2009, représentant FO), etc.

Un accord détermine les mesures à mettre en œuvre pour concilier la vie professionnelle avec la carrière syndicale et pour prendre en compte l'expérience acquise, dans le cadre de l'exercice de mandats, par les représentants du personnel désignés ou élus dans leur évolution professionnelle (L. 2141-5 et L. 2242-20). Des accords sont désormais signés sur ces thèmes (exemple : Charte AXA du 5 mai 2009 sur la reconnaissance du parcours syndical dans le développement de la carrière et l'évolution professionnelle ; Accord du 23 déc. 2009 relatif à l'exercice du droit syndical chez PSA Peugeot Citroën).

2. *Régime probatoire au civil*

Traditionnellement, le syndicaliste devait apporter la preuve que son salaire ou son avancement était freiné du fait de son engagement (art. 1315 al. 1 C. civil). Du fait de ce fardeau de la preuve, très peu de syndicalistes discriminés obtenaient gain de cause. Grâce à la jurisprudence communautaire de l'égalité entre les femmes et les hommes, la jurisprudence interne a évolué : désormais, notamment depuis l'« affaire Peugeot » (CA Paris 21 févr. 1997), puis la nouvelle jurisprudence de la Cour de cassation (Soc. 28 mars 2000, SNCF), il existe un aménagement de la charge de la preuve.

Dans un premier temps, le salarié présente des éléments de fait laissant supposer l'existence d'une discrimination (l'allégation de faits susceptibles de caractériser une discrimination incombe au salarié). Il n'y a donc pas de renversement de la charge de la preuve.

Dans un second temps, il incombe à l'employeur de prouver que sa décision est justifiée par des éléments objectifs étrangers à toute discrimination (la preuve de la justification de l'absence de discrimination incombe à l'employeur). Désormais, le risque de la preuve pèse sur l'employeur : s'il ne prouve pas l'absence de discrimination, celle-ci est établie.

« *Le juge du fond apprécie souverainement l'opportunité de recourir à des mesures d'instruction portant aussi bien sur les éléments présentés par le salarié et laissant supposer l'existence d'une discrimination que sur ceux apportés par l'employeur pour prouver que sa décision est justifiée par des éléments objectifs étrangers à toute discrimination* » (Soc. 4 févr. 2009, préc.). La charge pesant sur le salarié peut ainsi se trouver allégée.

« *Si la prescription trentenaire interdit la prise en compte de faits de discrimination couverts par elle, elle n'interdit pas au juge, pour apprécier la réalité de la discrimination subie au cours de la période non prescrite, de procéder à des comparaisons avec d'autres salariés engagés dans des conditions identiques de diplôme et de qualification à la même date que l'intéressé, celle-ci fût-elle antérieure à la période prescrite* » (Soc. 4 févr. 2009, préc. ; l'action en réparation du préjudice résultant d'une discrimination syndicale se prescrivait par 30 ans, Soc. 15 mars 2005, avant la réforme du 17 juin 2008 de la prescription – voir chapitre V).

La discrimination syndicale étant souvent relativement facile à établir, les décisions de condamnation en matière de discrimination syndicale sont devenues fréquentes. Ainsi, constituent une discrimination :

- une disparité de déroulement de carrières (Soc. 26 avril 2000 ; Soc. 4 févr. 2009, SAS Renault c/ M. Roger Silvain, plus de 210 000 € de dommages-intérêts pour ce syndicaliste désormais retraité), ou en matière d'évaluation (Soc. 17 oct. 2006) ;
- une appréciation discriminatoire des compétences professionnelles (Soc. 4 juill. 2000, Sté Verdomme) ;
- des fiches d'évaluation faisant référence aux activités prud'homales et syndicales pour un syndicaliste n'ayant bénéficié d'aucune promotion (Soc. 1er janv. 2009) ;

- l'absence d'entretien d'évaluation ayant affecté les chances de promotion professionnelle (Soc. 19 janv. 2010) ;
- la mise en place d'un système d'avancement propre aux salariés exerçant des activités syndicales à plein-temps (Soc. 23 févr. 2005) et limitant leur progression de rémunération et de carrière (Soc. 24 sept. 2008, CCN Caisses d'Épargne) ;
- des conditions de travail défavorables (militant privé de son camion 15 tonnes, Soc. 23 juin 2004).

Un employeur ne peut se prévaloir de l'absence de formulation de demandes de formation par un délégué pour échapper à la condamnation de discrimination syndicale (Soc. 1er juin 2004) ; un délégué syndical ne peut être privé d'une prime d'assiduité si ses absences autorisées sont liées à l'exercice de son mandat (Soc. 2 juin 2004).

En revanche, le salarié qui s'abstient de demander un changement d'emploi ou de qualification, alors que l'employeur l'a informé des opportunités se présentant dans l'entreprise, ne peut lui imputer un retard dans le déroulé de sa carrière ; mais il en va autrement quand un accord collectif organise la progression de carrière (Soc. 6 juill. 2010, PBR).

Le licenciement d'une salariée en raison de ses activités syndicales (défense de salariés lors d'entretiens préalables) est nulle, même si la salariée n'est pas titulaire d'un mandat ni même syndiquée (Soc. 17 mars 1999 ; Crim. 29 oct. 1996). La jurisprudence défend ainsi une conception fonctionnelle (l'action) plutôt qu'organique (l'affiliation) de l'activité syndicale.

3. *Réparation en nature et/ou indemnitaire*

« *La réparation intégrale d'un dommage oblige à placer celui qui l'a subi dans la situation où il se serait trouvé si le comportement dommageable n'avait pas eu lieu* » (Soc. 23 nov. 2005, M. Toullec c/ EDF). Ainsi, le juge peut notamment ordonner le reclassement (au regard de la grille de classification applicable dans l'entreprise) d'un salarié discriminé (Soc. 31 janv. 2007 ; chapitre 5). Sont ainsi « *mis à néant* » les effets de la discrimination (Soc. 24 févr. 2004, M. X c/ SNCF).

4. *Non-discrimination à l'égard des personnes morales (syndicats)*

Il est interdit à l'employeur ou à ses représentants d'employer un moyen quelconque de pression en faveur ou à l'encontre d'une organisation syndicale (L. 2141-7, L. 412-2). Sont illicites :

- une différence de traitement entre organisations syndicales pour la désignation de délégués syndicaux (Soc. 5 mai 2004) ;
- le fait de subventionner un syndicat et non un autre selon qu'il a signé ou non un accord collectif (Soc. 29 mai 2001) ;
- une circulaire d'une fédération patronale invitant ses adhérents à répondre favorablement aux demandes d'un nouveau syndicat (Soc. 16 mars 1977).

Commet le délit de discrimination syndicale le représentant du chef d'entreprise qui sollicite un consultant pour une mission ayant pour objet de réduire l'influence d'un syndicat, fait connaître ce projet à l'encadrement au cours de réunions, etc. La complicité du consultant est retenue (CA Lyon, ch. ap. correc. 14 févr. 2007 affaire SAS Nextiraone France, R. Cordonnier, Philippe Lecat, Sté Belledonne Conseil, pourvois rejetés Crim. 2 sept. 2008).

En revanche, « *ne méconnaît pas le principe constitutionnel d'égalité la disposition d'un accord collectif, plus favorable que la loi, qui subordonne l'octroi d'avantages à des syndicats à une condition de représentativité* » (Soc. 22 sept. 2010, Sud banques c/ Société Générale, désignation de permanents au seul bénéfice des syndicats représentatifs au vu des résultats électoraux).

Section syndicale

A. Constitution

Reprenant des dispositions de la Position commune du 9 avril 2008, la loi du 20 août 2008 « démocratie sociale » prévoit de nouvelles modalités de constitution d'une section syndicale : « Dès lors qu'ils ont plusieurs adhérents dans l'entreprise ou dans l'établissement, chaque syndicat qui y est représentatif, chaque syndicat affilié à une organisation syndicale représentative au niveau national et interprofessionnel ou chaque organisation syndicale qui satisfait aux critères de respect des valeurs républicaines et d'indépendance et est légalement constituée depuis au moins deux ans et dont le champ professionnel et géographique couvre l'entreprise concernée peut constituer au sein de l'entreprise ou de l'établissement une section syndicale qui assure la représentation des intérêts matériels et moraux de ses membres (...) » (L. 2142-1). La jurisprudence selon laquelle la seule désignation d'un délégué syndical vaut preuve de l'existence d'une section syndicale (depuis Soc. 27 mai 1997) est infirmée au regard de ces nouvelles dispositions légales.

Resurgit la question de la communication contradictoire, donc aussi à l'employeur, par le syndicat auteur d'une désignation (d'un DS, etc.) et par le salarié désigné, de la liste des salariés de l'entreprise adhérents à ce syndicat (au nombre de deux au minimum, peu important les effectifs de l'entreprise – Soc. 4 nov. 2009, PBR). Au regard des textes garantissant la liberté syndicale et le respect de la vie personnelle, nul ne peut être contraint de communiquer à l'employeur la liste des salariés adhérents à un syndicat, chacun ayant le droit de ne pas révéler à l'employeur son éventuelle adhésion syndicale et nul ne devant être lésé au motif qu'il a refusé de communiquer cette information confidentielle à l'employeur. Cette information peut être communiquée au juge. Ainsi, il est jugé qu'« *en cas de contestation sur l'existence d'une section syndicale, le syndicat doit apporter les éléments de preuve utiles à établir la présence de ces deux adhérents dans l'entreprise, dans le respect du contradictoire, à l'exclusion des éléments susceptibles de permettre l'identification des adhérents du syndicat, dont seul le juge peut prendre connaissance* » (Soc. 8 juill. 2009, PBRI, Sté Okaidi, préc.). Les adhérents n'ont pas à être répartis sur l'ensemble des sites de l'entreprise ou de l'établissement distinct (Soc. 8 juill. 2009, PBRI, SUD c/ BNP).

La constitution d'une section syndicale n'est subordonnée à aucune condition d'effectif, de forme, de publicité ou de dépôt de statut. Le syndicat est libre d'organiser, comme il l'entend, cette section qui regroupe ses adhérents et constitue son « antenne » dans l'entreprise. La loi en rappelle seulement l'objet (défendre les intérêts de ses membres). Les adhérents peuvent aussi décider de se constituer en syndicat d'entreprise.

B. Droits

La section syndicale n'a pas la personnalité civile (elle ne peut pas désigner un délégué syndical, ni agir en justice, etc.), mais la loi lui reconnaît plusieurs prérogatives.

1. *Collecte des cotisations syndicales*

Elle peut être réalisée à l'intérieur de l'entreprise (L. 2142-2, L. 412-7). Il est possible de collecter les cotisations sur les lieux de travail et pendant le temps de travail. Le ministère du Travail suggère toutefois (circulaire du 30 nov. 1984) que cette collecte se fasse selon des modalités acceptées par les parties. Une réduction d'impôts sur le revenu est prévue pour les cotisations versées aux organisations syndicales (66 % du montant des cotisations versées au cours de l'année, dans la limite de 1 % du montant du revenu brut, art. 129 quater C du Code général des impôts).

2. *Affichage des communications syndicales*

Il s'effectue librement sur des panneaux réservés à cet usage et distincts de ceux qui sont affectés aux communications des DP et du CE. Les panneaux sont mis à disposition de chaque section suivant des modalités fixées par accord avec l'employeur. Un exemplaire de ces communications syndicales est transmis à l'employeur (L. 2142-3, L. 412-8, al. 1 et 2). Comme pour les communications des délégués du personnel, le chef d'entreprise doit être informé, mais n'exerce aucun contrôle *a priori*.

3. *Communication*

Publications et tracts

Les publications et tracts de nature syndicale peuvent librement être diffusés aux travailleurs de l'entreprise dans l'enceinte de celle-ci, aux heures d'entrée et de sortie du travail (L. 2142-4, L. 412-8, al. 4). Ils ne peuvent donc être diffusés dans les ateliers ou les bureaux pendant les heures de travail, même insérés dans une enveloppe (Soc. 31 mars 1998), ni pendant les pauses, ni à la cantine pendant les repas, ni par le courrier de l'entreprise, voire dans les casiers destinés au courrier intérieur. D'autres dispositions, plus souples, sont souvent négociées à cet égard, voire résultent d'usages (Soc. 27 mai 2008, distribution licite dans les locaux).

Le contenu de ces affiches, publications et tracts est librement déterminé par l'organisation syndicale, sous réserve de l'application des dispositions relatives à la presse (L. 2142-5, L. 412-8, al. 5). Ces dispositions répriment notamment l'injure et la diffamation. Si le chef d'entreprise estime qu'une communication affichée par un syndicat a un caractère injurieux, il peut s'adresser au juge des référés pour lui demander d'ordonner le retrait de la communication litigieuse, mais ne peut y procéder lui-même.

Internet et Intranet

En matière de communication syndicale dans l'entreprise, se pose maintenant la question de l'utilisation des moyens liés à Internet, notamment l'Intranet (réseau de communication interne à l'entreprise).

La loi encadre le recours des syndicats à l'Intranet et à la messagerie de l'entreprise : un accord collectif d'entreprise peut autoriser les organisations syndicales à utiliser les moyens d'information de l'entreprise (L. 2142-6, L. 412-8). Un tel accord peut autoriser la mise à disposition des publications et tracts syndicaux soit sur un site syndical mis en place sur l'Intranet de l'entreprise, soit par diffusion aux salariés sur leur poste de travail par la voie de la messagerie électronique de l'entreprise. Dans ce dernier cas, cette diffusion doit être compatible avec les exigences de bon fonctionnement du réseau informatique de l'entreprise et ne pas entraver l'accomplissement du travail. L'accord d'entreprise qui définit les modalités de cette mise à disposition ou de ce mode de diffusion doit préciser les conditions d'accès, sans discrimination, des organisations syndicales et les règles techniques visant à préserver la liberté de choix des salariés d'accepter ou de refuser un message ainsi que la confidentialité des échanges. L'accord peut subordonner l'utilisation de la messagerie électronique interne (Intranet) à l'existence d'un lien entre le contenu des informations syndicales et la situation sociale existant dans l'entreprise (Soc. 22 janv. 2008 ; Soc. 5 mars 2008). Mais la diffusion de documents syndicaux sur la messagerie électronique peut aussi tout simplement être autorisée par l'employeur (Soc. 25 janv. 2005).

Cependant, à l'extérieur de l'entreprise, un syndicat peut librement communiquer (à partir d'un site Internet ou d'un blog), mais cette liberté d'expression syndicale peut être limitée, dans la mesure de ce qui est nécessaire, pour éviter que la divulgation d'informations confidentielles porte atteinte aux « *intérêts légitimes de l'entreprise* » (Soc. 5 mars 2008, art. 10-2 CESDH et art. 1er Loi pour la confiance dans l'économie numérique).

En l'absence d'accord d'entreprise, le fait pour un représentant syndical d'envoyer un tract syndical de son ordinateur et de sa messagerie personnels aux adresses électroniques de salariés ne constitue pas une diffusion et n'est pas fautif (Soc. 10 janv. 2012, Crédit maritime mutuel en Bretagne).

4. *Local*

Dans les entreprises ou établissements où sont occupés plus de 200 salariés, le chef d'entreprise met à la disposition des sections syndicales un local commun convenant à l'exercice de la mission de leurs délégués (L. 2142-8, L. 412-9).

Dans les entreprises ou établissements où sont occupés plus de 1 000 salariés, l'employeur ou son représentant met à la disposition de chaque section syndicale « constituée par une organisation syndicale représentative dans l'entreprise ou l'établissement » un local convenable, aménagé et doté du matériel nécessaire à son fonctionnement (L. 2142-8, L. 412-9, al. 2). La ligne de téléphone doit assurer la confidentialité des communications, notamment en n'étant pas connectée à l'autocommutateur de l'entreprise (Soc. 6 avril 2004).

Constituent un trouble manifestement illicite apporté à la liberté syndicale l'expulsion de locaux syndicaux sans titre exécutoire (voie de fait) et l'obligation pour se rendre dans de nouveaux locaux syndicaux de passer sous un portique électronique, de présenter un badge et de subir éventuellement une fouille, sans que de telles mesures soient justifiées par des impératifs de sécurité (Soc. 26 sept. 2007, Syndicat CFDT Servair ; Soc. 13 janv. 2010, PBR, SPASAF CFDT c/ SA Servair).

5. *Réunion*

Les adhérents de chaque section syndicale peuvent se réunir une fois par mois dans l'enceinte de l'entreprise, en dehors des heures et locaux de travail, suivant des modalités fixées par accord avec le chef d'entreprise (L. 2142-10, L. 412-10, al. 1).

Les sections syndicales peuvent inviter des personnalités syndicales extérieures à l'entreprise à participer à des réunions organisées par elles dans les locaux syndicaux, ou, avec l'accord du chef d'entreprise, dans des locaux mis à leur disposition. Des personnalités extérieures, autres que syndicales, peuvent être invitées par les sections syndicales à participer à une réunion, sous réserve de l'accord du chef d'entreprise. L'accord du chef d'entreprise est requis lorsque la personnalité invitée n'est pas une personnalité syndicale et, si c'est une personnalité syndicale, lorsque la réunion a lieu dans des locaux prêtés par le chef d'entreprise.

Ces réunions syndicales ont lieu en dehors du temps de travail des participants à l'exception des représentants du personnel qui peuvent se réunir sur leur temps de délégation (L. 2142-11, L. 412-10, al. 2, 3 et 4).

Certains accords prévoient des « heures d'information syndicale », avec maintien de la rémunération des participants par l'employeur.

6. *Négociation collective d'entreprise*

Pour la négociation collective d'entreprise (L. 2143-16), chaque section syndicale dispose, en vue de la préparation de la négociation au profit de son ou de ses délégués syndicaux et des salariés de l'entreprise appelés à négocier, d'un crédit global supplémentaire, quel que soit le nombre d'accords conclus (Soc. 2 juin 2004), dans la limite de 10 heures par an dans les entreprises occupant au moins 500 salariés et de 15 heures par an dans les entreprises occupant au moins 1 000 salariés.

7. *Formation économique, sociale et syndicale*

Tout salarié qui souhaite participer à des stages ou des sessions de formation économique et sociale ou de formation syndicale (L. 3142-7, L. 2145-1 et s., L. 451-1 et s.) organisés soit par des centres rattachés à des organisations syndicales de salariés reconnues représentatives sur le niveau national, soit par des instituts spécialisés (Instituts du travail), a droit, sur sa demande, à un ou plusieurs congés. Le ministère du Travail publie chaque année la liste des organismes agréés et l'État participe financièrement aux frais de formation.

La durée totale des congés de formation économique et sociale et de formation syndicale pris dans l'année par un salarié ne peut excéder 12 jours. Elle ne peut excéder 18 jours pour les animateurs des stages et sessions. La durée de chaque congé ne peut être inférieure à deux jours.

Le ou les congés de formation économique et sociale et de formation syndicale donnent lieu à une rémunération par les employeurs, dans les entreprises de 10 salariés et plus. Cette rémunération est versée à la fin du mois au cours duquel la session de formation a eu lieu (L. 3142-8). Cette rémunération ne compense pas nécessairement la perte de salaire. La loi se borne à fixer le pourcentage de la masse salariale de l'année en cours qui sera affecté à cette indemnisation : 0,08 pour mille. Ce n'est qu'une fois l'année écoulée que cette enveloppe peut être calculée et répartie entre les intéressés, le trop-perçu pouvant être retenu auprès de chacun (Soc. 4 déc. 1991). La durée du ou des congés de formation économique et sociale et de formation syndicale ne peut être imputée sur celle du congé payé annuel. Elle est assimilée à une durée de travail effectif pour la détermination de la durée des congés payés, du droit aux prestations d'assurances sociales et aux prestations familiales ainsi que pour l'ensemble des autres droits résultant pour l'intéressé de son contrat de travail.

Le congé de formation économique et sociale et de formation syndicale est de droit, sauf dans le cas où l'employeur estime, après avis conforme du CE ou, s'il n'en existe pas, des DP, que cette absence pourrait avoir des conséquences préjudiciables à la production et à la bonne marche de l'entreprise. Le refus du congé par l'employeur est motivé. En cas de différend, ce refus peut être directement contesté devant le bureau de jugement du CPH.

8. *Représentant de la section syndicale (RSS)*

Objet. Reprenant des dispositions de la Position commune du 9 avril 2008, la loi du 20 août 2008 « démocratie sociale » prévoit un RSS pour les sections nouvellement créées (il s'agit d'un mandat transitoire en vue de l'implantation ou d'un « mandat de secours » après des élections où un syndicat n'a plus réussi à obtenir l'audience minimale pour être reconnu représentatif).

Conditions. Chaque syndicat qui constitue une section syndicale au sein de l'entreprise ou de l'établissement d'au moins 50 salariés peut, s'il n'est pas représentatif dans l'entreprise ou l'établissement, désigner un représentant de la section pour le représenter au sein de l'entreprise ou de l'établissement (L. 2142-1-1 ; Soc. 8 juill. 2009, Sté Veolia c/ FAT-UNSA, le syndicat peut ne pas être représentatif, mais doit répondre aux conditions pour constituer une section – L. 2142-1 *supra* ; « *la section doit comporter au moins deux adhérents, l'un d'eux pouvant être désigné en qualité de RSS* », Soc. 26 mai 2010). « *Un syndicat non représentatif peut créer une section syndicale et désigner un représentant de cette section soit au niveau de l'entreprise, soit au niveau de chacun des établissements distincts de cette entreprise* » (Soc. 31 mai 2011, SA Médiapost).

Dans les entreprises qui emploient moins de 50 salariés, les syndicats non représentatifs dans l'entreprise qui constituent une section syndicale peuvent désigner, pour la durée de son mandat, un DP comme RSS (L. 2142-1-4 ; Soc. 26 mai 2010).

Modalités. La lettre de désignation doit mentionner le cadre de la désignation (Soc. 8 juill. 2009, PBRI, SUD c/ BNP). Le secrétaire général d'une union syndicale qui peut désigner un DS peut également désigner un RSS (Soc. 18 nov. 2009, Sté Herta c/ UNSA). La contestation du RSS relève de la compétence du TI (L. 2142-1-2) et doit exclusivement être formée par voie de déclaration au greffe dans les 15 jours suivant la désignation (R. 2143-5, Soc. 18 nov. 2009, SAS Sécurifrance).

Attributions. Ce représentant bénéficie des mêmes prérogatives que le DS, à l'exception du pouvoir de négocier des accords collectifs (sauf cas particuliers *infra*), de quatre heures de délégation par mois (L. 2142-1-3 nouveau) et ne peut être licencié sans l'autorisation préalable de l'inspecteur du travail (L. 2142-1-2). « *Le RSS n'est pas de droit RS au CE* » (Soc. 14 déc. 2011).

Fin du mandat. Le mandat de représentant de la section syndicale prend fin à l'issue des premières élections professionnelles suivant sa désignation, si le syndicat qui l'a désigné n'est pas reconnu représentatif dans l'entreprise. Le salarié qui perd ainsi son mandat de RSS ne peut pas être désigné à nouveau comme RSS au titre d'une section jusqu'aux six mois précédant la date des élections professionnelles suivantes dans l'entreprise. Un salarié qui vient de perdre son mandat de RS au CE, à la suite de la perte de représentativité de son syndicat, peut être désigné comme RSS (Soc. 4 nov. 2009, FGTA-FO).

Quand le syndicat devient représentatif, il perd également le mandat de RSS, mais dispose alors du mandat de DS (circulaire DGT du 13 nov. 2008) ; l'ancien RSS peut être désigné comme DS. Le mandat de

RSS est ainsi un mandat provisoire destiné à favoriser l'implantation d'une organisation syndicale dans l'entreprise.

DÉLÉGUÉS SYNDICAUX

Les délégués syndicaux (DS) ne sont prévus que dans les entreprises occupant au moins 50 salariés, lorsque cet effectif a été atteint pendant 12 mois, consécutifs ou non, au cours des trois années précédentes (L. 2143-3, L. 412-11, al. 2).

Les modalités de calcul des effectifs sont celles prévues en matière d'institutions élues du personnel.

A. Représentation syndicale dans l'entreprise

Moins de 50 salariés. Dans les établissements occupant moins de 50 salariés, les syndicats représentatifs « dans l'établissement » peuvent désigner un DP, pour la durée de son mandat, comme délégué syndical (L. 2143-6). Ce doit être un délégué du personnel titulaire, disposant d'un crédit d'heures à ce titre (Soc. 30 oct. 2001). Il ne peut s'agir d'un DP dont la candidature a été présentée par un autre syndicat, mais il est possible de désigner un DP élu hors liste syndicale (« candidat libre ») au second tour des élections (Soc. 6 juill. 1999).

Sauf disposition conventionnelle, ce mandat n'ouvre pas droit à un crédit d'heures, mais le crédit d'heures dont dispose le délégué, en tant que délégué du personnel, peut être utilisé pour l'exercice de ses fonctions de DS (L. 2143-6, L. 412-11, al. 4).

Par la voie conventionnelle, une entreprise de moins de 50 salariés peut accepter la désignation de DS qui ne sont pas titulaires d'un mandat de DP. Le principe d'égalité impose que ceci soit à la portée de tout syndicat représentatif (Soc. 5 mai 2004).

Au moins 50 salariés. À partir de 50 salariés, chaque syndicat représentatif dans l'entreprise peut désigner un ou plusieurs DS. Le nombre de délégués qui est fonction de l'effectif de l'entreprise, est fixé comme suit (R. 2143-2, R. 412-2) :

- de 50 à 999 salariés : 1 ;
- de 1 000 à 1 999 salariés : 2 ;
- de 2 000 à 3 999 salariés : 3 ;
- de 4 000 à 9 999 salariés : 4 ;
- au-delà de 9 999 salariés : 5.

Si l'entreprise comprend plusieurs établissements, les DS sont désignés dans le cadre de l'établissement, dès lors que celui-ci occupe au moins 50 salariés, et leur nombre est fonction de son effectif.

« *Une confédération syndicale et les organisations syndicales qui lui sont affiliées ne peuvent désigner ensemble un nombre de délégués syndicaux supérieur à celui prévu par la loi ; seule une convention ou un accord collectif expresse peut prévoir, par des dispositions plus favorables, la désignation sur un même périmè-*

tre de délégués syndicaux par chacun des syndicats affiliés à une même confédération » (Soc. 15 juin 2011, UGICT-CGT et a. c/ CNAV ; Soc. 22 sept. 2010, PBR, CGT c/ CMA-CGM).

À partir de 500 salariés, tout syndicat représentatif « dans l'entreprise » qui a obtenu lors de l'élection du CE un ou plusieurs élus dans le collège des ouvriers et employés et qui, au surplus, compte au moins un élu dans l'un quelconque des autres collèges (agents de maîtrise ou cadres), peut désigner un DS supplémentaire parmi ses adhérents appartenant à l'un ou l'autre de ces collèges (L. 2143-4, L. 412-11). La désignation de deux délégués en même temps n'impose pas de distinguer dans la lettre entre le DS et le DS supplémentaire (Soc. 3 oct. 2007).

DS central. À partir de 2 000 salariés, dans les entreprises comportant au moins deux établissements d'au moins 50 salariés chacun, chaque syndicat représentatif « dans l'entreprise » peut désigner un délégué syndical central d'entreprise (L. 2143-5, L. 412-12, al. 1), qui s'ajoute aux DS d'établissement.

Dans les entreprises de moins de 2 000 salariés comportant au moins deux établissements d'au moins 50 salariés chacun, chaque syndicat représentatif peut aussi désigner un délégué syndical central d'entreprise, mais ce délégué central doit être pris parmi les délégués d'établissement (L. 2143-5, L. 412-12, al. 3).

« *L'absence de comité central d'entreprise est sans incidence sur le droit pour un syndicat représentatif de désigner un délégué central d'entreprise* » (Soc. 5 avril 2011, Sté La Maintenance de Paris).

Périmètre d'appréciation de la représentativité. « *Lorsque sont mis en place des comités d'établissement, seuls peuvent désigner un délégué syndical au sein du périmètre couvert par l'un des comités les syndicats qui ont obtenu au moins 10 % des suffrages exprimés au premier tour des dernières élections des titulaires de ce comité, et ni un accord collectif ni un engagement unilatéral de l'employeur ne peuvent avoir pour effet de modifier ce périmètre légal d'appréciation de la représentativité syndicale* » (Soc. 6 janv. 2011, Sté SFR Opérateur). Un syndicat qui a obtenu moins de 10 % des suffrages exprimés au niveau d'un établissement ne peut pas y désigner un DS d'établissement même s'il a obtenu au moins 10 % des suffrages exprimés sur l'ensemble de l'entreprise.

Périmètre de désignation – Établissement distinct. Les litiges sur l'existence ou le nombre d'établissements relèvent du TI. La jurisprudence tient compte des nécessités de la mission du DS qui doit pouvoir rester en contact avec les adhérents de son syndicat.

Elle ajoute que peu importe que la gestion du personnel soit centralisée à un autre niveau, dès lors qu'il existe sur place un représentant de l'employeur (Soc. 2 oct. 2001) et quelle que soit l'étendue de sa délégation de pouvoir (Soc. 24 avril 2003). Le critère fonctionnel retenu est la présence d'une « *communauté de travail ayant des intérêts propres susceptibles de générer des revendications communes et spécifiques, peu importe que le représentant de l'employeur ait le pouvoir de se prononcer sur ces revendications* » (Soc. 13 sept. 2005). « *Le périmètre de désignation des DS précédemment reconnu par une décision de justice ne peut être remis en cause qu'au vu d'éléments nouveaux* » (Soc. 21 janv. 2009, Sté Logidis c/ CFDT).

La jurisprudence rapproche le cadre de désignation du DS du cadre d'élection du comité d'établissement. « *La reconnaissance d'un établissement distinct pour la mise en place d'un comité d'établissement permet nécessairement la désignation d'un DS dans ce même périmètre* » (Soc. 10 nov. 2010). Ainsi, « *sauf accord collectif en disposant autrement, le périmètre de désignation des délégués syndicaux est le même que celui retenu, lors des dernières élections, pour la mise en place du comité d'entreprise ou d'établissement* » (Soc. 18 mai 2011, PBR, Sté Brink's security services c/ UL Cgt Orly ; la position du tribunal d'instance considérant que l'existence d'un comité d'établissement unique pour tous les sites d'une région n'interdit pas aux syndicats de désigner des DS dans un autre cadre plus restreint est censurée). Cette jurisprudence, juridiquement discutable, a pour effet de centraliser la présence syndicale dans l'entreprise et d'éloigner les délégués des salariés, bien loin de l'inspiration de la Position commune du 9 avril 2008 destinée à rapprocher les délégués des salariés.

Baisse d'effectif. En cas de diminution importante et durable de l'effectif au-dessous de 50 salariés, la suppression du mandat du DS est subordonnée à un accord entre le chef d'entreprise et l'ensemble des organisations syndicales représentatives. À défaut d'accord, l'UT (Direccte) peut décider que le mandat prend fin (L. 2143-11, L. 412-15, al. 5).

Révocation. En cas de révocation du mandat par l'organisation syndicale, l'employeur peut en tirer les conséquences (cessation des fonctions de délégué syndical) sans qu'il ait à s'interroger sur la régularité de la révocation – rapports du syndicat et de son mandataire (Soc. 7 nov. 2007). La révocation prend effet le jour où l'employeur en est informé.

B. Désignation des délégués syndicaux

La désignation des DS émane du syndicat représentatif (cf. *supra* « 6. Reconnaissance de la représentativité » ; syndicat d'entreprise, union locale ou départementale, fédération). La section ne peut pas procéder à cette désignation. Les délégués sont désignés sans condition de durée (*infra* Nouvelle condition). Le syndicat qui a désigné un DS le fait sans détermination de durée, mais peut mettre à tout moment un terme à son mandat et le remplacer – en principe, seul le syndicat ayant désigné un DS peut procéder à sa révocation.

Cependant, en présence d'un conflit avec un autre syndicat, affilié à la même organisation syndicale, celle-ci peut, en application de ses statuts, trancher le conflit en attribuant compétence à cet autre syndicat (Soc. 16 déc. 2009, CFDT métallurgie sidérurgie Nord Lorraine). En cas de conflit entre deux syndicats relevant d'une même organisation (exemple : une Union départementale et une Fédération), en cas de désignation d'un délégué syndical surnuméraire, cette nouvelle désignation ouvre un nouveau délai de contestation de 15 jours de l'ensemble des désignations effectuées à compter de la dernière désignation ou de la décision prise par l'organisation pour y mettre fin ; il appartient aux syndicats de justifier des dispositions statutaires déterminant le syndicat ayant qualité pour désigner les DS ou de la décision prise par l'organisation pour régler le conflit conformément aux dispositions statutaires (rôle d'arbitrage) ; à défaut, par application de la règle chronologique, seule la désignation notifiée en premier lieu doit être validée (Soc. 29 oct. 2010, PBR, UL CGT Rosny-sous-Bois et MICT CGT).

En principe, une union de syndicats peut exercer les droits conférés à ceux-ci. « *L'affiliation d'un syndicat à une union permet à cette dernière de se prévaloir des adhérents du syndicat pour l'exercice des prérogatives* » légales, comme la désignation d'un DS (une confédération peut constituer une section syndicale dans une entreprise et y désigner un RSS, Soc. 13 janv. 2010, CAT c/ UES Avenance). Une union syndicale ne peut désigner un DS que si elle est représentative dans le cadre de la désignation (notamment dans l'entreprise – Soc. 4 avril 2007, Union syndicale Sud Autoroute), la représentativité d'un syndicat affilié n'étant pas opérante ici.

1. *Modalités de désignation*

Les noms du ou des DS sont portés à la connaissance de l'employeur, soit par lettre recommandée avec demande d'accusé de réception, soit par lettre remise à l'employeur contre récépissé. La date portée sur l'avis de réception ou sur le récépissé fait foi entre les parties.

Les noms du ou des délégués syndicaux sont affichés sur des panneaux réservés aux communications syndicales.

La copie de la communication adressée à l'employeur est adressée simultanément à l'inspecteur du travail (L. 2143-7, L. 412-16, al. 2).

Les mêmes modalités sont applicables en cas de remplacement ou de cessation des fonctions du délégué (L. 2143-7).

La désignation doit indiquer, sous peine de nullité, le cadre de cette désignation – entreprise, établissement, UES (Soc. 24 oct. 2007) – et la fonction exacte – DS ou représentant syndical au CE (Soc. 29 mars 2005).

La désignation d'un DS dans un établissement doit être portée à la connaissance du chef d'entreprise et non pas du chef d'établissement (Soc. 4 oct. 1994), à moins qu'existe une délégation de pouvoirs permettant d'assimiler ce dernier au chef d'entreprise (Soc. 9 juin 1999).

UES. Plusieurs entreprises, juridiquement distinctes, peuvent être regardées comme constituant une UES. Dans ce cas, la notification de la désignation doit être faite à chaque employeur de chaque société concernée en indiquant la composition de l'UES en question (Soc.

28 avril 2000). La désignation doit être signée par le président du syndicat ou une autre personne dûment habilitée (Soc. 31 mars 2004).

2. *Conditions de désignation des DS*

Les DS doivent être âgés de 18 ans révolus, travailler dans l'entreprise depuis un an au moins et n'avoir fait l'objet d'aucune interdiction, déchéance ou incapacité relatives à ses droits civiques (L. 2143-1, L. 412-14, al. 1). Ce délai d'un an est réduit à quatre mois en cas de création d'entreprise ou d'ouverture d'établissement.

Les salariés qui, même s'ils ne disposent pas d'une délégation de pouvoir écrite, peuvent être assimilés au chef d'entreprise, sont exclus du droit d'être désignés DS (Soc. 27 oct. 2004), « *peu importe que la délégation n'ait pas fait l'objet d'une acceptation expresse de l'intéressé* » (Soc. 4 avril 2007).

De manière générale, « *dès lors qu'un salarié remplit les conditions prévues par la loi, il n'appartient qu'au syndicat désignataire d'apprécier si ce salarié est en mesure de remplir sa mission, peu important l'appartenance successive à plusieurs syndicats* » (Soc. 13 janv. 2010, Accord SA, salarié élu DP sur liste FO, puis désigné DS par l'UL CGT d'Évry). Un syndicat catégoriel mais représentatif peut désigner tout salarié comme DS, et ce quelle que soit sa catégorie professionnelle (Soc. 21 nov. 2007).

3. *Nouvelle condition*

Reprenant des dispositions de la Position commune du 9 avril 2008, la loi du 20 août 2008 « démocratie sociale » prévoit une condition d'audience électorale pour pouvoir être désigné.

Règle. Ainsi, chaque organisation syndicale représentative dans l'entreprise ou l'établissement d'au moins 50 salariés, qui constitue une section syndicale, désigne parmi les candidats aux élections professionnelles (en titulaire ou suppléant) qui ont recueilli au moins 10 % des suffrages exprimés au premier tour des dernières élections au CE ou de la DUP ou des DP, quel que soit le nombre de votants, un ou plusieurs DS pour la représenter auprès de l'employeur (L. 2143-3).

Cette exigence d'audience électorale minimale personnelle apparaît pertinente au regard du rôle joué par le DS qui s'exprime au nom de l'ensemble des salariés, pas seulement des adhérents, notamment en matière de négociation et de conclusion d'accords collectifs ayant des effets sur la situation professionnelle de l'ensemble des salariés.

Élections de DP. La réalisation de la condition d'obtention de 10 % des suffrages peut être constatée dans le cadre des élections de délégués du personnel (Soc. 28 sept. 2011, UES MGC et a. c/ SNACOS-CFTC, l'art. L. 2143-3 « *n'opère aucune priorité entre les scrutins* », « *ayant constaté que Mme X... qui avait été candidate à la fois à l'élection des membres du CE et à celle des DP, avait obtenu au moins 10 % des suffrages exprimés aux élections de DP, le tribunal a exactement décidé qu'elle remplissait les conditions requises pour être désignée DS* » ; voir déjà : TI Paris, 6 févr. 2009 ; il n'y a pas lieu de distinguer là où la loi ne distingue pas, aucune priorité n'est accordée ici par la loi à une élection professionnelle). En cas de désignation dans un établissement distinct, le syndicat doit y avoir constitué une section syndicale (Soc. 23 juin 2010).

Conformité de la règle. Cette nouvelle disposition légale est jugée conforme aux normes du droit international : « *L'obligation faite aux syndicats représentatifs de choisir, en priorité, le délégué syndical parmi les candidats ayant obtenu au moins 10 % des voix ne heurte aucune prérogative inhérente à la liberté syndicale et que, tendant à assurer la détermination par les salariés eux-mêmes des personnes les plus aptes à défendre leurs intérêts dans l'entreprise et à conduire les négociations pour leur compte, elle ne constitue pas une ingérence arbitraire dans le fonctionnement syndical* » (Soc. 14 avril 2010, BPR, Sté SDMO c/ FO) et à la Constitution (DC QPC 12 nov. 2010, § 9 – la loi « *associe les salariés à la désignation des personnes reconnues les plus aptes à défendre leurs intérêts dans l'entreprise et à conduire les négociations pour leur compte* »). Cependant, ce critère d'audience minimale personnelle fait l'objet de réserves de la part du Comité de la Liberté Syndicale de l'OIT (cas n° 2750, § 947, nov. 2011).

Champs d'application. Cette condition s'applique au DS supplémentaire (L. 2143-4) et au DS central (L. 2143-5). « *La représentativité d'un syndicat, pour la désignation d'un délégué syndical central d'entreprise, doit s'apprécier par rapport à l'ensemble du personnel de l'entreprise* » (Soc. 28 sept. 2011, Sté ACNA ; le fait que le syndicat justifie qu'il a des adhérents et qu'il perçoit des cotisations au sein de l'un au moins des deux établissements de la société n'est pas suffisant).

Calcul de l'audience. Après avoir vérifié l'audience du syndicat (*supra*), il convient de vérifier l'audience du délégué.

« *Le score minimal de 10 % des suffrages exprimés au profit d'un salarié, (...) se calcule sur le seul collège au sein duquel sa candidature a été présentée* » (Soc. 29 juin 2011, OPAC de la Savoie).

« *Le score électoral exigé d'un candidat (...) pour sa désignation en qualité de délégué syndical est un score personnel qui l'habilite à recevoir mandat de représentation par un syndicat représentatif* » (Soc. 28 sept. 2011, UES Caceis). Ainsi, le changement d'étiquette syndicale n'efface pas l'audience acquise par le salarié sous son ancienne bannière syndicale (un salarié élu sous une étiquette CFDT pourra être désigné DS sous le sigle CGC).

La désignation comme DS central n'est pas subordonnée à l'obtention d'un score électoral ; un salarié peut être désigné sans s'être présenté aux élections professionnelles (Soc., 16 nov. 2011, PBR, Fédération des travailleurs de la métallurgie CGT, M. L. c/ Sté ABB France).

Organisations catégorielles. Des dispositions spécifiques existent pour les journalistes (L. 7111-7) et pour les pilotes de ligne de l'aviation civile (Loi « transports » du 8 déc. 2009). De telles dispositions catégorielles ne sont pas exemptes de critiques, au regard de l'égalité de traitement entre les organisations syndicales.

Options subsidiaires. S'il ne reste, dans l'entreprise ou l'établissement, plus aucun candidat aux élections professionnelles qui remplit ces conditions, une organisation syndicale représentative peut désigner un DS parmi les autres candidats ou, à défaut, parmi ses adhérents au sein de l'entreprise ou de l'établissement (L. 2143-3). Cette disposition tient compte de la durée importante qui s'écoule entre deux élections professionnelles au regard des changements professionnels fréquents de salariés. Dès lors que le syndicat « *disposait de candidats ayant obtenu au moins 10 % des suffrages exprimés au premier tour des dernières élections de la délégation unique du personnel (...) le délégué syndical devait être choisi parmi ceux-ci* » (Soc. 29 juin 2011, OPAC de Meaux). Ainsi, si un salarié élu ne veut pas exercer le mandat de DS, son syndicat ne peut pas le faire remplacer par un autre salarié qui ne s'est pas présenté aux élections professionnelles.

Fin du mandat. Le mandat de délégué syndical prend fin lorsque l'ensemble des conditions de désignation cesse d'être réuni, notamment si le DS recueille moins de 10 % des suffrages exprimés au premier tour des élections professionnelles (L. 2143-11, alinéa 1). « *Le mandat de délégué syndical prenant fin lors du renouvellement des institutions représentatives dans l'entreprise, la désignation, à l'issue de ces nouvelles élections, d'un délégué syndical, fait courir à compter de la date de cette désignation le délai prévu par l'article R. 2324-24 du Code du travail, même si le salarié désigné exerçait déjà cette mission avant le nouveau scrutin* » (Soc. 22 sept. 2010, CMA-CGM). Le mandat de délégué syndical cesse lors de chaque élection et une nouvelle désignation est nécessaire ; le délai de contestation de 15 jours est ouvert lors de chaque nouvelle désignation, la même personne pouvant être redésignée si elle remplit les conditions (au moins 10 % des suffrages sur son nom, *supra*).

Changement d'affiliation du syndicat. Il est jugé que « *l'affiliation confédérale sous laquelle un syndicat a présenté des candidats au premier tour des élections des membres titulaires du comité d'entreprise constitue un élément essentiel du vote des électeurs* » ; par conséquent :

– « *en cas de désaffiliation après ces élections, le syndicat ne peut plus continuer à se prévaloir des suffrages ainsi obtenus pour se prétendre représentatif* » (Soc. 18 mai 2011, PBRI, SAS Services prestations hygiène c/ SAAAP UNSA), le syndicat ne peut pas désigner de DS.
– « *en cas de désaffiliation après ces élections de ce syndicat, la confédération ou l'une de ses fédérations ou unions peut, si elle justifie de l'existence dans l'entreprise, au jour de la désignation, d'une section syndicale constituée sous son sigle, procéder à la désignation d'un délégué syndical afin de maintenir dans l'entreprise la présence du mouvement syndical auquel les électeurs ont accordé au moins 10 % de leurs suffrages* » (Soc. 18 mai 2011, PBRI, Fédération généralee CFTC des trasports c/ Sté Europe Handing Roissy), le syndicat peut désigner un DS.

Enjeux et conséquences. Ainsi, désormais, le résultat des élections professionnelles aura une incidence sur le choix des DS. Dans les entreprises où les DS sont déjà des représentants du personnel (DP ou CE), cette règle sera sans incidence ; en revanche, dans les entreprises où les DS ne se présentaient pas aux élections, cette règle va sensiblement modifier la situation. Il apparaît conforme à l'exigence démocratique de bénéficier d'un minimum de suffrages pour pouvoir s'exprimer et agir au nom d'une collectivité de personnes.

Dispositions transitoires. Selon des dispositions transitoires (loi « démocratie sociale »), les DS régulièrement désignés à la date de publication de la présente loi (21 août 2008) conservent leur mandat et leurs prérogatives jusqu'aux résultats des premières élections professionnelles organisées dans l'entreprise ou l'établissement dont la date fixée pour la négociation du protocole préélectoral est postérieure à la publication de la loi. Après les élections, ces DS conservent leurs mandats et leurs prérogatives dès lors que l'ensemble des nouvelles conditions de désignation sont réunies (L. 2143-3 et L. 2143-6).

Pendant la période transitoire, propre à chaque entreprise, jusqu'aux résultats des premières élections professionnelles organisées dans les entreprises ou les établissements pour lesquels la date fixée pour la négociation du protocole préélectoral est postérieure à la publication de la loi, chaque syndicat représentatif dans l'entreprise ou l'établissement à la date de cette publication peut désigner un ou plusieurs DS pour le représenter auprès de l'employeur (L. 2143-3 et L. 2143-6 anciens).

Même pendant cette période, le syndicat doit constituer une section syndicale, avec au moins deux adhérents (Soc. 8 juill. 2009, PBRI, Sté Okaidi, préc.).

Jusqu'aux résultats de ces premières élections professionnelles, les nouvelles dispositions légales n'excluent pas qu'un syndicat qui ne bénéficie pas de cette présomption puisse établir sa représentativité, soit par affiliation postérieure à l'une des organisations syndicales représentatives au niveau national ou interprofessionnel (Soc. 10 mars 2010, Sté Élidis c/ CGT, préc.), soit en apportant la preuve qu'il remplit les critères légaux, à la seule exception de l'obtention d'un score électoral de 10 % auquel il devra satisfaire dès les premières élections professionnelles organisées dans l'entreprise (Soc. 10 mars 2010, PBRI, Sud aérien c/ Sté ISS Abilis ; Soc. 10 mars 2010, Pôle emploi Auvergne c/ Solidaires Sud Emploi).

En cas de procès-verbal de carence, faute de candidature syndicale, la présomption (irréfragable) de représentativité demeure applicable jusqu'au 22 août 2012 ; un syndicat confédéré peut désigner un DS (Soc. 10 févr. 2010, Sté Terna c/ M. Petit CFDT).

4. *Contestations*

Les contestations relatives aux conditions de désignation des DS légaux ou conventionnels sont de la seule compétence du TI (qui statue en dernier ressort). Le recours n'est recevable que s'il est introduit dans les 15 jours suivant l'accomplissement des formalités de désignation (notification à l'employeur de la désignation du délégué par le syndicat). Ce délai court, à l'égard des organisations syndicales et des salariés de l'entreprise, du jour où le nom du DS a été porté à leur connaissance par affichage ou par tout autre moyen (Soc. 4 févr. 1997). Passé ce délai, la société qui avait eu connaissance de la désignation au sein de l'UES est forclose, la désignation est purgée de tout vice sans que l'employeur puisse soulever ultérieurement une irrégularité pour priver le DS désigné du bénéfice de sa désignation (Soc. 3 mai 2007, Sté Aulnay Cars).

Lorsqu'une contestation rend indispensable le recours à une mesure d'instruction, les dépenses afférentes à cette mesure sont à la charge de l'État (L. 2143-8). Le TI statue dans les 10 jours, sans frais ni forme de procédure et sur simple avertissement donné trois jours à l'avance à toutes les parties intéressées (R. 2143-1, L. 412-15, al. 1, 2 et 3).

C. Attributions

Le DS a notamment pour fonction de représenter le syndicat auprès de l'employeur (L. 2143-3, L. 412-11). Dans la pratique, c'est aux délégués syndicaux qu'il revient de servir d'intermédiaires entre le syndicat et les salariés, de présenter à l'employeur les revendications des syndiqués et plus largement des salariés et pour ce faire d'utiliser les moyens d'action prévus en faveur de la section (même si tout membre de la section peut le faire).

Les DS (personnes physiques) ne sont toutefois pas censés se substituer au syndicat (personne morale) qui les a désignés. C'est au syndicat qu'il revient notamment de négocier une convention collective d'entreprise, en y associant les DS, ou de présenter des candidats au premier tour des élections aux IRP.

Dans toute négociation collective, la délégation de chacune des organisations représentatives parties aux négociations dans l'entreprise, comprend obligatoirement le DS de l'entreprise ou, en cas de pluralité de délégués, au moins deux DS (L. 2232-17, L. 132-20, al. 1). Les DS et, le cas échéant, le délégué central sont souvent les principaux animateurs de la délégation syndicale pour toute négociation collective d'entreprise et en particulier la négociation annuelle obligatoire sur les salaires et le temps de travail. Un crédit d'heures particulier est prévu.

Le mandat de DS est compatible avec celui de DP ou de représentant du personnel ou syndical, au CE (L. 2143-9). Dans les entreprises de moins de 300 salariés et dans les établissements appartenant à ces entreprises, le délégué syndical est, de droit, représentant syndical (RS) au CE (RS au CE) ou au comité d'établissement (L. 2143-22).

Pour les élections professionnelles dans l'entreprise, « *un délégué syndical ne peut présenter de liste de candidats au nom de son syndicat que lorsqu'il a expressément reçu mandat à cette fin* » (Soc. 15 juin 2011, Sté Yves Saint Laurent beauté).

D. Exercice des fonctions

1. *Heures de délégations*

Chaque DS dispose d'un temps nécessaire à l'exercice de ses fonctions dans la limite d'une durée qui ne peut, sauf dispositions conventionnelles plus favorables ou circonstances exceptionnelles, excéder (L. 2143-13 et s., L. 412-20 et s.) :

- 10 heures par mois dans les entreprises ou établissements occupant de 50 à 150 salariés ;
- 15 heures par mois dans les entreprises ou établissements occupant de 151 à 500 salariés ;
- 20 heures par mois dans les entreprises ou établissements occupant plus de 500 salariés ;
- 20 heures par mois pour le délégué syndical central d'entreprise, dans les entreprises occupant au moins 2 000 salariés (dans les entreprises occupant moins de 2 000 salariés, le DS d'entreprise, pris parmi les DS d'établissement, ne bénéficie d'aucun crédit supplémentaire).

Les heures utilisées pour participer à des réunions qui ont lieu à l'initiative du chef d'entreprise ne sont pas imputables sur les heures de délégations.

Lorsque le syndicat peut désigner plusieurs DS, le total d'heures dont ils disposent peut être réparti entre les délégués du même syndicat.

Cette possibilité n'existe que lorsque le syndicat peut désigner au moins deux délégués, compte tenu de l'effectif de l'entreprise, soit à partir de 1 000 salariés. L'employeur doit en être informé.

Le temps passé en heures de délégation est, de plein droit, considéré comme du temps de travail et payé à l'échéance normale. En cas de contestation par l'employeur de l'usage fait du temps alloué, il lui appartient ultérieurement de saisir le CPH (L. 2143-17, L. 412-20, al. 5). La jurisprudence est plutôt libérale en ce qui concerne l'utilisation de ces heures.

« *Le représentant du personnel ne doit subir aucune perte de rémunération du fait de l'exercice de sa mission* » (Soc. 3 mars 2010, SA Air France). En particulier, pour ce temps consacré à l'exercice d'un mandat, en ce qui concerne une prime variable liée à des objectifs commerciaux, le salarié a droit à la moyenne des sommes perçues par les autres salariés pour un temps équivalent (Soc. 6 juill. 2010, PBR). Cette jurisprudence et applicable pour tous les mandats (*infra* DP, CE, CHSCT).

2. *Déplacements et contacts*

Pour l'exercice de leurs fonctions, les DS peuvent, durant les heures de délégation, se déplacer hors de l'entreprise. Ils peuvent également, tant au cours des heures de délégation qu'en dehors de leurs heures habituelles de travail, circuler librement dans l'entreprise et y prendre tous les contacts nécessaires à l'accomplissement de leur mission, notamment auprès d'un salarié à son poste de travail, sous réserve de ne pas apporter de gêne « importante » à l'accomplissement du travail des salariés (L. 2143-20, L. 412-17, al. 3). Ces dispositions sont identiques à celles qui concernent les DP et les membres du CE.

Enfin, les DS sont tenus au secret professionnel pour toutes les questions relatives aux procédés de fabrication (L. 2143-21).

Chapitre XVIII

Négociations collectives et conventions collectives

Le droit de la négociation collective est garanti au niveau international (Convention de l'OIT n° 98 de 1949), au niveau européen (Charte sociale européenne révisée, art. 6 ; CESDH, art. 11) et au niveau communautaire (c'est un droit fondamental de l'UE, CJUE 15 juill. 2010, aff. C-271/08, Commission c/ Allemagne, § 37 ; Charte des droits fondamentaux de l'UE, art. 28 ; Traité d'Amsterdam).

En France, le droit à la négociation collective des conditions de travail est garanti par la Constitution française : « Tout travailleur participe, par l'intermédiaire de ses délégués, à la détermination collective des conditions de travail ainsi qu'à la gestion des entreprises » (Préambule de 1946, alinéa 8). « *Ces dispositions confèrent aux organisations syndicales vocation naturelle à assurer, notamment par la voie de la négociation collective, la défense des droits et intérêts des travailleurs* » (DC 6 nov. 1996).

Ce droit à la négociation collective est un droit des travailleurs. Les travailleurs exercent ce droit par l'intermédiaire des organisations syndicales représentatives. Les organisations de salariés constituées en syndicats professionnels sont seules admises à négocier les conventions et accords collectifs de travail (L. 2132-2). Le Code du travail définit les règles suivant lesquelles s'exerce le droit des salariés à la négociation collective de l'ensemble de leurs conditions d'emploi, de formation professionnelle et de travail ainsi que de leurs garanties sociales (L. 2221-1).

La convention collective est l'une des sources essentielles du droit du travail. La législation offre une variété de formules en matière d'accords collectifs, donnant ainsi aux acteurs de la négociation des possibilités importantes de choix (contenus, niveaux et articulations, nature des accords).

À lire : G. Bélier, H. Legrand, *Nouveaux acteurs, nouveaux accords après la loi du 20 août 2008*, Liaisons, 2010. G. Borenfreund et M.-A. Souriac, *Syndicats et droit du travail*, Dalloz, 2008.

Bilan 2010 de la négociation collective (DGT – ministère du Travail, 2011)

• Au niveau interprofessionnel : 25 accords (58 en 2009, 26 en 2008) et 19 avenants ont été conclus.

• Au niveau des branches : 1 136 accords et avenants ont été signés, notamment en matière de salaires (premier thème de la négociation de branche – 421 avenants salariaux), de classifications professionnelles (49), de temps de travail (60), d'égalité professionnelle femmes-hommes (149 – chiffre très faible au regard des objectifs législatifs, seuls 37 accords y sont totalement dédiés), de protection sociale complémentaire (144), de conditions de travail (47, concernant notamment les seniors, les risques psychosociaux et la pénibilité) et de formation professionnelle (166).

• Au niveau des entreprises : 33 826 accords ont été signés (en progression de 18 %), dont 72 % signés par des DS, notamment en matière de rémunération – de salaires et de primes (7 999 – 32,8 % des accords) –, de droit syndical, d'égalité professionnelle entre les femmes et les hommes (thème rarement abordé à titre exclusif), d'épargne salariale (participation, intéressement, plan d'action), d'emploi (notamment pour l'emploi des seniors), de temps de travail (6 000 textes, 25 %). Concernant les syndicats de salariés, leur propension à signer dans les entreprises où ils sont présents va de 93 % (CFDT) à 85 % (CGT).

Couverture conventionnelle salariale (INSEE, *Économie et statistiques* n° 426, 2010)

« *En France, les accords de salaire ont couvert en moyenne près de 75 % des salariés chaque année au cours de la période allant de 1994 à 2005. Les accords de branche concernent environ les deux tiers des salariés, alors que les accords d'entreprise n'en couvrent que moins du quart.* »

Régime commun

Le champ d'application est large (A), mais si le droit des accords collectifs est développé (B), le droit du processus de négociation est encore en cours de construction (C).

A. Champ d'application

Le champ d'application de la loi est très étendu (L. 2212-1, L. 131-2). Sont couvertes :

– toutes les entreprises de droit privé : les professions industrielles et commerciales, les professions agricoles, les offices publics et ministériels, les professions libérales, les associations, etc.

– les ÉPIC (Établissements Publics à caractère Industriel et Commercial). Toutefois, lorsque le personnel est doté d'un statut particulier (SNCF, Banque de France, etc.), la convention collective d'entreprise ne peut que compléter les dispositions statutaires ou en déterminer

les modalités d'application dans les limites fixées par le statut (L. 2233-2, L. 134-1, al. 3).
- les ÉPA (Établissements Publics à Caractère Administratif) lorsqu'ils emploient du personnel dans les conditions du droit privé.

Ainsi, un salarié en « contrat aidé » doit bénéficier des dispositions des conventions et accords collectifs applicables dans l'entreprise ou l'organisme employeur (Soc. 6 avril 2011, Ass. hospitalière Sainte-Marie, concernant une salariée en CAE).

B. Différents types de conventions et d'accords

La loi distingue les conventions collectives des accords collectifs et donne une définition de chacun de ces termes (L. 2221-2, L. 132-1).

1. *Principes*

La convention collective a vocation à traiter de l'ensemble des conditions d'emploi et de travail des salariés et de leurs garanties sociales pour toutes les catégories professionnelles intéressées (texte général). L'accord collectif traite un ou plusieurs sujets déterminés dans cet ensemble (texte particulier).

Le texte conventionnel (convention ou accord) a une double nature : contractuelle dans son élaboration et réglementaire dans ses effets. Les accords « 35 heures » ou sur la GPEC constituent donc des accords collectifs. Il s'agit d'accords portant en général sur une seule ou un nombre limité de questions, alors que la convention collective couvre de multiples aspects de la situation des salariés. Par exemple : période d'essai, salaires, classification, primes diverses, délais de préavis, indemnité de licenciement, congés, protection sociale complémentaire des prestations versées par la Sécurité sociale, etc.

La loi propose un cadre élaboré et différencié à la négociation collective : la convention collective (ou l'accord) peut être conclue dans le cadre d'une branche d'activité (par exemple la métallurgie, la chimie ou le commerce alimentaire), au niveau national, régional ou local (départemental par exemple). La convention collective peut aussi être conclue dans le cadre d'une entreprise (d'un groupe ou d'un établissement). L'accord collectif peut être interprofessionnel ou professionnel, c'est-à-dire couvrir plusieurs branches d'activité ou une seule. De tels accords peuvent être conclus au niveau national, régional ou local. L'accord collectif peut aussi être conclu dans le cadre d'un groupe, d'une entreprise ou d'un établissement.

La loi permet ainsi la négociation et la conclusion d'accords et de conventions à différents niveaux :

- accords interprofessionnels (couvrant plusieurs branches d'activité), au niveau national, régional, ou local ;
- accords professionnels (concernant une seule branche d'activité), au niveau national, régional, ou local ; conventions collectives de branche, au niveau national, régional, ou local ;

- conventions collectives de groupe, d'entreprise ou d'établissement ; accords collectifs de groupe, d'entreprise ou d'établissement.

Les conventions collectives peuvent comporter des annexes (par exemple relatives à une catégorie professionnelle) et des avenants (par exemple en matière de salaire).

À propos de la catégorie « cadre »

Cette catégorie, très française, fait l'objet de dispositions limitées dans le Code du travail (collège spécial pour les élections professionnelles, application spécifique des règles de représentativité syndicale, régimes du temps de travail aux forfaits, droit d'expression, etc.).

En effet, ce régime « cadre » résulte pour l'essentiel de dispositions conventionnelles (cf. des conventions collectives présentant, notamment dans leurs annexes, des différences de traitement entre « cadres » et « non-cadres »).

Les avantages catégoriels doivent respecter le principe d'égalité de traitement (voir Chap. V – Égalité de traitement) ; à défaut, les avantages réservés aux « cadres » doivent être accordés aux « non-cadres » (Soc. 1er juill. 2009, M. Pain c/ SAS DHL ; Chap. XVI – Égalité de rémunération).

Il en est ainsi en matière de droit du travail (primes, congés, conditions de déplacement, indemnités de préavis et de licenciement, etc.) mais également de protection sociale complémentaire (mutuelles et régimes de prévoyances ; maladie, invalidité, décès, etc. ; régimes de retraites complémentaires, etc.).

2. *Champ d'application territorial et professionnel*

Les conventions collectives et les accords collectifs doivent déterminer leur champ d'application territorial et professionnel (L. 2222-1, L. 132-5, al. 1). Ce dernier est fonction du niveau de la négociation : national, régional ou local. Une convention ou un accord national couvre l'ensemble de la France (pour les activités concernées). Une convention ou un accord, conclu au niveau régional ou local, doit définir son champ d'application territorial. Par exemple, la convention collective de la métallurgie parisienne énumère les départements qui, avec Paris, entrent dans son champ d'application.

Le champ d'application professionnel doit être défini en termes d'activités économiques. Les conventions ou accords font référence en général au code APE (Activité Principale Exercée) de l'Insee, déterminé selon la nomenclature d'activité française harmonisée au niveau européen (NAF, décret du 27 déc. 2007). Cette référence Insee n'a qu'une valeur indicative, le juge devant prendre en compte l'activité réelle de l'entreprise (Soc. 18 oct. 2007).

La convention collective applicable est celle dont relève l'activité principale exercée par l'employeur. La question peut se poser de savoir si une entreprise entre bien dans le champ d'application professionnel d'une convention collective. En cas de litige, le tribunal examinera quelle est l'activité réelle de cette entreprise, le code APE ne constituant qu'une simple présomption dépourvue de toute valeur juridique.

La plupart des difficultés surviennent lorsqu'une entreprise comporte plusieurs activités distinctes, relevant chacune d'une convention collective. La tendance générale de la jurisprudence est de décider qu'une seule convention collective est applicable, celle qui couvre l'activité principale de l'entreprise, c'est-à-dire celle qui représente le chiffre d'affaires le plus élevé, peu importants les activités exercées par tel salarié (Soc. 29 mars 1994). Ainsi est évitée la disparité des statuts au sein de l'entreprise. Ce n'est que lorsque les activités distinctes sont poursuivies au sein d'établissements distincts que chaque convention collective pourra être appliquée séparément.

Les clauses d'option qui permettent à l'entreprise de choisir une convention plutôt qu'une autre sont désormais admises, depuis la loi du 4 mai 2004, en cas d'incertitude (L. 2261-2, L. 132-5-1 ; solution antérieure contraire : Soc. 26 nov. 2002). En cas de pluralité d'activités rendant incertaine l'application de ce critère pour le rattachement d'une entreprise à un champ conventionnel, les conventions collectives et les accords professionnels peuvent, par des clauses réciproques et de nature identique, prévoir les conditions dans lesquelles l'entreprise détermine les conventions et les accords qui lui sont applicables.

3. *Champ d'application temporel*

La convention ou l'accord est conclu pour une durée déterminée ou indéterminée. Sauf stipulations contraires, la convention ou l'accord à durée déterminée arrivant à expiration continue à produire ses effets comme une convention ou un accord à durée indéterminée (L. 2222-4, L. 132-6 al. 1). Quand la convention ou l'accord est conclu pour une durée déterminée, celle-ci ne peut être supérieure à cinq ans. En France, les accords collectifs sont le plus souvent conclus à durée indéterminée.

4. *Relations entre les divers niveaux de négociation*

L'articulation entre la loi et les accords collectifs, d'une part, et entre les accords collectifs conclus à différents niveaux, est complexe. La multiplicité des niveaux de négociation peut aboutir à ce qu'une branche d'activité soit couverte par une convention collective nationale et des conventions régionales ou locales. Une entreprise peut être couverte par un accord collectif d'entreprise et un accord national de branche. Le problème se pose donc de la relation entre ces divers instruments et de la détermination du droit applicable. Ainsi, en application du principe de faveur, l'effet impératif attaché à un accord collectif de champ professionnel large (branche) n'a pas pour effet, en l'absence de révision d'un accord de chambre professionnel plus restreint (local), d'emporter abrogation de ses dispositions, qui demeurent applicables, si elles sont plus favorables au salarié (Soc. 10 oct. 2007, Apave Sudeurope).

Le régime juridique applicable sera examiné à chaque niveau de négociation et en ce qui concerne l'application au contrat de travail dans l'entreprise.

C. Parties à la négociation

1. *Organisations*

La convention ou l'accord est négocié(e) et conclu(e) entre les employeurs et les salariés, par le biais de leurs organisations (L. 2231-1, L. 132-2).

Pour les employeurs, il s'agit d'une ou plusieurs organisations syndicales d'employeurs, ou toute autre association d'employeurs, ou un ou plusieurs employeurs pris individuellement.

La référence au groupement vise des instances qui n'ont pas le statut d'un syndicat (par exemple le conseil supérieur du notariat). La référence à l'employeur individuel concerne la négociation d'une convention ou d'un accord d'entreprise ou d'établissement. Une négociation engagée, non par une organisation d'employeurs, mais par plusieurs employeurs pris individuellement, constitue une négociation d'entreprise (Soc. 29 juin 1994).

Les associations d'employeurs, constituées dans le cadre de la loi de 1901 sur les associations, tel le Medef, sont assimilées aux organisations syndicales pour la négociation collective.

La preuve de la représentativité des organisations patronales n'est pas exigée par le Code du travail, notamment pour les conventions de branche « ordinaires » (non étendues). Elle peut néanmoins être demandée (CE 30 juin 2003). En fait, la plupart des conventions collectives et accords de branche sont conclus par des organisations patronales affiliées au Medef et considérées comme représentatives dans la branche.

Pour les salariés, la négociation se fait avec une ou plusieurs organisations syndicales de salariés reconnues les plus représentatives au plan national, ou affiliées à ces organisations, ou ayant fait la preuve de leur représentativité dans le champ d'application de la convention ou de l'accord.

La représentativité est exigée et actuellement reconnue aux organisations syndicales affiliées aux confédérations dont la représentativité a été reconnue au plan national (CGT, CGT-FO, CFDT, CFTC et CFE-CGC pour l'encadrement). Les autres organisations syndicales ne sont pas exclues, mais, en cas de contestation, elles doivent faire la preuve de leur représentativité dans le cadre de la négociation. « *Un accord collectif ne peut être conclu ou révisé sans que l'ensemble des organisations syndicales représentatives aient été invitées à négocier* » (Soc. 12 sept. 2007).

Dans la pratique, ces dispositions conduisent au résultat suivant.

Tout d'abord, un accord national interprofessionnel est négocié du côté des salariés par les seules confédérations reconnues comme représentatives au plan national, c'est-à-dire la CGT, la CFDT, la CGT-FO, la CFTC et la CFE-CGC pour l'encadrement ; du côté patronal par le Medef, la CGPME et l'UPA.

Par ailleurs, un accord professionnel ou une convention collective de branche est négocié(e) au niveau national. Pour les salariés, il est négocié par les fédérations syndicales affiliées aux confédérations représentatives et aussi, le cas échéant, par les organisations syndicales reconnues comme représentatives dans la branche (dans une branche, une organisation syndicale de salariés, autre que celles affiliées aux organisations représentatives au plan national, peut être représentative sans l'être au plan national interprofessionnel) ; du côté patronal : ce sont les organisations patronales en général affiliées au Medef (Union des Industries et des Métiers de la Métallurgie, Union des industries chimiques, Union des industries textiles, etc.).

En outre, un accord professionnel ou une convention collective de branche est négocié(e) au niveau local ou régional, pour les salariés par les organisations syndicales affiliées aux grandes confédérations et, le cas échéant, celles qui ont pu prouver leur représentativité dans le cadre retenu pour la négociation (dans une branche, une organisation syndicale de salariés, autre que celles affiliées aux organisations représentatives au plan national, peut être représentative dans une région sans l'être au plan national) ; et du côté patronal par les organisations patronales, en général affiliées au Medef (par exemple, la Chambre syndicale de la métallurgie de la région parisienne) ou à une autre organisation nationale d'employeurs.

Enfin, une convention collective ou un accord de groupe, d'entreprise ou d'établissement est négocié(e) par l'employeur et les syndicats reconnus comme représentatifs dans le groupe, l'entreprise ou l'établissement.

Après l'adoption de la loi « démocratie sociale » reprenant des dispositions du protocole du 9 avril 2008 (voir *infra*), de manière générale, désormais, négocient et concluent pour les salariés « une ou plusieurs organisations syndicales de salariés représentatives dans le champ d'application de la convention ou de l'accord » (L. 2231-1).

2. *Habilitations*

Les personnes qui prennent part à la négociation doivent être dûment habilitées à contracter par les organisations qu'elles représentent (L. 2231-2, L. 132-3), en vertu d'une stipulation statutaire de cette organisation d'une délibération spéciale de cette organisation ; de mandats spéciaux écrits qui leur sont donnés individuellement par tous les adhérents de cette organisation. Les associations d'employeurs déterminent elles-mêmes leur mode de délibération.

La loi permet, si c'est prévu au niveau de la branche, pour les entreprises dépourvues de délégué syndical, de conclure des accords collectifs avec des élus du personnel ou des salariés mandatés.

3. *Négociation*

En l'absence de définition légale, la négociation collective peut être définie comme un processus par lequel des organisations de droit privé se rencontrent et confrontent leurs intérêts en vue de la conclusion de textes de droit privé ayant des effets normatifs.

La négociation s'engage librement selon les choix des acteurs (principe de la liberté contractuelle). En fait, elle se déroule, le plus souvent, au siège de l'organisation patronale ou de l'entreprise. De manière générale, les organisations doivent faire preuve de loyauté, entre elles, dans le cadre de cette négociation. Cette obligation de loyauté impose notamment à la partie patronale de fournir toutes les informations pertinentes permettant aux délégations syndicales de négocier en connaissance de cause, respecter l'égalité de traitement entre les organisations et ne pas en discriminer certaines.

Des difficultés peuvent surgir notamment si une organisation syndicale de travailleurs, non affiliée à l'une des cinq confédérations reconnues officiellement comme représentatives au plan national, estime être représentative dans le cadre retenu pour la négociation et n'est pas convoquée. C'est le TGI (et non pas le TI comme au niveau de l'entreprise), qui est compétent en cas de litige au niveau de la branche et qui décide si l'organisation est représentative dans le cadre retenu.

D. Forme, notification et dépôt

La convention collective et l'accord collectif doivent être écrits, sous peine de nullité (L. 2231-3, L. 132-2). Ils doivent l'être en français (obligatoirement depuis la loi du 5 août 1994). Toute clause rédigée en langue étrangère est inopposable au salarié à qui elle ferait grief. Ils doivent comporter la signature des parties qui l'ont conclu (Soc. 8 janv. 2002).

La convention collective et l'accord collectif doivent être déposés, ainsi que leurs avenants et annexes, à l'UT (DIRECCTE) et au secrétariat-greffe du CPH du lieu de conclusion (L. 2231-6, L. 132-10). Ces formalités sont essentielles pour rendre les textes opposables (Soc. 25 avril 2001).

Les conventions et accords, lorsqu'ils sont soumis à la procédure d'opposition, ne peuvent être déposés qu'à l'expiration du délai d'opposition.

Négociation collective nationale interprofessionnelle

A. Dialogue social national

La loi du 31 janv. 2007 sur le dialogue social prévoit que, sauf urgence, tout projet de réforme envisagé par le gouvernement qui relève du champ de la négociation nationale interprofessionnelle, dans les domaines des relations individuelles et collectives du travail, de l'emploi et de la formation professionnelle, fait l'objet d'une concertation préalable avec les organisations syndicales représentatives, de salariés et d'employeurs en vue de l'ouverture d'une éventuelle négociation. Le gouvernement leur communique un document d'orientation présentant des éléments de diagnostic, les objectifs poursuivis et les principales options. Lorsqu'elles font connaître leur intention d'engager une telle négociation, les organisations indiquent également au gouvernement le délai qu'elles estiment nécessaire pour conduire la négociation.

Les organisations peuvent faire connaître leur intention de négocier sur le sujet et le délai estimé nécessaire pour aboutir (L. 1, L. 101-1).

Ce dispositif s'inspire fortement de la procédure communautaire (en œuvre depuis le protocole social annexé au Traité de Maastricht, 1992). *« Les partenaires sociaux au niveau national disposent d'une large marge d'appréciation dans le choix non seulement de la poursuite d'un objectif déterminé parmi d'autres en matière de politique sociale et de l'emploi, mais également dans la définition des mesures susceptibles de le réaliser »* (CJUE 12 oct. 2010, aff. C-45/09, Mme Rosenblatt, § 41).

Il y aurait lieu d'élargir le champ de ces dispositions aux propositions de loi, qui émanent, au moins formellement, des parlementaires.

B. Négociation collective

Les délégations qui négocient et concluent sont composées de représentants des organisations (syndicales ou associatives) d'employeurs et des grandes confédérations syndicales de salariés.

Ancien régime juridique. La validité d'un ANI est subordonnée à l'absence d'opposition de la majorité des organisations syndicales de salariés représentatives dans le champ d'application de l'accord. Ces organisations sont au nombre de cinq : l'opposition, pour être valable, doit donc avoir été formulée par au moins trois organisations (quel que soit leur niveau d'influence en termes d'audience et d'adhérents). L'opposition est exprimée dans un délai de 15 jours à compter de la date de notification de cet accord.

Nouveau régime juridique. En application de la Position commune du 9 avril 2008, la loi « démocratie sociale » prévoit que la validité d'un ANI est subordonnée à sa signature par une ou plusieurs organisations syndicales de salariés représentatives ayant recueilli, aux élections prises en compte pour la mesure de l'audience (au premier tour des dernières élections des titulaires aux CE ou de la DUP ou, à défaut, des DP), au moins 30 % des suffrages exprimés en faveur d'organisations reconnues représentatives à ce niveau, quel que soit le nombre de votants, et à l'absence d'opposition d'une ou plusieurs organisations syndicales de salariés représentatives ayant recueilli la majorité des suffrages exprimés en faveur des mêmes organisations à ces mêmes élections, quel que soit le nombre de votants. L'opposition est exprimée dans un délai de 15 jours à compter de la date de notification de cet accord (L. 2232-2).

Des dispositions spécifiques déclinent ces règles pour les organisations syndicales représentatives catégorielles qui négocient et concluent un ANI pour les salariés d'une catégorie professionnelle au regard d'un collège électoral (L. 2232-2-1).

Selon les dispositions transitoires, jusqu'à la détermination des organisations représentatives au niveau interprofessionnel (2013 au plus tard), en application des dispositions de cette loi, la validité d'un accord interprofessionnel est subordonnée à l'absence d'opposition de la majorité des organisations syndicales de salariés représentatives dans le champ d'application de l'accord (art. 12 de la loi ; L. 2232-2 ancien).

C. Accords nationaux interprofessionnels (ANI)

Le champ d'application territorial de ces accords interprofessionnels est national. Les ANI instituent des commissions paritaires d'interprétation.

Au regard de l'application du principe de faveur, les ANI conclus avant le 7 mai 2004 ont un caractère impératif à l'égard des accords de branche et d'entreprise. Sont également impératifs les ANI qui contiennent une clause le prévoyant (L. 2252-1). En cas d'extension (voir *infra*), les ANI sont obligatoires dans leur champ d'application pour toutes les entreprises (demeurent exclues les entreprises relevant de secteurs non représentés par les organisations d'employeurs parties à la négociation de l'ANI ; il s'agit notamment de l'agriculture et du milieu associatif dans la branche médico-sociale et par ailleurs des entreprises publiques).

Les grands accords nationaux interprofessionnels les plus récents sont notamment :

- ANI du 26 mars 2010 sur le harcèlement et la violence au travail ;
- ANI du 2 oct. 2009 sur le chômage partiel ;
- ANI du 8 juillet 2009 sur la gestion sociale des conséquences de la crise économique sur l'emploi ;
- ANI du 7 janvier 2009 sur la formation professionnelle (modifiant l'ANI de 2003) ;
- ANI du 2 juillet 2008 sur le stress au travail ;
- Position commune du 9 avril 2008 sur la représentativité, le développement du dialogue social et le financement du syndicalisme ;

- ANI du 11 janv. 2008 sur la réforme du marché du travail, notamment prolongé par l'ANI du 14 novembre 2008 sur la GPEC (l'avenant du 3 mars 2009 sur le Bilan d'Étape Professionnel ayant fait l'objet d'une opposition des organisations syndicales non signataires) ;
- ANI du 12 oct. 2006 sur la « diversité » ;
- ANI du 31 oct. 2005 sur l'emploi des « seniors » ;
- ANI du 1er mars 2004 sur l'égalité entre les femmes et les hommes.

Des accords interprofessionnels sont à l'origine de nombreuses garanties collectives :

- mensualisation des salaires, accord de 1977 ;
- conditions de travail, 1975 ;
- formation professionnelle, accord de juillet 1970 ;
- sécurité de l'emploi, accord de 1969 ;
- droit syndical dans l'entreprise, Protocole de Grenelle du 27 mai 1968 (d'une nature originale puisque non signé) ;
- indemnisation du chômage partiel, 1968 ;
- Assédic, accord de 1958.

Des accords interprofessionnels ont été repris dans la loi (« loi négociée »), comme en matière de temps de travail (protocole du 17 juill. 1981, repris dans l'ordonnance du 16 janv. 1982, prévoyant la durée légale à 39 heures et la cinquième semaine de congés, mais également les accords « dérogatoires » de modulation) ou d'accords collectifs (Accords Matignon du 7 juin 1936 sur les accords collectifs repris dans la loi du 24 juin 1936).

Négociation collective et accords collectifs de branche

La négociation collective de branche est obligatoire sur certains sujets et permet la conclusion d'accords collectifs aux effets variés.

A. Négociation de branche et professionnelle

1. *Processus de négociation*

Le processus de négociation doit respecter l'obligation de loyauté. Toutes les organisations syndicales de salariés représentatives dans la branche doivent être invitées, même les syndicats non signataires de l'accord quand il s'agit d'une négociation de révision (Soc. 17 mars 2003). À l'issue du processus de négociation, en cas de modifications apportées au projet d'accord soumis à la signature, après la dernière séance de négociation, lorsque l'existence de négociations séparées n'est pas établie, un accord ne peut être déclaré nul lorsqu'aucune partie à la négociation n'en a sollicité la réouverture (Soc. 12 oct. 2006, Crédit Agricole).

2. Thèmes de négociation

La loi confère un rôle particulier aux négociations menées dans le cadre de la branche et institue, dans certains cas, une obligation de négocier, qui pèse sur les organisations patronales de la branche. Les organisations qui sont liées par une convention collective de branche, ou, à défaut, par des accords professionnels, se réunissent pour négocier sur plusieurs thèmes.

Négociation annuelle obligatoire (NAO) sur les salaires

Ces négociations sur les salaires (L. 2241-1 et s., L. 132-12) prennent en compte l'objectif d'égalité professionnelle entre les femmes et les hommes. La négociation est l'occasion, au moins une fois par an, pour les parties, d'un examen :

– de l'évolution économique et de la situation de l'emploi dans la branche, de son évolution et des prévisions annuelles ou pluriannuelles établies, notamment pour ce qui concerne les contrats de travail à durée déterminée et les missions de travail temporaire.
– des actions éventuelles de prévention envisagées compte tenu de ces prévisions.
– de l'évolution des salaires effectifs moyens par catégories professionnelles et par sexe, au regard, le cas échéant, des salaires minima hiérarchiques.

À cet effet, un rapport est remis par la partie patronale aux organisations de salariés au moins 15 jours avant la date d'ouverture de la négociation. Au cours de cet examen, la partie patronale fournit aux organisations syndicales les informations nécessaires pour permettre de négocier en toute connaissance de cause. Une obligation d'information pèse donc sur la partie patronale (loyauté de la négociation). L'initiative de la négociation appartient à l'une ou l'autre des parties. Il n'y a pas obligation de conclure (la liberté contractuelle prévaut).

La négociation peut porter sur les salaires minima, conformément à la pratique la plus répandue, ou sur la revalorisation en pourcentage des salaires effectifs, comme cela se fait dans certaines branches.

La négociation annuelle sur les salaires devrait permettre d'éviter que les minima conventionnels ne s'écartent trop des salaires effectifs et favoriser une politique conventionnelle de revalorisation des bas salaires.

Lorsque le salaire minimum national professionnel des salariés sans qualification est inférieur au SMIC, les organisations liées par une convention de branche ou, à défaut, par des accords professionnels, se réunissent pour négocier sur les salaires. À défaut d'initiative de la partie patronale dans les trois mois, la négociation s'engage dans les 15 jours suivant la demande d'une organisation syndicale de salariés représentative (L. 2241-2-1 – Proposition de Loi de Simplification du droit).

La loi n° 2008-1258 du 3 décembre 2008 en faveur des revenus du travail prévoit pour inciter à la mise en œuvre de grilles de salaires de branche au moins égale au SMIC et donc pour inciter les organisations patronales des branches concernées à relever ces minima un mécanisme de réduction du montant des allégements généraux de cotisations sociales (« allégement Fillon », art. L. 241-13 Code de la Sécurité sociale). À partir du 1er janvier 2013, pour calculer le montant de l'allégement on ne retiendra plus le SMIC, mais « le salaire minimum national professionnel des salariés sans qualification applicable dans l'entreprise (...) dans la limite du montant du SMIC applicable » (art. 27). Cette substitution de référence a pour effet de diminuer le montant de l'allégement de cotisation quand les minima conventionnels sont inférieurs au SMIC. L'entreprise est alors pénalisée du fait d'une carence des organisations patronales de la branche : les entreprises concernées seront donc incitées à faire pression sur les négociateurs patronaux de la branche.

Classifications

Ces négociations, qui ont lieu au moins une fois tous les cinq ans, pour examiner la nécessité de réviser les classifications, prennent en compte l'objectif d'égalité professionnelle entre les femmes et les hommes (L. 2241-7).

Catégories professionnelles. Les classifications décrivent les emplois de la branche, en les affectant de coefficients, et prévoient parfois les conditions de passage au niveau supérieur. Le plus souvent, les grilles de classifications conventionnelles définissent les emplois par les compétences requises (exemple : CCN des transports, Annexe Ingénieurs et cadres, art. 1 bis – Interprète ; le diplôme constituant parfois un indicateur de compétence).

Qualifications. Ces dispositions conventionnelles sont bien entendu essentielles dans le contentieux de la reconnaissance des qualifications (exemples : dès lors que la salariée, embauchée en tant que sténodactylo, a obtenu, dans le cadre d'une formation diplômante suivie de sa propre initiative, le certificat requis pour être classée au coefficient 210 – technicien, l'employeur ne peut lui refuser cette promotion et doit lui verser des rappels de salaire, Soc. 16 avril 2008, CCN Avocats ; quand deux conditions cumulatives sont requises – durée de pratique professionnelle et fonction d'encadrement – pour obtenir un coefficient, le fait de ne pas remplir la seconde condition au regard des fonctions réellement exercées ne permet pas d'obtenir cette classification, Soc. 2 juill. 2008, CCN Bureaux d'études).

Égalité entre les femmes et les hommes

La négociation triennale sur les mesures tendant à assurer l'égalité professionnelle entre les femmes et les hommes et sur les mesures de rattrapage visant à remédier aux inégalités constatées, porte notamment sur les conditions d'accès à l'emploi, à la formation et à la promotion professionnelle et sur les conditions de travail et d'emploi et notamment celles des salariés à temps partiel.

Les négociations sur les salaires et sur les classifications visent également à définir et à programmer les mesures permettant de supprimer les écarts de rémunération entre les femmes et les hommes (L. 2241-9 ; exemple : accord du 18 nov. 2008 sur l'égalité salariale annexé à la CCN du personnel des agences générales d'assurances). À défaut d'initiative de la partie patronale dans l'année suivant la promulgation de la loi du 23 mars 2006 relative à l'égalité salariale entre les femmes et les hommes, la négociation s'engage dans les 15 jours suivant la demande d'une organisation syndicale de salariés représentative. L'accord visant à supprimer les écarts de rémunération conclu à la suite des négociations annuelle et quinquennale fait l'objet d'un dépôt auprès de l'UT (DIRECCTE). En l'absence de dépôt d'un accord ou de transmission d'un procès-verbal de désaccord auprès de l'UT (DIRECCTE), contenant les propositions des parties en leur dernier état, la commission mixte paritaire de la branche est réunie à l'initiative du ministre du Travail afin que s'engagent ou se poursuivent les négociations.

La commission mixte est réunie si la négociation n'a pas été engagée sérieusement et loyalement. L'engagement sérieux et loyal des négociations implique que la partie patronale ait communiqué aux organisations syndicales les informations nécessaires pour leur permettre de négocier en toute connaissance de cause et ait répondu de manière motivée aux éventuelles propositions des organisations syndicales (L. 2241-12, L. 132-12-3).

Conditions de travail et GPEC

Les organisations se réunissent au moins une fois tous les trois ans pour négocier les conditions de travail, la GPEC et l'emploi des salariés âgés, notamment par l'anticipation des carrières professionnelles et la formation professionnelle, et la prise en compte de la pénibilité du travail (L. 2241-4). Concernant les seniors, plusieurs accords ont ainsi été conclus (Négoce et industrie du sol, engrais et produits connexes du 30 nov. 2007 ; Inter-secteurs papiers cartons du 11 mars 2008 et avenant du 17 sept. 2009 ; Négoce des matériaux de construction du 12 nov. 2009 ; Métallurgie du 4 déc. 2009 ; etc.).

Par ailleurs, elles se réunissent tous les trois ans pour négocier la GPEC et la prévention des mutations économiques (L. 2242-15 et L. 2242-16).

Travailleurs handicapés

La négociation triennale sur les mesures tendant à l'insertion professionnelle et au maintien dans l'emploi des travailleurs handicapés porte notamment sur les conditions d'accès à l'emploi, à la formation et à la promotion professionnelles ainsi que sur les conditions de travail, d'emploi et de maintien dans l'emploi (L. 2241-5).

Formation professionnelle et apprentissage

Les organisations se réunissent au moins une fois tous les trois ans pour négocier les priorités, les objectifs et les moyens de la formation professionnelle des salariés (L. 2241-6, L. 933-2).

Épargne salariale

Les organisations se réunissent, une fois tous les cinq ans, pour engager une négociation sur l'institution d'un ou plusieurs PEI ou plans d'épargne pour la retraite collectifs interentreprises (PERCOI) lorsqu'il n'existe aucun accord conclu à ce niveau en la matière (L. 2241-8, L. 132-12).

De manière générale, les branches ont l'obligation d'instituer, dans la convention collective ou par le biais d'un accord professionnel, des observatoires paritaires de la négociation collective. Les missions de ces observatoires sont à définir dans la convention ou l'accord. Néanmoins, la loi leur confie une mission obligatoire : suivre les accords d'entreprise et d'établissement conclus pour la mise en œuvre d'une disposition légale. À ce titre, l'accord de branche instituant l'observatoire doit, à défaut de stipulation conventionnelle sur le même objet, fixer les modalités selon lesquelles l'observatoire est destinataire de ces accords d'entreprise ou d'établissement (L. 2232-10, L. 132-17-1).

Les négociateurs de la branche peuvent bien entendu décider de négocier sur tout autre sujet à leur convenance, notamment ceux proposés par les organisations syndicales représentatives de salariés – la convention de branche ou l'accord professionnel prévoit les modalités de prise en compte, dans la branche ou l'entreprise, des demandes relatives aux thèmes de négociation émanant d'une ou des organisations syndicales de salariés représentatives (L. 2222-3).

« Lorsque la représentativité des organisations syndicales est établie, celles-ci fixent, en lien avec les organisations d'employeurs, la liste des sujets qui font l'objet de la négociation collective de branche ainsi que les modalités de son organisation » (L. 2122-8).

B. Conventions de branche et accords professionnels

1. *Validité de la convention collective ou de l'accord de branche*

Pour qu'une convention collective de branche soit valide, il est nécessaire qu'elle ait été signée par au moins une organisation d'employeurs et une organisation syndicale représentative de salariés.

Ancien régime juridique

La validité de l'accord peut être renforcée. La loi du 4 mai 2004 a introduit une condition de majorité comme nouvelle condition de validité des accords conclus au niveau de la branche. Cette condition de majorité peut être fixée à ce niveau par des accords, soumis aux mêmes conditions de validité que les accords habituels (y compris le droit d'opposition) et qui doivent être étendus. Deux situations sont possibles.

a. Accord majoritaire

Lorsqu'une convention de branche ou un accord professionnel étendu le prévoit, la validité des conventions ou des accords conclus dans le même champ d'application professionnel est subordonnée à leur signature par une ou des organisations syndicales représentant une majorité de salariés de la branche. C'est l'accord majoritaire. Deux modalités différentes peuvent être retenues.

La convention ou l'accord définit la règle selon laquelle cette majorité est appréciée en retenant les résultats :

- soit d'une consultation des salariés concernés, organisée périodiquement en vue de mesurer la représentativité des organisations syndicales de salariés de la branche (la consultation des salariés concernés doit respecter les principes généraux du droit électoral ; participent à cette consultation les salariés satisfaisant aux conditions pour être électeur, les modalités et la périodicité de cette consultation sont fixées par la convention de branche ou l'accord professionnel étendu, les contestations relatives à cette consultation relèvent du juge judiciaire) ; il s'agirait d'une élection spécifique de représentativité dans le champ d'application d'une convention collective.
- soit des dernières élections aux CE, ou à défaut des DP (la convention de branche ou l'accord professionnel étendu fixe le mode de décompte des résultats de ces élections) ; il s'agirait de consolider les résultats des élections professionnelles dans le champ d'application d'une convention collective.

Cette possibilité de subordonner la validité d'un accord collectif de branche à la signature d'organisations syndicales de salariés représentant une majorité des salariés a obtenu dans les faits très peu de résultats. Ces modalités ne sont pas retenues par les branches professionnelles.

b. Absence d'opposition

Dans les faits, c'est le système dit de la majorité d'opposition qui est retenu. À défaut de conclusion de la convention ou de l'accord étendu prévu pour mesurer une « majorité d'approbation », la validité d'une convention de branche ou d'un accord professionnel est soumise à l'absence d'opposition de la majorité des organisations syndicales de salariés représentatives dans le champ d'application de la convention ou de l'accord (L. 2232-7).

L'entrée en vigueur d'un accord est désormais subordonnée, comme pour les accords nationaux interprofessionnels, à l'absence d'opposition de la majorité des organisations syndicales représentatives dans son champ d'application.

C'est le même système que celui appliqué au niveau national interprofessionnel. Si, dans cette branche, existent cinq organisations syndicales représentatives de salariés, l'opposition sera retenue si au moins trois organisations la mettent en œuvre. Mais si dans cette branche, il existe plus d'organisations syndicales représentatives de salariés (sept, neuf, etc.), la majorité sera d'autant plus élevée.

Ce système ne tient pas compte de l'audience des organisations parmi les salariés de la branche. Ainsi, si dans cette branche existent cinq organisations syndicales représentatives de salariés, trois organisations représentant une minorité de salariés peuvent conclure un accord collectif contre lequel le droit d'opposition ne pourra pas être mis en œuvre par les deux autres organisations, même si elles représentent la majorité des salariés.

Droit d'opposition

Dans la branche des services de santé au travail, les organisations syndicales non signataires ont utilisé leur droit d'opposition contre l'accord du 20 janvier 2009 révisant les classifications de la CCN (signatures : CFDT et CFTC ; opposition : CGT, FO, CGC et SNPST).

Nouveau régime juridique

En application de la Position commune du 9 avril 2008, la loi du 20 août 2008 « démocratie sociale » prévoit que la validité d'une convention de branche ou d'un accord professionnel est subordonnée à sa signature par une ou plusieurs organisations syndicales de salariés représentatives ayant recueilli, aux élections prises en compte pour la mesure de l'audience (voir *supra* chapitre 17 – « Reconnaissance de la représentativité », L. 2122-5 ou, le cas échéant, L. 2122-6), au moins 30 % des suffrages exprimés en faveur d'organisations reconnues représentatives à ce niveau, quel que soit le nombre de votants, et à l'absence d'opposition d'une ou plusieurs organisation(s) syndicale(s) de salariés représentative(s) ayant recueilli la majorité des suffrages exprimés en faveur des mêmes organisations à ces mêmes élections ou, le cas échéant, dans le cadre de la même mesure d'audience, quel que soit le nombre de votants.

L'opposition est exprimée dans un délai de 15 jours à compter de la date de notification de cet accord ou de cette convention (L. 2232-6).

Des dispositions spécifiques déclinent ces règles pour les organisations syndicales représentatives catégorielles qui négocient et concluent un accord de branche pour les salariés d'une catégorie professionnelle au regard d'un collège électoral (L. 2232-13). Il en est ainsi notamment pour les journalistes (L. 7111-10).

Selon les dispositions transitoires, jusqu'à la détermination des organisations représentatives dans les branches (2013 au plus tard), en application des dispositions de cette loi, la validité d'une convention de branche ou accord professionnel est subordonnée à l'absence d'opposition de la majorité des organisations syndicales de salariés représentatives dans le champ d'application de l'accord (art. 12 ; L. 2232-6 et L. 2232-7 anciens).

2. *Application au niveau de l'entreprise*

Une entreprise n'est couverte par une convention collective ou un accord professionnel collectif que si elle est comprise dans le champ d'application territorial et professionnel de la convention collective ou de l'accord, tel qu'il est défini par la convention ou l'accord.

Mais cette condition nécessaire n'est pas suffisante. Il faut encore que le chef d'entreprise soit membre d'une organisation patronale signataire (qui est censée avoir négocié et conclu la convention collective, au nom de ses adhérents). Si ce n'est pas le cas, en application du droit commun des contrats (effet relatif des contrats, art. 1165 Civ.), il n'est pas concerné par l'accord de branche conclu.

Ainsi, c'est l'appartenance de l'employeur à une organisation patronale signataire qui est déterminante. Si l'employeur fait partie d'une organisation signataire, la convention collective sera applicable à tous les membres du personnel (c'est l'effet *erga omnes*). Le fait, pour un salarié, de n'être pas syndiqué ou d'être membre d'une organisation syndicale de travailleurs qui a ou n'a pas signé la convention, est sans effet. En France, le taux de syndicalisation (environ 5 %) est inversement proportionnel au taux de couverture des conventions collectives (environ 95 %), alors qu'en Europe du Nord, ces deux chiffres se recoupent (à des taux élevés).

L'employeur peut toujours démissionner de l'organisation patronale avant la conclusion de la convention collective ou de l'accord, qui lui ne sera alors pas applicable – mais le restera au niveau atteint s'il démissionne après la conclusion de la convention collective, de même que par les accords postérieurs à sa démission qui ne sont que l'application de la convention ou de l'accord (Soc. 10 févr. 1999).

3. *Extension de conventions collectives et d'accords collectifs*

Une entreprise, située dans le champ d'application territorial et professionnel d'une convention ou d'un accord, n'est pas assujettie à la convention ou à l'accord si l'employeur n'est pas membre d'une organisation patronale signataire. Cette situation est préjudiciable aux salariés de l'entreprise ainsi qu'aux autres entreprises qui appliquent l'accord (concurrence).

L'extension qui est décidée par le ministre du Travail a pour effet de rendre applicable la convention collective à toutes les entreprises comprises dans son champ d'application territorial et professionnel (Soc. 16 mars 2005).

Ainsi, le mot d'extension n'implique aucune modification du champ géographique et professionnel de la convention collective. La convention collective de la métallurgie de la région parisienne, lorsqu'elle a été étendue, a conservé le même champ territorial, la région parisienne, et professionnel, la métallurgie, mais elle est devenue applicable à toutes les entreprises métallurgiques de la région parisienne, qu'elles soient adhérentes ou non à une organisation patronale signataire.

L'extension est donc un acte de politique sociale et économique. Son objet est d'étendre les garanties de la convention collective à tous les salariés de la profession, tout en uniformisant les conditions de la concurrence.

Peuvent être étendus les accords interprofessionnels, les conventions et accords de branche, leurs avenants ou annexes, à condition toutefois que certaines conditions soient satisfaites, conclues au niveau national, régional, départemental ou local. Une convention d'entreprise, par définition, ne saurait être étendue.

Des conditions sont posées pour qu'une convention ou un accord puisse être étendu.

Élaboration

L'ANI, la convention ou l'accord de branche, leurs avenants ou les annexes doivent, pour pouvoir être étendus, avoir été négociés et conclus en commission paritaire, composée de représentants des organisations syndicales d'employeurs et de salariés les plus représentatives dans le champ d'application considéré (L. 2261-19, L. 133-1, al. 1).

La négociation d'un ANI mettra en présence des organisations nationales d'employeurs (le Medef, la CGPME et l'UPA), d'une part, et les confédérations de salariés représentatives au plan national (CGT, CFDT, CGT-FO, CFTC, CFE-CGC pour l'encadrement), d'autre part. La négociation d'une convention ou d'un accord de branche mettra en présence les organisations patronales et salariales représentatives dans la branche.

Toute organisation d'employeurs, affiliée au Medef, est considérée comme représentative, de même que, du côté des salariés, actuellement, toute organisation affiliée à une confédération syndicale représentative. Il est toujours loisible à une organisation syndicale non rattachée au Medef ou à une des grandes confédérations de salariés, de prouver sa représentativité dans le cadre retenu. S'il y a lieu de déterminer la représentativité d'une organisation, autre que celles affiliées à l'une des organisations les plus représentatives au plan national, selon le système actuellement en vigueur, le ministre du Travail diligente une enquête et l'organisation en cause est tenue de fournir les éléments d'appréciation dont elle dispose.

La négociation se déroule en principe au sein d'une commission mixte, présidée par un fonctionnaire du ministère du Travail. Mais, dans la pratique, certaines conventions collectives ont été étendues, alors qu'au départ, elles avaient été négociées sans présence de l'administration. Toutes les organisations représentatives dans le champ d'application retenu, à la fois d'employeurs et de salariés, doivent être convoquées.

Le ministre peut décider de convoquer une commission mixte paritaire de sa propre initiative. Il peut aussi le faire à la demande d'une des organisations représentatives d'employeurs ou de salariés. Mais il est tenu de provoquer la réunion si deux organisations en font la demande (L. 2261-20, L. 133-1, al. 2).

Contenu

Les dispositions de la loi, relatives au contenu, ne concernent que les conventions collectives de branche conclues au niveau national, qui, pour pouvoir être étendues, doivent contenir des clauses portant sur (L. 2261-22, L. 133-5) :

- d'une part, la détermination des règles de négociation et de conclusion et concernant les rapports entre les parties (champ d'application territorial et professionnel ; modalités de renouvellement, de révision et de dénonciation ; garanties accordées aux salariés participant à la négociation). Ainsi, une convention collective ne peut exclure de son champ d'application des entreprises au motif qu'elles appliquaient une autre convention avant son entrée en vigueur (Soc. 19 mai 2010, CCN du personnel des services interentreprises de médecine du travail) ou des salariés si cela est contraire à l'égalité de traitement (Ass. plén. 29 nov. 1996, concernant les salariés à temps partiel).
- d'autre part, les droits des salariés. Il s'agit des droits suivants :
- 1°) L'exercice du droit syndical et la liberté d'opinion des salariés, le déroulement de carrière des salariés exerçant des responsabilités syndicales et l'exercice de leurs fonctions ;
- 2°) Les DP, le CHSCT, les CE et le financement des activités sociales et culturelles gérées par ces comité ;
- 3°) Les éléments essentiels servant à la détermination des classifications professionnelles et des niveaux de qualification ;
- 4°) Le salaire minimum national professionnel des salariés sans qualification et l'ensemble des éléments affectant le calcul du salaire applicable par catégories professionnelles, ainsi que les procédures et la périodicité prévues pour sa révision ;
- 5°) Les congés payés ;
- 6°) Les conditions de recrutement des salariés ;
- 7°) Les conditions de la rupture du contrat de travail ;
- 8°) Les modalités d'organisation et de fonctionnement de la formation professionnelle tout au long de la vie ;
- 9°) L'égalité professionnelle entre les femmes et les hommes, la suppression des écarts de rémunération et les mesures tendant à remédier aux inégalités constatées ;
- 10°) L'égalité de traitement entre salariés et la prévention des discriminations ;
- 11°) Les conditions propres à concrétiser le droit au travail des personnes handicapées ;
- 12°) En tant que de besoin dans la branche :
- a) Les conditions particulières de travail des femmes enceintes, venant d'accoucher ou allaitant et des jeunes travailleurs ;
- b) Les conditions d'emploi et de rémunération du personnel à temps partiel ;
- c) Les conditions d'emploi et de rémunération des travailleurs à domicile ;
- d) Les garanties des salariés appelés à exercer leur activité à l'étranger ;

– e) Les conditions d'emploi des salariés temporaires ou d'entreprises extérieures ;
– f) Les conditions de rémunération des salariés, auteurs d'une invention dévolue à l'employeur en vertu des dispositions du troisième alinéa de l'article L. 611-7 du Code de la propriété intellectuelle ;
– g) Les garanties des salariés résidant dans un département métropolitain et appelés à travailler dans un DOM, à Saint-Pierre-et-Miquelon, Mayotte, Wallis-et-Futuna et dans les TAAF.
– 13°) Les procédures conventionnelles de conciliation suivant lesquelles seront réglés les conflits collectifs de travail susceptibles de survenir entre les employeurs et les salariés liés par la convention ;
– 14°) Les modalités d'accès à un régime de prévoyance maladie ;
– 15°) Les modalités de mise en œuvre des dispositifs d'intéressement, de participation et d'épargne salariale ;
– 16°) Les modalités de prise en compte dans la branche ou l'entreprise des demandes relatives aux thèmes de négociation émanant d'une ou des organisations syndicales de salariés représentatives.

La liste des points à couvrir est de plus en plus longue, car il s'agit de donner à la convention collective étendue la portée d'une « loi de la profession », couvrant à peu près tout le domaine de la législation en la matière. La convention dont l'extension est envisagée peut aussi contenir des clauses facultatives (D. 2261-2).

À défaut de convention au plan national, des conventions de branche, conclues à d'autres niveaux, pourront être étendues (exemple : convention collective de la métallurgie parisienne, précitée). Ces conventions doivent alors non seulement avoir été négociées par les organisations les plus représentatives (dans la branche et au niveau considéré), mais encore comporter des dispositions sur les points énumérés ci-dessus (L. 2261-23, L. 133-5).

Procédure d'extension

La procédure d'extension est engagée à la demande d'une des organisations représentatives d'employeurs ou de salariés signataires de la convention ou de l'accord ou à l'initiative du ministre (L. 2261-24, L. 133-8), après avis motivé de la Commission nationale de la négociation collective (CNNC – Sous-commission des conventions et accords – R. 2272-10-1°). Saisi de cette demande, le ministre chargé du Travail engage sans délai la procédure d'extension. Le silence gardé par le ministre pendant plus de six mois après qu'il a été saisi d'une demande vaut rejet (décret du 20 juin 2001).

L'extension devant avoir pour effet de rendre la convention ou l'accord applicable à des entreprises qui n'y étaient pas assujetties et pouvant, de ce fait, leur faire supporter des charges nouvelles, un avis est d'abord publié au *Journal officiel* par le ministre du Travail, indiquant que l'extension de telle convention ou de tel accord est envisagée et invitant les organisations et personnes intéressées à faire connaître au ministre leurs observations (D. 2261-5, L. 133-14, al. 1).

Le ministre du Travail vérifie avant de procéder à l'extension si le champ d'application professionnel de l'accord n'est pas déjà compris dans le champ professionnel d'un accord collectif étendu préexistant. Cependant, un accord collectif qui a pour seul objet de définir le champ d'application professionnel de futurs accords peut être étendu sans que le ministre ait à procéder à cette vérification (CE 23 juill. 2010, Ateliers et chantiers d'insertion).

Quand l'avis motivé favorable de la CNNC a été émis sans opposition écrite et motivée soit de deux organisations d'employeurs, soit de deux organisations de salariés représentées à cette commission, le ministre du Travail peut étendre par arrêté une convention ou un accord ou leurs avenants ou annexes :

- lorsque le texte n'a pas été signé par la totalité des organisations les plus représentatives intéressées ;
- lorsque la convention ne comporte pas toutes les clauses obligatoires ;
- lorsque la convention ne couvre pas l'ensemble des catégories professionnelles de la branche, mais une ou plusieurs d'entre elles.

Opposition à l'extension

En cas d'opposition écrite et motivée, soit de deux organisations d'employeurs, soit de deux organisations de salariés représentées, le ministre du Travail peut consulter à nouveau la CNNC sur la base d'un rapport précisant la portée des dispositions en cause ainsi que les conséquences d'une éventuelle extension. Le ministre du Travail peut décider l'extension, au vu du nouvel avis émis par la CNNC. Cette décision est motivée (L. 2261-27, L. 133-11).

Si, par exemple, la CGT et la CFDT n'ont pas signé une convention dont l'extension est envisagée, elles pourront, au sein de la CNNC, soit ne pas s'opposer à l'extension, soit s'y opposer, mais le ministre conserve le pouvoir de décider en dernier ressort. Il n'y a donc pas, lorsqu'il s'agit de l'extension d'une convention ou d'un accord collectif, un véritable droit d'opposition reconnu aux non-signataires.

Une procédure plus souple et plus rapide est prévue pour l'extension des avenants salariaux qui sont fréquemment modifiés (L. 2261-26, R. 2261-5).

Extension

La procédure achevée, l'arrêté d'extension est publié au *Journal officiel* et le texte des dispositions conventionnelles étendues fait l'objet d'une publication au bulletin officiel du ministère du Travail (*BOMT* ; D. 2261-4). Le ministre du Travail peut exclure de l'extension, après avis motivé de la CNNC, les clauses qui seraient en contradiction avec des dispositions légales (les services du ministère du Travail examinent soigneusement chaque convention collective dont l'extension est envisagée). Il peut, dans les mêmes conditions, étendre, sous réserve de l'application des dispositions légales, les clauses incomplètes au regard de ces dispositions (L. 2261-25).

Mais le ministre du Travail peut, pour un motif d'intérêt général (objectifs de la politique économique et sociale, protection de tiers, etc.), refuser d'étendre un accord collectif (CE 21 nov. 2008, Syndicat national des cabinets de recouvrement).

Effets de l'extension

La convention collective étendue devient applicable dès la publication de l'arrêté au *Journal officiel*, à toutes les entreprises comprises dans son champ d'application territorial et professionnel (exemple : CCN du Bâtiment, Limousin, Accords du 21 déc. 2006 – primes d'outillage, indemnités de petits déplacements, etc., *JO* du 12 juill. 2007).

L'extension peut concerner un accord national, interprofessionnel ou professionnel. L'effet de l'extension est, au plan interprofessionnel, de rendre l'accord applicable à toutes les entreprises non représentées à la négociation – la majeure partie du secteur privé se trouve alors couverte (exemple : l'ANI du 1er mars 2004 sur l'égalité professionnelle entre les femmes et les hommes, étendu par arrêté du 22 avril 2005). Au plan professionnel, il est applicable à toutes les entreprises de la branche non affiliées à la fédération patronale signataire – toute la branche d'activité se trouve alors couverte.

Une convention collective étendue qui arrive à expiration cesse d'être applicable, nonobstant l'arrêté d'extension qui n'a pas pour effet de transformer la convention collective en un règlement permanent. L'arrêté d'extension d'une convention ou d'un accord devient caduc à compter du jour où la convention ou l'accord en cause cesse de produire effet (L. 2261-28).

Les règles relatives à l'adhésion, à la dénonciation et à la révision valent pour les conventions étendues comme pour les conventions non étendues.

La revalorisation des bas salaires en Guadeloupe

L'accord régional interprofessionnel sur les salaires en Guadeloupe, du 26 février 2009, prévoit notamment que les salariés, dont les salaires sont compris entre le SMIC et 1,4 SMIC (hors prime et accessoire de salaire) bénéficient d'une augmentation de 200 € nets ; les salariés à temps partiel bénéficient d'une augmentation au prorata de leur temps de travail. Cet accord est applicable à partir du 1er mars 2009. Il a été signé d'une part, par cinq organisations patronales locales (mais pas par les organisations locales de la CGPME et du Medef, à l'exception de la fédération du BTP), et, d'autre part, par sept syndicats de salariés. L'accord a été étendu par arrêté du 3 avril 2009 (après une opposition du Medef et de la FNSEA). La progression des salaires est cofinancée, dans des proportions variables suivant l'effectif (moins de 20, de 20 à 100, plus de 100 salariés) par l'employeur (50 € jusqu'à 100 salariés, puis 100 €), l'État (pendant 36 mois – 100 €) et les collectivités territoriales (région et département ; pendant 12 mois – 50 € jusqu'à 100 salariés). L'arrêté exclut de l'extension le préambule et l'article V (sur la « clause de convertibilité » – la prise en charge par les entreprises du montant de l'augmentation assurée temporairement par les aides publiques) de l'accord.

De nombreux employeurs ont adhéré directement à l'accord. Le Medef-Guadeloupe a formalisé son engagement unilatéral (excluant la « convertibilité » des aides publiques) dans une « recommandation » à ses adhérents. Le champ d'application de cette revalorisation est complexe, comme le montre le tableau *infra*.

Champs couverts (application intégrale)	Sources
Salariés des entreprises dont l'employeur est adhérent à une organisation d'employeur signataire ou adhérente (ex. : Medef – FD BTP).	Accord (art. I ou art. VII).
Salariés des entreprises dont l'employeur adhère directement à l'accord.	Accord (art. VII).
Champs couverts (application partielle temporaire).	Sources.
Salariés des entreprises dont l'employeur n'est pas adhérent à une organisation signataire ou adhérente.	Art. 1er de l'arrêté d'extension (clause de convertibilité exclue ; part État 100 € et part Collectivités 50 € versées temporairement).
Salariés des entreprises dont l'employeur est adhérent au Medef Guadeloupe.	Recommandation du Medef Guadeloupe (augmentation de 50, 70 ou 100 € suivant l'effectif et le secteur d'activité.
Champs non couverts	**Sources**
Salariés des entreprises de secteurs non couverts par l'accord (ex. : agriculture).	Art. 1er de l'arrêté d'extension (absence d'arrêté d'élargissement).

4. *Agrément de conventions collectives et d'accords collectifs*

La procédure d'agrément concerne les dispositions conventionnelles d'indemnisation du chômage et certaines conventions collectives de branches qui impliquent financièrement l'État (secteur médico-social en particulier, telle la CCN des établissements et des services pour personnes inadaptées et handicapées ; exemples : Accord du 10 mai 2010 sur l'évolution des salaires du régime général de Sécurité sociale agréé, ANI du 19 mai 2010 sur la gestion sociale de la crise, concernant le régime d'assurance-chômage, agréé par arrêté du 27 juill. 2010).

La procédure d'agrément a pour effet de les rendre obligatoires pour tous les employeurs et leurs salariés. Faute d'agrément, ces dispositions ne sauraient entrer en application ni produire d'effets, ce qui différencie nettement l'agrément de l'extension car, à défaut d'arrêté d'extension, une disposition conventionnelle demeure exécutoire entre les parties signataires. Quand la loi exige une extension, l'agrément est insuffisant (Soc. 29 juin 1999).

5. *Élargissement de conventions collectives et d'accords collectifs*

À côté de la procédure d'extension, la loi a prévu une procédure d'élargissement qui permet au ministre, sous certaines conditions, de rendre obligatoire dans un secteur territorial, sans convention, une convention ou un accord de branche déjà étendu dans un secteur différent ou, dans un secteur professionnel sans convention, une convention ou un accord déjà étendu dans un autre secteur professionnel (L. 2261-17, L. 2261-18). La procédure d'élargissement (comme en matière d'extension) prévoit la publication préalable d'un avis et la publication de l'arrêté au *Journal officiel* (D. 2261-3 et D. 2261-4). Les arrêtés d'élargissement restent encore aujourd'hui assez peu nombreux, mais se développent dans le cadre d'une volonté de généralisation de la couverture conventionnelle, y compris aux salariés des secteurs où la négociation n'aboutit pas ou se révèle impossible (inexistence d'une organisation patronale, par exemple).

Si une convention ou un accord est ultérieurement conclu dans un secteur territorial ou professionnel ayant fait l'objet d'un arrêté d'élargissement, celui-ci devient caduc à l'égard des employeurs liés par cette convention ou cet accord. L'arrêté d'extension emporte abrogation de l'arrêté d'élargissement dans le champ d'application pour lequel l'extension est prononcée (L. 2261-30, L. 133-12, L. 133-13).

Négociation collective et accords collectifs d'entreprise

A. Négociation d'entreprise (et d'établissement)

1. *Parties à la négociation*

Régime de droit commun. Les parties à la négociation sont, en principe, du côté patronal, l'employeur (le chef d'entreprise ou le chef d'établissement dans le cas d'une négociation d'une convention ou d'un accord d'établissement) ; et du côté salarié, les organisations syndicales représentatives dans l'entreprise ou l'établissement.

Chaque délégation comprend obligatoirement le DS de l'entreprise ou, si le syndicat a désigné plusieurs délégués, au moins deux DS. Chaque organisation peut compléter sa délégation par des salariés de l'entreprise dont le nombre est fixé par accord entre l'employeur et l'ensemble des organisations représentatives. À défaut d'accord, le nombre des salariés ne peut, par délégation, excéder celui des DS, si ce n'est lorsque la délégation ne comprend qu'un délégué syndical. Dans ce cas, le nombre de salariés peut être de deux. Ainsi, « *en cas de pluralité de délégués syndicaux, et sauf accord plus favorable conclu entre l'employeur et l'ensemble des organisations participant à la négociation, la délégation de chaque organisation est légalement composée de deux d'entre eux, et éventuellement complétée par un nombre égal de salariés* », soit quatre personnes par délégation pour chaque syndicat (Soc. 5 janv. 2011, Sté Heppner).

Le temps passé à la négociation est payé comme temps de travail. Dans les entreprises d'au moins 500 salariés, un crédit d'heures est prévu en vue de préparer la négociation.

Un représentant syndical extérieur peut participer aux négociations, en cas d'usage ou avec l'accord de l'employeur (Soc. 19 oct. 1994).

Par exception, en l'absence de DS dans l'entreprise, des dispositions dérogatoires sont prévues.

Régime dérogatoire applicable depuis le 1er janvier 2010. En application de la Position commune du 9 avril 2008, la loi « démocratie sociale » prévoit dans les entreprises dépourvues de DS la modification de ce système, en conservant les deux mêmes canaux. Cependant, « l'exigence d'un accord de branche étendu préalable autorisant cette négociation est supprimée » (circulaire DGT du 13 nov. 2008).

a. **Élus du personnel.** Il s'agit d'une part de la conclusion par les représentants élus au CE ou les DP : dans les entreprises de moins de 200 salariés, en l'absence de DS dans l'entreprise ou l'établissement, ou de DP désigné comme DS dans les entreprises de moins de 50 salariés, les représentants élus du personnel au CE ou à la DUP ou, à défaut, les DP peuvent négocier et conclure des accords collectifs de travail sur des mesures dont la mise en œuvre est subordonnée par la loi à un accord collectif (L. 2232-21) (exemple : les dispositifs dérogatoires d'aménagement du temps de travail), sauf les « accords de méthodes » (procédure collective de licenciement économique).

La validité de ces accords d'entreprise ou d'établissement est subordonnée à leur conclusion par des membres titulaires élus au CE ou, à défaut, des DP titulaires représentant la majorité des suffrages exprimés lors des dernières élections professionnelles et à l'approbation par la commission paritaire de branche. La commission paritaire de branche contrôle que l'accord collectif n'enfreint pas les dispositions législatives, réglementaires ou conventionnelles applicables. Si l'une des deux conditions n'est pas remplie, l'accord est réputé non écrit.

À défaut de stipulations différentes d'un accord de branche, la commission paritaire de branche comprend un représentant titulaire et un représentant suppléant de chaque organisation syndicale de salariés représentative dans la branche et un nombre égal de représentants des organisations professionnelles d'employeurs (L. 2232-22).

La commission paritaire de branche se prononce sur la validité de l'accord dans les quatre mois qui suivent sa transmission ; à défaut, l'accord est réputé avoir été validé (L. 2232-21).

Le temps passé aux négociations n'est pas imputable sur les heures de délégation et les élus disposent de 10 heures de délégation pour exercer ces fonctions (L. 2232-23).

Des accords de branche mettent en œuvre ce dispositif (exemples : Accord du 14 sept. 2010 relatif à la validation des accords d'entreprise du commerce de matériel agricole ; Accord du 15 sept. 2010 relatif à la validation des accords d'entreprise du BTP ; Accord du 20 juill. 2010 dans les bureaux d'études et sociétés de conseil ; Accord du 27 juill. 2010 dans le transport routier, Accord du 26 avr. 2010 sur le dialogue social dans la métallurgie).

b. **Salariés mandatés.** Il s'agit d'autre part de la conclusion par un ou plusieurs salariés mandatés : dans les entreprises dépourvues de DS et lorsqu'un procès-verbal de carence a établi l'absence de représentants élus du personnel, les accords d'entreprise ou d'établissement peuvent être négociés et conclus par un ou plusieurs salariés expressément mandatés par une ou plusieurs organisations syndicales représentatives dans la branche. Ces accords collectifs portent sur des mesures dont la mise en œuvre est subordonnée par la loi à un accord collectif (dans les mêmes conditions que pour les accords conclus avec les élus, *supra*). À cet effet, une même organisation syndicale ne peut mandater qu'un seul salarié (L. 2232-24).

Chaque salarié mandaté dispose du temps nécessaire à l'exercice de ses fonctions (10 heures par mois, L. 2232-25).

Ne peuvent être mandatés les salariés qui, en raison des pouvoirs qu'ils détiennent, peuvent être assimilés à l'employeur, ainsi que les salariés apparentés à l'employeur (L. 2232-26).

L'accord signé par un salarié mandaté doit avoir été approuvé par les salariés à la majorité des suffrages exprimés, dans le respect des principes généraux du droit électoral. Faute d'approbation, l'accord est réputé non écrit (L. 2232-27).

Dans ces deux cas (négociations avec les élus ou avec un salarié mandaté), les organisations syndicales représentatives dans la branche de laquelle relève l'entreprise sont informées par l'employeur de sa décision d'engager des négociations (L. 2232-21 et L. 2232-24).

La négociation entre l'employeur et les élus ou les salariés de l'entreprise mandatés se déroule dans le respect des règles suivantes :

- indépendance des négociateurs vis-à-vis de l'employeur (DC 6 nov. 1996) ;
- élaboration conjointe du projet d'accord par les négociateurs ;
- concertation avec les salariés ;
- faculté de prendre l'attache des organisations syndicales représentatives de la branche. Par ailleurs, les informations à remettre aux élus titulaires ou aux salariés mandatés préalablement à la négociation sont déterminées par accord entre ceux-ci et l'employeur (L. 2232-27-1 nouveau).

Ces accords d'entreprise ou d'établissement ne peuvent entrer en application qu'après leur dépôt auprès de l'UT (DIRECCTE) (accompagnés pour les accords conclus avec les élus de l'extrait de procès-verbal de validation de la commission paritaire nationale de branche compétente) (L. 2232-28). Ces accords peuvent être renouvelés, révisés ou dénoncés (L. 2232-29).

c. **Représentant de la section syndicale**. Il s'agit enfin du RSS. Par dérogation, lorsqu'en raison d'une carence au premier tour des élections professionnelles, un DS n'a pu être désigné au sein de l'entreprise ou de l'établissement ou lorsqu'il n'existe pas de DS dans l'entreprise ou l'établissement, le représentant de la section syndicale désigné par une organisation syndicale de salariés affiliée à une organisation syndicale représentative au niveau national et interprofessionnel peut disposer, sur mandatement par son organisation syndicale, du pouvoir de négocier et de conclure un accord d'entreprise ou d'établissement (L. 2143-23).

Depuis le 1er janvier 2010, le RSS ne peut négocier, en l'absence de DS, que dans les entreprises de plus de 200 salariés ayant des élus du personnel et non couvertes par des accords de branches spécifiques, lorsqu'il y a eu carence au premier tour des élections professionnelles (circulaire DGT du 13 nov. 2008).

Le RSS peut négocier des accords collectifs « de progrès » (pas uniquement des accords collectifs « dérogatoires »). La validité de l'accord d'entreprise ou d'établissement négocié et conclu avec le RSS est subordonnée à son approbation par les salariés à la majorité des suffrages exprimés dans des conditions déterminées par décret et dans le respect des principes généraux du droit électoral. Faute d'approbation, l'accord est réputé non écrit (L. 2232-14).

2. Processus de négociation

Des dispositions légales prévoient un minimum de processus de négociation pour les négociations obligatoires (L. 2242-1, L. 132-28).

Dans les entreprises où sont constituées une ou plusieurs sections syndicales d'organisations représentatives de salariés (« entreprises organisées »), l'employeur engage chaque année une négociation sur les thèmes légalement prévus (salaires, etc.).

À défaut d'une initiative de l'employeur depuis plus de 12 mois suivant la précédente négociation, celle-ci s'engage obligatoirement à la demande d'une organisation syndicale représentative. La demande de négociation formulée par l'organisation syndicale est transmise dans les huit jours par l'employeur aux autres organisations représentatives. Dans les 15 jours qui suivent la demande formulée par une organisation syndicale, l'employeur convoque les parties à la négociation annuelle. Lors de la première réunion sont précisés :

- le lieu et le calendrier des réunions ;

- les informations que l'employeur remettra aux DS et aux salariés composant la délégation sur les matières légalement prévues et la date de cette remise.

Ces informations doivent permettre une analyse comparée de la situation des femmes et des hommes concernant les emplois et les qualifications, les salaires payés, les horaires effectués et l'organisation du temps de travail. Elles font apparaître les raisons de ces situations.

Tant que la négociation est en cours, l'employeur ne peut, dans les matières traitées, arrêter de décisions unilatérales concernant la collectivité des salariés, sauf si l'urgence le justifie.

Si, au terme de la négociation, aucun accord n'a été conclu, il est établi un procès-verbal de désaccord dans lequel sont consignées, en leur dernier état, les propositions respectives des parties et les mesures que l'employeur entend appliquer unilatéralement. Ce procès-verbal donne lieu à dépôt, à l'initiative de la partie la plus diligente, à l'UT (DIRECCTE).

Pour toute négociation, obligatoire ou non, les parties à la négociation doivent respecter une obligation de loyauté, qui irrigue le droit du processus de négociation, mais dont les contours précis ne sont que très progressivement définis par la jurisprudence pour chaque stade.

Dès l'ouverture des négociations, toutes les organisations syndicales représentatives doivent être invitées par l'employeur (Soc. 26 mars 2002). Le défaut d'invitation d'un syndicat représentatif, ayant un DS, constitue « *un trouble manifestement illicite* » (Soc. 8 juill. 2009, SUD c/ SA Téléperformance) et une entrave au droit syndical (Crim. 28 oct. 2008).

La négociation s'engage au niveau de l'entreprise ou de l'établissement. La négociation doit s'engager au niveau de l'entreprise et ne peut s'engager au niveau des établissements que si aucune des organisations syndicales représentatives dans ces établissements ne s'y oppose (Soc. 21 mars 1990).

En cours de négociation, les négociations séparées de l'employeur avec certaines organisations sont interdites.

La consultation des IRP est souvent nécessaire. Le CE doit être informé et consulté dès lors que la négociation d'un accord collectif d'entreprise porte sur l'un des objets soumis légalement à l'avis de cette institution. Il en va ainsi, notamment, s'agissant d'une négociation relative à la réduction et à l'aménagement du temps de travail. Cette consultation doit avoir lieu concomitamment à l'ouverture de la négociation et au plus tard avant la signature de l'accord. Le défaut de consultation du CE n'a cependant pas pour effet d'entraîner la nullité ou l'inopposabilité de l'accord collectif d'entreprise. Il peut toutefois entraîner la suspension des négociations (Soc. 5 mai 1998, Soc. 19 mars 2003). Dans certains cas, le CHSCT doit également être consulté par l'employeur. Le CE doit en outre être consulté avant la dénonciation par l'employeur d'un accord d'entreprise (Soc. 5 mars 2008), la dénonciation restant sans effet jusqu'à l'accomplissement de cette procédure.

La fin des négociations est une période parfois confuse. Ainsi, dans une affaire, l'employeur, lors d'une réunion de négociation, avait soumis à la discussion un projet d'accord. Les organisations syndicales, après avoir fait valoir leur position, avaient refusé de signer un procès-verbal de désaccord. La négociation était seulement interrompue, sans qu'aucune procédure de signature ne soit prévue. Mais le texte signé ultérieurement par deux syndicats était différent de celui discuté lors de cette réunion, sans que ce nouveau texte ait été préalablement soumis à l'ensemble des organisations syndicales. « *La nullité d'une convention ou d'un accord collectif est encourue lorsque toutes les organisations syndicales n'ont pas été convoquées à sa négociation, ou si l'existence de négociations séparées est établie, ou encore si elles n'ont pas été mises à même de discuter les termes du projet soumis à la signature en demandant le cas échéant la poursuite des négociations jusqu'à la procédure prévue pour celle-ci* » (Soc. 10 oct. 2007, Syndicat CFDT métaux des Vosges c/ SEB).

L'objet et la périodicité des négociations ainsi que les informations nécessaires à remettre préalablement aux délégués syndicaux de l'entreprise ou de l'établissement sont fixés par accord entre l'employeur et les organisations syndicales représentatives dans l'entreprise (accord de méthode), sans préjudice des dispositions relatives à la négociation annuelle obligatoire en entreprise (L. 2232-20). Ainsi, une négociation sur le processus de négociation peut précéder la négociation sur les thèmes choisis.

3. *Thèmes de négociation*

Tout sujet peut faire l'objet d'une négociation collective d'entreprise, dès lors que les organisations syndicales de salariés et l'employeur le décident. Mais des thèmes relèvent d'une obligation de négociation. Ces négociations obligatoires en entreprise, conduites en application de la loi, doivent prendre en compte l'objectif d'égalité professionnelle entre les femmes et les hommes (démarche de « *gender mainstreaming* » ou d'approche transversale intégrée pour l'égalité femmes/hommes, L. 2242-6, L. 132-27-1).

Négociation annuelle obligatoire (NAO)
sur les salaires effectifs et le temps de travail

L'employeur est tenu d'engager chaque année une négociation (NAO) sur les salaires effectifs, d'une part, et d'autre part la durée effective et l'organisation du temps de travail, notamment la mise en place du travail à temps partiel à la demande des salariés.

Cette négociation peut porter également sur la formation (à titre facultatif, par la formation économique en vue de mieux comprendre la gestion et les objectifs de l'entreprise dans le cadre de la concurrence internationale) ou la réduction du temps de travail (L. 2242-8).

Cette négociation offre l'occasion d'un examen par les parties de l'évolution de l'emploi dans l'entreprise – nombre des salariés dont les gains et rémunérations sont exonérés totalement ou partiellement des cotisations d'allocations familiales, nombre des contrats à durée déterminée, des missions de travail temporaire et des journées de travail effectuées par les intéressés, prévisions annuelles ou pluriannuelles d'emploi établies dans l'entreprise, etc. (L. 2242-9).

Les accords collectifs d'entreprise sur les salaires effectifs ne peuvent être déposés auprès de l'UT (DIRECCTE) qu'accompagnés d'un procès-verbal d'ouverture des négociations portant sur les écarts de rémunération entre les femmes et les hommes, consignant les propositions respectives des parties. Le procès-verbal atteste que l'employeur a engagé sérieusement et loyalement les négociations. L'engagement sérieux et loyal des négociations implique que l'employeur ait convoqué à la négociation les organisations syndicales représentatives dans l'entreprise et fixé le lieu et le calendrier des réunions. L'employeur doit également leur avoir communiqué les informations nécessaires pour leur permettre de négocier en toute connaissance de cause et avoir répondu de manière motivée aux éventuelles propositions des organisations syndicales (L. 2242-10, L. 132-27-2).

La loi n° 2008-1258 du 3 décembre 2008 en faveur des revenus du travail prévoit pour inciter à la mise en œuvre des NAO (négociations annuelles obligatoires, portant notamment sur les salaires effectifs) que à partir du 1er janv. 2009 des allégements et des exonérations de cotisations sociales (« allégement Fillon » notamment) sont subordonnés à l'engagement de ces négociations : « Lorsque l'employeur n'a pas rempli au cours d'une année civile l'obligation définie au 1° de l'article L. 2242-8 du Code du travail [NAO] dans les conditions prévues aux articles L. 2242-1 à L. 2242-4 du même code [engagement réel des négociations, fournitures des informations, procès-verbal à défaut d'accord, etc.], le montant de la réduction est diminué de 10 % au titre des rémunérations versées cette même année. Il est diminué de 100 % lorsque l'employeur ne remplit pas cette obligation pour la troisième année consécutive » (art. 26). Il s'agit là d'une nouvelle sanction en cas de non-respect par l'employeur de son obligation légale ; cette sanction s'ajoute aux sanctions civiles et pénales existantes.

En cas de carence de l'employeur dans l'engagement des NAO sur les salaires, le salarié peut obtenir réparation du préjudice lié à une perte de chance d'une augmentation d'une gratification, quand existe un accord prévoyant que le montant de cette gratification est déterminé dans le cadre de la NAO (Soc. 13 nov. 2008).

Depuis le 1er juin 2009, la NAO doit aussi porter sur l'« augmentation de la durée du travail » à la demande des salariés, pour « réduire le risque de maintenir les allocataires du RSA dans des emplois précaires ou à temps partiel » (loi du 1er déc. 2008 généralisant le revenu de solidarité active et réformant les politiques d'insertion).

Égalité professionnelle entre les femmes et les hommes

Égalité professionnelle. L'employeur engage chaque année une négociation sur les objectifs d'égalité professionnelle entre les femmes et les hommes dans l'entreprise, ainsi que sur les mesures permettant de les atteindre (L. 2242-5). Cette négociation s'appuie sur les éléments figurant dans le rapport de situation comparée présenté au CE (L. 2323-47 et L. 2323-57), complété éventuellement par des indicateurs tenant compte de la situation particulière de l'entreprise. Cette négociation porte notamment sur les conditions d'accès à l'emploi, à la formation professionnelle et à la promotion professionnelle, les conditions de travail et d'emploi et en particulier celles des salariés à temps partiel, et l'articulation entre la vie professionnelle et les responsabilités familiales. Lorsqu'un accord comportant de tels objectifs et mesures est signé dans l'entreprise, la périodicité de la négociation est portée à trois ans.

Autres négociations obligatoires. Toutes les négociations obligatoires dans l'entreprise prennent en compte l'objectif d'égalité professionnelle entre les femmes et les hommes (L. 2242-6), dans une démarche transversale intégrée concernant le genre (« *gender mainstreaming* »).

Suppression des écarts de rémunération. La loi du 23 mars 2006, modifiée par la loi du 9 novembre 2010 portant réforme des retraites (Titre VI), prévoit que la négociation annuelle sur les salaires effectifs « vise également à définir et à programmer les mesures permettant de supprimer les écarts de rémunération entre les femmes et les hommes » (L. 2242-7). La loi impose ici une obligation de résultat. Ces négociations doivent prendre en compte à la fois les discriminations salariales et l'ensemble des « effets de structure » qui concourent aux écarts de rémunération (circulaire ministérielle du 19 avr. 2007, qui prévoit en annexe des modalités de mise en œuvre de la loi dans l'entreprise).

État des lieux. Les outils d'analyse et de diagnostic, mis en œuvre dans les entreprises lors de ces négociations, doivent prendre en compte deux données pour être pertinents : d'une part, l'application de la règle « à travail de valeur égale, salaire égal » (il ne s'agit pas seulement d'examiner les fonctions identiques, mais plus largement les fonctions comparables ; il s'agit aussi d'examiner la situation des rémunérations des fonctions très féminisées) ; et, d'autre part, le déroulement de carrière (promotions, durées à chaque étape, etc. ; il ne s'agit pas seulement d'examiner les situations aujourd'hui, mais également dans le temps). Il convient donc de faire une photographie large et un film des évolutions professionnelles. À défaut, les écarts n'apparaîtront pas... (voir chapitre XVI).

Pénalité financière. À compter du 1er janvier 2012, les entreprises d'au moins 50 salariés sont soumises à une pénalité à la charge de l'employeur lorsqu'elles ne sont pas couvertes par un accord relatif à l'égalité professionnelle ou, à défaut d'accord, par les objectifs et les mesures constituant le plan d'action défini dans les rapports présentés au comité d'entreprise (L. 2323-47 et L. 2323-57, voir chapitre XX). Les modalités de suivi de la réalisation des objectifs et des mesures de l'accord et du plan d'action sont fixées (R. 2242-2 et s., R. 2323-9, D. 2323-9-1, R. 2323-12, D. 2323-12-1 – décret du 7 juill. 2011). Après mise en demeure de l'inspection du travail, restée sans réponse satisfaisante de l'entreprise, le montant de la pénalité est déterminé par la DIRECCTE et fixé au maximum à 1 % des rémunérations et gains ; le produit de cette pénalité est affecté à un fonds de la Sécurité sociale (CNAVTS ; L. 2242-5-1).

Contrats pour la mixité des emplois et l'égalité professionnelle (décr. 6 déc. 2011, art. D. 1143-7 et s.). L'employeur peut bénéficier d'une aide financière pour des actions significatives.

Prime de partage des profits

Dans les sociétés commerciales (SA, Sarl, société en nom collectif – SNC, société par actions simplifiée – SAS, etc.) qui emploient 50 salariés et plus, toute hausse des dividendes (montant par part sociale ou par action en augmentation par rapport à la moyenne des dividendes par part sociale ou par action versés au titre des deux exercices précédents) versés aux actionnaires (en application de l'art. L. 232-12 C. com.) doit désormais être accompagnée, en contrepartie, du versement obligatoire d'une « prime de partage des profits » au bénéfice de tous les salariés (CDI, CDD, contrat de professionnalisation, apprenti, etc.). Ce nouveau dispositif, d'application immédiate, lorsque les conditions sont réunies, bénéficie d'une exonération de cotisations et contributions sociales (hors CSG, CRDS et forfait social) dans la limite d'un montant de 1 200 - par salarié et par an (art. 1er de la loi n° 2011-894 du 28 juillet 2011 « de financement rectificative de la Sécurité sociale pour 2011 », *JO* du 29 ; Circ. interministérielle du 29 juillet 2011).

Les modalités de mise en place de cette prime, son montant et ses conditions de versement, sont définies par accord collectif ou, à défaut, par décision unilatérale de l'employeur. L'accord doit être conclu (1° à 4° de L. 3322-6 et L. 3322-7 – convention ou accord collectif de travail, accord entre l'employeur et les représentants d'organisations syndicales représentatives dans l'entreprise, comme pour les accords de participation d'entreprise) au plus tard dans les trois mois suivant l'attribution des dividendes autorisée par l'assemblée générale (L. 232-12 C. com.). À défaut d'accord, c'est dans ce même délai que doit être établi le procès-verbal de désaccord précisant la prime que l'employeur s'engage à appliquer unilatéralement, après avis du CE ou, à défaut, des DP, s'ils existent.

L'entreprise entrant dans le champ d'application de la prime de partage des profits est tenue d'ouvrir des négociations en vue de la conclusion d'un accord (sanctions prévues à L. 2243-2).

La répartition de la prime de partage des profits peut être modulée entre les salariés (critères prévus à L. 3324-5).

Cependant, même lorsqu'elles entrent dans le champ d'application de la prime de partage des profits, les sociétés commerciales ne sont pas tenues de verser une telle prime lorsque les conditions suivantes sont réunies : elles ont attribué, au bénéfice de l'ensemble de leurs salariés, un avantage pécuniaire qui n'est pas obligatoire en application de dispositions législatives en vigueur ou de clauses conventionnelles (exemple : prime de bilan, supplément d'intéressement ou de participation, attribution gratuite d'actions, etc.) ; cet avantage pécuniaire est prévu par un accord d'entreprise (ou de groupe) conclu postérieurement au 25 mai 2011 (date de la présentation du projet de loi instituant cette prime), est attribué, en tout ou en partie, en contrepartie de l'augmentation des dividendes et est versé au cours de l'exercice au cours duquel l'assemblée générale se prononce sur l'augmentation des dividendes.

En somme, « *beaucoup de bruit pour rien* » (William Shakespeare)...

Régime de prévoyance maladie

Lorsque les salariés ne sont pas couverts par un accord de branche ou par un accord d'entreprise définissant les modalités d'un régime de prévoyance maladie, l'employeur engage chaque année une négociation sur ce thème. Dans ces entreprises, comportant des établissements ou des groupes d'établissements distincts, cette négociation peut avoir lieu au niveau de ces établissements ou groupes d'établissements (L. 2242-11).

Intéressement, participation et épargne salariale

Lorsque les salariés ne sont pas couverts par un accord d'intéressement, un accord de participation, un PEE, un plan d'épargne pour la mise à la retraite collectif ou par un accord de branche comportant un ou plusieurs de ces dispositifs, l'employeur engage, chaque année, une négociation à cette fin. Il engage également chaque année, s'il y a lieu, une négociation sur l'affectation d'une partie des sommes collectées dans le cadre du plan d'épargne pour la mise à la retraite collectif et à l'acquisition de parts des fonds solidaires. La même obligation incombe aux groupements d'employeurs (L. 2242-12).

Travailleurs handicapés

L'employeur engage, chaque année, une négociation sur les mesures relatives à l'insertion professionnelle et au maintien dans l'emploi des travailleurs handicapés (L. 2242-13), sur la base d'un rapport (L. 2242-14). La négociation porte notamment sur :

- les conditions d'accès à l'emploi, à la formation et à la promotion professionnelles ;
- les conditions de travail et d'emploi ;
- les actions de sensibilisation au handicap de l'ensemble du personnel de l'entreprise.

Lorsqu'un accord collectif comportant de telles mesures est signé dans l'entreprise, la périodicité de la négociation est portée à trois ans.

GPEC

Dans les entreprises d'au moins 300 salariés, l'employeur engage tous les trois ans une négociation portant d'une part sur les modalités d'information et de consultation du CE sur la stratégie de l'entreprise ainsi que ses effets prévisibles sur l'emploi et sur les salaires, et d'autre part sur la mise en place d'un dispositif de GPEC, sur laquelle le CE est informé, ainsi que sur les mesures d'accompagnement susceptibles de lui être associées, en particulier en matière de formation, de validation des acquis de l'expérience, de bilan de compétences, ainsi que d'accompagnement de la mobilité professionnelle et géographique des salariés (L. 2242-15 et s. ; exemple : accord du groupe Suez du 3 juill. 2007, accord du groupe Schneider Electric France du 6 mars 2008). La négociation peut aussi porter sur la qualification des catégories d'emploi menacées par les évolutions économiques ou technologiques, sur les conditions de retour et de maintien dans l'emploi des salariés âgés (L. 2242-19), sur le déroulement de carrière des salariés exerçant des responsabilités syndicales (L. 2242-20), etc.

L'entreprise peut bénéficier d'un dispositif d'aide à l'élaboration de son plan de GPEC (L. 5121-3, D. 5121-4, L. 322-7) et d'aides au développement de l'emploi et des compétences de salariés « exposés » (L. 5121-4, D. 5121-1).

La GPEC, outil de gestion des ressources humaines, repose désormais sur des obligations légales et conventionnelles. L'ANI du 11 janv. 2008 sur la réforme du marché du travail indique les principes directeurs suivants : la GPEC a pour objet de faciliter pour les salariés et pour les entreprises l'anticipation des besoins d'évolution et de développement des compétences en fonction de la stratégie de l'entreprise ainsi que des évolutions économiques, démographiques et technologiques prévisibles. La GPEC est un facteur essentiel de la sécurisation des parcours professionnels des salariés.

Seniors

Depuis le 1er janvier 2010, les entreprises d'au moins 50 salariés, ou appartenant à un groupe d'au moins 50 salariés, doivent être couvertes par un accord d'entreprise ou un plan d'action en faveur des salariés seniors ; à défaut, une pénalité (1 % de leur masse salariale) leur sera appliquée (loi du 9 nov. 2010 portant réforme des retraites, LFSS 2009 – art. 87, art. L. 138-24 à 28 CSs, R. 138-25 à R. 138-31 et D. 138-25 CSs).

L'accord d'entreprise ou le plan doit comporter :

– un objectif chiffré de maintien dans l'emploi ou de recrutement de salariés âgés de plus de 50 ans.
– des dispositions favorables à ce maintien dans l'emploi ou à ce recrutement dans trois domaines parmi six domaines proposés (recrutement de salariés âgés dans l'entreprise, anticipation de l'évolution des carrières, amélioration des conditions de travail et prévention de la pénibilité, développement des compétences et des qualifications et accès à la formation, transmission des savoirs et des compétences et développement du tutorat), en précisant des objectifs chiffrés, avec des indicateurs pour mesurer la réalisation.
– des modalités de suivi de la mise en œuvre.

Droit d'expression

Voir *infra* Chap. XXI.

B. Conventions et accords d'entreprise

1. *Validité de la convention collective ou de l'accord d'entreprise*

Pour qu'une convention collective ou un accord d'entreprise soit valide, il est nécessaire qu'il ait été signé par au moins une organisation syndicale représentative de salariés. Désormais, c'est souvent insuffisant.

Ancien régime juridique

Les règles du jeu sont définies par l'accord de branche applicable dans l'entreprise. Une convention de branche ou un accord professionnel étendu (conclu en l'absence d'opposition de la majorité des organisations syndicales de salariés représentatives) détermine les conditions de validité des conventions ou accords d'entreprise ou d'établissement, en retenant l'une ou l'autre des modalités suivantes (L. 2232-12, L. 132-2-2-III).

Selon la première modalité d'« accord majoritaire », la convention ou l'accord d'entreprise ou d'établissement est signé par une ou des organisations syndicales de salariés représentatives ayant recueilli au moins la moitié des suffrages exprimés au premier tour des dernières élections au CE ou, à défaut, des DP. Cependant, si les organisations syndicales de salariés signataires ne satisfont pas à la condition de majorité, le projet d'accord peut être soumis à l'approbation, à la majorité des suffrages exprimés, des salariés de l'entreprise ou de l'établissement, dans des conditions devant respecter les principes généraux du droit électoral (scrutin secret, etc.). Cette consultation est réalisée à l'initiative des organisations syndicales de salariés signataires, à laquelle des organisations syndicales de salariés non signataires peuvent s'associer (D. 2232-2 : la consultation a lieu pendant le temps de travail, est organisée par l'employeur, le PV des résultats est affiché).

Selon la seconde modalité d'« absence d'opposition majoritaire », la validité de la convention ou de l'accord d'entreprise ou d'établissement est subordonnée à l'absence d'opposition d'une ou de plusieurs organisations syndicales de salariés représentatives ayant recueilli au moins la moitié des suffrages exprimés au premier tour des dernières élections au CE ou, à défaut, des DP. L'opposition est exprimée dans un délai de huit jours à compter de la date de notification de cet accord.

À défaut de convention ou d'accord étendu, la validité de la convention ou de l'accord d'entreprise ou d'établissement est subordonnée à l'absence d'opposition d'une ou de plusieurs organisations syndicales de salariés représentatives ayant recueilli au moins la moitié des suffrages exprimés au premier tour des dernières élections au CE ou, à défaut, des DP. L'opposition est exprimée dans un délai de huit jours à compter de la date de notification de cet accord (L. 2232-13).

En l'absence d'accord de branche instaurant le principe de l'« accord majoritaire », en cas de carence d'élections professionnelles, lorsqu'un

DS a été désigné, la validité d'une convention ou d'un accord d'entreprise ou d'établissement signé par ce délégué est subordonnée à l'approbation de la majorité des salariés (L. 2232-14). Lorsque le quorum n'est pas atteint au premier tour des élections professionnelles, il y a carence (Soc. 20 déc. 2006, ADECCO). Par conséquent, une consultation du personnel devra être organisée sur les accords signés.

Dans les faits, c'est le système de l'opposition qui est applicable dans la plupart des entreprises.

Nouveau régime juridique

Principe. En application de la Position commune du 9 avril 2008, la loi « démocratie sociale » prévoit que la validité d'un accord d'entreprise ou d'établissement est subordonnée à sa signature par une ou plusieurs organisations syndicales de salariés représentatives ayant recueilli au moins 30 % des suffrages exprimés au premier tour des dernières élections des titulaires au CE ou de la DUP ou, à défaut, des DP, quel que soit le nombre de votants, et à l'absence d'opposition d'une ou de plusieurs organisations syndicales de salariés représentatives ayant recueilli la majorité des suffrages exprimés à ces mêmes élections, quel que soit le nombre de votants. L'opposition est exprimée dans un délai de huit jours à compter de la date de notification de cet accord (L. 2232-12).

En cas de carence de candidature ou d'absence de quorum au premier tour, la validité de l'accord d'entreprise est subordonnée à son approbation par les salariés à la majorité des suffrages exprimés (Loi de simplification du droit du 12 mai 2009). Le vote doit avoir lieu au scrutin secret ; le recours au vote électronique n'est pas admis (D-2232-1°, Soc. 27 janv. 2010, FEC FO c/ SAS Bearingpoint).

Organisations catégorielles. Des dispositions spécifiques déclinent ces règles pour les organisations syndicales représentatives catégorielles qui négocient et concluent un accord d'entreprise pour les salariés d'une catégorie professionnelle au regard d'un collège électoral (L. 2232-7 pour les « cadres »). Il en est ainsi notamment pour les journalistes (L. 7111-9) et pour les pilotes de lignes de l'aviation civile (loi « transports » du 8 déc. 2009). Ces dispositions corporatistes appellent de fortes réserves au regard de l'égalité de traitement entre les organisations syndicales.

Un syndicat catégoriel peut négocier et signer un accord concernant l'ensemble des salariés : « *Un syndicat représentatif catégoriel peut, avec des syndicats représentatifs intercatégoriels, et sans avoir à établir sa représentativité au sein de toutes les catégories de personnel, négocier et signer un accord d'entreprise intéressant l'ensemble du personnel, son audience électorale, rapportée à l'ensemble des collèges électoraux, devant alors être prise en compte pour apprécier les conditions de validité de cet accord* » (Soc. 31 mai 2011, SUD RATP).

Date d'application. Ces règles de validité des accords d'entreprise s'appliquent depuis le 1er janvier 2009. Selon les dispositions transitoires, jusqu'à cette date, la validité d'un accord d'entreprise était subordonnée au respect des conditions posées par le Code du travail dans sa rédaction antérieure à la présente loi (L. 2232-12 à L. 2232-15 anciens ; *supra* Ancien régime juridique), « les suffrages mentionnés dans ces articles étant pris en compte quel que soit le nombre de votants » (art. 12-II de la loi).

Les partenaires sociaux décideront du passage à l'étape suivante (mode de conclusion majoritaire des accords collectifs) au vu des résultats des négociations conduites dans les entreprises suivant ces nouvelles modalités. Un premier bilan interviendra, à cet effet, à l'issue d'une période de deux ans.

2. *Application à l'entreprise de la convention collective ou de l'accord de branche et de l'accord d'entreprise*

Un accord d'entreprise est par nature « dérogatoire » : il prévoit des dispositions différentes de la loi ou de la convention collective de branche. Mais jusqu'en 1982, les accords d'entreprise ne pouvaient prévoir que des dispositions plus favorables aux salariés.

Depuis 1982, sur certains points particuliers (temps de travail notamment), l'accord collectif peut aussi prévoir des dispositions « dérogatoires » à la loi dans un sens qui n'est pas plus favorable au salarié (voire parfois défavorable). Depuis 2004, sur la plupart des points, l'accord collectif peut aussi prévoir des dispositions « dérogatoires « à la convention collective de branche dans un sens qui n'est pas plus favorable au salarié (voire parfois défavorable) ; cette tendance a été amplifiée avec la loi du 20 août 2008 en matière de temps de travail. Par conséquent, le terme « dérogatoire » peut avoir plusieurs sens. Il sera ici utilisé pour les accords qui prévoient des dispositions différentes de la loi ou de l'accord de branche qui ne sont pas (forcément) plus favorables au salarié.

Accord d'entreprise « dérogatoire » à la loi

Les conventions et les accords collectifs d'entreprise peuvent porter sur toutes les questions que les parties souhaitent aborder, notamment sur certains domaines de mise en application de dispositions législatives qui étaient, jusqu'à la loi du 4 mai 2004, réservés à une convention de branche ou à un accord professionnel étendu. La loi énumère (art. 43) 14 dispositions qui ont essentiellement trait aux contrats de travail temporaire et à durée déterminée (exemple : taux de l'indemnité de précarité d'emploi) ainsi qu'à la durée du travail (exemple : volume du contingent annuel d'heures supplémentaires, taux de majoration de ces heures supplémentaires).

Articulations entre accord collectif d'entreprise et accords collectifs d'un champ territorial ou professionnel plus large (branche)

Principe. La convention ou l'accord peut :

- adapter les stipulations d'accords de branches ou d'ANI applicables aux conditions particulières de l'entreprise ;

- comporter des dispositions nouvelles non traitées au niveau de la branche ;
- comporter des dispositions plus favorables aux salariés.

Cependant, depuis la loi du 4 mai 2004, le principe de faveur entre accords collectifs peut être écarté.

Nouvelle règle. Depuis la loi du 4 mai 2004, la convention ou l'accord d'entreprise peut déroger à un accord de branche (ou d'un autre niveau), dans un sens pas forcément plus favorable pour les salariés. La convention ou l'accord d'entreprise ou d'établissement peut comporter des stipulations dérogeant en tout ou en partie à celles qui lui sont applicables en vertu d'une convention ou d'un accord couvrant un champ territorial ou professionnel plus large, sauf si cette convention ou cet accord en dispose autrement (L. 2253-3 al. 2, L. 132-23). Trois verrous sont cependant prévus pour maintenir l'application du principe de faveur.

Premièrement, les accords de branches plus favorables conclus avant le 7 mai 2004 s'imposent aux accords d'entreprise (art. 45 de la loi du 4 mai 2004 – « La valeur hiérarchique accordée par leurs signataires aux conventions et accords conclus avant l'entrée en vigueur de la présente loi demeure opposable aux accords de niveaux inférieurs »). « *Un accord collectif d'entreprise, même conclu postérieurement à l'entrée en vigueur de la loi du 4 mai 2004, ne peut déroger par des clauses moins favorables à une convention collective de niveau supérieur conclue antérieurement à cette date, à moins que les signataires de cette convention n'en aient disposé autrement* » (Soc. 9 mars 2011, PBR, Sté Guintoli, à propos d'une indemnité de grand déplacement prévue par la CCN des travaux publics).

Deuxièmement, si les signataires décident que l'accord de branche a un caractère impératif à l'égard des accords d'entreprise, ces derniers devront alors être au moins aussi favorables aux salariés. Les signataires peuvent décider que l'ensemble de l'accord de branche constitue le minumum pour les salariés ou ne donner un caractère impératif qu'à certaines dispositions de cet accord de branche.

Troisièmement, les dispositions de la convention ou de l'accord d'entreprise doivent obligatoirement être, dans certains domaines, au moins aussi favorables pour les salariés que les dispositions de la convention ou de l'accord collectif de branche applicable (L. 2253-3 al. 1, L. 132-23) en matière de :

- salaires minima ;
- classifications ;
- garanties collectives complémentaires (L. 912-1 CSs) ;
- mutualisation des fonds de la formation professionnelle.

Cependant, par une nouvelle exception, la loi du 20 août 2008 donne priorité aux accords d'entreprise sur les accords de branche en matière de temps de travail (Chap. XIV Temps de travail ; « *en matière d'heures supplémentaires* », DC 7 août 2008, § 20), ce qui entre en conflit avec le caractère impératif de conventions de branche (*supra* art. 45 de la loi du 4 mai 2004 ou dispositions conventionnelles de branches impératives)...

Augmentations salariales de branche. Pour tenir compte du fait que les salaires peuvent déjà avoir fait l'objet d'une négociation de branche, les conventions ou accords d'entreprise ou d'établissement peuvent prévoir des modalités particulières d'application des majorations de salaires décidées au niveau de la branche. L'accroissement de la masse salariale ne peut être, en pourcentage, inférieur à celui décidé au niveau de la branche, mais l'éventail hiérarchique des salaires peut être modifié (L. 2253-4, L. 132-24). Il s'agit là de dispositions destinées à permettre éventuellement la revalorisation des bas salaires. Elles aménagent, sur un point important et bien avant les dispositions générales de la loi du 4 mai 2004, l'articulation entre les deux niveaux de négociation.

Négociation collective et accords de groupe

Après la reconnaissance jurisprudentielle des accords de groupe, dans la mesure où ils ne se substituaient pas à la négociation d'entreprise (Soc. 30 avril 2003), la loi consacre leur existence (L. 2232-30 et s., L. 132-19-1).

La convention ou l'accord de groupe fixe lui-même son champ d'application, lequel peut être constitué de tout ou partie des entreprises constitutives du groupe. Il est négocié entre :

- l'employeur de l'entreprise dominante ou un ou plusieurs représentants, mandatés à cet effet, des employeurs des entreprises concernées par le champ d'application de la convention ou de l'accord.
- les organisations syndicales de salariés représentatives dans le groupe (TGI Nanterre, 8 juin 2007, Total) ou dans l'ensemble des entreprises concernées par le champ de la convention ou de l'accord. Pour la négociation en cause, les organisations syndicales de salariés représentatives peuvent désigner un ou des coordonnateurs syndicaux choisis parmi les DS du groupe et habilités à négocier et à signer la convention ou l'accord de groupe.

Les conditions de validité des conventions et des accords d'entreprise sont applicables aux conventions et accords de groupe.

Ancien régime juridique : pour entrer en vigueur, ces textes doivent donc, en fonction du choix opéré par l'accord de branche applicable aux entreprises du groupe, soit avoir été signés par une ou des organisations syndicales majoritaires en audience ou approuvés par une majorité de salariés, soit ne pas avoir subi d'opposition. Lorsque le groupe relève de différentes branches et que les conditions de validité prévues par ces branches pour les conventions ou les accords d'entreprise diffèrent, la condition de validité applicable à la convention ou à l'accord de groupe est l'absence d'opposition.

Nouveau régime juridique (loi « démocratie sociale ») : la validité d'un accord conclu au sein de tout ou partie d'un groupe est subordonnée à sa signature par une ou plusieurs organisations syndicales de salariés représentatives ayant recueilli dans les entreprises comprises dans le périmètre de cet accord au moins 30 % des suffrages exprimés au premier tour des dernières élections des titulaires des CE ou de la DUP ou, à défaut, des DP, quel que soit le nombre de votants, et à l'absence d'opposition d'une ou plusieurs organisations syndicales de salariés représentatives ayant recueilli dans le même périmètre la majorité des suffrages exprimés à ces mêmes élections, quel que soit le nombre de votants. L'opposition est exprimée dans un délai de huit jours à compter de la date de notification de cet accord (L. 2232-34).

La convention ou l'accord de groupe emporte les mêmes effets que la convention ou l'accord d'entreprise. Il leur est donc assimilé et ne constitue pas un niveau intermédiaire entre l'entreprise et la branche.

Les conventions ou les accords de groupe ne peuvent comporter de dispositions dérogatoires à celles applicables en vertu de conventions de branche ou d'accords professionnels dont relèvent les entreprises ou établissements appartenant à ce groupe, sauf disposition expresse de ces conventions de branche ou accords professionnels. Ils se distinguent donc en cela des accords d'entreprise.

Négociation collective locale

Des commissions paritaires professionnelles ou interprofessionnelles peuvent être instituées au niveau local, départemental ou régional, par accord (L. 2234-1, L. 132-30).

Ces commissions concourent à l'élaboration et à l'application de conventions et accords collectifs de travail, négocient et concluent des accords d'intérêt local, notamment en matière d'emploi et de formation continue. De plus, elles examinent les réclamations individuelles et collectives et toute autre question relative aux conditions d'emploi et de travail des salariés intéressés (L. 2234-2). Ainsi, sont conclus des accords originaux (exemples : Accord du 22 juin 2010 sur la médiation sociale dans le travail saisonnier dans le Pays Landes Nature Côte d'Argent ; Accord sur la santé et la sécurisation des parcours professionnels des saisonniers du tourisme des Hautes-Alpes).

« Les accords passés en application du premier alinéa peuvent prévoir que la composition de ces commissions tient compte des résultats de la mesure de l'audience » des organisations syndicales dans les TPE. « Ils peuvent également prévoir que ces commissions n'exercent qu'une partie des missions définies à l'article L. 2234-2 » (loi du 15 oct. 2010, complétant les dispositions relatives à la démocratie sociale issues de la loi du 20 août 2008 ; de façon très paradoxale cette loi permet de réduire les missions des commissions paritaires).

Ces nouvelles dispositions légales sont très en retrait sur les ambitions de la Position commune du 9 avril 2008 en ce qui concerne le « Renforcement de l'effectivité de la représentation collective du personnel » (art. 11).

Effets de l'application de la convention collective et de l'accord collectif

Les conventions et accords sont applicables, sauf stipulations contraires, à partir du jour qui suit leur dépôt auprès de l'UT (DIRECCTE) (L. 2261-1).

A. Adhésion et application volontaire

1. *Adhésion*

Toute organisation syndicale représentative de salariés, toute organisation syndicale représentative d'employeurs, tout groupement ou association d'employeurs ou des employeurs pris individuellement, peuvent adhérer à une convention ou à un accord collectif de travail (L. 2261-3, L. 132-9). L'adhésion est notifiée aux signataires de la convention ou de l'accord (lorsqu'elle n'est pas subordonnée à leur assentiment). Elle fait l'objet d'un dépôt dans les mêmes conditions qu'une convention ou un accord.

L'adhésion, lorsqu'elle émane d'une organisation patronale ou d'un employeur individuel, a pour effet de rendre la convention collective ou l'accord applicable aux entreprises membres de l'organisation patronale ou à l'entreprise individuelle. L'adhésion n'est pas subordonnée à l'assentiment des parties contractantes originaires.

Il peut arriver toutefois que l'organisation patronale ou l'employeur individuel couvre une activité qui n'entre pas dans le champ d'application professionnel de la convention ou de l'accord (L. 2261-6). Dans le but de faire bénéficier le maximum de salariés des conventions collectives, la loi autorise ce type d'adhésion, mais elle la subordonne à l'accord des parties originaires et des organisations syndicales de travailleurs représentatives de la branche (adhésion d'une organisation patronale) ou de l'entreprise (adhésion d'un employeur individuel). Si un accord est obtenu, le champ d'application de la convention est modifié en conséquence.

2. *Application volontaire*

Un employeur peut décider l'application volontaire d'une convention collective à laquelle il n'est pas normalement assujetti. Sa décision crée un usage d'entreprise. Cette application peut être partielle ou limitée à certaines catégories de salariés (Soc. 5 oct. 1993). L'application volontaire peut aussi résulter d'un accord au niveau de l'entreprise ou d'un contrat de travail. Cette décision n'implique pas, même si la convention est indiquée sur les bulletins de salaire, que l'employeur est tenu d'appliquer les dispositions des avenants conclus ultérieurement (Soc. 2 avril 2003), ni d'autres dispositions que celles mentionnées aux contrats de travail (Soc. 10 juin 2003).

B. Effets de la convention applicable sur le contrat de travail

La convention collective applicable (ou l'accord collectif) a un triple effet sur le contrat de travail.

1. Effet impératif

Lorsqu'un employeur est lié par les clauses d'une convention ou d'un accord, celles-ci s'appliquent aux contrats de travail conclus avec lui, sauf stipulations plus favorables (L. 2254-1, L. 135-2). Ainsi, les salariés bénéficient des dispositions de la convention collective.

La formule « sauf stipulations plus favorables » signifie que les dispositions plus favorables que l'accord collectif s'appliquent ; l'accord collectif ne peut en soi modifier le contrat de travail (Soc. 25 févr. 1998). La convention collective et le contrat de travail sont deux sources indépendantes, la première ne s'incorpore pas au second.

L'employeur, lié par une convention collective ou un accord, doit obligatoirement en appliquer les dispositions aux salariés. Il est tenu de ne rien faire qui soit de nature à en compromettre l'exécution loyale (L. 2262-4). L'employeur doit mettre en œuvre l'accord de bonne foi, notamment en respectant les dispositions de son préambule (Soc. 7 mai 2008, Sté Kiabi Europe ; ainsi, si l'accord d'entreprise sur le « travail à temps choisi » prévoit dans son préambule qu'il a notamment pour objet de donner à chaque fois que cela est possible à chacun la maîtrise de son temps de travail, en cas de demande de requalification en un contrat à temps plein, le juge doit vérifier si « *la salariée (...) avait pu dans toute la mesure du possible maîtriser ses horaires de travail et si (...) cet accord avait été mis en œuvre de bonne foi* »...).

L'indication d'une convention collective dans le contrat de travail ne saurait priver le salarié de l'application de la convention collective à laquelle l'employeur est assujetti, compte tenu de son activité principale, dès lors que celle-ci lui est plus favorable (Soc. 18 juill. 2000).

Le salarié ne peut renoncer aux avantages de la convention ou de l'accord collectif. La mise en œuvre d'un accord collectif dont les salariés tiennent leurs droits ne peut être subordonnée à la conclusion de contrats individuels de transaction (Soc. 5 avril 2005).

La jurisprudence admet désormais, en rupture avec le rôle traditionnel de l'accord collectif, qu'une convention ou un accord collectif puisse, en l'absence de mention dans le contrat, contenir des obligations s'imposant au salarié. La disposition prévoyant une obligation est opposable au salarié aux seules conditions qu'il ait été informé de l'existence de cette disposition et mis en mesure d'en prendre connaissance (Soc. 8 janv. 1997). Dans certains cas cependant, l'accord ne peut imposer de nouvelles sujétions au salarié sans son accord (par exemple : modification du contrat de travail ; Soc. 17 oct. 2000, l'accord d'établissement instaurant une interdiction de concurrence ne peut s'imposer à un contrat dépourvu de clause en la matière ; ou encore Soc. 27 juin 2002, à propos d'une clause de mobilité).

Dans certaines situations, le salarié va pouvoir « résister » à l'application d'une convention collective comportant des dispositions défavorables à la relation de travail sur une question, sur la base de son contrat de travail contenant des dispositions plus favorables (ou même parfois dans le silence du contrat sur cette question).

« *En cas de concours d'instruments conventionnels collectifs, les avantages ayant le même objet ou la même cause ne peuvent, sauf stipulations contraires, se cumuler, le plus favorable d'entre eux pouvant seul être accordé* » (Cass. Ass. plén. 24 oct. 2008, Syndicat CFDT de l'Hérault c/ COGITIS).

Enfin, il est parfois difficile d'apprécier le caractère plus favorable d'un accord. Il existe deux méthodes. D'une part, la méthode traditionnelle, la méthode analytique, consiste à comparer avantage par avantage, par grand thème (exemple : régime des congés payés), les dispositions des accords de différents niveaux pour déterminer celles qui sont les plus favorables (depuis notamment Soc. 8 juill. 1980). D'autre part, plus récente, la méthode globale est utilisée au regard d'accords qui contiennent des éléments de garantie de l'emploi en contrepartie du renoncement des salariés à certains avantages salariaux ; l'équilibre de l'accord, généralement présenté comme indivisible, serait ruiné par un découpage par avantage (par exemple, un accord prévoyant de manière contraignante pour l'employeur le maintien des salariés dans leur emploi menacé en échange de la suppression d'une prime, Soc. 19 févr. 1997, Compagnie générale de géophysique).

Il convient également de définir le périmètre de la comparaison. En règle générale, la comparaison s'effectue au regard de l'intérêt de l'ensemble des salariés (Soc. 18 janv. 2000 ; un accord prévoyant le maintien de l'emploi en échange du renoncement à une prime, est considéré comme plus favorable pour l'ensemble des salariés et le salarié qui réclame le versement de la prime est débouté, Soc. 19 févr. 1997, préc.).

En résumé, en règle générale, « *la détermination du régime le plus favorable doit résulter d'une appréciation globale avantage par avantage pour l'ensemble du personnel* » (Soc. 19 déc. 2007).

2. *Effet automatique*

Il est toujours possible pour l'employeur et pour le salarié de conclure un contrat de travail plus favorable, sur tel ou tel point, que la convention collective. Mais il est exclu que le contrat de travail contienne des dispositions moins favorables que la convention collective. Si c'est le cas, les dispositions plus favorables de la convention collective se substituent automatiquement aux dispositions moins favorables du contrat (Soc. 17 juill. 2001).

De la même manière, les dispositions de la convention collective, relatives à une question (par exemple le délai de préavis) s'appliquent lorsque le contrat de travail est muet sur cette question. Cette substitution automatique est temporaire : elle joue tant que la disposition conventionnelle est applicable.

3. *Effet immédiat*

L'effet impératif et l'effet automatique s'appliquent au contrat de travail, en cours ou futur, dès l'entrée en vigueur de la convention, c'est-à-dire à partir du jour qui suit leur dépôt (L. 2261-1) à l'UT (DIRECCTE (Soc. 19 nov. 1997), sauf disposition particulière (cf. accord applicable à partir de la date de publication de l'arrêté d'extension).

Cet effet assure une certaine unité du statut collectif des salariés.

C. Relations entre les signataires de la convention ou de l'accord

À côté des dispositions qui prévoient les droits des salariés (salaires, indemnités, etc.), la convention collective ou l'accord contient aussi des dispositions qui aménagent les relations entre les organisations signataires et précisent leurs obligations réciproques. Chacune des parties signataires est tenue de respecter ces obligations.

De façon générale, ces organisations, ainsi que les employeurs pris individuellement, sont tenus de ne rien faire qui soit de nature à en compromettre l'exécution loyale (L 2262-4, L. 135-3 ; Soc. 4 juin 2002, SNASEA).

La participation aux organismes paritaires ou aux institutions créé(e) s par une convention ou un accord collectif est réservée aux syndicats signataires du texte conventionnel et à ceux qui y adhèrent. Mais les dispositions conventionnelles normatives, visant à améliorer les institutions représentatives du personnel, sont applicables de plein droit à tous les syndicats, même non signataires (Soc. 29 nov. 1991, Dassault).

D. Information et communication

Les obligations d'information des salariés et de leurs représentants sur le droit conventionnel applicable dans l'entreprise sont renforcées (L. 2262-5, L. 135-7). Il revient à chaque branche professionnelle de fixer les conditions d'information des salariés et des représentants du personnel sur le droit conventionnel applicable dans l'entreprise et dans l'établissement – en l'absence de dispositions dans la convention ou d'accord de branche, les modalités d'information des salariés sont prévues par décret. L'absence d'information sur la convention collective applicable par l'employeur cause nécessairement un préjudice au salarié, que l'employeur doit réparer (Soc. 19 mai 2004).

Au moment de l'embauche, le salarié doit obligatoirement recevoir de l'employeur une notice d'information sur le droit conventionnel applicable dans l'entreprise ou l'établissement.

L'employeur lié par une convention ou un accord collectif de travail doit fournir un exemplaire de ce texte au CE et, le cas échéant, aux comités d'établissement, aux DS, ou, à défaut, aux DP ainsi que, chaque année, la liste des modifications apportées aux conventions ou accords applicables dans l'entreprise. À défaut de DP, cette information est communiquée aux salariés.

L'employeur doit tenir un exemplaire à jour de cette convention ou de cet accord collectif à la disposition du personnel sur le lieu de travail. Un avis doit être affiché à ce sujet. L'employeur qui n'a pas affiché à quel endroit la convention collective pouvait être consultée par les salariés ne peut exiger de ceux-ci qu'ils en respectent les dispositions, car ils n'ont pas été mis en mesure de les connaître (Soc. 28 févr. 1996).

Dans les entreprises dotées d'un Intranet, l'employeur doit mettre sur celui-ci à la disposition des salariés un exemplaire à jour de la convention ou de l'accord collectif de travail par lequel il est lié. En outre, le bulletin de paie doit mentionner, s'il y a lieu, l'intitulé de la convention collective de branche applicable au salarié. Cette mention vaut présomption simple de l'applicabilité de la convention collective à son égard, l'employeur pouvant apporter la preuve contraire (Soc. 15 nov. 2007, CJCE 4 nov. 1997).

Il peut être donné communication et délivré copie des textes déposés (L. 2262-8, L. 132-10), ce qui implique le droit d'obtenir copie à ses frais auprès de l'UT (DIRECCTE). Toutefois, dans le cas où une instance juridictionnelle est en cours, copie de tout ou partie de la convention ou de l'accord en cause est délivrée gratuitement, sur sa demande, à chacune des parties à l'instance.

E. Contrôle et sanctions

1. *Contrôle de l'Inspection du travail*

Les inspecteurs du travail ont pour mission de vérifier l'application de l'ensemble des conventions et accords (L. 8112-1, L. 611-1, al. 1).

2. *Sanctions civiles*

Action collective. Si l'employeur (ou une organisation d'employeur) manque à ses obligations (en matière d'engagement de négociations obligatoires – de branche ou d'entreprise, d'application de dispositions conventionnelles obligatoires), une organisation syndicale représentative peut intenter une action en dommages-intérêts et en vue d'obtenir l'exécution des engagements contractés (voir chapitre XVII).

Action individuelle. Si un salarié estime que son employeur ne respecte pas à son égard des dispositions de la convention collective, il peut saisir le CPH et en demander l'application (Soc. 12 juill. 2006).

Interprétation des dispositions conventionnelles. Le juge interprète les dispositions conventionnelles, notamment selon le principe de faveur (Cass. Ass. plén. 30 nov. 2007), sans être tenu par les avis des commissions paritaires de branche. L'avis d'une commission d'interprétation instituée par un accord collectif ne s'impose au juge que si l'accord collectif lui donne la valeur d'un avenant (Soc. 2 déc. 2008, CNCEP).

Il appartient aux juges du fond de vérifier si l'entreprise, à l'égard de laquelle est revendiqué le bénéfice d'une disposition conventionnelle « *susceptible d'être applicable aux salariés de l'entreprise eu égard à son champ professionnel et géographique* », est « *affiliée à l'une des organisations signataires* », quand « *cette affiliation était contestée par l'employeur* » (Soc. 31 mai 2011, SA Aquitaine route).

3. *Sanctions pénales*

Sont sanctionnés par des amendes le défaut d'affichage de l'avis concernant la convention collective applicable ainsi que l'inobservation des clauses des conventions étendues en matière de salaires, etc. (R. 2263-1).

Lorsqu'une convention et un accord collectif ont été étendus et contiennent des dispositions dérogatoires à la loi, mais autorisées par elle (par exemple en matière d'aménagement du temps de travail), les infractions à ces dispositions dérogatoires sont sanctionnées comme s'il s'agissait de violations de la loi elle-même (L. 2263-1).

L'employeur qui n'a pas procédé à la négociation annuelle prévue dans le cadre de l'entreprise ou qui n'a pas convoqué les parties à la négociation dans le délai de 15 jours suivant la demande formulée par une organisation syndicale, est passible d'un emprisonnement d'un an et d'une amende de 3 750 € (L. 2243-1 et 2, L. 153-2). Ce sont les peines prévues en cas d'entrave à l'exercice du droit syndical.

Remise en cause

Un accord collectif ou une convention collective peuvent être remis en cause selon différentes modalités, par différents acteurs avec différents effets.

A. Opposition

La partie la plus diligente des organisations signataires d'une convention ou d'un accord en notifie le texte à l'ensemble des organisations représentatives à l'issue de la procédure de signature (L. 2231-5).

Les organisations syndicales de salariés peuvent s'opposer à la mise en œuvre d'un accord ou d'une convention (dès lors qu'elles remplissent les conditions légales, notamment en termes d'audience électorale au niveau de l'entreprise – L. 2232-12 : il s'agit des organisations syndicales représentatives « ayant recueilli la majorité des suffrages exprimés », aux dernières élections des titulaires au CE ou de la DUP ou, à défaut, des DP ; c'est-à-dire la majorité absolue : plus de 50 % des suffrages exprimés, TGI Paris, 9 nov. 2010). L'opposition est exprimée dans un délai de huit jours à compter de la date de notification de cet accord (L. 2232-12 ; pour un accord d'entreprise).

Cette opposition, exprimée par écrit et motivée, précise les points de désaccord (permettant de savoir dans quel sens et à quelles conditions la négociation pourrait reprendre) et est notifiée aux signataires (L. 2231-8), c'est-à-dire aux représentants officiels des organisations (Soc. 9 févr. 1994). L'opposition est formée par des personnes mandatées par les syndicats non signataires de l'accord (Soc. 20 mars 1996).

Les conventions et accords frappés d'opposition majoritaire (ainsi que ceux qui n'ont pas obtenu l'approbation de la majorité des salariés quand cette procédure est prévue) sont réputés non écrits (L. 2231-9). Le maintien en vigueur de l'accord constitue un trouble manifestement illicite (Soc. 25 mars 2004).

B. Annulation

Une organisation syndicale représentative peut saisir le juge de droit commun (TGI) pour demander la nullité (partielle ou complète) d'un accord collectif (voir chapitre 17). Celle-ci peut être prononcée au regard :

- du contenu de l'accord (dispositions illicites – exemple : CA Paris, 24 mars 2011, annulant partiellement l'accord du 7 nov. 2008 relatif au statut des journalistes rémunérés à la pige, pour les dispositions restrictives en matière de calcul de l'effectif et de participation aux élections professionnelles) ;
- du processus de négociation (négociation déloyale), donc en amont ;
- des effets illicites de l'accord (notamment en matière de discrimination indirecte, Soc. 9 janv. 2007), donc en aval.

L'annulation portera sur une partie ou sur la totalité de l'accord (notamment quand l'annulation de certaines clauses a pour effet de détruire l'économie générale de l'accord).

C. Dénonciation

Modalités. La convention et l'accord collectif de travail à durée indéterminée peuvent être dénoncés par les parties signataires (L. 2261-9, L. 132-8, al. 1). Ils doivent prévoir les conditions dans lesquelles ils peuvent être dénoncés et notamment la durée du préavis qui doit précéder la dénonciation. En l'absence de stipulation expresse, cette durée est de trois mois. La dénonciation doit être notifiée aux autres signataires de la convention et doit donner lieu à un dépôt dans les mêmes conditions que pour la conclusion d'une convention. Elle ne peut être partielle et doit porter sur la totalité de la convention ou de l'accord.

Effets. Si la dénonciation émane de l'ensemble des organisations signataires, employeurs ou salariés (L. 2261-10, L. 132-8, al. 3), son effet devrait être d'annihiler la convention ou l'accord et de créer un vide conventionnel. C'est précisément ce que veut éviter la loi, qui prévoit que, dans ce cas, la convention ou l'accord continue à produire effet jusqu'à l'entrée en vigueur d'une nouvelle convention ou d'un nouvel accord, qui lui est substitué, ou, à défaut, pendant une durée d'un an à compter de l'expiration du délai de préavis, sauf clause prévoyant une durée déterminée supérieure. L'accord dénoncé continue à produire ses effets jusqu'à l'expiration du délai légal (L. 2261-10), à défaut de conclusion d'un nouvel accord (Soc. 17 avril 2008, Sté Suez Lyonnaise des Eaux).

Une nouvelle négociation doit s'engager, à la demande d'une des parties intéressées, dans les trois mois qui suivent la date de la dénonciation. « Lorsqu'une des organisations syndicales de salariés signataires de la convention ou de l'accord perd la qualité d'organisation représentative dans le champ d'application de cette convention ou de cet accord, la dénonciation de ce texte n'emporte d'effets que si elle émane d'une ou plusieurs organisations syndicales de salariés représentatives dans son champ d'application ayant recueilli la majorité des suffrages exprimés (...) » (L. 2261).

La convention cesse donc de s'appliquer après un délai de 15 mois et ce, même si aucun accord de substitution n'a été négocié (Soc. 23 juin 1999).

Avantage individuel acquis. Les salariés des entreprises concernées conservent les avantages individuels qu'ils ont acquis en application de la convention ou de l'accord (L. 2261-13, L. 132-8, al. 6), qui s'incorporent aux contrats de travail (Soc. 19 oct. 1999). Le maintien des avantages individuels acquis aux salariés embauchés avant la dénonciation a « *pour objet de compenser, en l'absence de conclusion d'un accord de substitution, le préjudice qu'ils subissent du fait de la dénonciation de l'accord collectif dont ils tiraient ces avantages* » (Soc. 11 juill. 2007). « *Le maintien du statut collectif ne profite qu'aux salariés qui en bénéficiaient avant sa mise en cause* » (Soc. 10 oct. 2007, Mont Blanc). Le principe « à travail égal, salaire égal » n'est alors pas applicable (entre les « anciens » et les « nouveaux embauchés ») : « *Le maintien d'un avantage acquis en cas de mise en cause de l'application d'un accord collectif (...) ne méconnaît pas le principe "à travail égal, salaire égal", que ce maintien résulte d'une absence d'accord de substitution ou d'un tel accord* » (Soc. 4 déc. 2007).

« *Un avantage individuel acquis (...) est celui qui, au jour de la dénonciation de la convention ou de l'accord collectif, procurait au salarié une rémunération ou un droit dont il bénéficiait à titre personnel et qui correspondait à un droit déjà ouvert et non simplement éventuel* » (Soc. 13 mars 2001), tel un avantage salarial (Soc. 28 avril 2006) ou un jour supplémentaire de congé (Soc. 23 mai 2006), la structure de la rémunération (Soc. 1er juill. 2008) ; mais pas une indemnité de licenciement (Soc. 23 juin 1999) ou la réévaluation des salaires (Soc. 26 janv. 2005).

Cependant « *constitue un avantage collectif, et non un avantage individuel acquis, celui dont le maintien est incompatible avec le respect par l'ensemble des salariés concernés de l'organisation collective du temps de travail qui leur est désormais applicable* » (Soc. 8 juin 2011, PBR, SA SOGERES, à propos de la remise en cause d'un temps de pause à la suite d'un changement d'employeur).

Dénonciation par une partie des signataires. Si la dénonciation émane d'un syndicat de salariés alors qu'il y a plusieurs syndicats de salariés signataires, ou d'une organisation patronale alors qu'il y a plusieurs organisations patronales signataires, elle ne fait pas obstacle au maintien en vigueur de la convention ou de l'accord. Elle est donc sans incidence sur le personnel (L. 2261-11).

Si la dénonciation émane d'une organisation patronale, alors qu'il existe plusieurs organisations patronales signataires, la conséquence de cette dénonciation devrait être que la convention collective de branche non étendue cesse d'être applicable aux entreprises membres de l'organisation qui l'ont dénoncée. Pour éviter cela, les dispositions précitées sur les avantages individuels acquis s'appliquent.

Lorsque la dénonciation d'une convention de branche ou d'un accord professionnel ou interprofessionnel émane d'une organisation seule signataire, soit pour la partie employeurs, soit pour la partie salariés, concernant un secteur territorial ou professionnel inclus dans le champ d'application du texte dénoncé, ce champ d'application est modifié en conséquence (L. 2261-12).

Dénonciation d'un usage. « *La dénonciation par l'employeur d'un usage doit, pour être régulière, être précédée d'un préavis suffisant pour permettre des négociations et être notifiée aux représentants du personnel et à tous les salariés individuellement s'il s'agit d'une disposition qui leur profite ou, s'agissant d'un usage dont le bénéfice est subordonné à une condition d'ancienneté dans l'entreprise, qui est susceptible de leur profiter* » (Soc. 13 oct. 2010, Cegelec).

D. Révision

La convention et l'accord collectif de travail prévoient dans quelles formes et à quelle époque ils pourront être révisés. Les accords de révision sont soumis aux mêmes conditions de validité que les accords initiaux (c'est-à-dire conclus par des accords majoritaires ou en l'absence d'opposition). Seules les organisations syndicales représentatives de salariés signataires, ou adhérentes, de la convention ou de l'accord sont habilitées à signer les avenants portant révision (L. 2261-7, L. 132-7).

L'avenant se substitue de plein droit aux obligations de la convention ou de l'accord qu'il révise (L. 2261-8). Il est opposable, après dépôt, à l'ensemble des employeurs et des salariés liés par la convention ou l'accord.

Les conventions de branche sont fréquemment révisées pour en adapter et en améliorer les dispositions. Les avenants de salaires font notamment l'objet de révisions à intervalles plus ou moins réguliers. La négociation s'engage ainsi sans qu'il y ait dénonciation.

Le principe de faveur ne s'applique pas entre deux accords qui se succèdent – un nouvel accord d'entreprise peut remplacer un précédent accord et être moins avantageux pour les salariés.

Lorsque l'accord collectif ne prévoit pas les modalités de sa révision, le consentement unanime des signataires est nécessaire pour engager la procédure de révision et seules les organisations syndicales signataires sont habilitées à signer l'avenant de révision (Soc. 13 nov. 2008, SNB-CGC c/ Société Générale).

E. Mise en cause

Lorsque l'application d'une convention ou d'un accord est mise en cause dans une entreprise déterminée en raison notamment d'une fusion, d'une cession, d'une scission ou d'un changement d'activité, cette convention ou cet accord continue de produire effet jusqu'à l'entrée en vigueur de la convention ou de l'accord qui lui est substitué ou, à défaut, pendant une durée d'un an à compter de l'expiration du délai de préavis (trois mois), sauf si une clause prévoit une durée supérieure.

Lorsque la convention ou l'accord mis en cause n'a pas été remplacé par une nouvelle convention ou un nouvel accord, dans les délais précisés, les salariés des entreprises concernées conservent les avantages individuels acquis, en application de la convention ou de l'accord, à l'expiration de ces délais.

Une nouvelle négociation doit s'engager dans l'entreprise concernée, à la demande d'une des parties intéressées, dans les trois mois suivant la mise en cause, soit pour l'adaptation aux dispositions conventionnelles nouvellement applicables, soit pour l'élaboration de nouvelles stipulations (L. 2261-14).

Par ailleurs, « la perte de la qualité d'organisation représentative de toutes les organisations syndicales signataires d'une convention ou d'un accord collectif n'entraîne pas la mise en cause de cette convention ou de cet accord » (L. 2261-14-1).

Chapitre XIX

Délégués du personnel

La loi détermine quelles entreprises sont tenues d'instituer des délégués du personnel (DP), précise le cadre et les modalités de leur élection, définit leurs attributions et leur reconnaît, pour les exercer, certains moyens d'action.

Champ d'application

A. Entreprises

Le personnel élit des délégués dans :

- les entreprises de droit privé ;
- les ÉPIC ;
- les établissements publics à caractère administratif lorsqu'ils emploient du personnel dans les conditions du droit privé (L. 2311-1, L. 421-1, al. 1).

Le champ d'application est donc très étendu.

B. Effectif de l'établissement

C'est dans le cadre de l'établissement que doivent être mis en place les DP. L'obligation pèse sur les établissements où sont occupés au moins 11 salariés (L. 2312-1).

La mise en place des DP n'est obligatoire que si l'effectif d'au moins 11 salariés est atteint pendant douze mois, consécutifs ou non, au cours des trois années précédentes (L. 2312-2, L. 421-1, al. 2).

La détermination de l'effectif se fait selon les règles de droit commun, prenant en compte les diverses catégories de salariés occupés dans l'entreprise (L. 1111-2, L. 620-10).

Ainsi, les salariés titulaires d'un CDI à temps plein et les travailleurs à domicile sont pris intégralement en compte dans l'effectif de l'entreprise.

Contrats atypiques. Par ailleurs, les salariés titulaires d'un CDD, les salariés titulaires d'un contrat de travail intermittent, les travailleurs mis à la disposition de l'entreprise par une entreprise extérieure, « qui sont présents dans les locaux de l'entreprise utilisatrice et y travaillent depuis au moins un an, ainsi que » (L. 1111-2) les travailleurs temporaires, sont pris en compte dans l'effectif de l'entreprise au prorata de leur temps de présence au cours des 12 mois précédents. Toutefois, les salariés titulaires d'un CDD ou mis à disposition par une entreprise extérieure, y compris les salariés temporaires, sont exclus du décompte des effectifs lorsqu'ils remplacent un salarié absent ou dont le contrat de travail est suspendu.

Enfin, les salariés à temps partiel, quelle que soit la nature de leur contrat de travail, sont pris en compte en divisant la somme totale des horaires inscrits dans leur contrat de travail par la durée légale ou la durée conventionnelle du travail.

Jeunes. En revanche, sont exclus de l'effectif, outre l'employeur même s'il est salarié, plusieurs catégories de jeunes travailleurs : les apprentis et salariés en formation alternée, les jeunes bénéficiant de stages d'étude avec convention, etc.

L'ordonnance du 2 août 2005 avait exclu les salariés de moins de 26 ans du décompte des effectifs. Saisi d'une question préjudicielle (CE 19 oct. 2005), le juge communautaire a décidé que deux directives (du 20 juill. 1998 sur les licenciements collectifs et du 11 mars 2002 sur l'information et la consultation des travailleurs) « *s'opposent à une réglementation nationale qui exclut (...) une catégorie déterminée de travailleurs du calcul du nombre de travailleurs employés* », ce texte ayant pour effet de soustraire des employeurs à leurs obligations prévues par ces directives en restreignant leurs champs d'application (CJCE 18 janv. 2007). En application de cette décision, cette ordonnance a donc été annulée (CE 6 juill. 2007), après avoir été suspendue dans son application (CE 23 nov. 2005).

Contrats aidés. L'exclusion des salariés en « emplois aidés » de l'effectif de l'entreprise (L. 1111-3) n'a pas été jugée contraire à la Constitution (DC 29 avril 2011). Le débat n'est pas clos et pourrait se poursuivre au regard des dispositions des directives, le cas échéant devant la CJUE.

Délégués de site. Une exception au seuil de 11 salariés existe pour les établissements occupant moins de 11 salariés dont l'activité s'exerce sur un même site où sont employés durablement au moins 50 salariés ; l'UT (DIRECCTE) peut, de sa propre initiative ou à la demande des organisations syndicales de salariés, imposer l'élection de DP (L. 2312-5, L. 421-1, al. 5). Par site, il faut entendre un ensemble géographique, par exemple un centre commercial ou une zone industrielle, dont les salariés des entreprises ont des problèmes communs, par exemple de transport, de cantine ou de sécurité. Les conditions de ces élections sont définies par accord entre l'autorité gestionnaire du site ou le représentant des employeurs concernés, et les organisations syndicales de salariés (L. 2312-5 alinéa 2) ou, à défaut, par l'UT (DIRECCTE). Cette possibilité est très peu utilisée en pratique. En outre, dans les établissements occupant moins de 11 salariés, des DP peuvent être institués par voie conventionnelle (L. 2312-4, L. 421-1, al. 4).

Pour le renouvellement des DP, l'effectif de l'établissement est pris en compte à la date de l'élection. Si l'effectif est resté inférieur à 11 salariés pendant au moins 12 mois il n'y a pas lieu à réélection à l'issue du mandat en cours. De nouvelles élections devront être organisées dès que le seuil de 11 salariés aura de nouveau été atteint pendant douze mois, consécutifs ou non, sur une période de trois ans calculée à partir de la fin du dernier mandat des DP (L. 2312-3).

Les DP peuvent être institués dans le cadre de plusieurs entreprises, juridiquement distinctes, mais constituant une UES.

Élection et mandat

Les syndicats représentatifs jouent un rôle important dans la mise en place de l'institution des DP : ils sont habilités à conclure, avec l'employeur, l'accord préélectoral ainsi qu'à présenter des candidats au premier tour des élections.

A. Organisation des élections

L'employeur informe tous les quatre ans le personnel par affichage des élections professionnelles. Le document affiché précise la date envisagée du premier tour de ces élections, qui doit se tenir, au plus tard, le quarante-cinquième jour suivant le jour de l'affichage (L. 2314-2).

Ancien régime juridique. Les organisations syndicales intéressées sont en même temps invitées par l'employeur à négocier le protocole préélectoral et à établir les listes de leurs candidats (L. 2314-3). Par organisation syndicale intéressée, il faut entendre les organisations syndicales représentatives (Soc. 14 févr. 2007), même si elles ne sont pas présentes dans l'établissement. Celles-ci doivent être convoquées par voie d'affichage ou par lettre adressée à chacune d'entre elles (Soc. 2 mars 2005).

L'affichage d'une note d'information ne suffit parfois pas à établir cette invitation si l'employeur ne peut prouver que toutes les organisations syndicales concernées en ont eu connaissance (Soc. 1er avril 1998), étant entendu que ce défaut d'invitation est une irrégularité qui entraîne l'annulation des élections. Un délégué syndical n'a pas à justifier d'un mandat spécial de son organisation pour négocier et signer un protocole préélectoral (Soc. 12 févr. 2003).

Nouveau régime juridique. En application de la Position commune du 9 avril 2008, la loi du 20 août 2008 « démocratie sociale » prévoit que sont informées, par voie d'affichage, de l'organisation des élections et invitées à négocier le protocole d'accord préélectoral et à établir les listes de leurs candidats aux fonctions de DP les organisations syndicales qui satisfont aux critères de respect des valeurs républicaines et d'indépendance, légalement constituées depuis au moins deux ans et dont le champ professionnel et géographique couvre l'entreprise ou l'établissement concerné(e). Les organisations syndicales reconnues représentatives dans l'entreprise ou l'établissement, celles ayant constitué une section syndicale dans l'entreprise ou l'établissement, ainsi que les syndicats affiliés à une organisation syndicale représentative au niveau national et interprofessionnel y sont également invités par courrier (L. 2314-3).

« La validité du protocole d'accord préélectoral conclu entre l'employeur et les organisations syndicales intéressées est subordonnée à sa signature par la majorité des organisations syndicales ayant participé à sa négociation, dont les organisations syndicales représentatives ayant recueilli la majorité des suffrages exprimés lors des dernières élections professionnelles ou, lorsque ces résultats ne sont pas disponibles, la majorité des organisations représentatives dans l'entreprise » (L. 2314-3-1). Tout syndicat non signataire du protocole, invité ou non à participer à cette négociation, peut en contester le déroulement, devant le TI, puis en cassation, même en cas de contentieux préélectoral (Soc. 23 sept. 2009, PBRI, RATP c/ SUD).

Lorsqu'il existe déjà des DP dans l'entreprise, cette invitation doit être faite un mois avant l'expiration du mandat des délégués en exercice et le premier tour des élections doit avoir lieu dans la quinzaine qui précède l'expiration de ce mandat (L. 2314-3, L. 423-18).

En l'absence de DP, toute organisation syndicale représentative dans l'entreprise et même tout salarié de l'entreprise peut inviter à tout moment l'employeur à organiser des élections. Dans ce cas aussi, l'employeur doit, dans le mois suivant la réception de la demande, informer le personnel, par voie d'affichage, de l'organisation des élections et inviter les organisations syndicales à négocier l'accord préélectoral et à établir leurs listes de candidats.

Les DP et les représentants du personnel au CE doivent être élus à la même date (L. 2314-6, L. 423-19). Ceci n'interdit pas de demander à l'employeur d'organiser, en cas de carence, des élections de DP dans le mois suivant cette demande (Soc. 13 avril 1999).

Des élections partielles sont organisées à l'initiative de l'employeur si un collège électoral n'est plus représenté ou si le nombre des délégués titulaires est réduit de moitié ou plus, sauf lorsque ces événements interviennent moins de six mois avant le terme du mandat des DP.

B. Cadre de l'élection : l'établissement

Les élections des DP ont lieu dans le cadre de l'établissement. Dans les petites entreprises où les installations et services sont regroupés, l'entreprise et l'établissement se confondent. Mais il est fréquent qu'une entreprise comprenne plusieurs établissements distincts. Dans ce cas, l'élection aura lieu dans chaque établissement occupant au moins 11 salariés.

La Cour de cassation a précisé ce qu'il faut entendre par établissement distinct, dans le silence de la loi. La question se pose le plus souvent lorsqu'une entreprise comprend des unités de production dispersées géographiquement. Chaque unité constitue un établissement distinct : cette jurisprudence vise à assurer l'efficacité de l'institution. Les DP seront en effet mieux à même d'exercer leurs attributions s'ils sont proches de ceux dont ils sont chargés de présenter les réclamations et s'ils connaissent leurs conditions de travail. De plus, la reconnaissance de plusieurs établissements entraîne qu'il y aura plus de DP que si l'ensemble des unités était considéré comme un seul établissement. Ceci est aussi favorable à l'efficacité de l'institution. Cette orientation a conduit à attacher moins d'importance à un critère qui a été longtemps déterminant : la présence à la tête de l'unité de production d'un responsable suffisamment autonome pour pouvoir donner suite aux réclamations des délégués.

Ainsi, un établissement distinct se définit comme un groupe de salariés ayant des intérêts communs et travaillant sous une direction unique, que celui-ci ait ou non le pouvoir de se prononcer sur les réclamations (Soc. 29 janv. 2003). Un établissement peut ainsi être reconnu à l'égard de l'implantation d'une société étrangère en France (Soc. 14 janv. 2004).

À défaut d'accord entre l'employeur et les organisations syndicales intéressées (selon L. 2314-3-1 supra), c'est désormais à l'UT (DIRECCTE) du siège de l'entreprise (L. 2314-31 nouveau, R. 423-4-1) qu'il revient de reconnaître le caractère d'établissement distinct au sein d'une entreprise (existence, nombre). En cas de contentieux, c'est le juge administratif qui est compétent.

C. Nombre de délégués à élire

Il varie selon l'effectif :

- de 11 à 25 salariés : 1 titulaire et 1 suppléant ;
- de 26 à 74 salariés : 2 titulaires et 2 suppléants ;
- de 75 à 99 salariés : 3 titulaires et 3 suppléants ;
- de 100 à 124 salariés : 4 titulaires et 4 suppléants ;
- de 125 à 174 salariés : 5 titulaires et 5 suppléants ;
- de 175 à 249 salariés : 6 titulaires et 6 suppléants ;
- de 250 à 499 salariés : 7 titulaires et 7 suppléants ;
- de 500 à 749 salariés : 8 titulaires et 8 suppléants ;
- de 750 à 999 salariés : 9 titulaires et 9 suppléants ;
- au-delà de 1 000 salariés : plus un titulaire et un suppléant par tranche supplémentaire de 250 salariés (R. 2314-1, R. 423-1) ;
- le dixième siège est acquis dès que l'effectif dépasse 999 salariés.

Une entreprise de 300 salariés a moins de DP si elle constitue un seul établissement (7 + 7) que si elle comprend, par exemple, trois établissements de 100 salariés chacun (12 + 12).

Le nombre de DP est différent dans les entreprises ou établissements de 50 salariés au moins où les DP exercent les attributions économiques du CE ou les missions du CHSCT en cas de carence de l'un ou de l'autre. Pour la durée de cette carence (ce nombre est le même qu'en cas de délégation unique), il est le suivant (R. 2314-2, R. 423-1) :

- de 50 à 74 salariés : 3 titulaires et 3 suppléants ;
- de 75 à 99 salariés : 4 titulaires et 4 suppléants ;
- de 100 à 124 salariés : 5 titulaires et 5 suppléants ;
- de 125 à 149 salariés : 6 titulaires et 6 suppléants ;
- de 150 à 174 salariés : 7 titulaires et 7 suppléants ;
- de 175 à 199 salariés : 8 titulaires et 8 suppléants.

Le nombre de DP peut également être augmenté par convention ou accord collectif, mais la loi est muette sur le cas où il y a, à la fois, carence du CE et du CHSCT.

D. Collèges électoraux

En vue d'assurer la représentation des diverses catégories de personnel, la loi prévoit que les élections se fassent par collège électoral. Les délégués sont élus (L. 2314-8, L. 423-2, al. 1), d'une part, par les ouvriers et les employés (premier collège), d'autre part, par les ingénieurs, chefs de service, techniciens, agents de maîtrise et assimilés (second collège). On compte donc, en principe, deux collèges.

Ce principe souffre toutefois des exceptions. Tout d'abord, dans les établissements ne dépassant pas 25 salariés et n'élisant qu'un délégué titulaire et un autre suppléant, les DP sont élus par un collège électoral unique, regroupant l'ensemble des catégories professionnelles (L. 2314-9, L. 423-6). Ensuite, le nombre de collèges peut être augmenté par une convention ou un accord collectif de branche ou d'entreprise ou par l'accord préélectoral. La convention ou l'accord doit être signé par toutes les organisations syndicales représentatives existant dans l'entreprise (L. 2314-10, L. 423-3, al. 1).

L'employeur ne peut modifier seul la composition des collèges – l'entrave aux opérations électorales peut être retenue à l'encontre de l'employeur, même en cas de délégation de pouvoirs (Crim. 6 nov. 2007).

À l'intérieur de chaque collège, les élections ont lieu séparément pour les titulaires et les suppléants. L'accord préélectoral, ou à défaut la décision de l'UT (DIRECCTE), détermine de combien de sièges de titulaires et de suppléants dispose chaque collège. Si par exemple le collège des ouvriers et employés dispose de quatre sièges de titulaires et de quatre sièges de suppléants, chaque syndicat peut présenter deux listes de quatre candidats. Le nombre de candidats de chaque liste ne doit pas excéder le nombre de sièges à pourvoir, sans quoi cette liste serait nulle dans sa totalité (Soc. 27 oct. 1999). Mais il peut lui être inférieur, voire réduit à un nom.

Les candidats doivent faire partie du collège dans lequel ils se présentent. Il est exclu que, par exemple, un salarié cadre se présente aux suffrages des ouvriers (ou l'inverse).

À l'occasion de l'élaboration du protocole d'accord préélectoral, les organisations syndicales doivent examiner les voies et les moyens en vue d'atteindre une représentation équilibrée des femmes et des hommes sur les listes de candidatures (R. 2314-4) et de faciliter la représentation de salariés travaillant dans des conditions qui les isolent (équipes successives, etc.) (L. 2314-12, L. 423-3).

Lorsque, dans un collège, un siège a été réservé à une catégorie, par exemple aux employés, il n'y a pas de problème si parmi les élus se trouve un employé. Si ce n'est pas le cas, un candidat employé non élu, mais figurant sur une liste de candidats, sera substitué à un élu ouvrier.

Des dispositions « corporatistes » sont prévues. Un collège spécial est créé dès lors que l'effectif des personnels naviguants techniques (pilotes de lignes) atteint le seuil de 25 (loi « transports » du 8 déc. 2009).

E. Répartition du personnel et des sièges

Le nombre des collèges étant arrêté, certaines opérations sont encore nécessaires avant de procéder aux élections.

Ainsi, il faut d'abord répartir le personnel dans les collèges. Ceci ne présente pas en général de difficulté, sauf pour les salariés dont la situation professionnelle ou hiérarchique n'est pas clairement déterminée.

En outre, il faut aussi répartir les sièges entre les collèges. À l'intérieur de chaque collège, on peut décider qu'un ou plusieurs sièges seront réservés à une catégorie (par exemple, si le collège ouvriers-employés dispose de quatre sièges, un siège peut être réservé à la catégorie des employés). Il n'y a là aucune obligation légale.

La répartition du personnel dans les collèges électoraux et la répartition des sièges entre les différentes catégories font l'objet d'un accord préélectoral entre l'employeur et les organisations syndicales (L. 2314-11 nouveau), conclu selon les nouvelles conditions (L. 2314-3-1 – *supra* A).

Si un tel accord s'avère impossible, la répartition des sièges entre les collèges électoraux (et les catégories) et du personnel dans les collèges est décidée par l'UT (DIRECCTE) du siège de l'établissement, conformément aux dispositions de la convention ou de l'accord ou à défaut entre les deux collèges (L. 2314-11 al. 2, R. 2314-6, L. 423-3, al. 3).

F. Électorat et éligibilité

Électorat. Sont électeurs les salariés des deux sexes, âgés de 16 ans accomplis, *ayant travaillé trois mois au moins dans l'entreprise* et n'ayant fait l'objet d'aucune interdiction, déchéance ou incapacité relative à leurs droits civiques (L. 2314-15, L. 423-7). « *Remplissent cette condition* *les salariés "intermittents" ou vacataires qui, ayant travaillé dans l'entreprise de manière habituelle au cours des trois derniers mois, sont intégrés de manière étroite et permanente à la communauté de travail* » (Soc. 24 sept. 2008, UL CGT c/ Sté Lehwood – Hôtel Méridien Montparnasse). Sont, en revanche, exclus les salariés cadres détenant sur un service, un département ou un établissement de l'entreprise une délégation particulière d'autorité établie par écrit permettant de les assimiler à l'employeur (Soc. 6 mars 2001). Mais ils sont pris en compte pour la détermination de l'effectif de l'établissement (Soc. 26 sept. 2002). L'employeur ne vote pas. Les contestations doivent être formulées dans les trois jours devant le TI, par voie de simple déclaration au secrétariat-greffe.

Éligibilité. Sont éligibles, à l'exception des conjoint, partenaire d'un PACS, concubin, ascendants, descendants, frères, sœurs et alliés au même degré de l'employeur, les électeurs âgés de 18 ans révolus, ayant travaillé dans l'entreprise depuis un an au moins (L. 2314-16, L. 423-8).

Les conditions d'électorat et d'éligibilité s'apprécient au 1er tour du scrutin (Soc. 1er déc. 2010). Les travailleurs étrangers sont électeurs et éligibles dans les mêmes conditions. Les salariés à temps partiel, employés dans plusieurs entreprises, ne sont éligibles que dans une entreprise qu'ils choisissent.

La condition d'ancienneté exigée pour l'électorat et l'éligibilité peut être assouplie par dérogation accordée par l'inspecteur du travail (L. 2314-20, L. 423-12).

Communauté de travail. S'agissant des travailleurs mis à disposition par une entreprise extérieure (sous-traitance, prestation de service), la Cour de cassation a abandonné la condition qu'ils soient sous la subordination de l'entreprise utilisatrice (Soc. 28 mars 2000). Ainsi, « *les démonstrateurs étant intégrés dans la communauté des travailleurs salariés (...), y sont électeurs et éligibles et en cette qualité peuvent être désignés* (...) » (Soc. 30 avril 2003, BHV c/ Mme C. et syndicat FO).

Pour le calcul des effectifs, à la suite de la décision du Conseil constitutionnel du 28 décembre 2006, la Cour de cassation précise que « *les travailleurs mis à disposition d'une entreprise, intégrés de façon étroite et permanente à la communauté de travail qu'elle constitue (sont) inclus à ce titre dans le calcul des effectifs* » (Soc. 28 févr. 2007, Peugeot ; Cass. Avis 15 janv. 2007). Ces salariés ont « nécessairement » la qualité d'électeur, dès lors qu'ils remplissent les conditions légales (Soc. 1er avril 2008, Hispano Suiza).

Ces salariés sont décomptés dans l'effectif de l'entreprise utilisatrice, « *peu important que certains d'entre eux aient choisi (...) d'être électeurs dans l'entreprise qui les emploie* » (Soc. 19 janv. 2011, Syndicat des copropriétaires Les Jardins de Cimiez).

Pour l'appréciation de l'électorat et de l'éligibilité aux élections professionnelles, la loi du 20 août 2008 « démocratie sociale » prévoit de nouvelles règles (validées par DC 7 août 2008) restrictives (pour les salariés présents dans les locaux de l'entreprise utilisatrice et y travaillant depuis au moins un an) :

– délégués du personnel : « Pour les salariés mis à disposition (...), la condition de présence dans l'entreprise utilisatrice est de 12 mois continus pour être électeur et de 24 mois continus pour être éligible. » Les salariés mis à disposition qui remplissent ces conditions choisissent s'ils exercent leur droit de vote et de candidature dans l'entreprise qui les emploie ou l'entreprise utilisatrice (L. 2314-18-1).
– comité d'entreprise : « Pour les salariés mis à disposition (...), la condition de présence dans l'entreprise utilisatrice est de 12 mois continus pour y être électeur. Les salariés mis à disposition ne sont pas éligibles dans l'entreprise utilisatrice. » Les salariés mis à disposition qui remplissent ces conditions choisissent s'ils exercent leur droit de vote dans l'entreprise qui les emploie ou l'entreprise utilisatrice (L. 2324-17-1).

Le droit d'option du salarié s'exerce séparément pour chaque scrutin (DP et CE ; Soc. 28 sept. 2011).

L'employeur de l'entreprise utilisatrice doit inscrire sur ses listes électorales les salariés mis à disposition qui ont choisi de voter en son sein, peu important qu'ils aient déjà voté dans leur entreprise d'origine, et doit fournir aux organisations syndicales, dans le cadre de la négociation du protocole préélectoral, les éléments nécessaires au contrôle de l'effectif et de l'électorat dont il dispose ou dont il peut demander judiciairement la production aux entreprises sous-traitantes (Soc. 26 mai 2010 ; TI Asnières, 15 mars 2010, UPS).

Les contours de « l'intégration étroite et permanente » sont précisés au regard de critères : « *Sont intégrés de façon étroite et permanente à la communauté de travail (...) les salariés mis à disposition par une entreprise extérieure qui, abstraction faite du lien de subordination qui subsiste avec leur employeur, sont présents dans les locaux de l'entreprise utilisatrice et y travaillent depuis une certaine durée, partageant ainsi des conditions de travail au moins en partie communes susceptibles de générer des intérêts communs* » (Soc. 13 nov. 2008, Sté Airbus France ; Soc. 13 nov. 2008, Sté Peugeot Citroën ; Soc. 13 nov. 2008, Sté Endesa France).

En revanche, les salariés qui ne sont « *pas mis à la disposition exclusive de la société* », mais travaillent « *indifféremment pour plusieurs transporteurs* » et qui ne se rendent « *que ponctuellement dans les locaux de cette société* », les conditions ne sont pas remplies pour une intégration (effectif, électorat) dans l'entreprise d'accueil (Soc. 14 avril 2010, FO c/ Sté Heppner).

Dans les entreprises de propreté, les partenaires sociaux considèrent qu'un salarié n'est pas mis à disposition de l'entreprise cliente et n'est pas intégré à la communauté de travail de l'entreprise au sein de laquelle les prestations sont réalisées. Ils en concluent que le droit d'option ouvert par la loi ne peut pas s'appliquer ; le salarié « demeure électeur et éligible dans l'entreprise avec laquelle il est lié contractuellement » (avenant du 12 déc. 2008 à la CCN de la Propreté). Pourtant, les partenaires sociaux d'une branche ne peuvent ainsi priver les salariés d'un droit qu'ils tiennent de la loi (cet accord a fait l'objet d'un refus d'extension du fait de son caractère « contraire aux règles d'ordre public », refus validé par CE 23 déc. 2010). Cet avenant illicite a été déclaré « nul et de nul effet » (TGI Paris 9 fév. 2010, CNT c/ FEP). Les dispositions légales doivent donc être appliquées.

G. Opérations électorales

Les modalités d'organisation et de déroulement des opérations électorales doivent faire l'objet d'un protocole d'accord préélectoral entre l'employeur et les organisations syndicales intéressées (L. 2314-23).

Listes électorales. Il revient à l'employeur de dresser les listes électorales pour chaque collège. À défaut de disposition spéciale dans le protocole préélectoral signé à l'unanimité des organisations syndicales, les listes doivent mentionner exclusivement l'âge, l'appartenance à l'entreprise et l'ancienneté dans celle-ci, qui déterminent la qualité d'électeur – l'indication de l'adresse du domicile du salarié n'ayant pas à y figurer (Soc. 20 mars 2002). Les salariés sous CDD, les salariés sous contrat de travail intermittent, les travailleurs mis à disposition de l'entreprise par une entreprise extérieure, y compris les travailleurs temporaires, figurent sur les listes électorales dès lors qu'ils remplissent les conditions (ancienneté notamment). Un salarié peut être électeur, même s'il n'est pas pris en compte dans l'effectif (apprentis, etc.).

Listes des candidats. C'est aux syndicats dans l'entreprise ou, si celle-ci comporte des établissements distincts, dans l'établissement, qu'il revient de constituer des listes de candidats pour le premier tour des élections (L. 2314-8). « *Les syndicats affiliés à une même confédération nationale, qu'elle soit ou non représentative, ne peuvent présenter qu'une seule liste de candidats, par collège, lors des élections professionnelles dans l'entreprise* » (Soc. 22 sept. 2010, PBR, syndicat interdépartemental de la protection sociale de Lorraine CFDT et union départementale CFTC de Meurthe-et-Moselle ; voir déjà Soc. 16 oct. 2001). Un syndicat peut présenter des candidats aux élections dans les collèges que ses statuts lui donnent vocation à représenter (Soc. 28 sept. 2011, PBR, Syndicat du personnel d'encadrement de l'édition CGC c/ Sté France Loisirs).

Les listes de candidats, établies par chaque syndicat, doivent être adressées à l'employeur. Le DS doit disposer d'un mandat exprès de son organisation pour déposer une liste de candidats (Soc. 15 juin 2011).

Un certain nombre de conventions collectives fixent une date limite pour le dépôt des listes, par exemple huit jours avant la date prévue pour les opérations électorales. La réception des listes par l'employeur marque le point de départ de la période de protection des candidats.

« *Aucune disposition légale ne fixant un délai devant s'écouler entre le dépôt des candidatures et la date du scrutin, l'employeur, en l'absence d'accord pré-électoral prévoyant une date limite de dépôt des candidatures, ne peut refuser une candidature déposée après la date qu'il a lui-même fixée qu'en justifiant sa décision au regard des nécessités d'organisation du vote* » (Soc. 4 mars 2009, SARL Sergi France).

Organisation matérielle. Il revient à l'employeur de préparer les bulletins de vote, séparés pour titulaires et suppléants et pour chaque collège, en nombre égal pour chaque liste avec, le cas échéant, le sigle de l'organisation syndicale. La mise à disposition de bulletins blancs est également possible (Soc. 8 juill. 1998).

Il y a un bureau de vote par collège, avec des urnes séparées pour les titulaires et pour les suppléants. L'élection a lieu au scrutin secret sous enveloppe (L. 2314-21). Chaque électeur peut rayer un ou plusieurs noms sur la liste pour laquelle il choisit de voter. Il ne peut pas substituer un nom à un autre. Les électeurs doivent bénéficier d'un dispositif permettant l'isolement, et un salarié qui demande l'annulation des élections du fait de l'absence d'un tel dispositif n'a pas à apporter la preuve que ce fait a porté atteinte au secret du vote (Soc. 26 mai 1998). L'élection a lieu pendant le temps de travail (L. 2314-22, L. 423-13).

Le vote peut avoir lieu, dans des circonstances exceptionnelles (Soc. 24 nov. 2004) et sous certaines conditions, par correspondance. Le vote électronique est possible, selon des dispositions précisées par décret (R. 2314-8 et s.) et par accord d'entreprise ou de groupe (à l'exclusion d'un accord d'établissement, Soc. 10 mars 2010, RATP), étant entendu que le vote est alors protégé par la loi Informatique et libertés. « *La possibilité de procéder au vote électronique (...) ne (constituait) pas une disposition du protocole préélectoral soumise à la règle de l'unanimité* » (Soc. 5 avril 2011, Sté Bureau Veritas).

L'absence d'unanimité des organisations syndicales ne paralyse pas le processus électoral et ne rend pas à elle seule le protocole d'accord irrégulier, mais permet à la partie qui peut y avoir intérêt de saisir le TI pour qu'il fixe les modalités d'organisation et de déroulement des opérations électorales (L. 2314-23, L. 423-13) sur lesquelles l'accord unanime n'a pu intervenir (Soc. 28 oct. 1997). Un dispositif de surveillance des opérations électorales peut être prescrit par le juge pour assurer la sincérité du scrutin.

H. Mode de scrutin et résultat

Les élections ont lieu au suffrage direct. Le scrutin est de liste à deux tours avec représentation proportionnelle à la plus forte moyenne (L. 2314-24, L. 423-14).

Premier tour. En application de la Position commune du 9 avril 2008, la loi « démocratie sociale » prévoit qu'au premier tour de scrutin, chaque liste est établie par les organisations syndicales légalement constituées depuis au moins deux ans qui remplissent les critères de respect des valeurs républicaines et d'indépendance dont le champ professionnel et géographique couvre l'entreprise et par les organisations syndicales représentatives (L. 2314-3, L. 2314-24) (le juge « *déclare valable et régulière la liste présentée par le syndicat* » – non reconnu comme représentatif – au premier tour des élections, TI Puteaux, 10 oct. 2008, SA Dassault Systèmes c/ Syndicat « Ensemble à DS »; un syndicat qui a changé d'affiliation conserve son ancienneté, Soc. 3 mars 2010, PBR, UNSA c/ CFTC groupe Air France et a. ; en revanche, une personne morale qui n'a pas la qualité de syndicat ne peut se présenter au premier tour, Soc. 27 janv. 2010, CFDT c/ Sté Aéropass).

Second tour. Si le nombre des votants est inférieur à la moitié des électeurs inscrits (c'est le quorum, les bulletins blancs et les bulletins nuls n'étant pas comptabilisés), il est procédé, dans un délai de 15 jours, à un second tour de scrutin.

Pour le second tour, les candidats présentés au premier tour par les organisations syndicales et non élus, doivent être considérés comme maintenus, à moins que le syndicat ne décide de modifier ou de retirer sa liste (Soc. 18 juill. 2000). Des candidats peuvent se présenter en dehors des listes syndicales.

Attribution des sièges. À l'intérieur de chaque collège et en distinguant les titulaires et les suppléants, les sièges sont répartis selon le nombre de voix obtenues par chaque liste de candidats.

Chaque liste se voit attribuer autant de sièges que le nombre de voix recueilli par elle contient de fois le quotient électoral (R. 2314-22). Le quotient électoral est égal au nombre total des suffrages valablement exprimés par les électeurs du collège, divisé par le nombre de sièges à pourvoir.

Lorsqu'il n'a été pourvu aucun siège ou qu'il reste des sièges à pourvoir, les sièges restants sont attribués sur la base de la plus forte moyenne. À cet effet, le nombre de voix obtenu par chaque liste est divisé par le nombre augmenté d'une unité des sièges attribués à la liste. Les différentes listes sont classées dans l'ordre décroissant des moyennes obtenues. Le premier siège non pourvu est attribué à la liste ayant la plus forte moyenne. Il est procédé successivement à la même opération pour chacun des sièges non pourvus jusqu'au dernier. Lorsque deux listes ont la même moyenne et qu'il ne reste qu'un siège à pourvoir, le siège est attribué à la liste qui comptabilise le plus grand nombre de voix.

Lorsque deux listes ont recueilli le même nombre de voix, le siège est attribué au plus âgé des deux candidats susceptibles d'être élus.

Désignation des élus. Les sièges étant répartis entre les listes, il reste à décider qui, sur chaque liste, est élu.

Lorsque le nom d'un candidat a été raturé, les ratures ne sont pas prises en compte si leur nombre est inférieur à 10 % des suffrages exprimés en faveur de la liste sur laquelle figure ce candidat (L. 2314-24, L. 423-14, al. 3).

Dans ce cas, les candidats sont proclamés élus dans l'ordre de présentation (et non selon le nombre de voix obtenues par chacun). L'ordre de présentation est donc devenu la règle (c'est le syndicat qui détermine cet ordre lorsqu'il établit la liste des candidats). Ce n'est que si un nom est rayé par au moins 10 % des votants (de la liste) qu'il est dérogé à cette règle, la désignation des élus se faisant alors en fonction des voix obtenues par chaque candidat.

Liste commune. « *Lorsqu'une liste commune a été établie par des organisations syndicales, la répartition entre elles des suffrages exprimés se fait sur la base indiquée par les organisations syndicales concernées lors du dépôt de leur liste et, à défaut, à parts égales entre les organisations concernées* », « *la répartition des suffrages, lorsque les syndicats formant une liste commune ont choisi qu'elle ne soit pas à parts égales, doit être portée tant à la connaissance de l'employeur qu'à celle des électeurs de l'entreprise ou de l'établissement concerné avant le déroulement des élections et à défaut, la répartition s'opère à parts égales* » (Soc. 13 janv. 2010, CGT c/ Natixis Asset Management SA).

Procès-verbaux. Le procès-verbal des élections de DP (nouveaux formulaires Cerfa disponibles en ligne sur www.elections-professionnelles.travail.gouv.fr est transmis dans les 15 jours, en double exemplaire, par l'employeur à l'inspecteur du travail. Un troisième exemplaire est adressé, par l'employeur, à l'opérateur du ministère du Travail chargé de recueillir les résultats des élections (système pour la Mesure de l'Audience de la Représentativité Syndicale – MARS) – les résultats des élections professionnelles (DP, CE, DUP) servant à déterminer la liste des organisations syndicales représentatives au niveau des branches et national interprofessionnel (décret du 4 nov. 2008). Lorsque l'institution n'a pas été mise en place, à l'issue du second tour des élections, un PV de carence est établi par l'employeur, qui l'affiche dans l'entreprise et le transmet dans les 15 jours à l'inspecteur du travail, lequel en envoie copie aux organisations syndicales de salariés du département (L. 2314-5, L. 423-18).

Contestations. Les contestations relatives aux opérations électorales relèvent de la compétence du TI (L. 2314-25, R. 2314-27 et s., L. 423-15) du lieu des élections, qui doit être saisi dans le délai de 15 jours suivant l'élection (la déclaration écrite a pour date celle de l'envoi du recours, Soc. 6 janv. 2011, PBR, Sté Estager) et qui statue, en premier et dernier ressort, dans les 10 jours. Une saisine plus de 15 jours après les élections est irrecevable, même si le demandeur a déjà saisi le juge d'une contestation préélectorale non encore tranchée. Le juge annule les élections en cas d'irrégularités – par exemple, présence de personnes n'ayant pas la qualité d'électeur dans le bureau de vote (Soc. 16 janv. 2008), défaut de signature de l'électeur sur l'enveloppe extérieure renfermant celle contenant son bulletin en cas de vote par correspondance (Soc. 19

déc. 2007), pressions d'un représentant de la direction sur les membres du bureau de vote pour empêcher l'inscription au PV des irrégularités constatées (Soc. 13 oct. 2004). De manière générale, « *à moins qu'elles soient directement contraires aux principes généraux du droit électoral, les irrégularités commises dans l'organisation et le déroulement du scrutin ne peuvent constituer une cause d'annulation que si elles ont exercé une influence sur le résultat des élections ou (...) si, s'agissant du premier tour, elles ont été déterminantes de la qualité représentative des organisations syndicales dans l'entreprise, ou du droit pour un candidat d'être désigné délégué syndical* » (Soc. 13 janv. 2010, PBR, CFDT-Santé-services sociaux c/ Sté Biomnis), « *peu importe que l'employeur ait été ou non défaillant dans l'organisation du scrutin* » (Soc. 10 mars 2010, CFDT cheminots Metz-Nnacy c/ UNSA Cheminots).

« *Le syndicat qui n'a pas signé l'accord préélectoral n'est pas réputé y avoir adhéré, et peut donc le contester* », cependant, « *il ne peut le faire que si lors du dépôt de sa liste de candidats, il exprime des réserves* » (Soc. 19 sept. 2007). Une contestation peut aboutir à annuler les élections.

Enjeux. Les résultats des élections professionnelles (CE et DP) ont une incidence sur la négociation collective (validité des accords) et sur l'exercice du droit syndical dans l'entreprise (reconnaissance de la représentativité des syndicats, désignation des DS).

À lire : L. Pécaut-Rivolier, M.-L. Morin, Y. Struillou, *Le guide des élections professionnelles*, Dalloz, 2009.

I. Durée et fin du mandat

Les délégués sont élus pour quatre ans et rééligibles (L. 2314-26). Un accord de branche, un accord de groupe ou un accord d'entreprise, conclu après le 4 août 2005 (Soc. 7 nov. 2007), peut fixer une durée du mandat comprise entre deux et quatre ans (L. 2314-27).

Leurs fonctions prennent fin par le décès, la démission, la résiliation du contrat de travail ou la perte des conditions requises pour l'éligibilité. Tout délégué du personnel peut être révoqué en cours de mandat, sur proposition de l'organisation syndicale qui l'a présenté, approuvée au scrutin secret par la majorité du collège électoral auquel il appartient (L. 2314-29, L. 423-16).

Lorsqu'un délégué titulaire cesse ses fonctions, le remplacement est assuré par un membre suppléant appartenant à la liste sur laquelle le démissionnaire avait été élu, préférence étant donnée au suppléant de la même catégorie, sinon d'une autre catégorie (L. 2314-30). S'il n'existe pas de suppléant élu sur cette liste, le remplacement est assuré par un élu d'un autre collège, puis par le candidat venant sur la liste immédiatement après le dernier candidat élu. L'étiquette syndicale l'emporte sur la catégorie. Ce n'est, en effet, si aucune de ces solutions ne convient, qu'il est fait appel en dernier recours à un suppléant élu sur une autre liste, relevant de la même catégorie et ayant obtenu le plus grand nombre de voix.

Tableau PV des résultats des élections des délégués du personnel (titulaires).

A L'ISSUE DE L'ÉLECTION, L'EMPLOYEUR DOIT TRANSMETTRE *(dans les 15 jours)* :

☞ 2 exemplaires du procès-verbal d'élection ou du procès-verbal de carence à l'inspecteur du travail.

☞ 1 exemplaire du procès-verbal d'élection ou du procès-verbal de carence au centre de traitement des élections professionnelles, à l'adresse suivante :

CTEP
TSA 79104
76934 ROUEN CEDEX 9

MT1

Direction Générale du Travail

PROCÈS-VERBAL DES ÉLECTIONS DES DÉLÉGUÉS DU PERSONNEL MEMBRES TITULAIRES

cerfa N° 10113 *03 — DP — EL 03

Lire attentivement la notice d'accompagnement disponible sur www.travail-solidarite.gouv.fr (informations pratiques / formulaires)

IDENTIFICATION DE L'ÉTABLISSEMENT

Raison sociale :
Adresse :
Code postal : Ville :
SIRET de l'établissement :
Autres établissements concernés par l'élection : *Liste à compléter au verso*
Numéro de convention collective (IDCC) :

INFORMATIONS SUR L'ÉLECTION

Durée du mandat des élus : 2 années
Nombre total de collèges électoraux (y compris celui-ci) : 2
S'agit-il d'une élection partielle (si Oui, cochez la case) : ☐
Date du précédent scrutin (JJ/MM/AAAA) : __/__/____

COLLÈGE CONCERNÉ

DÉNOMINATION DU COLLÈGE LÉGAL :
- Collège unique ☐
- 1er collège : ouvriers, employés ☒
- 2ème collège : techniciens, agents de maîtrise, ingénieurs et cadres ☐
- Autre ☐

COMPOSITION PRÉCISE DU COLLÈGE : *(cocher le ou les cases correspondant aux personnels inscrits dans ce collège)*
- Ouvriers 1 ☒
- Employés 2 ☒
- Techniciens 3 ☐
- Agents de maîtrise 4 ☐
- Ingénieurs 5 ☐
- Cadres 6 ☐
- Autres : *(préciser)* 7 ☐

RÉSULTATS CONCERNANT LE 1er TOUR

Date du 1er tour (JJ/MM/AAAA) : 08/03/2011
A. Nombre d'électeurs inscrits A = 180
B. Nombre de votants B = 150
C. Bulletins blancs ou nuls C = 0
D. Suffrages valablement exprimés (B - C) D = 150

1. Y a-t-il eu carence ? *(cocher)* Oui ☐ Non ☒
2. Le quorum a-t-il été atteint ?
QUORUM = E = $\frac{A}{2} = \frac{180}{2} = 90$
☐ Non si D est inférieur à E
☒ Oui si D est supérieur à E

Nombre de listes présentées au premier tour 02
Nombre de sièges à pourvoir par le collège P = 04
Quotient électoral (2 décimales) $G = \frac{D}{P} = \frac{150}{4} = 37{,}5$

Si le quorum n'est pas atteint, ne pas remplir.

NOMS et PRENOMS des candidats groupés par liste *(sauter une ligne entre chaque liste)* Le nom des candidats élus sera souligné	Sexe H ou F (1)	Désignation des syndicats ayant présenté des listes *(préciser le cas échéant l'organisation interprofessionnelle de rattachement)* (2)	Nombre de bulletins valables recueillis par chaque liste (Total égal à D) (3)	Nombre de voix obtenues par chaque candidat (4)	Total des voix recueillies par les candidats de chaque liste T (5)	Nombre de candidats présentés par chaque liste N (6)	Moyenne des voix de chaque liste $V = \frac{T}{N}$ (2 décimales) (7)	Nombre de sièges attribués à chaque liste selon la règle du quotient $K = \frac{V}{G}$ (8)	Attribution des sièges restant à pourvoir à la plus forte moyenne : 1er siège (9)	2ème siège (10)	3ème siège (11)	ELUS Porter la mention « Elu » (12)	Nombre d'élus par liste (13)
A	H	CGT	80	80	297	4	74,25	1	1			ÉLU	2
B	H			70					37,12	24,75			
C	F			73								ÉLUE	
D	F			74									
E	F	CFDT	70	70	196	3	65,33	1		1		ÉLUE	2
F	H			64					32,66	32,66		ÉLU	
G	H			62									

(Attribution des sièges restant à pourvoir à la plus forte moyenne : pour chaque liste, inscrire successivement les valeurs du rapport $\frac{V}{K+1}$ jusqu'à l'attribution de tous les sièges (2 décimales))

Paraphe des membres du bureau de vote

Dans le cas où des listes communes se sont présentées au 1er tour, précisez :

Nom de la liste commune	Noms des organisations entrant dans cette liste (avec intitulé de l'organisation interprofessionnelle de rattachement)	Répartition des suffrages entre organisations (en %)

Signatures du PV par les membres du bureau de vote au verso.

Les DP conservent leur mandat en cas de changement de catégorie professionnelle. En cas de modification dans la situation juridique de l'employeur, le mandat des DP n'est pas affecté si l'unité où ils ont été élus ne subit pas de modification, sauf allongement ou diminution du mandat pour tenir compte de la date habituelle des élections dans l'entreprise d'accueil (L. 2314-28, L. 423-16).

Exemple pratique

Une entreprise occupe habituellement 240 salariés, dans un établissement unique. Six DP titulaires et six DP suppléants sont donc à élire par le personnel. L'accord préélectoral répartit ces sièges entre deux collèges :

	Titulaires	Suppléants
Premier collège : ouvriers, employés	4	4
Second collège : agents de maîtrise, cadres	2	2

Pour les élections du premier collège titulaire, sur 180 inscrits, 150 salariés ont valablement voté (absence de votes blancs ou nuls). Le quorum est donc atteint.

La liste CGT obtient 80 bulletins et ses candidats obtiennent :

A : 80 voix, B : 70 voix, C : 73 voix, D : 74 voix.

La liste CFDT obtient 70 bulletins et ses candidats obtiennent :

E : 70 voix, F : 64 voix, G : 62 voix.

Attributions des sièges :

• Selon le quotient électoral, le quotient est égal à :

150 votants / 4 sièges = 37,5

Le nombre moyen de voix obtenues par chaque liste est :

Liste CGT : 80 + 70 + 73 + 74 = 297 voix / 4 candidats = 74,25

Liste CFDT : 70 + 64 + 62 = 196 voix / 3 candidats = 65,33

Chaque liste a un nombre de voix moyen dépassant le quotient électoral et obtient donc un siège (aucune liste n'atteint le double de ce quotient pour obtenir deux sièges). Deux sièges sont donc attribués et deux sièges restent à pourvoir.

• Selon la plus forte moyenne : chaque liste se voit attribuer fictivement un siège pour voir quelle liste obtient la plus forte moyenne (voir pour quelle liste un siège représente le plus de voix). Ici, chaque liste a déjà obtenu un siège, donc le nombre de voix est divisé par 1 (siège obtenu) + 1 (siège « fictif ») :

Liste CGT : 74,25 / 2 = 37,12

Liste CFDT : 65,33 / 2 = 32,66

Par conséquent, le troisième siège est attribué à la liste CGT (plus forte moyenne).

Pour l'attribution du quatrième siège :

Liste CGT : 74,25 / 2 + 1 sièges = 24,75

Liste CFDT : 65,33 / 1 + 1 = 32,66

Par conséquent, le quatrième siège est attribué à la liste CFDT (plus forte moyenne).

Désignation des élus :

Les deux sièges obtenus par la liste CGT seront occupés par A et C (B ayant été rayé par 10 % des suffrages exprimés en faveur de la liste) ; les deux sièges obtenus par la liste CFDT seront occupés par E et F.

Élections complémentaires. En cas d'augmentation de l'effectif, des élections complémentaires « *tendant à désigner des DP en plus de ceux dont le mandat est en cours, pour la durée du mandat restant à courir* » sont possibles, à condition d'être prévues par un accord collectif signé par tous les syndicats présents dans l'entreprise (Soc. 13 oct. 2010, PBR).

Attributions

A. Mission principale : présenter des réclamations

Les délégués du personnel ont pour mission d'une part de présenter aux employeurs toutes les réclamations individuelles ou collectives relatives aux salaires, à l'application du Code du travail et des autres lois et règlements concernant la protection sociale, l'hygiène et la sécurité ainsi que des conventions et accords collectifs applicables dans l'entreprise ; d'autre part de saisir l'Inspection du travail de toutes les plaintes et observations relatives à l'application des prescriptions législatives et réglementaires dont elle est chargée d'assurer le contrôle (L. 2313-1, L. 422-1, al. 1). L'inspecteur du travail doit se faire accompagner dans ses visites par le délégué compétent, si ce dernier le désire (L. 2313-11, L. 422-1, al. 5).

Ces réclamations doivent porter sur l'application du droit. Veiller à l'application du droit, c'est aussi la mission de l'Inspection du travail, d'où la relation prévue dans le texte entre délégués et inspecteurs. Des réclamations peuvent aussi n'avoir aucun fondement juridique précis. Si un délégué réclame qu'on remplace un carreau cassé dans un atelier, il ne fonde pas sa réclamation sur un article précis du Code ou de la convention collective.

Les salariés conservent le droit de présenter eux-mêmes leurs réclamations à l'employeur ou à ses représentants (L. 2313-10, L. 422-1, dernier alinéa). Le DP n'est donc pas l'intermédiaire par lequel devrait obligatoirement passer toute réclamation. Un choix est ainsi laissé aux salariés.

En règle générale, l'employeur n'est pas tenu d'accepter la présence d'un tiers lors d'un entretien avec un salarié en dehors des procédures de licenciement et disciplinaires. En refusant la présence d'un DP, il ne commet pas une irrégularité (Soc. 11 févr. 2003).

Les salariés d'entreprises extérieures qui, dans l'exercice de leur activité, ne se trouvent pas placés sous la subordination directe de l'entreprise utilisatrice, peuvent faire présenter leurs réclamations individuelles et collectives, intéressant celles des conditions d'exécution du travail qui relèvent du chef d'établissement, par les DP de cet établissement.

Dans les entreprises utilisatrices, les salariés temporaires peuvent faire présenter par les DP (de ces entreprises) leurs réclamations en matière de rémunération, de conditions de travail et d'accès aux moyens de transport collectifs et aux installations collectives.

B. Droits des personnes

Les DP disposent d'un droit d'alerte (L. 2313-2, L. 422-1-1). Si un délégué du personnel constate, notamment par l'intermédiaire d'un salarié, qu'il existe une atteinte aux droits des personnes, à leur santé physique et mentale ou aux libertés individuelles dans l'entreprise qui ne serait pas justifiée par la nature de la tâche à accomplir ni proportionnée au but recherché, il en saisit immédiatement l'employeur. Cette atteinte peut notamment résulter de toute mesure discriminatoire en matière d'embauche, de rémunération, de formation, de reclassement, d'affectation, de classification, de qualification, de promotion professionnelle, de mutation, de renouvellement de contrat, de sanction ou de licenciement.

L'employeur ou son représentant est tenu de procéder sans délai à une enquête avec le DP et de prendre les dispositions nécessaires pour remédier à cette situation.

En cas de carence de l'employeur ou de divergence sur la réalité de cette atteinte et à défaut de solution trouvée avec l'employeur, le salarié ou le délégué, si le salarié concerné averti par écrit ne s'y oppose pas, saisit directement le bureau de jugement du CPH qui statue selon les formes applicables au référé (Soc. 28 mars 2006, Sté CSF ; CA Grenoble, 7 mars 2007, ONET ; etc.). Ainsi, un DP a compétence pour demander en justice le retrait d'éléments de preuve obtenus frauduleusement (par enregistrement vidéo à l'insu du personnel, Soc. 10 déc. 1997) ; un DP peut enquêter sur les conditions de consultation des messages électroniques des salariés (Soc. 17 juin 2009, Sanofi) ; un DP peut obtenir du juge qu'il condamne l'employeur à lui fournir les éléments nécessaires pour établir la réalité, ou non, d'une discrimination (CA Toulouse, 23 janv. 2009, SAS Freescale semiconductors France, confirmé par Soc. 19 mai 2010 ; CPH Versailles, départ., 5 avril 2011, SCS GEMS), etc.

C. Conditions de travail et d'emploi

La direction de l'entreprise doit consulter les DP avant de prendre une décision. Il en va ainsi notamment en matière de congés payés, pour la fixation de la période de congé et l'ordre des départs et pour le reclassement de salariés victimes d'accident du travail ou de maladie professionnelle. Ils interviennent également sur de nombreuses questions (projet de règlement intérieur, d'aménagement du temps de travail, de licenciement collectif pour motif économique, L. 2313-17 ; formation professionnelle, L. 2313-8 ; etc.). Dans les établissements de moins de 50 salariés, les DP sont investis des missions dévolues au CHSCT, mais ne sont pas dotés de moyens supplémentaires.

En l'absence de CE, l'employeur informe les DP, une fois par an, des éléments qui l'ont conduit à faire appel au titre de l'année écoulée, et qui pourraient le conduire à faire appel pour l'année à venir, à des CDD et à des contrats de mission temporaire ou à des contrats conclus avec une entreprise de portage salarial (L. 2313-5).

D. Attributions supplétives

Dans les entreprises ou établissements d'au moins 50 salariés, où l'absence d'un CE a été constatée (PV de carence), les attributions économiques de celui-ci sont assurées collectivement par les DP (L. 2313-13). Ils bénéficient des moyens dont aurait disposé le CE (consultations, remises de documents, crédit d'heures, subvention de fonctionnement, assistance d'experts, formation économique, etc.). Ils exercent le cas échéant le droit d'alerte économique (L. 2313-14).

Dans les établissements occupant au moins 50 salariés, où un CHSCT aurait dû être institué mais ne l'a pas été, les DP se voient reconnaître les mêmes missions et les mêmes moyens (crédit d'heures, etc.) qu'un CHSCT (L. 2313-16).

Moyens de fonctionnement

A. Réunions avec l'employeur

Les DP sont reçus collectivement par le chef d'établissement ou son représentant au moins une fois par mois. Ils sont en outre reçus, en cas d'urgence, sur leur demande.

Les délégués sont également reçus par le chef d'établissement ou ses représentants, sur leur demande, soit individuellement, soit par catégorie, soit par atelier, service ou spécialité professionnelle, selon les questions qu'ils ont à traiter (L. 2315-8, L. 424-4, al. 1 et 2).

Sauf circonstances exceptionnelles, les DP remettent à l'employeur, deux jours ouvrables avant la date où ils doivent être reçus, une note écrite exposant l'objet des demandes présentées (L. 2315-12, L. 424-5, al. 1).

L'employeur est tenu d'organiser la réunion mensuelle et d'en fixer la date suffisamment à l'avance pour que les délégués soient en mesure de lui remettre, dans le délai prescrit, la note prévue par les textes. S'il ne reçoit pas cette note, l'employeur reste tenu de recevoir les délégués, mais est dispensé de répondre aux réclamations. De même, la direction peut refuser d'examiner une demande qui ferait l'objet d'une note écrite remise quelques heures avant la réunion.

L'employeur doit répondre par écrit aux demandes des délégués au plus tard dans les six jours ouvrables suivant la réunion. Ces demandes des délégués et les réponses motivées de l'employeur sont, soit transcrites sur un registre spécial, soit annexées à ce registre qui doit être tenu à la disposition des délégués du personnel et de l'inspecteur du travail. La réponse de l'employeur par écrit a la valeur juridique d'un usage de l'entreprise (Soc. 27 mars 1996).

Assistent aux réunions l'employeur ou son représentant, les DP titulaires et les suppléants. L'employeur peut se faire assister par des collaborateurs, mais ensemble, ils ne peuvent être en nombre supérieur à celui des DP titulaires. Les DP peuvent, sur leur demande, se faire assister d'un représentant d'une organisation syndicale. Celui-ci n'appartient pas nécessairement au personnel de l'entreprise et peut être, par exemple, un représentant de l'union départementale ou locale.

Dans une entreprise en Société Anonyme, lorsque les DP présentent des réclamations auxquelles il ne pourrait être donné suite qu'après délibération du conseil d'administration, ils sont reçus par celui-ci, sur leur demande, en présence du directeur ou de son représentant ayant connaissance des réclamations présentées.

B. Facilités matérielles

L'employeur est tenu de mettre à la disposition des DP le local nécessaire pour leur permettre de remplir leur mission, et, notamment, de se réunir (L. 2315-6, L. 424-2, al. 1). Il n'est pas précisé que celui-ci soit aménagé et équipé ni qu'il soit permanent et exclusivement à la disposition des DP.

Les délégués peuvent faire afficher les renseignements qu'ils ont pour rôle de porter à la connaissance du personnel sur des emplacements obligatoirement prévus et destinés aux communications syndicales, et aux portes d'entrée des lieux de travail (L. 2315-7, L. 424-2, al. 2). Ces dispositions anciennes sont en pratique écartées par celles qui prévoient que les panneaux syndicaux doivent être distincts de ceux réservés aux communications des DP. Ils ne peuvent afficher des communications sans rapport avec leurs attributions, mais l'affichage n'est soumis à aucune autorisation préalable de l'employeur. Si celui-ci juge irrégulière la communication affichée, il ne peut que demander au juge des référés d'en ordonner le retrait, mais ne peut y procéder lui-même. Ce sera notamment le cas si le contenu de l'affichage a un caractère politique ou comporte des injures ou diffamations, infractions qui sont punies par la loi sur la presse – l'article 29 de la loi du 29 juillet 1881 stipule que l'injure désigne « toute expression outrageante, terme de mépris ou invective qui ne renferme l'imputation d'aucun fait » et la diffamation est « toute allégation ou imputation d'un fait qui porte atteinte à l'honneur, la considération de la personne ou du corps auquel le fait est imputé ».

Les DP bénéficient d'un droit d'accès à des registres (L. 8113-6, consultation en cas de mise en place d'un support de substitution), notamment le registre du personnel (L. 1221-15) et en matière de santé et de sécurité (R. 231-3), et à des contrats (travail temporaire, insertion, etc., L. 2313-5).

C. Heures de délégation

L'employeur est tenu de laisser aux DP, dans les limites d'une durée qui, sauf circonstances exceptionnelles, ne peut excéder 15 heures par mois dans les entreprises dont l'effectif est d'au moins 50 salariés et 10 heures par mois dans les autres, le temps nécessaire à l'exercice de leurs fonctions (L. 2315-1, L. 424-1, al. 1). Chaque DP titulaire dispose donc d'un crédit d'heures (le délégué suppléant peut utiliser ce crédit lorsqu'il remplace le titulaire, mais n'a pas de crédit propre). Ces heures de délégation sont un contingent individuel maximum qui ne peut être dépassé qu'en cas de circonstances exceptionnelles.

Le DP doit informer l'employeur ou son représentant lorsqu'il compte quitter son travail (pratique des « bons de délégation »), mais il n'a pas à lui demander d'autorisation.

Ce temps est de plein droit considéré comme temps de travail et payé à l'échéance normale. En cas de contestation par l'employeur de l'usage fait du temps alloué, il lui appartient de saisir le CPH (L. 2315-3, L. 424-1, al. 2). Ce n'est donc qu'après avoir payé le délégué que l'employeur pourra saisir le CPH et essayer de prouver que l'activité pour laquelle le délégué a été payé ne rentrait pas dans l'exercice de ses fonctions. La jurisprudence fait la distinction entre l'indication de l'utilisation des heures de délégation que le salarié est contraint de fournir et la justification de cette utilisation qu'il n'a pas à apporter (Soc. 25 mai 1993). C'est à l'employeur d'apporter la preuve de l'utilisation non conforme. Si c'est le cas, il a droit au remboursement des heures de délégation indûment payées.

En revanche, si le délégué demande des heures au-delà de son crédit, en cas de circonstances exceptionnelles, il doit justifier sa demande en précisant la nature de ces circonstances et l'utilisation des heures conforme à son mandat. A ainsi été admis le dépassement du contingent lors d'un conflit collectif qui s'était prolongé pendant plusieurs mois (Soc. 8 juill. 1998).

La jurisprudence continue à se prononcer sur l'utilisation des heures de délégation. Ainsi, assurer sa propre défense dans un contentieux relatif à l'utilisation de ces heures entre bien dans le cadre de la mission d'un DP qui peut, à cet effet, utiliser des heures de délégation (Ass. plén. 31 oct. 1996). Mais il ne rentre pas dans l'exercice des fonctions de DP d'assister un salarié devant le CPH, ni de participer à une réunion syndicale si l'objet de la réunion ne concernait pas directement l'entreprise (par exemple, préparation d'une journée nationale d'action). Rentrent au contraire dans la mission, des déplacements au siège de l'Inspection du travail pour s'informer d'un point de droit pour l'établissement d'un horaire de travail ou pour évoquer des entraves apportées par l'employeur à l'exercice des fonctions de DP, etc.

En cas de cumul de mandat avec celui de représentant au CE, de DS ou de RS au CE, il y a lieu à cumul des crédits d'heures. Les DP qui exercent les attributions économiques du CE, en cas de carence, bénéficient, en outre, d'un crédit supplémentaire de 20 heures par mois.

Le temps passé par les DP, titulaires ou suppléants, aux réunions avec l'employeur est payé comme temps de travail. Il n'est pas déduit du crédit d'heures dont disposent les délégués titulaires. Le temps de trajet effectué en exécution des fonctions représentatives doit être rémunéré lorsqu'il est pris en dehors de l'horaire normal et qu'il dépasse le temps normal de déplacement domicile/travail (Soc. 5 nov. 2003).

D. Déplacement et circulation

Les déplacements hors de l'entreprise ou dans l'entreprise, pour prendre contact avec les travailleurs, sont inhérents à l'exercice des fonctions (L. 2315-5, L. 424-3). Les DP peuvent, durant les heures de délégation, se déplacer hors de l'entreprise. Ils peuvent également, tant durant les heures de délégation qu'en dehors de leurs heures habituelles de travail, circuler librement dans l'entreprise (par exemple pour prendre contact avec des salariés ayant d'autres horaires que les leurs). Ils peuvent, au cours de leurs déplacements dans l'entreprise, prendre tous les contacts nécessaires à l'accomplissement de leur mission, notamment auprès d'un salarié à son poste de travail, sous réserve de ne pas apporter de gêne « importante » à l'accomplissement du travail des salariés.

E. Sanctions

Sanction pénale. Le fait de porter ou de tenter de porter atteinte à la libre désignation des DP ou à l'exercice régulier de leurs fonctions constitue un délit (entrave) et est puni d'un emprisonnement d'un an et d'une amende de 3 750 - (L. 2316-1 ; Crim. 25 sept. 2007, défaut de réunion mensuelle avec l'unique DP, employeur assisté en surnombre, défaut de mise à disposition d'un local).

Sanction civile. La saisine du juge civil est parfois privilégiée par les organisations syndicales représentatives. En effet, le juge civil (TGI), notamment en référé, peut suspendre une décision de l'employeur tant que celui-ci n'a pas consulté de manière régulière les délégués du personnel ou ordonner à l'employeur de mettre en œuvre une obligation. Les procédures et les sanctions civiles apparaissent alors souvent plus « efficaces » pour rendre le droit effectif.

Un salarié peut obtenir des dommages-intérêts en cas de défaut d'IRP dans l'entreprise ; « *l'employeur qui, bien qu'il y soit légalement tenu, n'accomplit pas les diligences nécessaires à la mise en place d'institutions représentatives du personnel, sans qu'un procès-verbal de carence ait été établi, commet une faute qui cause nécessairement un préjudice aux salariés, privés ainsi d'une possibilité de représentation et de défense de leurs intérêts* » (Soc. 17 mai 2011, Sté AB Pose).

Procédures et sanctions civiles et pénales peuvent parfois se compléter.

Chapitre XX

Comité d'entreprise

Participation et résultats obtenus, selon la taille de l'établissement

Participation : en % des inscrits
Résultats : en % des suffrages exprimés

	Nombre d'inscrits	Participation		CFDT		CFE-CGC		CFTC		CGT		CGT-FO		Autres syndicats		Non-syndiqués	
	2005-2006	2003-04	2005-06	2003-04	2005-06	2003-04	2005-06	2003-04	2005-06	2003-04	2005-06	2003-04	2005-06	2003-04	2005-06	2003-04	2005-06
Moins de 50 salariés...	82 191	72,7	72,7	12,6	11,9	2,3	2,1	3,3	2,4	13,9	14,0	6,0	6,1	2,7	2,5	59,2	61,0
50 à 99 salariés...	655 453	69,5	69,1	15,8	14,6	1,8	1,9	3,8	3,9	13,9	13,7	7,8	7,8	3,2	3,4	53,6	54,6
100 à 199 salariés...	1 049 243	66,1	66,5	20,2	18,8	3,8	3,8	5,4	6,0	18,6	18,8	9,7	10,8	4,1	4,6	38,3	37,2
200 à 499 salariés...	1 444 635	63,8	63,2	23,6	22,7	6,4	6,8	6,6	7,3	24,3	24,4	14,6	14,2	4,3	5,1	20,2	19,5
500 à 999 salariés...	807 643	62,4	61,3	24,8	24,5	8,7	9,8	7,8	7,5	28,1	27,1	16,0	16,1	5,5	6,8	9,0	8,2
1 000 salariés ou plus	1 436 043	63,6	60,8	20,6	20,4	9,5	9,4	7,6	8,2	29,1	27,5	13,9	13,8	16,7	17,8	2,7	2,9
Ensemble...	**5 475 208**	**64,8**	**63,8**	**21,2**	**20,3**	**6,3**	**6,5**	**6,4**	**6,8**	**23,4**	**22,9**	**12,6**	**12,7**	**7,3**	**8,2**	**22,8**	**22,6**

Champ : établissements ayant organisé des élections aux CE (ou à la DUP) recensées par l'administration.
Source : fichier d'élections aux comités d'entreprise et délégations uniques du personnel – Dares.

Participation et résultats obtenus, selon le collège électoral

Participation : en % des inscrits
Résultats : en % des suffrages exprimés

	Nombre d'inscrits	Participation		CFDT		CFE-CGC		CFTC		CGT		CGT-FO		Autres syndicats		Non-syndiqués	
	2005-2006	2003-04	2005-06	2003-04	2005-06	2003-04	2005-06	2003-04	2005-06	2003-04	2005-06	2003-04	2005-06	2003-04	2005-06	2003-04	2005-06
Premier collège*...	3 368 299	64,2	62,8	21,6	20,5	1,3	1,2	6,5	7,0	28,8	28,4	14,1	14,6	6,8	7,5	20,9	20,8
Deuxième collège*...	1 001 410	69,4	69,0	20,6	19,9	11,5	10,9	5,8	6,1	17,4	17,9	11,8	11,5	7,6	8,5	25,3	25,2
Troisième collège*...	743 901	63,2	62,5	19,4	19,4	26,1	25,6	7,2	7,5	7,6	8,4	7,9	7,7	9,7	10,6	22,1	20,8
Collège unique*...	361 598	60,7	61,0	23,1	22,4	2,0	3,7	5,1	5,5	16,7	16,7	9,6	8,6	7,1	7,9	36,4	35,2
Ensemble	**5 475 208**	**64,8**	**63,8**	**21,2**	**20,3**	**6,3**	**6,5**	**6,4**	**6,8**	**23,4**	**22,9**	**12,6**	**12,7**	**7,3**	**8,2**	**22,8**	**22,6**

**Définition des collèges : cf. encadré 3, « Les collèges électoraux ».*
Champ : établissements ayant organisé des élections aux CE (ou à la DUP) recensées par l'administration.
Source : fichier d'élections aux comités d'entreprise et délégations uniques du personnel – Dares.

Les attributions du comité d'entreprise (CE) se sont étendues et diversifiées, depuis la création de l'institution. Cette IRP est l'objet d'un certain « consensus à la française ». Du côté patronal, on apprécie qu'elle préserve l'autorité de l'employeur : c'est une instance consultative et l'employeur n'est pas tenu de suivre l'avis exprimé par le comité. Pour les salariés, elle permet d'obtenir des informations utiles et d'essayer d'influencer les décisions de l'employeur, sans se trouver impliqués pour autant dans des responsabilités de gestion.

La loi détermine le champ d'application et le cadre dans lequel le CE est constitué, sa composition, les modalités de l'élection, les conditions de fonctionnement et les attributions. L'institution prend des formes particulières dans les entreprises comprenant plusieurs établissements. Un comité de groupe et un comité d'entreprise européen peuvent également être constitués, ainsi qu'un comité dans une société européenne.

À lire : M. Cohen, *Le droit des comités d'entreprise et des comités de groupe*, LGDJ, 2009. J.-L. Scemana, *Le rôle économique du Comité d'entreprise*, Gualino, 2011. E. Bledniak et E. Chretiennat, *Comité d'entreprise*, Delmas, 2011.

Champ d'application

Les salariés élisent leurs représentants au comité d'entreprise dans :
- les entreprises de droit privé ;
- les ÉPIC ;
- les établissements publics à caractère administratif lorsqu'ils emploient du personnel dans les conditions du droit privé (L. 2321-1).

Le champ d'application est donc ici aussi très étendu, comme pour les DP.

Un CE doit être constitué dans le cadre de l'entreprise, dès lors que celle-ci occupe au moins 50 salariés (L. 2322-1, L. 431-1). Sa mise en place est obligatoire si l'effectif d'au moins 50 salariés est atteint pendant douze mois, consécutifs ou non, au cours des trois années précédentes (L. 2322-2, L. 431-1, al. 2). La détermination de l'effectif s'effectue comme pour les DP (L. 1111-2).

Dans les entreprises occupant moins de 50 salariés, des CE peuvent être créés par convention ou accord collectif de travail (L. 2322-3, L. 431-1, al. 3).

En cas de réduction importante et durable du personnel ramenant l'effectif au-dessous de 50 salariés, la suppression du CE n'est pas automatique : elle peut avoir lieu par accord unanime des organisations syndicales représentatives et de l'employeur, non par une délibération du comité lui-même (Soc. 12 mars 2003). À défaut d'accord, la suppression peut être autorisée par l'UT (DIRECCTE) (L. 2322-7, L. 431-3, al. 2 et 3). Il en va de même en l'absence d'organisation syndicale.

Composition, élection et mandat

A. Composition

Le CE comprend (L. 2324-1, L. 433-1) :

– D'une part, l'employeur, ou son représentant, qui préside le comité.

– D'autre part, une délégation du personnel, élue, qui comprend un nombre égal de titulaires et de suppléants, et un représentant désigné par chaque organisation syndicale « ayant des élus au CE » (L. 2324-2 ; il peut s'agir par exemple d'un titulaire et d'un suppléant, circulaire DGT du 13 nov. 2008).

Les suppléants assistent aux séances, mais avec voix consultative seulement (ils ne prennent pas part aux votes). Il en va de même pour les RSCE. Dans les entreprises de plus de 500 salariés, ces RSCE bénéficient d'un crédit d'heures dans la limite de 20 heures par mois, sauf circonstances exceptionnelles. Dans tous les cas, ils ont la même liberté de circulation dans l'entreprise que les élus du personnel au CE.

L'employeur, ou son représentant, peut se faire assister par deux collaborateurs ayant voix consultative (le ministre chargé du Travail a précisé qu'il ne peut s'agir que de salariés de l'entreprise, voire du groupe auquel celle-ci appartient).

B. Organisation des élections

L'organisation des élections et les modalités de scrutin sont régies par les mêmes règles que pour les DP (L. 2324-19 et s.).

L'employeur informe le personnel de l'organisation des élections par affichage et invite les organisations syndicales à négocier (chapitre 19, « Élections et mandat », G) et à établir les listes de candidats, selon les mêmes modalités que pour les DP le protocole préélectoral (L. 2324-4-1 nouveau). Le premier tour des élections en vue du renouvellement du CE a lieu dans la quinzaine qui précède l'expiration du mandat (L. 2324-4, L. 433-13, al. 3).

L'élection des DP et celle des représentants du personnel au CE ont lieu à la même date (L. 2324-3), ce qui n'implique pas que les élections soient tenues à la même date dans tous les établissements distincts de la même entreprise (Soc. 24 nov. 2005).

Les litiges relatifs aux opérations électorales sont également du ressort du TI (L. 2324-23). Au cas où le juge d'instance, saisi préalablement aux élections, décide la mise en place d'un dispositif de contrôle de leur régularité, de la liberté et de la sincérité du scrutin, les frais entraînés par ces mesures sont à la charge de l'employeur.

Des élections partielles sont organisées à l'initiative de l'employeur si un collège électoral n'est plus représenté ou si le nombre des membres titulaires élus se réduit de moitié ou plus, sauf si ces événements interviennent moins de six mois avant le terme du mandat (L. 2324-10, L. 433-12, al. 7).

C. Nombre de délégués à élire

Le nombre des délégués est fonction de l'effectif de l'entreprise (mais n'augmente plus au-delà de 10 000 salariés) :

- de 50 à 74 salariés : 3 titulaires et 3 suppléants ;
- de 75 à 99 salariés : 4 titulaires et 4 suppléants ;
- de 100 à 399 salariés : 5 titulaires et 5 suppléants ;
- de 400 à 749 salariés : 6 titulaires et 6 suppléants ;
- de 750 à 999 salariés : 7 titulaires et 7 suppléants ;
- de 1 000 à 1 999 salariés : 8 titulaires et 8 suppléants ;
- de 2 000 à 2 999 salariés : 9 titulaires et 9 suppléants ;
- de 3 000 à 3 999 salariés : 10 titulaires et 10 suppléants ;
- de 4 000 à 4 999 salariés : 11 titulaires et 11 suppléants ;
- de 5 000 à 7 499 salariés : 12 titulaires et 12 suppléants ;
- de 7 500 à 9 999 salariés : 13 titulaires et 13 suppléants ;
- à partir de 10 000 salariés : 15 titulaires et 15 suppléants (R. 2324-1, R. 433-1).

Le nombre des membres peut être augmenté par voie de convention collective ou d'accord entre le chef d'entreprise et les organisations syndicales intéressées (dans les conditions de L. 2324-4-1 nouveau ; L. 2324-1), sans que l'unanimité soit nécessaire (Soc. 15 déc. 2004). La détermination du nombre de délégués à élire repose sur l'effectif moyen au cours de l'année écoulée (Soc. 3 oct. 1995).

D. Collèges électoraux

Les collèges électoraux sont, en principe, au nombre de deux, comme pour les DP (L. 2324-11).

Dans les entreprises de 501 salariés et plus, les ingénieurs, chefs de service et cadres ont au moins un délégué titulaire au sein du second collège (L. 2324-11, L. 433-2, al. 3). Ce siège ne peut être attribué à un candidat n'ayant obtenu aucune voix (Soc. 12 nov. 1997).

En outre, dans les entreprises (quel que soit leur effectif) dont le nombre des ingénieurs, chefs de service et cadres est au moins égal à 25, un troisième collège doit être constitué pour les salariés relevant de ces catégories au moment de la constitution ou du renouvellement du CE.

Cette disposition d'ordre public ne peut être écartée par le protocole préélectoral, même signé par la totalité des organisations syndicales (Soc. 13 oct. 2004). Bien qu'exclus de l'électorat et de l'éligibilité, les cadres proches de l'employeur doivent être retenus dans l'effectif particulier pour l'appréciation du seuil de 25 cadres (Soc. 30 mai 2001).

Sous réserve de ces dispositions, destinées à assurer une représentation de l'encadrement, le nombre et la composition des collèges électoraux peuvent être modifiés par une convention, un accord collectif de travail ou un accord préélectoral, à condition toutefois que ces conventions ou accords soient signés par toutes les organisations syndicales représentatives existant dans l'entreprise (L. 2324-12, L. 433-2, al. 5).

E. Répartition du personnel et des sièges

La répartition du personnel dans les collèges, et des sièges entre les différentes catégories de personnel, fait l'objet, en principe, d'un accord (conclu selon L. 2324-4-1) entre l'employeur et les organisations syndicales intéressées (L. 2324-13, L. 433-2, al. 6). Si l'accord ne peut être obtenu, la répartition est décidée par l'UT (DIRECCTE) du siège de l'entreprise (L. 2324-13, R. 433-2-1), selon l'accord collectif ou à défaut selon la loi.

F. Électorat et éligibilité

Les conditions d'électorat (L. 2324-14, L. 433-4) et d'éligibilité (L. 2324-15, L. 433-5) sont les mêmes pour les représentants du personnel au CE que pour les DP. Les conditions d'ancienneté exigées peuvent être assouplies dans les mêmes conditions que pour ces derniers. L'inspecteur du travail peut accorder des dérogations après avoir consulté les organisations syndicales représentatives.

G. Attribution des sièges

Le mode d'attribution des sièges est le même que pour les DP (L. 2324-22).

Les résultats des élections professionnelles (CE, DUP ou DP) ont une incidence sur la négociation collective (validité des accords) et sur le droit syndical dans l'entreprise (désignation des DS).

H. Durée et fin du mandat

La durée du mandat est de quatre ans, renouvelable (L. 2324-24). Le mandat de représentant du personnel au CE peut se cumuler avec un mandat de DP et, sauf exception, un mandat de DS. Un accord collectif peut prévoir une durée entre deux et quatre ans (L. 2324-25). Les élus au CE peuvent faire l'objet d'une révocation (L. 2324-27). Les règles de remplacement sont les mêmes que pour les DP (L. 2324-28).

Lorsque survient une modification dans la situation juridique de l'employeur (L. 1224-1, L. 122-12), le mandat des membres élus du CE et des RS de l'entreprise ayant fait l'objet de la modification subsiste lorsque cette entreprise conserve son autonomie juridique. Si cette entreprise devient un établissement ou si la modification porte sur un ou plusieurs établissements distincts qui conservent ce caractère, le mandat des RS subsiste et celui des membres élus du CE se poursuit jusqu'à son terme. Toutefois, pour tenir compte de la date habituelle des élections dans l'entreprise d'accueil, la durée du mandat des membres élus peut être réduite ou prorogée par accord entre le nouvel employeur et les organisations syndicales représentatives existant dans le ou les établissements absorbés ou, à défaut, les membres du comité intéressés.

Lorsque le CE n'a pas été constitué ou renouvelé, un PV de carence est établi par l'employeur et transmis à l'inspecteur du travail, qui en envoie copie aux organisations syndicales de salariés du département concerné.

I. Délégation unique du personnel (DUP)

Dans les entreprises occupant moins de 200 salariés, l'employeur peut décider, après avoir consulté les DP et, s'il existe, le CE, que les DP constituent la délégation du personnel au CE (L. 2326-1, L. 431-1-1). La faculté de mettre en place une DUP est ouverte lors de la constitution du CE ou de son renouvellement. Les deux IRP (CE et DP) demeurent.

Cette faculté est également ouverte aux établissements distincts faisant partie d'entreprises dont l'effectif global est inférieur à 200 salariés, mais pas aux établissements distincts qui occupent moins de 200 salariés dans des entreprises dont l'effectif global dépasse ce chiffre. Si le principe d'une DUP a été adopté au niveau de l'entreprise, tous les établissements sont nécessairement concernés et doivent constituer une délégation unique (Soc. 14 déc. 1995). La faculté de recourir à la DUP ne peut être mise en échec par l'existence de clauses conventionnelles, mais c'est le nombre le plus élevé de représentants qui doit être retenu pour l'élection de la délégation unique (Soc. 16 avril 1996).

La composition de cette délégation unique est la suivante :

- de 50 à 74 salariés : 3 titulaires et 3 suppléants ;
- de 75 à 99 salariés : 4 titulaires et 4 suppléants ;
- de 100 à 124 salariés : 5 titulaires et 5 suppléants ;
- de 125 à 149 salariés : 6 titulaires et 6 suppléants ;
- de 150 à 174 salariés : 7 titulaires et 7 suppléants ;
- de 175 à 199 salariés : 8 titulaires et 8 suppléants.

En présence de dispositions conventionnelles fixant un nombre de DP et un nombre de membres du CE (mais pas de délégués uniques), il convient, pour déterminer le nombre de DP de la délégation unique, de comparer le nombre de délégués tel que précité (délégués uniques), avec celui des DP et des membres du CE conventionnels et de retenir le nombre le plus élevé des trois (Soc. 30 mai 1996).

Le fait qu'il existe une délégation unique est sans incidence sur les compétences de chaque institution et les règles de fonctionnement des DP et du CE sont préservées dans leur intégralité. Les réunions des DP et du CE, qui doivent donc avoir lieu une fois par mois, se tiennent à la suite l'une de l'autre (L. 2326-3, L. 431-1-1). Les DP qui constituent la délégation du personnel bénéficient de 20 heures de délégation par mois.

J. Désignation des représentants syndicaux (RS)

Entreprise d'au moins 300 salariés. Dans une entreprise d'au moins 300 salariés, chaque organisation syndicale « ayant des élus au CE » peut nommer un RS au comité (L. 2324-2, L. 433-1, al. 3) ; le syndicat doit avoir obtenu au moins deux élus (Soc. 4 nov. 2009). Un accord collectif ne peut subordonner la possibilité de désigner un RS au fait que le syndicat soit représentatif (Soc. 10 mars 2010, PBR, Pôle emploi Auvergne, préc.). Un syndicat même non représentatif peut donc désigner un RS dès lors qu'il a obtenu des élus au CE (L. 2324-2 ; Soc. 8 juill. 2009, PBRI, Solidaires). La loi permet ainsi un élargissement de la possibilité de désigner un RS au CE. Le RS au CE peut être le RSS (Soc. 14 déc. 2011, *infra*).

Si l'un des deux élus démissionne de son mandat ou quitte l'entreprise, la désignation du RSCE n'est pas remise en cause (Soc. 28 sept. 2011). Mais « *ne peuvent être considérés comme ses élus les salariés qui n'ont pas été candidats sur les listes présentées par ce syndicat lors des dernières élections* » (Soc. 18 mai 2011, PBRI, Sté Renault Trucks).

Le RS au CE doit faire partie du personnel et remplir les conditions d'éligibilité. Les modalités de la désignation sont identiques à celles prévues pour les DS.

Un RS au CE peut cumuler cette fonction avec celle de DP, mais il ne peut être à la fois représentant élu du personnel au CE et RS auprès du CE.

En cas de liste commune, entre deux organisations syndicales, dès lors que la liste a obtenu quatre élus (deux titulaires et deux suppléants), à répartir par parts égales entre les deux syndicats, aucun accord de répartition n'étant invoqué, chaque syndicat peut désigner un RS au CE (Soc. 4 nov. 2009, Sté Essilor international).

« *Le mandat de RS au CE prend fin lors du renouvellement des membres de cette institution* » (Soc. 10 mars 2010, PBR, Sté Swissport France c/ FO).

Il est jugé que les nouvelles dispositions de l'art. L. 2324-2, précitées ne sont pas contraires à la Constitution (Soc. QPC 18 juin 2010) ; mais une décision judiciaire considère que ces dispositions sont contraires aux articles 11 et 14 combinés de la CESDHLF (TI Orléans, 23 mai 2011, SAS TDA Armements – un pourvoi en cassation est formé contre ce jugement).

Entreprise de moins de 300 salariés. Dans les entreprises de moins de 300 salariés, le DS est de droit RS au CE (mais il peut renoncer au mandat de RS pour rester éligible au CE et ainsi avoir voix délibérative) ; il ne peut donc être désigné que par un syndicat représentatif dans l'entreprise. Un RSS ne peut être désigné comme RS au CE (Soc. 14 déc 2011).

Attributions

Objet. Le CE a pour objet d'assurer une expression collective des salariés permettant la prise en compte permanente de leurs intérêts dans les décisions relatives à la gestion et à l'évolution économique et financière de l'entreprise, à l'organisation du travail, à la formation professionnelle et aux techniques de production (L. 2323-1, L. 431-4, al. 1).

Il formule, à son initiative, et examine, à la demande de l'employeur, toute proposition de nature à améliorer les conditions de travail, d'emploi et de formation professionnelle des salariés, leurs conditions de vie dans l'entreprise ainsi que les conditions dans lesquelles ils bénéficient de garanties collectives complémentaires en matière de protection sociale.

Procédure d'information et de consultation. Une procédure d'information et de consultation doit être respectée. Les décisions de l'employeur sont précédées de la consultation du CE.

Une procédure d'information et de consultation doit être respectée. Les décisions de l'employeur sont précédées de la consultation du CE.

« *Si une décision s'entend d'une manifestation de volonté d'un organe dirigeant qui oblige l'entreprise, il ne s'en déduit pas qu'elle implique nécessairement des mesures concrètes et précises ; un projet, même formulé en termes généraux, doit être soumis à consultation du CE lorsque son objet est assez déterminé pour que son adoption ait une incidence sur l'organisation, la gestion et la marche générale de l'entreprise, peu important qu'il ne soit pas accompagné de mesures précises et concrètes d'application dès lors que la discussion ultérieure de ces mesures n'est pas de nature à remettre en cause, dans son principe, le projet adopté* » (Soc. 12 nov. 1997, CE de la CAF des Yvelines). Celui-ci formule des avis et des vœux. Pour lui permettre de formuler un avis motivé, le CE dispose d'informations précises et écrites transmises par l'employeur, d'un délai d'examen suffisant et de la réponse motivée de l'employeur à ses propres observations. L'employeur rend compte, en la motivant, de la suite donnée à ces avis et vœux.

Il n'y a pas lieu de distinguer selon que cette décision prend la forme d'une « *décision unilatérale de l'employeur* » ou d'un accord d'entreprise (Soc. 5 mai 1998). Le défaut de consultation du CE peut être sanctionné selon les règles régissant son fonctionnement, mais n'entraîne pas la nullité ou l'inopposabilité de l'accord conclu, qui demeure soumis aux règles qui lui sont propres (Soc. 19 mars 2003). Toutefois, s'agissant de la rémunération, qui relève à la fois de l'information/consultation du CE et de la négociation annuelle, le non-respect de ces deux procédures, concomitamment et au plus tard avant la signature de l'accord, entraîne la suspension de toute décision, « *peu important que la rémunération effective soit ou non plus avantageuse pour les salariés* » (Soc. 28 nov. 2000).

L'employeur doit s'assurer de la consultation du CE, sans pouvoir opposer l'argument d'une délégation de pouvoirs (Soc. 3 mars 1998). Lorsque la décision s'inscrit dans une procédure complexe comportant des décisions échelonnées, le CE doit être consulté à l'occasion de chacune d'elles (Soc. 7 févr. 1996).

« *En cas de projet particulièrement complexe, s'il est nécessaire d'informer et de consulter le CE à chaque étape du projet, il n'en demeure pas moins que l'infor-*

mation fournie dès l'origine doit être suffisamment détaillée » ; à défaut, le juge peut faire injonction à la direction de l'entreprise de reprendre la procédure d'information-consultation et de fournir aux élus du CE des documents précis et complets « *quant au projet industriel et à la stratégie du groupe à venir, au* business plan *du groupe et des caisses, (...) et aux conséquences détaillées sur l'emploi du projet* » (CA Paris, réf., 31 juill. 2009, projet de fusion des groupes Caisses d'Épargne et Banques populaires).

Le statut juridique de l'entreprise, au regard du droit des sociétés, et la répartition du pouvoir en son sein (président, actionnaires – majoritaires et minoritaires) peut rendre difficile, voire empêcher l'exercice de moyens d'action du CE (il en est ainsi dans les Sociétés par Action Simplifiée et surtout les SAS Unipersonnelles en l'absence de conseil d'administration et d'assemblée générale, *infra* ; 140 000 sociétés seraient enregistrées en SAS, 50 000 en SA).

A. Attributions économiques

L'employeur communique des informations et consulte le comité relativement à la vie de l'entreprise et à ses résultats. Ces informations et consultations sont occasionnelles ou périodiques.

1. *Marche générale de l'entreprise*

Le CE est informé et consulté sur les questions intéressant l'organisation, la gestion et la marche générale de l'entreprise et, notamment, sur les mesures de nature à affecter le volume ou la structure des effectifs, la durée du travail, les conditions d'emploi, de travail et de formation professionnelle.

Un mois après chaque élection du CE, l'employeur lui communique une documentation économique et financière qui doit préciser :

- la forme juridique de l'entreprise et son organisation ;
- les perspectives économiques de l'entreprise telles qu'elles peuvent être envisagées ;
- le cas échéant la position de l'entreprise au sein du groupe ;
- compte tenu des informations dont dispose le chef d'entreprise, la répartition du capital entre les actionnaires détenant plus de 10 % du capital ;
- la position de l'entreprise dans la branche d'activité à laquelle elle appartient (L. 2323-7, L. 432-4, al. 1).

2. *Informations et consultations périodiques*

Ces informations sont plus ou moins développées suivant l'effectif de l'entreprise.

Entreprises de moins de 300 salariés

Chaque trimestre, l'employeur communique au CE des informations sur l'évolution générale des commandes et de la situation financière, sur l'exécution des programmes de production ainsi que sur d'éventuels retards dans le paiement par l'entreprise des cotisations dues à la Sécurité sociale ou aux institutions de retraite complémentaire (L. 2323-46, L. 2323-50), sur les interventions publiques directes en faveur de l'entreprise (décret du 30 mars 2009, R. 2323-12-1).

Rapport sur la situation économique. Chaque année, l'employeur remet au CE un rapport sur la situation économique de l'entreprise (L. 2323-47). Ce rapport porte sur l'activité et la situation financière de l'entreprise, le bilan du travail à temps partiel dans l'entreprise, l'évolution de l'emploi, des qualifications, de la formation et des salaires, la situation comparée des conditions générales d'emploi et de formation des femmes et des hommes (R. 2323-9), les actions en faveur de l'emploi des travailleurs handicapés dans l'entreprise et le nombre et les conditions d'accueil des stagiaires. À cette occasion, l'employeur informe le CE des éléments qui l'ont conduit à faire appel au titre de l'année écoulée, et qui pourraient le conduire à faire appel pour l'année à venir, à des CDD, à des contrats de mission temporaire ou à des contrats conclus avec une entreprise de portage salarial (L. 2323-47, R. 2323-8 et 9). Les membres du CE reçoivent le rapport annuel 15 jours avant la réunion. Le rapport, modifié le cas échéant à la suite de la réunion, est transmis à l'inspecteur du travail, accompagné de l'avis du comité, dans les 15 jours qui suivent.

Égalité professionnelle. À partir du 1er janvier 2012, ce rapport établit un « plan d'action » destiné à assurer l'égalité professionnelle entre les femmes et les hommes. Après avoir évalué les objectifs fixés et les mesures prises au cours de l'année écoulée, ce plan d'action, fondé sur des critères clairs, précis et opérationnels, détermine les objectifs de progression prévus pour l'année à venir, la définition qualitative et quantitative des actions permettant de les atteindre et l'évaluation de leur coût sur au moins deux domaines d'action (L. 2323-47 – loi du 9 nov. 2010 portant réforme des retraites, art. 99 ; R. 2242-2 et s.).

Une synthèse de ce plan d'action, comprenant au minimum des indicateurs (sur la situation respective des femmes et des hommes par rapport au salaire médian ou au salaire moyen ; à la durée moyenne entre deux promotions ; à l'exercice de fonctions d'encadrement ou décisionnelles) et des objectifs de progression (dans au moins deux des domaines mentionnés à l'art. L. 2323-47 *supra*) est portée à la connaissance des salariés par l'employeur, par voie d'affichage sur les lieux de travail et, éventuellement, par tout autre moyen adapté aux conditions d'exercice de l'activité de l'entreprise. Elle est également tenue à la disposition de toute personne qui la demande et publiée sur le site Internet de l'entreprise lorsqu'il en existe un (D. 2323-9).

Les entreprises de moins de 300 salariés peuvent recevoir une aide financière de l'État pour faire procéder à une étude sur leur situation en matière d'égalité professionnelle et ce, dans le cadre d'une convention conclue avec l'État (R. 1143-1, L. 123-4-1). Cette convention, après avis du CE ou, à défaut, des DP lorsqu'ils existent, doit fixer l'objet, le contenu, le délai de réalisation et les conditions de diffusion de l'étude, ainsi que le montant de l'aide financière. Cette aide est fixée à 70 % des frais d'intervention hors taxes du consultant chargé de l'étude, sans pouvoir excéder 10 700 €. Le CE ou, à défaut, les DP, reçoivent l'étude pour avis et sont consultés sur les suites à lui donner. L'étude est également communiquée aux DS. L'étude et les avis sont transmis à l'UT (DIRECCTE).

En l'absence d'accord collectif ou de plan d'action, une pénalité financière (L. 2245-1), d'un montant maximum de 1 % de la masse salariale brute, peut être imposée à l'entreprise par la DIRECCTE après mise en demeure de l'inspection du travail (R. 2242-3 et s.).

Entreprises d'au moins 300 salariés

Informations trimestrielles. Dans les entreprises d'au moins 300 salariés, chaque trimestre l'employeur informe le comité (L. 2323-51, L. 432-4, al. 12) :

– des mesures envisagées en ce qui concerne l'amélioration, le renouvellement ou la transformation de l'équipement ou des méthodes de production et d'exploitation et de leurs incidences sur les conditions de travail et d'emploi.
– de la situation de l'emploi analysée en retraçant, mois par mois, l'évolution des effectifs et de la qualification des salariés par sexe, en faisant apparaître le nombre de salariés sous contrat de travail à durée déterminée, de travailleurs temporaires et de salariés appartenant à une entreprise extérieure. L'employeur doit également préciser les motifs l'ayant amené à recourir à ces trois catégories de personnel.
– des éléments qui l'ont conduit à faire appel au titre de la période écoulée, et qui pourraient le conduire à faire appel pour la période à venir, à des CDD, à des contrats de mission temporaire ou à des contrats conclus avec une entreprise de portage salarial.
– du nombre de stagiaires accueillis dans l'entreprise, des conditions de leur accueil et des tâches qui leur sont confiées.

Informations annuelles. Au moins une fois par an, l'employeur remet au CE un rapport d'ensemble sur la situation économique et les perspectives de l'entreprise pour l'année à venir – activité de l'entreprise, chiffre d'affaires, bénéfices ou pertes constatés, résultats globaux de la production en valeur et en volume, transferts de capitaux importants entre la société mère et les filiales, situation de la sous-traitance, affectation des bénéfices réalisés, montant des aides de l'UE et montant des aides ou avantages financiers reçus de l'État et des collectivités territoriales, ainsi que leurs emplois (décret du 30 mars 2009, R. 2323-9-1, arrêté du 27 avril 2009 – subvention supérieure à 200 000 € au prêt excédant 1 500 000 €), investissements, évolution de la structure et du montant des salaires, évolution de la productivité et taux d'utilisation des capacités de production lorsque ces éléments sont mesurables dans l'entreprise (R. 2323-11). Il soumet un état faisant ressortir l'évolution de la rémunération moyenne horaire et mensuelle par sexe, par catégories telles qu'elles sont prévues à la convention de travail applicable et par établissements, ainsi que les rémunérations minimales et maximales horaires et mensuelles, au cours de l'exercice et par rapport à l'exercice précédent (L. 2323-55).

La loi du 30 décembre 2006 prévoit qu'un accord collectif peut adapter les modalités d'information du comité et organiser l'« échange de vues » auquel la transmission de ces informations donne lieu. Cet accord peut substituer aux mêmes informations et documents à caractère économique, social et financier, que ceux précités ci-dessus, un rapport ayant une périodicité au moins annuelle. Les membres du comité reçoivent ce rapport au moins 15 jours avant la réunion. Modifié le cas échéant à la suite de la réunion, ce rapport est transmis, accompagné de l'avis du comité, à l'inspecteur du travail dans les 15 jours qui suivent (L. 2323-61, L. 432-4-3, disposition validée, DC 28 déc. 2006).

Chaque année, le CE est informé et consulté d'une part sur l'évolution de l'emploi et des qualifications dans l'entreprise au cours de l'année passée ; d'autre part sur les prévisions annuelles ou pluriannuelles et les actions, notamment de prévention et de formation, que l'employeur envisage de mettre en œuvre compte tenu de ces prévisions, particulièrement au bénéfice des salariés âgés ou présentant des caractéristiques sociales ou de qualification les exposant, plus que d'autres, aux conséquences de l'évolution économique ou technologique.

L'employeur apporte toute explication sur les écarts éventuellement constatés entre les prévisions et l'évolution effective de l'emploi, ainsi que sur les conditions d'exécution des actions prévues au titre de l'année écoulée. Préalablement à la réunion de consultation, les membres du comité reçoivent un rapport écrit comportant toutes les informations utiles sur la situation de l'entreprise. Ce rapport et le PV de la réunion sont transmis dans un délai de 15 jours à l'autorité administrative (L. 2323-56, L. 432-1-1). Ces dispositions visent à organiser une GPEC. Avant la recodification, cette consultation s'appliquait devant tous les CE.

Le projet de changement des métiers et des affectations, élaboré par l'employeur, doit être soumis à la consultation du CE lorsque son objet est assez déterminé bien qu'il soit formulé en termes généraux. Se rend coupable d'entrave l'employeur qui remet à plus tard l'information du CE sur ce projet au motif qu'il n'est pas en mesure d'évaluer avec précision son impact (Crim. 6 mai 2008, Affaire Banque Courtois).

3. *Communication des documents comptables et financiers*

Le CE reçoit communication des documents comptables établis chaque année par l'entreprise, quelle que soit sa forme juridique (L. 2323-9).

Dans les sociétés commerciales qui sont tenues, en application du droit des sociétés, d'établir un certain nombre de documents comptables chaque année, le comité a accès à ces documents et peut se les faire expliquer. L'employeur communique au comité, avant leur présentation à l'assemblée générale des actionnaires ou à l'assemblée des associés, l'ensemble des documents obligatoirement transmis annuellement à ces assemblées et le rapport des commissaires aux comptes (L. 2323-8, L. 432-4). Le CE peut formuler toute observation sur la situation économique et sociale de l'entreprise, transmise à l'assemblée des actionnaires ou des associés, en même temps que le rapport du conseil d'administration, du directoire ou des gérants.

Pour permettre aux membres du CE une meilleure compréhension des documents comptables auxquels ils ont accès, le comité peut convoquer les commissaires aux comptes pour recevoir leurs explications sur les différents postes des documents communiqués ainsi que sur la situation financière de l'entreprise – désignés par l'assemblée générale des actionnaires, les commissaires aux comptes ont pour mission de vérifier les livres et les valeurs de la société et la sincérité des informations données aux actionnaires dans le rapport qui leur est adressé par le conseil d'administration.

4. *Participation aux conseils d'administration ou de surveillance*

Dans toutes les sociétés commerciales, le CE désigne deux de ses membres, l'un représentant les cadres, techniciens et agents de maîtrise et l'autre les ouvriers et employés qui participeront aux séances du conseil d'administration ou du conseil de surveillance avec voix consultative (L. 2323-62, L. 432-6). Dans les sociétés où existe un troisième collège, la représentation du comité comprend quatre membres : deux ouvriers ou employés, un agent de maîtrise et un cadre.

Ils peuvent soumettre les vœux du comité au conseil d'administration ou au conseil de surveillance, lequel doit donner un avis motivé sur ces vœux. Cette participation permet au comité d'obtenir des informations supplémentaires.

Ces mêmes membres peuvent également assister aux assemblées générales et doivent, à leur demande, être entendus lors de toutes les délibérations requérant l'unanimité des associés.

Dans les sociétés anonymes, doit être communiqué à l'assemblée des actionnaires l'avis rendu par le CE en matière de modification de l'organisation économique ou juridique de l'entreprise (L. 225-105 du Code de commerce).

Les administrateurs qui représentent les salariés sont tenus à la discrétion à l'égard des informations présentant un caractère confidentiel et présentées comme telles par le président du CA ; ils doivent recevoir communication des informations et documents nécessaires à l'exercice de leur mission (le refus de communiquer la lettre de griefs de la Commission européenne constitue un trouble manifestement illicite ; Com. 29 janv. 2008, GDF).

Dans les SAS, les statuts précisent « l'organe social » auprès duquel les délégués du CE exercent leurs droits prévus ci-dessus (L. 2323-66) ; mais à défaut d'accord collectif (d'entreprise ou de groupe) précisant les modalités d'exercice de ces prérogatives, les représentants des salariés au CE risquent de se trouver éloignés des centres de décisions réels de l'entreprise.

Dans les sociétés, le CE peut par ailleurs faire convoquer, par un mandataire désigné en justice, une assemblée générale des actionnaires en cas d'urgence ou requérir l'inscription de projets de résolution à l'ordre du jour des assemblées (L. 2323-67, L. 432-6-1).

5. *Modifications dans l'organisation économique ou juridique de l'entreprise*

Le CE est informé et consulté sur les modifications de l'organisation économique ou juridique de l'entreprise (par exemple : transformation de la SA en SAS), notamment en cas de fusion, de cession, de prise de participation, de modifications importantes des structures de production de l'entreprise ainsi que lors de l'acquisition ou de la cession de filiales (L. 2323-19, L. 432-1, al. 3).

Lorsqu'une entreprise fait partie d'une opération de concentration (L. 2323-20, L. 432-1 bis), une réunion du CE a lieu dans les trois jours suivant la publication du projet – une seconde réunion se tient en cas de recours à un expert, la rémunération de l'expert par l'entreprise n'étant pas prévue en cas de projet de cession (Soc. 14 mars 2006). Le comité a accès aux documents de toutes les sociétés concernées par l'opération et les comités des entreprises parties à l'opération de concentration peuvent demander à être entendus par le conseil de la concurrence lorsque ce dernier examine si le projet est de nature à porter atteinte à celle-ci.

Pour l'application des textes relatifs aux contrôles des concentrations entre entreprises (Règlement CE n° 802/2004 du 7 avr. 2004), dans une conception extensive, « *sont parties à l'opération de concentration l'ensemble des entités économiques qui sont affectées, directement ou indirectement, par la prise de contrôle* », quand « *l'opération projetée avait pour effet de supprimer l'un des acteurs du marché et avait une incidence sur la situation des salariés des sociétés qui, indirectement, en étaient la cible, (...) ces sociétés étaient parties à l'opération et le CCE de l'UES qu'elles constituent était fondé à recourir à l'assistance d'un expert-comptable chargé d'analyser le projet* » (Soc. 26 oct. 2010, PBR).

Le CE est consulté avant toute déclaration de cessation de paiements et lorsque l'entreprise fait l'objet d'une procédure de sauvegarde ou de redressement ou de liquidation judiciaire (L. 2323-44, L. 432-1).

6. *Offre publique d'acquisition (OPA)*

Lors du dépôt d'une OPA, l'employeur de l'entreprise sur laquelle porte l'offre et l'employeur qui est l'auteur de cette offre réunissent immédiatement leur CE respectif pour l'en informer. Au cours de la réunion du CE qui fait l'objet de l'offre, celui-ci décide s'il souhaite entendre l'auteur de l'offre et peut se prononcer sur le caractère amical ou hostile de l'offre (loi du 31 mars 2006, transposant la directive du 21 avril 2004 sur les offres publiques, L. 2323-21, L. 432-1). Celui-ci doit adresser au CE la note d'information visée par la Commission des opérations de bourse (COB) qui contient ses orientations en matière d'emploi, dans les trois jours de sa publication. Dans les 15 jours suivant la publication de cette note d'information, le CE est réuni pour procéder à son examen et, le cas échéant, à l'audition de l'auteur de l'offre.

Lors de la réunion, l'auteur de l'offre, qui peut se faire assister des personnes de son choix, présente au CE sa politique industrielle et financière, ses plans stratégiques pour la société concernée et les répercussions de la mise en œuvre de l'offre sur l'ensemble des intérêts, l'emploi, les sites d'activité et la localisation des centres de décision de cette société. Il prend connaissance des observations éventuellement formulées par le CE, qui peut se faire assister préalablement et lors de la réunion d'un expert de son choix.

Si le chef d'entreprise de la société ayant déposé l'offre ne se rend pas à la réunion du CE à laquelle il a été invité, sa société ne pourra pas exercer les droits de vote attachés aux titres de la société faisant l'objet de l'offre qu'elle détient ou viendrait à détenir. Cette interdiction s'étend aux sociétés qui la contrôlent ou qu'elle contrôle, et s'applique également à l'auteur de l'offre (personne physique) qui ne répond pas à l'invitation. Cette sanction est levée le lendemain du jour où l'auteur de l'offre a été entendu par le CE ou, si le chef d'entreprise n'est pas convoqué à une nouvelle réunion du CE, dans les 15 jours qui suivent la réunion à laquelle il ne s'était pas rendu.

L'employeur qui lance une OPA portant sur le capital d'une entreprise n'est pas tenu de consulter le CE avant ce lancement. En revanche, il réunit le CE dans les deux jours ouvrables suivant la publication de l'offre en vue de lui transmettre des informations écrites et précises sur le contenu de l'offre et sur les conséquences en matière d'emploi qu'elle est susceptible d'entraîner (L. 2323-25, L. 432-1 ter).

7. *Droit d'alerte économique*

Lorsque le CE a connaissance de faits de nature à affecter de manière préoccupante la situation économique de l'entreprise, il peut demander à l'employeur de lui fournir des explications, lors de la prochaine réunion du comité (L. 2323-78, L. 432-5). L'employeur ne peut refuser de donner ces explications (Soc. 8 mars 1995). Si le CE n'obtient pas de réponse, s'il estime que la réponse obtenue n'est pas satisfaisante ou confirme le caractère préoccupant de la situation, il établit un rapport pour l'élaboration duquel il peut faire appel à l'expert-comptable du comité (L. 2323-79) et convoquer les commissaires aux comptes. Ce rapport peut conclure à la saisine du conseil d'administration ou de surveillance qui est ainsi alerté, si le CE le décide à la majorité des membres présents.

Ce droit d'alerte économique appartient au CE – mais pas aux comités d'établissement (Soc. 1er mars 2005). En l'absence de CE, cette procédure d'alerte peut être mise en œuvre par les DP. Cette loi permet aux représentants des salariés de détecter, lorsqu'il en est encore temps, les difficultés de leur entreprise, au lieu d'être mis tardivement devant le fait accompli de la fermeture ou du règlement judiciaire. Au cas où l'employeur contesterait le caractère préoccupant de la situation, il peut saisir le juge des référés qui contrôlera la nature et la portée des éléments et faits transmis par le comité (Soc. 30 juin 1993).

Dans les sociétés à conseil d'administration ou à conseil de surveillance, la demande d'explication sur le caractère préoccupant de la situation économique de l'entreprise est inscrite à l'ordre du jour de la prochaine séance du conseil d'administration ou du conseil de surveillance, à condition que celui-ci ait pu être saisi au moins 15 jours à l'avance. La réponse de l'employeur est motivée. Pour les autres personnes morales, ces dispositions s'appliquent à l'organe chargé de l'administration ou de la surveillance, lorsqu'elles en sont dotées. Dans les autres formes de société ou dans les groupements d'intérêt économique, lorsque le CE a décidé d'informer les associés ou les membres de la situation de l'entreprise, le gérant ou les administrateurs leur communiquent le rapport de la commission économique ou du CE.

B. Attributions concernant les conditions de travail et d'emploi

La loi prévoit un certain nombre de cas où des projets de l'employeur, susceptibles d'avoir une incidence sur l'emploi, le contenu ou les conditions de travail, doivent être soumis préalablement au CE (s'agissant de projets, l'avis du comité pourra avoir plus d'effet que lorsqu'il s'agit de résultats).

1. Réduction d'emplois

Le CE est obligatoirement saisi en temps utile des projets de restructuration et de compression des effectifs. Il émet un avis sur l'opération projetée et ses modalités d'application. Il peut formuler des propositions alternatives. Cet avis est transmis à l'UT (DIRECCTE) (L. 2323-15, L. 432-1, al. s2).

Lorsque le projet de restructuration et de compression des effectifs est de nature à affecter le volume d'activité ou d'emploi d'une entreprise sous-traitante, l'entreprise donneuse d'ordre en informe immédiatement l'entreprise sous-traitante. Le CE de cette dernière, ou à défaut les DP, en sont immédiatement informés et reçoivent toute explication utile sur l'évolution probable de l'activité et de l'emploi.

2. *Emploi précaire*

Lorsque le CE a connaissance de faits susceptibles de caractériser un recours abusif aux CDD et aux contrats de travail temporaire, ou lorsqu'il constate un accroissement important du nombre de salariés occupés dans l'entreprise sous CDD et sous contrat de travail temporaire, il peut saisir l'inspecteur du travail. Celui-ci adresse à l'employeur le rapport de ses constatations. L'employeur communique ce rapport au CE en même temps que sa réponse motivée aux constatations de l'inspecteur du travail dans laquelle il précise, en tant que de besoin, les moyens qu'il met en œuvre dans le cadre d'un plan de résorption de la précarité, destiné à limiter le recours à ces formes de contrats de travail. À défaut de CE, les DP peuvent exercer ces attributions (L. 2323-17, L. 432-4-1).

3. *Recherche et nouvelles technologies*

Chaque année, le CE est consulté sur la politique de recherche et de développement technologique de l'entreprise. À défaut, les aides publiques en faveur des activités de recherche et de développement technologique sont suspendues.

Le CE est informé et consulté préalablement à tout projet important d'introduction de nouvelles technologies lorsque celles-ci sont susceptibles d'avoir des conséquences sur l'emploi, la qualification, la rémunération, la formation ou les conditions de travail du personnel. Les membres du CE reçoivent, un mois avant la réunion, des éléments d'information sur ces projets et leurs conséquences quant aux points mentionnés ci-dessus (L. 2323-13, L. 432-2, al. 1).

Lorsque l'employeur envisage de mettre en œuvre des mutations technologiques importantes et rapides, il doit établir un plan d'adaptation. Ce dernier est transmis pour information et consultation au CE en même temps que les autres éléments d'information relatifs à l'introduction de nouvelles technologies. En outre, le CE est régulièrement informé et périodiquement consulté sur la mise en œuvre de ce plan.

4. *Formation professionnelle*

Chaque année, le CE est consulté sur les orientations de la formation professionnelle dans l'entreprise en fonction des perspectives économiques et de l'évolution de l'emploi, des investissements et des technologies dans la société. Ces orientations prennent en compte l'analyse de la situation comparée des femmes et des hommes (L. 2323-33, L. 933-1, al. 1). Chaque année, au cours de deux réunions spécifiques, le CE émet un avis sur l'exécution du plan de formation du personnel de l'entreprise de l'année précédente (avant le 1er oct.) et sur le projet de plan pour l'année à venir (avant le 31 déc. ; D. 2323-7, décret du 18 juill. 2008).

Ce plan de formation distingue deux catégories d'actions de formation différentes, entraînant pour chacune d'elles des conséquences sur les modalités de mise en œuvre (L. 2323-36, loi du 24 nov. 2009 ; L. 932-1) :

- 1°) des actions d'adaptation au poste de travail et des actions liées à l'évolution ou au maintien dans l'emploi dans l'entreprise. « Toute action de formation suivie par un salarié pour assurer son adaptation au poste de travail ou liée à l'évolution ou au maintien dans l'emploi dans l'entreprise constitue un temps de travail effectif et donne lieu pendant sa réalisation au maintien par l'entreprise de la rémunération » (L. 6321-2 – constituent un temps de travail « *les actions (...) qui tendent à favoriser ou permettre l'adaptation des salariés à l'évolution de leurs emplois* », Soc. 11 juill. 2007, à propos d'un avenant à la CCN de la Métallurgie).
- 2°) des actions de développement des compétences (qui peuvent se dérouler en dehors du temps de travail dans la limite de 80 heures par an et rémunérées par une allocation de formation équivalente à 50 % de la rémunération nette).

Afin de permettre aux membres du CE et, le cas échéant, aux membres de la commission de la formation de participer à l'élaboration du plan de formation et de préparer les délibérations dont il fait l'objet, l'employeur leur communique trois semaines au moins avant les réunions les documents d'information nécessaires (D. 2323-5).

Le CE émet un avis sur les conditions de mise en œuvre des contrats et périodes de professionnalisation, du DIF, les conditions d'accueil en stage des jeunes en première formation technologique ou professionnelle, l'apprentissage dans l'entreprise, etc.

Les employeurs occupant au minimum 10 salariés doivent consacrer au financement des actions de formation un pourcentage minimal du montant des rémunérations versées pendant l'année en cours de 1,60 % (L. 6331-9). Les employeurs qui occupent au moins 50 salariés ne sont considérés comme s'étant acquittés de cette obligation que s'ils justifient que le CE a délibéré sur la formation professionnelle continue de l'entreprise (L. 6331-12, L. 951-8, al. 1).

5. *Conditions de travail*

Le CE est informé et consulté sur les problèmes généraux concernant les conditions de travail résultant de l'organisation du travail, de la technologie, des conditions d'emploi, de l'organisation du temps de travail, des qualifications et des modes de rémunération. Il étudie les incidences sur les conditions de travail des projets et les décisions de l'employeur dans les domaines susvisés et formule des propositions.

Il bénéficie du concours du CHSCT dans les matières relevant de la compétence de ce comité, dont les avis lui sont transmis. Le CE peut confier au CHSCT le soin de procéder à des études portant sur des matières de sa compétence (L. 2323-27, L. 432-3, al. 1 à 3). L'avis du CE est parfois subordonné à l'avis du CHSCT (*infra*). L'employeur transmet pour information le rapport de bilan et le programme annuel de prévention des risques professionnels et d'amélioration des conditions de travail au CE, accompagnés de l'avis formulé par le CHSCT. Le CE est destinataire de la suite qui a été donnée, par l'employeur, aux vœux et avis exprimés dans le cadre du droit d'expression des salariés.

Le CE est informé, préalablement à leur utilisation, sur les méthodes ou techniques d'aide au recrutement des candidats à un emploi ainsi que sur toute modification de celles-ci et, préalablement à leur introduction dans l'entreprise, sur les traitements automatisés de gestion du personnel et sur toute modification de ceux-ci. En outre, il est informé et consulté, préalablement à la décision de mise en œuvre dans l'entreprise, sur les moyens ou les techniques permettant un contrôle de l'activité des salariés (L. 2323-32 ; TGI Nanterre, 27 nov. 2009, H.P., quotas pour répartir la rénumération variable sans consultation du CE ; Soc. 10 avril 2008, outil de pilotage commercial utilisé comme moyen d'évaluation).

En matière de recours aux heures supplémentaires, à défaut de détermination du contingent annuel d'heures supplémentaires par voie conventionnelle, les modalités de son utilisation et de son éventuel dépassement donnent lieu au moins une fois par an à une consultation du CE ou des DP, s'il en existe (L. 3121-11). Les heures supplémentaires sont accomplies, dans la limite du contingent annuel applicable dans l'entreprise, après information du CE ou, à défaut, des DP, s'il en existe et, les heures supplémentaires sont accomplies, au-delà du contingent annuel applicable dans l'entreprise, après avis du CE ou, à défaut, des DP, s'il en existe (L. 3121-11-1).

6. Égalité professionnelle entre les femmes et les hommes

Rapport. Un rapport écrit sur la situation comparée (RSC) des conditions générales d'emploi et de formation des femmes et des hommes dans l'entreprise (d'au moins 300 salariés) doit être présenté par l'employeur, chaque année, au CE (L. 2323-57, R. 2323-12). À ce titre, ce rapport :

- comporte une analyse sur la base d'indicateurs pertinents, reposant notamment sur des éléments chiffrés permettant de mesurer les écarts et sur des données explicatives sur les évolutions constatées ou à prévoir en matière d'embauche, de formation, de promotion professionnelle, de qualification, de classification, de conditions de travail et de rémunération effective ; une analyse permettant d'apprécier, pour chaque catégorie professionnelle, la situation respective des femmes et des hommes, notamment en matière de rémunération effective (rémunération moyenne, horaire et mensuelle).
- recense les mesures prises au cours de l'année écoulée, en vue d'assurer l'égalité professionnelle, les objectifs prévus pour l'année à venir et la définition qualitative et quantitative des actions à mener à ce titre, ainsi que l'évaluation de leur coût. Dans le cas où les actions prévues par le rapport précédent ou demandées par le comité n'ont pas été réalisées, le rapport donne les motifs de cette inexécution

(L. 2323-57, L. 432-3-1). Les DS reçoivent communication du rapport dans les mêmes conditions que les membres du CE.

Le rapport de situation comparée (RSC) est modifié (décret du 22 août 2008), avec pour objectifs un accroissement sensible du nombre d'entreprises qui l'élaborent et l'utilisent pour mener une politique d'égalité et une amélioration de son contenu (exemples : indication des rémunérations médianes, de la durée moyenne entre deux promotions et de la répartition des actions de formation professionnelle par type d'action).

Ces mesures peuvent être rassemblées dans le cadre d'un contrat pour l'égalité professionnelle, après l'adoption d'un plan ou la conclusion d'un accord collectif (L. 1143-1, L. 123-4). Si aucun accord n'a pu être obtenu, l'employeur peut mettre en œuvre le plan après avoir consulté le CE, à défaut les DP. L'entreprise peut bénéficier d'une aide financière de l'État (D. 1143-12).

Plan d'action. À partir du 1er janvier 2012, à défaut d'accord d'entreprise sur ce sujet, le rapport établit un « plan d'action » destiné à assurer l'égalité professionnelle entre les femmes et les hommes (L. 2323-57 – loi du 9 nov. 2010 portant réforme des retraites, art. 99). Après avoir évalué les objectifs fixés et les mesures prises au cours de l'année écoulée, ce plan d'action, fondé sur des critères clairs, précis et opérationnels, détermine les objectifs de progression prévus pour l'année à venir, la définition qualitative et quantitative des actions permettant de les atteindre et l'évaluation de leur coût (R. 2242-1 et s.).

Ce rapport comporte une analyse permettant d'apprécier, pour chacune des catégories professionnelles de l'entreprise, la situation respective des femmes et des hommes en matière d'embauche, de formation, de promotion professionnelle, de qualification, de classification, de conditions de travail, de rémunération effective et d'articulation entre l'activité professionnelle et l'exercice de la responsabilité familiale.

Synthèse de l'accord collectif ou du plan d'action. Une synthèse de ce plan d'action, comprenant au minimum des indicateurs (sur la situation respective des femmes et des hommes par rapport au salaire médian ou au salaire moyen ; à la durée moyenne entre deux promotions ; à l'exercice de fonctions d'encadrement ou décisionnelles) et des objectifs de progression (dans au moins trois des domaines mentionnés à l'art. L. 2323-57 al. 2 *supra*), est portée à la connaissance des salariés par l'employeur, par voie d'affichage sur les lieux de travail et, éventuellement, par tout autre moyen adapté aux conditions d'exercice de l'activité de l'entreprise. Elle est également tenue à la disposition de toute personne qui la demande et publiée sur le site Internet de l'entreprise lorsqu'il en existe un (D. 2323-12).

Pénalité financière. En l'absence d'accord collectif ou de plan d'action, une pénalité financière, d'un montant maximum de 1 % de la masse salariale brute, peut être imposée à l'entreprise par le DIRECCTE après mise en demeure par l'inspection du travail (R. 2242-3 et s.).

7. *Bilan social*

Dans les entreprises d'au moins 300 salariés, le bilan social récapitule en un document unique les principales données chiffrées permettant d'apprécier la situation de l'entreprise dans le domaine social, d'enregistrer les réalisations effectuées et de mesurer les changements intervenus au cours de l'année écoulée et des deux années précédentes.

Ce bilan comporte des informations sur l'emploi, les rémunérations et charges accessoires, les conditions d'hygiène et de sécurité, les autres conditions de travail, la formation, les relations professionnelles ainsi que sur les conditions de vie des salariés et de leur famille dans la mesure où ces conditions dépendent de l'entreprise (L. 2323-68, R. 2323-17, L. 438-3).

Le CE émet chaque année un avis sur le bilan social. Les membres du CE reçoivent communication du projet de bilan social 15 jours au moins avant la réunion au cours de laquelle le comité émettra son avis. Cette réunion se tient dans les quatre mois suivant la fin de la dernière des années visées par le bilan social.

C'est un projet de bilan qui est communiqué au CE. Le bilan peut être modifié par l'employeur pour tenir compte des observations du comité. Le bilan définitif est communiqué à l'inspecteur du travail.

L'employeur qui ne présente pas de bilan social est passible des peines du délit d'entrave (Crim. 15 mai 2007) et peut être condamné à verser des dommages-intérêts au profit du CE.

8. *Autres attributions*

Sans prétendre à l'exhaustivité, le CE est consulté sur les mesures prises en vue de faciliter la mise ou la remise au travail des travailleurs handicapés, sur l'affectation de la contribution sur les salaires au titre de l'effort de construction et sur les conditions de logement des travailleurs étrangers que l'entreprise se propose de recruter, etc.

C. Activités sociales et culturelles

Le CE décide quelles activités sociales sont créées dans l'entreprise. En principe, les membres élus peuvent imposer la création d'une activité sociale au président du comité (l'employeur), mais toute création d'une activité sociale entraîne des dépenses. Le président du CE ne peut prendre part au vote d'une résolution portant sur la gestion de ces activités (Soc. 25 janv. 1995).

1. *Nature des activités*

Les activités sociales et culturelles établies dans l'entreprise au bénéfice des salariés ou d'anciens salariés de l'entreprise, de leur famille et des stagiaires (L. 2323-83) comprennent :

- des institutions sociales de prévoyance et d'entraide, telles que les institutions de retraites et les sociétés de secours mutuels ;
- des activités sociales et culturelles tendant à l'amélioration des conditions de bien-être, telles que les cantines, les coopératives de consommation, les logements, les jardins familiaux, les crèches, les colonies de vacances ;
- des activités sociales et culturelles ayant pour objet l'utilisation des loisirs et l'organisation sportive ;
- des institutions d'ordre professionnel ou éducatif attachées à l'entreprise ou dépendant d'elle, telles que les centres d'apprentissage et de formation professionnelle, les bibliothèques, les cercles d'études, les cours de culture générale ;
- les services sociaux chargés de veiller au bien-être du salarié dans l'entreprise, de faciliter son adaptation à son travail et de collaborer avec le service de santé au travail de l'entreprise et de coordonner et de promouvoir les réalisations sociales décidées par le CE et par l'employeur ;
- le service de santé au travail institué dans l'entreprise (R. 2323-19, R. 432-2).

La Cour de cassation a adopté une interprétation extensive de la notion d'activité sociale, par exemple au sujet de la cotisation facultative à une mutuelle (Soc. 22 juin 1993), pour un régime de prévoyance (Soc. 15 mai 2001), pour le financement d'actions en justice engagées par des salariés dans le cadre d'un licenciement collectif pour motif économique (Soc. 26 janv. 1999). Les secours versés à des grévistes sont considérés comme licites s'ils répondent à des critères stricts – il faut que les secours soient justifiés par l'état de besoin que la grève a provoqué chez les salariés grévistes et qu'aucune distinction ne soit faite entre les personnes secourues, notamment en fonction de leur appartenance syndicale.

Le CE peut attribuer directement des chèques-vacances, des aides financières, notamment sous forme de chèques emploi service aux salariés pour des activités de service à la personne à domicile (L. 7233-4, L. 129-13), des bons d'achat qui sont, en vertu d'une tolérance administrative, exonérés de charges sociales en dessous d'une limite égale à 5 % du plafond mensuel de Sécurité sociale et à condition d'être en liaison avec un événement précis (naissance, mariage, Noël, etc.), des avantages présentant un caractère de secours lié à des situations individuelles (Soc. 27 juin 1996), des « chèques-lire », considérés comme la prise en charge d'une activité culturelle, etc.

Les salariés sont informés de la politique de l'entreprise concernant ses choix de mécénat et de soutien aux associations et aux fondations L. 2323-84, L. 432-9-1).

2. *Financement des activités sociales*

Les ressources du CE en matière d'activités sociales et culturelles sont constituées pour l'essentiel par les sommes versées par l'employeur pour le fonctionnement des institutions sociales de l'entreprise qui ne sont pas légalement à sa charge ; mais aussi des cotisations facultatives des salariés de l'entreprise dont le CE fixe éventuellement les conditions de perception et les effets, les subventions accordées par les collectivités publiques, les dons et legs, les recettes procurées par les manifestations organisées par le CE, etc. (R. 2323-34, R. 432-11).

La contribution versée chaque année par l'employeur pour financer des institutions sociales du CE ne peut, en aucun cas, être inférieure au total le plus élevé des sommes affectées aux dépenses sociales de l'entreprise atteint au cours des trois dernières années précédant la prise en charge des activités sociales et culturelles par le CE, à l'exclusion des dépenses temporaires lorsque les besoins correspondants ont disparu (L. 2323-86, R. 2323-25, L. 432-9). Pour les années suivantes, le rapport de cette contribution au montant global des salaires payés ne peut pas non plus être inférieur au même rapport existant pour l'année de référence. Cette règle garantit aux comités nouvellement créés des ressources comparables au budget affecté antérieurement par l'employeur aux activités sociales de l'entreprise. L'employeur n'est tenu au versement d'aucune contribution légale minimale lorsque aucune activité ne préexistait à la création du CE.

Cette contribution est déterminée en pourcentage de la masse salariale brute comptable (lequel ne peut être inférieur à celui qui a été établi pour l'année de référence ou par la convention collective ; Soc. 30 mars 2011, CE IBM Montpellier). Ce pourcentage, établi au niveau de l'entreprise, s'applique uniformément à la masse salariale de chaque établissement (Soc. 9 juill. 1996). Dans les petites entreprises, le pourcentage peut être assez bas (0,5 %, 1 %), mais peut atteindre 4 % ou 5 %, voire plus, dans de grandes entreprises, par rapport à des masses salariales très différentes, ce qui assure à certains comités des ressources importantes. Cette subvention est distincte de celle de fonctionnement.

À la fin de chaque année, le CE fait un compte-rendu détaillé de sa gestion financière, porté à la connaissance des salariés par voie d'affichage sur les tableaux réservés aux communications syndicales. Ce compte-rendu indique notamment le montant des ressources ; et le montant des dépenses soit pour son propre fonctionnement, soit pour celui des activités sociales et culturelles dépendant de lui ou des comités interentreprises auxquels il participe. Chacune des institutions sociales fait l'objet d'un budget particulier. Le bilan établi par le comité est approuvé par le commissaire aux comptes.

En cas de reliquat limité à 1 % de son budget annuel, le CE peut décider de verser ces fonds à une association humanitaire reconnue d'utilité publique afin de favoriser la lutte contre l'exclusion et la réinsertion sociale (L. 2323-87).

Lorsque le CE disparaît, en cas de fermeture de l'établissement, par exemple, ses biens doivent être affectés soit aux CE des entreprises où les salariés ont été transférés (Soc. 23 janv. 1996), soit à des institutions sociales d'intérêt général, sous la surveillance de l'UT (DIRECCTE) (R. 2323-39, R. 432-16). Les biens ne peuvent être répartis entre les salariés ou les membres du CE.

3. *Modalités de gestion*

Le CE assure, contrôle ou participe à la gestion de toutes les activités sociales et culturelles établies dans l'entreprise prioritairement au bénéfice des salariés ou de leur famille, quel qu'en soit le mode de financement (L. 2323-83, L. 432-8) :

- lorsque l'activité sociale n'a pas de personnalité civile (cantine, bibliothèque, colonie de vacances, etc.), le CE la gère directement. Il peut, à cette fin, recruter un gérant ou du personnel salarié (R. 2323-21, R. 432-3, al. 1).
- lorsque l'activité sociale a la personnalité civile (association sportive ou culturelle, etc.), le CE participe à la gestion (R. 2323-22, R. 432-3, al. 2), les instances de direction de l'institution devant être composées au moins pour moitié de représentants du CE désignés par lui.

Le CE contrôle la gestion des sociétés mutualistes et des organismes de Sécurité sociale établis dans l'entreprise, des activités sociales ayant pour objet d'assurer au personnel de l'entreprise des logements et des jardins ouvriers, des centres d'apprentissage et de formation professionnelle (R. 2323-26, R. 432-3, al. 3). Il est représenté auprès des conseils d'administration de ces organismes par deux délégués désignés par lui.

Lorsque plusieurs entreprises décident de créer des institutions sociales communes, les CE doivent constituer un comité interentreprises (R. 2323-28, R. 432-8), doté de la personnalité civile et fonctionnant dans les mêmes conditions qu'un CE, composé d'un représentant des employeurs, désigné par eux, qui préside le comité et de deux délégués élus par chaque CE, sans que leur nombre total puisse excéder douze (sauf accord collectif contraire avec les organisations syndicales intéressées).

En outre, le CE a la possibilité, au lieu d'investir directement ses ressources, parfois limitées, de participer au financement d'associations spécialisées qui sont à même de créer et de gérer des équipements collectifs auxquels le personnel de l'entreprise aura accès.

Dans sa gestion des activités sociales et culturelles et dans l'utilisation de son budget, le CE ne doit pas commettre de discrimination (Soc. 16 avril 2008) et doit respecter l'égalité de traitement entre les salariés (ainsi, le CE ne peut pas exclure du bénéfice des ASC ou minorer les droits des salariés en emploi précaire – CDD, intérim, TTP, etc., ou imposer des durées d'ancienneté injustifiées).

Moyens de fonctionnement

A. Installation

Le CE est doté de la personnalité civile et gère son patrimoine (L. 2325-1, L. 433-1). Il est présidé par l'employeur, ou son représentant, assisté éventuellement de deux collaborateurs, salariés de l'entreprise. Il est procédé par le comité à la désignation d'un secrétaire, choisi parmi les membres titulaires (R. 2325-1, L. 434-2), à laquelle l'employeur peut participer (Soc. 21 nov. 2000 ; cette solution est contestée : TGI Bobigny, réf., 2 juin 2008). Il peut y avoir également d'autres membres du bureau, habituellement un trésorier, éventuellement un secrétaire adjoint, un trésorier adjoint. Ceux-ci peuvent être des suppléants, mais le secrétaire adjoint ne peut remplacer le secrétaire que s'il est lui-même titulaire.

Un salarié agissant dans le cadre de ses fonctions de trésorier du CE n'est pas sous la subordination de l'employeur qui ne peut le sanctionner pour des fautes commises dans l'exercice de son mandat représentatif (Soc. 4 juill. 2000). En cas d'abus de confiance à l'égard du comité, celui-ci peut se constituer partie civile devant la juridiction pénale (Crim. 16 oct. 1997).

Le CE détermine dans un règlement intérieur les modalités de son fonctionnement et celles de ses rapports avec les salariés de l'entreprise (L. 2325-2, L. 431-6, al. 2). Les conditions de fonctionnement du CE doivent permettre une prise en compte effective des intérêts des salariés exerçant leur activité hors de l'entreprise ou dans des unités dispersées.

Le règlement intérieur prévoit en général la façon dont seront arrêtés l'ordre du jour et le procès-verbal des séances. Il détermine aussi les modalités de gestion des activités sociales et prévoit, le cas échéant, la création de commissions et leur composition.

B. Réunions

Dans les entreprises d'au moins 150 salariés, le CE se réunit au moins une fois par mois, sur convocation de l'employeur ou de son représentant. Dans les entreprises de moins de 150 salariés, et sauf dans le cas où le chef d'entreprise a opté pour la mise en place d'une délégation unique du personnel, le CE se réunit au moins une fois tous les deux mois. Il peut, en outre, tenir une seconde réunion à la demande de la majorité des membres (le chef d'établissement a l'obligation d'organiser une réunion supplémentaire du CE avec un ordre du jour spécial, Crim. 11 mars 2008, CE Heidelberg). Lorsque l'employeur est défaillant, et à la demande d'au moins la moitié des membres du comité, celui-ci peut être convoqué par l'inspecteur du travail et siéger sous sa présidence (L. 2325-14, L. 434-3).

Ordre du jour. L'ordre du jour est arrêté par l'employeur et le secrétaire et communiqué aux membres trois jours au moins avant la séance (L. 2325-15, L. 434-3, al. 2). En cas de désaccord, il appartient au plus diligent, du secrétaire ou du président, de saisir le juge des référés (président du TGI, Soc. 8 juill. 1997). Le CE ne peut donc valablement se réunir sur un ordre du jour établi unilatéralement par l'employeur (Soc. 14 janv. 2003). Toutefois, lorsque sont en cause des consultations rendues obligatoires par une disposition législative, réglementaire ou par un accord collectif de travail, elles sont inscrites de plein droit par le président ou le secrétaire (L. 2325-15 al. 2), mais l'employeur doit « *soumettre préalablement au secrétaire du comité* » la question qu'il entend faire inscrire à l'ordre du jour (Soc. 12 juill. 2010).

Votes. Des votes ont lieu lorsqu'il s'agit de désigner le secrétaire, d'arrêter le règlement intérieur, de prendre une décision, d'émettre un avis. Les résolutions du CE sont prises à la majorité des membres présents (L. 2325-18, L. 434-4).

En règle générale, seuls les membres titulaires, et le cas échéant les suppléants qui remplacent des titulaires, prennent part aux votes. Les membres suppléants et les représentants syndicaux assistent aux séances avec voix consultative. Le président ne vote pas dans toutes les situations dans lesquelles il consulte les membres élus en tant que délégation du personnel (à l'occasion de projets de licenciement d'un représentant du personnel, de licenciement pour motif économique, etc.).

Procès-verbaux. Les délibérations du CE sont consignées dans un procès-verbal, pour chaque réunion, rédigé par le secrétaire et communiqué à l'employeur et aux membres du comité (R. 2325-3, R. 434-1). Le PV ne devient définitif qu'après avoir été approuvé à la réunion suivante, où chacun, y compris l'employeur, peut demander des modifications et faire enregistrer ses observations. L'employeur fait connaître lors de la réunion du CE, suivant la communication du projet de PV, sa décision motivée sur les propositions qui lui ont été soumises. Les déclarations sont consignées dans le PV. Le PV adopté peut être affiché ou diffusé dans l'entreprise par le secrétaire du CE, selon les modalités prévues par le règlement intérieur du comité.

Déplacements. Les frais de déplacement des membres du comité pour assister aux réunions tenues à la demande de la majorité de ses membres, comme à l'initiative de l'employeur, sont à la charge de ce dernier (Soc. 22 mai 2002). Il en est de même de la rémunération du temps de trajet des membres (Soc. 30 sept. 1997).

Secret et discrétion. Les membres du CE sont tenus au secret professionnel pour toutes les questions relatives aux procédés de fabrication. En outre, ils sont tenus à une obligation de discrétion à l'égard des informations présentant un caractère confidentiel et données comme telles par l'employeur (L. 2325-5, L. 432-7).

C. Facilités matérielles

Local et matériel. L'employeur met à la disposition du comité un local aménagé et le matériel nécessaire à l'exercice de ses fonctions (L. 2325-12, L. 434-8). La ligne téléphonique doit assurer la confidentialité des communications. Le CE peut organiser dans ce local des réunions d'information internes au personnel, portant notamment sur des problèmes d'actualité, en dehors du temps de travail des participants (sauf pour les salariés en heures de délégation). En outre, le CE peut inviter des personnalités extérieures, syndicales ou autres, en dehors du temps de travail, dans les mêmes conditions que les sections syndicales (L. 2325-13, L. 431-7). Pour ses affichages, le CE dispose de panneaux.

Subvention. L'employeur verse au CE une subvention de fonctionnement d'un montant annuel équivalent à 0,2 % de la masse salariale brute (L. 2325-43, L. 434-8). Cette subvention s'ajoute à celle prévue pour les activités sociales et culturelles. Elle n'est pas due si l'employeur fait déjà bénéficier le comité d'une somme ou de moyens en personnel équivalents à 0,2 % de la masse salariale brute – seuls doivent être pris en compte les moyens affectés au fonctionnement et non pas ceux qui servent aux activités sociales et culturelles du CE (Soc. 10 juill. 2001).

Cette subvention permet notamment au CE de recourir à des experts non rémunérés par l'employeur et d'assurer les frais de secrétariat. L'utilisation du budget de fonctionnement pour des frais n'entrant pas dans le cadre des missions du CE relève du délit d'abus de confiance (Crim. 16 oct. 1997).

Heures de délégation. Les membres titulaires et, lorsque l'entreprise occupe au moins 501 salariés, les RS disposent d'heures de délégation (L. 2325-6, L. 434-1). Ce crédit est, sauf circonstances exceptionnelles, de 20 heures par mois. Le régime de ces heures est identique à celui des DP.

Les membres titulaires et, lorsque l'entreprise occupe plus de 501 salariés, les RS disposent d'heures de délégation (L. 2325-6, L. 434-1). Ce crédit est, sauf circonstances exceptionnelles, de 20 heures par mois. Le régime de ces heures est identique à celui des DP.

Les membres élus et les RS disposant d'un crédit d'heures, peuvent, durant les heures de délégation, se déplacer hors de l'entreprise et circuler librement dans l'entreprise dans les mêmes conditions que les DP.

Le temps passé aux séances du CE est payé comme du temps de travail (L. 2325-8, L. 434-1). Le temps de réunions en CE, et pour la commission formation professionnelle, n'est pas imputé sur le contingent d'heures de délégation.

D. Commissions

Le CE peut créer des commissions pour l'examen des problèmes particuliers (L. 2325-22, L. 434-7), d'ordre professionnel, social, éducatif ou de loisirs, notamment. Les commissions émanent du CE et sont placées sous son autorité. Leurs rapports sont destinés à éclairer le CE et sont soumis à ses délibérations.

Certaines commissions sont imposées par la loi dès lors que l'effectif de l'entreprise dépasse un certain seuil :

- commission « formation » (à partir de 200 salariés, L. 2325-26) ;
- commission de l'égalité professionnelle (à partir de 200 salariés, L. 2325-34) ;
- commission d'information et d'aide au logement (à partir de 300 salariés, L. 2325-27) ;
- commission économique (à partir de 1 000 salariés, L. 2325-23, L. 434-5), chargée notamment d'étudier les documents économiques et financiers qui doivent être remis au comité et toute question qu'il lui soumet.

Cette commission doit comprendre au maximum cinq membres représentants du personnel (dont au moins un cadre) désignés par le comité parmi ses membres. Elle peut se faire assister par l'expert-comptable qui assiste le comité. Elle est présidée par un membre titulaire du CE et se réunit au moins deux fois par an. Ses membres disposent d'un crédit global d'heures qui ne peut excéder 40 heures par an, payé comme temps de travail.

Le temps passé aux réunions des commissions obligatoires est payé comme temps de travail et n'est pas imputé sur le crédit d'heures. Les membres des commissions peuvent être choisis parmi des salariés de l'entreprise n'appartenant pas au CE. Toute commission doit être présidée par un membre du comité.

E. Recours à l'expertise

Le CE a la possibilité de recourir à des prestataires, notamment à des experts.

Expertise comptable. D'une part, il peut recourir à un expert-comptable (L. 2325-35) notamment :

- en vue de l'examen annuel des comptes de toutes les entreprises tenues d'établir de tels documents (et pas seulement ceux des sociétés anonymes, Soc. 30 avril 1997) ;
- en cas d'opération de concentration ;
- pour l'exercice du droit d'alerte économique ;
- en cas de projet de « grand » licenciement collectif pour motif économique.

« L'expert-comptable a accès aux mêmes documents que le commissaire aux comptes » (L. 2325-37). « La mission de l'expert-comptable porte sur tous les éléments d'ordre économique, financier ou social nécessaires à la compréhension des comptes et à l'appréciation de la situation de l'entreprise » (L. 2325-36). Il peut ainsi étendre ses investigations aux autres sociétés du groupe (Soc. 8 nov. 1994). Quand sa mission n'est pas exclusivement comptable, il peut avoir accès à d'autres informations que comptables – juridiques, économiques, etc. (« *Il appartient au seul expert-comptable (...) d'apprécier les documents utiles à sa mission* », Soc. 18 nov. 2009, PBR, SAS Carrefour hypermarchés). La mission de l'expert pourrait porter également sur le diagnostic en matière de rémunération des femmes et des hommes de l'entreprise mais pas sur l'ensemble de l'égalité professionnelle (Soc. 10 janv. 2012, Sté Cap Gemini Ouest).

Dès lors qu'aucun élément ne permet d'établir que l'entreprise n'est pas en mesure de recueillir les informations relatives aux entreprises du groupe situées sur le territoire d'un autre pays, ces informations doivent lui être communiquées (Soc. 27 nov. 2001) ; une entreprise « *n'est pas en droit de se réfugier derrière une législation étrangère ou des obligations de confidentialité pour se soustraire à la communication des comptes analytiques des sites européens (...) indispensables (...) pour comparer dans le détail les coûts comparatifs des différents sites sur lesquels se fonde le projet de fermeture du site français* » (TGI Paris, réf., 5 févr. 2009, SARL Molex Automotive c/ Sté Syndex). Il détermine les documents utiles à l'exercice de sa mission, nécessaires à l'intelligence des comptes et à l'appréciation de la situation (Soc. 5 mars 2008 ; Soc. 10 janv. 2012, préc., communication de la DADS). Non seulement il fournit des éclaircissements sur les documents dont dispose le comité, mais il peut aussi aider les représentants du personnel à poser les questions pertinentes aux commissaires aux comptes. Il peut assister à la réunion du CE avec les commissaires aux comptes et tenir une réunion préparatoire avec les membres du comité, les frais de cette réunion étant à la charge de l'employeur (Soc. 8 nov. 1994).

Expertise technique. D'autre part, dans les entreprises d'au moins 300 salariés, le CE peut recourir à un « expert technique » à l'occasion de tout projet important d'introduction de nouvelles technologies dans l'entreprise, mais non pas après leur mise en place (Soc. 28 oct. 1996). Le recours à cet expert doit faire l'objet d'un accord entre l'employeur et la majorité des membres élus du CE (L. 2325-38, L. 434-6). En cas de désaccord sur la nécessité d'une expertise, sur le choix de l'expert ou sur l'étendue de la mission qui lui est confiée, la décision est prise par le président du TGI statuant en urgence.

L'expert-comptable et l'expert technique ont libre accès dans l'entreprise et sont rémunérés par l'entreprise.

Expertise d'autre nature. Enfin, le CE peut faire appel à tout expert pour la préparation de ses travaux (L. 2325-41, L. 434-6, al. 8), notamment pour favoriser le diagnostic des commissions du CE. Dans ce cas, cet « expert du troisième type » est rémunéré par le CE. Il peut éventuellement assister l'expert-comptable lors d'une procédure de licenciement économique et toute commission du CE. Il dispose des documents détenus par le CE.

F. Autres moyens

Formation. Les membres titulaires du CE, élus pour la première fois, bénéficient d'un stage de formation économique d'une durée maximale de cinq jours ouvrables, dispensé par un organisme agréé. Le temps consacré à cette formation est pris sur le temps de travail et payé comme tel. Cette formation doit être renouvelée lorsque les élus ont exercé leur fonction pendant quatre ans, consécutifs ou non (L. 2325-44, L. 434-10).

Droit de veto. Sur un certain nombre de points, l'accord du comité est requis (et non plus seulement son avis) : conclusion d'un accord de participation, détermination du nombre de CHSCT, horaires individualisés, etc.

Action judiciaire. En matière contentieuse, devant le juge judiciaire, « *le comité d'entreprise ne tient d'aucune disposition légale le pouvoir d'exercer une action en justice au nom des salariés ou de se joindre à l'action de ces derniers, lorsque ses intérêts propres ne sont pas en cause* » (Soc. 14 mars 2007). Le CE peut agir en justice pour défendre ses intérêts de personne morale (ses attributions, son patrimoine, etc.).

Entreprises à établissements distincts

Le CE est institué dans le cadre de l'entreprise. Toutefois, dans les entreprises comportant des établissements distincts, chaque établissement doit avoir un comité d'établissement et, au niveau de l'entreprise, un comité central d'entreprise est constitué de représentants des divers comités d'établissement (L. 2327-1, L. 435-1).

A. Comités d'établissement

La reconnaissance d'un établissement distinct doit faire l'objet d'un accord entre l'employeur et les organisations syndicales intéressées dans l'entreprise. À défaut d'accord (conclu selon L. 2324-4-1), la décision incombe à l'UT (DIRECCTE) du siège de l'entreprise (L. 2322-5, L. 435-4, al. 4, R. 433-2-1). Cette décision peut faire l'objet d'un recours devant le TA. Il existe donc une jurisprudence administrative sur la notion d'établissement distinct en matière d'élection (comme il existe une jurisprudence judiciaire sur la notion d'établissement distinct en matière de désignation syndicale). Selon le conseil d'État, l'établissement doit avoir une certaine autonomie administrative de façon que « *les principales missions et le fonctionnement normal des comités d'établissement puissent être à ce niveau assurés* ». Le directeur de l'établissement doit donc disposer d'un pouvoir de gestion. À défaut, la mission des représentants du personnel au sein du comité perdrait toute signification. Le critère répond au souci d'efficacité de l'institution.

Le CE de l'établissement peut recourir à un expert-comptable pour l'examen annuel des comptes (Soc. 18 nov. 2009, PBR, Carrefour ; deux expertises peuvent donc avoir lieu, l'une au niveau du CCE et l'autre au niveau d'un comité d'établissement).

La reconnaissance ou le maintien du caractère d'établissement distinct ne sont pas subordonnés à une condition d'effectif d'au moins 50 salariés (CE 15 mai 1991). Les petits établissements peuvent donc avoir un comité propre, mais se pose la question du nombre de délégués à élire, qui n'est prévue par aucun texte.

La composition (L. 2327-17) et le fonctionnement (L. 2327-19) des comités d'établissement obéissent aux mêmes règles que celles concernant le CE. Autrement dit, lorsqu'il s'agit d'un comité d'établissement, les dispositions légales relatives au CE doivent être lues en substituant le mot « établissement » au mot « entreprise ».

La perte de la qualité d'établissement distinct d'un établissement de l'entreprise, par décision de l'UT (DIRECCTE), a nécessairement pour conséquence l'obligation, pour l'employeur, de mettre en place un CE unique (Soc. 20 juin 2007).

B. Comité central d'entreprise (CCE)

Le comité central, institué au niveau de l'entreprise, est présidé par l'employeur, qui peut être assisté par deux collaborateurs ayant voix consultative, et composé de représentants de chaque comité d'établissement. Ses membres ne sont donc pas élus directement par le personnel de l'entreprise. Le comité désigne un secrétaire (L. 2327-12).

Le CCE ne peut, sauf accord signé entre l'employeur et l'ensemble des organisations syndicales représentatives, avoir plus de 20 membres titulaires et 20 membres suppléants (R. 2327-1, D. 435-1). Dans ces limites, chaque comité d'établissement peut être représenté au CCE par au maximum deux titulaires et deux suppléants, au minimum un délégué, titulaire ou suppléant. Le nombre de sièges revenant à chaque comité d'établissement, ainsi que leur répartition entre les différentes catégories de personnel, sont fixés par accord (conclu selon L. 2324-4-1) entre l'employeur et l'ensemble des organisations syndicales intéressées (L. 2327-7). Faute d'accord, c'est l'UT (DIRECCTE) qui décide de cette répartition (L. 2327-7, L. 435-4).

Lorsqu'un ou plusieurs établissements constituent trois collèges électoraux, parce qu'ils occupent au moins 25 ingénieurs et cadres, au moins un délégué titulaire et un délégué suppléant au CCE doivent appartenir à cette catégorie. En outre, dans les entreprises qui, sans répondre à cette condition, comportent plusieurs établissements distincts groupant ensemble plus de 500 salariés ou au moins 25 ingénieurs et cadres, au moins un délégué titulaire appartient à cette catégorie (L. 2327-5, L. 435-4, al. 2 et 3).

Les délégués de chaque comité d'établissement au CCE sont désignés par un vote au scrutin majoritaire uninominal à un tour, avec collège unique de l'ensemble des élus titulaires du comité d'établissement (Soc. 5 mars 2008, Soc. 9 juin 1998). Le ou les candidats qui ont obtenu le plus de voix sont élus. Les suppléants ne votent pas, ni le chef de l'établissement, ni les représentants syndicaux au comité d'établissement.

Chaque organisation syndicale représentative dans l'entreprise désigne aussi un représentant au CCE, choisi soit parmi les représentants syndicaux à un comité d'établissement, soit parmi les membres élus de ces comités (L. 2327-6, L. 435-4, dernier alinéa). Il assiste aux séances avec voix consultative.

Le CCE est doté de la personnalité civile. Il se réunit au moins une fois tous les six mois au siège de l'entreprise, mais peut tenir des réunions exceptionnelles à la demande de la majorité de ses membres (L. 2327-13).

L'ordre du jour des réunions du CCE est arrêté par l'employeur et le secrétaire. Toutefois, lorsque des consultations rendues obligatoires sont en cause, elles sont inscrites de plein droit par l'un ou par l'autre. L'ordre du jour est communiqué aux membres huit jours au moins avant la séance (L. 2327-14).

Les heures passées aux réunions sont payées comme temps de travail. Aucun crédit d'heures n'est prévu par la loi en faveur des membres élus au CCE qui disposent déjà d'un crédit d'heures en tant que membres d'un comité d'établissement. Les RS au CCE ne disposent pas non plus d'un crédit d'heures particulier.

C. Attributions des comités d'établissement et du CCE

Le CCE exerce les attributions économiques qui concernent la marche générale de l'entreprise et qui excèdent les limites des pouvoirs des chefs d'établissement (L. 2327-2, L. 435-3, al. 1). C'est au CCE, par exemple, qu'il revient d'examiner les comptes annuels de l'entreprise ou de donner un avis sur un projet d'introduction de nouvelles technologies intéressant plusieurs établissements. Le CCE est obligatoirement informé et consulté sur tous les projets économiques et financiers importants, notamment s'il s'agit d'une restructuration, d'un projet de participation ou d'une fusion d'entreprises.

Les comités d'établissement ont les mêmes attributions que les CE dans la limite des pouvoirs des chefs d'établissement (L. 2327-15, L. 435-2, al. 3).

Il doit y avoir une correspondance entre le niveau de responsabilité et d'autonomie du chef de l'établissement et l'étendue des attributions du comité. Dans une entreprise où les décisions sont très centralisées, c'est au sein du CCE que les attributions dévolues par la loi au comité pourront être valablement exercées. Si, dans une entreprise, c'est la direction générale qui prend toute décision relative à la modernisation des équipements, par exemple, cette décision devra être soumise, pour avis, au CCE.

Dans certains cas, le comité d'établissement et le CCE doivent intervenir l'un et l'autre. Ainsi, dès qu'une mesure de réorganisation d'une entreprise entraîne des mutations de salariés d'un établissement à un autre, le CCE et les comités des établissements concernés doivent être informés et consultés. Il en va de même en cas de licenciement pour motif économique.

En matière d'activités sociales et culturelles, les comités d'établissement assurent et contrôlent la gestion (L. 2327-16, L. 435-2, al. 2), mais ils peuvent confier au CCE la gestion d'activités communes. Dans ce cas, un accord entre l'employeur et les organisations syndicales représentatives dans l'entreprise (L. 2327-16 nouveau) définit les compétences respectives du CCE et des comités d'établissement. Cet accord peut décider de la répartition de la subvention de l'employeur qui reste calculée, dans le cadre de l'entreprise, entre le CCE et les comités d'établissement.

En ce qui concerne le budget de fonctionnement, il doit être versé aux établissements, à charge pour eux d'en rétrocéder une partie au CCE. Faute d'accord, c'est le juge judiciaire qui fixe le montant de la rétrocession (Soc. 15 mai 2001).

Unité économique et sociale

Objet. La reconnaissance d'une Unité économique et social (UES) permet à des intérêts collectifs de salariés de pouvoir s'exprimer ; elle permet d'éviter que des montages juridiques privent des salariés de droits collectifs.

Lorsque des entreprises, juridiquement distinctes, ont entre elles des liens économiques et sociaux étroits, elles peuvent être considérées comme une unité économique et sociale (UES) et doivent constituer un CE commun, dès qu'elles regroupent au moins 50 salariés.

Les autres IRP (DP notamment) et les syndicats (DS) sont également concernés par cette notion à laquelle la jurisprudence donne un contenu unique (Soc. 13 juill. 2004). Elle a ainsi décidé que l'UES ne pouvait être constituée que de sociétés juridiquement distinctes et ne comprendre que des établissements (Soc. 7 oct. 1992).

Critères. Il faut qu'il y ait à la fois des critères économiques et sociaux communs (Soc. 3 févr. 1993) :

- l'unité économique se caractérise par la concentration des pouvoirs de direction, la similarité ou la complémentarité des activités des entreprises, des intérêts économiques communs (objectifs, clientèle, etc.), une dépendance économique, etc.
- l'unité sociale se caractérise par une communauté de salariés, avec un statut comparable (accords collectifs, etc.), des conditions de travail comparables, une permutabilité du personnel, etc.

Le fait qu'une société n'ait pas de salariés ne fait pas obstacle à son intégration dans une telle unité (Soc. 24 nov. 2004). Il en va de même s'il s'agit d'une société holding qui n'a pas d'activité, mais détient le pouvoir (Soc. 26 janv. 2005).

D'une manière générale, chacune des sociétés composant une UES conserve son propre statut collectif (conventions et accords collectifs), à défaut d'accord collectif commun (Soc. 2 déc. 2003). La reconnaissance de l'UES n'implique pas une concentration des IRP qui peuvent être décentralisées par entreprise.

Modalités. L'UES est reconnue, par convention (accord unanime) ou par décision de justice (L. 2322-4, L. 431-1, al. 6). L'action en reconnaissance d'une UES relève de la compétence du TI (Soc. 29 oct. 2003, Cass. avis du 19 mars 2006). La reconnaissance judiciaire de cette unité atteint les mandats en cours et de nouvelles élections s'imposent (Soc. 26 mai 2004). Le périmètre d'une UES doit être renégocié à chaque élection (Soc. 31 mars 2009).

Effets. La loi fait référence à l'UES dans des domaines autres que celui de la représentation du personnel (notamment RTT, régime obligatoire de participation des salariés aux résultats de l'entreprise, pertinence d'un PSE ou obligation d'en établir un, Soc. 9 mars 2011, UES Norbert Dentressangle Vrac). Cependant, l'UES, qui n'a pas la personnalité morale, « *ne peut se voir conférer la qualité d'employeur de l'ensemble des salariés des sociétés qui la composent* » (CA Paris, 31 mai 2007, Soc. 16 déc. 2008, Sté AFG).

Comité de groupe

Le comité de groupe est constitué au sein d'un groupe formé par une entreprise appelée « entreprise dominante », dont le siège social est situé sur le territoire français, et par les entreprises qu'elle contrôle (filiales), la société dominante détenant plus de 50 % du capital (L. 2331-1-I, L. 439-1, al. 1). Une filiale commune à deux sociétés avec une participation financière et une gestion strictement égalitaire n'appartient à aucun groupe et, en conséquence, le CE de la filiale ne peut demander son rattachement au comité de groupe de l'une ou de l'autre des sociétés (Soc. 9 févr. 1994).

Lorsque la société dominante détient entre 10 % et 50 % du capital d'une autre société, le CE de cette dernière peut demander l'inclusion dans le groupe au chef de l'entreprise dominante. Celui-ci est tenu d'accepter la demande lorsque les relations entre les deux sociétés présentent un caractère de permanence et d'importance qui établit l'existence d'un contrôle effectif par la société dominante et l'appartenance de l'une et de l'autre à un même ensemble économique (L. 2331-2, L. 439-1, al. 2). Les litiges liés à l'application de ces dispositions doivent être portés devant le TGI du siège de la société dominante.

Le comité de groupe comprend le chef de l'entreprise dominante et des représentants du personnel des entreprises constituant le groupe (L. 2333-1). Le nombre de ces représentants ne peut dépasser 30 membres (ou le double du nombre des entreprises dotées d'un CE, si le nombre est inférieur à 15).

La répartition des sièges au comité de groupe entre les collèges s'effectue en tenant compte de l'importance numérique de chacun d'entre eux (L. 2333-4). Pour chaque collège, les sièges sont répartis entre les organisations syndicales proportionnellement à leur nombre d'élus dans le collège, avec attribution des sièges restants, avec le système du plus fort reste.

Les représentants du personnel sont désignés par les organisations syndicales de salariés parmi les élus, titulaires et suppléants, aux CE ou comités d'établissement de l'ensemble des entreprises du groupe et sur la base des résultats des dernières élections. L'UT (DIRECCTE) procède à cette répartition lorsque la moitié au moins des élus d'un ou de plusieurs collèges ont été présentés sur des listes autres que syndicales. Le comité de groupe est renouvelable tous les quatre ans (L. 2333-3).

Le comité de groupe est présidé par le chef de l'entreprise dominante. Le secrétaire est désigné parmi ses membres à la majorité des voix (L. 2334-1). Le comité de groupe se réunit au moins une fois par an. Le temps passé aux séances du comité par les représentants du personnel doit être payé comme temps de travail, mais aucun crédit d'heures n'est prévu.

La finalité du comité de groupe est de permettre aux représentants du personnel d'obtenir une information dans le domaine économique (L. 2332-1). En particulier, le président du comité doit l'informer sur l'activité, la situation financière, l'évolution et les prévisions d'emploi annuelles ou pluriannuelles et les actions éventuelles de prévention envisagées, compte tenu de ces prévisions, dans le groupe et dans chacune des entreprises qui le composent (GPEC). Le comité est informé dans ces domaines des perspectives du groupe pour l'année à venir. Le comité reçoit communication, lorsqu'ils existent, des comptes et du bilan consolidés (c'est-à-dire concernant l'ensemble des sociétés comprises dans la consolidation) et peut se faire assister par un expert-comptable, rémunéré par l'entreprise dominante (L. 2334-4). Celui-ci dispose des mêmes moyens d'investigation que les commissaires aux comptes des entreprises représentées au comité de groupe. L'expert-comptable peut donc prendre connaissance de l'inventaire, du compte d'exploitation générale, du compte de pertes et profits et du bilan des entreprises entrant dans la consolidation (Soc. 6 déc. 1994). En cas d'OPA ou d'Offre publique d'échange (OPE), le chef de l'entreprise dominante doit en informer immédiatement le comité de groupe selon la même procédure que pour le CE (L. 2332-2).

Enfin, un CE peut être institué entre plusieurs sociétés constituant une UES à l'intérieur d'un groupe plus important (Soc. 30 mai 2001).

Comité d'entreprise européen

Objet. Une entreprise de dimension communautaire européenne emploie au moins 1 000 salariés dans les États membres, dont au moins 150 dans chacun de deux de ces États. Dans ces entreprises ou groupes doit être créé un comité d'entreprise européen (CEE) ou une procédure d'information et de consultation (L. 2341-1 et s., L. 439-6 à 24, directive du 22 sept. 1994, réformée par la nouvelle directive du 6 mai 2009 transposée dans le Code du travail par l'ordonnance du 20 oct. 2011).

Environ 820 CEE seraient en fonction (sur les 2 200 potentiels), couvrant environ 36 % des salariés éligibles (14 millions), les CEE ayant surtout été mis en place dans les très grandes entreprises.

Principe. La constitution d'un comité ou l'établissement d'une procédure passe par la mise en place d'un groupe spécial de négociation (GSN) pour parvenir à un accord en vue de mettre en place un comité ou une procédure (L. 2342-1 et s.). Un devoir d'information pèse sur les employeurs (chef d'une entreprise ou de l'entreprise dominante ou d'une entreprise appartenant à un groupe d'entreprises de dimension communautaire ou chef d'un établissement d'une entreprise de dimension communautaire, ou en l'absence de représentant en France désigné, le chef de l'établissement de l'entreprise de dimension communautaire ou le chef de l'entreprise dominante du groupe d'entreprises de dimension communautaire) qui doivent obtenir et transmettre aux salariés et à leurs représentants des informations indispensables à l'ouverture des négociations (notamment des informations relatives à la structure de l'entreprise ou du groupe et à ses effectifs) (L. 2342-3).

Le chef de l'entreprise ou de l'entreprise dominante du groupe d'entreprises de dimension communautaire informe de la composition du GSN et du début des négociations les chefs des établissements de l'entreprise ou les chefs des entreprises du groupe d'entreprises de dimension communautaire et les organisations européennes de salariés et d'employeurs consultées par la Commission européenne. Avant et après les réunions avec le chef de l'entreprise ou de l'entreprise dominante du groupe d'entreprises de dimension communautaire, le GSN peut se réunir, avec les moyens nécessaires et adaptés à la communication entre ses membres, hors la présence des représentants du chef de l'entreprise ou de l'entreprise dominante du groupe d'entreprises de dimension communautaire (L. 2342-5). Le GSN peut être assisté d'experts de son choix parmi lesquels peuvent figurer des représentants des organisations européennes de salariés (L. 2342-7).

CEE institué par accord. Le GSN conclut un accord qui détermine (L. 2342-9) les entreprises couvertes, la composition du CEE (nombre de membres, répartition des sièges permettant de prendre en compte le besoin de représentation équilibrée des salariés selon les activités, les catégories de salariés et le sexe, la durée des mandats), les attributions et les modalités d'information-consultation (*infra*), les modalités de l'articulation entre l'information et la consultation du CEE et celles des autres IRP, le lieu, la fréquence et la durée des réunions, les moyens alloués, le cas échéant la composition, les modalités de désignation, les attributions et les modalités de réunion du bureau du CEE et les règles d'administration de l'accord (date d'entrée en vigueur, durée et procédure de renégociation).

Les membres du CEE sont désignés pour un premier mandat de quatre ans (L. 2344-2, L. 2343-18). La composition du CEE ne peut être modifiée en fonction des résultats d'élections postérieures à sa mise en place (Soc. 21 janv. 2009). Ils bénéficient sans perte de salaire des formations nécessaires à l'exercice de leur mandat dans des conditions déterminées par l'accord (L. 2342-10-2).

« CEE légal ». Si le chef de l'entreprise dominante refuse de mettre en place un GSN ou d'ouvrir les négociations dans les six mois qui suivent la demande qui lui en est faite, par des salariés ou leurs représentants, ou encore si la négociation n'aboutit pas dans un délai de trois ans, un CEE doit être mis en place selon des dispositions subsidiaires (L. 2343-1, L. 439-12 ; R. 2344-1 précisant les modalités de représentation proportionnelle des salariés des différents États). Composition, fonctionnement, attributions et moyens à disposition sont alors fixés par la loi (à défaut d'avoir été librement déterminés par la négociation – L. 2343-2 et s.).

Contentieux (mise en place). Les contestations relatives à la désignation des membres du GSN et des représentants au CEE des salariés des établissements ou des entreprises implantés en France sont portées devant le TI du siège de l'entreprise ou de la filiale française dominante du groupe d'entreprises de dimension communautaire (L. 2344-7, R. 2344-3, L. 439-19-1) ; le jugement est susceptible d'appel (Soc. 24 sept. 2008).

Attributions. Le CEE est compétent pour les « questions transnationales » à savoir les questions concernant soit l'ensemble de l'entreprise ou du groupe d'entreprises de dimension communautaire, soit au moins deux établissements ou entreprises du groupe situés dans deux des États (L. 2341-8).

Les règles d'information et consultation, dont est débiteur l'employeur (le chef de l'entreprise ou de l'entreprise dominante du groupe d'entreprises de dimension communautaire ou tout autre niveau de direction plus approprié) sont précisées :

– L'information consiste à transmettre des données aux représentants des salariés afin de permettre à ceux-ci de prendre connaissance du sujet traité et de l'examiner. L'information s'effectue à un moment, d'une façon et avec un contenu appropriés, qui permettent notamment aux représentants des salariés de procéder à une évaluation en profondeur de l'incidence éventuelle de ces données et de préparer, le cas échéant, des consultations avec le chef de l'entreprise (L. 2341-7).

– La consultation consiste à organiser un échange de vues et à établir un dialogue avec les représentants des salariés à un moment, d'une façon et avec un contenu qui permettent à ceux-ci d'exprimer, sur la base des informations fournies et dans un délai raisonnable, un avis concernant les mesures faisant l'objet de la consultation, qui peut être pris en compte au sein de l'entreprise ou du groupe d'entreprises de dimension communautaire, sans préjudice des responsabilités de l'employeur (L. 2341-6).

De manière dérogatoire, l'employeur qui lance une offre publique d'acquisition portant sur le capital d'une entreprise n'est pas tenu de saisir le CEE préalablement à ce lancement. Il réunit le CEE dans le délai le plus rapproché suivant la publication de l'OPA permettant la présence effective de ses membres en vue de leur transmettre des informations écrites et précises sur le contenu de l'offre et sur les conséquences en matière d'emploi qu'elle est susceptible d'entraîner (L. 2341-11).

Fonctionnement. Le CEE se réunit au moins une fois par an. La réunion porte notamment sur :

- la structure de l'entreprise ou du groupe d'entreprises ;
- sa situation économique et financière ;
- l'évolution probable de ses activités ;
- la production et les ventes ;
- la situation et l'évolution probable de l'emploi ;
- les investissements ;
- les changements substantiels concernant l'organisation, l'introduction de nouvelles méthodes de travail ou de nouveaux procédés de production ;
- les transferts de production ;
- les fusions ;
- la réduction de la taille ou la fermeture d'entreprises, d'établissements ou de parties importantes de ceux-ci ;
- les licenciements collectifs.

Les membres du CEE institué par accord informent les représentants du personnel des établissements ou des entreprises d'un groupe d'entreprises de dimension communautaire ou, à défaut de représentants, l'ensemble des salariés de la teneur et des résultats de la procédure d'information et de consultation mise en œuvre, dans le respect des dispositions relatives au secret professionnel et à l'obligation de discrétion (L. 2342-10-1).

Lorsque surviennent des circonstances exceptionnelles affectant considérablement les intérêts des salariés, notamment en cas de délocalisation, de fermeture d'entreprises ou d'établissements ou encore de licenciements collectifs, le CEE en est informé. Le bureau du CEE ou le CEE se réunit à sa demande avec l'employeur afin d'être informé et consulté sur les mesures affectant considérablement les intérêts des salariés. Cette réunion a lieu dans les meilleurs délais, à partir d'un rapport établi par le chef d'entreprise. Un avis peut être émis à l'issue de la réunion ou dans un délai raisonnable sur ce rapport. Cette réunion ne porte pas atteinte aux prérogatives du chef d'entreprise.

Si des modifications significatives interviennent dans la structure de l'entreprise ou du groupe d'entreprises de dimension communautaire, soit en l'absence de dispositions prévues par le ou les accords en vigueur, soit en cas de conflits entre les dispositions de deux ou plusieurs accords applicables, le chef de l'entreprise ou de l'entreprise dominante du groupe d'entreprises de dimension communautaire engage les négociations avec un GSN et des représentants des CEE (L. 2341-10).

Contentieux (fonctionnement). Cependant, le défaut de respect des attributions consultatives du CEE, de leur « effet utile », est sanctionné par la suspension de la décision de l'employeur (cf. CA Versailles 7 mai 1997, Renault, fermeture d'un établissement à Vilvorde, en Belgique). Dans l'affaire GDF-Suez, le juge judiciaire a suspendu la fusion entre les deux entreprises au regard de l'insuffisante information du CEE sur la dimension européenne du projet, « *les procédures de consultation du comité d'entreprise et du comité européen d'entreprise n'ayant pas le même objet, ni le même champ d'application, les renseignements fournis lors de la réunion du CE n'assurent pas nécessairement une complète information du CEE* » (Soc. 16 janv. 2008, rejetant le pourvoi de GDF c/ CA Paris, 21 nov. 2006).

Articulation entre procédures. La question de l'articulation, notamment dans le temps, entre la consultation du CEE et du CE français n'est pas encore clairement tranchée (exemple : CA Metz, réf., 21 avril 2009, Sté Continental « *L'ordre des consultations n'est pas prescrit et peut donc se réaliser dans n'importe quel ordre ou de manière concomitante* »).

Lorsqu'un CEE est mis en place, les conditions de fonctionnement, voire la suppression du comité de groupe français, peuvent être décidées par accord, dont l'entrée en vigueur est subordonnée à l'accord de ce comité. Il y a alors en quelque sorte fusion des deux comités, qui doit cependant assurer le maintien des attributions et des moyens de fonctionnement du comité de groupe français (L. 2345-2, L. 439-24).

Société européenne (SE)

Une entreprise ayant notamment un statut de société anonyme, implantée dans au moins deux États de l'UE, peut adopter le statut de société européenne (SE), société anonyme par action de droit communautaire, et bénéficier d'un nouveau cadre juridique unique à partir d'une seule personne morale pour ses activités transfrontalières dans l'UE (gestion directe d'établissements et non plus de filiales, mobilité facilitée notamment en matière de transfert du siège social, etc.).

Pour pouvoir être immatriculée et bénéficier de ces avantages, notamment fiscaux, la société doit conclure un accord collectif sur « l'implication des travailleurs dans la société européenne » (L. 2351-1,

D. 2351-1, R. 439-4 et s. ; règlement et directive du 8 oct. 2001). Les textes s'inspirent des modalités prévues pour la mise en place du CEE (constitution d'un GSN, etc.). L'accord détermine le champ d'intervention, les attributions et le fonctionnement de l'organe de représentation des travailleurs. À défaut d'accord, la loi institue un « comité de la société européenne ».

L'objectif est de permettre dans chaque société européenne la mise en place et le fonctionnement d'une instance européenne de représentation disposant d'attributions renforcées, au regard du CEE. Cette instance, suivant les dispositions de l'accord, doit permettre l'implication des travailleurs dans la SE, c'est-à-dire :

- l'information : fournie par l'organe dirigeant de la société européenne à l'organe représentant les salariés, selon des modalités permettant aux représentants des salariés d'en évaluer l'incidence éventuelle et, le cas échéant, de préparer des consultations avec l'organe compétent de la SE.
- la consultation : dialogue et échange de vues entre l'organe représentant les salariés et l'organe compétent de la SE selon des modalités permettant aux représentants des salariés d'exprimer un avis sur les mesures envisagées par l'organe compétent, pouvant être pris en considération dans le cadre du processus décisionnel au sein de la SE.
- la participation : influence exercée par l'organe représentant les salariés sur les affaires de la SE, notamment par l'élection de membres de l'organe de surveillance ou d'administration (L. 2351-6, L. 439-25).

Au niveau européen, environ 40 sociétés ont déjà constitué une SE (exemple : accord du 14 mai 2007 relatif à la société Scar).

Sociétés coopératives européennes. Des dispositions existent également pour l'implication des salariés dans les sociétés coopératives européennes (directive du 22 juill. 2003, loi du 30 janv. 2008, décrets du 7 mai 2008).

Sanctions

Sanction pénale. L'entrave à la constitution d'un CE, à la libre désignation de ses membres ou à son fonctionnement régulier constitue un délit (L. 2328-1). Il en va de même pour l'entrave à la désignation des membres du comité de groupe et à son fonctionnement régulier (L. 2335-1), au groupe spécial de négociation et au comité d'entreprise européen (L. 2346-1). Le délit d'entrave est réprimé d'un emprisonnement d'un an et d'une amende de 3 750 €.

Les infractions sont constatées par l'inspecteur du travail, qui dresse un procès-verbal. Les poursuites peuvent aussi être déclenchées par le syndicat (citation directe de l'employeur devant le Tribunal correctionnel, plainte, avec constitution de partie civile). L'entrave est punissable, quelles que soient ses conséquences et même, donc, si elle n'en a eu aucune.

Le délit d'entrave est une infraction instantanée à laquelle le repentir de l'employeur est indifférent, c'est-à-dire que l'infraction existe, même si, ultérieurement, la situation a été régularisée (Crim. 6 janv. 2004).

Le délai de prescription du délit d'entrave est de trois ans. Il peut notamment être le fait de l'employeur ou de la personne à laquelle ce dernier a délégué ses pouvoirs (à la condition qu'il n'ait pas participé personnellement à la réalisation de l'infraction, Crim. 20 mai 2003).

Il existe une abondante jurisprudence de la Cour de cassation (chambre criminelle) sur le délit d'entrave. Il peut être relevé notamment à l'occasion de la mise en place des institutions et de la désignation de représentants du personnel : l'employeur retarde par son inertie l'organisation des élections, mute un candidat dans un autre établissement, met en place une délégation unique du personnel sans consultation du CE (Crim. 6 févr. 2007), etc.

L'entrave peut aussi être apportée à l'exercice des fonctions : l'employeur omet de réunir régulièrement le CE, de convoquer aux séances du comité un suppléant ou un représentant d'un syndicat représentatif dans l'entreprise, impose un contrôle *a priori* sur les déplacements des délégués, s'oppose à l'affichage de leurs communications, leur refuse la communication d'un document, tel un rapport d'inspection sur le fonctionnement de l'établissement (Crim. 3 juin 2003) ou, concernant la modulation de la durée du travail, ne donne pas au comité une information écrite et individualisée par salarié (Crim. 19 févr. 2005), ou encore omet de consulter le CE sur une mesure qu'il envisage de prendre, par exemple sur l'instauration d'horaires de travail individualisés (Crim. 16 sept. 2003), compromet le fonctionnement du CCE (Crim. 15 mai 2007), ou encore ne transmet pas des documents obligatoires, annule sans motif des réunions, ne respecte pas ses obligations concernant la subvention de fonctionnement (Crim. 23 oct. 2007), etc.

Sanction civile. La saisine du juge civil est parfois privilégiée par les organisations syndicales représentatives. En effet, le juge civil (TGI), notamment en référé, peut suspendre une décision de l'employeur tant que celui-ci n'a pas consulté de manière régulière l'IRP compétente (CE, comité de groupe, CEE, suivant les cas) ou ordonner à l'employeur d'accomplir une obligation (TGI Paris 23 janv. 2008, GDF ; CA Paris, 31 juill. 2009, projet de fusion des groupes Caisses d'Épargne et Banques populaires suspendu pour défaut d'information suffisante du CE). Les procédures et les sanctions civiles semblent alors plus « *efficaces* » (cf. Soc. 16 janv. 2008, préc.).

Ainsi, cette jurisprudence a précisé les points sur lesquels le CE doit être consulté et a complété les indications souvent générales données dans la loi.

CHAPITRE XXI

Comité d'hygiène, de sécurité et des conditions de travail et droit d'expression des salariés

Dans l'entreprise, sur les lieux de travail, les risques auxquels sont exposés les salariés doivent être évalués et des mesures préventives appropriées mises en œuvre et l'amélioration des conditions de travail assurée.

Des représentants du personnel sont associés à cette politique, en vue de l'« adaptation du travail à l'homme ». Le comité d'hygiène, de sécurité et des conditions de travail (CHCST), véritable forum de la santé des travailleurs dans l'entreprise, bénéficie de moyens d'action importants pour remplir ses missions, de plus en plus souvent perçues comme essentielles, dès lors qu'il est mis en place.

Les salariés bénéficient aussi du droit de s'exprimer collectivement et directement sur leurs conditions de travail.

Comité d'hygiène, de sécurité et des conditions de travail

A. Champ d'application

Établissement d'au moins 50 salariés. Un CHSCT est constitué dans tout établissement (L. 4611-1, L. 236-1), lorsque l'effectif d'au moins 50 salariés a été atteint pendant 12 mois, consécutifs ou non, au cours des trois années précédentes. L'effectif est calculé suivant les mêmes modalités que pour les DP.

À défaut de CHSCT dans ces établissements, les DP exercent les mêmes missions que les CHSCT avec leurs moyens.

Entreprise de moins de 50 salariés. Les entreprises de moins de 50 salariés peuvent se regrouper en vue de la constitution d'un CHSCT (L. 4611-6, L. 236-1, al. 5). L'inspecteur du travail peut imposer la création d'un CHSCT dans les établissements de moins de 50 salariés si cette mesure est nécessaire, notamment en raison de la nature des travaux, de l'agencement ou de l'équipement des locaux (L. 4611-4, L. 236-1, al. 3).

En dehors de ces cas, les missions conférées au CHSCT sont exercées par les DP, mais avec leurs moyens habituels.

Établissement de plus de 500 salariés. Dans les établissements occupant au moins 500 salariés, le CE détermine, en accord avec l'employeur, le nombre de CHSCT qui doivent être constitués, eu égard à la nature, la fréquence et la gravité des risques, aux dimensions et à la répartition des locaux, au nombre de travailleurs occupés dans les locaux, ainsi qu'aux modes d'organisation du travail et les mesures de coordination des différents CHSCT. En cas de désaccord, le nombre de CHSCT distincts et les mesures de coordination sont fixés par l'inspecteur du travail.

BTP. Dans le bâtiment et les travaux publics, activités à haut risque, existe un organisme paritaire, l'Organisme professionnel de prévention du bâtiment et des travaux publics (OPPBTP), qui met en œuvre une politique de prévention adaptée à la branche et auquel toutes les entreprises de la branche doivent s'affilier. Les entreprises occupant 50 salariés au moins demeurent tenues de mettre en place un CHSCT (L. 4611-5, L. 236-1, 6e al.). Si aucun établissement n'atteint l'effectif requis, l'UT (DIRRECTE) peut en imposer la mise en place.

Autres secteurs à risques particuliers. Des règles particulières existent également dans les établissements de santé, sociaux et médico-sociaux (L. 4621-1) et dans les établissements comportant une installation soumise à autorisation ou une installation nucléaire (R. 4612-3).

B. Composition et désignation

Le CHSCT comprend une délégation du personnel, qui compte un nombre de salariés en fonction de l'effectif de l'entreprise (R. 4613-1, R. 236-1) :

- jusqu'à 199 salariés : 3 salariés, dont 1 cadre ou agent de maîtrise ;
- de 200 à 499 salariés : 4 salariés, dont 1 cadre ou agent de maîtrise ;
- de 500 à 1 499 salariés : 6 salariés, dont 2 cadres ou agents de maîtrise ;
- à partir de 1 500 salariés : 9 salariés, dont 3 cadres ou agents de maîtrise.

Le secrétaire du CHSCT est choisi parmi les représentants du personnel au sein de ce comité. L'employeur est le président du CHSCT.

Les membres de la délégation du personnel sont désignés par un collège constitué par les membres élus du CE ou comité d'établissement et les DP (L. 4613-1, L. 236-5, al. 1). Seuls votent les titulaires (et tout suppléant remplaçant un titulaire). L'employeur doit convoquer à la fois les titulaires et les suppléants (Soc. 17 mars 1998) au moins

15 jours avant l'expiration du mandat, dont la durée est de deux ans (R. 4613-5, R. 236-7). En l'absence d'une des deux institutions (DP ou CE), le collège est valablement constitué par les élus de l'institution existante.

L'inspecteur du travail peut accorder une dérogation aux règles de répartition des sièges « *en cas de disproportion manifeste entre les effectifs de chaque catégorie et leur représentation* » au CHSCT (CE 2 juill. 2007).

Le mandat de membre du CHSCT est cumulable avec les autres mandats représentatifs. Il n'est pas prévu de suppléant.

L'employeur transmet à l'inspecteur du travail le procès-verbal de la réunion de ce collège. La liste nominative des membres de chaque CHSCT est affichée dans les locaux affectés au travail et indique l'emplacement de travail habituel de chacun.

Aucune condition n'est imposée pour l'éligibilité, pas même de capacité électorale (Soc. 9 juill. 1996). Tout salarié de l'établissement peut être élu, même s'il exerce des fonctions itinérantes (Soc. 4 mars 2009), voire tout salarié d'une entreprise extérieure, qui travaille dans l'établissement (par exemple une démonstratrice, Soc. 14 déc. 1999).

Les représentants du personnel au CHSCT sont élus au scrutin de liste, avec représentation proportionnelle à la plus forte moyenne, à un tour (Soc. 30 oct. 2001).

Le TI statue, en dernier ressort, sur les contestations relatives à la délégation des représentants du personnel au CHSCT, dans les 15 jours qui suivent la désignation du candidat (R. 4613-11, Soc. 18 févr. 2004). Toute candidature constitue une liste (Soc. 12 mars 2008).

Assistent en outre aux séances du CHSCT avec voix consultative :

- s'il existe, le chef du service de sécurité et des conditions de travail ou, à défaut, l'agent chargé de la sécurité et des conditions de travail, qui peut s'exprimer lors des réunions et même formuler des critiques (CA Paris, 25 mars 2004, Radio France).
- dans les établissements occupant plus de 300 salariés, un représentant syndical, désigné par chaque organisation représentative présente, parmi le personnel de l'établissement concerné (ANI du 17 mars 1975, étendu par un arrêté du 12 janv. 1996).
- le médecin du travail.
- l'inspecteur du travail.
- l'agent du service de prévention de la CARSAT.

C. Attributions

De façon générale, la mission du CHSCT est de :

- contribuer à la protection de la santé physique et mentale et de la sécurité des travailleurs de l'établissement et de ceux mis à sa disposition par une entreprise extérieure, y compris les travailleurs temporaires.

- contribuer à l'amélioration des conditions de travail, notamment en vue de faciliter l'accès des femmes à tous les emplois et de répondre aux problèmes liés à la maternité.
- veiller à l'observation des prescriptions législatives et réglementaires prises en ces matières (L. 4612-1, L. 236-2).

Lors des visites de l'inspecteur ou du contrôleur du travail, les représentants du personnel au CHSCT sont informés de sa présence par l'employeur et peuvent présenter leurs observations.

Le CHSCT contribue à la promotion de la prévention des risques professionnels dans l'établissement et suscite toute initiative qu'il estime utile dans cette perspective. Il peut notamment proposer des actions de prévention du harcèlement (moral, sexuel/sexiste, homophobe, racial, handiphobe, etc.). Le refus de l'employeur est motivé.

Le CHSCT procède à l'analyse des risques professionnels auxquels peuvent être exposés les travailleurs de l'établissement, notamment les femmes enceintes, et à l'analyse des conditions de travail (en particulier dans le cadre de l'évaluation).

D. Moyens de fonctionnement

1. *Réunions*

Le CHSCT se réunit au moins tous les trimestres ou plus fréquemment en cas de besoin, notamment dans les branches d'activité à haut risque. Il est également réuni à la suite de tout accident ayant entraîné ou ayant pu entraîner des conséquences graves ou à la demande motivée de deux de ses membres représentants du personnel (L. 4614-10, L. 236-2-1).

L'ordre du jour, établi par le président et le secrétaire, est communiqué aux membres du CHSCT et à l'inspecteur du travail, 15 jours au moins avant la date fixée pour chaque réunion, sauf urgence (R. 4614-3, R. 236-8). Le CHSCT ne peut valablement délibérer que sur un sujet en lien avec une question inscrite à l'ordre du jour (la délibération du CHSCT portant sur la désignation d'un expert est nulle quand cette question n'a pas été inscrite au préalable, Soc. 29 janv. 2008).

Le CHSCT procède, à intervalles réguliers, à des inspections, dont la fréquence est au moins égale à celle des réunions ordinaires du comité (une inspection avant chaque réunion au minimum).

2. *Informations*

L'employeur fournit au CHSCT les informations nécessaires pour l'exercice de ses missions (rapports des organismes agréés, etc.).

Les membres du comité sont tenus à une obligation de discrétion, à l'égard des informations présentant un caractère confidentiel et données comme telles par l'employeur, et au secret professionnel pour tout ce qui touche aux procédés de fabrication (L. 4614-9, L. 236-3).

L'employeur ne doit pas faire un usage abusif de cette obligation de discrétion en qualifiant trop largement les informations qu'il communique (notamment sur ses projets) de confidentielles, ce qui aurait pour effet de paralyser les possibilités d'intervention des membres du CHSCT.

3. *Moyens matériels*

Le CHSCT reçoit de l'employeur les moyens nécessaires à l'exercice de ses missions (L. 4614-9, L. 236-3), en ce qui concerne notamment la préparation et l'organisation des réunions et les déplacements (enquêtes, inspections, etc.), par exemple les frais d'hôtel et de repas, en raison de l'heure de la réunion et du temps de trajet (Soc. 5 oct. 1999).

4. *Consultations*

Le CHSCT est obligatoirement consulté par l'employeur dans plusieurs situations.

D'une part, au moins une fois par an, l'employeur présente au CHSCT :

– un rapport annuel écrit faisant le bilan de la situation générale de la santé, de la sécurité et des conditions de travail dans son établissement et des actions menées au cours de l'année écoulée dans ces domaines, notamment en ce qui concerne le travail de nuit.
– un programme annuel de prévention des risques professionnels et d'amélioration des conditions de travail. Ce programme fixe la liste détaillée des mesures devant être prises au cours de l'année à venir, ainsi que, pour chaque mesure, ses conditions d'exécution et l'estimation de son coût (L. 4612-16, L. 236-4). Ce programme s'appuie en particulier sur le document unique d'évaluation.

Le CHSCT émet un avis sur le rapport et sur le programme. Il peut proposer un ordre de priorité et l'adoption de mesures supplémentaires. Lorsque certaines des mesures prévues par l'employeur ou demandées par le comité n'ont pas été prises au cours de l'année concernée par le programme, l'employeur doit énoncer les motifs de cette inexécution, en annexe au rapport annuel. Il transmet pour information le rapport et le programme au CE (ou comité d'établissement), accompagnés de l'avis du CHSCT.

D'autre part, le CHSCT doit être consulté avant toute décision d'aménagement « important » modifiant les conditions de santé et de sécurité ou les conditions de travail, et notamment avant toute transformation importante des postes de travail, découlant de la modification de l'outillage, d'un changement de produit ou de l'organisation du travail, avant toute modification des cadences et des normes de productivité liées ou non à la rémunération du travail (Crim. 11 juin 2002, instauration de nouvelles règles de sécurité). Ainsi, le CHSCT doit être consulté au sujet des entretiens d'évaluation annuelle des salariés (Soc. 28 nov. 2007, Mornay ; TGI Nanterre, 5 sept. 2008, Sté Wolters

Kluwer France, la société ne peut pas demander un avis sur un projet insuffisamment abouti ; TGI réf., Rouen, 15 oct. 2009). En cas de projet de regroupement de sites, « *en l'absence d'un CHSCT unique compétent pour l'ensemble des sites concernés, le projet qui excède nécessairement les prérogatives de chacun des CHSCT impose la consultation de tous les CHSCT territorialement compétents pour ces sites* », la seule consultation du CHSCT du site d'accueil n'est pas suffisante et permet aux autres CHSCT d'agir pour obtenir la suspension du projet (Soc. 30 juin 2010, PBR).

Enfin, le CHSCT est consulté dans de nombreuses autres circonstances : sur l'introduction de nouvelles technologies (L. 4612-9 et 10), l'aménagement des postes de travail pour les travailleurs handicapés (L. 4612-11), les documents se rattachant à sa mission (L. 4612-12), le règlement intérieur, etc., et plus généralement sur toute question de sa compétence dont il est saisi par l'employeur, le CE ou les DP.

La consultation du CHSCT doit parfois être articulée avec celle du CE. L'avis du CE est alors subordonné à l'avis du CHSCT, notamment en cas de réorganisation au regard des conséquences sur les conditions de travail (CA Paris, 13 mai 2009, France Télécom RSI ; TGI Paris, réf., 12 mai 2009).

5. *Enquêtes*

Le CHSCT réalise des enquêtes, notamment en cas d'accident du travail ou de maladie professionnelle ou à caractère professionnel (maladie qui, sans figurer sur la liste des maladies professionnelles, est pourtant d'origine professionnelle). Ces enquêtes sont effectuées par une délégation comprenant au moins l'employeur (ou son représentant) et un représentant du personnel au CHSCT.

6. *Droit d'alerte pour danger grave et imminent*

Si un représentant du personnel au CHSCT constate qu'il existe une cause de danger grave et imminent, notamment par l'intermédiaire d'un travailleur (en particulier quand celui-ci a mis en œuvre son droit de retrait), il déclenche un droit d'alerte. Il en avise immédiatement l'employeur ou son représentant. Cet avis, écrit, daté et signé, est consigné sur un registre spécial, coté, ouvert au timbre du comité, et indique les postes de travail concernés, la nature et la cause du danger, les noms des travailleurs exposés (L. 4131-2, D. 4132-1, L. 231-9, R. 236-9). Ce registre doit être tenu sous la responsabilité de l'employeur à la disposition des représentants du personnel au CHSCT.

L'employeur est tenu de procéder « immédiatement » à une enquête avec le représentant du CHSCT qui lui a signalé le danger et de prendre les dispositions nécessaires pour y remédier – il donne les instructions nécessaires pour permettre aux travailleurs d'arrêter leur activité et de se mettre en sécurité en quittant immédiatement le lieu de travail.

En cas de divergence sur la réalité du danger ou la façon de le faire cesser, notamment par arrêt du travail, de la machine ou de l'installation, le CHSCT est réuni d'urgence, dans un délai n'excédant pas 24 heures. L'employeur est tenu d'informer immédiatement l'inspecteur du travail et l'agent de prévention de la CARSAT, qui peuvent assister à la réunion du CHSCT.

À défaut d'accord entre l'employeur et la majorité du CHSCT sur les mesures à prendre et leurs conditions d'exécution, l'inspecteur du travail est saisi « immédiatement » par l'employeur. L'inspecteur du travail met en œuvre, le cas échéant, soit la procédure de mise en demeure, soit la saisine du juge des référés, soit dans certains cas l'arrêt des travaux en cause.

7. *Recours à l'expertise*

Risque grave. Le CHSCT peut faire appel à un expert lorsqu'un risque « grave » est constaté dans l'établissement, que ce risque soit ou non révélé par un accident du travail ou une maladie professionnelle ou à caractère professionnel. Ainsi, un CHSCT peut faire appel à un expert notamment en ce qui concerne les risques dits psychosociaux liés à des souffrances au travail (CA Paris, 2 oct. 2008, IBM ; CA Paris, 23 mars 2006 et 31 mars 2006). « *La situation de souffrance au travail (...) constitue un risque grave (...) dès lors qu'elle peut engendrer des réactions anxiogènes susceptibles de mettre gravement en danger psychologique les salariés (...)* » ; la désignation d'un expert vise notamment à « *analyser les situations de travail et l'aménagement des espaces, évaluer l'implication de l'organisation du travail sur les risques professionnels et psychosociaux, établir un diagnostic de leurs effets sur les conditions de travail et sur la santé physique des salariés, et d'aider le CHSCT à avancer des propositions de prévention des risques professionnels et d'amélioration les conditions de travail dans ce contexte* » (CA Paris, soc., 23 juin 2010, CHSCT La Cinémathèque française).

Projet important. Le CHSCT peut également faire appel à un expert en cas de projet « important » modifiant les conditions de santé et de sécurité ou les conditions de travail (L. 4614-12, R. 4614-6, L. 236-9). Il en est ainsi dès lors qu'existe un projet « important » par ses conséquences sur la santé et la sécurité ou les conditions de travail (Soc. 16 sept. 2008, SNCF, « *le projet (...) modifiait de façon significative les tâches et l'organisation et les cadences de travail, ce dont il résultait que le projet était important* » ; Soc. 14 févr. 2001 ; CA Paris, 31 mai 2000 ; Soc. 24 oct. 2000, aménagement du temps de travail).

Objectif et modalités. Le CHSCT détermine l'étendue de la mission de l'expert (son rapport devra éclairer le CHSCT pour lui permettre de formuler notamment un avis). Le diagnostic réalisé par l'expert est une aide à la prise de décision pour le CHSCT ; cette expertise est réalisée dans un délai d'un mois, délai qui peut être prolongé jusqu'à 45 jours (R. 4614-18).

L'expert est choisi par le CHSCT sur une liste fixée par arrêté ministériel ; l'employeur ne peut pas contester la compétence technique de l'expert, dès lors que celui-ci est agréé (Soc. 8 juill. 2009). L'employeur ne peut s'opposer à l'entrée de l'expert dans l'établissement et doit lui fournir les informations nécessaires à l'exercice de sa mission. L'expert est tenu à la même obligation de discrétion et de secret que les membres du CHSCT (L. 4614-13, L. 236-9).

En cas de contestation de l'employeur relative à la nécessité de recourir à un expert, sur le choix de celui-ci, sur le coût, l'étendue ou le délai de l'expertise, la décision est prise par le président du TGI statuant en urgence (R. 4614-19 ; Soc. 26 juin 2001) ; l'employeur doit saisir le président du TGI dans « *un délai raisonnable* » (à défaut, il s'expose à une condamnation pour trouble manifeste illicite, TGI Clermont-Ferrand, réf., 9 févr. 2011). Les frais de l'expertise sont à la charge de l'employeur. Il en va de même des frais occasionnés par un contentieux éventuel dès lors qu'aucun abus du CHSCT n'est établi (Soc. 25 juin 2003).

8. *Auditions*

Le CHSCT peut demander à entendre le chef d'un établissement voisin dont l'activité expose les travailleurs de son ressort à des nuisances particulières. Il est informé des suites réservées à ses observations.

Par ailleurs, le CHSCT peut faire appel à titre consultatif et occasionnel au concours de toute personne de l'établissement qui lui paraîtrait qualifiée.

9. *Heures de délégation*

Chaque représentant du personnel dispose d'un crédit individuel d'heures de délégation au moins égal à (L. 4614-3, L. 236-7) :

- 2 heures par mois pour les établissements occupant jusqu'à 99 salariés ;
- 5 heures par mois pour les établissements occupant de 100 à 299 salariés ;
- 10 heures par mois pour les établissements occupant de 300 à 499 salariés ;
- 15 heures par mois pour les établissements occupant de 500 à 1 499 salariés ;
- 20 heures par mois pour les établissements occupant 1 500 salariés et plus.

Ce temps, qui peut être dépassé en cas de circonstances exceptionnelles, est de plein droit considéré comme temps de travail et payé à l'échéance normale.

N'est pas imputé sur ce crédit d'heures le temps passé aux réunions, aux enquêtes menées après un accident du travail grave ou des incidents répétés ayant révélé un risque grave ou une maladie professionnelle ou à caractère professionnel grave ainsi qu'à la recherche de mesures préventives dans toute situation d'urgence et de gravité, notamment lorsqu'un représentant du personnel au CHSCT constate qu'il existe un danger grave et imminent et consacre du temps à cette situation. Ce temps est également de plein droit considéré comme temps de travail.

Lorsqu'il existe plusieurs CHSCT au sein d'un même établissement, le crédit d'heures attribué aux représentants du personnel est calculé en fonction de l'effectif de salariés relevant de chaque comité. Les représentants du personnel au CHSCT peuvent répartir entre eux le temps dont ensemble ils disposent. Ils en informent l'employeur.

10. Formation

Les représentants du personnel au CHSCT bénéficient de la formation nécessaire à l'exercice de leurs missions (L. 4614-14, L. 236-10). Il en va de même, lorsque n'existe pas de CHSCT, pour les DP investis des mêmes missions.

Cette formation, dispensée par des organismes agréés (R. 4614-25), a pour objet d'une part de développer leur aptitude à déceler et à mesurer les risques professionnels et leur capacité d'analyse des conditions de travail (par exemple, la méthode de l'arbre des causes pour analyser les multiples facteurs à l'origine d'un accident du travail) ; d'autre part de les initier aux méthodes et aux procédés à mettre en œuvre pour prévenir les risques professionnels et améliorer les conditions de travail.

Sauf disposition conventionnelle plus favorable, la formation initiale est de cinq jours (trois jours dans les entreprises de moins de 300 salariés). La charge financière de la formation incombe à l'employeur, sans limitation (Soc. 8 juin 1999 ; L. 4614-16, R. 4614-33).

11. Action en justice

Le CHSCT, doté de la personnalité civile (Soc. 17 avril 1991), ne peut agir en justice que pour la défense de ses intérêts propres, en tant que personne morale, notamment pour le respect de ses attributions.

Civil. Ainsi, au civil, le juge (TGI) peut suspendre une décision de l'employeur tant que le CHSCT n'a pas été régulièrement consulté dans « *l'intérêt commun des salariés* » (TGI Nanterre, réf., 8 janv. 2008, suspension d'un déménagement, défaut d'éclairage de nouveaux locaux pour une partie des salariés).

L'action en justice d'une organisation syndicale peut s'appuyer sur un rapport d'expertise que le CHSCT a fait réaliser et aboutir à la suspension d'une décision de l'employeur, par le TGI (notamment en matière d'organisation du travail, Soc. 5 mars 2008, Sté Snecma c/ Syndicat CGT Gennevilliers).

Pénal. Au plan pénal, le CHSCT doit justifier d'« *un préjudice direct et personnel* » découlant des infractions poursuivies ; tel n'est pas le cas s'agissant d'homicides et de blessures involontaires subis par des tiers (Crim. 11 oct. 2005, Établissement sol CDG Roissy Sté Air France).

Le fait de porter atteinte ou de tenter de porter atteinte soit à la constitution, soit à la libre désignation des membres, soit au fonctionnement régulier du CHSCT est puni d'un emprisonnement d'un an et d'une amende de 3 750 € (L. 4742-1, L. 263-2-2) – par exemple, Crim. 14 oct. 2003, défaut de consultation, délégation de pouvoir de l'employeur inopérante ; Crim. 25 févr. 2003, employeur empêchant pendant trois mois le fonctionnement du comité.

En l'absence d'abus, les frais de procédure exposés par le CHSCT, qui n'a aucune ressource propre, doivent être pris en charge par l'employeur, même quand l'action est déclarée irrecevable (Soc. 2 déc. 2009, Sté Air France c/ CHSCT Éts sol CDG).

Droit d'expression des salariés

Les travailleurs, au cœur de l'organisation du travail, pour lesquels les conditions de travail constituent une réalité vécue quotidiennement, doivent pouvoir confronter leurs expériences et s'entendre sur des changements à proposer à l'employeur. Cette « expression des travailleurs » a été encouragée par bon nombre d'entreprises novatrices, dans de nombreux pays. La France est sans doute le seul pays où une loi ait été jugée nécessaire. Ce droit apparaît aujourd'hui bien trop peu mis en œuvre.

A. Objet

La loi du 4 août 1982, relative aux « libertés des travailleurs dans l'entreprise », prévoit que les salariés bénéficient d'un droit à l'expression directe et collective sur le contenu, les conditions d'exercice et l'organisation de leur travail (L. 2281-1, L. 461-1).

L'expression des salariés a pour objet de définir les actions à mettre en œuvre pour améliorer leurs conditions de travail, l'organisation de l'activité et la qualité de la production dans l'unité de travail à laquelle ils appartiennent et dans l'entreprise. Il s'agit d'une expression directe : les salariés ne sont pas censés présenter leurs propositions par l'intermédiaire des représentants élus ou syndicaux. Elle est aussi collective : les propositions doivent résulter d'une discussion, par exemple au sein d'un atelier ou d'un service.

B. Mise en place

La loi renvoie pour la détermination des conditions concrètes d'exercice de ce droit à la négociation collective, dans les entreprises où sont constituées une ou plusieurs sections syndicales d'organisations représentatives.

L'accord comporte des stipulations portant sur les éléments suivants :

– le niveau, le mode d'organisation, la fréquence et la durée des réunions permettant l'expression des salariés.

– les mesures destinées à assurer, d'une part la liberté d'expression de chacun, d'autre part, la transmission des demandes et des propositions à l'employeur.
– les mesures de l'employeur permettant aux salariés intéressés, aux organisations syndicales représentatives, au CE, aux DP, au CHSCT, de prendre connaissance des demandes, avis et propositions émanant des groupes ainsi que des suites qui leur sont réservées.
– les conditions spécifiques d'exercice du droit à l'expression dont bénéficie le personnel d'encadrement.

En l'absence d'accord, l'employeur est tenu d'engager, au moins une fois par an, une négociation.

Si, au contraire, un accord a été conclu, l'employeur est tenu, au moins une fois tous les trois ans, d'en examiner les résultats avec les organisations syndicales représentatives et d'engager la renégociation de l'accord si l'une de ces organisations le demande.

Lorsque la négociation n'a pas abouti à un accord ou lorsqu'il n'y a pas eu de négociation, aucun DS n'ayant été désigné dans l'entreprise, l'employeur doit obligatoirement consulter le CE ou, à défaut, les DP, sur les modalités d'exercice du droit d'expression des salariés. Cette consultation porte sur les quatre points ci-dessus. Dans les entreprises sans DS, cette consultation doit avoir lieu au moins une fois par an.

C. Fonctionnement des groupes d'expression

Le droit des salariés à l'expression s'exerce sur les lieux et pendant le temps de travail. Le temps consacré à l'expression est payé comme temps de travail (L. 2281-4, L. 461-2).

Les opinions que les salariés, quelle que soit leur place dans la hiérarchie professionnelle, émettent dans l'exercice du droit d'expression, ne peuvent motiver une sanction ou un licenciement (L. 2281-3, L. 461-1, al. 2). Cette immunité est limitée par la notion d'abus. L'exercice du droit d'expression peut « *impliquer l'utilisation de certaines* » des « *informations à usage interne* » de l'entreprise (Soc. 8 déc. 2009, PBRI, Sté Dassault Systèmes).

Un salarié n'a aucune obligation de participer aux réunions du groupe d'expression dont il fait partie et doit alors rester à son poste de travail pendant qu'elles se déroulent.

Chapitre XXII

Statut protecteur des représentants des travailleurs

Les représentants du personnel et les représentants syndicaux jouent un rôle important dans les procédures d'information et de consultation et dans les actions revendicatives (contestation, formulation de propositions alternatives, contrôle, alerte, etc.). Leurs fonctions en font des « salariés exposés », que l'employeur peut chercher à éliminer de l'entreprise. C'est pourquoi la législation prévoit une protection contre le licenciement (et autres décisions assimilées) : elle impose à l'employeur qui les envisage de respecter une procédure spéciale. Du fait de cette procédure protectrice, ces salariés sont appelés « salariés protégés ».

Ces salariés, élus ou mandatés, ces « représentants des travailleurs » (Convention OIT n° 135), bénéficient donc d'un statut protecteur. Celui-ci protège l'emploi du salarié pour assurer la protection du mandat, reçu par les salariés ou par une organisation syndicale et s'articule avec le contrat de travail. « *Les dispositions législatives… ont institué, au profit de ces salariés et dans l'intérêt de l'ensemble des travailleurs qu'ils représentent, une protection exceptionnelle et exorbitante de droit commun* » (Cass. Ch. mixte 21 juin 1974, arrêts Perrier).

L'employeur est privé de son pouvoir, préalable et unilatéral, de rupture du contrat de travail : il ne peut licencier un salarié « protégé » que s'il a obtenu préalablement une autorisation de l'inspecteur du travail. Avant de prendre sa décision (autorisation ou refus de licenciement), ce dernier doit vérifier l'absence de discrimination, la réalité du motif évoqué et s'il justifie le licenciement, le respect de la procédure de licenciement et éventuellement l'existence d'un motif d'intérêt général pour refuser.

Quelques chiffres

- Les employeurs demandent chaque année l'autorisation de licencier environ 15 000 « salariés protégés ».
- Environ 85 % de ces demandes reçoivent une autorisation des inspecteurs du travail.

À lire : H. Rose, Y. Struillou (avec M. Miné pour les deux premières éditions), *Droit du licenciement des salariés protégés*, Économica, 2010, 4e éd.

Champ d'application

A. Représentants des travailleurs

La protection spéciale couvre les représentants en fonction et, sous certaines conditions, les anciens représentants, les candidats (non élus) aux élections et les salariés ayant demandé l'organisation d'élections professionnelles. Bénéficie de la protection contre le licenciement, le salarié investi de l'un des mandats suivants (L. 2411-1) :

- 1°) DS, dès que la lettre du syndicat notifiant sa désignation a été reçue par l'employeur ou lorsque le salarié a fait la preuve que l'employeur a eu connaissance de l'imminence de sa désignation avant que le salarié ait été convoqué à l'entretien préalable (L. 2411-3, L. 412-18, al. 6) ; RSS (L. 2142-1-2).
- 2°) DP, titulaire ou suppléant (L. 2411-5, L. 425-1).
- 3°) Membre élu du CE, titulaire ou suppléant (L. 2411-8, L. 436-1).
- 4°) RS au CE (L. 2411-10, L. 436-1).
- 5°) Membre du GSN et membre du CEE (L. 2411-11, L. 439-23) ; aucune protection spécifique n'est prévue pour les membres du comité de groupe français (ceux-ci étant des représentants du personnel des entreprises constituant le groupe, ils sont protégés à ce titre).
- 6°) Membre du GSN et représentant au comité de la société européenne.
- 7°) Représentant du personnel au CHSCT (L. 2411-13, L. 236-11).
- 8°) Représentant du personnel d'une entreprise extérieure, désigné au CHSCT d'un établissement comprenant au moins une « installation classée » (L. 2411-14).
- 9°) Membre d'une commission paritaire d'hygiène, de sécurité et des conditions de travail en agriculture (L. 2411-15).
- 10°) Salarié mandaté, dans les entreprises dépourvues de DS, à partir du moment où l'employeur a eu connaissance de l'imminence de leur désignation et jusqu'à la fin de la période de douze mois après la signature de l'accord ou, à défaut, la fin du mandat ou de la négociation (L. 2411-4, L. 132-26).
- 11°) Représentant des salariés lors d'un redressement ou d'une liquidation judiciaire (L. 2411-16, art. 228 de la loi du 25 janv. 1985 modifiée – L. 627-5 du Code de commerce) ; la protection est limitée à la durée de leur mandat (Soc. 1er mars 2005).
- 12°) Représentant des salariés au conseil d'administration ou de surveillance des entreprises du secteur public (art. 29 de la loi du 26 juill. 1983, L. 2411-17).

- 13°) Membre du conseil ou administrateur d'une caisse de Sécurité sociale (L. 2411-18).
- 14°) Membre du conseil d'administration d'une mutuelle (L. 2411-19).
- 15°) Représentant des salariés dans une chambre d'agriculture (L. 2411-20).
- 16°) Conseiller du salarié (L. 2411-21, L. 122-14-16), inscrit sur une liste départementale, « *à compter du jour où cette liste est arrêtée dans le département par le préfet (...), indépendamment des formalités de publicité prévues* » (Soc. 22 sept. 2010).
- 17°) Conseiller prud'hommes, « *à compter de la proclamation des résultats des élections le lendemain du jour du scrutin* » (Soc. 22 sept. 2010), et les anciens conseillers prud'hommes ayant cessé leurs fonctions depuis moins de six mois et les candidats, pendant les six mois qui suivent la publication des listes électorales ou lorsque le salarié fait la preuve que l'employeur a eu connaissance de l'imminence de sa candidature (L. 2411-22, L. 514-2 ; Soc. 25 avril 2007).

Les anciens représentants protégés sont ceux ayant exercé l'une des fonctions énumérées ci-dessus. Ils sont protégés pendant les six mois qui suivent l'expiration de leur mandat, à l'exception des anciens délégués syndicaux qui sont protégés pendant 12 mois s'ils ont exercé leurs fonctions pendant un an au moins. Pour les anciens représentants syndicaux au CE, cette protection ne joue que s'ils ont exercé leurs fonctions pendant deux ans au moins.

Les candidats non élus aux fonctions de DP (titulaire ou suppléant) ou de membre du CE (titulaire ou suppléant), sont également protégés, qu'il s'agisse de candidats au premier tour ou, le cas échéant, de ceux qui n'ont été candidats qu'au second tour. La période de protection est de six mois et court à partir de l'envoi par lettre recommandée à l'employeur des listes de candidatures (L. 2411-7, L. 425-1, al. 7, et L. 2411-10, L. 436-1, al. 3). La même procédure s'applique lorsque le salarié a fait la preuve que l'employeur a eu connaissance de l'imminence de sa candidature, avant que le candidat ait été convoqué à l'entretien préalable au licenciement.

En vue de faciliter la mise en place des IRP, bénéficie de la protection le salarié qui a demandé à l'employeur d'organiser des élections de DP ou au CE. Mais la protection ne peut bénéficier qu'à un seul salarié par organisation syndicale ainsi qu'au premier salarié, non mandaté par une organisation syndicale, qui a demandé l'organisation des élections. La durée de la période de protection est de six mois, à compter de l'envoi à l'employeur de la demande (par lettre recommandée) par une organisation syndicale (L. 2411-6, L. 423-18 et L. 2411-9, L. 433-13). Du fait d'une jurisprudence restrictive, l'initiative d'un salarié non mandaté par un syndicat doit donc être suivie d'une demande d'une organisation syndicale, à défaut il n'est pas protégé – ni si sa demande arrive après celle d'un syndicat (Soc. 28 oct. 1996).

La protection s'applique aux représentants du personnel institués par accord collectif, mais seulement dans la mesure où leur mandat est de même nature que celui institué par la loi (Soc. 29 déc. 1995, Soc. 12 juill. 2006 ; L. 2411-2).

Bénéficie également de la protection spéciale le gérant non salarié investi d'un mandat représentatif (Soc. 8 déc. 2009, PBR).

B. Situations

La protection s'applique en matière de licenciement, mais également dans d'autres situations. En revanche, le statut protecteur ne couvre pas certaines situations.

1. Licenciement

Dans tous les cas l'inspecteur du travail doit vérifier l'absence de discrimination ; suivant le motif invoqué par l'employeur, d'autres éléments sont également à vérifier.

Discrimination

Dans tous les cas, l'inspecteur du travail doit vérifier que la mesure de licenciement envisagée n'est pas en rapport avec le mandat détenu, sollicité ou antérieurement exercé par l'intéressé (R. 2421-7, R. 2421-16, R. 436-7). Dès lors qu'un lien apparaît entre le projet de licenciement et l'activité syndicale du salarié, l'inspecteur est tenu de refuser l'autorisation de licenciement, il a compétence liée. Les indices de discrimination peuvent être communs à tous les motifs (tirés de la situation personnelle du délégué, au plan professionnel ou au regard de l'exercice de son mandat, de l'état des relations sociales dans l'entreprise, etc.) ou spécifique à chaque motif (exemple : motif économique ; insuffisance des efforts de reclassement ; licenciement disciplinaire : différence de traitement entre salariés). La discrimination peut également être liée à un autre critère que l'activité syndicale (sexe, état de santé, etc., cf. chapitre V).

En application du droit communautaire, le représentant des travailleurs menacé de licenciement bénéficie de l'aménagement de la charge de la preuve devant l'inspecteur du travail. Dès lors que le « *salarié présente des éléments de fait laissant supposer l'existence d'une discrimination directe ou indirecte, il incombe à l'entreprise de prouver que sa décision est justifiée par des éléments objectifs étrangers à toute discrimination* » (TA Marseille, 18 sept. 2007). Cet aménagement de la charge de la preuve de la discrimination est mis en œuvre par le juge administratif : « *De manière générale, il appartient au juge administratif, dans la conduite de la procédure inquisitoire, de demander aux parties de lui fournir tous les éléments d'appréciation de nature à établir sa conviction ; cette responsabilité doit, dès lors qu'il est soutenu qu'une mesure a pu être empreinte de discrimination, s'exercer en tenant compte des difficultés propres à l'administration de la preuve en ce domaine et des exigences qui s'attachent aux principes à valeur constitutionnelle des droits de la défense et de l'égalité de traitement des personnes ; s'il appartient au requérant qui s'estime lésé par une telle mesure de soumettre au juge des éléments de fait susceptibles de faire présumer une atteinte à ce dernier principe, il incombe au défendeur de produire tous ceux permettant d'établir que la décision attaquée repose sur des éléments objectifs étrangers à toute discrimination ; la conviction du juge, à qui il revient d'apprécier si la décision contestée devant lui a été ou non prise pour des motifs entachés de discrimination, se détermine au vu de ces échanges contradictoires ; en cas de doute, il lui appartient de compléter ces échanges en ordonnant toute mesure d'instruction utile* » (CE, assemblée, 30 oct. 2009, Mme Perreux).

Licenciement disciplinaire

L'inspecteur du travail doit vérifier « *si les faits reprochés au salarié sont d'une gravité suffisante pour justifier son licenciement, compte tenu de l'ensemble des règles applicables au contrat de travail de l'intéressé et des exigences propres à l'exécution normale du mandat dont il est investi* » (CE 5 mai 1976, SAFER d'Auvergne). Cette faute suffisamment grave, du juge administratif, ne se confond pas avec la faute grave, du juge judiciaire. Il faut tenir compte du comportement du délégué au regard de son contrat et de son mandat.

En cas de faute grave du salarié protégé, l'employeur peut le mettre à pied immédiatement, dans l'attente de la décision de l'inspecteur du travail. C'est une mise à pied conservatoire qui se distingue de la mise à pied disciplinaire. Elle n'entraîne plus la suspension du mandat représentatif (Soc. 2 mars 2004, Crim. 11 sept. 2007). Ses effets sont supprimés en cas de refus d'autorisation de l'inspecteur du travail (Soc. 23 juin 1999).

Quand un doute subsiste sur l'exactitude matérielle des griefs formulés contre le salarié, ce doute doit profiter au salarié (L. 1235-1, CE 22 mars 2010, Sté CTP).

Licenciement pour motif économique

L'inspecteur du travail doit « *rechercher (...) si la situation de l'entreprise justifie le licenciement du salarié, en tenant compte notamment de la nécessité des réductions envisagées d'effectifs et de la possibilité d'assurer le reclassement du salarié dans l'entreprise* » (CE 18 févr. 1977 Alexandre Abellan).

L'inspecteur doit vérifier que la situation de l'entreprise justifie le licenciement à la fois parce que la suppression de l'emploi du salarié dans le cadre de la réduction des effectifs est inéluctable et parce que le reclassement du délégué est impossible – ce reclassement doit être recherché dans l'établissement, puis dans un autre établissement de l'entreprise et, à défaut de possibilité, dans toute entreprise du groupe se trouvant en France (CE 22 mai 1995) ou à l'étranger (CE 4 févr. 2004). L'absence de discrimination est acquise si un reclassement « valable » a été proposé au délégué. Quand le reclassement interne est impossible, le délégué doit avoir accès aux mesures de reclassement externe prévues au PSE sans discrimination (CE 3 mai 2006).

L'inspecteur du travail ne doit pas accorder son autorisation dès lors que « *le licenciement (...) n'est justifié ni par des difficultés économiques, ni par des mutations technologiques, ni par la nécessité de sauvegarder la compétitivité de l'entreprise* » (CE 8 mars 2006).

En cas de redressement ou de liquidation judiciaire de l'entreprise, le licenciement d'un délégué ne peut intervenir qu'après autorisation de l'inspecteur du travail.

Licenciement pour d'autres motifs

L'inspecteur du travail peut être saisi de demandes de licenciement pour d'autres motifs : inaptitude physique (l'absence de consultation des DP après un accident du travail rend illégale une autorisation, CE 22 mai 2002), absences prolongées ou répétées (maladie), insuffisance professionnelle, insuffisance de résultats (non établie : CE 29 déc. 1995), etc.

2. *Autres situations protégées*

Le statut protecteur est applicable dans d'autres situations que le licenciement d'un salarié en CDI. Dans tous les cas, l'inspecteur du travail doit vérifier que la mesure envisagée n'a pas de caractère discriminatoire (voir *supra*).

Modification du contrat de travail. La procédure spéciale est applicable en cas de décision de l'employeur concernant un représentant du personnel qui entraîne une modification de son contrat de travail ou de ses conditions de travail et refusée par lui.

Aucune modification des conditions de travail et évidemment du contrat de travail n'est possible sans l'accord du salarié. En cas de refus, l'employeur renonce à la modification ou demande à l'inspecteur du travail l'autorisation de licenciement.

Si la mutation rend difficile l'exercice des fonctions représentatives, l'autorisation de licenciement ne sera pas autorisée par l'inspecteur du travail (même en présence d'une clause de mobilité dans le contrat de travail, CE 29 déc. 2000).

Dans cette logique, une mise au chômage partiel, qui s'impose à tous les salariés, ne peut être appliquée à un salarié protégé qui la refuse (Soc. 18 juin 1996). Cependant, la modification du statut collectif s'impose au salarié (accord d'entreprise de RTT avec maintien du salaire, Soc. 26 févr. 2003 ; dénonciation régulière d'un usage, CE 9 mars 2005).

Contrats atypiques (précaires). Lorsque le salarié protégé est titulaire d'un CDD ou d'un contrat de travail temporaire, la cessation du lien contractuel à l'arrivée du terme du CDD, l'interruption du fait de l'ETT ou la notification du non-renouvellement de la mission (L. 2413-1) ne peut intervenir qu'après autorisation de l'inspecteur du travail, qui doit constater que le salarié ne fait pas l'objet d'une mesure discriminatoire (Crim. 2 sept. 2003). L'inspecteur du travail doit être saisi par l'employeur un mois avant l'arrivée du terme du contrat (le cas échéant, après consultation du CE).

La procédure est également applicable si l'employeur envisage de rompre le CDD avant l'échéance du terme, en raison d'une faute grave du salarié, ou de l'inaptitude constatée par le médecin du travail, ou n'envisage pas de renouveler le contrat dans le cas où celui-ci contient une clause de report du terme (L. 2412-1 et s. ; L. 412-18 ; L. 425-1 et 2 ; L. 436-1 et 2). Lorsque le CDD est conclu sans terme précis, par exemple en vue de remplacer un salarié absent, celui-ci est prolongé dans l'attente de la décision de l'inspecteur du travail ou, en cas de recours hiérarchique, de la décision ministérielle. Si l'autorisation est refusée, le CDD devient un CDI (Soc. 20 juin 2000).

Transfert. La procédure est applicable lorsqu'un salarié protégé est englobé dans un transfert partiel d'entreprise ou d'établissement (L. 1224-1, L. 122-12 ; Soc. 3 mars 2010, PBR, le juge administratif est seul compétent), qui a pour effet de mettre fin à son mandat, et également lorsque le salarié protégé est transféré en exécution d'un accord collectif en cas de perte de marché (Soc. 16 mars 1999 ; le salarié peut refuser ce transfert conventionnel de son contrat, Soc. 3 mars 2010, le juge judiciaire est compétent). Si l'inspecteur du travail refuse le transfert parce qu'il considère qu'il a un caractère discriminatoire, l'employeur doit proposer au salarié un emploi similaire, assorti d'une rémunération équivalente, dans un autre établissement ou une autre partie de l'entreprise (L. 2413-1, R. 2421-17, L. 412-18, al. 7 ; L. 425-1, al. 6 ; L. 436-1, al. 5 ; l'isolement du salarié sans tâche ni matériel constitue un délit, Crim. 22 nov. 2005).

Mise à la retraite. La procédure est applicable pour la mise à la retraite de tous les salariés protégés, y compris les conseillers prud'hommes (Soc. 10 déc. 2003), même si toutes les conditions légales sont remplies (Soc. 5 mars 1996). L'autorisation ne peut être refusée qu'en cas de discrimination ou pour un motif d'intérêt général (CE 8 févr. 1995).

Rupture conventionnelle. Les salariés « protégés » peuvent « bénéficier » des dispositions sur la « rupture conventionnelle » (loi du 25 juin 2008). Cette rupture est soumise à l'autorisation de l'inspecteur du travail. La rupture du contrat de travail ne peut intervenir que le lendemain du jour de l'autorisation (L. 1237-15, arrêté du 18 juill. 2008).

3. *Situations non protégées*

La protection spéciale n'est pas applicable dans plusieurs situations.

Initiative de l'employeur. Ainsi, à l'issue de la période de protection, l'employeur retrouve son pouvoir de licencier le salarié pour des faits qui lui sont postérieurs (Soc. 23 nov. 2004, Soc. 27 juin 2007). De même, la protection spéciale ne s'applique pas quand le salarié est détenteur d'un mandat conventionnel non prévu par le Code du travail

(Soc. 12 juill. 2006, Soc. 18 mai 2005). Dans ces cas, le salarié bénéficie de la protection de droit commun contre les discriminations, notamment syndicales (cf. chapitre XVII).

Initiative du salarié. Le salarié peut prendre l'initiative de la rupture. D'une part, il peut démissionner. D'autre part, il peut demander au CPH la résolution judiciaire de son contrat aux torts de l'employeur (Soc. 16 mars 2005, Michel Buisson c/ Carcoop-Carrefour) ou prendre acte de la rupture du contrat aux torts de l'employeur (Soc. 21 janv. 2003). Dans ces deux cas, le licenciement est nul, pour violation du statut protecteur, si le CPH juge que les griefs avancés par le salarié justifient l'imputation de la rupture du contrat à l'employeur (Soc. 25 juin 2007, Soc. 5 juill. 2006). Dès lors que le salarié a pris acte de la rupture de son contrat de travail, « *l'administration est (...) tenue de se déclarer incompétente pour statuer sur la demande d'autorisation de licenciement de ce salarié sollicitée par l'employeur postérieurement à la prise d'acte* » (CE 17 déc. 2008, M. H., Centre chirurgical des Peupliers – Croix Rouge).

Procédure

Le licenciement de tout « salarié protégé » est subordonné à l'autorisation préalable de l'inspecteur du travail. Préalablement, en règle générale, l'employeur doit, avant de saisir l'inspecteur du travail, consulter le CE sur le licenciement envisagé. Cependant, si le licenciement vise un salarié uniquement mandaté comme DS (ou un ancien DS ou encore un salarié ayant seulement un mandat extérieur à l'entreprise – CPH ou CS – CE 19 mars 2008 – notamment), l'autorisation est demandée directement par l'employeur à l'inspecteur du travail.

A. Procédure interne à l'entreprise

Entretien préalable. L'employeur convoque le salarié à un entretien préalable au licenciement qui a lieu avant la consultation du CE (R. 2421-3, R. 2421-8). À défaut de CE, cet entretien se tient avant la présentation de la demande d'autorisation de licenciement à l'inspecteur du travail (il en va de même quand la consultation du CE n'est pas obligatoire). Cet entretien est obligatoire, même en cas de « grand licenciement économique » pour un salarié mandaté non élu du personnel (DS, conseiller du salarié, etc., Soc. 22 sept. 2010, PBR). Le délai de « cinq jours ouvrables » entre la convocation à l'entretien et l'entretien doit être respecté ; à défaut, un refus d'autorisation est justifié (CE 20 mars 2009, Sté Armar). Lors de cet entretien, l'employeur doit indiquer au salarié « *les motifs de la décision de licenciement envisagé* » ; à défaut, l'inspecteur du travail doit refuser l'autorisation de licenciement (CE 19 mars 2008).

Comité d'entreprise. Puis l'employeur consulte le CE. Cette consultation intervient pour les DP, les élus et les représentants syndicaux au

CE, les délégués au CHSCT, les anciens représentants du personnel et les candidats, ainsi que pour les salariés qui ont demandé des élections.

L'ordre du jour doit mentionner que le CE sera consulté sur ce licenciement envisagé et doit être envoyé aux membres du CE, trois jours au moins avant la séance.

L'employeur expose au CE le motif du projet de licenciement. Le CE doit procéder à l'audition du salarié concerné. À l'issue des échanges, le CE rend un avis, au scrutin secret, à la majorité des votants (R. 2421-9). Seuls votent les membres titulaires du CE (les suppléants uniquement lorsqu'ils remplacent un titulaire). Le délégué concerné ne vote pas, mais s'il est titulaire, son suppléant peut voter. L'employeur ne participe pas au vote, puisqu'il consulte les membres élus du CE en tant que délégation du personnel. Si plusieurs salariés sont concernés, un vote distinct doit avoir lieu pour chacun d'eux (Soc. 2 févr. 1996).

Dans les entreprises ayant des établissements distincts, c'est le comité de l'établissement concerné qui doit être consulté (pas le comité central, CE 26 févr. 1996). Dans tous les cas – même si le CE émet un avis favorable au licenciement envisagé –, le licenciement ne peut intervenir qu'avec l'autorisation de l'inspecteur du travail.

Par ailleurs, la procédure spéciale peut se cumuler avec d'autres procédures (procédure légale de licenciement économique ; procédure conventionnelle, CE 21 mai 2008).

Pour ce qui est du licenciement collectif, deux situations se présentent :

- concernant moins de 10 salariés dans une période de 30 jours : le CE est d'abord informé et consulté sur le projet de licenciement collectif. Puis a lieu l'entretien préalable. Ensuite, lorsque le licenciement ne concerne pas un DS (ou assimilé), a lieu la consultation spécifique du CE sur le projet de licenciement du délégué. Enfin, l'employeur saisit l'inspecteur du travail en joignant à sa demande d'autorisation copie des informations transmises à l'UT (DIRECCTE).
- concernant au moins 10 salariés dans une période de 30 jours : le CE est informé et consulté sur le projet de licenciement collectif. Puis l'entretien préalable précède la consultation spéciale du CE (Soc. 10 mai 1999, CE 28 sept. 2005). Ensuite, cette consultation spécifique du CE a lieu soit lors de la deuxième réunion du comité, soit lors de la troisième réunion du comité (en cas de recours à un expert-comptable), soit lors de la réunion du comité prévue en cas de redressement ou de liquidation judiciaire (R. 2421-9). Enfin, l'employeur saisit l'inspecteur du travail en joignant à sa demande d'autorisation copie des informations transmises à l'UT (DIRECCTE).

Dans tous les cas de licenciement économique, individuel ou collectif, les salariés protégés doivent être informés de la possibilité de bénéficier d'un congé de reclassement ou d'une convention de reclassement personnalisé, au même moment que les autres salariés, c'est-à-dire lors de l'entretien préalable ou après la dernière réunion du CE. Le délai dans lequel le salarié protégé doit donner sa réponse est prolongé de sept jours à partir de la date de notification à l'employeur de la décision de l'inspecteur du travail autorisant le licenciement.

En cas de licenciement pour motif disciplinaire, en application de certaines conventions collectives, l'employeur doit parfois réunir et consulter un conseil de discipline.

Lorsque l'entreprise est dépourvue de CE, l'autorisation de procéder au licenciement doit être demandée directement par l'employeur à l'inspecteur du travail.

Demande d'autorisation. L'employeur qui maintient son projet de licenciement demande à l'inspecteur du travail l'autorisation de procéder au licenciement du délégué. La demande, transmise par lettre recommandée avec demande d'accusé de réception, doit être adressée dans les 15 jours suivant la délibération du CE (48 heures en cas de mise à pied conservatoire). Elle mentionne la totalité des mandats détenus par le salarié (CE 20 mars 2009, Sté Excel Textile ; Soc. 1er mars 2005) et énonce les motifs du licenciement envisagé (CE 20 mars 2009, Sté Le Vigilant, le renvoi à des pièces justificatives jointes ne constitue pas l'énoncé d'un motif). Elle est accompagnée du procès-verbal de la réunion du CE (R. 2421-10, R. 436-3).

Le salarié « protégé » ne peut subir une suspension de son contrat de travail ni être privé de sa rémunération dans l'attente de la décision de l'inspecteur du travail. Il en est ainsi même quand le salarié est empêché d'exercer ses fonctions pour des raisons indépendantes de la volonté de l'employeur (Soc. 2 déc. 2009, deux arrêts PBR, salarié manutentionnaire ayant fait l'objet d'un retrait d'habilitation pour l'accès à une zone aéroportuaire à la suite d'une décision préfectorale et salarié chauffeur ayant fait l'objet d'une suspension de son permis de conduire à la suite d'un contrôle positif d'alcoolémie).

B. Procédure administrative

L'inspecteur du travail dont dépend l'établissement, disposant d'une autonomie de gestion, où est employé le salarié concerné, est saisi.

Il procède à une enquête contradictoire (R. 2421-4, R. 2421-11). Il entend l'employeur et le salarié – il doit entendre personnellement et individuellement le salarié, qui peut, sur sa demande, se faire assister par un représentant de son syndicat. Le salarié doit pouvoir prendre connaissance de l'ensemble des éléments de nature à établir ou non la matérialité des faits allégués à l'appui de la demande d'autorisation (CE 9 juill. 2007, CE 24 nov. 2006).

L'inspecteur du travail « *pour refuser l'autorisation sollicitée (...) a la faculté de retenir des motifs d'intérêt général, relevant de son pouvoir d'appréciation de l'opportunité, sous réserve qu'une atteinte excessive ne soit pas portée à l'un ou l'autre des intérêts en présence* » (CE 5 mai 1976 et CE 18 févr. 1977). Il peut ainsi refuser d'autoriser le licenciement pour des raisons de paix sociale ou pour assurer le maintien d'une représentation du personnel (CE 11 févr. 2005). La décision de refus de licenciement peut donc se fonder sur des considérations d'opportunité, mais à condition de ne pas porter une atteinte « excessive » aux intérêts de l'employeur.

L'inspecteur du travail doit faire connaître sa décision dans un délai de 15 jours (huit jours en cas de mise à pied) à compter de la réception de la demande de l'employeur. Le délai peut être prolongé si les nécessités de l'enquête le justifient.

La décision est motivée et est notifiée à l'employeur et au salarié, ainsi que, s'il s'agit d'un DS ou d'un représentant syndical, au CE et à l'organisation syndicale concernée (R. 2421-5, R. 2421-12, R. 436-4).

La procédure du référé-suspension permet de contester une décision de refus d'autorisation lorsque l'urgence le justifie et qu'il existe un doute sérieux quant à la légalité de la décision. En cas de décision d'autorisation, celle-ci est considérée comme exécutée lorsque le licenciement a été notifié par l'employeur au salarié. Le référé-suspension ne peut alors plus être mis en œuvre (CE 23 mars 2005).

En cas de décision de refus, le salarié bénéficie de la poursuite de son contrat de travail et continue à exercer son mandat (la décision de refus s'impose au juge judiciaire, Soc. 10 mai 2006). En cas d'autorisation, l'employeur peut, dès sa réception, procéder à la notification du licenciement au salarié – la lettre de licenciement doit mentionner la cause du licenciement ou au minimum faire référence à la décision administrative (Soc. 5 avril 2005).

Voies de recours

A. Recours gracieux

L'employeur ou le salarié peut former un recours gracieux auprès de l'inspecteur du travail qui a pris la décision. Ce dernier peut aussi retirer sa décision. En cas d'autorisation retirée, le salarié peut obtenir sa « réintégration » en la demandant dans un délai de deux mois (Soc. 30 avril 2002).

B. Recours hiérarchique

L'employeur ou le salarié peut former un recours hiérarchique auprès du ministre du Travail auquel il demande l'annulation de la décision de l'inspecteur du travail. Le recours peut aussi être formé par le syndicat que le salarié représente (cas des DS et des RS au CE) ou qui a donné mandat à cet effet.

Le recours doit être introduit dans un délai de deux mois à compter de la notification de la décision de l'inspecteur du travail (R. 2422-1, R. 436-6). Il n'est pas suspensif et la décision de l'inspecteur doit être appliquée.

Le ministre fait procéder à une enquête par ses services. Sa décision doit intervenir dans un délai de quatre mois, à compter de la réception du recours. Passé ce délai, le silence du ministre vaut rejet implicite du recours.

« *Lorsqu'il est saisi d'un recours hiérarchique contre une décision d'un inspecteur du travail (...), le ministre (...) doit soit confirmer cette décision, soit, si celle-ci est illégale, l'annuler, puis se prononcer de nouveau sur la demande d'autorisation de licenciement compte tenu des circonstances de droit et de fait à la date à laquelle il prend sa propre décision* » (CE 5 sept. 2008, Sté Sorelait).

Si le ministre annule la décision de l'inspecteur du travail, deux cas généraux sont à considérer :

– si l'inspecteur du travail a refusé le licenciement (le recours émane de l'employeur), l'annulation de la décision de refus par le ministre permet en principe à l'employeur de procéder au licenciement du salarié si le ministre a pris une décision d'autorisation (ce salarié peut alors formuler un recours contentieux contre la décision d'autorisation du ministre devant le TA).
– si l'inspecteur du travail a autorisé le licenciement (le recours émane du salarié) et que l'employeur a procédé au licenciement, l'annulation sur recours hiérarchique par le ministre de la décision de l'inspecteur du travail autorisant le licenciement, emporte pour le salarié concerné, s'il le demande dans un délai de deux mois à compter de la notification de la décision, le droit à la réintégration dans son emploi ou dans un emploi équivalent (L. 2422-1, L. 412-19, al. 1 ; L. 425-3, al. 1 ; L. 436-3, al. 1).

L'inspecteur du travail et le ministre du Travail peuvent, dans le délai de recours contentieux, retirer une décision illégale – le ministre a légalement pu rapporter sa décision implicite rejetant le recours formé contre la décision de l'inspecteur autorisant le licenciement, l'employeur ayant méconnu son obligation de reclassement (CE 26 janv. 2007).

C. Recours contentieux

Juge administratif. La décision de l'inspecteur du travail, comme celle du ministre, peut faire l'objet d'un recours en annulation devant le TA, la CAA et, en cassation, le Conseil d'État. Le recours doit être formé dans les deux mois suivant la notification de la décision administrative (ou l'expiration du délai de réponse). Il n'est pas suspensif. Le mémoire, de recours devant le juge administratif, se fonde sur des moyens de « légalité externe » (compétence de l'inspecteur, etc.) et sur des moyens de « légalité interne » (motivation, etc.).

« *Les décisions prises sur recours hiérarchiques par le ministre ne se substituent pas aux décisions de l'inspecteur du travail, dès lors que ce recours ne présente pas un caractère obligatoire.* » Par conséquent, la demande présentée par le salarié, devant le juge administratif, tendant à l'annulation de la décision du ministre rejetant son recours hiérarchique contre la décision de l'inspecteur du travail autorisant son licenciement, doit « *être regardée comme tendant également à l'annulation de cette dernière décision* » (CE 5 sept. 2008, Sté Sapa Profiles Puget).

Le recours devant le TA est formé par l'employeur, lorsque l'inspecteur du travail, ou le ministre sur recours hiérarchique, a refusé d'autoriser le licenciement. Il est formé par le délégué lorsque la décision de l'inspecteur du travail, ou du ministre, a autorisé le licenciement.

Dans ce second cas, si le juge administratif annule la décision d'autorisation, le délégué a droit à la réintégration, s'il la demande dans le délai de deux mois à compter de la notification de la décision du TA (L. 2422-1 ; L. 412-19, al. 2 ; L. 425-3, al. 2 ; L. 436-3, al. 2), même dans le cas où l'employeur fait appel.

Quand l'autorisation de licenciement, accordée par l'administration n'a pas fait l'objet d'une contestation devant le juge administratif, le salarié ne peut plus contester son licenciement, notamment la cause de la rupture (il ne peut pas le contester devant le conseil de prud'homme – Soc. 15 nov. 2011, PBR, Sté Carcoop France c/ M. L.).

Juge civil. Existe également la possibilité d'un recours du salarié devant le CPH, mais, en vertu du principe de la séparation des pouvoirs, le juge judiciaire ne peut revenir sur une décision administrative concernant le caractère réel et sérieux des motifs du licenciement (Soc. 25 nov. 1997, Soc. 14 févr. 2007), y compris en ce qui concerne le respect de l'obligation de reclassement (Soc. 18 févr. 2004). Le CPH a seulement ici une compétence résiduelle.

En cas de licenciement pour faute, il peut apprécier le caractère de gravité de la faute pour accorder éventuellement des indemnités de préavis ou de licenciement. En cas de licenciement pour motif économique, les salariés, licenciés avec une autorisation administrative, peuvent contester la validité du PSE et agir en nullité de leurs licenciements (Soc. 22 juin 2004).

En cas de licenciement pour motif économique, « *lorsque la nullité des licenciements n'est pas légalement encourue (entreprise en procédure de redressement ou liquidation judiciaire), les salariés dont le licenciement a été autorisé par l'inspecteur du travail peuvent prétendre à la réparation du préjudice causé par l'insuffisance du plan social* », le montant étant souverainement apprécié par la Cour d'appel à des « *dommages-intérêts pour licenciement illicite* » (Soc. 3 mai 2007). « *Le juge doit prendre en compte les changements susceptibles d'être intervenus dans la situation de l'entreprise et les possibilités de reclassement entre le moment où l'employeur, envisageant des licenciements, a engagé la procédure pouvant y conduire et le moment où il les a décidés par leur notification aux salariés* » (Soc. 30 mars 2010, SAS Ensival Moret France).

En cas de licenciement pour inaptitude médicale, liée à un harcèlement moral, le salarié ne peut contester la cause de la rupture de son contrat devant le CPH ; en revanche, il peut obtenir devant le juge civil (CPH) des dommages-intérêts en réparation des préjudices subis du fait de ce harcèlement (Soc. 15 nov. 2011, PBR, Sté Carcoop France c/ M. L., préc. ; Soc. 15 nov. 2011, PBR, Mme O. c/ Sté Télécom assistance ;

Soc. 15 nov. 2011, PBR, M. V. c/ ÉPIC Agence française de développement). Ces arrêts illustrent une nouvelle fois la nécessité, en pareil cas, d'une contestation devant le juge administratif des décisions d'autorisation ; en effet, ces harcèlements pourraient relever d'une discrimination syndicale et, par conséquent, justifier une annulation des autorisations accordées (cf. *supra*).

Sanctions

L'employeur est tenu d'observer la procédure spéciale devant l'inspecteur du travail et ne peut s'y soustraire.

Ainsi, d'une part, l'employeur ne peut pas demander la résolution judiciaire du contrat au CPH (Cass. Ch. mixte 21 juin 1974, préc.). Et d'autre part, est atteinte d'une nullité absolue d'ordre public toute transaction conclue entre l'employeur et le délégué, avant la notification du licenciement au salarié protégé (Soc. 10 juill. 2002). Cette rupture constitue un délit d'entrave (Crim. 28 janv. 2004, imputable à l'employeur – auteur de l'infraction – et au salarié – complice). Le salarié ne peut pas « vendre son mandat », dont il n'est pas propriétaire. En revanche, après la rupture régulière du contrat de travail d'un salarié protégé, une transaction, c'est-à-dire un accord sur les conséquences de la rupture, peut intervenir (Soc. 10 janv. 1995).

A. Annulation de l'autorisation

Dans ce cas de figure, l'employeur a obtenu une autorisation administrative de licenciement, mais cette décision a été annulée.

D'une part, le salarié bénéficie de la poursuite de son contrat de travail, de sa « réintégration ». Si l'employeur refuse, le CPH, saisi par le délégué dans les deux mois de la notification de la décision d'annulation de l'autorisation, doit condamner l'employeur à réintégrer celui-ci dans son emploi ou, s'il n'existe plus ou n'est pas vacant, dans un emploi équivalent – c'est-à-dire comportant le même niveau de rémunération, la même qualification et les mêmes perspectives de carrière, situé dans le même secteur géographique que l'emploi initial et permettant l'exercice du mandat (Soc. 13 mai 2008), ce qui n'est pas le cas de la proposition d'un poste à Paris ou à Lyon pour un salarié protégé qui travaillait auparavant à Toulouse (Soc. 10 déc. 2003) –, le cas échéant, dans une autre société constituant une UES (Soc. 16 oct. 2001). L'employeur ne peut se contenter de le mettre en disponibilité (Soc. 30 juin 2004). L'employeur qui refuse de réintégrer un salarié protégé, alors que l'autorisation de licenciement a été annulée, commet également un délit d'entrave.

Le salarié est réintégré dans ses fonctions représentatives du personnel, de DP ou de membre du CE si l'institution n'a pas été renouvelée (si de nouvelles élections n'ont pas eu lieu entre son licenciement et sa réintégration). Si un nouveau CE ou de nouveaux DP ont été élus entre-temps, le représentant du personnel conserve le bénéfice de la protection accordée aux anciens représentants du personnel pendant une durée de six mois à compter du jour où il retrouve son emploi dans l'entreprise. Pour les DS, le délégué syndical n'étant pas élu mais désigné, il appartient à son organisation syndicale de décider si elle entend le désigner à nouveau comme DS à son retour dans l'entreprise (Soc. 22 janv. 2002).

D'autre part, lorsque l'annulation de l'autorisation de licenciement est devenue définitive, le délégué a droit au paiement d'une indemnité correspondant à la totalité du préjudice subi au cours de la période écoulée entre son licenciement et sa réintégration, s'il en a formulé la demande dans le délai de deux mois à compter de la notification de la décision.

Cette indemnité doit couvrir la totalité du préjudice subi au cours de la période qui s'est écoulée entre son licenciement et, s'il n'a pas demandé sa réintégration, l'expiration du délai de deux mois suivant le jugement du TA ou l'arrêt de la CAA, au cours duquel il pouvait la demander (Soc. 17 sept. 2003). Ce paiement s'accompagne du versement des cotisations sociales afférentes à ladite indemnité, qui constitue un complément de salaire.

Le préjudice qui devra ainsi être réparé sera celui qui résulte de la différence entre le revenu du salarié – par exemple les allocations de chômage (Soc. 28 oct. 2003) ou des revenus professionnels, (Soc. 2 mai 2001) –, perçu pendant la période où il a été exclu de l'entreprise et le salaire qu'il aurait perçu s'il avait gardé son emploi dans l'entreprise. Éventuellement, le salarié pourra obtenir réparation du préjudice moral.

Un recours en plein contentieux, contre l'État, est possible.

B. Absence d'autorisation de licenciement

Dans ce cas de figure, l'employeur a licencié le délégué sans autorisation. L'inobservation par l'employeur de la procédure est sanctionnée civilement et pénalement.

Le congédiement du délégué effectué sans que la procédure ait été respectée ou malgré un refus de l'inspecteur du travail est nul.

Le représentant irrégulièrement licencié peut saisir le CPH, selon la procédure des référés, qui ordonne, sous astreinte, sa « réintégration » (Soc. 26 juin 2001). Le salarié a droit au versement d'une indemnité égale au montant de la rémunération qu'il aurait perçue entre son licenciement et sa « réintégration » effective. L'indemnisation présente un caractère forfaitaire et ne doit faire l'objet d'aucune déduction – peu important que le salarié ait eu d'autres revenus pendant cette période (Soc. 3 mai 2001).

S'il ne demande pas sa réintégration, il a droit à une indemnisation au titre de la violation du statut protecteur égale au montant des salaires qu'il aurait perçus depuis son éviction jusqu'à la fin de la période de protection restant à courir à la date de la rupture (plafond de 30 mois, soit deux ans plus six mois, Soc. 22 juin 2004). En cas de pluralité de mandats, doit être prise en compte la fin de la période de protection expirant la dernière (Soc. 3 mai 2007). Il a également droit aux indemnités de rupture (montant intégral de l'indemnité de préavis, Soc. 10 mai 2006) et à une indemnité réparant l'intégralité du préjudice subi du fait du caractère illicite du licenciement (Soc. 29 mars 2005).

L'inobservation de la procédure (licenciement ou transfert) constitue un délit d'entrave à l'exercice des fonctions (L. 2431-1, L. 2432-1, L. 2433-1 et s. ; emprisonnement d'un an et amende de 3 750 €) sanctionné pénalement (Crim. 26 nov. 1985).

CHAPITRE XXIII

Conflits collectifs du travail et droit de grève

Les salariés, avec leurs syndicats, formulent des revendications, en matière de salaires, d'emploi ou de conditions de travail. Le conflit se développe et peut déboucher sur la grève.

Quelques statistiques sur la conflictualité

En 2009, la proportion d'entreprises touchées par une grève a progressé : 2,2 % des entreprises de 10 salariés et plus du secteur marchand non agricole ont déclaré une grève (contre 2,4 % en 2008). Plus la taille de l'entreprise est grande, plus la part des entreprises déclarant une grève est élevée : moins de 1 % pour les entreprises de 10 à 49 salariés, à près de 40 % pour celles de 500 salariés et plus. Le nombre de journées individuelles non travaillées (JINT) pour fait de grève est passé de 100 à 136 jours pour 1 000 salariés. Les secteurs les plus concernés sont l'industrie, notamment dans l'automobile, les transports et les banques et sociétés financières. Les revendications des grévistes ont porté avant tout sur les rémunérations (39 % des entreprises ayant déclaré une grève), l'emploi (29 %), les conditions de travail (14 %) et le temps de travail (5 %). Les mots d'ordre extérieurs à l'entreprise, dans le cadre de mouvements interprofessionnels, ont pris une place plus importante dans les motifs de grève (30 % des entreprises ayant déclaré une grève – conséquences de la « crise »). « *Les grèves sont souvent un moyen de peser dans la négociation* » (Source : DARES, *Analyses* n° 047, juin 2011).

Droit de grève

Le droit de grève est reconnu sur le plan supranational, au niveau international (positions des experts du Comité de la liberté syndicale au regard de la Convention de l'OIT n° 87, Pacte de l'ONU de 1966 sur les droits sociaux et économiques ; au niveau européen, Charte sociale européenne révisée, art. 6-4) et au niveau communautaire (charte des droits fondamentaux de l'UE, art. 28 ; CJCE 11 déc.

2007 et CJCE 18 déc. 2007 : il s'agit d'un « principe général du droit communautaire »).

La grève est une liberté publique. Le droit de critiquer le système fait partie du sytème démocratique. Selon la Constitution, le droit de grève s'exerce dans le cadre des lois qui le réglementent. Mais, pour l'essentiel, en dehors des services publics, c'est la jurisprudence qui a été amenée à définir la grève et à en déterminer le régime juridique (en indiquant ce qui est permis aux salariés lorsqu'ils font grève, aux employeurs lorsqu'ils ripostent à la grève, etc.).

Certaines conventions collectives, notamment celles qui sont étendues, contiennent des dispositions relatives à l'exercice du droit de grève. Elles peuvent fixer, par exemple, un préavis (prévu par la loi pour les seuls services publics) ou une procédure de conciliation préalable. Cependant, une convention collective ne peut avoir pour effet de limiter ou de réglementer, pour les salariés, l'exercice du droit de grève reconnu constitutionnellement (Soc. 7 juin 1995, Soc. 12 mars 1996).

Faire grève est un droit reconnu aux travailleurs. La grève est un droit collectif d'exercice individuel – chaque salarié a le droit de faire grève dans le cadre d'un mouvement collectif (comme il a le droit d'adhérer au syndicat de son choix).

Comme tout droit, le droit de grève doit parfois être concilié avec d'autres droits(continuité du service public, DC 16 août 2007 ; sécurité, CE 12 nov. 1990, notamment).

A. Objet

Selon une définition souvent reprise dans les arrêts de la Cour de cassation, « l'exercice du droit de grève résulte objectivement d'un arrêt collectif et concerté du travail en vue d'appuyer des revendications professionnelles » (Soc. 18 juin 1996, Soc. 23 oct. 2007, RTM). Un arrêt de travail est qualifié de grève si ces trois conditions sont remplies. À défaut, il s'agit d'un mouvement illicite ou d'un abus de droit. La qualification de grève s'apprécie au regard de ces éléments objectifs, pas sur la base d'une appréciation subjective (la grève est en principe licite, celui qui prétend le contraire doit le prouver).

Dans le scénario de la grève « classique », les salariés d'une entreprise, en totalité ou en partie, cessent le travail à l'appui de leurs revendications. Parallèlement, des négociations s'engagent avec la direction. Lorsqu'un accord est conclu, des revendications étant satisfaites, ou lorsque les grévistes se résignent à ne rien obtenir, le travail reprend.

1. *Cessation collective et concertée*

La grève est une manifestation collective. Plusieurs salariés décident de faire grève ensemble, mais pas nécessairement l'ensemble du personnel ni même la majorité. Une grève minoritaire est licite.

Dans une entreprise, un salarié ne peut faire grève seul, sauf s'il se joint à un mouvement national (Soc. 27 juin 1989) ou s'il est le seul salarié de l'entreprise (Soc. 13 nov. 1996).

La grève est décidée par les salariés eux-mêmes, exerçant ensemble le droit collectif qui leur est reconnu par la Constitution. Certains salariés peuvent décider de ne pas faire grève (le droit français préserve leur liberté de travail).

Le déclenchement de la grève ne résulte pas, en France, d'une décision des organisations syndicales. La notion de « grève sauvage », qui a cours dans les pays où la grève résulte d'une décision syndicale et qui vise alors les grèves déclenchées par la « base », en dehors de toute directive syndicale, est inappropriée au droit français de la grève (sauf dans les services publics).

Le fait pour des grévistes d'empêcher des non-grévistes de travailler, de manière concertée à l'aide de menaces, constitue une infraction (art. 431-1 CP, délit d'atteinte à la liberté du travail, *infra*), rarement sanctionnée pénalement, mais aussi une faute lourde (Soc. 15 mai 2001). Les piquets de grève, dès lors que la présence de ces piquets s'accompagne de menaces envers les non-grévistes, sont illicites ; mais un piquet de grève pacifique, qui exerce une pression morale sur les salariés, est licite.

2. *Cessation du travail*

La cessation du travail est d'une durée variable, mais elle est franche (Soc. 26 janv. 2000).

La grève ne peut avoir lieu que pendant une période de travail, non pendant un temps de pause (Soc. 18 déc. 2001). Cependant, le fait, pour un commandant de bord, de faire grève pendant une escale et de ne pas assurer le vol suivant, ne caractérise pas un mouvement illicite (Cass. Ass. plén. 23 juin 2006, Sté Air France).

La grève peut être plus ou moins longue et un arrêt de travail de courte durée est licite. Des arrêts de travail de courte durée qui se répètent (les « débrayages ») sont, eux aussi, licites : « *La répétition d'interruptions de travail ayant chacune le caractère d'une grève licite ne peut être considérée, en principe, comme un abus du droit de grève* » (Soc. 25 janv. 2011 ; Soc. 18 avril 1963).

Les « grèves tournantes » (un atelier cesse le travail pour une courte période, puis un autre, etc.) sont, en principe, licites. Les « grèves bouchon » portent sur un service essentiel à la marche de l'entreprise et paralysent le fonctionnement de l'ensemble.

Des modalités de la grève peuvent devenir illicites si elles ont pour objet non la désorganisation de la production, mais la désorganisation de l'entreprise (elles constituent alors une inexécution fautive du contrat de travail). Ainsi, les « grèves perlées » consistent dans l'exécution du travail au ralenti (Soc. 5 janv. 1979). Pour sa part, la « grève du zèle » consiste à appliquer très strictement les consignes de travail, conduisant à un ralentissement de son exécution (illustration du décalage entre le travail réel et le travail prescrit).

Quant à la « grève d'autosatisfaction », qui consiste à exécuter son contrat de travail dans des conditions revendiquées autres que celles prévues au contrat – se mettre en arrêt de travail le samedi (Soc. 23 nov. 1978) ou lors de temps d'astreinte (Soc. 2 févr. 2006) –, elle est, en principe, illicite. Cependant, cet arrêt de travail constitue bien une grève quand il conduit à faire respecter par l'employeur une disposition légale ou conventionnelle qu'il méconnaît (par exemple : un arrêt de travail le dimanche pour faire respecter le repos dominical). Et surtout, la « grève d'autosatisfaction » est désormais licite quand elle s'accompagne d'autres revendications que celle qu'elle satisfait directement (Soc. 25 juin 1991).

La grève peut intervenir à tout moment dès lors que l'employeur a eu connaissance des revendications professionnelles des grévistes. Il n'est pas nécessaire que l'employeur ait rejeté ces revendications (Soc. 20 mai 1992). Il n'existe aucune obligation de préavis (sauf dans les services publics).

Il n'existe pas non plus d'obligation de « paix sociale » – la grève peut être déclenchée au regard de revendications portant sur des questions réglées dans la convention collective (contrairement à ce qui existe notamment en droit allemand).

L'arrêt de travail peut s'accompagner de l'occupation des locaux de travail. Cette occupation pendant les heures de travail, la « grève sur le tas », est licite (Soc. 26 févr. 1992). En revanche, l'occupation en permanence de ces locaux, jour et nuit, est illicite, mais ne constitue pas, en principe, une faute lourde (voir les piquets de grève pacifiques, l'expulsion, *infra*).

3. *Revendications professionnelles*

Le mouvement de grève est motivé par la recherche de la satisfaction de revendications professionnelles (rémunérations, conditions de travail, emploi, etc.). « *Au cours d'une grève, les salariés peuvent exprimer librement leurs réclamations et leurs revendications sur leurs conditions de travail* » (Soc. 20 mai 1992) – par exemple « *la fourniture d'un moyen de transport ou l'octroi des indemnités de grand déplacement* » (Soc. 18 juin 1996).

La défense d'un mode d'exploitation d'un réseau de transport constitue une revendication professionnelle (Soc. 23 oct. 2007, préc.) : « *La capacité de l'employeur à satisfaire les revendications des salariés est sans incidence sur la légitimité de la grève.* »

Un arrêt de travail pour un motif exclusivement politique ne constitue pas, en principe, une grève. Cependant, la grève qui se fonde sur des revendications professionnelles a souvent une dimension politique. Ainsi, dans le cadre de la participation à une journée nationale d'action, décidée par les organisations syndicales, la grève qui a pour objet de protester contre la politique menée en matière d'emploi et de salaires, par le gouvernement, « *la défense de l'emploi et de la réduction du temps de travail* », « *la défense des retraites* », « *revendications étroitement liées préoccupations quotidiennes des salariés au sein de leur entreprise* », est licite (Soc. 29 mai 1979, Soc. 29 mars 1995, Soc. 15 févr. 2006).

En ce qui concerne la « grève de solidarité », si cette dernière a un motif professionnel (revendications), elle est considérée comme licite (Soc. 26 janv. 2000). Une grève destinée à soutenir un salarié dont le licenciement pour motif économique est envisagé constitue un mouvement licite (Soc. 22 nov. 1995). Au-delà de l'établissement et de l'entreprise, elle peut concerner les salariés d'un groupe ou d'une branche (solidarité interne). Cependant, quand des salariés font grève contre une décision à caractère individuel, sur le plan disciplinaire, ce mouvement ne présentant pas de revendication d'intérêt collectif a été jugé illicite (Soc. 18 mars 1982, Sté Le Colisée).

Il a été jugé qu'il s'agit d'un mouvement illicite quand les salariés veulent supporter la « lutte » des salariés d'une autre entreprise (solidarité externe), mais n'expriment pas de revendications pour leur propre compte.

Cette jurisprudence, restrictive et ancienne, sur les grèves de solidarité, n'apparaît plus de droit positif au regard des nouvelles solutions retenues, notamment en matière de libre appréciation des revendications par les grévistes (*infra*) et, pour les grèves de solidarité externe, du caractère légitime d'une grève dont l'employeur ne peut satisfaire les revendications ainsi que de la légitimité des grèves répondant à un appel national (*supra*).

Un salarié détaché dans une autre société peut participer à une grève déclenchée dans celle-ci lorsque la grève est fondée sur des revendications qui concernent sa propre situation (Soc. 17 déc. 2003).

Les revendications (nature et niveaux) sont déterminées par les salariés en grève. « *Le juge ne peut (...) substituer son appréciation à celle des grévistes sur la légitimité ou le bien-fondé de ces revendications* » et n'a pas le pouvoir d'apprécier leur caractère « *raisonnable* » (Soc. 2 juin 1992, M. Zaluski c/ Sté Ipem Hom). Le fait de faire grève pour obtenir la présence d'un permanent syndical dans la négociation collective d'entreprise constitue une revendication professionnelle et, par conséquent, n'est pas soumis à l'appréciation judiciaire (Soc. 19 oct. 1994).

En ce qui concerne les grèves transnationales au niveau communautaire, le juge de l'UE a soumis ces grèves à des exigences de justification et de proportionnalité à l'égard des libertés économiques (CJCE 11 déc. 2007, Viking, et 18 déc. 2007, Laval), en ignorant la portée des exigences du droit international en matière de garantie du droit de grève, que fait respecter le juge européen des droits de l'Homme (notamment CEDH 21 avril 2009, Enerji).

B. Effets

Par la grève, les salariés s'affranchissent du lien de subordination. L'exercice de ce droit fondamental est juridiquement garanti et ne doit pas être pénalisé :

- l'exercice du droit de grève ne peut justifier la rupture du contrat de travail, sauf faute lourde imputable au salarié : la grève ne rompt pas le contrat de travail, sauf exception ; tout licenciement prononcé en l'absence de faute lourde est nul de plein droit (L. 2511-1 al. 1 et 3, L. 521-1, al. 1, Soc. 28 juin 1951, loi du 11 févr. 1950).
- son exercice ne peut donner lieu à aucune mesure discriminatoire, notamment en matière de rémunération et d'avantages sociaux (L. 2511-1 al. 2, L. 1132-2, L. 122-45 ; exemples : retenues sur le treizième mois, Soc. 10 déc. 2002) ; aucun salarié ne peut être sanctionné, licencié ou faire l'objet d'une discrimination en raison de l'exercice normal du droit de grève (Soc. 10 nov. 2009, SNCF, salariée ayant fait l'objet d'une discrimination en matière de promotion, liée à sa participation à un mouvement de grève ; Soc. 9 févr. 2000, le retard dans l'avancement à l'ancienneté, prévu par la convention collective, par la prise en compte de la suspension du contrat de travail du fait de l'exercice du droit de grève constitue une discrimination).

En cas de sanction, le juge doit rechercher si « *le véritable motif de la sanction infligée (au salarié) tenait à sa participation au mouvement de grève* », de telles sanctions constituant un trouble manifestement illicite (Cass. ass. plén. 23 juin 2006).

Par conséquent, l'exercice normal du droit de grève est garanti (nullité des licenciements et des discriminations). En revanche, l'abus du droit de grève et les mouvements illicites ne bénéficient pas de ces garanties légales. « *La grève entraîne nécessairement une désorganisation de la production* » (la grève est un droit de nuire finalisé), mais « *seule une désorganisation de l'entreprise elle-même eût rendu la grève illicite* » (Soc. 30 mai 1989). Cette distinction est parfois difficile à mettre en œuvre et source d'insécurité juridique pour les grévistes.

L'atteinte à l'exercice normal du droit de grève constitue un trouble manifestement illicite que le juge des référés doit faire cesser. Mais l'atteinte au droit de grève n'est pas à elle seule constitutive d'une infraction pénale (Crim. 19 juin 1979). Cependant, les sanctions prises contre des grévistes peuvent caractériser le délit d'entrave lorsqu'elles tendent à briser l'action syndicale dans l'entreprise. Il en va ainsi dans le cas où le mouvement a été déclenché par une organisation syndicale et alors que les mesures prises ultérieurement par l'employeur, contre l'ensemble des grévistes, ont eu cet objet et ce résultat (Crim. 15 déc. 1981).

1. *Suspension du contrat*

« *Le contrat de travail liant les employeurs et les salariés est suspendu tant que dure la grève* » (Soc. 5 mars 1953).

L'employeur est dispensé de payer le salaire puisqu'aucun travail n'a été fourni. Ceci concerne toute la durée du mouvement, même s'il comprend des jours fériés habituellement chômés et payés, même le 1er mai (Soc. 5 févr. 2002 ; Soc. 24 juin 1998).

La retenue sur salaire doit être strictement proportionnelle à la durée d'interruption du travail (à défaut, il s'agit d'une sanction pécuniaire discriminatoire interdite, Soc. 19 mai 1998). Dans la pratique, des accords de fin de grève prévoient parfois une indemnisation partielle des pertes de rémunération occasionnées par la grève.

Cependant la rémunération est entièrement due aux salariés participant à la grève lorsque celle-ci est la conséquence d'un « *manquement grave et délibéré de l'employeur à ses obligations obligeant les salariés à faire grève pour faire respecter leurs droits essentiels* » (Soc. 4 déc. 2007, Sté des Autobus Auréliens ; Soc. 20 févr. 1991). Ce n'est pas le cas lors des retards de paiement de salaires et de primes intervenus dans une entreprise en règlement judiciaire (Soc. 28 oct. 1997). En revanche, cette solution s'applique quand l'employeur manque à ses obligations de versement des salaires alors qu'il bénéficie d'un plan de redressement par continuation (Soc. 7 juin 2006), et également pour « *un mouvement de grève ayant été notamment motivé par le non-paiement des heures supplémentaires...* » – et ce, même si le protocole de fin de grève prévoyait l'absence de paiement des salaires correspondant à la période de grève (Soc. 3 mai 2007, Sté Autogrill Paris Saint-Lazare).

La grève qui dure peut aussi avoir des conséquences sur les droits à des congés payés, la grève n'étant pas assimilée à du temps de travail pour le calcul des droits à congés.

Le gréviste ne perd pas sa qualité d'assuré social et conserve le bénéfice des prestations familiales. Mais il n'est pas couvert par la législation sur les accidents du travail et de trajet, n'étant plus placé sous l'autorité de l'employeur (Soc. 12 mai 1964).

2. *Rupture du contrat de travail*

Ce n'est qu'en cas de faute lourde que l'employeur peut licencier le salarié gréviste. La faute lourde ne rompt pas le contrat par elle-même et l'employeur doit appliquer la procédure de licenciement. La charge de prouver la faute lourde incombe à l'employeur (Soc. 5 mai 1960, Source Perrier).

La faute lourde est d'une gravité particulière qui révèle une intention de nuire à l'employeur et ne peut être excusée par les circonstances. La faute lourde résulte d'une participation personnelle, volontaire et active à des actes illicites. Ce sera le cas lorsque le gréviste commet des actes sanctionnés par le Code pénal – par exemple : abandon des postes de sécurité, blessures et coups volontaires, détériorations directes de marchandises ou de machines, séquestration de personnes (224-1 CP ; Crim. 20 déc. 2000 ; Crim. 23 déc. 2006 ; d'un cadre pendant plus de 10 heures dans les locaux de l'entreprise, Soc. 1er avril 1997), entrave à la liberté du travail (empêcher le départ de deux autobus de la gare routière, Soc. 10 févr. 2009, SA STIVO). En revanche, la présence de grévistes dans les salles de commande de plusieurs postes de transformation ne constitue pas une faute lourde et ne peut donc donner lieu à licenciement (Soc. 7 juin 1995). Cependant « *la commission, par certains salariés grévistes, d'actes illicites au cours de leur mouvement, ne modifie pas la nature de ce dernier* » (Soc. 4 nov. 1992) ; des actes illicites ne rendent pas illicite un mouvement de grève licite.

Tout licenciement prononcé alors qu'il n'y a pas faute lourde imputable au salarié gréviste est nul de plein droit (Soc. 8 juill. 2009, Casino d'Évaux-les-Bains). Le juge prononce la nullité du licenciement et ordonne la poursuite du contrat de travail du salarié, si celui-ci le demande (Soc. 10 oct. 1990). Le salarié gréviste dont le licenciement est nul a droit au paiement d'une indemnité égale au montant de la rémunération qu'il aurait dû percevoir entre son éviction de l'entreprise et sa « réintégration », peu importe qu'il ait ou non reçu des salaires ou un revenu de remplacement pendant cette période (Soc. 2 févr. 2006).

En cas de faute lourde, l'employeur peut prononcer une sanction inférieure au licenciement. En revanche, en l'absence de faute lourde, l'employeur qui n'a pu prononcer de licenciement ne peut non plus infliger une autre sanction (Soc. 7 juin 1995).

Cependant, le salarié n'est pas couvert par la protection que la loi accorde au gréviste en cas de participation à un mouvement illicite ou abusif, sans qu'aucun agissement particulier ne soit reproché au salarié. Si les juges estiment que l'action était illicite, ils peuvent en déduire que le licenciement fondé sur cette participation est justifié. Ils sont amenés ainsi à se prononcer sur la nature du mouvement collectif à l'occasion d'un litige individuel porté devant le CPH. Ainsi, les juges peuvent estimer que l'action collective à laquelle a participé le salarié ne constituait pas juridiquement une grève, mais une inexécution fautive du contrat de travail (travail exécuté de manière volontairement défectueuse). Le droit commun des licenciements s'applique alors. Ainsi, c'est le salarié gréviste qui supporte les conséquences du jugement porté par le tribunal sur le caractère du mouvement (est-ce bien une grève ?).

À l'issue d'un conflit collectif, en règle générale, quand des faits fautifs ont été commis, l'employeur ne prononce des sanctions que quand la grève a été un échec pour les grévistes. À l'inverse, en cas de succès pour les grévistes, des faits répréhensibles ne sont le plus souvent pas poursuivis sur le plan disciplinaire. « *Le droit de grève est un droit de l'échec de la grève.* »

3. *Primes*

« *Est discriminatoire l'attribution par l'employeur d'une prime aux salariés selon qu'ils ont participé ou non à un mouvement de grève* » (Soc. 1er juin 2010, SA Safen ; L. 2511-1 al. 2).

Primes d'assiduité. Certaines primes d'assiduité ne sont versées aux membres du personnel que s'ils ont été présents au travail pendant un certain laps de temps (un mois, un trimestre, etc.). Toute absence non autorisée par l'employeur pendant la période de référence entraîne une réduction de la prime. La réduction est, par exemple, de 20 % pour une journée d'absence, de 40 % pour deux journées, etc., et la prime sera supprimée pour cinq journées d'absence.

« *Si l'employeur peut tenir compte des absences, même motivées par la grève, pour le paiement d'une prime, c'est à la condition que toutes les absences, hormis celles qui sont légalement assimilées à un temps de travail effectif, entraînent les mêmes conséquences sur son attribution* » (Soc. 23 juin 2009, Sté Nutrea, discrimination établie ; Soc. 16 janv. 2008, Soc. 25 mars 1982 ; *contra* discrimination non établie quand toutes les absences, autres que celles assimilées à du temps de travail effectif, quelle qu'en soit la cause, donnent lieu à sa suppression, Soc. 23 juin 2009, Sté Sico-Cherre). La discrimination est établie quand plusieurs taux d'abattement sont prévus selon le motif de l'absence (Soc. 15 févr. 2006, Soc. 16 janv. 1994), sous réserve des absences légalement assimilées à un temps de travail qui peuvent ne pas entraîner d'abattement sans pour autant que l'abattement pour grève soit discriminatoire (Soc. 23 juin 2009, Sté Sico-Cherre). Ainsi, le retrait du bénéfice de la prime de présentéisme en raison d'absences motivées par la grève constitue une mesure discriminatoire dans la mesure où toutes les absences, autorisées ou non, n'entraînent pas les mêmes conséquences sur l'attribution de la prime litigieuse (Soc. 25 oct. 2007, Sté Charal ; Délibération HALDE n° 2008-22 du 11 févr. 2008).

Primes antigrèves et autres moyens comparables. Par ailleurs, le versement d'une avance conditionnée par le renoncement à toute absence, notamment de débrayage, constitue une « *atteinte manifeste au droit de grève* » (TGI réf., Dax, 15 avril 2008, Sté GT Logistics 01, et CPH Dax, 22 oct. 2009 confirmé par Soc. 16 févr. 2011 ; Soc. 1er juin 2010, préc., Soc., 2 mars 1994).

Primes pour surcroît de travail. L'employeur a le droit d'accorder une prime aux salariés non grévistes uniquement lorsqu'elle a pour effet de compenser le « surcroît de travail » auquel ces salariés ont effectivement dû faire face du fait de la grève (Soc. 8 janv. 1981, Sté Serep ; condition de surcroît non remplie : Soc. 3 mai 2011, Debruille c/ Les courriers de la Garonne, « *constitue une mesure discriminatoire l'attribution aux seuls salariés non grévistes d'une prime exceptionnelle ne correspondant pas à un surcroît de travail* »).

C. Grève réglementée

1. *Services publics*

Dans les services publics, la loi réglemente l'exercice du droit de grève (L. 2512-2, L. 521-2).

Un préavis de cinq jours francs, précisant les motifs du recours à la grève, doit être adressé par les organisations syndicales représentatives, avant le déclenchement de la grève, à la direction du service public concerné. Plusieurs organisations syndicales peuvent présenter un préavis de grève différent (Soc. 4 févr. 2004).

La loi déclare illégales les grèves tournantes ou par roulement – le préavis de grève doit déterminer l'heure précise, commune à tous les membres du personnel, de l'arrêt du travail. Cependant, cette règle est contournée par la possibilité, pour plusieurs syndicats, de présenter un préavis de grève différent ou pour un syndicat de procéder à « *l'envoi de préavis de grève successifs mentionnant des motifs différents* » (Soc. 30 janv. 2008, 7 juin 2006).

Des lois excluent du droit de grève plusieurs catégories de fonctionnaires (militaires, CRS, policiers, agents des services des transmissions du ministère de l'Intérieur, magistrats, agents des services pénitentiaires, notamment).

Dans « les services publics de transport terrestre régulier de personnes à vocation non touristique », la loi du 21 août 2007 sur « le dialogue social et la continuité du service public dans les transports terrestres réguliers de voyageurs » (non codifiée ; validée par DC 16 août 2007) prévoit une obligation de négocier en vue de conclure un accord d'entreprise organisant une procédure de prévention des conflits avant le 1er janvier 2008. Cette disposition légale fait l'objet de réserves au regard de la Convention n° 87 de l'OIT : « La fixation d'un service minimum négocié devrait être limitée aux opérations strictement nécessaires pour que la satisfaction des besoins de base de la population ou des exigences minima du service soit assurée, car elle limite l'un des moyens de pression essentiel dont disposent les travailleurs pour défendre leurs intérêts » (rapport de la Commission d'experts pour l'application des conventions, suite à une saisine de la CGT-FO).

Un accord de branche doit être négocié dans les mêmes conditions. Il s'appliquera dans les entreprises où aucun accord n'a pu être signé. L'accord d'entreprise ou de branche (accord du 3 déc. 2007), et, le cas échéant, le décret du 24 janvier 2008, déterminent notamment les conditions dans lesquelles une organisation syndicale représentative procède à la notification à l'employeur des motifs pour lesquels elle envisage de déposer un préavis de grève et les informations qui doivent être transmises par l'employeur à ces organisations en vue de favoriser la réussite du processus de négociation, ainsi que le délai dans lequel ces informations doivent être fournies et enfin les règles entourant le relevé de conclusions de cette négociation.

Les procédures de prévention des conflits prévues dans des accords signés à la RATP, à la SNCF et dans d'autres entreprises de transport avant le 1er juillet 2007 doivent être mises en conformité avec la loi avant le 1er janvier 2008 (avenant du 13 déc. 2007, SNCF ; avenant du 1er janv. 2008, RATP).

L'autorité organisatrice de transport (AOT : collectivités locales, etc.) détermine les dessertes prioritaires et les niveaux de service. Dans ce cadre, l'entreprise élabore un plan de transport. Un accord collectif de prévisibilité du service doit être conclu. Il recense notamment les catégories d'agents et leurs effectifs, indispensables à l'exécution des niveaux de service prévus, fixe les conditions dans lesquelles l'organisation du travail est révisée et les personnels disponibles réaffectés afin de permettre la mise en œuvre du plan de transport. En cas de grève, les personnels disponibles sont les non-grévistes. À défaut d'accord applicable au 1er janvier 2008, un plan de prévisibilité est défini par l'employeur. Le plan de prévisibilité de la RATP a été partiellement suspendu (CE 11 févr. 2008, au sujet du délai de déclaration préalable).

La loi instaure un « préavis individuel » : les salariés informent, au plus tard 48 heures avant de participer à la grève, le chef d'entreprise de leur intention d'y participer (ce préavis individuel n'était pas admis par la jurisprudence, Cass. ass. plén. 23 juin 2006, Air France). Les informations issues de ces déclarations individuelles ne peuvent être utilisées que pour l'organisation du service durant la grève – elles sont couvertes par le secret professionnel, leur utilisation à d'autres fins constituant un délit (art. 226-13 du Code pénal). Est passible d'une sanction disciplinaire le salarié qui n'a pas informé son employeur de son intention de participer à la grève.

Au-delà de huit jours de grève, l'employeur, une organisation syndicale représentative ou le médiateur éventuellement désigné, peut décider l'organisation par l'entreprise d'une consultation, ouverte aux salariés concernés par les motifs figurant dans le préavis, et portant sur la poursuite de la grève. Dans les 24 heures qui suivent la décision d'organiser la consultation, l'employeur définit les conditions du vote (secret, etc.), et informe l'inspecteur du travail. Le résultat de la consultation n'affecte pas l'exercice du droit de grève.

La loi du 21 août 2007 prévoit que lorsqu'un préavis a été déposé, un nouveau préavis ne peut être déposé par la ou les mêmes organisations et pour les mêmes motifs qu'à l'issue du délai du préavis en cours, et avant que la procédure de négociation ait été mise en œuvre (disposition visant à éviter les « préavis glissants »).

2. *Procédures de règlement*

Plusieurs procédures légales permettent de rechercher une solution aux conflits du travail, mais elles sont rarement utilisées. La sortie du conflit est en règle générale trouvée par les acteurs du conflit, parfois avec l'aide de l'Inspection du travail.

Conciliation

Tous les conflits collectifs de travail peuvent être soumis aux procédures de conciliation (L. 2522-1). La conciliation vise à mettre les parties à un conflit en présence dans l'espoir que les bases d'un accord puissent être trouvées. Chaque partie reste complètement libre de ses décisions.

Des dispositions organisant la procédure de conciliation doivent être contenues dans une convention collective pour que celle-ci puisse être étendue. À défaut de procédures conventionnelles, le conflit peut être porté devant la commission tripartite nationale ou régionale (R. 2522-3, R. 523-1 et s.). En cas de conciliation, même partielle, le conciliateur établit un constat d'accord signé par les parties. En cas d'échec de la conciliation, le conflit peut être soumis à la procédure de médiation et éventuellement à l'arbitrage.

Médiation

La médiation (L. 2523-1, R. 2523-1, L. 524-1), facultative, peut intervenir après l'échec d'une tentative de conciliation ou être engagée par le ministre du Travail, à la demande écrite et motivée de l'une des parties ou de sa propre initiative, notamment à l'occasion de l'établissement, de la révision ou du renouvellement d'un accord collectif.

Les parties peuvent décider de recourir à la médiation. Si elles ne s'entendent pas pour désigner un médiateur, ce dernier est choisi par l'autorité administrative sur une liste de personnalités désignées en fonction de leur autorité morale et de leur compétence économique et sociale.

Le médiateur dispose de pouvoirs étendus d'investigation sur la situation économique de la branche ou de l'entreprise et sa mission s'achève par une recommandation, dans le délai d'un mois. L'accord des parties les lie. Le rejet des propositions du médiateur doit être notifié dans un délai de huit jours et motivé.

Les conclusions de la recommandation du médiateur et les rejets motivés des parties sont rendus publics par le ministre du Travail.

La médiation est utilisée dans des conflits d'importance (durée, conséquences, etc.).

Arbitrage

L'arbitrage (L. 2524-1, R. 2524-1) fait intervenir un arbitre qui rend une sentence. L'arbitre est choisi d'un commun accord et les parties s'engagent à l'avance à appliquer la sentence motivée. L'arbitrage est aujourd'hui tombé en désuétude.

3. *Intervention de l'Inspection du travail*

De façon officieuse, en dehors de toute procédure institutionnalisée, l'Inspection du travail intervient directement – ou parfois à la demande du préfet auquel doit être notifié tout conflit collectif du travail – dans de nombreux conflits. Son intervention se fait à la demande de l'une des parties et en vue de rechercher un rapprochement des points de vue en présence. La négociation entre les parties au conflit, avec le concours de l'Inspection du travail, reste le mode majeur de règlement des conflits : elles concluent un procès-verbal de fin de conflit, qui traite de la satisfaction, partielle ou totale, de tout ou partie des revendications, du paiement – voire de la « récupération » légalement interdite – des journées perdues, de l'abandon des éventuelles poursuites disciplinaires voire pénales (Soc. 16 févr. 1989), etc.

Réactions patronales

A. Actions dans l'entreprise

1. *Poursuite de l'activité de l'entreprise*

L'employeur peut chercher à atténuer les inconvénients de la grève en remplaçant les grévistes, mais le recours à une ETT (Soc. 2 mars 2011, PBR, SAS Aeropass, en augmentant la durée du travail d'intérimaires déjà présents) ou aux CDD est interdit (Civ. 19 mai 1997, La Poste). Les entreprises ayant des activités privées de surveillance, de gardiennage et de transport de fonds, ne doivent pas s'immiscer ou intervenir dans le déroulement d'un conflit collectif de travail ou dans des événements s'y rapportant (loi du 12 juill. 1983).

Cependant, la loi ne protège pas pénalement le droit de grève en soi, en dehors d'infractions particulières (*supra* notamment). La jurisprudence donne un caractère limitatif et exceptionnel à ces interdictions.

Plusieurs formules sont donc possibles pour l'employeur qui veut organiser l'entreprise pour assurer la continuité de son activité :

- faire appel à une entreprise qui fournira les services (par exemple, entreprise de transport en cas de grève des camionneurs).
- recourir à des bénévoles, même intéressés (par exemple, des producteurs de lait faisant le ramassage à la place de conducteurs grévistes, Soc. 11 janv. 2000).
- recourir à des mesures d'ordre interne (mutations temporaires de salariés, mais à condition que ce soit vers des emplois compatibles avec celui qu'ils occupent habituellement ; heures supplémentaires de non-grévistes, en revanche, la récupération des heures perdues du fait de la grève n'entre pas dans les cas limitativement énumérés par la loi).

2. *Lock-out*

Il s'agit d'une mesure de fermeture temporaire d'un établissement ou d'un atelier, décidée par l'employeur au cours d'un conflit collectif du travail. Les salariés se trouvent de ce fait privés de travail.

Le *lock-out* est en principe illicite (il est utilisé pour empêcher une grève – Soc. 24 janv. 1968, Soc. 27 juin 1989 ; pour faire pression au cours de la grève – Soc. 10 janv. 1973 ; sanctionner – Soc. 26 oct. 1977 ; etc.). L'employeur qui y recourt méconnaît l'obligation qui résulte pour lui des contrats de travail conclus avec les salariés de leur fournir le travail convenu et de les rémunérer – il engage sa responsabilité civile (paiement des salaires aux non-grévistes notamment), mais pas pénale.

La jurisprudence admet des exceptions. Le *lock-out* devient licite lorsque :

– l'employeur se trouve dans l'impossibilité d'assurer le fonctionnement de son entreprise (par exemple, le contrôle des accès de l'établissement se trouve aux mains des grévistes ou la grève des salariés d'un secteur de l'entreprise entraîne la paralysie de celle-ci, Soc. 4 juill. 2000, Soc. 15 déc. 2005). L'employeur se trouve dispensé de remplir ses obligations du fait d'une situation contraignante (reconnue après l'expiration du délai accordé par le juge des référés aux grévistes pour quitter les lieux, Soc. 27 mai 1998).
– l'employeur y est contraint au regard de sa responsabilité de prévenir des accidents et d'assurer l'ordre et la sécurité dans son entreprise.

La charge de la preuve de ces situations contraignantes incombe à l'employeur. Si le *lock-out* est licite, le contrat de travail est suspendu et l'employeur est dispensé de rémunérer les salariés qui ne fournissent aucun travail (Soc. 22 févr. 2005 ; dans le cas d'un *lock-out* se prolongeant plus de trois jours, le versement des allocations de chômage partiel peut être autorisé par le ministre du Travail – R. 5122-8-2°, R. 351-51, 2°). Si le *lock-out* est illicite, l'employeur a commis une faute et doit notamment payer aux salariés des dommages-intérêts égaux aux salaires perdus.

B. Actions judiciaires

1. Expulsion et réquisition

Expulsion. En cas d'occupation des locaux de travail, l'employeur peut saisir le juge des référés (président du TGI) et lui demander d'ordonner l'expulsion des grévistes. L'employeur doit alors assigner nommément tous les grévistes dont il demande l'expulsion.

Pendant longtemps, le juge des référés constatait une « violation du droit de propriété » et rendait une ordonnance d'expulsion. Désormais, en règle générale, en cas d'occupation pacifique, le juge n'ordonne l'expulsion qu'après avoir invité les parties (employeur et grévistes) à négocier et à rechercher un accord (au besoin, le juge désigne un médiateur pour préparer les bases d'un accord). À l'inverse, les pouvoirs attribués au juge des référés ne comportent pas celui de décider la réquisition de salariés grévistes (Soc. 25 févr. 2003).

Quand le juge des référés rend une ordonnance d'expulsion, en considérant que « *le droit de grève n'emporte pas celui de disposer arbitrairement des locaux de l'entreprise* » (Soc. 21 juin 1984), les salariés grévistes doivent évacuer les locaux de travail occupés (Soc. 30 avril 1987). À défaut, l'employeur peut solliciter l'intervention de la force publique. L'ordonnance d'expulsion n'est pas nécessairement et automatiquement exécutée par la force publique. Les autorités locales apprécient souverainement s'il y a lieu de procéder à l'expulsion et des considérations d'opportunité jouent alors. En cas de refus du concours de la force publique, la responsabilité pécuniaire de l'État peut se trouver engagée (CE 6 mai 1991 ; CE 18 juin 2008, Breton).

Réquisition. Si l'employeur (Soc. 15 déc. 2009) et le juge n'ont pas le pouvoir de réquisition des grévistes, ce pouvoir a été reconnu par la loi « Sécurité intérieure » du 18 mars 2003 au préfet (art. L. 2215-1-4° Code général des collectivités territoriales : « En cas d'urgence, lorsque l'atteinte au bon ordre, à la salubrité, à la tranquillité et à la sécurité publiques l'exige et que les moyens dont dispose le préfet ne permettent plus de poursuivre les objectifs pour lesquels il détient des pouvoirs de police, celui-ci peut, par arrêté motivé, pour toutes les communes du département ou plusieurs ou une seule d'entre elles, réquisitionner tout bien et service, requérir toute personne nécessaire au fonctionnement de ce service ou à l'usage de ce bien et prescrire toute mesure utile jusqu'à ce que l'atteinte à l'ordre public ait pris fin. »). Il s'agit, à titre exceptionnel, de contraindre des grévistes à reprendre le travail. Par exemple, le préfet « *peut légalement requérir les agents en grève d'un établissement de santé, même privé, dans le but d'assurer le maintien d'un effectif suffisant pour garantir la sécurité des patients et la continuité des soins* » ; cependant, il ne peut requérir l'ensemble du personnel pour « *instaurer un service complet (...) et non un service minimum* », « *sans rechercher si les besoins essentiels de la population ne pouvaient être autrement satisfaits, compte tenu des capacités sanitaires du département* » (CE 9 déc. 2003, Aguilon ; CAA Bordeaux 1er juin 2006). « Les mesures décidées par le préfet peuvent être contestées devant le juge administratif, notamment dans le cadre du référé » (DC loi LOSI 18 mars 2003 ; art. L. 521-2 C. justice administrative).

À la suite de la contestation de plusieurs arrêtés préfectoraux, ordonnant la réquisistion de salariés, une décision du juge administratif (CE, réf., 27 oct. 2010) a admis la réquisition ayant comme objectif « *le maintien de l'activité économique* » (pour l'accès à des stocks de carburants). À la suite d'une plainte syndicale, le Comité de la Liberté Syndicale de l'OIT recommande « *au gouvernenement de privilégier, dans une situation de paralysie d'un service non essentiel mais qui justifierait l'imposition d'un service minimum de fonctionnement, la participation des organisations de travailleurs et d'employeurs concernés à cet exercice, et de ne pas recourir à l'impositon de la mesure par voie unilatérale* ».

2. *Responsabilité civile des grévistes et des syndicats*

Quelques directions d'entreprises ont cherché à mettre en cause la responsabilité civile des organisations syndicales et de salariés grévistes et leur ont intenté des procès avec demande de dommages-intérêts. La reconnaissance de la responsabilité civile des syndicats est soumise aux mêmes conditions que celle des grévistes au regard du droit commun de la responsabilité – un dommage (existence d'un préjudice, un fait générateur – des agissements fautifs, la participation effective, et un lien de causalité, art. 1382 Civ., DC 22 oct. 1982).

L'intention de nuire économiquement à l'employeur est liée à l'exercice du droit de grève. L'existence d'un dommage pour celui-ci est donc la conséquence « normale » de l'exercice de ce droit constitutionnellement reconnu. La réparation d'un préjudice ne peut donc être demandée par l'employeur que lorsqu'il résulte de mouvements illicites, de pratiques abusives, ou lorsque des grévistes ont commis, à l'occasion d'une grève licite, des actes illicites. À défaut, l'action en responsabilité est jugée comme un moyen disproportionné (CEDH, 17 juill. 2007). L'employeur doit démontrer l'existence d'un lien direct de causalité entre une faute et un dommage particulier, né de cette faute, indépendant du préjudice « normal ».

D'une part, le syndicat ne saurait être responsable de plein droit des actes commis par les grévistes. Il n'est pas le commettant des grévistes – des DS participent individuellement aux actions et n'engagent pas, par des actes illicites auxquels ils peuvent se livrer, la responsabilité des syndicats auxquels ils appartiennent (Soc. 17 juill. 1990). Il en est de même en ce qui concerne des adhérents commettant des fautes au cours d'une manifestation (Civ. 2e 26 oct. 2006). La responsabilité du syndicat ne peut être engagée que s'il a effectivement participé à des agissements constitutifs d'infractions pénales ou à des faits ne pouvant se rattacher à l'exercice normal du droit de grève (responsabilité retenue à l'égard de syndicats d'EDF-GDF ayant incité par des directives à l'accomplissement d'actes fautifs par les agents participant au mouvement, Soc. 26 janv. 2000). L'action contre les organisations syndicales, de la compétence du TGI, peut être menée aussi bien par des tiers subissant un préjudice du fait de la grève que par des non-grévistes ou par l'employeur (Soc. 9 nov. 1982, Trailor, condamnant un syndicat à indemniser des non-grévistes pour la perte de leur salaire ; Soc. 9 nov. 1982, Dubigeon-Normandie, excluant la responsabilité des syndicats, qui n'avaient pas commis de fautes en relation avec les dommages).

La responsabilité du syndicat en cas de grève peut aussi se trouver engagée s'il viole certaines dispositions de la convention collective qu'il a signée, prévoyant qu'un préavis doit être respecté avant le déclenchement de la grève ou que le conflit doit être soumis à une procédure préalable de conciliation (ces dispositions sont cependant rares ; Soc. 21 mars 1973).

D'autre part, l'action contre des grévistes vise essentiellement les « meneurs ». Elle est ouverte à l'employeur comme aux non-grévistes devant le CPH. « *La responsabilité d'un salarié participant à une grève ne peut être engagée qu'à raison du préjudice découlant directement de sa participation personnelle à des actes illicites commis pendant l'arrêt de travail* » (Soc. 18 janv. 1995). La participation personnelle des salariés poursuivis doit être prouvée (par un constat d'huissier par exemple, Soc. 13 juill. 1999).

3. *Responsabilité civile de l'entreprise et d'organisations professionnelles d'employeurs*

D'une part, la responsabilité civile de l'employeur peut être mise en œuvre par des tiers (clients par exemple) lorsqu'il tarde à exécuter ou n'exécute pas ses obligations contractuelles du fait de la grève.

L'employeur, pour sa défense, peut parfois invoquer la force majeure que constitue, dans certaines circonstances, la grève, pour s'exonérer de sa responsabilité. La force majeure a ainsi été admise dans une affaire où EDF était attaquée par des clients suite à une grève d'électricité qui leur avait causé préjudice (grève imprévisible et insurmontable, Cass. Ch. mixte 4 févr. 1983), en faveur du port autonome de Marseille perturbé par une grève des grutiers sans préavis (Civ. 11 juin 1996) et dans le cas d'une grève à la SNCF, portant préjudice à la SA Peugeot – le mouvement n'était pas du ressort de la SNCF qui n'avait pas la possibilité de négocier avec les grévistes ni de satisfaire leurs revendications, s'agissant de projets du gouvernement ayant des répercussions sur le régime spécial de retraite des cheminots (Soc. 11 janv. 2000).

D'autre part, une association professionnelle, de transporteurs routiers, commet une faute, engageant sa responsabilité civile à l'égard d'une entreprise (versement de dommages-intérêts), quand, à la suite de son appel, l'accès au site d'un entrepôt est bloqué par des barrages, ce mouvement collectif ne constituant pas une grève (Soc. 11 janv. 2006, FNTR et UNOSTRA).

À compter du 11 janv. 2009, en cas de conflit de lois, le texte national applicable est, en principe, en matière de responsabilité du fait de grève, celui du pays où l'action a été engagée (règlement communautaire du 11 juill. 2007, loi applicable aux obligations non contractuelles).

4. *Responsabilité pénale*

Le fait d'entraver, d'une manière concertée et à l'aide de menaces, l'exercice de la liberté d'expression, du travail, d'association, de réunion ou de manifestation est prévue et réprimée (art. 431-1 NCP). « *Le simple trouble apporté à l'activité professionnelle n'entre pas dans les prévisions de l'article 431-1 du Code pénal* » (Crim. 3 juin 2008, à l'occasion d'une manifestation organisée par un syndicat, une vingtaine de marins de commerce ont investi les locaux de la direction départementale des affaires maritimes en vue d'obtenir le réexamen de la situation d'un marin victime d'un accident du travail…).

Il a été jugé à propos d'une opération « escargot » destinée à ralentir la circulation sur une autoroute, dans le cadre d'une action revendicative à l'appel d'une intersyndicale des transports routiers, que « *le blocage complet, à plusieurs reprises, de la circulation sur l'autoroute allait au-delà de la gêne inhérente à toute manifestation* » (CEDH, 5 mars 2009). La condamnation pénale pour délit d'entrave à la circulation publique (Crim. 8 mars 2005), pour des faits commis en 2002, à Lyon, « *n'était pas disproportionnée considérant l'équilibre à ménager entre la défense de l'ordre public et l'intérêt des manifestants* », les manifestants n'ayant été interpellés qu'après plusieurs mises en garde. Le requérant a « *donc pu exercer durant plusieurs heures son droit à la liberté de réunion pacifique et les autorités ont fait preuve de la tolérance nécessaire* » (CESDH art. 11).

Indications bibliographiques

I. Code du travail

Le Code du travail est publié chaque année avec des annotations (extraits de jurisprudence, etc.) par notamment les Éditions Dalloz et les Éditions Revue Fiduciaire.

II. Ouvrages fondamentaux

1. Un grand *Traité de Droit du Travail*, en neuf tomes, publié par Dalloz, sous la direction de feu le professeur G.-H. Camerlynck. Chaque tome est écrit par un spécialiste réputé. Il ne comporte pas d'édition récente.

2. Parmi les autres ouvrages universitaires :

Précis de J. Pélissier, G. Auzero, E. Dockès, *Droit du travail*, Dalloz.

– Manuels :

A. Cœuret, B. Gauriau, M. Miné, *Droit du travail*, Dalloz.

E. Dockès, A. Bouilloux, F. Debord, C. Giraudet, C. Nicod, J.-F. Paulin, *Droit social des associations*, JurisÉditions.

B. Bossu, F. Dumont, P.-Y. Verkindt, *Droit du travail*, Montchrestien.

P. Lockiec, *Droit du travail*, Thémis droit, PUF (deux volumes).

A. Mazeaud, *Droit du travail*, Montchrestien.

J.-E. Ray, *Droit du travail, droit vivant*, Liaisons.

– Mémentos :

J.-M. Verdier, A. Cœuret, M.-A. Souriac, *Droit du travail*, deux volumes, Dalloz.

G. Lhuilier (dir.), A. Le Nouvel, I. Vialard et M.-F. Volpelier, *Droit social*, Nathan.

3. Pour approfondir les connaissances en droit du travail (avec le raisonnement juridique à partir de la jurisprudence) :

J. Pélissier, A. Lyon-Caen , A. Jeammaud , E. Dockès, *Les grands arrêts du Droit du Travail*, Paris, Dalloz, 2008.

4. Ouvrages de réflexion :

Moreau M.-A., *Normes sociales, droit du travail et mondialisation*, Dalloz, 2006.

Supiot A., *Homo juridicus : essai sur la fonction anthropologique du Droit*, Seuil, 2005.

J. Le Goff, *Du silence à la parole : une histoire du droit du travail des années 1830 à nos jours*, Presses Universitaires de Rennes, 2004.

M. Bonnechère, *Le droit du travail*, La Découverte, 2e édition.

5. Ouvrages pluridisciplinaires ou d'autres disciplines :

A. Bevort, A. Jobert, M. Lallement et A. Mias (dir.), *Dictionnaire du travail,* Paris, PUF (coll. « Quadrige »), 2012.

A. Bevort, A. Jobert, *Sociologie du travail : les relations professionnelles*, Armand Colin, 2008.

J.-P. Chauchard, *Droit de la Sécurité sociale*, LGDJ, 5e éd., 2010.

C. Dejours, *Conjurer la violence – Travail, violence et santé*, Payot, 2007.

M. Lallement, *Le travail, une sociologie contemporaine*, Gallimard, 2007.

M. Thévenet (dir.), *Fonctions RH, Politiques, métiers et outils des ressources humaines*, Pearson Education, 2009, 2e éd.

III. Revues et publications

- *Revue de Droit du Travail* (RDT, mensuel) : actualité, doctrine, droit comparé, jurisprudence ;
- *Semaine sociale Lamy* (Sem. soc. Lamy, hebdomadaire) : surtout destinée aux praticiens, actualité, jurisprudence et mensuel, des numéros spéciaux thématiques ;
- *Revue de jurisprudence sociale* (RJS, mensuel) : surtout jurisprudence, doctrine ;
- *Droit social* (Dr. soc., mensuel) : surtout doctrine et jurisprudence ;
- *Semaine juridique* (JCP Entreprises et affaires, JCP Social, JCP Générale, hebdomadaire) : actualité, doctrine, jurisprudence ;
- *Recueil Dalloz* (D., hebdomadaire) : pour toutes les branches du droit privé, surtout destiné aux universitaires, actualité, doctrine, droit comparé, jurisprudence ;
- *Le Droit ouvrier* (Dr. ouv.) : doctrine et jurisprudence (notamment des juridictions de première instance) ;
- *Cahiers sociaux du Barreau de Paris* (CSBP, mensuel) : surtout jurisprudence ;
- *Action juridique* (AJ, bimensuel) : actualité, jurisprudence ;
- *Infojuridiques* (mensuel) : actualité, jurisprudence ;
- *Revue pratique de jurisprudence sociale* (RPDS, mensuel) : actualité, jurisprudence ;
- *Jurisprudence UIMM* (jurisp. UIMM) : actualité, jurisprudence ;
- *Cahiers prud'homaux* (mensuel) : jurisprudence surtout ;
- *Liaisons sociales* (Liaisons soc.) :
  - quotidien : actualité sociale ;
  - hebdomadaire et mensuel : jurisprudence ;
  - mensuel : des numéros spéciaux thématiques, le magazine.
- *Liaisons sociales Europe* (bimensuel) : l'actualité du droit européen ;

– *Personnel* (ANDRH, mensuel) : destiné aux DRH, actualité, jurisprudence.

IV. Encyclopédies

– *Le Répertoire de droit du travail* (Éditions Dalloz).
– *Le Jurisclasseur* (JCP).
– *Le dictionnaire permanent social.*
– *Lamy Social.*
– *Le Mémento Social Francis Lefebvre.*

V. Sites Internet

• OIT :
– www.ilo.org/public/french
• Conseil de l'Europe :
– Droit européen (textes) : www.coe.int
– CEDH (jurisprudence) : www.echr.coe.int
• Union européenne :
– Droit européen (textes) : http://eur-lex.europa.eu
– Cour de justice (jurisprudence) : http://curia.europa.eu/fr
• France :
– Service public de l'accès au droit : www.legifrance.gouv.fr
– Assemblée nationale : www.assemblee-nationale.fr
– Sénat : www.senat.fr
– Conseil constitutionnel : www.conseil-constitutionnel.fr
– Cour de cassation : www.courdecassation.fr
– Conseil d'État : www.conseil-etat.fr
– Ministère du Travail : www.travail.gouv.fr
– ANACT : www.anact.fr

Index

D

E

F

G

H

I

J

L

M

Q

R

S

T

PEFC/10-31-1316

Achevé d'imprimer par Jouve
N° d'éditeur : 4447
N° d'imprimeur : 845673E
Dépôt légal mars 2012
Imprimé en France